U0795028

中国人民大学会计系列教材

模拟实验

财务管理学模拟实验教程

马元驹 编著

Emulating Experiment Course in Financial Management

中国人民大学出版社

·北京·

前　言

《财务管理学模拟实验教程》（以下简称《实验教程》）是“十二五”普通高等教育本科国家级规划教材《财务管理学》（第七版）的配套教材。《实验教程》是在《财务管理业务基本技能训练教程》（2004年版）的基础上修订而成的。在修订过程中主要突出以下三个特点：

1. 明确实验教材的目标定位

《实验教程》是与《财务管理学》（第七版）（荆新、王化成、刘俊彦主编，中国人民大学出版社，2015）相配套的辅助教材。《实验教程》的主要内容和篇章结构均以主教材的内容和篇章结构为依据，主要围绕财务管理基础、财务分析、筹资数量预测和财务预算、长期和短期筹资决策、资本结构决策、投资决策和短期资产管理等财务管理的方法和技能为训练目标，设计和安排相关的教学实验内容。根据主教材的教学内容和财务管理模拟实验的需要，《实验教程》对部分章节做了调整。

2. 采用纸质教材和电子教材相结合的复合教材设计

为了提高实验教程的使用效果，方便组织教学，本教程配有财务管理模拟实验系统（以下简称“实验系统”），读者登录人大经管图书在线（www.rdjg.com.cn）便可找到实验系统等教学资源免费下载。“实验系统”从三个方面为读者获得财务管理专业技能提供了便利。

首先，“实验示范”以动态录像的方式，演示了在Excel工作表中创建财务管理相关模型的全过程，使读者非常直观地了解创建财务管理模型的方法和步骤。

其次，“实验操作”提供了在Excel工作表中创建财务管理相关模型的操作平台，使读者直接借助该平台进行模拟实验。

最后，“实验参考”给出了已经创建完成的各种财务管理模型，读者可以在创建完成自己的财务管理模型之后去核对，也可在创建财务管理模型遇到困难时去参考。当然，我们给出的各种财务管理模型的参考答案未必能够解决财务管理中的所有问题，也可能不是解决财务管理相关问题的最优模型，读者可以根据自己遇到的具体问题创建能够解决相关问题的财务管理模型。

总之，读者通过使用《实验教程》及其实验系统，可以进一步理解财务管理的基本原理，掌握财务管理的基本方法，提高财务管理专业技能。

3. 突出任务导向的教学理念

根据任务导向的教学理念，将财务管理教学内容设计成具体的模拟实验任务，通过组织实施并完成这些财务管理模拟实验任务获得财务管理的专业技能。

《实验教程》由首都经济贸易大学马元驹主编并编写前言及第1～5章，韩岚岚编写第7和8章，刘兴编写第6和10章，臧文佼编写第9章。财务管理模拟实验系统由首都经济贸易大学马元驹、蔡芸设计开发。

感谢主教材作者荆新教授、王化成教授、刘俊彦教授对本《实验教程》编写给予的指导。感谢本《实验教程》参考的相关论著和教材的作者。感谢中国人民大学出版社工商管理分社陈永凤编辑对本书出版付出的辛勤劳动。

我们所做的是一项实践教学改革的尝试性工作，一定存在不足之处。恳请使用本教材的广大读者提出宝贵的意见和建议，为完成能基本满足财务管理实践性教学需要的实验教程而继续努力。是所至望。

马元驹

目　录

第1章 Chapter 1 财务管理学模拟实验概论

1.1 财务管理学模拟实验的意义和目标

财务管理学以理财活动为研究对象，其目标是通过计划、决策、控制、考核、监督等管理活动对理财活动进行管理，以提高资金筹集、使用和分配效益的一门经营管理学科。

财务管理学模拟实验的目标受制于财务管理学的目标，财务管理学模拟实验的目标就是通过模拟实验达到理解财务管理学的内容，获得从事财务管理的工作专业技能。现代教育理论认为，掌握知识和技能是能力获得和发展的基础，然而任何一种能力离开了具体的实践活动都不可能得到发展，财务管理能力的获得和发展也不例外。《国家中长期教育改革和发展规划纲要（2010—2020年）》明确提出高等教育要“强化实践性教学环节”，主张能力为重。因此，财务管理学实验教学应当遵循以能力为重的教学目标。从财务管理学的教学内容本身来看，很大程度上都是来自财务管理学的创新实践。学习、研究、理解、掌握和应用财务管理学，既需要对财务管理学理论的融会贯通，也需要对财务管理学方法的掌握和应用。特别是财务管理学中内容比较复杂的方法和模型，没有亲自动手的模拟实验环节就难以理解财务管理学是如何在企业管理中运用的，也无法真正获得财务管理学的技能和方法。因此，财务管理学模拟实验课就是一条通向理论联系实际，提高财务管理学技能和应用水平的可行之路。财务管理学模拟实验是在现代教育理论的指导下设计、开发完成的集自主学习、教学演示以及模拟实验于一体的计算机财务管理学模拟实验。本实验教材是中国人民大学会计系列教材《财务管理学》（第七版）的辅助教材，以期通过学习该模拟实验课程，达到巩固和消化财务管理学的基本知识并掌握在Excel工作表环境下解决财务管理问题的专业技能。

学习、理解、掌握和应用财务管理学，既需要对财务管理理论的融会贯通，也需要对财务管理方法的掌握和应用。因此，本实验课程的目标就是通过提供财务管理学专业技能实验这个训练平台，使实验者通过参与实验活动获得财务管理学的专业技能，最终为解决财务管理的基础、财务分析、筹资数量预测和财务预算、长期和短期筹资决策、债务筹资决策、投资决策和短期资产管理等财务管理问题奠定一个良好的专业技能基础。

1.2 财务管理学模拟实验教材及内容

1.2.1 财务管理学模拟实验教材

本实验教程的内容以荆新、王化成、刘俊彦主编的《财务管理学》（第七版）（中国人民大学出版社，2015）的主要内容和篇章结构为依据，以对财务管理问题的计算和分析能力的培养为目标，安排财务管理学的模拟实验教学内容。为了帮助读者获得财务管理的基本技能，我们采用平面纸质教程《财务管理学模拟实验教程》和多媒体电子教程《财务管理学模拟实验教学系统》（以下简称“实验教学系统”）相结合的复合实验教材设计。实验教学系统的下载和安装请参见本章 1.4 节。

在传统平面纸质教程中，我们通过文字和屏幕截图比较详细地介绍了基于 Excel 工作表的主教材涉及的财务管理计算和分析模型的创建和应用，通过阅读纸质教程和借助实验教学系统进行财务管理的模拟实验，使学生获得财务管理基本的计算和分析技能，特别是创建和应用财务计算和分析模型的技能。

在实验教学系统中，首先，我们通过屏幕录像播放的方式，演示了在 Excel 工作表中创建各种财务管理计算和分析模型的全过程，使读者非常直观地了解创建主要财务管理计算和分析模型的方法和步骤。其次，我们提供了创建多种财务管理计算和分析模型的模板，用以训练创建财务管理计算和分析模型的基本技能。最后，我们给出了事先创建完成的有关财务管理计算和分析的模型，读者可以在创建完成自己的各种财务管理计算和分析模型之后去比对，也可在创建财务管理计算和分析模型遇到困难时去参考。当然，我们给出的各种财务管理计算和分析的参考模型未必能够解决财务管理中的所有问题，也可能不是解决各种财务管理问题的最优模型，读者可以根据自己遇到的具体问题创建和优化能够解决相应的财务管理问题的计算和分析模型。

1.2.2 财务管理学模拟实验教程的内容

为了方便模拟实验的教学，我们调整了部分实验教学内容。为了突出财务管理计算和分析的实验要求以及突出财务管理基本技能训练的实验目标，且考虑到第 1 章总论、第 11 章股利理论与政策、第 12 章公司并购管理和第 13 章公司重组、破产和清算等章节阐述财务管理原理的内容较多，财务管理计算和分析的内容较少，所以没有安排相应的实验内容。根据每章的具体实验内容，将第 2 章财务管理的价值观念也改为财务管理基础实验；将第 4 章财务战略与预算只安排了财务预算的实验内容，并将第 4 章题目改为筹资数量预测和财务预算实验；将第 5 章长期筹资方式只安排了债务筹资方式实验的内容，并将第 5 章内容改为债务筹资决策实验。

调整后的实验内容具体包括："财务管理基础实验"、"财务分析实验"、"筹资数量预测和财务预算实验"、"债务筹资决策实验"、"资本结构决策实验"、"投资决策原理实验"、"投资决策实务实验"、"短期资产管理实验" 和 "短期筹资管理实验" 等。

为了使读者更好地理解主教材中财务管理学的基本内容，模拟实验的内容以主教材相关章节的例题为对象并作为创建和应用财务管理计算和分析模型的资料来源。在体例上，我们把相应章节中所有的例题都看做财务管理要完成的任务，并将例题的顺序号改为任务的序号。

第一，模型的创建。对要完成的一项新任务而言，就需要创建新模型，实验的重点在于财务管理计算和分析模型的创建。

第二，模型的应用。对利用已创建完成的财务管理计算和分析模型或对原有的计算和分析模型稍加修改就能完成的任务，就是模型的应用。可利用已有的财务管理计算和分析模型，实验的重点在于财务管理计算和分析模型的应用。

实验教程还对个别例题资料做了少许修改。例如，将所有例题中的企业名称都统一改为"江海电器有限公司"，所涉及的时间也修改为 2014 年。

为了巩固学习成果，我们还在每个模拟实验专题之后提供了为技能训练之用的练习题，以巩固财务管理技能训练的效果。通过以上模拟实验教学内容的调整，并通过相应财务管理计算和分析的模拟实验，以期获得财务管理方面的专业技能。

1.2.3 财务管理学模拟实验教程的结构

如前所述，我们将实验内容调整为：第 2 章财务管理基础实验（因主教材第 2 章财务管理的价值观念，其内容主要介绍的是财务管理的基础知识，从实验内容的视角考虑，将本章改为"财务管理基础实验"），第 3 章财务分析实验，第 4 章筹资数量预测和财务预算实验（因主教材第 4 章财务战略与预算，其内容主要介绍的是筹资数量预测和财务预算，故将本章改为"筹资数量预测和财务预算实验"），第 5 章债务筹资决策实验（因主教材第 5 章长期筹资方式，本章中股权性筹资和混合性筹资的内容很少，特别是涉及实验的内容主要是债务性筹资，故将本章改为"债务筹资决策实验"），第 6 章资本结构决策实验，第 7 章投资决策原理实验，第 8 章投资决策实务实验，第 9 章短期资产管理实验和第 10 章短期筹资管理实验等九个实验专题。

对每一专项实验都按照实验说明、实验示范、实验操作和实验参考的结构来安排。实验的内容、顺序和结构如图 1—1 所示。

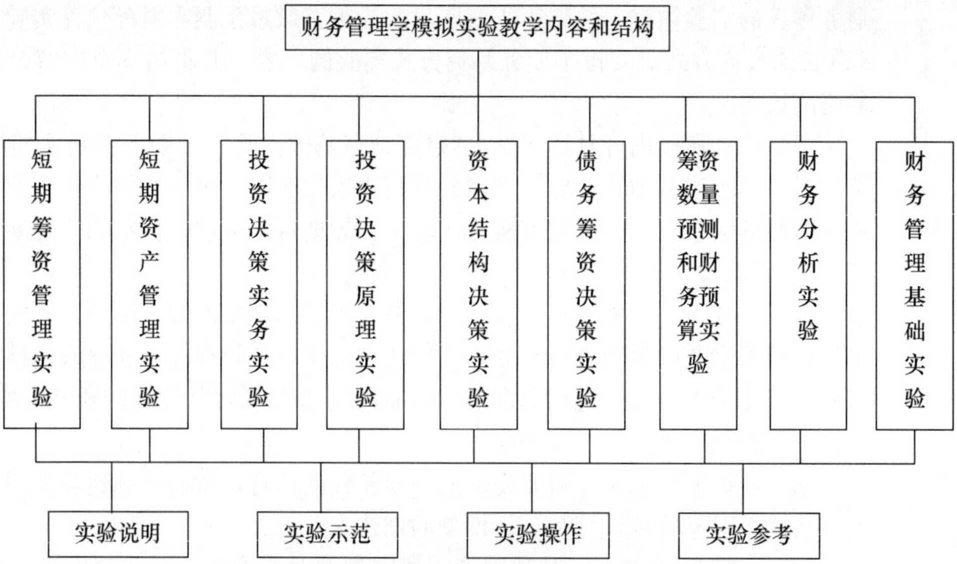

图 1—1 财务管理学模拟实验教学内容和结构图

1.3 财务管理学模拟实验的教学模式和特点

本实验教程的教学模式是建立在 Excel 工作表工具平台之上的“任务导向的教学模式”。“Excel 工作表工具平台”是为了提高财务管理学模拟实验的训练效果，直接借助 Excel 工作表所具有的易用性和通用性强以及特别适合解决财务管理问题的特点开发的，不仅可以借助该平台创建财务管理计算和分析的模型，而且可以方便地进行财务管理的假设分析。只要具备财务管理学基本知识，即使不具备计算机知识，经过本实验教程的学习，都可以从中获得简单而实用的财务管理计算和分析的技能。本实验教程注重通过提出任务和完成任务来解决财务管理的实际问题，并在解决实际问题的过程中介绍和应用 Excel 工作表的有关公式、函数、分析工具和其他功能，将 Excel 工作表各种功能的应用融合在解决财务管理问题的过程之中，从而使读者在完成财务管理任务的过程中，逐步熟悉和掌握 Excel 工作表解决财务管理学问题的步骤和方法，帮助会计人员迈出“自己设计符合实际需要的财务管理学模型”的第一步。

本实验课程采用“任务导向的教学模式”。即根据财务管理学教学目标，将教学内容设计成具体的模拟实验任务，并根据模拟实验任务组织和实施教学，从而在巩固理论知识的同时获得财务管理的专业技能。任务导向的财务管理模拟实验教学模式改变了传统的以教师为中心，强调教师在课堂上的讲解、演示和提问为主要形式的教学方式，取而代之的是既重视教师在课堂中的讲授、演示和提问的传统教学方式，又强调以学生为主的自主探究以及任务导向学习等现代教学方式。

1.4　实验教学系统的下载和安装

1.4.1　实验教学系统的下载

首先登录人大经管图书在线（www.rdjg.com.cn），搜索到本书，打开本书页面即可看到“财务管理学模拟实验系统”的文件，单击该文件名即可将“实验教学系统”下载至计算机硬盘。然后将“实验教学系统”安装到 D 盘的根目录下即可。安装完毕后，我们就可以在 D 盘的根目录下看到名为“财务管理学模拟实验系统”的文件夹。

1.4.2　实验教学系统的安装

在资源管理器中找到 D 盘，选中“财务管理学模拟实验系统”文件夹，打开该文件夹，找到“cwglxmnsyxt.xls”文件，然后点击该文件，屏幕上出现“欢迎使用财务管理学模拟实验系统并请输入操作人员姓名:”的提示框字样。在提示框中输入“马元驹”，点击“确定”按钮即可运行“财务管理学模拟实验系统”。

注意：由于系统使用 VBA 语言编程，在 Excel 2003 的环境下，当系统运行时，可能会出现“运行可能不安全的宏”的提示框。请选择“启用宏”。如果不想再见到该提示框，应选择工具菜单栏的“宏”，再选择“安全性”命令对话框，在安全级中选择“中”，然后单击“确定”，以后运行系统时就不再会出现这种提示框。

1.5　实验教学系统的使用

进入实验教学系统后，其主界面显示有：“财务管理基础实验”、“财务分析实验”、“筹资数量预测和财务预算实验”、“债务筹资方式实验”、“资本结构决策实验”、“投资决策原理实验”、“投资决策实务实验”、“短期资产管理实验”和“短期筹资管理实验”等九个实验专题。在每个实验项目的下方都设有“进入”按钮，点击某一项目的“进入”按钮，便进入相应的财务管理模拟实验教学项目。

1.5.1　财务管理基础实验

单击主界面中“财务管理基础实验”下方的“进入”按钮，进入“财务管理基础实验”模拟实验项目，这里列出了货币时间价值实验、风险与报酬实验和证券估值实验三个实验项目。每个实验项目的下方设有“进入”按钮，点击某一项目的“进入”按钮，便进入相应的模拟实验项目的界面。例如，点击“货币时间价值实验”下方的“进入”按钮，进入“货币时间价值实验”界面，在这里分别设有“实验说明”、“实验示范”、“实验操作”和“实验参考”。

1. 实验说明

单击“实验说明”，进入“实验说明”界面，这里列示货币时间价值实验、风险与报酬实验和证券估值实验的目的和要求。在了解实验目的和要求之后，单击屏幕左上方的“返回上级”按钮，回到“货币时间价值实验、风险与报酬实验和证券估值实验”界面。

2. 实验示范

单击“实验示范”，进入货币时间价值实验、风险与报酬实验和证券估值实验示范相关业务模型的演示目录界面，在这里有在 Excel 工作表中创建货币时间价值实验、风险与报酬实验和证券估值实验模型时的屏幕录像。点击要演示的货币时间价值实验、风险与报酬实验和证券估值实验相应模型的名称，就可以观看该模型创建过程的屏幕录像，以便对货币时间价值实验、风险与报酬实验和证券估值实验各个模型的创建过程和方法有比较直观的印象。实验示范既可以在财务管理学课堂上作为教师的辅助教学手段来使用，也可以供学生自学使用。录像演示结束后，单击屏幕左上方的“返回上级”按钮，回到“货币时间价值实验、风险与报酬实验和证券估值实验”界面。

3. 实验操作

单击“实验操作”，进入货币时间价值实验、风险与报酬实验和证券估值实验相关业务模型的操作目录界面，在这里要求在 Excel 工作表中创建货币时间价值实验、风险与报酬实验和证券估值实验的模型，具体包括货币时间价值实验、风险与报酬实验和证券估值实验等模型。打开 Excel 工作表，在这里分别创建货币时间价值实验、风险与报酬实验和证券估值实验模型。

在完成了货币时间价值实验、风险与报酬实验和证券估值实验模型之后，保存文件，并关闭 Excel 工作表，返回到“货币时间价值实验、风险与报酬实验和证券估值实验”界面。

4. 实验参考

单击“实验参考”，进入货币时间价值实验、风险与报酬实验和证券估值实验的参考目录界面。在这里有在 Excel 工作表中已经创建完成的货币时间价值实验、风险与报酬实验和证券估值实验模型。单击“货币时间价值实验、风险与报酬实验和证券估值实验模型”，就可以看到相应的已经创建完成的参考模型，以方便读者在创建模型遇到困难时或模型建成后需要核对时参考。参考结束后，单击屏幕左上方的“返回上级”按钮，回到“货币时间价值实验、风险与报酬实验和证券估值实验”界面。

1.5.2 财务分析实验

单击主界面中“财务分析实验”下方的“进入”按钮，进入财务分析实验模拟实验项目。在这里分别列出“实验说明”、“实验示范”、“实验操作”和“实验参考”。在“实验示范”、“实验操作”和“实验参考”中，分别列示了财务能力分析、财务趋势分析和财务综合分析等三种财务分析方法的实验。

1. 实验说明

单击“实验说明”，进入“实验说明”，这里列示财务分析实验的目的和要求。在了解实验目的和要求之后，单击屏幕左上方的“返回上级”按钮，回到“财务分析实验”界面。

2. 实验示范

单击“实验示范”，进入实验示范相关业务模型的演示目录界面，在这里有在 Excel 工作表中创建财务分析实验模型时的动态录像。点击要演示的财务分析实验方法模型的名称，就可以观看该模型创建过程的屏幕录像，以便对财务分析实验各个模型的创建过程和方法有比较直观的印象，了解在 Excel 工作表中创建财务分析实验模型的过程。“实验示范”既可以在课堂上作为辅助教学手段来使用，也可以供学生自学使用。录像演示结束后，单击屏幕左上方的“返回上级”按钮，回到“财务分析实验”界面。

3. 实验操作

在实验操作中提供了财务分析实验三种方法的模型框架，实验要求在该模型框架下直接进行创建财务分析实验模型的操作，通过创建三种财务分析实验模型达到训练财务管理学财务分析实验操作技能的目的。

打开“财务能力分析”的 Excel 工作表文件，创建财务能力分析模型，并进行财务能力分析实验，然后保存文件并关闭 Excel 工作表就返回到“财务分析实验”界面。

依次完成财务能力分析、财务趋势分析和财务综合分析财务分析模型的创建并完成相应的实验。在完成财务分析实验模型创建之后，保存文件，并关闭 Excel 工作表，回到“财务分析实验”界面。在“实验操作”界面上方有一功能按钮“返回上级”，需要退出时，单击该按钮，即可退出“财务分析实验”界面。

4. 实验参考

单击“实验参考”，进入模拟实验相关模型的参考目录界面。在这里有在 Excel 工作表中已经创建完成的各种财务分析实验模型。单击“财务分析实验模型”就可以看到已经创建完成的模型，以方便读者在创建财务分析实验模型遇到困难时或模型建成后需要核对时参考。参考结束后，单击屏幕左上方的“返回上级”按钮，回到“财务分析实验”界面。

1.5.3　筹资数量预测和财务预算实验

单击主界面中“筹资数量预测和财务预算实验”下方的“进入”按钮，进入筹资数量预测和财务预算实验项目。在这里分别列出了“实验说明”、“实验示范”、“实验操作”和“实验参考”。在“实验示范”、“实验操作”和“实验参考”中，分别列示了筹资数量预测和财务预算实验。

1. 实验说明

单击“实验说明”，进入“实验说明”，这里列示筹资数量预测和财务预算实验的目的和要求。在了解实验目的和要求之后，单击屏幕左上方的“返回上级”按钮，回到“筹资数量预测和财务预算实验”界面。

2. 实验示范

单击“实验示范”，进入实验示范相关业务模型的演示目录界面，在这里有在Excel工作表中创建筹资数量预测和财务预算实验模型时的动态录像。点击要演示的筹资数量预测和财务预算实验模型的名称，就可以观看该模型创建过程的屏幕录像，以便对筹资数量预测和财务预算实验模型的创建过程和方法有一个直观的印象。“实验示范”既可以在课堂上作为辅助教学手段来使用，也可以供学生自学使用。录像演示结束后，单击屏幕左上方的“返回上级”按钮，回到“筹资数量预测和财务预算实验”界面。

3. 实验操作

在实验操作中提供了筹资数量预测和财务预算实验的模型框架，实验要求在该模型框架下直接进行筹资数量预测和财务预算实验模型的创建，从而达到训练财务管理操作技能的目的。在完成创建筹资数量预测和财务预算实验模型的操作之后，保存文件，并关闭Excel工作表，回到“筹资数量预测和财务预算实验”界面。

4. 实验参考

单击“实验参考”，进入筹资数量预测和财务预算实验模型的参考目录界面。在这里有在Excel工作表中已经创建完成的筹资数量预测和财务预算实验模型。单击所要进入的筹资数量预测和财务预算实验模型，就可以看到已经创建完成的筹资数量预测和财务预算模型，以方便读者在创建模型遇到困难时或模型建成后需要核对时参考。参考结束后，单击屏幕左上方的“返回上级”按钮，回到“筹资数量预测和财务预算实验”界面。

1.5.4 长期筹资方式实验

单击主界面中“长期筹资方式实验”下方的“进入”按钮，进入长期筹资方式模拟实验项目。在这里分别列出了“实验说明”、“实验示范”、“实验操作”和“实验参考”。包括主教材关于长期筹资方式中介绍的方法——债券筹资实验、融资租赁筹资实验等实验。

1. 实验说明

单击“实验说明”，进入“实验说明”，这里列示长期筹资方式实验的目的和要求。在了解长期筹资方式实验的目的和要求之后，单击屏幕左上方的“返回上级”按钮，回到“长期筹资方式实验”界面。

2. 实验示范

单击“实验示范”，进入实验示范相关业务模型的演示目录界面，在这里有在Excel工作表中创建长期筹资方式实验模型时的动态录像。点击要演示的长期筹资方式实验模型的名称，就可以观看该模型创建过程的屏幕录像，以便对长期筹资方式实验模型的创建过程和方法有一个直观的印象。“实验示范”既可以在课堂上作为长期筹资方式实验的辅助教学手段来使用，也可以供学生自学使用。录像演示结束后，单击屏幕左上方的“返回上级”按钮，回到“长期筹资方式实验”界面。

3. 实验操作

在实验操作中提供了长期筹资方式实验的模型框架，实验要求在该模型框架下直接进行创建各种长期筹资方式实验模型的操作，通过创建长期筹资方式实验模型达到训练财务管理学长期筹资方式实验操作技能的目的。

在“实验操作”界面上方有一功能按钮“返回上级”，需要退出时，单击该按钮，即可回到“长期筹资方式实验”界面。

4. 实验参考

单击“实验参考”，进入长期筹资方式实验相关模型的参考目录界面。在这里有在 Excel 工作表中已经创建完成的长期筹资方式实验模型，单击所要进入的长期筹资方式实验模型，就可以看到相应的模型，以方便读者在创建长期筹资模型遇到困难时或模型建成后需要核对时参考。参考结束后，单击屏幕左上方的“返回上级”按钮，回到“长期筹资方式实验”界面。

1.5.5 资本结构决策实验

单击主界面中“资本结构决策实验”下方的“进入”按钮，进入资本结构决策实验项目。在这里分别列出了“实验说明”、“实验示范”、“实验操作”和“实验参考”。

1. 实验说明

单击“实验说明”，进入“实验说明”，这里列示资本结构决策实验的目的和要求。在了解实验目的和要求之后，单击屏幕左上方的“返回上级”按钮，回到“资本结构决策实验”界面。

2. 实验示范

单击“实验示范”，进入资本结构决策实验示范相关业务模型的演示目录界面，在这里有在 Excel 工作表中创建资本结构决策模型时的动态录像，点击要演示的资本结构决策实验相应模型的名称，就可以观看该模型创建过程的屏幕录像，以便对创建资本结构决策实验模型的操作过程和方法有一个直观的印象。“实验示范”既可以在课堂上作为辅助教学手段来使用，也可以供学生自学使用。录像演示结束后，单击屏幕左上方的“返回上级”按钮，回到“资本结构决策实验”界面。

3. 实验操作

在实验操作中提供了创建资本结构决策实验的模型框架，实验要求在该模型框架下直接进行资本结构决策模型创建，通过创建资本结构决策模型达到训练资本结构决策操作技能的目的。

在完成上述资本结构决策模型之后，保存文件，并关闭 Excel 工作表，回到“资本结构决策实验”界面。

4. 实验参考

单击“实验参考”，进入资本结构决策实验相关模型的参考目录界面。在这里有在 Excel 工作表中已经创建完成的资本结构决策模型，单击所要进入的资本结构决策模型，就可以看到相应的已创建完成的资本结构决策模型，以方便读者在创建资本结构决策模型遇到困难时或模型建成后需要核对时参考。参考结束后，单击屏幕左上方的“返回上级”按钮，回到“资本结构决策实验”界面。

1.5.6 投资决策原理实验

单击主界面中“投资决策原理实验”下方的“进入”按钮，进入投资决策原理实验项目。在这里分别列出了“实验说明”、“实验示范”、“实验操作”和“实验参考”。

1. 实验说明

单击“实验说明”，进入“实验说明”，这里列示投资决策原理实验的目的和要求。在了解实验目的和要求之后，单击屏幕左上方的“返回上级”按钮，回到“投资决策原理实验”界面。

2. 实验示范

单击“实验示范”，进入投资决策原理实验示范的演示目录界面，在这里有在 Excel 工作表中创建投资决策原理实验模型的动态录像，点击要演示的投资决策原理实验相应模型的名称，就可以观看该模型创建过程的屏幕录像，以便对创建投资决策原理实验模型的操作过程和方法有一个直观的印象。“实验示范”既可以在课堂上作为辅助教学手段来使用，也可以供学生自学使用。录像演示结束后，单击屏幕左上方的“返回上级”按钮，回到“投资决策原理实验”界面。

3. 实验操作

在实验操作中提供了创建投资决策原理的模型框架，实验要求在该模型框架下直接进行投资决策原理模型创建，通过创建投资决策原理模型达到训练投资决策原理操作技能的目的。

在完成上述投资决策原理模型之后，保存文件，并关闭 Excel 工作表，回到“投资决策原理实验”界面。

4. 实验参考

单击“实验参考”，进入投资决策原理实验相关模型的参考目录界面。在这里有在 Excel 工作表中已经创建完成的投资决策原理实验模型，单击所要进入的投资决策原理模型，就可以看到相应的投资决策原理模型，以方便读者在创建投资决策原理实验模型遇到困难时或模型建成后需要核对时参考。参考结束后，单击屏幕左上方的“返回上级”按钮，回到“投资决策原理实验”界面。

1.5.7 投资决策实务实验

单击主界面中“投资决策实务实验”下方的“进入”按钮，进入投资决策实务实验项目。在这里分别列出了“实验说明”、“实验示范”、“实验操作”和“实验参考”。

1. 实验说明

单击“实验说明”，进入“实验说明”，这里列示投资决策实务实验的目的和要求。在了解实验目的和要求之后，单击屏幕左上方的“返回上级”按钮，回到“投资决策实务实验”界面。

2. 实验示范

单击“实验示范”，进入投资决策实务实验示范相关业务模型的演示目录界面，在这里有在 Excel 工作表中创建投资决策实务实验模型时的动态录像，点击要演示的投资决策实务实验相应模型的名称，就可以观看该模型创建过程的屏幕录像，以便对创建投资决策实务模型的操作过程和方法有一个直观的印象。“实验示范”既可以在课堂上作为辅助教学手段来使用，也可以供学生自学使用。录像演示结束后，单击屏幕左上方的“返回上级”按钮，回到“投资决策实务实验”界面。

3. 实验操作

在实验操作中提供了投资决策实务实验的模型框架，实验要求在该模型框架下直接进行投资决策实务模型创建，通过创建投资决策实务模型达到训练投资决策实务的操作技能的目的。

在完成上述投资决策实务模型之后，保存文件，并关闭 Excel 工作表，回到“投资决策实务实验”界面。

4. 实验参考

单击“实验参考”，进入投资决策实务实验相关模型的参考目录界面。在这里有在 Excel 工作表中已经创建完成的投资决策实务模型，单击所要进入的投资决策实务实验模型，就可以看到相应的模型，以方便读者在创建投资决策实务实验模型遇到困难时或模型建成后需要核对时参考。参考结束后，单击屏幕左上方的“返回上级”按钮，回到“投资决策实务实验”界面。

1.5.8 短期资产管理实验

单击主界面中“短期资产管理实验”下方的“进入”按钮，进入短期资产管理实验项目。在这里分别列出了“实验说明”、“实验示范”、“实验操作”和“实验参考”。

1. 实验说明

单击“实验说明”，进入“实验说明”，这里列示短期资产管理实验的目的和要求。在了解实验目的和要求之后，单击屏幕左上方的“返回上级”按钮，回到

“短期资产管理实验”界面。

2. 实验示范

单击“实验示范”，进入创建短期资产管理模型的演示目录界面，在这里有在Excel工作表中创建短期资产管理模型的动态录像，点击要演示的短期资产管理实验相应模型的名称，就可以观看该模型创建过程的屏幕录像，以便对创建短期资产管理实验模型的操作过程和方法有一个直观的印象。“实验示范”既可以在课堂上作为辅助教学手段来使用，也可以供学生自学使用。录像演示结束后，单击屏幕左上方的“返回上级”按钮，回到“短期资产管理实验”界面。

3. 实验操作

在实验操作中提供了创建短期资产管理的模型框架，实验要求在该模型框架下直接进行短期资产管理模型创建，通过创建短期资产管理模型达到训练短期资产管理方法的操作技能的目的。

在完成上述短期资产管理实验模型之后，保存文件，并关闭Excel工作表，回到“短期资产管理实验”界面。

4. 实验参考

单击“实验参考”，进入短期资产管理实验模型的参考目录界面。在这里有在Excel工作表中已经创建完成的短期资产管理模型，单击所要进入的短期资产管理模型，就可以看到相应的短期资产管理模型，以方便读者在创建短期资产管理模型遇到困难时或模型建成后需要核对时参考。参考结束后，单击屏幕左上方的“返回上级”按钮，回到“短期资产管理实验”界面。

1.5.9 短期筹资管理实验

单击主界面中“短期筹资管理实验”下方的“进入”按钮，进入短期筹资管理实验项目。每个实验项目的下方设有“进入”按钮，点击某一项目的“进入”按钮，便进入相应的模拟实验项目的界面。在这里分别设有：“实验说明”、“实验示范”、“实验操作”和“实验参考”。

1. 实验说明

单击“实验说明”，进入“实验说明”，这里列示短期筹资管理实验的目的和要求。在了解实验目的和要求之后，单击屏幕左上方的“返回上级”按钮，回到“短期筹资管理实验”界面。

2. 实验示范

单击“实验示范”，进入短期筹资管理实验示范目录界面，在这里有在Excel工作表中创建短期筹资管理模型时的屏幕录像，点击要演示的模型的名称，就可以观看该模型创建过程的屏幕录像，以便对短期筹资管理各个模型的创建过程和方法有比较直观的印象。“实验示范”既可以在财务管理学课堂上作为教师的辅助教学手段来使用，也可以供学生自学使用。录像演示结束后，单击屏幕左上方的“返回上级”按钮，回到“短期筹资管理实验”界面。

3. 实验操作

单击“实验操作”，进入短期筹资管理实验的操作目录界面，在这里要求在Excel工作表中创建短期筹资管理的模型。实验要求在该模型框架下直接进行短期筹资管理模型创建，通过创建短期筹资管理模型达到训练短期筹资管理方法的操作技能的目的。

在完成创建“短期筹资管理”模型之后，保存文件，并关闭Excel工作表，返回到“短期筹资管理实验”界面。

4. 实验参考

单击“实验参考”，进入短期筹资管理模型的参考目录界面。在这里有在Excel工作表中已经创建完成的短期筹资管理模型。单击短期筹资管理模型，就可以看到相应的已经创建完成的参考模型，以方便读者在创建模型遇到困难时或模型建成后需要核对时参考。参考结束后，单击屏幕左上方的“返回上级”按钮，回到“短期筹资管理实验”参考界面。

第 2 章 Chapter 2 财务管理基础实验[①]

实验导引

实验名称： 财务管理基础实验

实验目的： 理解财务管理的价值的基本原理和计算方法，获得利用 Excel 工作表作出财务管理模型的技能。

实验内容： 以主教材第 2 章“财务管理的价值观念”的货币时间价值、风险与报酬和证券估值的计算为主要实验内容，创建终值模型和现值模型。

实验要求： 利用 Excel 工作表平台，完成终值模型、现值模型、风险与报酬模型和证券估值模型的创建和应用。

实验参考： 参考主教材第 2 章货币时间价值、风险与报酬和证券估值等相关内容，以及实验系统中财务管理基础实验模块“实验示范”中的货币时间价值模型、风险与报酬模型和证券估值模型的创建和应用屏幕录像及“实验参考”等内容。

昂贵的许诺

每当看到法国玫瑰，总会想起法国的一代天骄拿破仑玫瑰花悬案的故事。1797 年 3 月，拿破仑偕同新婚妻子约瑟芬参观了卢森堡大公国第一国立小学。在那里，他们受到全校师生的热情款待，拿破仑夫妇很过意不去。在辞别的时候，拿破仑慷慨地向该校校长送上一束价值 3 个金路易的玫瑰花。他说：“为了答谢贵校对我，尤其是对我夫人约瑟芬的盛情款待，我今天呈上一束玫瑰花，在未来的日子里，只要我们法国存在一天，每年的今天我将亲自派人送给贵校一束价值相等的玫瑰花，作为法兰西与卢森堡友谊的象征。”

事过境迁，疲于连绵不断的战争和此起彼伏的政治事件，最终惨败而被流放的拿破仑把青年时代在卢森堡的许诺忘得一干二净。可卢森堡这个小国却把这个欧洲巨人与卢

---

① 因主教材第 2 章财务管理的价值观念，其内容主要介绍的是财务管理的基础知识，从实验内容的视角考虑，将本章改为“财务管理基础实验”。特此说明。

森堡孩子亲切和睦相处的一刻载入了史册。1984 年底，这件相隔百年的轶事却给法国惹出个大麻烦——卢森堡通知法国政府，提出了“玫瑰花许诺”之索赔。要求：要么从 1797 年起，用三个金路易作为一束花的本金，双五厘复利息（即利滚利）结算，全部清偿这笔玫瑰花外债；要么法国各大报纸承认：你们的一代传奇拿破仑是言而无信的小人。

起初，法国政府认为“法国的一代天骄之荣誉，岂可被区区小事诋毁?”打算不惜重金赎回拿破仑的荣誉。但是，财政部门官员看到从电子计算机里输出的数据时，不禁面面相觑，叫苦不迭。原本三个金路易的“玫瑰花债项”核算的本息竟高达 1 375 500 多法国法郎。经过一番冥思苦想，法国人用如下的措词获得了卢森堡公民的谅解：今后，无论在精神上还是在物质上，法国将始终不渝地对卢森堡中小学教育事业予以支持与赞助，来体现我们的拿破仑将军一言千金的玫瑰花“许诺”。

资料来源：http://zhidao.baidu.com/link?url=lAiz7PnKemAleU70Yf00ubLdqVLqA0hz7h9JfWWfZc-zA8Rd1idCqE6Yf9mEBeeKj6-7kyRzyIMmlWYSzBgnuq.

2.1 财务管理基础实验概述

财务管理主要是指企业的筹资、投资、资金运营和资金分配四方面的价值管理活动为主要内容的管理活动。财务管理学主要是指开展企业财务管理活动的基本原理、具体内容和技术方法。财务管理最基本的价值观念主要包括：货币时间价值、风险与报酬以及证券估值等。这些观念是财务管理的基础，需要从理论和方法两方面树立财务管理的价值观念。由于主教材在本章安排的主要内容是货币时间价值、风险与报酬和证券估值，因此财务管理基础实验也围绕上述内容展开。

2.1.1 财务管理基础实验内容

根据主教材的内容，本章选取作为财务管理基础实验的主要内容包括：

第一，计算货币时间价值实验。就货币时间价值而言，复利及其计算、终值和现值计算、年金终值和年金现值计算就是从量的方面树立货币时间价值观念，也是为以后的学习奠定基础。

第二，计算风险与报酬实验。企业的筹资、投资、资金运营和资金分配等财务管理活动可以为企业带来财务报酬，但是财务活动也必然存在财务风险。一般情况下，风险和报酬之间存在着相匹配的关系，即高风险、高收益。但是，在某些情况下，财务风险和报酬相匹配的关系会发生矛盾，即高风险、低收益。因此，应把握财务风险与报酬之间的关系以及财务风险的不同性质，计算出单项资产、证券组合的风险和报酬，为企业制定合理的投资策略、风险管理策略以实现既定的投资收益提供参考。

第三，计算证券价值实验。证券估值是指对债券、股票等有价证券内在价值的估计与计算。

2.1.2 财务管理基础实验任务

根据财务管理基础实验的内容，本章实验要完成的任务主要包括：

第一，完成复利终值模型的创建与应用实验；

第二，完成复利现值模型的创建与应用实验；

第三，完成证券组合报酬模型的创建与应用；

第四，完成证券组合风险报酬率模型的创建与应用；

第五，完成债券估值模型的创建与应用。

2.1.3 财务管理基础实验平台

财务管理基础实验以 Excel 工作表为实验平台。尽管我们可以用手工计算或者借助查现值表的办法，来解决涉及货币时间价值、证券组合报酬和证券估值的计算，但是这种计算问题是财务管理的经常性工作，在财务管理工作中计算工作量非常大。为了提高这类计算问题的工作效率，减轻财务管理专业人员的劳动强度，有必要借助 Excel 工作表创建货币时间价值、风险与报酬以及证券估值的计算模型。

Excel 工作表能够解决财务管理的许多问题，不仅可以方便地编写公式，引用内置的函数，还可以调用分析工具，为我们创建各种财务管理模型提供了极大的便利。在本实验的模型构建过程中除了编写公式外，还涉及 FV 函数、PV 函数、NPV 函数、SUMPRODUCT 函数的引用以及单变量求解分析工具。

2.2 货币时间价值实验

货币时间价值实验属于学习货币的时间价值理论知识后验证性的实验和巩固知识的实验。

每个学生通过亲自动手做货币时间价值实验，可以把货币时间价值及其计算的书本知识和实际要解决的问题联系起来，获得比较全面的知识和解决问题的技能。

货币的时间价值就是指当前所持有的一定量货币比未来获得的等量货币具有更高的价值。通常，在计算货币时间价值时都用复利计算。复利是指在规定期限内，每期都是以上期的本利和为本金计算利息的一种计息方法，俗称“利滚利”，即不仅对本金计算利息，而且对以前时期产生的利息也要计算利息。具体来说，计算货币时间价值涉及复利终值计算模型的创建与应用和复利现值计算模型的创建与应用两方面的实验内容。

2.2.1　复利计算模型的创建

2.2.1.1　复利终值模型的创建

复利终值是指按照复利计算出来的本金和利息之和。或者说，终值是现在存入银行一笔特定金额的资金在将来某一特定时间从银行取回的本金和利息(即本利和)。复利终值的计算又可以分为 1 元复利终值计算和年金复利终值计算。

【任务 2—1】

江海电器有限公司将 1 000 元钱存入银行，年利息率为 7%，按复利计算，5 年后终值应为多少？(资料来源：主教材第 28 页例 2—2。根据实验教学的需要对部分实验题目的顺序有所调整，部分数据有所修改，下同。)

为便于说明如何在 Excel 工作表中完成复利终值模型的创建任务，我们利用上述【任务 2—1】的资料并借助 Excel 工作表创建复利终值计算模型，然后根据复利终值模型计算出【任务 2—1】中有关复利终值问题。

第一步，建立复利终值计算模型框架并录入数据

首先在 Excel 工作表中建立复利终值计算模型框架并将【任务 2—1】的复利终值计算相关数据录入。如图 2—1 所示。

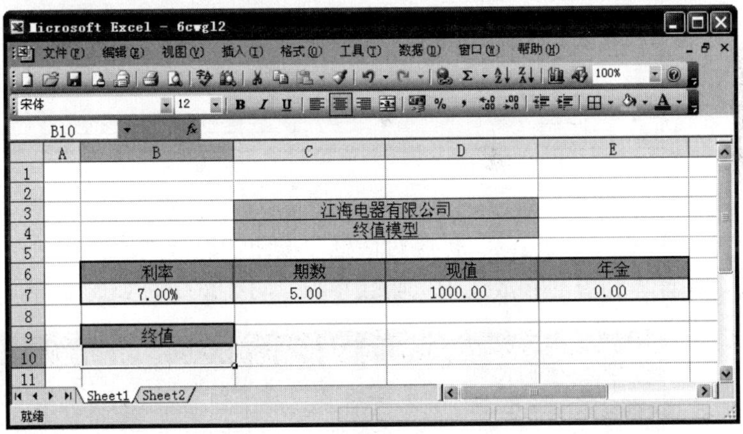

图 2—1

第二步，调用 FV 函数计算复利终值

用鼠标单击 B10 单元格，单击公式编辑栏左侧的插入函数“f_x”按钮，弹出“插入函数”对话框，单击“或选择类别 (C)”栏选择“财务”类，在“选择函数 (N)”栏选择“FV”函数名。如图 2—2 所示。

点击“确定”按钮，弹出计算复利终值的“函数参数”对话框。如图 2—3 所示。

第三步，计算存款 5 年后的终值

单击“Rate”栏右边的“折叠对话框”按钮，用鼠标选择 B7 单元格。然后

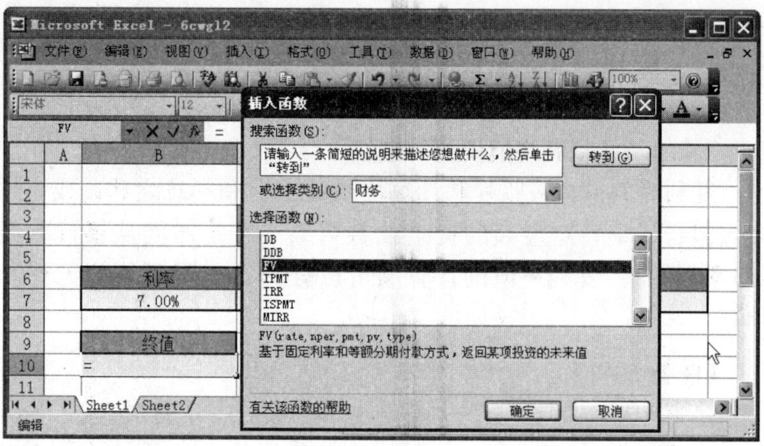

图 2—2

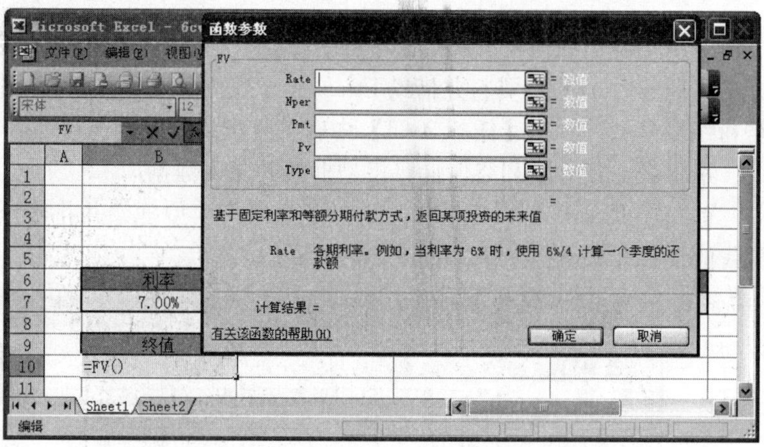

图 2—3

单击“Rate”栏右边的“折叠对话框”按钮，返回“函数参数”对话框。以此类推，将计算终值的参数选入“函数参数”对话框中。如图 2—4 所示。

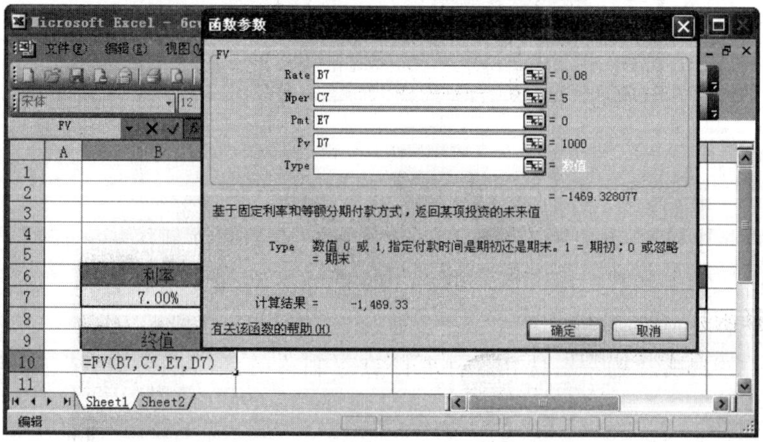

图 2—4

点击“确定”按钮，在 B10 单元格就显现出该笔存款的复利终值 1 402.55 元。如图 2—5 所示。

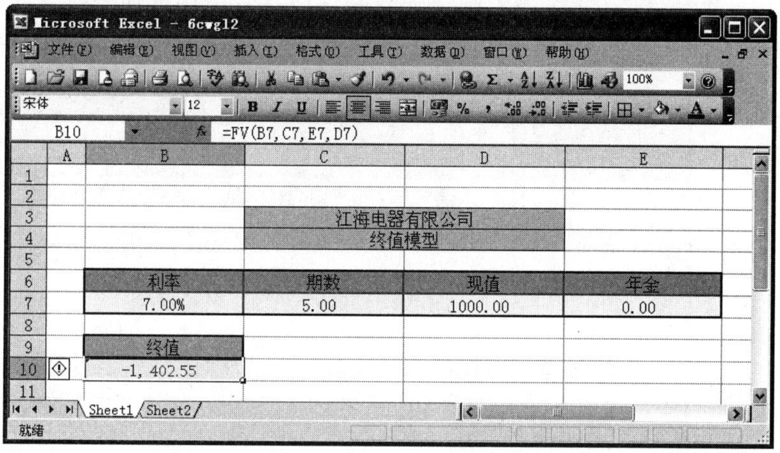

图 2—5

注意： FV 函数计算出来的终值是负数。站在银行的角度现在吸收 1 000 元的存款，到期后连本带息就要付出 1 402.55 元；如果站在存款人的角度，现在付出（存入银行）1 000 元的存款，到期后连本带息就可以拿回 1 402.55 元；如果把存入的 1 000 元输入－1 000，结果就是正的 1 402.55。无论哪种形式，只要理解意思即可。因此在本书的行文中都以正数表示（下同）。

到此为止，按照【任务 2—1】所提供的资料，在 Excel 工作表中创建的复利终值计算模型就已经完成了。对这部分内容读者可以参考“实验系统”中“财务管理基础实验”项目下的“实验示范”中第 1 个实验的屏幕录像。

2.2.1.2　复利现值模型的创建

复利现值是复利终值的对称，是指未来一定时间的特定资金按复利计算的现在价值，或者说是为了在将来某一特定时间从银行取回一笔特定金额（即本利和）现在所需要存入银行的本金。复利现值的计算又可以分为 1 元复利现值计算和年金复利现值计算。

复利现值计算主要涉及的是 1 元的复利现值计算和年金现值的计算，它是 1 元复利终值计算和年金终值计算的逆运算。

【任务 2—2】

江海电器有限公司若计划在 3 年以后得到 2 000 元，年利息率为 8%，复利计息，则现在应存入银行的金额是多少？（资料来源：主教材第 28 页例 2—2。）

为便于说明如何在 Excel 工作表中完成复利现值计算的任务，这里介绍利用 PV 函数计算现值的方法。我们利用上述【任务 2—2】的资料并借助 Excel 工作表创建复利现值计算模型，然后根据复利现值计算模型计算出有关复利现值问题。

在 Excel 工作表中，创建复利现值计算模型的步骤如下：

第一步，建立复利现值计算模型框架并录入数据

首先在 Excel 工作表中建立复利现值计算模型框架并将【任务 2—2】的复利现值计算相关数据录入。如图 2—6 所示。

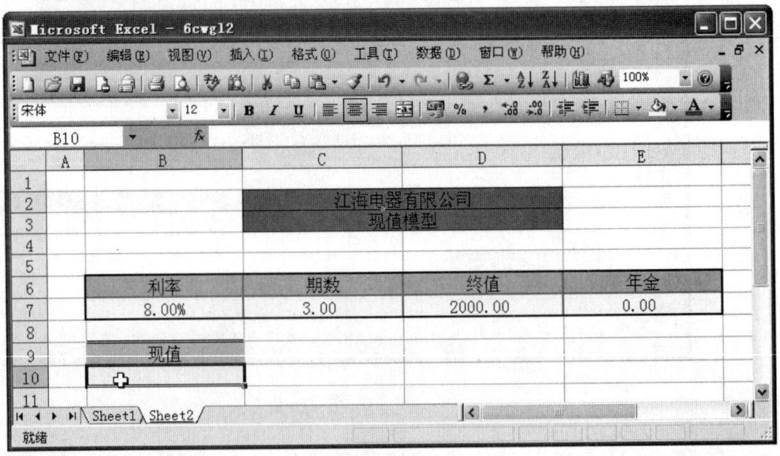

图 2—6

第二步，调用 PV 函数计算复利现值

用鼠标单击 B10 单元格，单击公式编辑栏左侧的插入函数“f_x”按钮，弹出“插入函数”对话框，单击“或选择类别（C）”栏选择“财务”类，在“选择函数（N）”栏选择“PV”函数名。如图 2—7 所示。

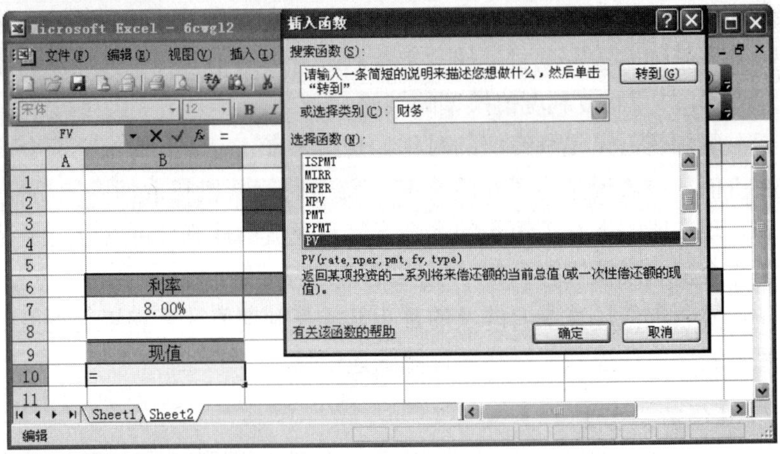

图 2—7

点击“确定”按钮，弹出计算复利现值的“函数参数”对话框。

第三步，计算现在要存入银行的存款现值

单击“Rate”栏右边的“折叠对话框”按钮，用鼠标选择 B7 单元格。然后单击“Rate”栏右边的“折叠对话框”按钮，返回“函数参数”对话框。以此类推，将计算终值的参数选入“函数参数”对话框中。如图 2—8 所示。

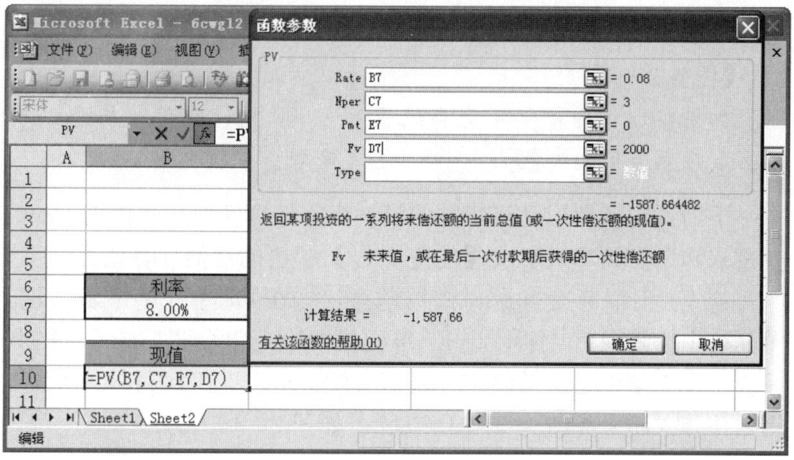

图 2—8

点击"确定"按钮，在 B10 单元格就显现出该笔存款的复利现值 1 587.66 元。如图 2—9 所示。

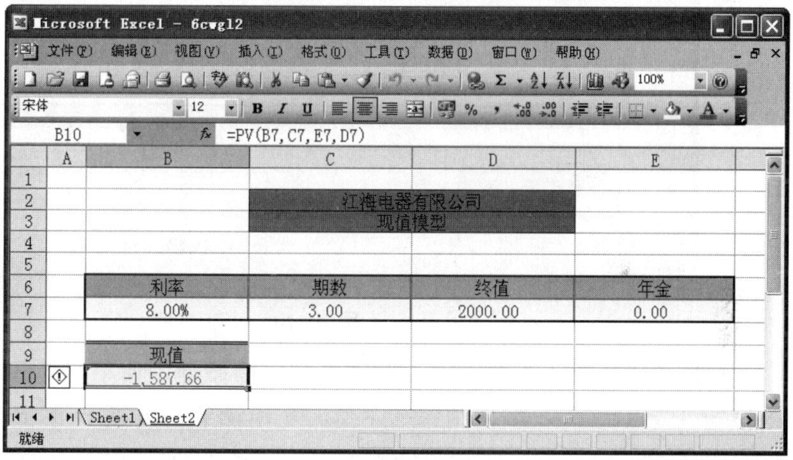

图 2—9

到此为止，按照【任务 2—2】所提供的资料，在 Excel 工作表中创建的复利现值计算模型就已经完成了。对这部分内容读者可以参考"实验系统"中"财务管理基础实验"项目下的"实验示范"中第 2 个实验的屏幕录像。

2.2.2 复利计算模型的应用

2.2.2.1 复利终值模型的应用

我们创建复利终值计算模型的目的并不仅仅是要解决上述【任务 2—1】中的复利终值计算这一特定问题，而是建立一个复利终值计算工具或平台。凡是遇到相同或类似的复利终值计算时，我们就可以利用这个复利终值计算的工具或平台来解决这类问题。复利终值计算模型建立以后，通过应用复利终值模型为我们进行复利终值计算提供了极大的便利。

【任务 2—3】

如果在 5 年中每年年底存入银行 1 000 元，年存款利率为 8%，复利计息。则第 5 年年末年金终值为多少？（资料来源：主教材第 30 页例 2—3。）

下面我们就利用已经建立的复利终值计算模型，并借助 Excel 工作表的“单变量求解”工具，来解决【任务 2—3】提出的终值计算任务。

这里是计算年金问题，依据题意，先在 C7 单元格中输入期数“5”，在 D7 单元格中输入现值“0”，在 E7 单元格中输入年金“1 000”，在 B10 单元格就可计算出在 5 年中每年年底存入银行 1 000 元，年存款利率为 8%，复利计息，则第 5 年年末年金终值为 5 866.60 元。如图 2—10 所示。

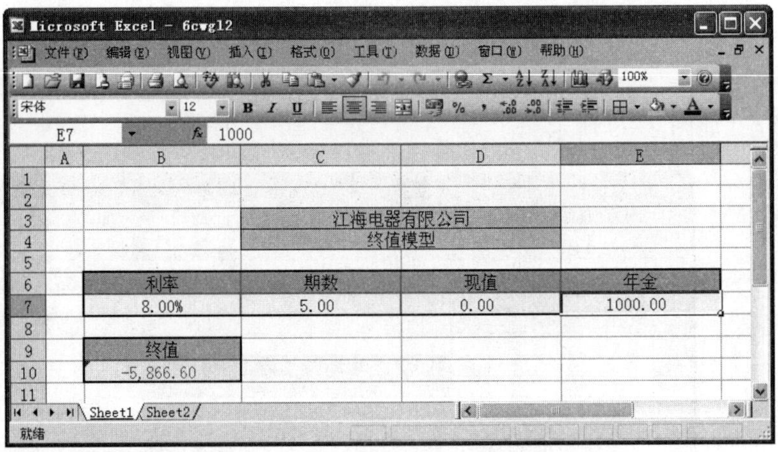

图 2—10

根据【任务 2—3】的资料，利用复利终值模型，如果在 5 年中每年年底存入银行 1 000 元，年存款利率为 8%，复利计息。则第 5 年年末年金终值为 5 866.60 元。

【任务 2—4】

如果每年年初存入银行 1 000 元，年存款利率为 8%，则第 10 年年末的本利和应为多少？（资料来源：主教材第 33 页例 2—5。）

【任务 2—4】也是计算年金问题，只不过存入款项发生在年初，而不是年末。依据题意，先在 C7 单元格中输入期数“10”，然后单击公式编辑栏左侧的插入函数“f_x”按钮，弹出计算复利终值的“函数参数”的对话框，如图 2—11 所示。

由于款项是在每年的年初存入银行的，因此这是一笔即付年金。计算时我们只要在“Type”栏内输入“1”，就可计算出这笔即付年金在第 10 年年末的终值。如图 2—12 所示。

点击“确定”按钮，在 B10 单元格就显示出每年年初存入银行 1 000 元，年存款利率为 8%，则第 10 年年末的本利和应为 15 645.49 元。如图 2—13 所示。

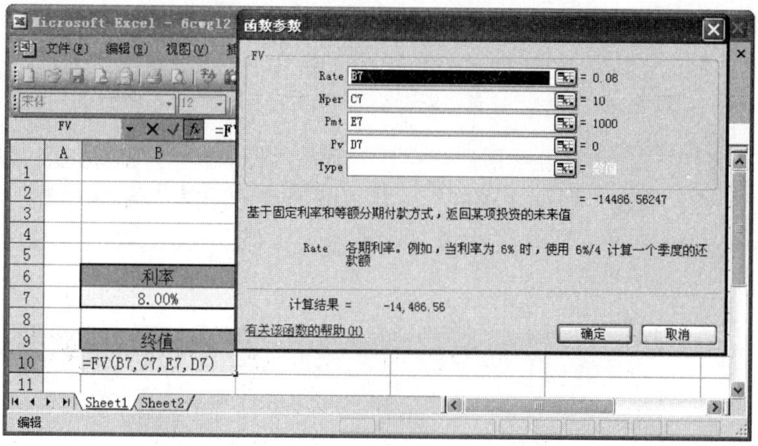

图 2—11

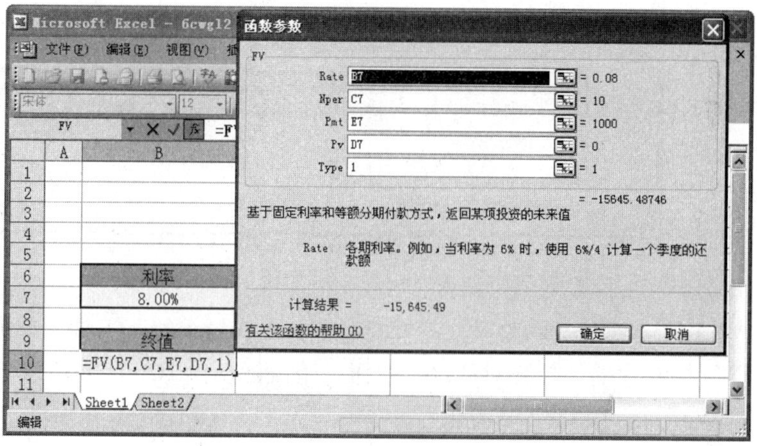

图 2—12

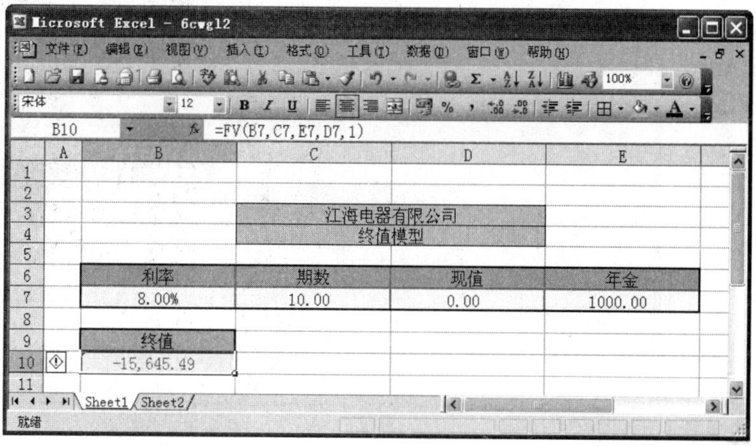

图 2—13

根据【任务 2—4】的资料，利用复利终值模型，如果每年年初存入银行 1 000 元，年存款利率为 8%，则第 10 年年末的年金终值为 15 645.49 元。

【任务 2—5】

将 100 元存入银行，10 年后可获本利和 259.4 元，问银行存款的利率为多少？（资料来源：主教材第 38 页例 2—11。）

【任务 2—5】虽然是计算存款的利率问题，但我们根据复利终值模型中的变量关系，利用“单变量求解”工具也能计算出结果。依据题意，先在 C7 单元格中输入期数“10”，在 D7 单元格中输入现值“100”，在 E7 单元格中输入年金“0”。如图 2—14 所示。

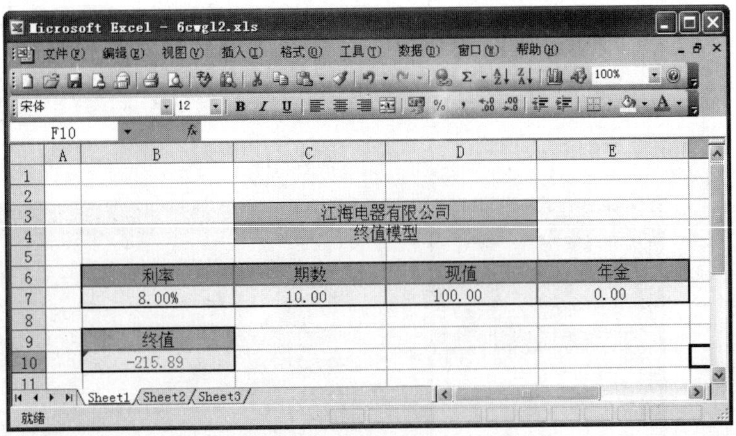

图 2—14

在“工具”菜单的下拉菜单中选择“单变量求解”工具。单击“目标单元格（E）”栏右边的“折叠对话框”按钮，用鼠标选择 B10 单元格。然后选中“目标值（V）”栏，并输入目标值“－259.4”，再单击“可变单元格（C）”栏右边的“折叠对话框”按钮，用鼠标选择 B7 单元格。如图 2—15 所示。

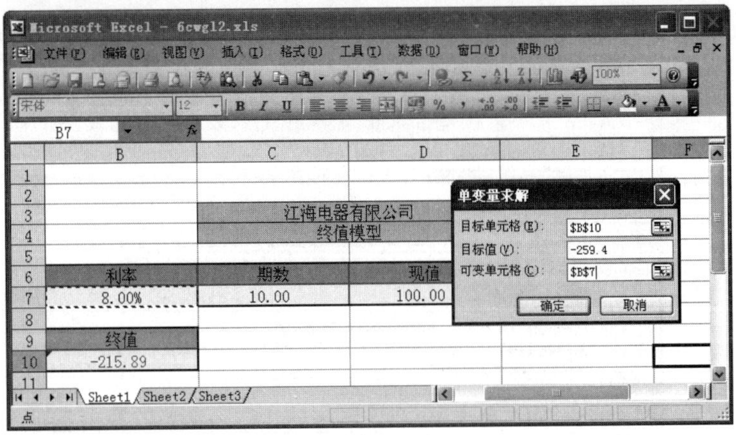

图 2—15

点击“确定”按钮，在 B7 单元格就计算出将 100 元存入银行，10 年后可获本利和 259.4 元的银行存款利率为 10%。如图 2—16 所示。

利用复利终值模型，如果将 100 元存入银行，10 年后可获本利和 259.4 元，

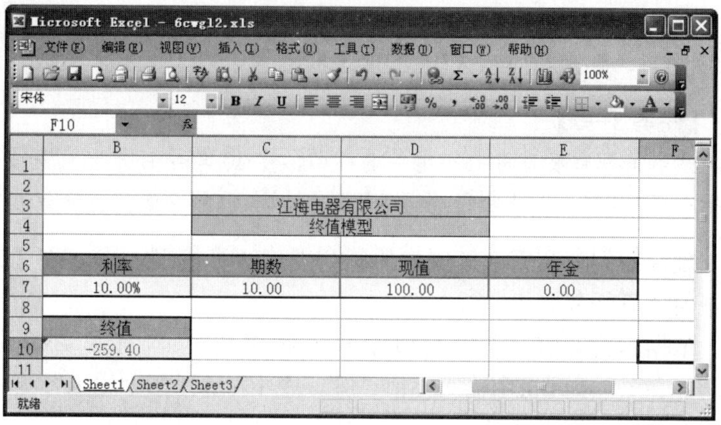

图 2—16

计算出的银行存款利率为 10%。

2.2.2.2　复利现值模型的应用

我们创建复利现值计算模型的目的并不仅仅是要解决上述【任务 2—2】中的复利现值计算这一特定问题，而是建立一个计算复利现值问题的工具或平台。凡是遇到相同或类似的复利现值计算时，我们就可以利用这个复利现值计算的工具或平台来解决这类问题。复利现值计算模型建立以后，通过应用复利现值模型为我们进行复利现值计算提供了极大的便利。

【任务 2—6】

某人准备在今后 5 年中每年年末从银行取 1 000 元，如果利息率为 10%，则现在应存入多少元？(资料来源：主教材第 32 页例 2—4。)

下面我们就利用已经建立的复利现值计算模型，来解决【任务 2—6】提出的现值计算任务。

依据题意，在 B7 单元格中输入利率“10%”，在 C7 单元格中输入期数“5”，在 E7 单元格中输入年金“1 000”后，按下回车键，模型就为我们计算出结果为 3 790. 79 元。如图 2—17 所示。

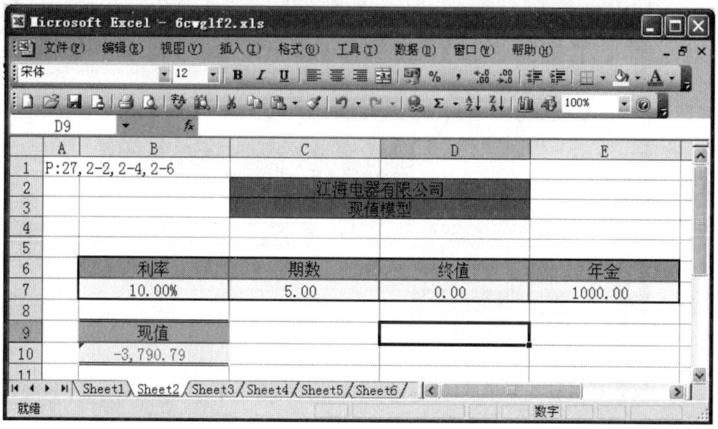

图 2—17

利用复利现值模型计算，今后 5 年中每年年末从银行取 1 000 元，如果利息率为 10%，则现在应存入为 3 790.79 元。

【任务 2—7】

江海电器有限公司拟租用一套设备，在 10 年中每年年初要支付租金 5 000 元，年利息率为 8%，则这些租金的现值为多少？（资料来源：主教材第 34 页例 2—6。）

现在我们就利用已经创建的复利现值计算模型，来解决【任务 2—7】提出的现值计算任务。

依据题意，在 B7 单元格中输入利率“8%”，在 C7 单元格中输入期数“10”，在 D7 单元格中输入终值“0”，在 E7 单元格中输入年金“5 000”后，模型就为我们计算出结果为 33 550.41 元。如图 2—18 所示。

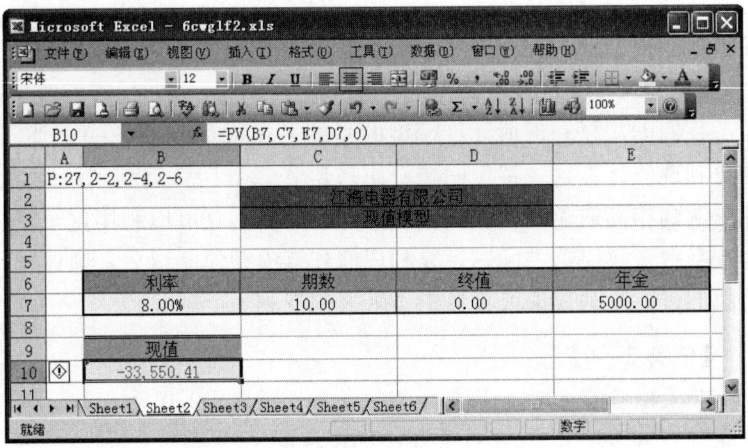

图 2—18

注意：这里的结果是不正确的。因为任务提供的资料是每年年初要支付租金 5 000 元，这是一笔即付年金问题，因此需要将 PV 函数的逻辑判断值由“0”改为“1”。如图 2—19 所示。

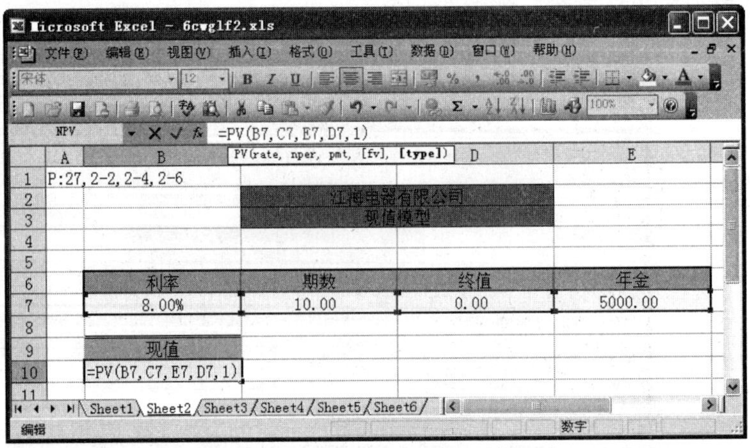

图 2—19

按下回车键，模型就为我们计算出结果，如图 2—20 所示。

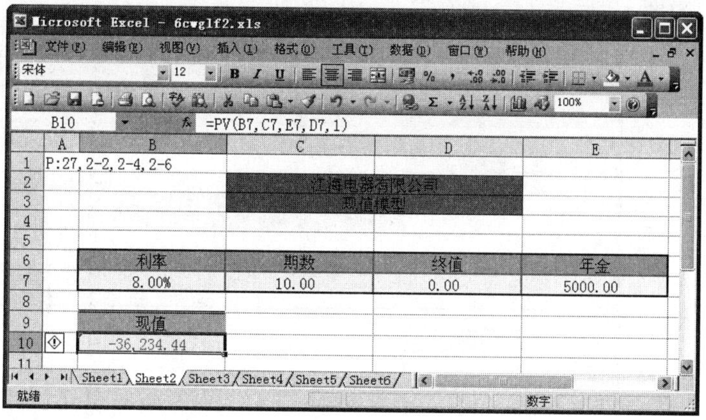

图 2—20

利用复利现值模型计算，如果江海电器有限公司租用一套设备，在 10 年中每年年初要支付租金 5 000 元，年利息率为 8%的话，则这些租金的现值为 36 234.44 元。

【任务 2—8】

如果公司向银行借入一笔款项，银行贷款的年利息率为 8%，银行规定前 10 年不需还本付息，但第 11～ 20 年每年年末偿还本息 1 000 元，则这笔款项的现值应为多少？（资料来源：主教材第 35 页例 2—7。）

下面我们就利用已经建立的复利现值计算模型，来解决【任务 2—8】提出的现值计算任务。

我们利用现值计算模型并根据主教材的第二种方法来计算这笔款项的现值。即先求出每期还款 1 000 元，为期 20 年的年金现值，然后再减去没有还款的前 10 年的年金现值，这两者之差就是这笔延期年金的现值。

依据题意，先在 C7 单元格中输入期数“20”，再在 E7 单元格中输入年金“1 000”。现值模型计算出每期还款 1 000 元，为期 20 年的年金现值为 9 818.15 元。如图 2—21 所示。

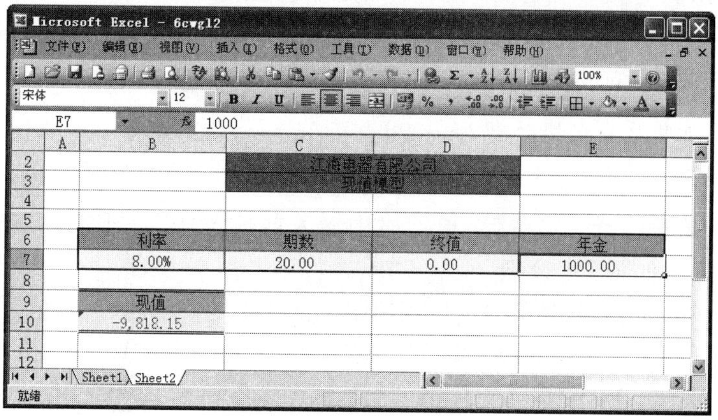

图 2—21

然后，再在C7单元格中输入期数“10”，现值模型计算出每期还款1 000元，为期10年的年金现值为6 710.08元。如图2—22所示。

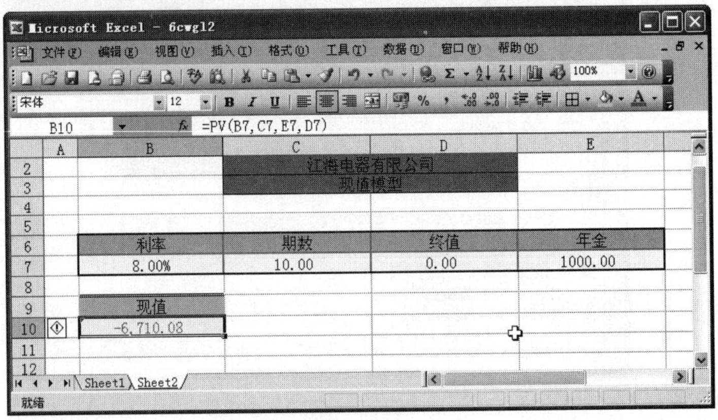

图2—22

用20年的年金现值9 818.15元减去10年的年金现值6 710.08元，即可计算出这笔递延年金的现值为3 108.07元。如图2—23所示。

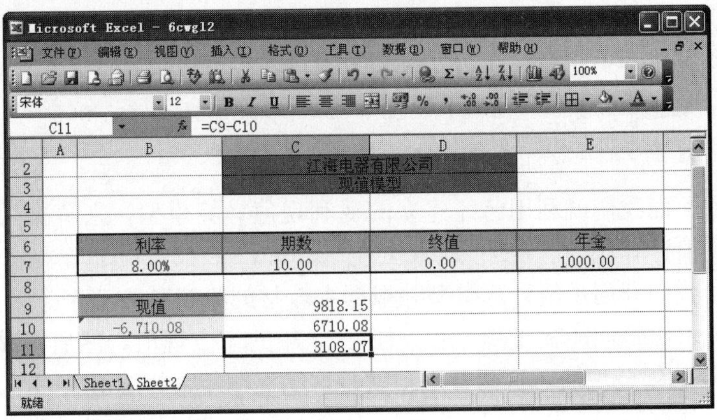

图2—23

利用复利现值模型计算，如果公司向银行借入一笔款项，银行贷款的年利息率为8%，银行规定前10年不需还本付息，但第11～20年每年年末偿还本息1 000元，则这笔款项的现值为3 108.07元。

【任务2—9】

如果现在向银行存入5 000元，在利率为多少时，才能保证在今后10年中每年得到750元？(资料来源：主教材第38页例2—12。)

依据题意，先在C7单元格中输入期数“10”，再在E7单元格中输入年金“750”。如图2—24所示。

在“工具”菜单的下拉菜单中选择“单变量求解”工具。单击“目标单元格(E)”栏右边的“折叠对话框”按钮，用鼠标选择B10单元格。然后选中“目标值（V)”栏，并输入目标值“－5 000”，再单击“可变单元格（C)”栏右边的“折叠对话框”按钮，用鼠标选择B7单元格。如图2—25所示。

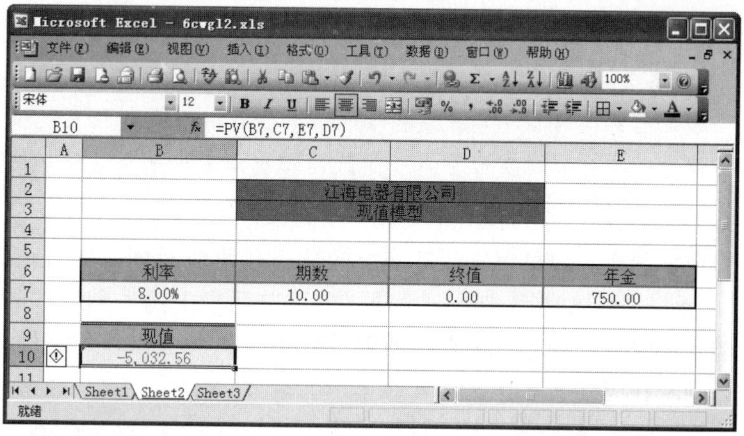

图 2—24

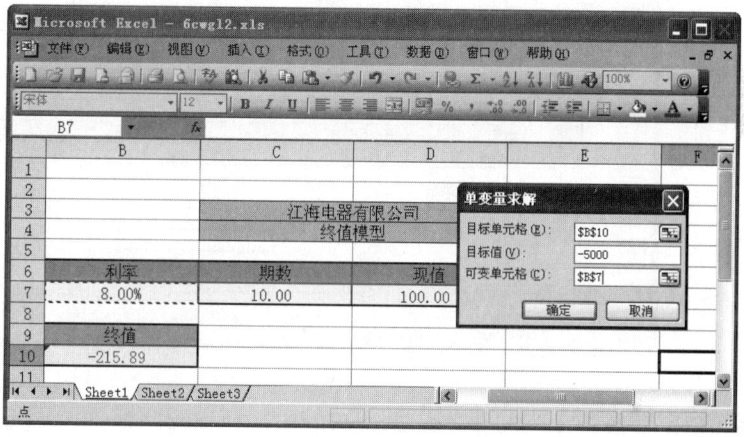

图 2—25

点击“确定”按钮，在 B7 单元格就计算出能保证在今后 10 年中每年得到 750 元的利率为 8.14%。如图 2—26 所示。

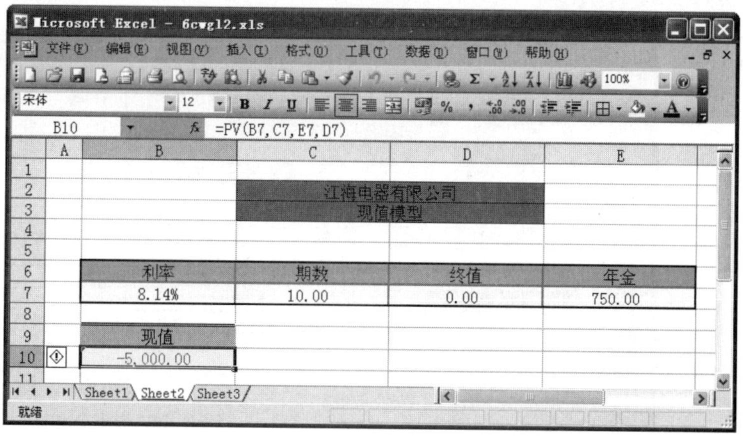

图 2—26

利用复利现值模型计算，如果现在向银行存入 5 000 元，在利率为 8.14%

时，才能保证在今后 10 年中每年得到 750 元。

【任务 2—10】

如果准备在第 5 年年末获得 1 000 元，年利息率为 10%。试计算：(1) 如果每年计息一次，则现在应存入多少钱？(2) 如果每半年计息一次，则现在应存入多少钱？(资料来源：主教材第 39 页例 2—13。)

依据题意，如果每年计息一次的话，利用前面创建的现值计算模型，先在 B7 单元格中输入利率“10%”，再在 C7 单元格中输入期数“5”，在 D7 单元格中输入终值“1 000”，现值模型就计算出现值为－620.92，即如果每年计息一次，则现在应存入 620.92 元。如图 2—27 所示。

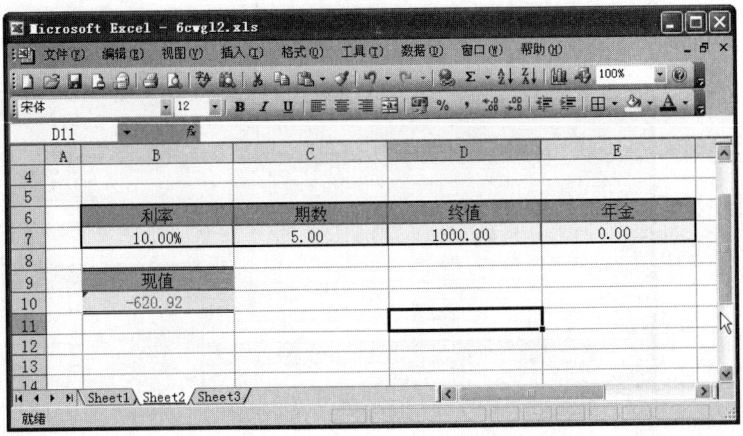

图 2—27

依据题意，如果每半年计息一次的话，利息应调整为“5%”（1 年的利息为 10%），计息的期数应调整为“10”（1 年计息 2 次）。然后，利用前面创建的现值计算模型，先在 B7 单元格中输入利率“5%”，再在 C7 单元格中输入期数“10”，现值模型就计算出现值为－613.91，即如果每年计息 2 次，则现在应存入 613.91 元。如图 2—28 所示。

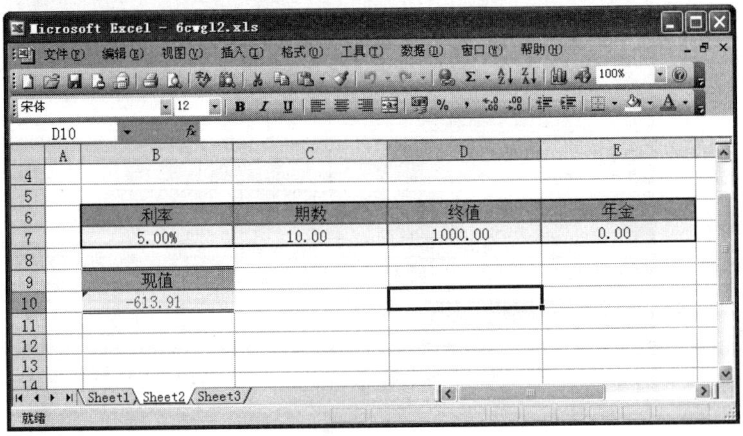

图 2—28

利用复利现值模型，计算得到如果准备在第5年年末获得1 000元，年利息率为10%。(1) 如果每年计息一次，则现在应存入620.92元；(2) 如果每半年计息一次，则现在应存入613.91元。

2.2.3 时间价值计算中的特殊问题

2.2.3.1 计算福利补贴款的现值

上述复利终值和复利现值的计算都是比较常见的问题，在实际工作中往往会遇到一些比较特殊的计算问题，即未来每期金额不等额款项终值和现值的计算问题。

【任务2—11】

江海电器有限公司员工张某于年初派往国外工作5年。该员工在年初接到公司关于驻外人员福利补贴的通知，这5年的福利补贴款的发放时间是每年的年初，其各年的福利补贴款项的数额如表2—1所示。

表2—1

项目	第0年	第1年	第2年	第3年	第4年
补贴金额（元）	1 000	2 000	100	3 000	4 000

如果按5%折现率计算，那么张某的福利补贴款项的现值为多少？（资料来源：主教材第37页例2—9。为了更符合实际，对主教材例题稍作改动。）

第一步，在Excel工作表中建立现值计算模型，并输入相关数据

依据题意，先在C5单元格中输入折现率"5%"，在C8:C12单元格区域中输入5年各年的福利补贴款项。如图2—29所示。

图2—29

第二步，调用“NPV”函数

调用 NPV 函数来计算该笔款项的现值。用鼠标选中 C13 单元格，单击公式编辑栏左侧的插入函数“f_x”按钮，在“财务”函数类别中，选择“NPV”函数。如图 2—30 所示。

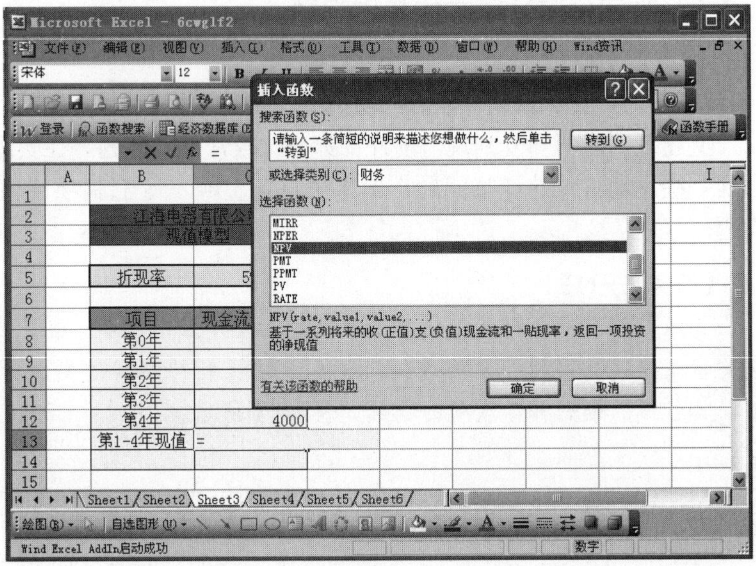

图 2—30

点击“确定”按钮，弹出计算净现值的 NPV“函数参数”对话框。如图 2—31 所示。

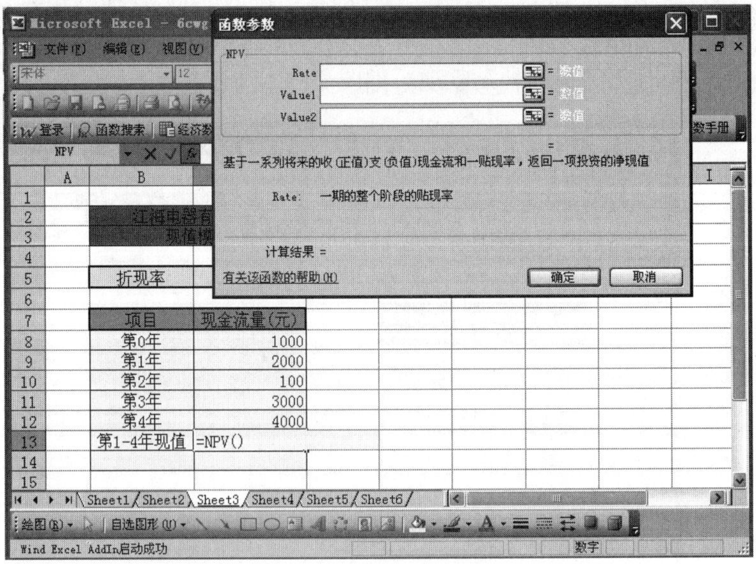

图 2—31

第三步，计算该笔福利补贴款项第 1～4 年现值

单击“Rate”栏右边的“折叠对话框”按钮，用鼠标选择 C5 单元格。然后

单击“Rate”栏右边的“折叠对话框”按钮，返回“函数参数”对话框。以此类推，将计算终值的参数选入“函数参数”对话框中。如图 2—32 所示。

图 2—32

点击“确定”按钮就得到按 NPV 函数计算出的第 1～4 年净现值 7 878 元。如图 2—33 所示。

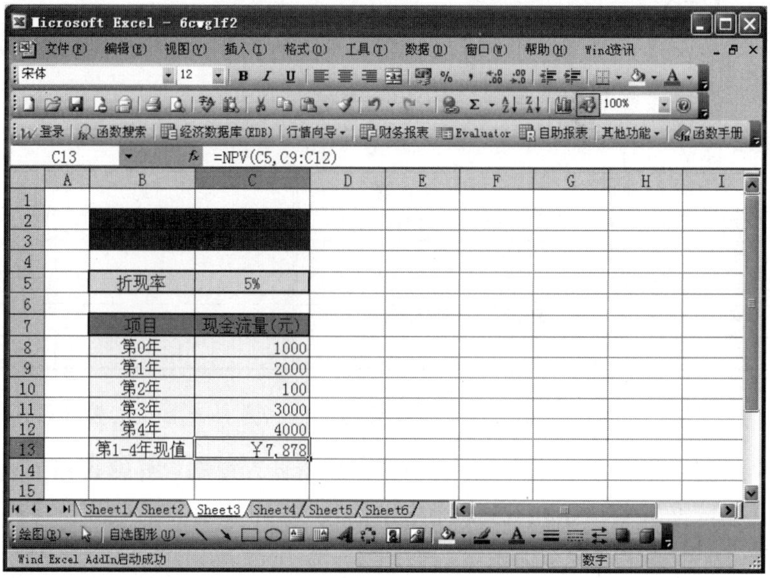

图 2—33

依据题意，需要将后 4 年各年驻外员工福利补贴款项再换算成第 1 年年初的现值，然后再把本来就在第 1 年年初的 1 000 元的福利补贴款项加上，计算出员工张某这 5 年的福利补贴款的现值。如图 2—34 所示。

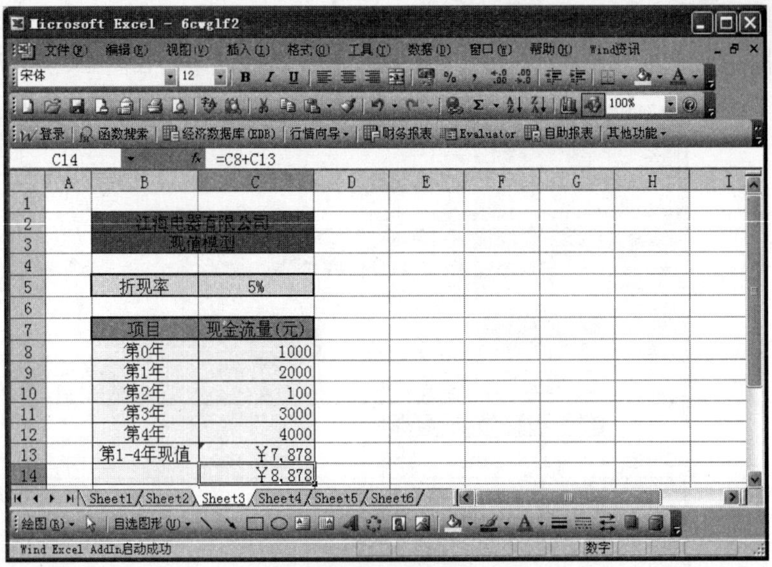

图 2—34

按 5%折现率，利用 NPV 函数，计算出的员工张某 5 年的福利补贴款项的现值为 8 878 元。对这部分内容读者可以参考“实验系统”中“财务管理基础实验”项目下的“实验示范”中第 3 个实验的屏幕录像。

2.2.3.2 计算一系列不等额现金流入量的现值

【任务 2—12】

江海电器有限公司投资了一个新项目，管理层期望的折现率为 9%。新项目投产后每年获得的现金流入量如表 2—2 所示。

表 2—2 单位：元

年次（t）	现金流量	年次（t）	现金流量
1	1 000	6	2 000
2	1 000	7	2 000
3	1 000	8	2 000
4	1 000	9	2 000
5	2 000	10	3 000

要求，计算这一系列现金流入量的现值（资料来源：主教材第 37 页例 2—10。）

第一步，在 Excel 工作表中建立现值计算模型，并输入相关数据

依据题意，先在 C3 单元格中输入“9%”，在 C6:C15 单元格区域中输入第 1～10 年各年的现金流入量。如图 2—35 所示。

第二步，调用“NPV”函数，计算现值

调用 NPV 函数来计算该笔现金流量的现值。用鼠标选中 C16 单元格，单击公式编辑栏左侧的插入函数“f_x”按钮，在“财务”函数类中，选择“NPV”函数。如图 2—36 所示。

点击“确定”按钮，弹出计算净现值的“函数参数”对话框。单击“Rate”

图 2—35

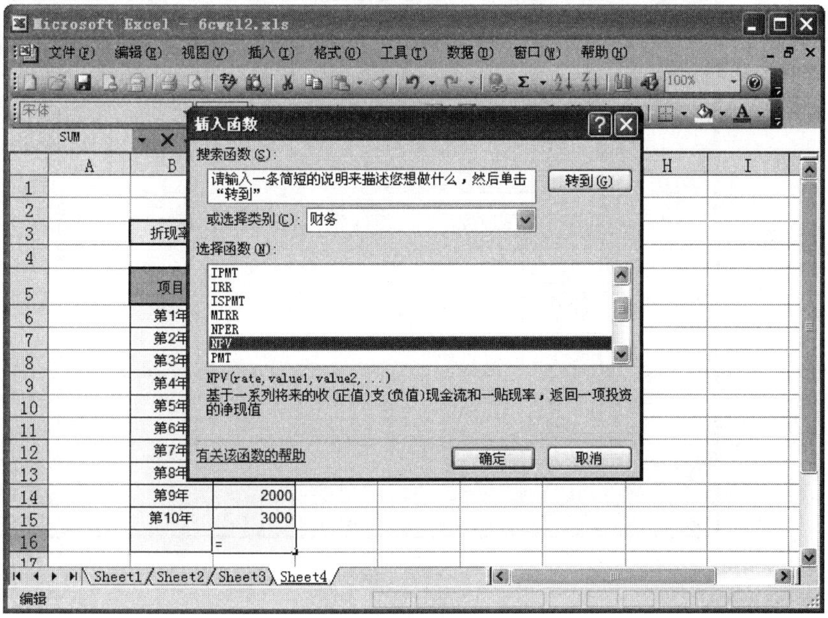

图 2—36

栏右边的“折叠对话框”按钮，用鼠标选择 C3 单元格。然后单击“Rate”栏右边的“折叠对话框”按钮，返回“函数参数”对话框。单击“Value1”栏右边的“折叠对话框”按钮，用鼠标选择 C6:C15 单元格。如图 2—37 所示。

点击“确定”按钮，得到按 NPV 函数计算出的该笔现金流量的现值 10 018 元。如图 2—38 所示。

如果管理层期望的折现率为 9%，利用 NPV 函数计算出的江海电器有限公

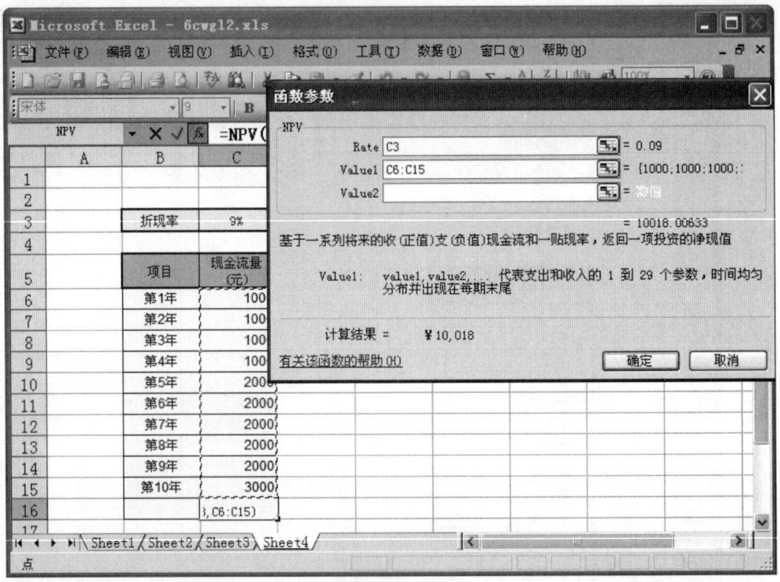

图 2—37

图 2—38

司投资的新项目投产后每年获得的现金流入量的现值为 10 018 元。对这部分内容读者可以参考“实验系统”中“财务管理基础实验”项目下“实验示范”中第 4 个实验的屏幕录像。

2.3 风险与报酬实验

风险与报酬实验属于学习货币的时间价值理论知识后验证性的实验和巩固知

识的实验。

每个学生通过亲自动手做风险与报酬实验，可以把风险与报酬及其计算的书本知识和实际要解决的问题联系起来，获得比较全面的知识和解决问题的技能。

风险与报酬实验涉及证券组合报酬模型、证券组合风险报酬率模型的创建与应用等实验内容。

2.3.1　证券组合报酬模型的创建

【任务 2—13】

2014 年 9 月，江海电器有限公司证券投资部预测 4 只股票的期望报酬率如表 2—3 所示。

表 2—3

股票代码及名称	期望报酬率	股票代码及名称	期望报酬率
600540 新赛股份	24%	600887 伊利股份	12%
600871 仪征化纤	18%	600900 长江电力	6%

如果对每只股票投入 5 万元，组成一个价值为 20 万元的证券组合，那么该证券组合的期望报酬率为多少？(资料来源：主教材第 47 页例 2—16。)

第一步，录入数据

首先在 Excel 工作表中将【任务 2—13】的相关数据录入 Sheet5 工作表。如图 2—39 所示。

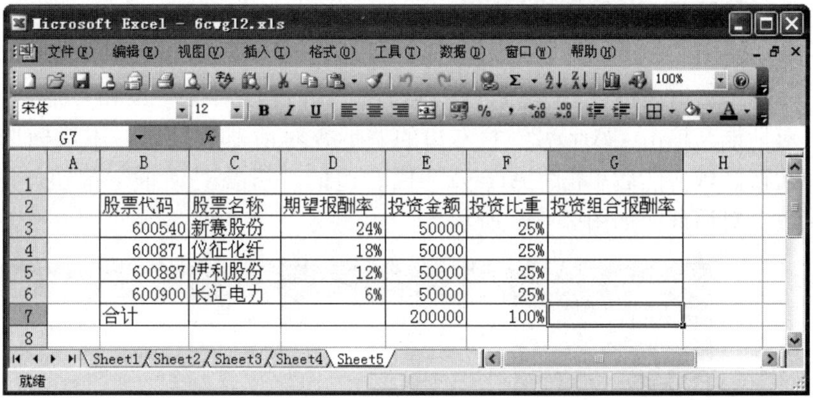

图 2—39

第二步，调用 SUMPRODUCT 函数

用鼠标单击 G7 单元格，单击公式编辑栏左侧的插入函数“f_x”按钮，弹出“插入函数”对话框，单击“或选择类别（C)”栏选择“数学与三角函数”类，在“选择函数（N)”栏选择“SUMPRODUCT”函数名。如图 2—40 所示。

点击“确定”按钮，弹出 SUMPRODUCT 的“函数参数”的对话框。如图 2—41 所示。

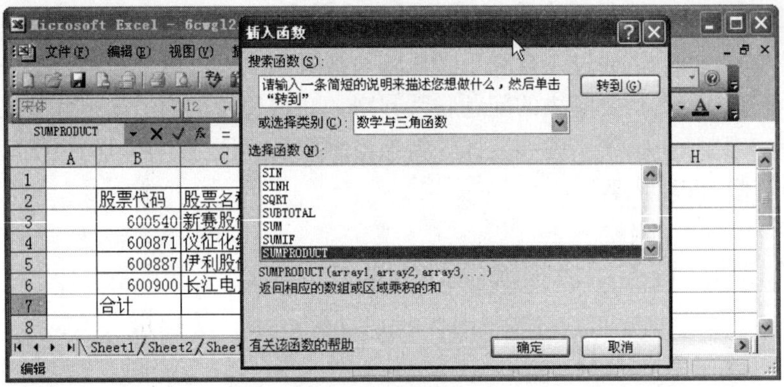

图 2—40

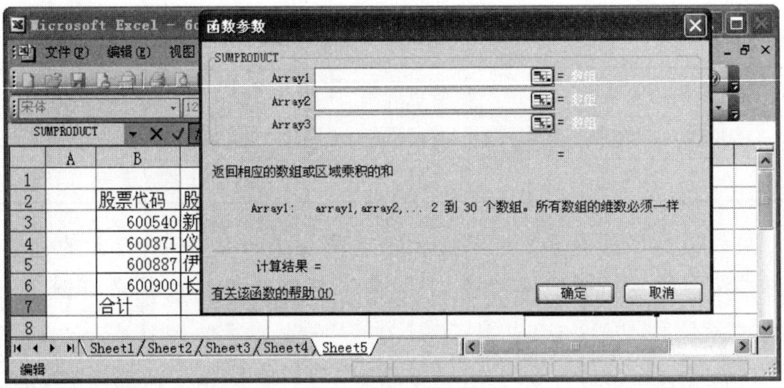

图 2—41

第三步，计算期望报酬率

单击“Array1”栏右边的“折叠对话框”按钮，用鼠标选择 D3:D6 单元格区域。然后单击“Array1”栏右边的“折叠对话框”按钮，返回“函数参数”对话框。单击“Array2”栏右边的“折叠对话框”按钮，用鼠标选择 F3:F6 单元格区域。然后单击“Array2”栏右边的“折叠对话框”按钮，返回“函数参数”对话框。如图 2—42 所示。

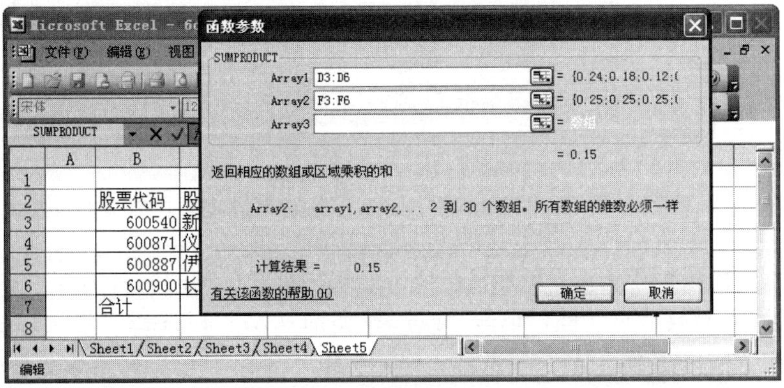

图 2—42

点击“确定”按钮，在 G7 单元格就计算出该证券组合的期望报酬率为 0.15，即 15%。如图 2—43 所示。

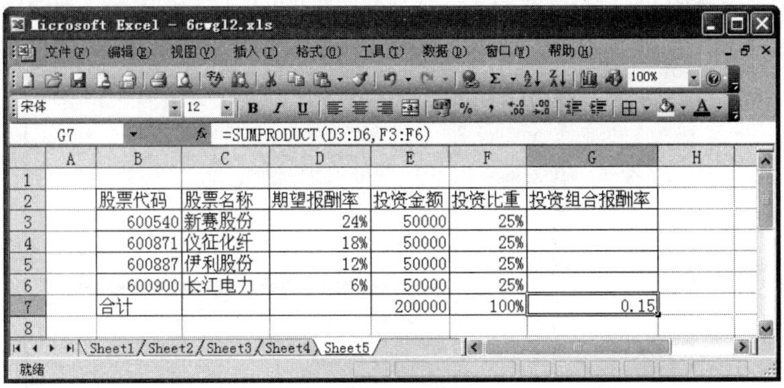

	A	B	C	D	E	F	G
1							
2		股票代码	股票名称	期望报酬率	投资金额	投资比重	投资组合报酬率
3		600540	新赛股份	24%	50000	25%	
4		600871	仪征化纤	18%	50000	25%	
5		600887	伊利股份	12%	50000	25%	
6		600900	长江电力	6%	50000	25%	
7		合计			200000	100%	0.15

图 2—43

如果对每只股票投入 5 万元，组成一个价值为 20 万元的证券组合，那么该证券组合的期望报酬率为 15%。对这部分内容读者可以参考“实验系统”中“财务管理基础实验”项目下“实验示范”中第 5 个实验的屏幕录像。

2.3.2　证券组合风险报酬率模型的创建与应用

【任务 2—14】

江海电器有限公司持有由甲、乙、丙三种股票构成的证券组合，它们的 β 系数分别是 2.0，1.0 和 0.5，它们在证券组合中所占的比重分别为 60%，30%和 10%。如果股票市场的平均报酬率为 14%，无风险报酬率为 10%，试确定这种证券组合的风险报酬率为多少？（资料来源：主教材第 54 页例 2—17。）

第一步，录入数据

首先在 Excel 工作表中将【任务 2—14】的相关数据录入。如图 2—44 所示。

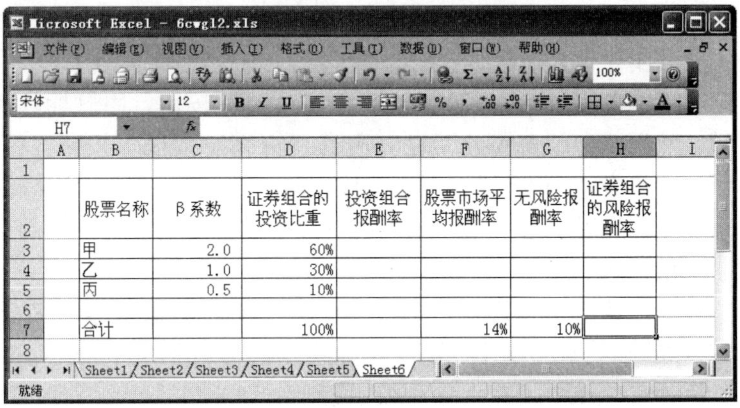

	A	B	C	D	E	F	G	H
1								
2		股票名称	β 系数	证券组合的投资比重	投资组合报酬率	股票市场平均报酬率	无风险报酬率	证券组合的风险报酬率
3		甲	2.0	60%				
4		乙	1.0	30%				
5		丙	0.5	10%				
6								
7		合计		100%		14%	10%	

图 2—44

第二步，调用 SUMPRODUCT 函数用鼠标单击 E7 单元格，单击公式编辑栏左侧的插入函数“f_x”按钮，弹出“插入函数”对话框，单击“或选择类别（C）”栏选择“数学与三角函数”类，在“选择函数（N）”栏选择“SUMPRODUCT”函数名。如图 2—45 所示。

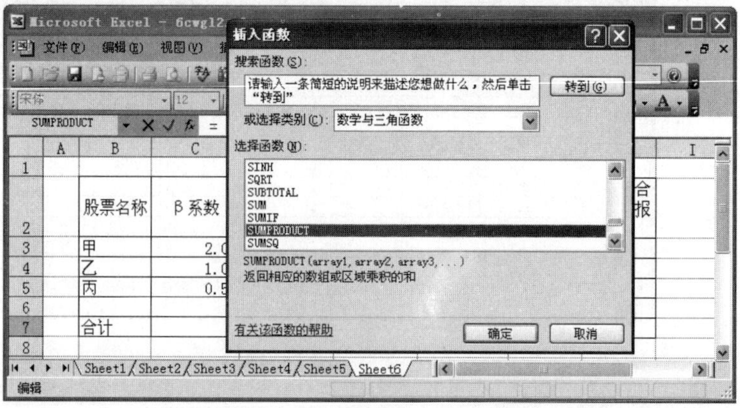

图 2—45

点击“确定”按钮，弹出其“函数参数”的对话框。如图 2—46 所示。

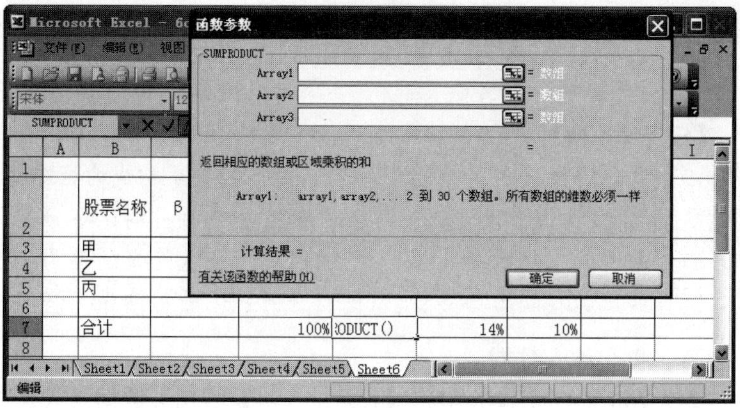

图 2—46

第三步，计算投资组合报酬率

单击“Array1”栏右边的“折叠对话框”按钮，用鼠标选择 C3:C5 单元格区域。然后单击“Array1”栏右边的“折叠对话框”按钮，返回“函数参数”对话框。单击“Array2”栏右边的“折叠对话框”按钮，用鼠标选择 D3:D5 单元格区域。然后单击“Array2”栏右边的“折叠对话框”按钮，返回“函数参数”对话框。如图 2—47 所示。

点击“确定”按钮，在 E7 单元格就计算出该股票投资组合的报酬率为 1.55。如图 2—48 所示。

第四步，计算证券组合的风险报酬率

单击 H7 单元格，然后输入公式＝E7＊(F7－G7)，按回车键即可计算出该证券组合的风险报酬率。如图 2—49 所示。

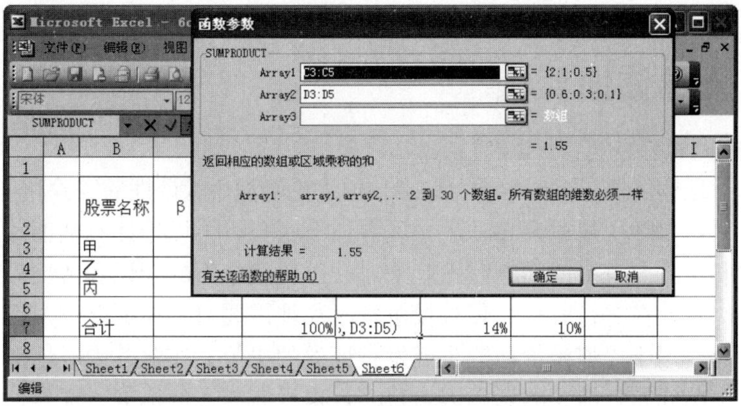

图 2—47

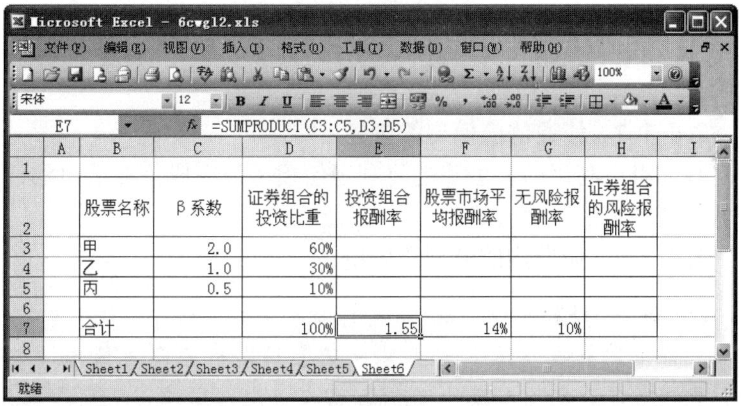

图 2—48

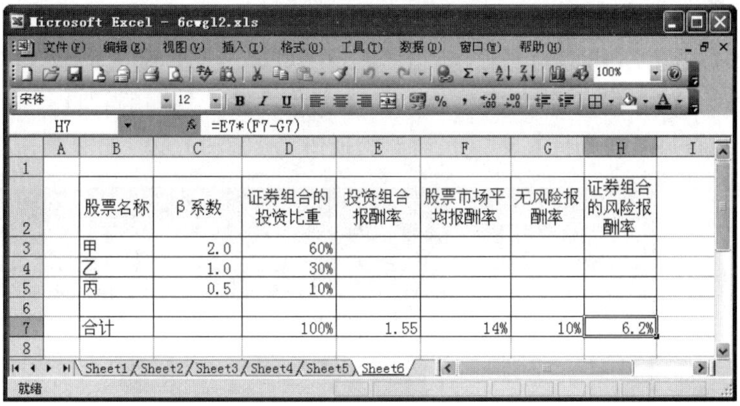

图 2—49

如果股票市场的平均报酬率为 14%，无风险报酬率为 10%，江海电器有限公司持有由甲、乙、丙三种股票构成的证券组合，它们的 β 系数分别是 2.0，1.0 和 0.5，其在证券组合中所占的比重分别为 60%，30%和 10%。计算出的该证券组合的风险报酬率为 6.2%。对这部分内容读者可以参考“实验系统”中“财务管理基础实验”项目下“实验示范”中第 6 个实验的屏幕录像。

2.4 证券估值实验

证券估值实验属于学习证券估值理论知识后验证性的实验和巩固知识的实验。

每个学生通过亲自动手做证券估值实验，可以把证券估值及其计算的书本知识和实际要解决的问题联系起来，获得比较全面的知识和解决问题的技能。

企业在进行股权、债权投融资时往往需要对上述证券的内在价值进行估计和计算，用于以何种价格购买或发行证券的决策。在实务中，证券估值是一个比较复杂的问题，涉及的影响因素很多，也没有统一的标准。证券估值实验具体包括债券估值模型的创建与应用和股票估值模型的创建与应用等实验内容。

2.4.1 债券估值模型的创建与应用

2.4.1.1 债券估值模型的创建

我们可以利用前面创建的复利现值模型来完成债券估值的任务，所以这里的债券估值模型的创建省略。

2.4.1.2 债券估值模型的应用

【任务 2—15】

江海电器有限公司拟购买另一家公司发行的公司债券，该债券面值为 100 元，期限 5 年，票面利率为 10%，按年计息，当前市场利率为 8%。求该债券市场价格为多少时，公司才能购买？（资料来源：主教材第 63 页例 2—21。）

我们可以利用前面创建的复利现值模型来完成【任务 2—15】提出的问题。即在 B7 单元格中输入利率“8%”，在 C7 单元格中输入期数“5”，在 D7 单元格中输入债券的面值“100”，在 E7 单元格中输入每期的利息“10”后，复利现值计算模型就自动计算出这张债券的现值为 107.99 元。如图 2—50 所示。

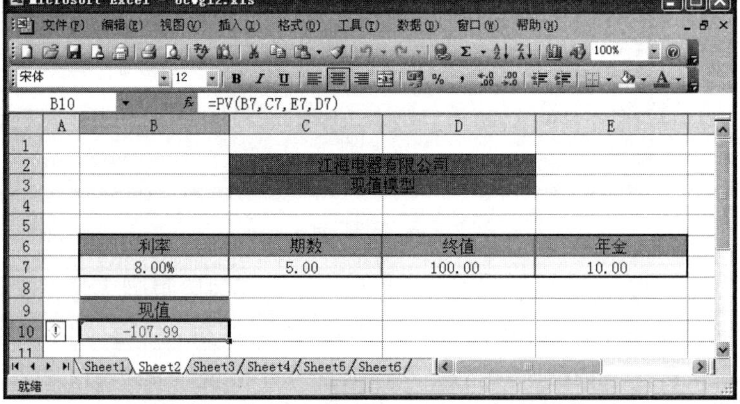

图 2—50

江海电器有限公司拟购买另一家公司发行的面值为 100 元，期限 5 年，票面利率为 10%，按年计息的债券。如果当前市场利率为 8%，公司只有在债券价格低于 107.99 元时才能购买。

【任务 2—16】

江海电器有限公司计划发行一种 2 年期带息债券，面值为 100 元，票面利率为 6%，每半年付息一次，到期一次偿还本金，债券的市场利率为 7%。求该债券的发行价格为多少时，投资者才会购买？（资料来源：主教材第 63 页例 2—22。）

我们可以利用前面创建的复利现值模型来完成【任务 2—16】提出的问题。即在 B7 单元格中输入利率“3.5%”，在 C7 单元格中输入期数“4”，在 D7 单元格中输入债券的面值“100”，在 E7 单元格中输入每期的利息“3”后，复利现值计算模型就自动计算出这张债券的现值为 98.16 元。如图 2—51 所示。

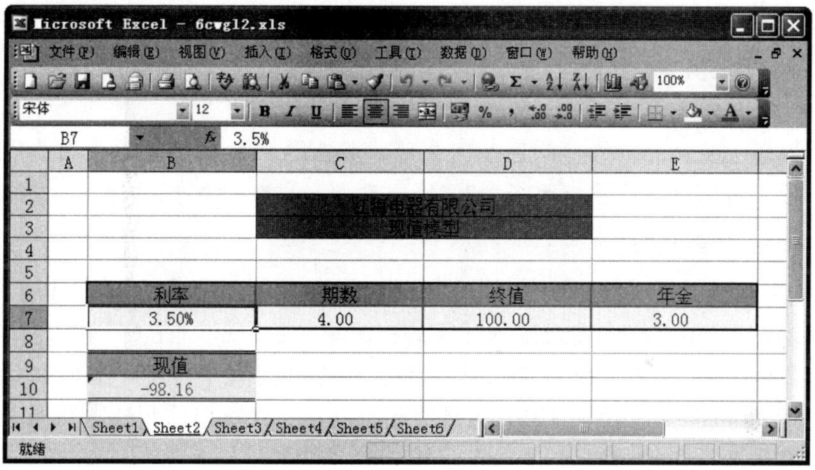

图 2—51

江海电器有限公司计划发行一种 2 年期带息债券，面值为 100 元，票面利率为 6%，每半年付息一次，到期一次偿还本金，如果债券的市场利率为 7%，该债券的发行价格低于 98.16 元时，投资者才会购买。

【任务 2—17】

江海电器有限公司计划发行一种面值为 100 元，期限为 5 年的零息债券，到期按面值偿还，当时市场利率为 8%。其价格低于多少时，投资者才会购买？（资料来源：主教材第 63 页例 2—23。）

我们可以利用前面创建的复利现值模型来完成【任务 2—17】提出的问题。即在 B7 单元格中输入利率“8%”，在 C7 单元格中输入期数“5”，在 D7 单元格中输入债券的面值“100”，在 E7 单元格中输入每期的利息“0”后，复利现值计算模型就自动计算出这张债券的现值为 68.06 元。如图 2—52 所示。

江海电器有限公司计划发行一种面值为 100 元，期限为 5 年的零息债券，到

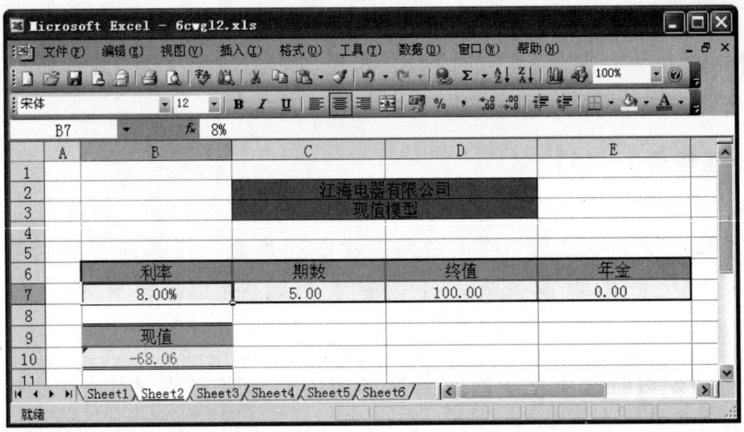

图 2—52

期按面值偿还，当时市场利率为 8%。其价格低于 68.06 元时，投资者才会购买。

【任务 2—18】

江海电器有限公司的优先股每季度分红每股 2 元，20 年后，B 公司必须以每股 100 元的价格回购这些优先股，股东要求的必要报酬率为 10%，则该优先股当前的市场价值应为多少？（资料来源：主教材第 65 页例 2—24。为了符合题意，将资料中的市场利率改为 10%。）

我们可以利用前面创建的复利现值模型来完成【任务 2—18】提出的问题。即在 B7 单元格中输入按季计算的报酬率“2.5%”，在 C7 单元格中输入按季分红的期数“80”，在 D7 单元格中输入证券的面值“100”，在 E7 单元格中输入每期的红利“2”后，复利现值计算模型就自动计算出这张证券的现值为 82.77 元。如图 2—53 所示。

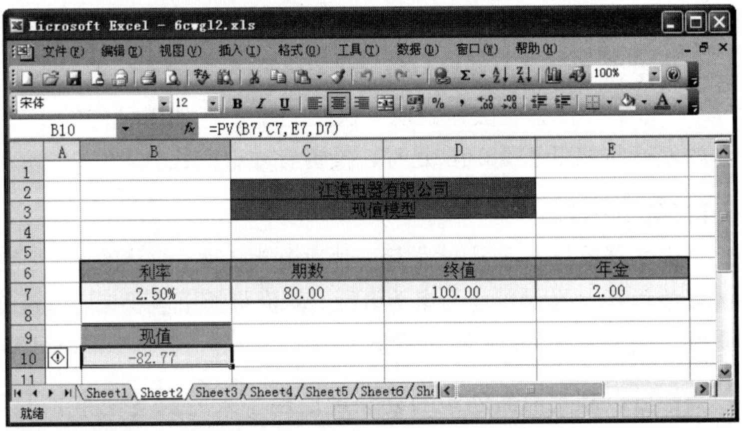

图 2—53

江海电器有限公司的优先股每季度分红每股 2 元，20 年后，B 公司必须以每股 100 元的价格回购这些优先股，股东要求的必要报酬率为 10%，则该优先股当前的市场价值应为 82.77 元。

【任务 2—19】

江海电器有限公司的股票预期未来 3 年每年每股可获现金股利 3 元，3 年后该只股票的预期售价为每股 20 元，投资者要求的回报率为 18%，则该股票目前的价值为多少？（资料来源：主教材第 66 页例 2—26。）

我们可以利用前面创建的复利现值模型来完成【任务 2—19】提出的问题。即在 B7 单元格中输入投资者要求的报酬率“18%”，在 C7 单元格中输入按年分红的期数“3”，在 D7 单元格中输入 3 年后该只股票的预期售价“20”，在 E7 单元格中输入每期的红利“3”后，复利现值计算模型就自动计算出该股票目前的价值为 18.70 元。如图 2—54 所示。

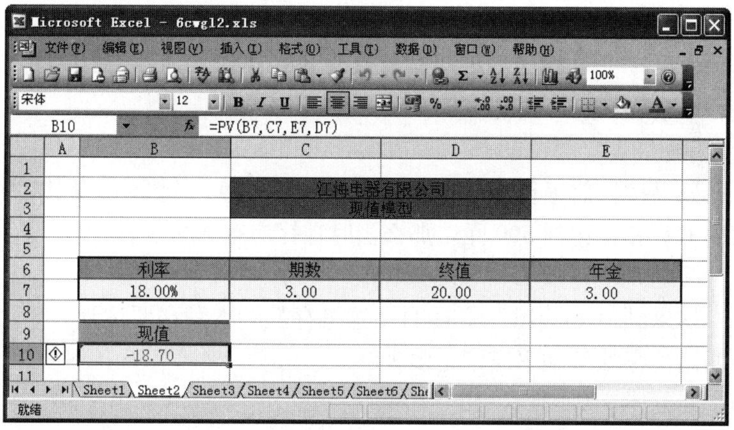

图 2—54

江海电器有限公司的股票预期未来 3 年每年每股可获现金股利 3 元，3 年后该只股票的预期售价为每股 20 元，投资者要求的回报率为 18%，则该股票目前的价值为 18.70 元。

2.4.2 股票估值实验

因主教材所提供的股票估值的资料比较简单，这里的股票估值实验模型的创建与应用省略。

2.5 财务管理基础实验资料

2.5.1 主教材第 2 章财务管理的价值观念的练习题

见主教材第 68 页。

2.5.2 补充实验资料

2.5.2.1 复利终值和复利现值计算实验

1. 资料

据报道雷锋生前在银行有 30 元的存款，因雷锋是一个孤儿，该存款一直放在银行里。假定现有人提出以雷锋的这笔 30 元的存款为基数，并在社会上再募捐部分资金，成立雷锋基金，专门资助因见义勇为、助人为乐而导致生活有困难的人士。为计算方便，假定雷锋的这笔存款是 1962 年 1 月 1 日按 1 年期定期存款方式存入银行且自动转存，目前银行的 1 年期存款利率为 3.5%。

2. 要求：请建立模型并回答以下问题。

问题 1：

如果按目前银行 1 年期储蓄存款利率计算，到 2014 年 12 月 31 日，这笔存款的本金和利息一共是多少？

问题 2：

如果按目前银行 1 年期储蓄存款利率计算，到 2014 年 12 月 31 日，这笔存款的本利和要达到 500 元，那么当时雷锋应存入多少钱？

问题 3：

如果到 2014 年 12 月 31 日，这笔存款的本利和要达到 500 元，那么银行的 1 年期储蓄存款的利率应该是多少？

问题 4：

如果按目前银行 1 年期储蓄存款利率计算，到 2014 年 12 月 31 日，这笔存款本利和要达到 500 元，那么这笔存款应该存多少年？

问题 5：

如果雷锋的战友在 1963 年就建立了“雷锋基金”，在雷锋存款的基础上并于当年开始每年存入银行 30 元，按目前银行 1 年期储蓄存款利率计算，到 2014 年 12 月 31 日，这笔存款的本金和利息一共是多少？

问题 6：

如果按目前银行 1 年期储蓄存款利率计算，到 2014 年 12 月 31 日，这笔存款的本利和要达到 10 000 元，那么当时雷锋及其战友每年应存入多少钱？

问题 7：

如果雷锋及其战友每年的 30 元存款的本利和要达到 10 000 元，那么 1 年期储蓄存款利率应该是多少？

问题 8：

如果按目前银行 1 年期储蓄存款利率计算，雷锋及其战友每年的 30 元存款的本利和要达到 10 000 元，那么这笔存款应该存多少年？

问题 9：

如果按目前银行 1 年期储蓄存款利率计算，到 2061 年 12 月 31 日（雷锋牺牲 100 周年），雷锋及其战友每年的 30 元存款的本利和一共是多少？

问题 10：

如果按目前银行 1 年期储蓄存款利率计算，到 2061 年 12 月 31 日（雷锋牺牲 100 周年），这笔存款的本利和要达到 100 000 元，那么当时雷锋及其战友每年应存入银行多少钱？

问题 11：

如果到 2061 年 12 月 31 日（雷锋牺牲 100 周年），这笔存款的本利和要达到 100 000 元，那么雷锋及其战友每年存入银行 30 元的 1 年期储蓄存款的利率应该是多少？

问题 12：

如果按目前银行 1 年期储蓄存款利率计算，这笔存款本利和要达到 100 000 元，那么雷锋及其战友每年存入银行 30 元的这笔存款还应该存多少年？

2.5.2.2　风险与报酬实验

资料：2014 年 10 月，江海电器有限公司证券投资部预测 4 只股票的期望报酬率如表 2—4 所示。

表 2—4

股票代码及名称	期望报酬率
1. 002437 誉衡药业	22%
2. 600489 中金黄金	18%
3. 600846 同济科技	10%
4. 600519 贵州茅台	6%

要求：如果对上述股票按照 4∶3∶2∶1 的比例投入资金，组成一个价值为 100 万元的证券组合，那么该证券组合的期望报酬率为多少？

2.5.2.3　证券估值实验

资料：江海电器有限公司拟购买一家建筑公司发行的公司债券。该债券面值为 100 元，期限 5 年，票面利率为 10%，按年计算并支付计息。

要求：当前市场利率为 8%，债券市场价格为多少时，公司才能购买？如果当前市场利率为 11%，债券市场价格为多少时，公司才能购买？

参考答案

1. 复利终值和复利现值计算实验

问题 1：

到 2014 年 12 月 31 日，这笔存款的本利和一共是 185.76 元。

问题 2：

到 2014 年 12 月 31 日，这笔存款的本利和要达到 500 元，那么当时雷锋应存入 80.75 元。

问题 3：

到 2014 年 12 月 31 日，这笔存款的本利和要达到 500 元，那么银行的 1 年期储蓄存款的利率应该是5.45%。

问题4：

如果按目前银行1年期储蓄存款利率计算，到2014年12月31日，这笔存款本利和要达到500元，那么这笔存款应该存81.78年。

问题5：

如果雷锋的战友在1963年就建立了“雷锋基金”，在雷锋存款的基础上并于当年开始每年存入银行30元，按目前银行1年期储蓄存款利率计算，到2014年12月31日，这笔存款的本金和利息一共是4 606.14元。

问题6：

如果按目前银行1年期储蓄存款利率计算，到2014年12月31日，这笔存款的本金和要达到10 000元，那么当时雷锋及其战友每年应存入65.13元。

问题7：

如果雷锋及其战友每年的30元存款的本利和要达到10 000元，那么1年期储蓄存款利率应该是5.71%。

问题8：

如果按目前银行1年期储蓄存款利率计算，雷锋及其战友每年的30元存款的本利和要达到10 000元，那么这笔存款应该存72.88年。

问题9：

如果按目前银行1年期储蓄存款利率计算，到2061年12月31日（雷锋牺牲100周年），雷锋及其战友每年的30元存款的本利和一共是26 784.09元。

问题10：

如果按目前银行1年期储蓄存款利率计算，到2061年12月31日（雷锋牺牲100周年），这笔存款的本利和要达到100 000元，那么当时雷锋及其战友每年应存入银行112.01元。

问题11：

如果到2061年12月31日（雷锋牺牲100周年），这笔存款的本利和要达到100 000元，那么雷锋及其战友每年存入银行30元的1年期储蓄存款的利率应该是5.25%。

问题12：

如果按目前银行1年期储蓄存款利率计算，这笔存款本利和要达到100 000元，那么雷锋及其战友每年存入银行30元的这笔存款还要存137.6年。

2. 风险与报酬实验

该证券组合的期望报酬率为16.8%。

3. 证券估值实验

江海电器有限公司在当前市场利率为8%，债券市场价格为107.99元以下时，公司才能购买；如果当前市场利率为11%，债券市场价格为96.3元以下时，公司才能购买。

第3章 Chapter 3 财务分析实验

实验导引

实验名称：财务分析实验

实验目的：理解财务分析的原理和方法，获得在Excel工作表中创建财务分析模型进行财务分析的技能。

实验内容：根据主教材第3章“财务分析”中的主要内容，创建财务能力分析、财务趋势分析和财务综合分析模型。

实验要求：利用Excel工作表平台完成财务能力、财务趋势和财务综合分析模型的创建和应用。

实验参考：参考主教材第3章的相关内容。参考实验系统中“财务分析”模块“实验示范”中财务能力分析模型、财务趋势分析模型和财务综合分析模型的屏幕录像。

扁鹊的医术

魏文王问名医扁鹊：“你们家兄弟三人，都精于医术，到底哪一位最好呢？”

扁鹊答：“长兄最好，中兄次之，我最差。”

文王再问：“那么为什么你最出名呢？”

扁鹊答：“长兄治病，是治病于病情发作之前。由于一般人不知道他事先能铲除病因，所以他的名气无法传出去；中兄治病，是治病于病情初起时。一般人以为他只能治轻微的小病，所以他的名气只及本乡里。而我是治病于病情严重之时。一般人都看到我在经脉上穿针管放血、在皮肤上敷药等大手术，以为我的医术高明，名气因此响遍全国。”

感悟：企业财务内部控制必须从基础抓起，首先建立一套科学、完善的财务内部控制体系，使企业的气血通畅、阴阳平衡，具备防范风险的免疫力。科学、完善的财务内部控制体系需具备“操作性、纠错性、奖惩性”，并被相关执行人员熟知。其次，企业的经济业务必须按财务内部控制体系的要求和规定执行，即使出现风险的初期症状，也能及时发现和纠正。如果等到风险失控造成了重大的损失才寻求弥补，即使请来了名气很大的“空降兵”，结果往往也于事无补，因为世上只有一个扁鹊，并且早已离我们远去。最后，应当对经营成果进行财务分析，会计核算的滞后性决定了财务分析只能成为事后诸葛亮，但这并不妨碍财务分析的预测功能。

结论：

事后控制不如事中控制，事中控制不如事前控制。因此财务分析不仅要进行事后分析，也要进行事中和事前的分析。

资料来源：http://wenku.baidu.com/link?url=X6L5Z735Y4G63Y20TDAC0PW_Rkwzi_C7Fxj-e41-XgLrd2O4M35iWOt6giCtRXaFk-ivzxWKClIIRLf-aysp15x43eM5ryeR-ArLMJE3O7.

3.1 财务分析实验概述

财务分析是财务管理的重要组成内容。财务分析主要是指根据财务报表的相关资料，运用专门的比例分析、趋势分析和综合分析等方法，对财务报表提供的资料进行加工，对企业的财务状况、经营成果和现金流量进行分析和评价，以满足投资者、债权人和管理者决策需要的一种分析方法。财务分析具体包括财务能力分析、财务趋势分析和财务综合分析等内容。

3.1.1 财务分析实验内容

财务分析是指在财务报表资料的基础上，根据报表数据之间的内在逻辑关系和经济含义，建立能够反映企业的财务状况、经营成果和现金流量质量的评价指标体系。根据主教材的教学内容，财务分析实验的主要内容包括：

第一，财务能力分析。财务能力分析具体包括偿债能力分析、营运能力分析、盈利能力分析和发展能力分析四方面的分析内容。

第二，财务趋势分析。财务趋势分析就是通过对企业连续若干期的财务报表数据进行分析，对企业未来的财务状况作出判断和预测。

第三，财务综合分析。为了克服单一财务分析方法评价企业财务状况和经营成果的局限性，财务综合分析方法得到越来越普遍的采用。通常使用的财务综合分析方法有：财务比率综合评分法和杜邦分析法。

3.1.2 财务分析实验任务

根据财务分析实验的内容，本章的实验要完成的任务主要包括：

第一，完成财务能力分析模型的创建与应用；

第二，完成财务趋势分析模型的创建与应用；

第三，完成财务综合分析模型的创建与应用。

3.1.3 财务分析实验平台

财务分析实验以 Excel 工作表为实验平台。尽管我们可以用手工计算来完成财务能力分析、财务趋势分析和财务综合分析，但是这种财务分析是财务管理的经常性工作，计算工作量非常大，为了提高财务分析的工作效率，减轻财务管理专业人员的劳动强度，有必要借助 Excel 工作表创建财务分析模型。

Excel 工作表能够解决财务分析的许多问题，不仅可以方便地编写公式，引用内置的函数，还可以调用分析工具，为我们创建各种财务分析模型提供了极大的便利。在本实验的模型构建过程中除了编写公式外，还涉及工资表之间数据的"链接"的应用。

3.2 财务能力分析实验

财务能力分析实验属于学习财务分析理论知识后验证性的实验和巩固知识的实验。

每个学生通过亲自动手做财务能力分析实验，可以把财务能力分析的书本知识和实际要解决的问题联系起来，获得比较全面的知识和解决问题的技能。

财务能力分析实验包括偿债能力分析、营运能力分析、盈利能力分析和发展能力分析等方面的实验内容。为便于进行财务能力分析实验，这里首先将江海电器有限公司 2014 年财务报表列示如下。

1. 资产负债表

江海电器有限公司 2014 年的资产负债表如表 3—1 所示。

表 3—1

江海电器有限公司

资产负债表

2014 年 12 月 31 日　　单位：万元

资产	年初数	年末数	负债及所有者权益	年初数	年末数
流动资产：			流动负债：		
货币资金	340.00	490.00	短期借款	400.00	420.00
短期投资	30.00	80.00	交易性金融负债		
应收票据	20.00	15.00	应付票据	50.00	70.00
应收账款	643.50	683.10	应付账款	264.00	355.00
预付账款	14.00	14.00	预收账款	20.00	10.00
应收利息	3.00		应付职工薪酬	0.80	0.60
应收股利	5.00		应交税费	40.00	50.00
其他应收款	13.50	4.90	应付利息	12.00	
存货	580.00	690.00	应付股利	8.00	
1 年内到期的非流动资产	30.00		其他应付款	20.20	24.40

续前表

资产	年初数	年末数	负债及所有者权益	年初数	年末数
其他流动资产	31.00	3.00	1 年内到期的非流动负债	80.00	62.00
			其他流动负债	5.00	8.00
流动资产合计	1 710.00	1 980.00	流动负债合计	900.00	1 000.00
非流动资产：			非流动负债：		
可供出售金融资产	20.00	20.00	长期借款	500.00	400.00
持有至到期投资	30.00	30.00	应付债券	320.00	420.00
长期应收款	10.00	10.00	长期应付款	90.00	150.00
长期股权投资	30.00	90.00	专项应付款	14.00	50.00
投资性房地产	20.00	30.00	预计负债		50.00
固定资产	1 800.00	2 150.00	递延所得税负债		
在建工程	100.00	80.00	其他非流动负债		
工程物资	30.00	50.00	非流动负债合计	924.00	1 070.00
固定资产清理	11.00		负债合计	1 824.00	2 070.00
生产性生物资产	9.00	20.00	股东权益：		
油气资产			股本	1 500.00	1 500.00
无形资产	20.00	32.00	资本公积	131.00	240.00
开发支出			减：库存股		
商誉			盈余公积	220.00	459.00
长期待摊费用	10.00	8.00	未分配利润	125.00	231.00
递延所得税资产			股东权益合计	1 976.00	2 430.00
非流动资产合计	2 090.00	2 520.00			
资产合计	3 800.00	4 500.00	负债及股东权益合计	3 800.00	4 500.00

2. 利润表

江海电器有限公司 2014 年的利润表如表 3—2 所示。

表 3—2

江海电器有限公司

利润表

2014 年　　单位：万元

项目	本期金额	上期金额
一、营业收入	9 371.40	8 257.00
减：营业成本	4 190.40	3 710.00
营业税金及附加	676.00	562.00
销售费用	1 370.00	1 255.00
管理费用	1 050.00	812.00
财务费用	325.00	308.00
资产减值损失		
加：公允价值变动收益		
投资收益	63.00	68.00
其中：对联营企业和合营企业的投资收益		
二、营业利润	1 823.00	1 678.00
加：营业外收入	8.50	9.80

续前表

项目	本期金额	上期金额
减：营业外支出	15.50	5.40
其中：非流动资产处置损失		
三、利润总额	1 816.00	1 682.40
减：所得税	556.00	508.40
四、净利润	1 260.00	1 174.00
五、每股收益		
（一）基本每股收益（元）	0.84	0.78
（二）稀释每股收益（元）	0.84	0.78

3. 现金流量表

江海电器有限公司 2014 年的现金流量表如表 3—3 所示。

表 3—3 **江海电器有限公司**

现金流量表

2014 年 单位：万元

项目	本期金额	上期金额
一、经营活动产生的现金流量		
销售商品、提供劳务收到的现金	10 470.00	
收到的税费返还	450.00	
收到的其他与经营活动有关的现金	300.00	
经营活动现金流入小计	11 220.00	
购买商品、接受劳务支付的现金	6630.00	
支付给职工以及为职工支付的现金	258.00	
支付的各项税费	2 542.00	
支付其他与经营活动有关的现金	470.00	
经营活动现金流出小计	9 900.00	
经营活动产生的现金流量净额	1 320.00	
二、投资活动产生的现金流量		
收回投资所收到的现金	105.00	
取得投资收益收到的现金	65.00	
处置固定资产、无形资产和其他长期资产所收回的现金净额	5.00	
处置子公司及其他营业单位收到的现金净额	4.00	
收到其他与投资活动有关的现金	6.00	
投资活动现金流入小计	185.00	
购置固定资产、无形资产和其他长期资产所支付的现金	855.00	
投资支付的现金	76.00	
取得子公司及其他营业单位支付的现金净额	10.00	
支付其他与投资活动有关的现金	4.00	
投资活动现金流出小计	945.00	
投资活动产生的现金流量净额	−760.00	
三、筹资活动产生的现金流量		
吸收投资收到的现金		
取得借款收到的现金	350.00	

续前表

项目	本期金额	上期金额
收到其他与筹资活动有关的现金		
筹资活动现金流入小计	350.00	
偿还债务支付的现金	330.00	
分配股利、利润或偿付利息支付的现金	353.00	
支付的其他与筹资活动有关的现金	27.00	
筹资活动现金流出小计	710.00	
筹资活动产生的现金流量净额	—360.00	
四、汇率变动对现金及现金等价物的影响		
五、现金及现金等价物净增加额	200.00	
加：期初现金及现金等价物余额	370.00	
六、期末现金及现金等价物余额	570.00	

3.2.1 偿债能力分析模型的创建与应用

偿债能力分析模型是以公司财务报表提供的资料为基础，通过计算偿债能力指标来分析和评价企业短期偿债能力和长期偿债能力的一种分析模型。

3.2.1.1 偿债能力分析模型的创建

【任务 3—1】

根据江海电器有限公司 2014 年财务报表的相关数据，假定公司普通股平均股数 1 500 股，普通股平均股价 16 元，每股股利 0.61 元，构建分析指标来评价企业短期偿债能力和长期偿债能力。（资料来源：主教材第 77～80 页，根据 3.1.6 节“财务分析的基础”资料改编。）

为便于说明如何在 Excel 工作表中完成偿债能力分析模型的创建，我们以上述江海电器公司的资产负债表资料为依据，利用 Excel 工作表创建偿债能力分析模型，根据偿债能力分析模型评价江海电器有限公司的偿债能力。在 Excel 工作表中，创建偿债能力分析模型的步骤如下：

第一步，建立偿债能力分析模型

首先在 Excel 工作表中建立偿债能力分析模型。如图 3—1 所示。

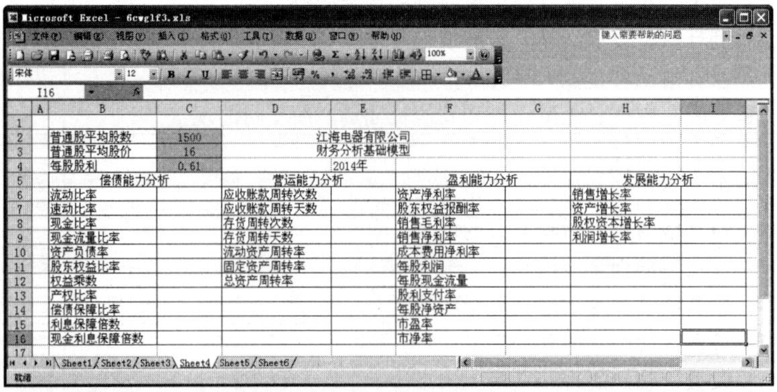

图 3—1

第二步，输入公式引用数据

输入公式并引用财务报表的相关数据到偿债能力分析模型中。用鼠标单击 C6 单元格，在公式编辑栏输入“＝”，然后用鼠标单击“Sheet1”工作表标签进入资产负债表链接数据。用鼠标单击 Sheet1 工作表的 D19 单元格，选中公司的流动资产，接着输入除号“/”，再用鼠标单击 Sheet1 工作表的 G19 单元格，选中公司的流动负债。这样公式编辑栏就显示出：“＝Sheet1！D19/Sheet1！G19”。如图 3—2 所示。

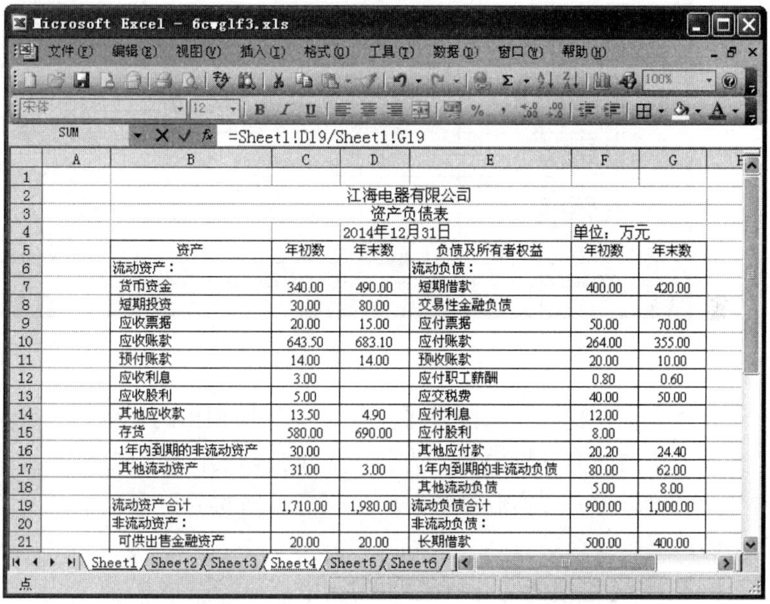

SUM　=Sheet1!D19/Sheet1!G19

	B	C	D	E	F	G
2	江海电器有限公司					
3	资产负债表					
4			2014年12月31日		单位：万元	
5	资产	年初数	年末数	负债及所有者权益	年初数	年末数
6	流动资产：			流动负债：		
7	货币资金	340.00	490.00	短期借款	400.00	420.00
8	短期投资	30.00	80.00	交易性金融负债		
9	应收票据	20.00	15.00	应付票据	50.00	70.00
10	应收账款	643.50	683.10	应付账款	264.00	355.00
11	预付账款	14.00	14.00	预收账款	20.00	10.00
12	应收利息	3.00		应付职工薪酬	0.80	0.60
13	应收股利	5.00		应交税费	40.00	50.00
14	其他应收款	13.50	4.90	应付利息	12.00	
15	存货	580.00	690.00	应付股利	8.00	
16	1年内到期的非流动资产	30.00		其他应付款	20.20	24.40
17	其他流动资产	31.00	3.00	1年内到期的非流动负债	80.00	62.00
18				其他流动负债	5.00	8.00
19	流动资产合计	1,710.00	1,980.00	流动负债合计	900.00	1,000.00
20	非流动资产：			非流动负债：		
21	可供出售金融资产	20.00	20.00	长期借款	500.00	400.00

图 3—2

按回车键就可计算出江海电器有限公司的流动比率指标：“1.98”。如图 3—3 所示。

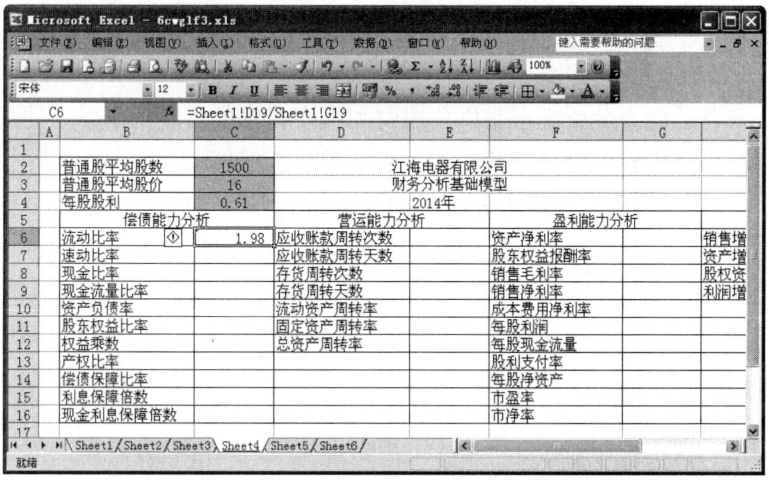

C6　=Sheet1!D19/Sheet1!G19

	B	C	D	E	F	G	H
2	普通股平均股数	1500	江海电器有限公司				
3	普通股平均股价	16	财务分析基础模型				
4	每股股利	0.61		2014年			
5	偿债能力分析		营运能力分析		盈利能力分析		
6	流动比率	1.98	应收账款周转次数		资产净利率		销售增
7	速动比率		应收账款周转天数		股东权益报酬率		资产增
8	现金比率		存货周转次数		销售毛利率		股权资
9	现金流量比率		存货周转天数		销售净利率		利润增
10	资产负债率		流动资产周转率		成本费用净利率		
11	股东权益比率		固定资产周转率		每股利润		
12	权益乘数		总资产周转率		每股现金流量		
13	产权比率				股利支付率		
14	偿债保障比率				每股净资产		
15	利息保障倍数				市盈率		
16	现金利息保障倍数				市净率		

图 3—3

用同样的方法可以计算出衡量公司偿债能力的其他指标。如图 3—4 所示。

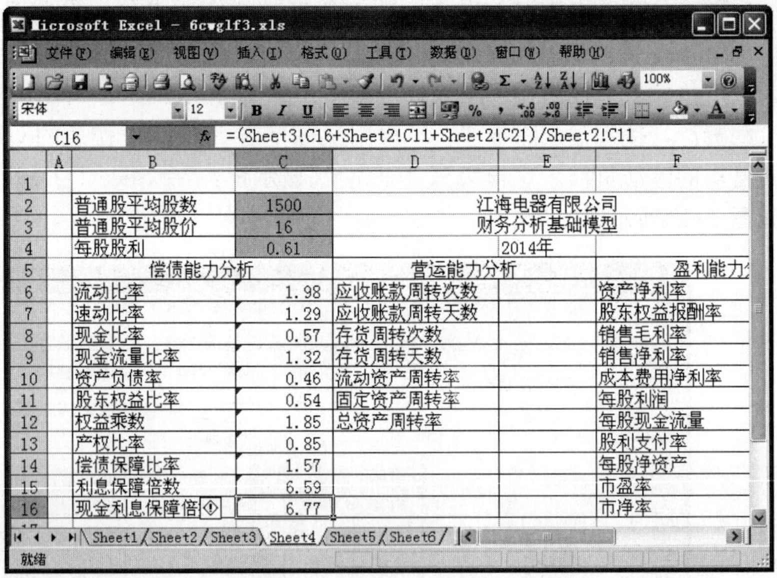

	A	B	C	D	E	F
1						
2		普通股平均股数	1500	江海电器有限公司		
3		普通股平均股价	16	财务分析基础模型		
4		每股股利	0.61		2014年	
5		偿债能力分析		营运能力分析		盈利能力分
6		流动比率	1.98	应收账款周转次数		资产净利率
7		速动比率	1.29	应收账款周转天数		股东权益报酬率
8		现金比率	0.57	存货周转次数		销售毛利率
9		现金流量比率	1.32	存货周转天数		销售净利率
10		资产负债率	0.46	流动资产周转率		成本费用净利率
11		股东权益比率	0.54	固定资产周转率		每股利润
12		权益乘数	1.85	总资产周转率		每股现金流量
13		产权比率	0.85			股利支付率
14		偿债保障比率	1.57			每股净资产
15		利息保障倍数	6.59			市盈率
16		现金利息保障倍	6.77			市净率

图 3—4

到此为止，我们已经按照【任务 3—1】所提出的任务，在 Excel 工作表中创建完成了偿债能力分析模型，为分析评价公司的偿债能力奠定了基础。对这部分内容读者可以参考“实验系统”中“财务分析实验”项目下“实验示范”中第 1 个实验的屏幕录像。

3.2.1.2 偿债能力分析模型的应用

在偿债能力分析模型的基础上可以开展偿债能力分析的应用。偿债能力分析模型的应用十分广泛。它为以后公司各期进行偿债能力分析提供了极大的便利，也可作为分析工具分析其他公司的偿债能力，可以明显地提高偿债能力分析工作的效率。

3.2.2 营运能力分析模型的创建和应用

营运能力分析模型是以公司财务报表提供的资料为基础，通过计算营运能力指标来分析和评价企业营运能力的一种分析模型。

3.2.2.1 营运能力分析模型的创建

【任务 3—2】

根据江海电器有限公司 2014 年财务报表的相关数据，构建分析指标来评价企业营运能力。（资料来源：主教材第 77～80 页，根据 3.1.6 节“财务分析的基础”资料改编。）

为便于说明如何在 Excel 工作表中完成营运能力分析模型的创建，我们利用上述【任务 3—2】的资料并借助 Excel 工作表创建营运能力分析模型，然后根据营运能力分析模型评价江海电器有限公司的营运能力。

在 Excel 工作表中，创建营运能力分析模型的步骤如下：

第一步，创建营运能力分析模型

首先在 Excel 工作表中创建营运能力分析模型。参见图 3—1。

第二步，输入公式引用数据

输入公式并引用【任务 3—2】财务报表的相关数据到营运能力分析模型中。用鼠标单击 E6 单元格，输入“＝”，然后用鼠标单击“Sheet2”工作表标签进入利润表链接数据。用鼠标单击工作表的 C6 单元格，选中公司的营业收入，输入除号“/”，再用鼠标单击 Sheet1 工作表的 C10 单元格，选中公司期初的应收账款，接着输入加号“＋”，再用鼠标单击 Sheet1 工作表的 D10 单元格，选中公司期末的应收账款，然后将“Sheet1！C10＋Sheet1！D10”用括号括起来，输入“/”号，再输入“2”，然后将分母括起来。这样公式编辑栏就显示出：“＝Sheet2！C6/((Sheet1！C10＋Sheet1！D10)/2)”，如图 3—5 所示。

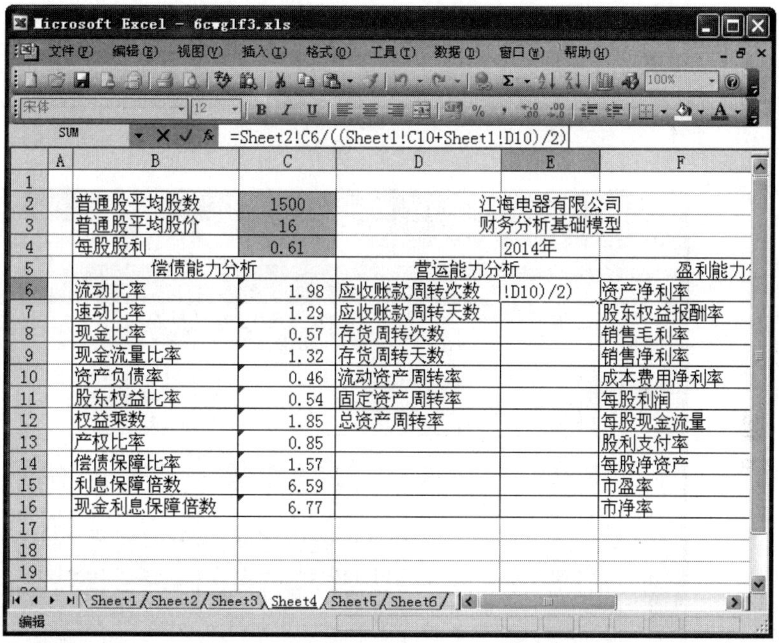

	A	B	C	D	E	F
1						
2		普通股平均股数	1500		江海电器有限公司	
3		普通股平均股价	16		财务分析基础模型	
4		每股股利	0.61		2014年	
5		偿债能力分析		营运能力分析		盈利能力
6		流动比率	1.98	应收账款周转次数	!D10)/2)	资产净利率
7		速动比率	1.29	应收账款周转天数		股东权益报酬率
8		现金比率	0.57	存货周转次数		销售毛利率
9		现金流量比率	1.32	存货周转天数		销售净利率
10		资产负债率	0.46	流动资产周转率		成本费用净利率
11		股东权益比率	0.54	固定资产周转率		每股利润
12		权益乘数	1.85	总资产周转率		每股现金流量
13		产权比率	0.85			股利支付率
14		偿债保障比率	1.57			每股净资产
15		利息保障倍数	6.59			市盈率
16		现金利息保障倍数	6.77			市净率
17						
18						
19						

图 3—5

按回车键就计算出江海电器有限公司的应收账款周转次数指标：“14.13”。如图 3—6 所示。

用同样的方法可以计算出衡量公司营运能力的其他指标。如图 3—7 所示。

到此为止，我们已经按照【任务 3—2】所提出的任务，在 Excel 工作表中创建完成了营运能力分析模型，为分析评价公司的营运能力奠定了基础。对这部分内容读者可以参考“实验系统”中“财务分析实验”项目下“实验示范”中第 2 个实验的屏幕录像。

3.2.2.2　营运能力分析模型的应用

在营运能力分析模型的基础上可以开展营运能力分析。营运能力分析模型的应用十分广泛。它为以后公司各期进行营运能力分析提供了极大的便利，也可作为

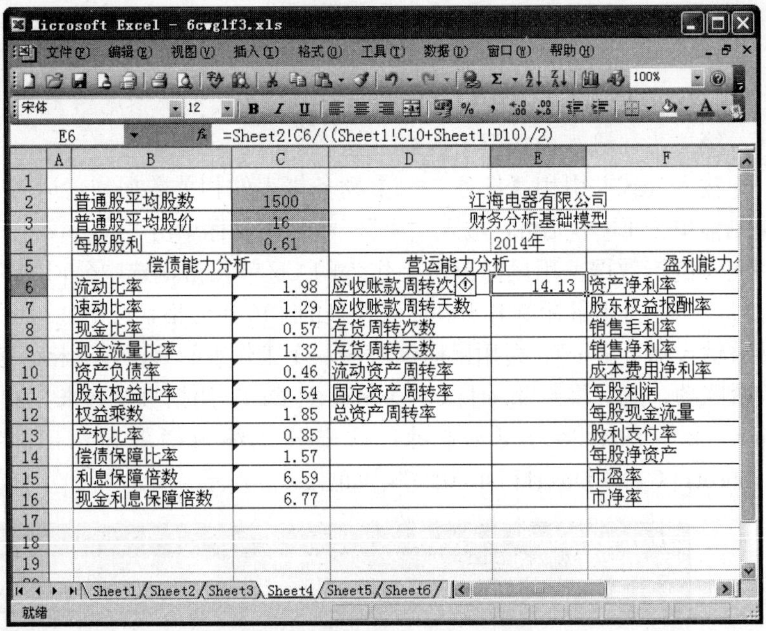

图 3—6

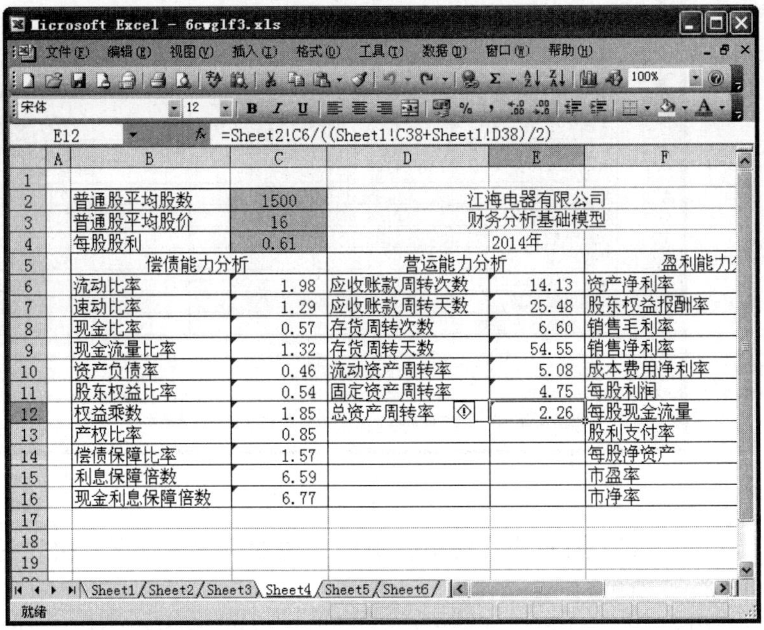

图 3—7

分析工具分析其他公司的营运能力，可以明显地提高营运能力分析工作的效率。

3.2.3　盈利能力分析模型的创建和应用

盈利能力分析模型是以公司财务报表提供的资料为基础，通过计算盈利能力指标来分析和评价企业盈利能力的一种分析模型。

3.2.3.1 盈利能力分析模型的创建

【任务 3—3】

根据江海电器有限公司 2014 年财务报表的相关数据，构建盈利能力分析指标来评价企业盈利能力。（资料来源：主教材第 77～80 页，根据 3.1.6 节“财务分析的基础”资料改编。）

为便于说明如何在 Excel 工作表中完成盈利能力分析模型的创建，我们利用上述【任务 3—1】的资料并借助 Excel 工作表创建盈利能力分析模型，然后根据盈利能力分析模型评价江海电器有限公司的盈利能力。在 Excel 工作表中，创建盈利能力分析模型的步骤如下：

第一步，创建营运能力分析模型

首先在 Excel 工作表中创建盈利能力分析模型。参见图 3—1。

第二步，输入公式引用数据

输入公式并引用【任务 3—3】财务报表的相关数据到盈利能力分析模型中。

用鼠标单击 G6 单元格，在公式编辑栏输入“=”，然后用鼠标单击“Sheet2”工作表标签进入利润表链接数据。用鼠标单击工作表的 C22 单元格，选中公司的营业收入，输入除号“/”，再用鼠标单击 Sheet1 工作表的 C38 单元格，选中公司的期初资产合计数，接着输入加号“+”，再用鼠标单击 Sheet1 工作表的 D38 单元格，选中公司的期末资产合计数，然后将“Sheet1!C38+Sheet1!D38”用括号括起来，输入“/”号，再输入“2”，然后将分母括起来。这样公式编辑栏就显示出：“=Sheet2!C22/((Sheet1!C38+Sheet1!D38)/2)”。如图 3—8 所示。

图 3—8

按回车键就可计算出江海电器有限公司的资产净利率指标：“30.36%”。如图 3—9 所示。

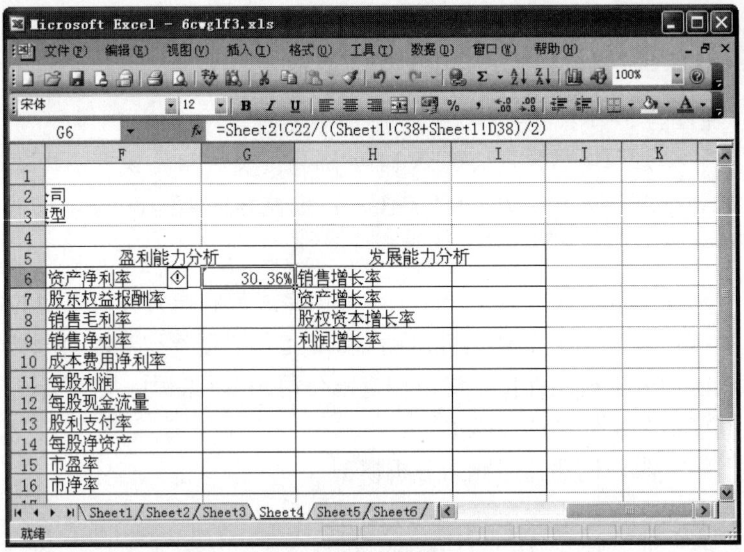

图 3—9

用同样的方法可以计算出衡量公司盈利能力的其他指标。如图 3—10 所示。

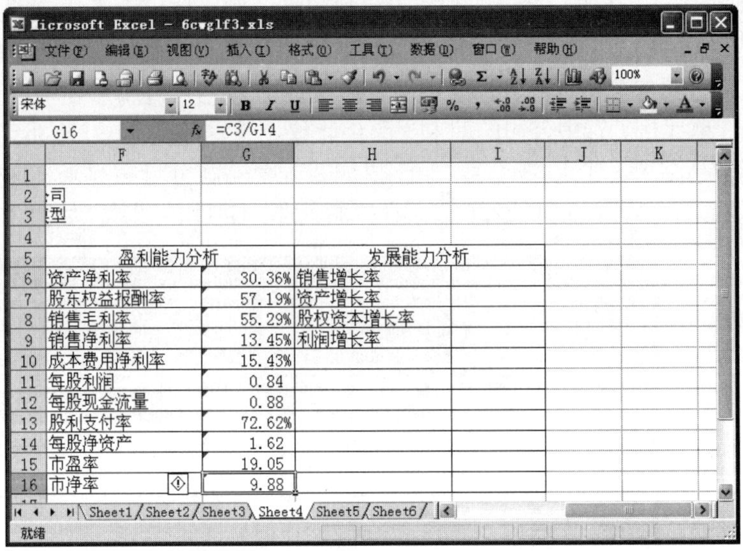

图 3—10

到此为止，我们已经按照【任务 3—3】所提出的任务，在 Excel 工作表中创建完成了盈利能力分析模型，为分析评价公司的盈利能力奠定了基础。对这部分内容读者可以参考“实验系统”中“财务分析实验”项目下“实验示范”中第 3 个实验的屏幕录像。

3.2.3.2 盈利能力分析模型的应用

在盈利能力分析模型的基础上可以开展盈利能力分析。盈利能力分析模型的应用十分广泛。它为以后公司各期进行盈利能力分析提供了极大的便利，也可作为分析工具分析其他公司的盈利能力，可以明显地提高盈利能力分析工作的效率。

3.2.4　发展能力分析模型的创建和应用

发展能力分析模型是以公司财务报表提供的资料为基础，通过计算发展能力指标来分析和评价企业发展能力的一种分析模型。

3.2.4.1　发展能力分析模型的创建

【任务 3—4】

根据江海电器有限公司 2014 年财务报表的相关数据，构建发展能力分析指标来评价企业发展能力。（资料来源：主教材第 77～80 页，根据 3.1.6 节“财务分析的基础”资料改编。）

为便于说明如何在 Excel 工作表中完成发展能力分析模型的创建，我们利用上述【任务 3—1】的资料并借助 Excel 工作表创建发展能力分析模型，然后根据发展能力分析模型评价江海电器有限公司的发展能力。在 Excel 工作表中，创建发展能力分析模型的步骤如下：

第一步，创建发展能力分析模型

首先在 Excel 工作表中创建发展能力分析模型。参见图 3—1。

第二步，输入公式引用数据

输入公式并引用【任务 3—4】财务报表的相关数据到发展能力分析模型中。用鼠标单击 I6 单元格，在公式编辑栏输入“=”，然后用鼠标单击“Sheet2”工作表标签进入利润表链接数据。用鼠标单击 Sheet2 工作表的 C6 单元格，选中公司本期的营业收入，接着输入减号“－”，再用鼠标单击 Sheet2 工作表的 D6 单元格，选中公司上期的流动负债，然后将前两者用括号括起来，再输入“/”号，最后单击 Sheet2 工作表的 D6 单元格。这样公式编辑栏就显示出：“=(Sheet2!C6－Sheet2!D6)/Sheet2!D6”，如图 3—11 所示。

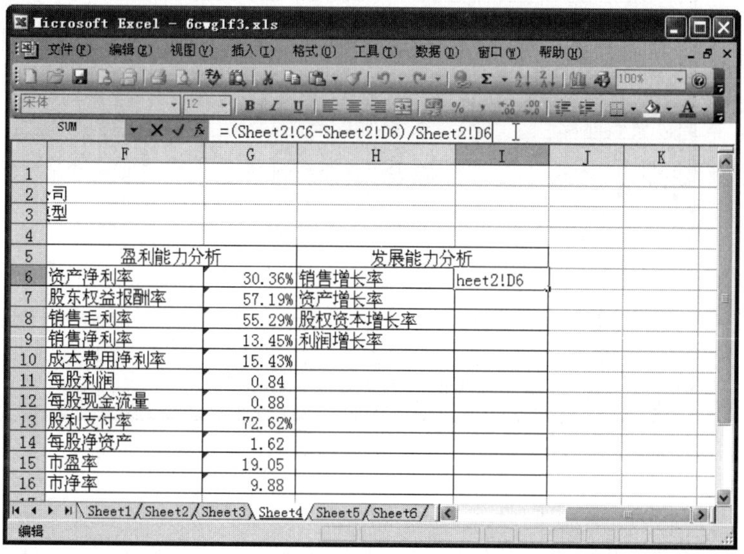

图 3—11

按回车键就可计算出江海电器有限公司的销售增长率指标：“13.50%”。如图 3—12 所示。

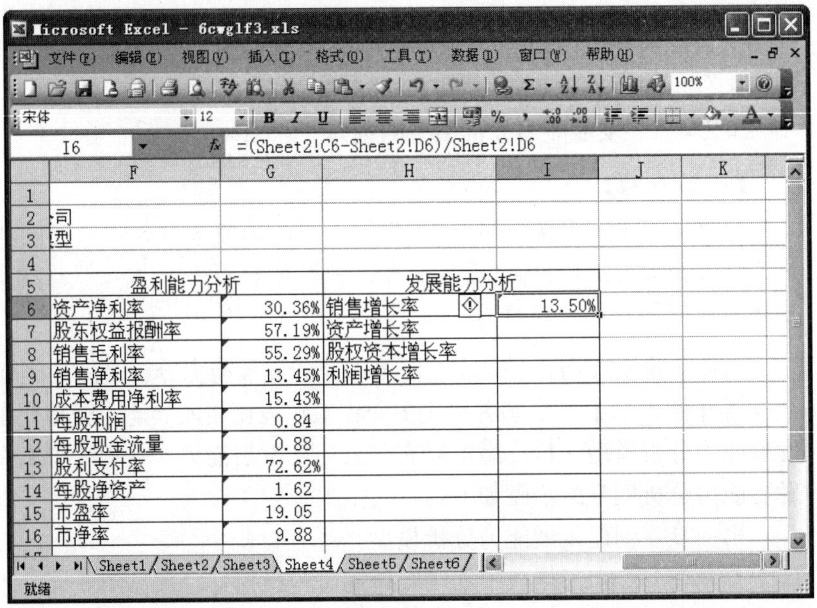

图 3—12

用同样的方法可以计算出衡量公司发展能力的其他指标。如图 3—13 所示。

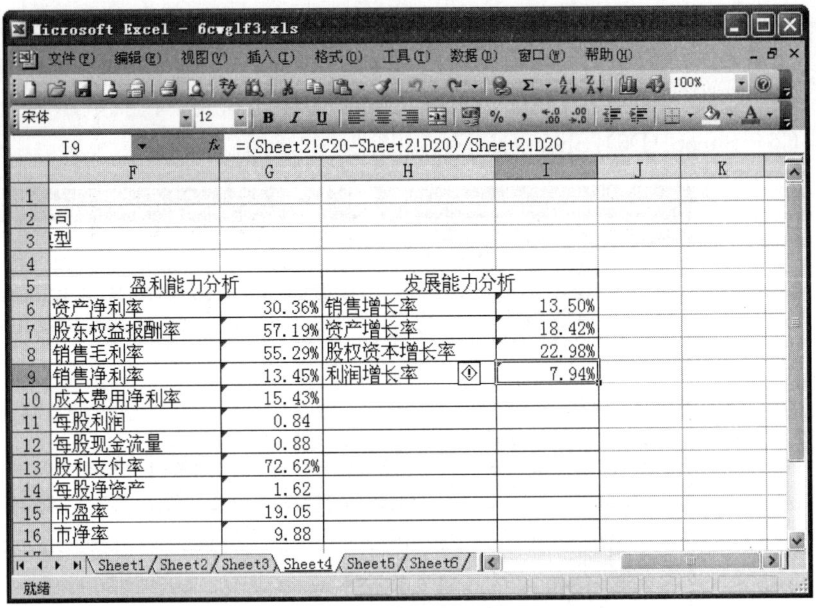

图 3—13

到此为止，我们已经按照【任务 3—4】所提出的任务，在 Excel 工作表中创建完成了发展能力分析模型，为分析评价公司的发展能力奠定了基础。对这部分内容读者可以参考“实验系统”中“财务分析实验”项目下“实验示范”中第4个实验的屏幕录像。

3.2.4.2 发展能力分析模型的应用

在发展能力分析模型的基础上可以开展发展能力分析。发展能力分析模型的应用十分广泛。它为以后公司各期进行发展能力分析提供了极大的便利，也可作为分析工具分析其他公司的发展能力，可以明显地提高发展能力分析工作的效率。

3.3 财务趋势分析实验

财务趋势分析实验属于学习财务趋势分析理论知识后验证性的实验和巩固知识的实验。

每个学生通过亲自动手做财务趋势分析实验，可以把财务趋势分析的书本知识和实际要解决的问题联系起来，获得比较全面的知识和解决问题的技能。

财务趋势分析实验涉及的主要内容是比较财务报表模型、比较百分比财务报表模型和比较财务比率模型的创建与应用等实验。

3.3.1 比较财务报表模型的创建与应用

比较财务报表模型是对企业连续几期的财务报表数据进行比较，分析报表项目增减变化的原因并以此预测企业未来的财务状况的一种分析模型。利用比较财务报表模型，可以为以后进行比较财务报表分析提供极大的便利，能够极大地提高工作效率。

因主教材所涉及的比较财务报表实验的资料比较简单，这里的比较财务报表模型的创建与应用省略。

3.3.2 比较百分比财务报表模型的创建与应用

比较百分比财务报表模型是对企业财务报表的项目按照百分比来表示，观察各报表项目百分比的变化并以此预测企业未来的财务状况的一种分析模型。利用比较百分比财务报表模型，可以为以后进行比较百分比财务报表分析提供极大的便利，能够极大地提高工作效率。

因主教材所涉及的比较百分比财务报表实验的资料比较简单，这里的比较百分比财务报表模型的创建与应用省略。

3.3.3 比较财务比率模型的创建与应用

比较财务比率模型就是对企业连续几期的财务比率指标进行比较，分析各个财务比率项目的变化情况并以此预测企业未来的财务状况的一种分析模型。利用比较财务比率模型，可以为以后进行比较财务比率分析提供极大的便利，能够极大地提高工作效率。

因主教材所涉及的比较财务比率实验的资料比较简单，这里的比较财务比率模型的创建与应用省略。

3.4 财务综合分析实验

财务综合分析实验属于学习综合财务理论知识后验证性的实验和巩固知识的实验。

每个学生通过亲自动手做财务综合分析实验，可以把财务综合分析的书本知识和实际要解决的问题联系起来，获得比较全面的综合财务知识和解决问题的技能。

财务综合分析实验涉及的主要内容是财务比率综合评分法和杜邦分析法模型的创建与应用等实验。

3.4.1 财务比率综合评分法模型的创建与应用

财务比率综合评分法模型是通过对按照重要性和全面性选定的若干项财务比率进行评分，然后计算出综合得分，对企业综合财务状况作出评价的一种分析模型。

利用财务比率综合评分法模型，可以为以后进行财务比率综合分析提供极大的便利，能够极大地提高工作效率。

因主教材所涉及的财务比率综合评分法实验的资料比较简单，这里的财务比率综合评分法模型的创建与应用省略。

3.4.2 杜邦分析法模型的创建与应用

杜邦分析法模型是以净资产收益率为核心指标，并根据净资产收益率与其他主要财务比率指标之间的内在关系来综合分析和评价企业财务状况的一种财务分析模型。

杜邦分析法最综合的指标是净资产收益率，该指标可以分解为资产净利率和权益乘数的乘积，而资产净利率又可分解为销售净利率和总资产周转率的乘积。由于销售净利率和总资产周转率这两个指标是常用的评价指标，也是由多层关系构成，所以这里为方便叙述，先分别建立销售净利率分析模型和总资产周转率分析模型，然后再合成为杜邦分析法模型。

3.4.2.1 销售净利率分析模型的创建

销售净利率分析模型是以公司财务报表提供的资料为基础，通过计算销售净利率指标来分析和评价企业盈利能力的一种分析模型。

【任务3—5】

根据江海电器有限公司2014年财务报表的相关数据，构建销售净利率分析模型评价企业盈利能力。(资料来源：主教材第109～110页，根据3.4.2节“杜邦分析法”资料改编。)

为便于说明如何在Excel工作表中完成销售净利率分析模型的创建，我们以上述江海电器公司的财务报表资料为依据，利用Excel工作表创建销售净利率分析模型，根据销售净利率分析模型分析江海电器有限公司的销售净利率指标的构成因素。在Excel工作表中，创建销售净利率分析模型的步骤如下：

第一步，建立销售净利率分析模型

首先，根据销售净利率指标的内在联系，在Excel工作表中建立销售净利率分析模型。如图3—14所示。

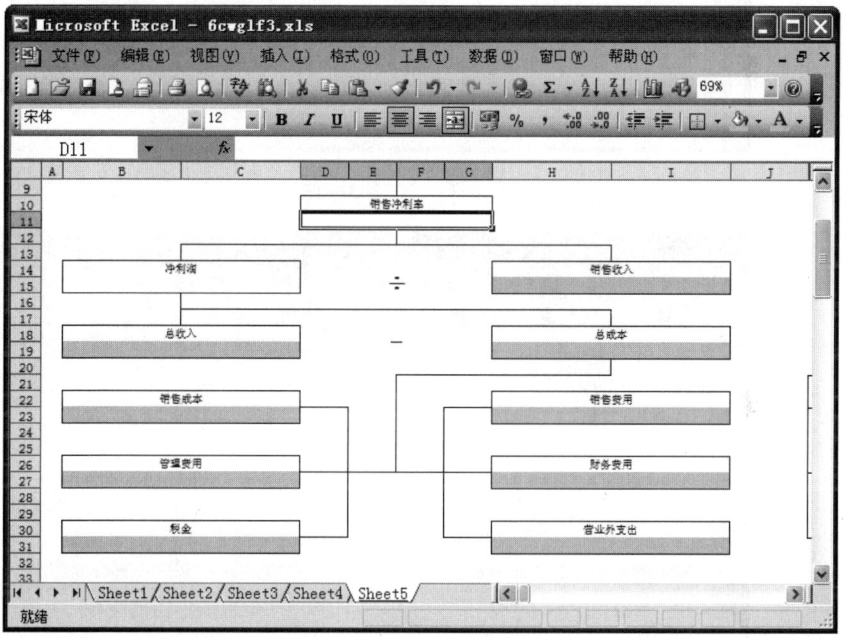

图3—14

第二步，输入公式引用数据

输入公式并引用财务报表的相关数据到销售净利率分析模型中。用鼠标单击B31单元格，在公式编辑栏输入“＝”，然后用鼠标单击“Sheet2”工作表标签进入利润表链接数据。用鼠标单击Sheet2工作表的C8单元格，选中公司的营业税金及附加，接着输入加“＋”，再用鼠标单击Sheet2工作表的C21单元格，选中公司的所得税。这样公式编辑栏就显示出：“＝Sheet2!C8＋Sheet2!C21”。如图3—15所示。

同理，在销售净利率分析模型的其他指标的单元格中输入相应的公式，引用相关数据。如图3—16所示。

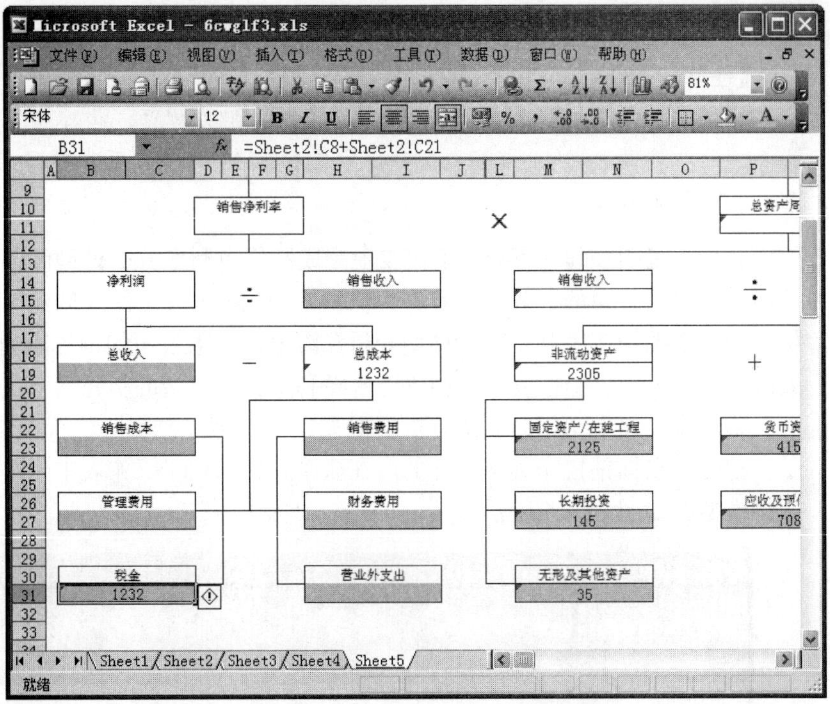

图 3—15

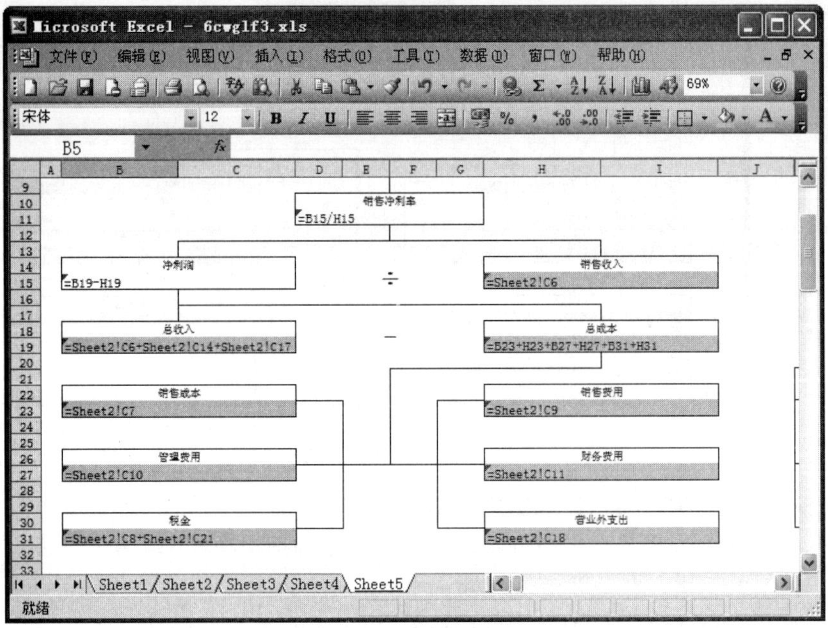

图 3—16

按回车键就可计算出江海电器有限公司的销售净利率分析指标："13.45%"。如图 3—17 所示。

到此为止，我们已经按照【任务 3—5】所提出的任务，在 Excel 工作表中创建完成了销售净利率分析模型，为分析评价公司的销售净利率奠定了基础。

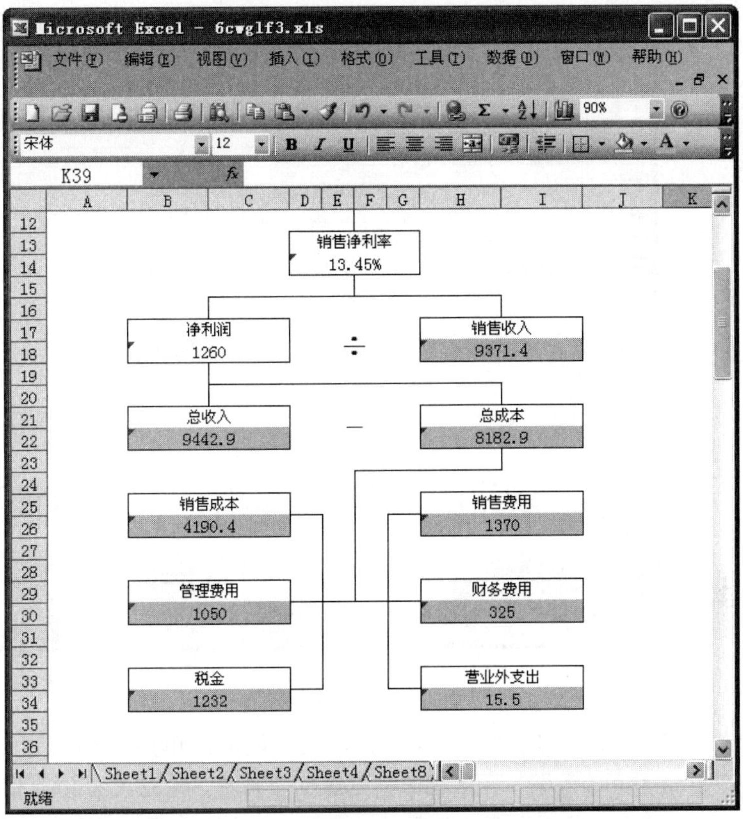

图 3—17

3.4.2.2　总资产周转率分析模型的创建

总资产周转率分析模型是以公司财务报表提供的资料为基础，通过计算总资产周转率指标来分析和评价企业营运能力的一种分析模型。对这部分内容读者可以参考"实验系统"中"财务分析实验"项目下"实验示范"中第 5 个实验的屏幕录像。

【任务 3—6】

根据江海电器有限公司 2014 年财务报表的相关数据，构建总资产周转率分析模型评价企业资产运营效率。（资料来源：主教材第 109～110 页，根据 3.4.2 节"杜邦分析法"资料改编。）

为便于说明如何在 Excel 工作表中完成总资产周转率分析模型的创建，我们以上述江海电器公司的财务报表资料为依据，利用 Excel 工作表创建总资产周转率分析模型，根据总资产周转率分析模型分析江海电器有限公司资产运营效率。在 Excel 工作表中，创建总资产周转率分析模型的步骤如下：

第一步，建立总资产周转率分析模型

首先，根据总资产周转率指标的内在联系，在 Excel 工作表中建立总资产周转率分析模型。如图 3—18 所示。

第二步，输入公式引用数据

输入公式并引用财务报表的相关数据到总资产周转率分析模型中。用鼠标单

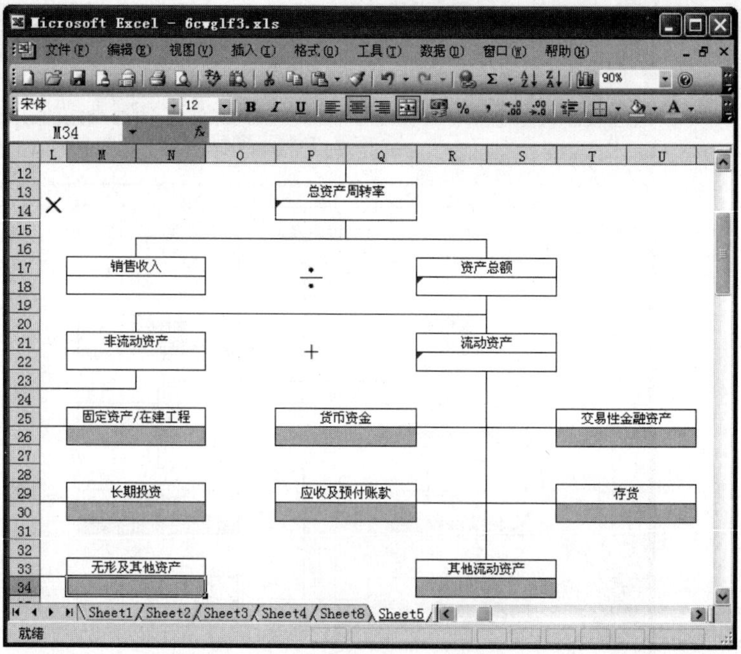

图 3—18

击 M34 单元格，引用“SUM”函数，然后用鼠标单击“Sheet1”工作表标签进入资产负债表链接数据。用鼠标单击 Sheet1 工作表的 C32:C36 单元格和 D32:D36 单元格，即选中公司的无形资产等项目，接着输入除号“/”，再输入“2”。这样公式编辑栏就显示出：“=SUM(Sheet1!C32:C36,Sheet1!D32:D36)/2”。如图 3—19 所示。

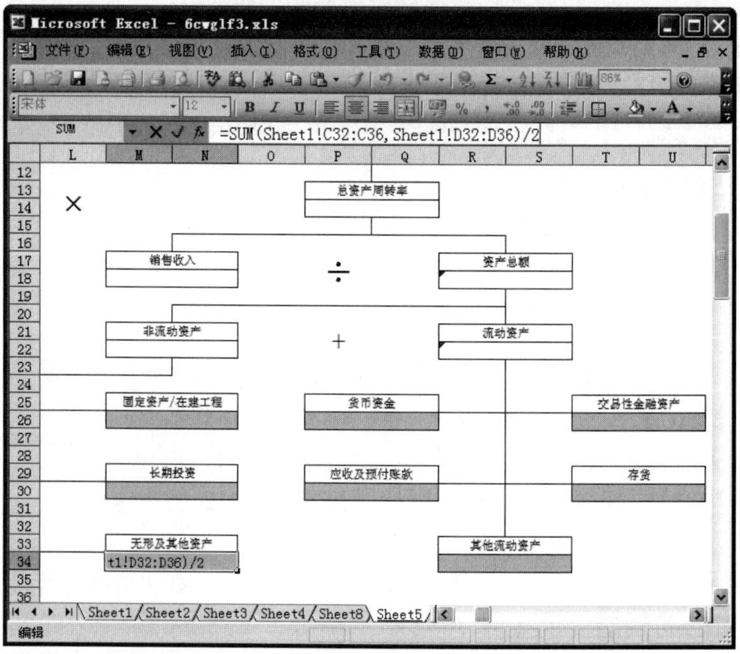

图 3—19

按回车键就可计算出构成江海电器有限公司的总资产周转率分析指标的无形及其他资产项目：“35”。如图 3—20 所示。

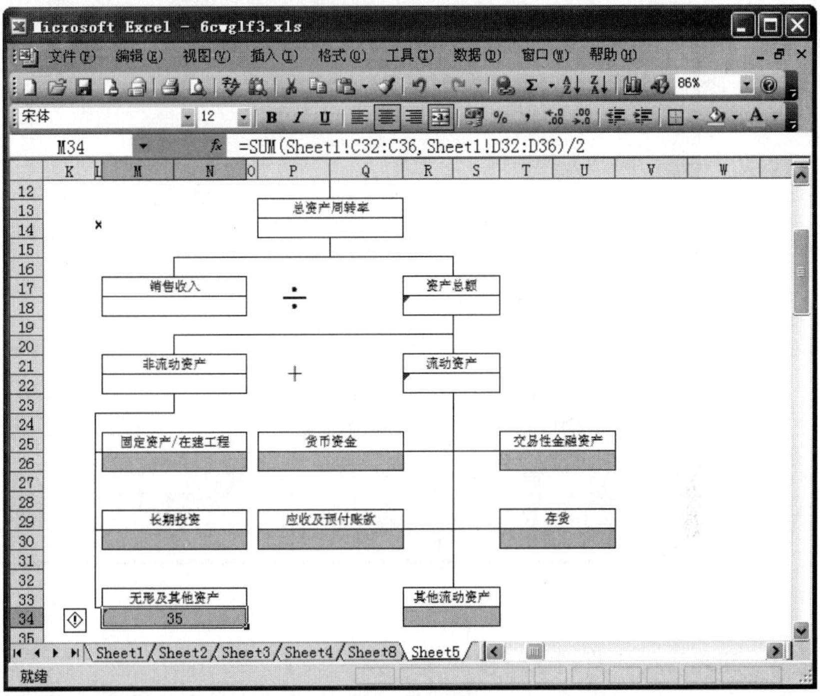

图 3—20

同理，在总资产周转率分析模型的其他指标的单元格中输入相应的公式，引用相关数据。如图 3—21 所示。

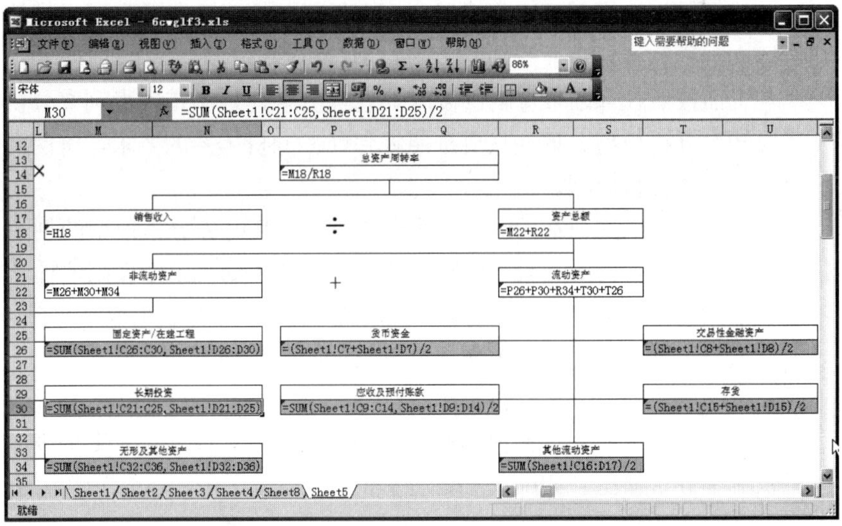

图 3—21

按回车键就可计算出江海电器有限公司的总资产周转率分析指标：“2.258 168 675”。如图 3—22 所示。

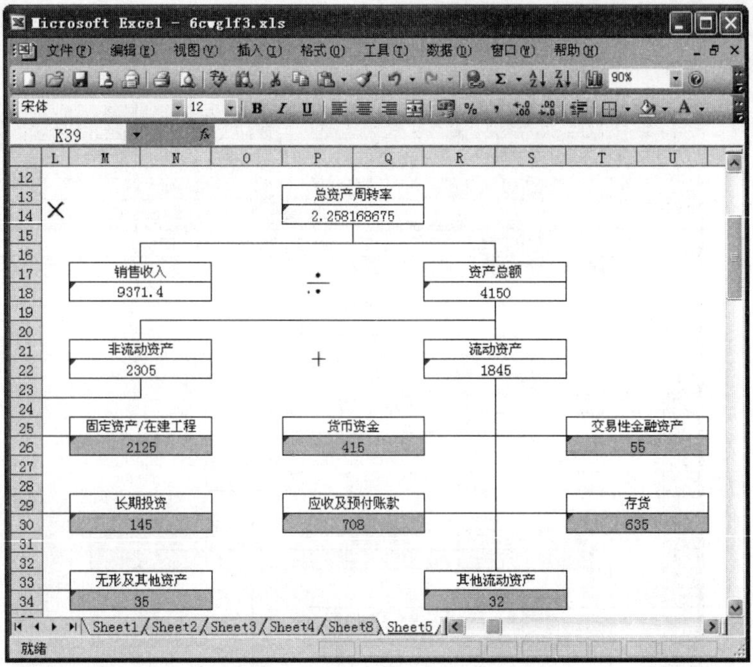

图 3—22

到此为止，我们已经按照【任务 3—6】所提出的任务，在 Excel 工作表中创建完成了总资产周转率分析模型，为分析评价公司的营运能力奠定了基础。对这部分内容读者可以参考“实验系统”中“财务分析实验”项目下“实验示范”中第 5 个实验的屏幕录像。

3.4.2.3 杜邦财务分析模型的创建

杜邦分析法模型是以公司财务报表提供的资料为基础，通过计算权益报酬率指标来分析和评价企业盈利能力的一种分析模型。

上面按照杜邦财务分析的要求，已经分别建好了销售净利率分析模型和总资产周转率分析模型。现在只要按照杜邦财务分析体系的要求，将两者结合起来创建杜邦财务分析模型。

为便于说明如何在 Excel 工作表中完成杜邦财务分析模型的创建，我们以上述江海电器公司的财务报表资料为依据，利用 Excel 工作表创建杜邦财务分析模型，根据杜邦财务分析模型分析江海电器有限公司的股东权益报酬率。在 Excel 工作表中，创建股东权益报酬率分析模型的步骤如下：

第一步，建立股东权益报酬率分析模型

首先，根据股东权益报酬率指标的内在联系，在 Excel 工作表中建立股东权益报酬率分析模型。如图 3—23 所示。

第二步，输入公式计算资产净利率和权益乘数

输入公式并引用相关数据到杜邦财务分析模型中。在 G10 单元格中，输入公式“=D14 * P14”，即销售净利率乘以总资产周转率。这样公式编辑栏就显示出：“=D14 * P14”，如图 3—24 所示。

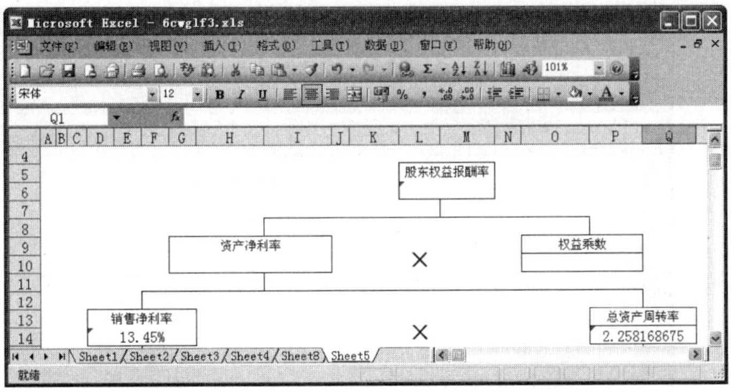

图 3—23

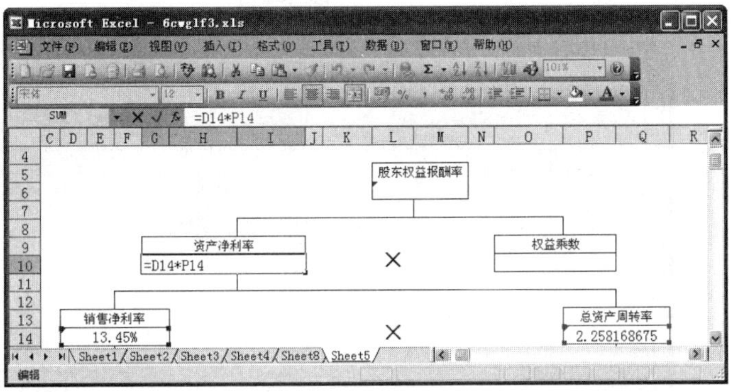

图 3—24

按回车键就可计算出江海电器有限公司的资产净利率："30.36%"。如图 3—25 所示。

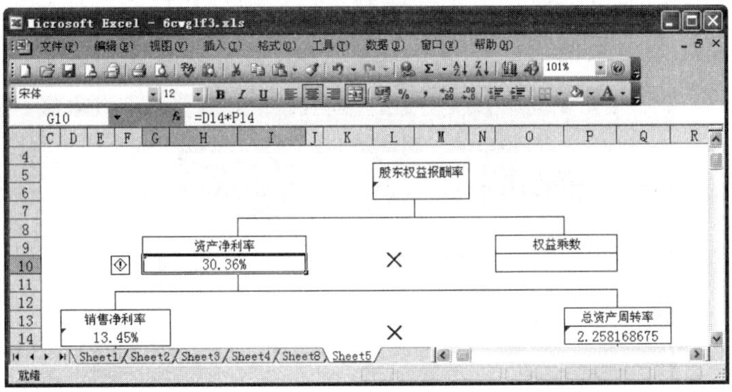

图 3—25

同理，用鼠标单击 O10 单元格，输入公式"=((Sheet1!C38+Sheet1!D38)/2)/((Sheet1!F36+Sheet1!G36)/2)"，即平均总资产除以平均股东权益。按回车键就可计算出江海电器有限公司的权益乘数分析指标："1.884"。如图 3—26 所示。

第三步，输入公式计算股东权益报酬率

在 L6 单元格中输入公式"=G10 * O10"，即资产净利率乘以权益乘数。如图 3—27 所示。

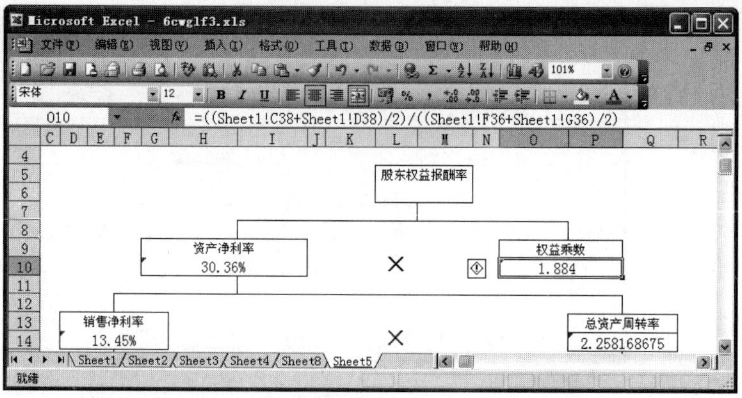

图 3—26

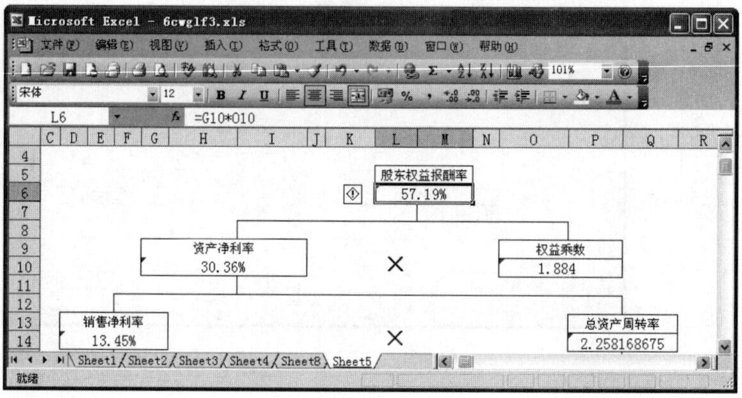

图 3—27

由于前面已经建立了销售净利率分析模型和总资产周转率分析模型，这里只需要将这两个模型结合起来，创建杜邦财务分析体系。如图 3—28 所示。

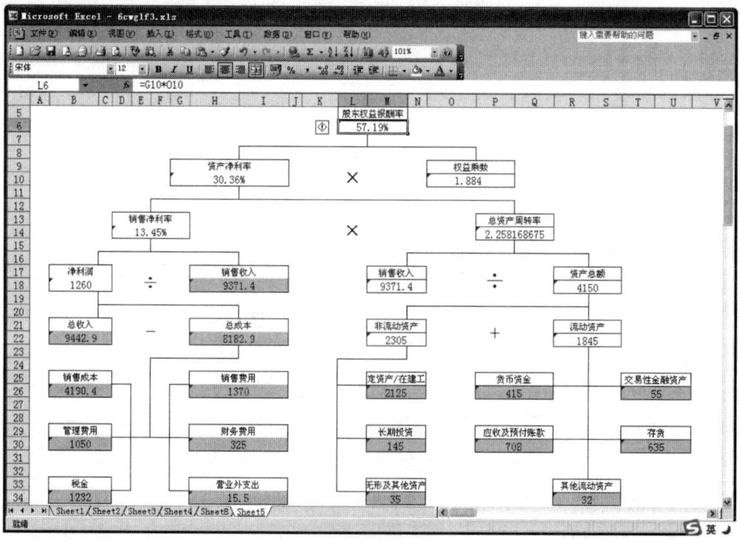

图 3—28

到此为止，我们已经在 Excel 工作表中创建了杜邦财务分析模型，为分析评价公司整体能力奠定了基础。对这部分内容读者可以参考“实验系统”中“财务分析实验”项目下“实验示范”中第 5 个实验的屏幕录像。

3.4.2.4 杜邦财务分析模型的应用

在前述江海电器公司杜邦财务分析模型创建的案例中，我们假定管理费用由 1 050 万元降低到 1 000 万元，或销售费用由 1 370 万元上升到 1 400 万元，或者财务费用由 325 万元下降到 300 万元，如果以上三个因素单独变化，那么该企业的股东权益报酬率为多少？或者以上三个因素同时发生变化，那么该企业的股东权益报酬率又为多少呢？反过来如果我们要实现某一特定的股东权益报酬率，比如 60%，那么该企业的销售成本或者管理费用，或销售费用，或者财务费用分别应该控制在什么水平？要回答上述问题就涉及假设分析。我们把前者称为原因变动的假设分析，把后者称为结果变动的假设分析。

第一，原因变动的假设分析。我们知道按照杜邦模型计算出的股东权益报酬率受到若干原因的影响，当改变一个或多个原因时，观察对另外一个或多个因素影响的过程就是原因假设分析。如果已经创建了一个杜邦财务分析模型，当改变一个影响股东权益报酬率的因素单元格中的数值，就可以观察到股东权益报酬率单元格数值的变化情况。

第二，结果变动的假设分析。如前所述，改变一个或多个原因时，观察对结果影响程度的过程就是原因变动的假设分析，而结果变动的假设分析是按照与原因变动假设分析的相反思路进行分析的一种假设分析方法。例如用杜邦财务分析模型计算的税前利润指标是受若干因素共同影响的一个结果，现在我们需要先确定一个预期的股东权益报酬率，比方说 60%，反过来再来求解保证实现这一结果的各个因素应该达到的数值。也就是按照与原因变动的假设分析相反的思路来进行的假设分析方法。显然，在手工条件下做这项结果变动的假设分析的工作量是非常繁重的，而在 Excel 工作表中我们借助“单变量求解”工具来做结果变动的假设分析则十分容易。结果变动的假设分析就是利用已经创建的杜邦财务分析模型，在“工具”命令中调用“单变量求解”工具，逆向求出实现某一股东权益报酬率的各因素的变动值。例如，在上述杜邦财务分析模型中最初计算出来的股东权益报酬率是 57.19%。如果需要实现 60%的股东权益报酬率，那么销售成本应该下降到多少？或者说管理费用应该下降到多少？或者销售费用应该下降到多少？等等。

3.5 财务分析实验资料

3.5.1 主教材第3章财务分析的练习题

见主教材第 112 页。

3.5.2 补充实验资料

资料：江源公司 2014 年财务报表的相关数据如表 3—4 至表 3—6 所示。假定公司普通股平均股数 10 000 股，普通股平均股价 6 元，每股股利 0.50 元，请用财务分析方法来评价企业财务状况。

表 3—4　　江源公司资产负债表

2014 年 12 月 31 日　　单位：万元

资产	年初数	年末数	负债及所有者权益	年初数	年末数
流动资产：			流动负债：		
货币资金	20 000.00	28 000.00	短期借款		
交易性金融资产	1 000.00	1 500.00	交易性金融负债		
应收票据			应付票据		
应收账款	20 000.00	24 000.00	应付账款	20 000.00	7 000.00
预付账款			预收账款	10 000.00	5 000.00
应收利息			应付职工薪酬		
应收股利			应交税费		
其他应收款			应付利息	0.00	200.00
存货	15 000.00	20 000.00	应付股利		
1 年内到期的非流动资产			其他应付款		
其他流动资产			1 年内到期的非流动负债		
			其他流动负债		
流动资产合计	56 000.00	73 500.00	流动负债合计	30 000.00	12 200.00
非流动资产：			非流动负债：		
可供出售金融资产			长期借款	20 000.00	30 000.00
持有至到期投资			应付债券		
长期应收款			长期应付款		
长期股权投资	20 000.00	19 500.00	专项应付款		
投资性房地产			预计负债		
固定资产	60 000.00	64 000.00	递延所得税负债		
在建工程			其他非流动负债		
工程物资			非流动负债合计	20 000.00	30 000.00
固定资产清理			负债合计	50 000.00	42 200.00
生产性生物资产			股东权益：		
油气资产			股本	50 000.00	68 000.00
无形资产	5 000.00	4 800.00	资本公积	0.00	2 000.00
开发支出			减：库存股		
商誉			盈余公积	0.00	3 800.00
长期待摊费用			未分配利润		
递延所得税资产			股东权益合计	50 000.00	73 800.00
非流动资产合计	85 000.00	88 300.00			
资产合计	141 000.00	161 800.00	负债及股东权益合计	100 000.00	116 000.00

表 3—5 江源公司利润表

2014 年 单位：万元

项目	本期金额	上期金额
一、营业收入	240 000.00	220 700.00
减：营业成本	150 000.00	140 000.00
营业税金及附加	10 000.00	8 000.00
销售费用	20 000.00	19 000.00
管理费用	25 000.00	18 800.00
财务费用	12 000.00	14 000.00
资产减值损失		
加：公允价值变动收益		
投资收益		
其中：对联营企业和合营企业的投资收益		
二、营业利润	23 000.00	20 900.00
加：营业外收入		
减：营业外支出	1 000.00	890.00
其中：非流动资产处置损失		
三、利润总额	22 000.00	20 010.00
减：所得税	5 500.00	5 002.50
四、净利润	16 500.00	15 007.50
五、每股收益		
（一）基本每股收益（元）		
（二）稀释每股收益（元）		

表 3—6 江源公司现金流量表

2014 年度 单位：万元

经营活动产生的现金流量：		
提供服务收到的现金		15 000
购买用品支付的现金		−12 000
支付其他经营费用		0
经营活动现金流量小计		3 000
投资活动引起的现金流量：		
购买固定资产支付的现金：		−10 000
投资活动现金流量小计		−10 000
筹资活动产生的现金流量：		
吸收投资收到的现金		20 000
分配利润支付的现金		−5 000
筹资活动产生的现金流量小计		15 000
现金净增加额		8 000
期初现金额		20 000
期末现金额		28 000

要求：根据江源有限公司2014年财务报表的相关数据：

1. 计算并评价江源公司的偿债能力。
2. 计算并评价江源公司的盈利能力。
3. 计算并评价江源公司的营运能力。
4. 计算并评价江源公司的发展能力。

参考答案

表3—7

普通股平均股数	10 000
普通股平均股价	6
每股股利	0.5

江源公司财务分析基础模型

2014年

偿债能力分析		营运能力分析		盈利能力分析		发展能力分析	
流动比率	6.02	应收账款周转次数	10.91	资产净利率	10.90%	销售增长率	8.74%
速动比率	4.39	应收账款周转天数	33.00	股东权益报酬率	26.66%	资产增长率	14.75%
现金比率	2.42	存货周转次数	8.57	销售毛利率	37.50%	股权资本增长率	47.60%
现金流量比率	0.25	存货周转天数	42.00	销售净利率	6.88%	利润增长率	9.95%
资产负债率	0.26	流动资产周转率	3.71	成本费用净利率	7.42%		
股东权益比率	0.46	固定资产周转率	3.87	每股利润	1.65		
权益乘数	2.19	总资产周转率	1.59	每股现金流量	0.30		
产权比率	0.57			股利支付率	30.30%		
偿债保障比率	14.07			每股净资产	7.38		
利息保障倍数	2.83			市盈率	3.64		
现金利息保障倍数	1.71			市净率	0.81		

第 4 章

Chapter 4 筹资数量预测和财务预算实验[①]

实验导引

实验名称： 财务预算实验

实验目的： 理解财务预算的原理和方法，获得在 Excel 工作表中创建财务预算模型进行财务预算的技能。

实验内容： 根据主教材第 4 章“财务战略与预算”中的主要内容，创建筹资数量预测模型和财务预算编制模型。

实验要求： 利用 Excel 工作表平台完成筹资数量和财务预算模型的创建和应用。

实验参考： 参考主教材第 4 章的相关内容。参考实验系统中“财务预算”模块“实验示范”中筹资数量预测模型和财务预算编制模型的屏幕录像。

企业的未来落在财务上就是预算

【导读】企业的未来落在财务上就是财务计划或者说预算，计划是智慧的表现。

救赎的故事

斯蒂芬·金的名著《肖申克的救赎》被好莱坞改编成电影，获得了奥斯卡奖。

肖申克是美国 20 世纪 30 年代戒备最森严的重刑犯监狱。电影是根据一个真实事件改编的，故事就发生在肖申克监狱里。狱中的老黑人瑞德扮演一个与其说是龙头老大不如说是供应链企业家的角色，他能帮你弄到你想要的任何东西：香烟、糖果、美女画像、歌剧唱片，甚至地质学家才会用到的岩石镐。有一天，一个年轻的白人银行家安迪被关进了肖申克。安迪因为谋杀其妻的指控被判无期徒刑。两个背景截然不同的犯人在与狱方的斗争中建立了深厚的友谊。安迪坚信自己是无辜的。在申辩绝望之后，安迪开始计划越狱。在肖申克，从未有过越狱成功的先例。残暴的监狱长以此为骄傲，这是对安迪越狱的最大挑战，但也是安迪的最大资源。安迪的专长是会计簿记、申报税单以及

---

① 因主教材第 4 章财务战略与预算，其内容主要介绍的是筹资数量预测和财务预算，故将本章改为“筹资数量预测和财务预算实验”。特此说明。

筹划退休金。他的名声很快在当地监狱系统的官员中间传播开来。安迪因此获得了一些活动的空间。在瑞德的默默观察下，安迪的越狱计划在悄无声息地进行。安迪的墙上一直挂着电影明星的大剧照，他开始爱好起石雕艺术，每天放风的时候，他总会从裤管里抖出一些泥土。在监狱图书馆里，他伪造了身份证件。他的厚厚的《圣经》被挖空，成为最安全的保险箱。十几年过去了。终于在一个漆黑的暴风雨的夜晚，安迪使不可能变成了可能。他成功地越狱了。不仅如此，他还转移了监狱长的非法所得，并且使犯人安迪从世界上消失，而以一个全新的形象出现在阳光灿烂的南部海滨。

我看《肖申克的救赎》是在 1994 年 11 月底，当时还在美国工作，公司整个财务部正在为 1995 年的预算忙得不可开交。这部电影让我明白做预算的目的性的重要。《肖申克的救赎》与一般越狱电影的区别是：越狱并不是安迪的目的，而精神和财务上的自由，才是“肖申克的救赎”的意义。

下一步该做什么?

智慧是什么？智慧是先知，先知就是提早知道下一步该做什么。“回到未来”在银幕上是科幻，但是在商业的实践中，未来在某种程度上就是被你我创造出来的。

企业的未来落在财务上就是财务计划或者说预算。

孙子说：“夫未战而庙算胜者，得算多也；未战而庙算不胜者，得算少也。多算胜，少算不胜，而况于无算乎!”一个叱咤风云统率千军万马的大将军在大战前夕，都得关在中军帐中算来算去，粮草、辎重、兵力等都要算清楚，这样决战时的赢率才会大。商场如战场，没有企业会去计划如何失败，但是失败的企业往往都是因为没有把计划做好。

预算管理是企业内部管理和实现未来目标的一种主要方法。这一方法在 20 世纪 20 年代在美国的通用电气、杜邦、通用汽车公司产生之后，很快就成为大型企业的标准作业程序。全面预算管理处于企业内部控制的核心地位，它是为数不多的几个能把组织的所有关键问题融合于一个体系之中的管理控制方法之一。预算的目的性很强，它为企业内部不同部门之间的沟通提供了一个有力的工具。

预算的思维与日常的“因为这样了，所以应该那样”的因果式直线思维不同，预算更多是“为了那样的目的，所以应该这样做”的目的—手段式思维。目的是预算的核心。要先瞄准，再射击。

先射击再瞄准的成本有时会高得惊人。我家门口的人行道不知道被挖开过多少次，起初是换新地砖，后来发现新铺的地砖下雨天打滑，于是换不打滑的地砖，没多久，要加盲道，又换一次。整个人行道像是装了拉链，随时准备开合。

财务预算在企业中的应用非常普及。据调查，编制预算的企业比例在美国是 91%，在日本是 93%，在英国、荷兰等欧洲国家是 100%。按照预算的目的和重要性排列，在美国企业，依次是投资收益率、经营收入和生产成本。在日本企业，则是经营收入、生产成本和投资收益率。无论是美国企业还是日本企业，都把预算作为员工绩效考核的标准。

有位企业家说：“我们是从不做计划的，因为我们所在的行业高速变化，计划永远赶不上变化。”实际上，这位企业家所说的计划是指计划文件，纸上的东西，是名词。而真正的商业计划和预算是存在心里的，是动态的，是动词。

斗智斗勇编制预算

开始编制预算的感觉有时就像江南的晒梅一样。梅雨季节过后，家家户户会把衣物从一年都未曾好好整理的衣柜里翻出来，拿出去晒。同时，这也是一个重新整理的过程：有时你会突然发现过去塞得满满当当的衣柜原来还有很大的空间，有时一些已经被你遗忘的有价值的东西会突然出现在眼前。

预算季节开始的时候，首先是要检视自己的现状，做SWOT分析，确定企业各部门共同追求的目标。在最初阶段，整个过程大部分是定性分析。

接着，全体员工将第一阶段制定的目标转化为一整套分部门的内部行动措施。如果目标是在今后一年里将产品的市场份额至少提高20%，那么第二阶段要明确规定分部门的管理层必须做什么才能达到这一目标。

在计划程序的第三阶段，制定出一套定量的计划和预算，包括经营预算和资本预算。资本预算习惯上指那些昂贵的固定资产支出，经营预算则包括要发生的日常费用，如原材料、市场推广、行政、差旅、工资等。

由于预算通常与目标以及业绩考评挂钩，预算的制定和执行过程又是个斗智斗勇的过程。预算的难度和管理人员的努力程度成一定的正相关关系。适当的预算难度会激发人的工作热情，好的目标是需要跳起来才能够得着的。但是当目标超过一定的难度限制，即使跳得再高也够不着的时候，反而会造成挫折感。

打破预算

杰里米是哈佛商学院的教授，他与人合作写了本书，叫《打破预算》。在书里，他提倡建立一种鼓励经理灵活应对短期动荡和灵活配置资源的新型管理体系，来取代以前的年度规划和资源配置。因为很多传统预算里都包含严格限制成本的计划，这些都妨碍了经理人灵活调整战略和抓住新的机遇。

为了防止下一年的预算被削减，经理人在年底时会想方设法把口袋里的最后一分钱花掉，而不管最后时刻的花费是否能为企业创造价值。杰里米认为预算甚至会导致更加直接的渎职行为，因为工资和奖金经常与满足预算目标的能力挂钩。当费用和目标成为企业的制度时，员工只会按照预算来支配自己的行为，而不是挑战它。如果没有预算，他们也许能积极主动地提出改革的建议。

现在越来越多的企业发觉到传统预算的局限，对于小型企业，快速应对变化的环境是公司的生存之本，预算必须要有足够的弹性。在预算执行的过程中需要对下一周期的目标作滚动预算。根据前期销量、当期预算、自然因素、政策因素等变化更新预测，从而调整生产、库存、物流等指标。

财务的所有工作几乎都是基于历史性来展开的。通过历史来预测未来是一个很大的冒险，相当于开车时回头看一样。回头当然不是我们的目的，我们的目的是通过回顾历史寻找前进的内在规律，最终到达目的地。回头看只是为了确认我们走在一条正确的道路上。看多一点，看深一点，这样才能看远一点。

在足球场上看小朋友踢足球。皮球被人踢了一脚，所有的小朋友都会争先恐后地跟在足球后面跑，可总也踢不到球。职业球员在足球场上也是争先恐后地跑，不过不是去追球，而是跑向足球即将要飞去的位置，去等足球滚到自己脚下。

有句话这样说：已经发生的事和将要发生的事，相对于发生在我们内心的事，都不

重要 (What lies behind us and what lies before us are tiny matters compared to what lies within us)。电影《印第安纳·琼斯》中，印第安纳·琼斯被坏人追到万丈悬崖边上。在电影里，他总是被人追杀，不是为金钱就是为爱情。“前面应该是有座桥的。”印第安纳·琼斯对自己说，“前面一定会有桥的。”他坚信桥就在他的脚下。于是，他伸出脚，向万丈悬崖踏去，就在这时，一座木桥如彩虹一般横空出现，躺在他的脚下。

资料来源：http://www.dongao.com/kjzx/zcgs/201301/91279.shtml.

4.1 财务预算实验概述

财务预算是财务管理的重要组成内容，具体是指根据历史和现在的相关资料，运用一定的科学预测方法，对未来经济活动可能产生的经济效益和发展趋势做出科学的预计和推测的过程。财务预算是一系列专门反映企业未来一定预算期内预计财务状况和经营成果以及现金收支等价值指标的各种预算的总称，具体包括现金预算、预计利润表、预计资产负债表和预计现金流量表等内容。

4.1.1 财务预算实验内容

根据主教材的内容，本章选取作为财务预算实验的主要内容包括：

第一，筹资数量预测实验。筹资数量预测实验具体包括应用因素分析法、回归分析法、营业收入比例法等方法预测筹资的数量。筹资数量预测是指在完整掌握与预测对象有关的各种要素定量资料的基础上，运用现代数学方法进行数据处理，据以建立能够反映有关变量之间规律性联系的各类预测模型的方法体系，它适用于具备完整的历史资料或有关变量之间具有明显的数量关系等条件下的预测。

第二，财务预算实验。财务预算实验具体包括编制利润预算和财务状况预算。

4.1.2 财务预算实验任务

根据财务预算实验的内容，本章的实验要完成的任务主要包括：

第一，完成筹资数量预测模型的创建与应用；

第二，完成利润预算编制模型的创建与应用；

第三，完成财务状况预算编制模型的创建与应用。

4.1.3 财务预算实验平台

财务预算实验以 Excel 工作表为实验平台。尽管我们可以用手工计算办法来解决筹资数量预测、利润预算编制和财务状况预算编制，但是这种财务预算编制是财务管理的经常性工作，在财务管理工作中计算工作量非常大。为了提高预算编制这类问题的工作效率，减轻财务管理专业人员的劳动强度，有必要借助 Excel 工作表创建筹资数量预测模型、利润预算编制模型以及财务状况预算编制模型。

Excel 工作表能够解决财务预算的许多问题，不仅可以方便地编写公式，引用内置的函数，还可以调用分析工具，为我们创建各种财务预算模型提供了极大的便利。在本实验的模型构建过程中除了编写公式外，还涉及"SLOPE"函数、"SUM"函数、"IF"函数的应用。

4.2　筹资数量预测实验

筹资数量预测实验属于学习筹资数量预测理论知识后验证性的实验和巩固知识的实验。

每个学生通过亲自动手做筹资数量预测实验，可以把筹资数量预测及其计算的书本知识和实际要解决的问题联系起来，获得比较全面的知识和解决问题的技能。

筹资数量预测实验涉及主要预测模型的创建与应用等方面的实验内容。

4.2.1　因素分析法预测模型的创建

因素分析法预测模型是以上年度的资金实际需要量为基础，结合预测年度的经营业务和资金加速周转的要求，通过分析和调整各项目的资金需要量来预测资金需要量的一种分析模型。

【任务 4—1】

假定江海电器有限公司上年度资本实际平均占用额为 2 000 万元，其中不合理部分为 200 万元，预计本年度销售增长 5%，资本周转速度加快 2%，则预测年度资本需要额为多少？（资料来源：主教材第 126 页例 4—1。）

为便于说明如何在 Excel 工作表中完成因素分析法预测模型的创建，我们利用上述【任务 4—1】的资料并借助 Excel 工作表创建因素分析法预测模型，然后根据因素分析法预测模型预测【任务 4—1】的资金需要量。在 Excel 工作表中，创建因素分析法预测模型的步骤如下：

第一步，建立因素分析法预测模型并录入相关数据

首先在 Excel 工作表中建立因素分析法预测模型并将【任务 4—1】中的相关数据录入。如图 4—1 所示。

第二步，输入公式预测筹资数量

在 G7 单元格中输入公式"=(C6－D6)＊(1＋E6)＊(1－F6)"。如图 4—2 所示。

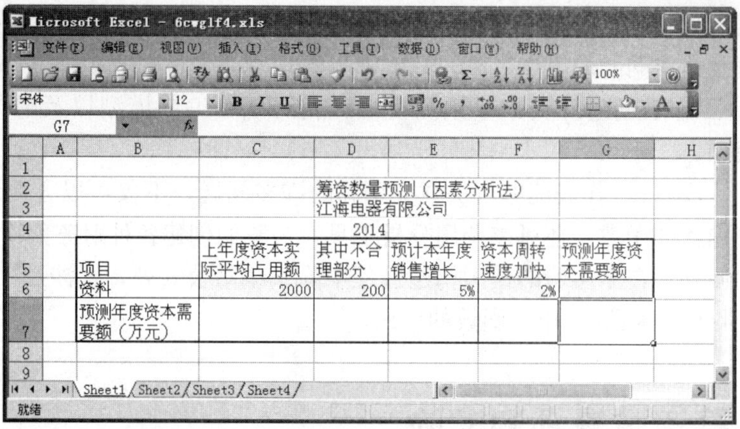

图 4—1

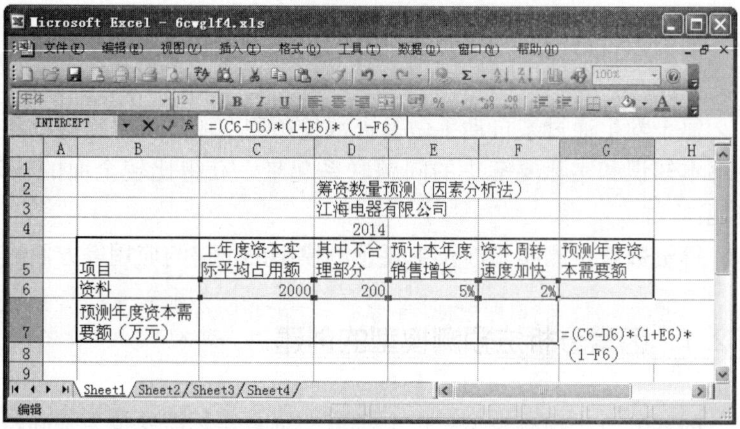

图 4—2

按回车键就预测出江海电器有限公司筹资的数量为：“1 852.2”。如图 4—3 所示。

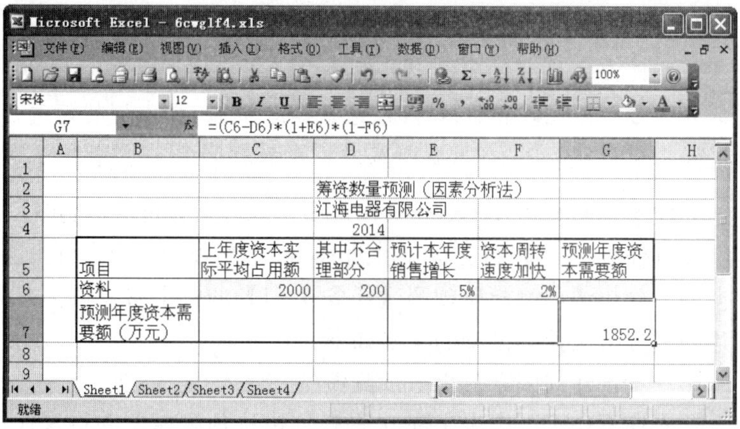

图 4—3

到此为止，按照【任务 4—1】所提供的资料，在 Excel 工作表中创建的筹资数量预测（因素分析法）模型就已经完成了。对这部分内容读者可以参考“实验系统”中“财务预测和预算实验”项目下“实验示范”中第 1 个实验的屏幕录像。

4.2.2　回归分析法预测模型的创建

回归分析法预测模型是根据资金需要量与销售数量、销售收入等之间的线性关系，来预测资金需要量的一种分析模型。

【任务 4—2】

假定江海电器有限公司 2009—2013 年的产销数量和资本需要总额如表 4—1 所示。

表 4—1

年度	产销量（X，万件）	资本需要总额（Y，万元）
2009	6.0	500
2010	5.5	475
2011	5.0	450
2012	6.5	520
2013	7.0	550

假定 2014 年预计产销数量为 7.8 万件，请预测 2014 年资本需要总额为多少？（资料来源：主教材第 127 页例 4—2。）

为便于说明如何在 Excel 工作表中完成回归分析法预测模型的创建，我们利用上述【任务 4—2】的资料并借助 Excel 工作表创建回归分析法预测模型，然后根据回归分析法预测模型预测本例中的资金需要量。

在 Excel 工作表中，创建回归分析法预测模型的步骤如下：

第一步，建立回归分析法预测模型并录入相关数据

首先在 Excel 工作表中建立回归分析法预测模型并将【任务 4—2】中的相关数据录入。如图 4—4 所示。

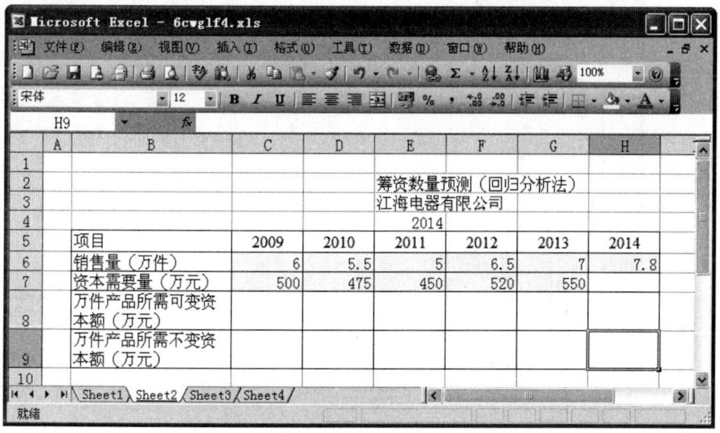

图 4—4

第二步，计算万件产品所需可变资本额

用鼠标选中单元格 C8，然后在菜单栏的“插入”命令中选择“函数”命令。

弹出“插入函数”对话框，在“或选择类别（C）”框中选择“统计”类，在“选择函数（N）”框选择“SLOPE”（斜率）函数名。

然后点击“确定”按钮，弹出“SLOPE”函数的“函数参数”编辑对话框。单击“SLOPE”的“函数参数”编辑对话框“Known _ y's”框右边的“折叠对话框”按钮，用鼠标选择所需要输入的第一组参数区域（C7:G7）。再单击“折叠对话框”按钮回到计算“SLOPE”函数的“函数参数”编辑对话框，单击“函数参数”编辑对话框“Known _ x's”框右边的“折叠对话框”按钮，用鼠标选择所需要输入的第二组参数区域（C6:G6）。（注意：在“SLOPE”函数的“函数参数”编辑对话框中，要先输入 y（资本需要量），然后再输入 x（销售量）。）如图 4—5 所示。

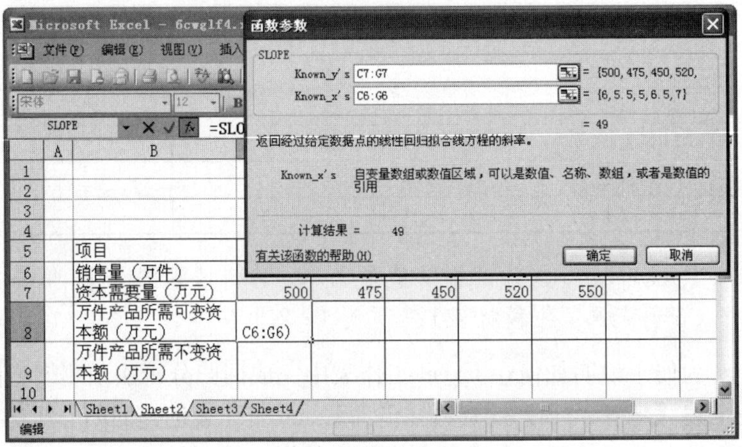

图 4—5

单击“确定”按钮，按“SLOPE”（斜率）函数计算的单位变动成本的结果就会出现在 C8 单元格中。本例中万件产品所需可变资本额为 49。如图 4—6 所示。

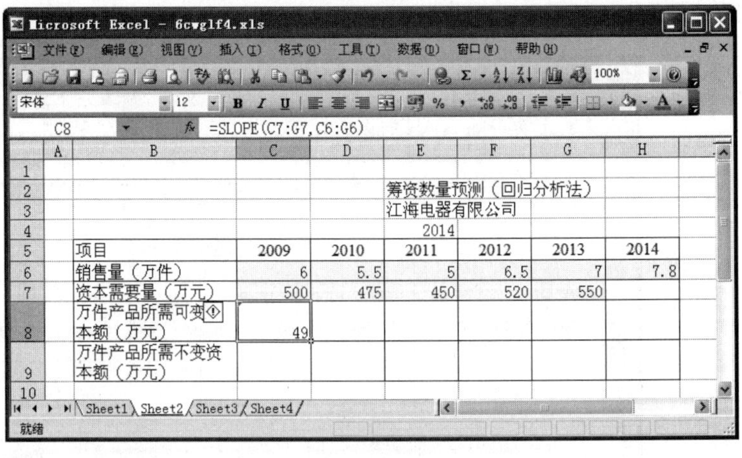

图 4—6

第三步，计算万件产品所需不变资本额

用鼠标选中单元格 C9，然后在菜单栏的“插入”命令中选择“函数”命令。弹出“插入函数”对话框，在“或选择类别（C）”框中选择“统计”类，在

"选择函数（N）"框选择"INTERCEPT"（截距）函数。

然后点击"确定"按钮，弹出"INTERCEPT"函数的"函数参数"编辑对话框。单击"INTERCEPT"函数的"函数参数"编辑对话框"Known _ y's"框右边的"折叠对话框"按钮，用鼠标选择所需要输入的第一组参数区域（C7：G7）。再单击"折叠对话框"按钮回到计算"INTERCEPT"函数的"函数参数"编辑对话框，单击"函数参数"编辑对话框"Known _ x's"框右边的"折叠对话框"按钮，用鼠标选择所需要输入的第二组参数区域（C6：G6）。（注意：在"INTERCEPT"函数的"函数参数"编辑对话框中，要先输入 y（资本需要量），然后再输入 x（销售量）。）如图 4—7 所示。

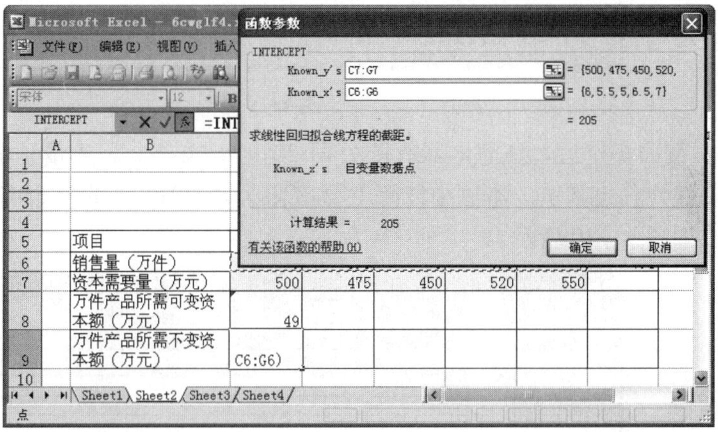

图 4—7

单击"确定"按钮，按"INTERCEPT"（截距）函数计算的万件产品所需不变资本额就会出现在 C9 单元格中。本例中万件产品所需不变资本额为 205 万元。如图 4—8 所示。

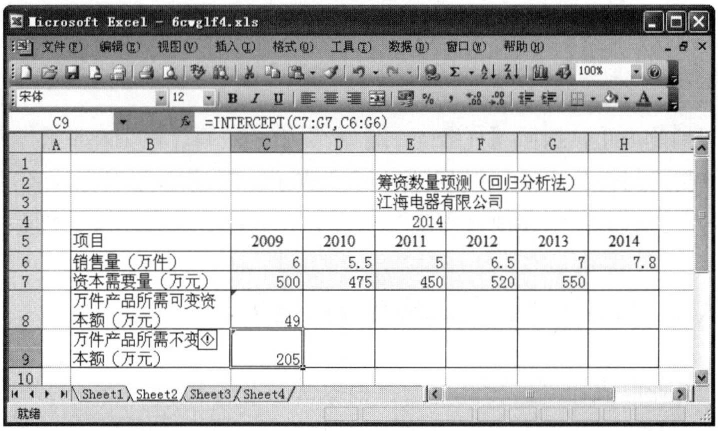

图 4—8

第四步，预测 2014 年的资本需要总额

在 H7 单元格中输入公式"＝C9＋C8 ＊ H6"计算 2014 年的资本需要总额。

如图 4—9 所示。

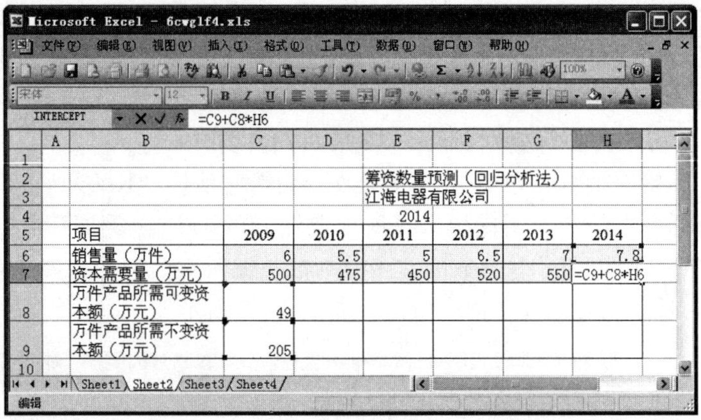

图 4—9

按回车键后，江海电器有限公司 2014 年的资金需要量预测（回归直线法）结果就计算出来了。本例中江海电器有限公司 2014 年的资金需要量为 587.2 万元。如图 4—10 所示。

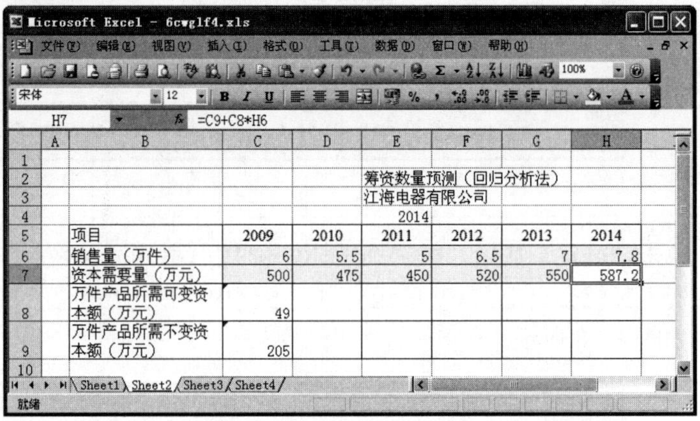

图 4—10

到此为止，按照【任务 4—2】所提供的资料，在 Excel 工作表中创建的筹资数量预测（回归分析法）模型就已经完成了。对这部分内容读者可以参考“实验系统”中“财务预测和预算实验”项目下“实验示范”中第 2 个实验的屏幕录像。

4.2.3 营业收入比例法预测模型的创建

营业收入比例法预测模型是根据营业业务和利润表及资产负债表各项目之间的比例关系，来预测各项目资金需要量的一种分析模型。

4.2.3.1 编制预计利润表

【任务 4—3】

假定江海电器有限公司 2013 年的利润表（简化）的主要项目与营业收入的

比例如表 4—2 所示。

表 4—2

项目	上年实际（万元）	占营业收入的比例（%）
一、营业收入	15 000	100.0
减：营业成本	11 400	76.0
销售费用	900	6.0
管理费用	1 620	10.8
财务费用	600	4.0
二、营业利润	480	3.2
加：营业外收入	50	0.3
减：营业外支出	80	0.5
三、利润总额	450	3.0
减：所得税费用	112.5	0.8
四、净利润	337.5	2.3

假定企业所得税税率为 25%，2014 年营业收入为 18 000 万元，税后利润的留用比例为 50%。请预测 2014 年企业留用的利润额为多少？（资料来源：主教材第 129 页例 4—3。）

为便于说明如何在 Excel 工作表中完成编制预计利润表，我们利用上述【任务 4—3】的资料并借助 Excel 工作表创建编制预计利润表模型，然后预测【任务 4—3】的资金需要量。

在 Excel 工作表中，创建编制预计利润表模型的步骤如下：

第一步，建立编制预计利润表模型并录入相关数据

首先在 Excel 工作表中建立编制预计利润表模型并将【任务 4—3】中的相关数据录入。如图 4—11 所示。

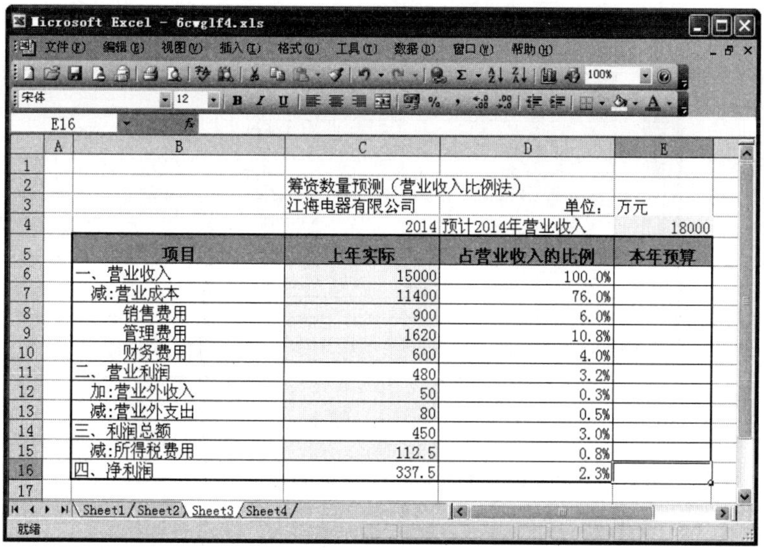

筹资数量预测（营业收入比例法）

江海电器有限公司　单位：万元

2014　预计2014年营业收入　18000

项目	上年实际	占营业收入的比例	本年预算
一、营业收入	15000	100.0%	
减:营业成本	11400	76.0%	
销售费用	900	6.0%	
管理费用	1620	10.8%	
财务费用	600	4.0%	
二、营业利润	480	3.2%	
加:营业外收入	50	0.3%	
减:营业外支出	80	0.5%	
三、利润总额	450	3.0%	
减:所得税费用	112.5	0.8%	
四、净利润	337.5	2.3%	

图 4—11

第二步，按利润表各个项目比例计算 2014 年净利润

用鼠标选中单元格 E6，然后输入公式“＝$E$4＊D6”计算出 2014 年的营业收入的预算额。如图 4—12 所示。

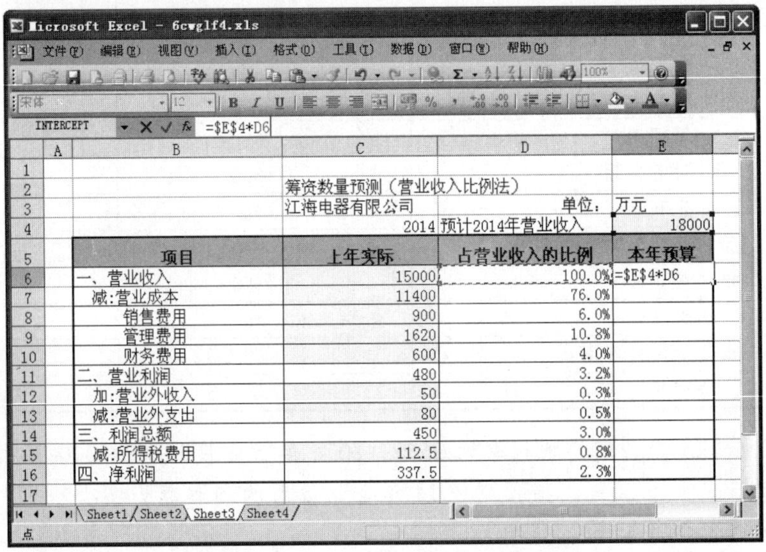
Microsoft Excel - 6cwglf4.xls

INTERCEPT =$E$4*D6

	A	B	C	D	E
1					
2			筹资数量预测（营业收入比例法）		
3			江海电器有限公司	单位：	万元
4			2014	预计2014年营业收入	18000
5		项目	上年实际	占营业收入的比例	本年预算
6		一、营业收入	15000	100.0%	=$E$4*D6
7		减:营业成本	11400	76.0%	
8		销售费用	900	6.0%	
9		管理费用	1620	10.8%	
10		财务费用	600	4.0%	
11		二、营业利润	480	3.2%	
12		加:营业外收入	50	0.3%	
13		减:营业外支出	80	0.5%	
14		三、利润总额	450	3.0%	
15		减:所得税费用	112.5	0.8%	
16		四、净利润	337.5	2.3%	
17					

Sheet1 Sheet2 Sheet3 Sheet4

图 4—12

按回车键后，江海电器有限公司 2014 年的营业收入为 18 000 万元。如图 4—13 所示。

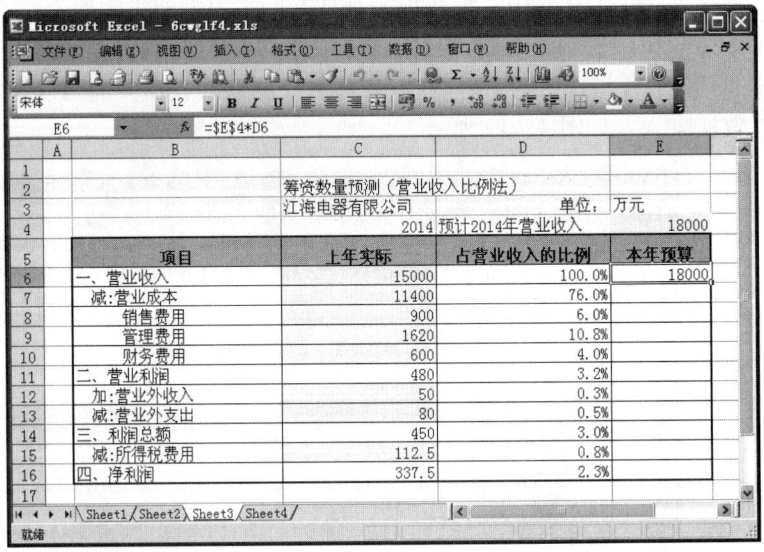
Microsoft Excel - 6cwglf4.xls

E6 =$E$4*D6

	A	B	C	D	E
1					
2			筹资数量预测（营业收入比例法）		
3			江海电器有限公司	单位：	万元
4			2014	预计2014年营业收入	18000
5		项目	上年实际	占营业收入的比例	本年预算
6		一、营业收入	15000	100.0%	18000
7		减:营业成本	11400	76.0%	
8		销售费用	900	6.0%	
9		管理费用	1620	10.8%	
10		财务费用	600	4.0%	
11		二、营业利润	480	3.2%	
12		加:营业外收入	50	0.3%	
13		减:营业外支出	80	0.5%	
14		三、利润总额	450	3.0%	
15		减:所得税费用	112.5	0.8%	
16		四、净利润	337.5	2.3%	
17					

Sheet1 Sheet2 Sheet3 Sheet4

图 4—13

第三步，计算利润表各项目的预测值

用鼠标选中单元格 E6，将鼠标指针指向该单元格右下角的填充柄，待鼠标指针变为实心黑“＋”时，按住鼠标左键，向单元格 E7:E16 拖动，松开鼠标后，江海电器有限公司 2014 年的利润表各项目的预测数值就计算出来了。本例

中预测的 2014 年利润表各项目的数值如图 4—14 所示。

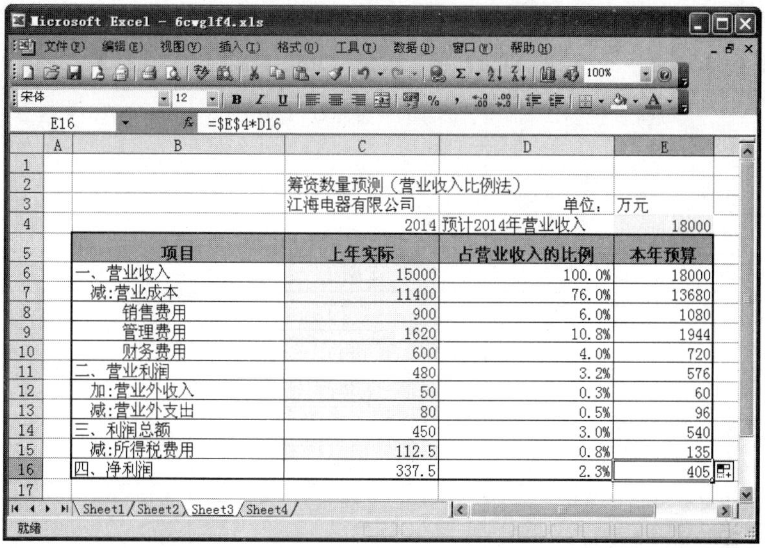

Microsoft Excel - 6cwglf4.xls

E16　=$E$4*D16

	筹资数量预测（营业收入比例法）		
	江海电器有限公司	单位：	万元
	2014	预计2014年营业收入	18000
项目	上年实际	占营业收入的比例	本年预算
一、营业收入	15000	100.0%	18000
减:营业成本	11400	76.0%	13680
销售费用	900	6.0%	1080
管理费用	1620	10.8%	1944
财务费用	600	4.0%	720
二、营业利润	480	3.2%	576
加:营业外收入	50	0.3%	60
减:营业外支出	80	0.5%	96
三、利润总额	450	3.0%	540
减:所得税费用	112.5	0.8%	135
四、净利润	337.5	2.3%	405

图 4—14

第四步，计算利润留成的预测值

用鼠标选中单元格 E17，输入"＝E16＊D17"回车后，预测的 2014 年利润留成的预测数值就计算出来了。本例预测的 2014 年利润留成的数值为 202.5 万元。如图 4—15 所示。

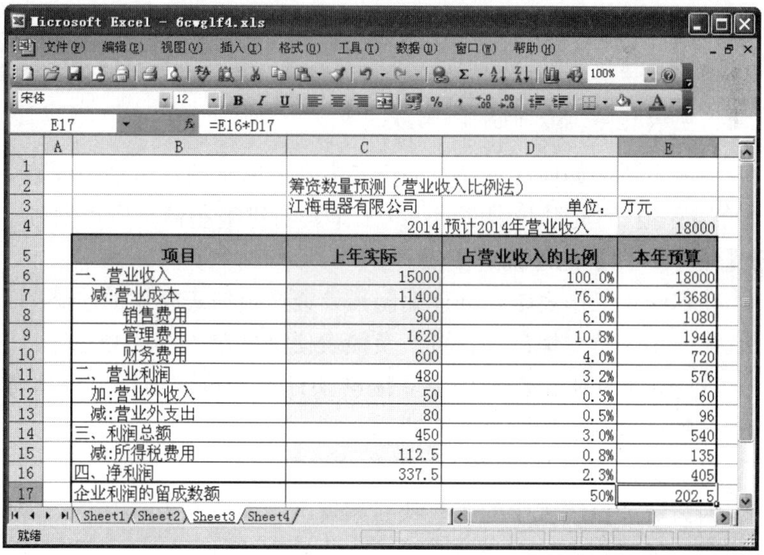

Microsoft Excel - 6cwglf4.xls

E17　=E16*D17

	筹资数量预测（营业收入比例法）		
	江海电器有限公司	单位：	万元
	2014	预计2014年营业收入	18000
项目	上年实际	占营业收入的比例	本年预算
一、营业收入	15000	100.0%	18000
减:营业成本	11400	76.0%	13680
销售费用	900	6.0%	1080
管理费用	1620	10.8%	1944
财务费用	600	4.0%	720
二、营业利润	480	3.2%	576
加:营业外收入	50	0.3%	60
减:营业外支出	80	0.5%	96
三、利润总额	450	3.0%	540
减:所得税费用	112.5	0.8%	135
四、净利润	337.5	2.3%	405
企业利润的留成数额		50%	202.5

图 4—15

4.2.3.2　编制预计资产负债表

【任务 4—4】

假定江海电器有限公司 2013 年实际营业收入 15 000 万元，资产负债表及其敏感项目与营业收入的比例如表 4—3 所示。2014 年预计营业收入为 18 000 万元。

表 4—3　　江海电器有限公司 2013 年实际资产负债表

项目	2013 年实际数（万元）	2013 年销售百分比（%）
资产：		
现金	75	0.5
应收账款	2 400	16.0
存货	2 610	17.4
其他流动资产	10	—
固定资产	285	—
资产总计	5 380	33.9
负债及股东权益：		
应付票据	500	—
应付账款	2 640	17.6
其他流动负债	105	0.7
非流动负债	55	—
负债合计	3 300	18.3
股本	1 250	—
留用利润	830	—
股东权益合计	2 080	—
追加外部筹资额		
负债及股东权益总计	5 380	—

请编制该公司 2014 年预计资产负债表（简化），并预测外部筹资额。（资料来源：主教材第 130 页例 4—4。）

为便于说明如何在 Excel 工作表中完成编制预计资产负债表，我们利用上述【任务 4—4】的资料并借助 Excel 工作表创建编制预计资产负债表模型，然后预测【任务 4—4】的外部筹资额。

在 Excel 工作表中，创建编制预计资产负债表模型的步骤如下：

第一步，建立编制预计资产负债表模型并录入相关数据

首先在 Excel 工作表中建立编制预计资产负债表模型并将【任务 4—4】中的相关数据录入。如图 4—16 所示。

第二步，调用 IF 函数，计算资产负债表各个项目预计数

因为资产负债表中的一些项目如现金、应收账款、存货、应付账款、应缴税费等属于敏感性项目，与营业收入之间具有比例关系，而另外一些项目则属于非敏感项目，所以在计算 2014 年预计资产负债表各项目的数值时就需要调用 IF 函数来完成。根据题意，如果是非敏感项目（用“—”表示），就取 2013 年实际数值；如果是敏感性项目（用“%”表示），就按 2014 年预计的营业收入乘以各项目所占营业收入的比重来运算。即用鼠标选中单元格 E7，然后调用 IF 函数，在参数框输入：=IF(D7="—",C7,$E$3*D7)。如图 4—17 所示。

图 4—16

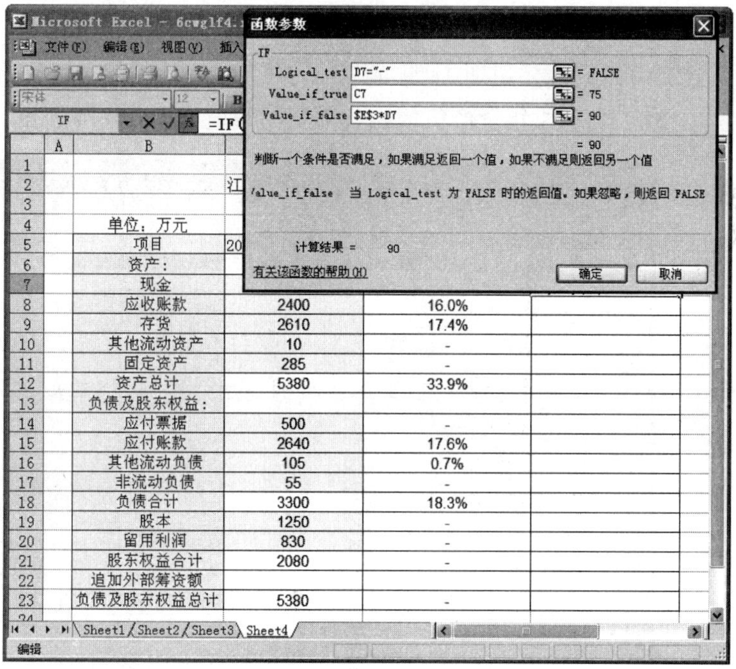

图 4—17

点击“确定”键后，江海电器有限公司 2014 年的资产负债表的现金项目就计算出来了，本例为：90。如图 4—18 所示。

第三步，计算资产负债表其他项目的预测值

用鼠标选中单元格 E7，将鼠标指针指向该单元格右下角的填充柄，待鼠标

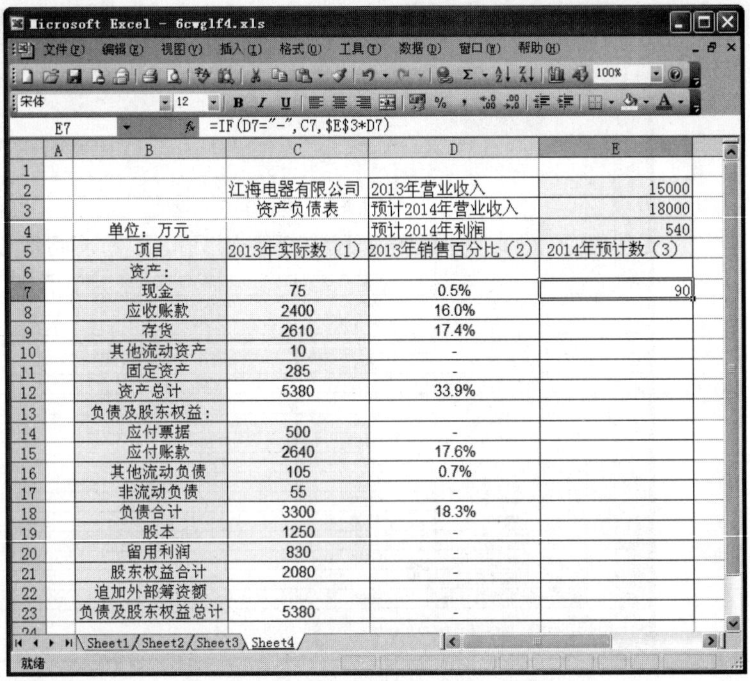
Microsoft Excel - 6cwglf4.xls

E7 =IF(D7="-",C7,$E$3*D7)

	A	B	C	D	E
1					
2			江海电器有限公司	2013年营业收入	15000
3			资产负债表	预计2014年营业收入	18000
4		单位：万元		预计2014年利润	540
5		项目	2013年实际数（1）	2013年销售百分比（2）	2014年预计数（3）
6		资产：			
7		现金	75	0.5%	90
8		应收账款	2400	16.0%	
9		存货	2610	17.4%	
10		其他流动资产	10	-	
11		固定资产	285	-	
12		资产总计	5380	33.9%	
13		负债及股东权益：			
14		应付票据	500	-	
15		应付账款	2640	17.6%	
16		其他流动负债	105	0.7%	
17		非流动负债	55	-	
18		负债合计	3300	18.3%	
19		股本	1250	-	
20		留用利润	830	-	
21		股东权益合计	2080	-	
22		追加外部筹资额			
23		负债及股东权益总计	5380	-	

Sheet1 Sheet2 Sheet3 Sheet4

就绪

图 4—18

指针变为实心黑“+”时，按住鼠标左键，向单元格 E8:E19 拖动，松开鼠标后，江海电器有限公司 2014 年的资产负债表各项目的预测数值就计算出来了。本例中预测的 2014 年资产负债表各项目的数值如图 4—19 所示。

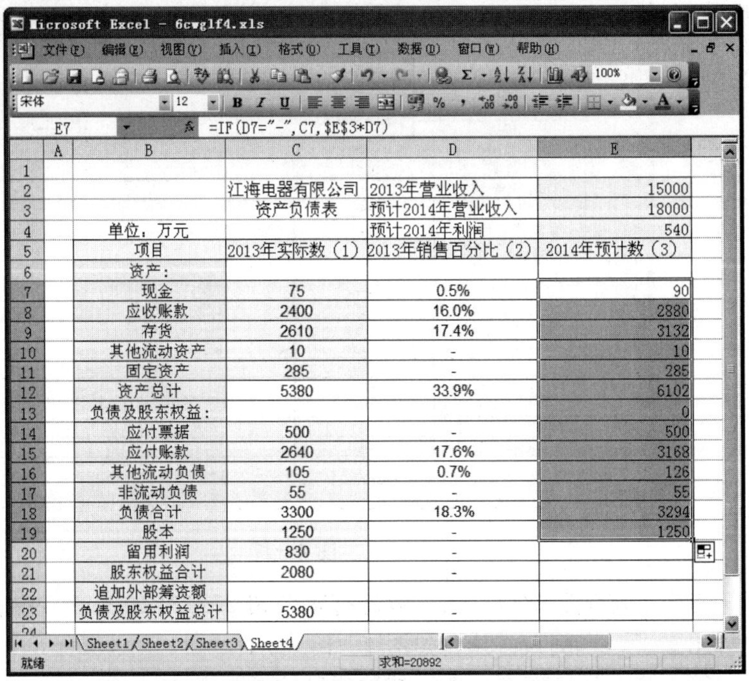
Microsoft Excel - 6cwglf4.xls

E7 =IF(D7="-",C7,$E$3*D7)

	A	B	C	D	E
1					
2			江海电器有限公司	2013年营业收入	15000
3			资产负债表	预计2014年营业收入	18000
4		单位：万元		预计2014年利润	540
5		项目	2013年实际数（1）	2013年销售百分比（2）	2014年预计数（3）
6		资产：			
7		现金	75	0.5%	90
8		应收账款	2400	16.0%	2880
9		存货	2610	17.4%	3132
10		其他流动资产	10	-	10
11		固定资产	285	-	285
12		资产总计	5380	33.9%	6102
13		负债及股东权益：			0
14		应付票据	500	-	500
15		应付账款	2640	17.6%	3168
16		其他流动负债	105	0.7%	126
17		非流动负债	55	-	55
18		负债合计	3300	18.3%	3294
19		股本	1250	-	1250
20		留用利润	830	-	
21		股东权益合计	2080	-	
22		追加外部筹资额			
23		负债及股东权益总计	5380	-	

Sheet1 Sheet2 Sheet3 Sheet4

就绪 求和=20892

图 4—19

由于资产负债表中的一些非敏感项目与营业收入之间不具有比例关系，因此，资产总计、负债合计以及负债及股东权益总计项目需要用求和函数“$\sum$”或公式来计算。用鼠标选中单元格 E12，调用求和函数“$\sum$”，求出资产总计数为 6 397 万元；用鼠标选中单元格 E18，调用求和函数“$\sum$”，求出负债合计数为 3 849 万元。如图 4—20 所示。

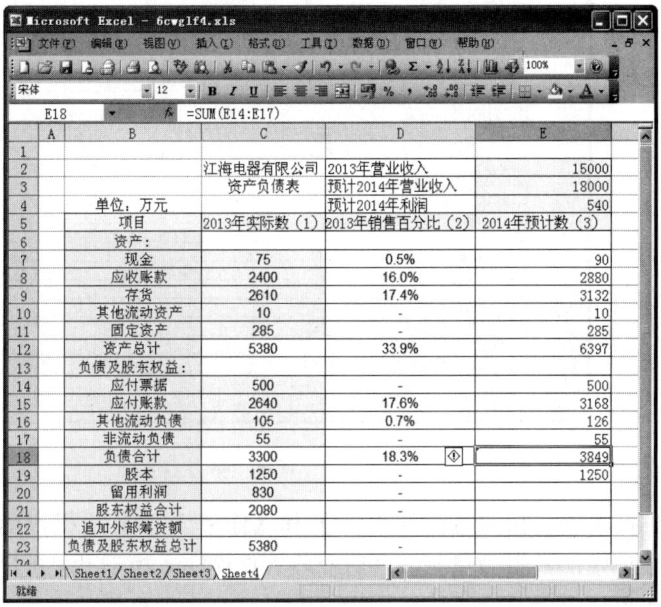

	A	B	C	D	E
1					
2			江海电器有限公司	2013年营业收入	15000
3			资产负债表	预计2014年营业收入	18000
4		单位：万元		预计2014年利润	540
5		项目	2013年实际数（1）	2013年销售百分比（2）	2014年预计数（3）
6		资产：			
7		现金	75	0.5%	90
8		应收账款	2400	16.0%	2880
9		存货	2610	17.4%	3132
10		其他流动资产	10	-	10
11		固定资产	285	-	285
12		资产总计	5380	33.9%	6397
13		负债及股东权益：			
14		应付票据	500	-	500
15		应付账款	2640	17.6%	3168
16		其他流动负债	105	0.7%	126
17		非流动负债	55	-	55
18		负债合计	3300	18.3%	3849
19		股本	1250	-	1250
20		留用利润	830	-	
21		股东权益合计	2080	-	
22		追加外部筹资额			
23		负债及股东权益总计	5380	-	

图 4—20

第四步，计算追加外部筹资额的预测值

根据题意，公司所得税税率为 25%，预计 2014 年利润为 540 万元，税后利润的留用比例为 50%。计算 2014 年追加留用利润的预测值用鼠标选中单元格 E20，输入=C20+E4＊(1－25%)＊50%；然后，用鼠标选中单元格 E21，调用求和函数“$\sum$”，加总单元格 E19:E20；然后再用资产总计减去负债合计再减股东权益合计项目，即=E12－E18－E21；最后，用负债合计加股东权益合计加上追加外部筹资额的预测值计算出负债及股东权益总计，即=E18＋E21＋E22。如图 4—21 所示。

留用利润	830	-	=C20+E4*(1-25%)*50%
股东权益合计	=SUM(C19:C20)	-	=SUM(E19:E20)
追加外部筹资额			=E12-E18-E21
负债及股东权益总计	=C18+C21	-	=E18+E21+E22

图 4—21

至此 2014 年资产负债表的预测数值就计算出来了。本例中预测的 2014 年利润留成的数值为 1 032.5 万元；预测的股东权益合计数为 2 282.5 万元；计算出追加外部筹资额的预测值为 265.5 万元；计算出负债及股东权益总计值为 6 397

万元。如图 4—22 所示。

	江海电器有限公司	2013年营业收入	15000
	资产负债表	预计2014年营业收入	18000
单位：万元		预计2014年利润	540
项目	2013年实际数（1）	2013年销售百分比（2）	2014年预计数（3）
资产：			
现金	75	0.5%	90
应收账款	2400	16.0%	2880
存货	2610	17.4%	3132
其他流动资产	10	-	10
固定资产	285	-	285
资产总计	5380	33.9%	6397
负债及股东权益：			
应付票据	500	-	500
应付账款	2640	17.6%	3168
其他流动负债	105	0.7%	126
非流动负债	55	-	55
负债合计	3300	18.3%	3849
股本	1250	-	1250
留用利润	830	-	1032.5
股东权益合计	2080	-	2282.5
追加外部筹资额			265.5
负债及股东权益总计	5380	-	6397

图 4—22

到此为止，按照【任务 4—3】和【任务 4—4】所提供的资料，在 Excel 工作表中创建的筹资数量预测（营业收入比例法）模型就已经完成了。对这部分内容读者可以参考“实验系统”中“财务预测和预算实验”项目下“实验示范”中第 3 个和第 4 个实验的屏幕录像。

4.3 财务预算实验

财务预算实验属于学习财务预算理论知识后验证性的实验和巩固知识的实验。

每个学生通过亲自动手做财务预算实验，可以把财务预算的书本知识和实际要解决的问题联系起来，获得比较全面的知识和解决问题的技能。

财务预算实验主要涉及利润预测模型的创建与应用等实验内容。

4.3.1 利润预算模型的创建与应用

利润预算模型是根据预期的营业利润、利润总额和税后利润来编制利润预算的一种分析模型。

4.3.1.1 利润预算模型的创建

【任务 4—5】

江海电器有限公司编制的 2014 年度利润预算表如图 4—26 所示。其中，“上年实际”栏中的数据取自该公司 2013 年度利润表。“本年预算”栏中的数据通过营业收入预算、产品成本预算、销售费用预算、管理费用预算、财务费用预算和资本预算取得；经预计，投资净收益为 140 万元，营业外收入为 30 万元，营业外支出为 70 万元，企业所得税税率为 25%；2014 年 1 月 1 日公司流通在外的股份总数为 1 800 万股，预算年度没有增发新股计划，也不存在发行可转换公司债券、认股权证和股票期权的情况与计划。（资料来源：主教材第 134 页例 4—7。）

表 4—4　　**2013 年度利润表**　　单位：万元

一、营业收入		8 000
减：营业成本		5 500
营业税金及附加		500
销售费用		450
管理费用		650
财务费用		200
资产减值损失		—
加：公允价值变动净收益		—
投资净收益		180
二、营业利润		880
加：营业外收入		20
减：营业外支出		60
其中：非流动资产处置净损失		—
三、利润总额		840
减：所得税费用		210
四、净利润		630
五、每股收益		
（一）基本每股收益（元）		0.35
（二）稀释每股收益（元）		0.35

在 Excel 工作表中，创建利润预算模型的步骤如下：

第一步，建立利润预算表并录入相关数据

首先在 Excel 工作表中建立利润预算模型并将【任务 4—5】中 2013 年的利润表和预计的投资净收益 140 万元，营业外收入 30 万元，营业外支出 70 万元，企业所得税税率 25%等相关数据录入利润预算模型。如图 4—23 所示。

第二步，输入公式，计算利润表相关预算项目的预计数

在单元格 E15 中输入公式：“＝E7－E8－E9－E10－E11－E12＋E13＋E14”。如图 4—24 所示。

按回车键后，江海电器有限公司 2014 年预计利润表的营业利润项目的预计数就计算出来了，本例中为 1 000 万元。

第三步，计算预计利润表其他项目和每股收益

在单元格 E18 中输入公式：“＝E15＋E16－E17”；在单元格 E19 中输入公

Microsoft Excel - 6cwglf4.xls

F25

	A	B	C	D	E	F
1	P:134,4-7					
2				江海电器有限公司		
3				利润表预算模型		
4					单位：万元	
5		所得税税率	25%	流通在外的股份数	1800	
6		项目	行次	上年实际	本年预算	
7		一、营业收入		8000	9000	
8		减:营业成本		5500	6000	
9		营业税金及附加		500	600	
10		销售费用		450	500	
11		管理费用		650	800	
12		财务费用		200	240	
13		加：公允价值变动净收益		0	0	
14		投资净收益		180	140	
15		二、营业利润		880		
16		加:营业外收入		20	30	
17		减:营业外支出		60	70	
18		三、利润总额		840		
19		减:所得税费用		210		
20		四、净利润		630		
21		五、每股收益				
22		（一）基本每股收益（元）		0.35		
23		（二）稀释每股收益（元）		0.35		

图 4—23

Microsoft Excel - 6cwglf4.xls

E15 =E7-E8-E9-E10-E11-E12+E13+E14

	A	B	C	D	E	F
1	P:134,4-7					
2				江海电器有限公司		
3				利润表预算模型		
4					单位：万元	
5		所得税税率	25%	流通在外的股份数	1800	
6		项目	行次	上年实际	本年预算	
7		一、营业收入		8000	9000	
8		减:营业成本		5500	6000	
9		营业税金及附加		500	600	
10		销售费用		450	500	
11		管理费用		650	800	
12		财务费用		200	240	
13		加：公允价值变动净收益		0	0	
14		投资净收益		180	140	
15		二、营业利润		880	1000	
16		加:营业外收入		20	30	
17		减:营业外支出		60	70	
18		三、利润总额		840		
19		减:所得税费用		210		
20		四、净利润		630		
21		五、每股收益				
22		（一）基本每股收益（元）		0.35		
23		（二）稀释每股收益（元）		0.35		

图 4—24

式："＝E18＊＄C＄5"；在单元格 E20 中输入公式 "＝E18－E19"。如图 4—25 所示。

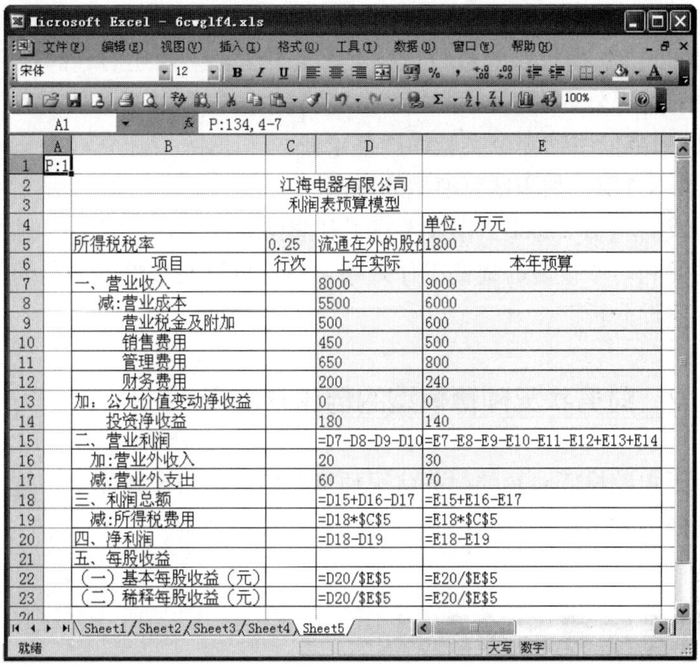

Microsoft Excel - 6cwglf4.xls

A1　P:134,4-7

	A	B	C	D	E
1	P:1				
2				江海电器有限公司	
3				利润表预算模型	
4					单位：万元
5		所得税税率	0.25	流通在外的股份	1800
6		项目	行次	上年实际	本年预算
7		一、营业收入		8000	9000
8		减:营业成本		5500	6000
9		营业税金及附加		500	600
10		销售费用		450	500
11		管理费用		650	800
12		财务费用		200	240
13		加：公允价值变动净收益		0	0
14		投资净收益		180	140
15		二、营业利润		=D7-D8-D9-D10	=E7-E8-E9-E10-E11-E12+E13+E14
16		加:营业外收入		20	30
17		减:营业外支出		60	70
18		三、利润总额		=D15+D16-D17	=E15+E16-E17
19		减:所得税费用		=D18*$C$5	=E18*$C$5
20		四、净利润		=D18-D19	=E18-E19
21		五、每股收益			
22		（一）基本每股收益（元）		=D20/$E$5	=E20/$E$5
23		（二）稀释每股收益（元）		=D20/$E$5	=E20/$E$5

图 4—25

按回车键后，江海电器有限公司 2014 年预计利润表的营业利润各项目的预计数就计算出来了。本例中，利润总额为 960 万元；所得税为 240 万元；净利润为 720 万元；基本每股收益为 0.4 元；稀释每股收益为 0.4 元。如图 4—26 所示。

Microsoft Excel - 6cwglf4.xls

E23　=E20/$E$5

	B	C	D	E	F
1	134,4-7				
2			江海电器有限公司		
3			利润表预算模型		
4				单位：万元	
5	所得税税率	25%	流通在外的股份数	1800	
6	项目	行次	上年实际	本年预算	
7	一、营业收入		8000	9000	
8	减:营业成本		5500	6000	
9	营业税金及附加		500	600	
10	销售费用		450	500	
11	管理费用		650	800	
12	财务费用		200	240	
13	加：公允价值变动净收益		0	0	
14	投资净收益		180	140	
15	二、营业利润		880	1000	
16	加:营业外收入		20	30	
17	减:营业外支出		60	70	
18	三、利润总额		840	960	
19	减:所得税费用		210	240	
20	四、净利润		630	720	
21	五、每股收益				
22	（一）基本每股收益（元）		0.35	0.4	
23	（二）稀释每股收益（元）		0.35	0.4	

图 4—26

至此，江海电器有限公司2014年利润表的预测数值就计算出来了。按照【任务4—5】所提供的资料，在Excel工作表中创建的利润预算模型就已经完成了。对这部分内容读者可以参考“实验系统”中“财务预测和预算实验”项目下“实验示范”中第5个实验的屏幕录像。

4.3.1.2 利润预算模型的应用

我们利用Excel工作表创建了利润预算模型，为以后编制利润预算提供了极大的便利，不仅能够提高工作效率，而且可以在条件不确定的情况下进行利润预算的假设分析。

4.3.2 财务状况预算模型的创建与应用

因主教材所涉及的财务状况预算实验的资料比较简单，这里的财务状况预算模型的创建与应用省略。

4.4 财务预算实验资料

4.4.1 主教材第4章财务战略与预算的练习题

见主教材第137页。

4.4.2 补充实验资料

1. 资料：假定江海电器有限公司2013年度资本实际平均占用额为3 500万元，其中不合理部分为150万元，预计本年度销售增长6%，资本周转速度加快1%。

要求：请建立因素分析法模型预测2014年度资本需要额。

2. 资料：假定江海电器有限公司2009—2013年销售甲产品及资金需要量的有关资料如表4—5所示。

表4—5

年度	产销量（X，万件）	资本需要总额（Y，万元）
2009	3 100	550
2010	1 750	480
2011	1 550	460
2012	1 300	450
2013	2 200	520

要求：请建立回归分析法模型预测公司2014年的销售量为2 500万件，年度资本需要额为多少。

3. 资料：假定甲公司采用营业收入百分比法预测资金需要量，2013 年的销售成本、营业费用、管理费用、财务费用占营业收入的百分比分别为 82%，1%，10.6%，0.9%，企业适用所得税税率为 25%。预计 2014 年的营业收入为 7 200 万元。

要求：请建立营业收入分析法模型预测 2014 年度税后利润。

参考答案

1. 因素分析法的预测值为 3 515.49 万元。
2. 回归分析法的预测值为 522.17 万元（$Y=377.13+0.058X$）。
3. 营业收入百分比法的预测值为 297 万元。

第5章 Chapter 5 债务筹资决策实验①

实验导引

实验名称： 债务筹资方式实验

实验目的： 理解长期筹资方式的原理和方法，获得利用 Excel 工作表模型进行长期筹资方式的技能。

实验内容： 以主教材第 5 章“长期筹资方式”中的债务筹资为主要内容，创建债务筹资方式模型。

实验要求： 利用 Excel 工作表平台完成债务筹资方式模型的创建。

实验参考： 参考主教材第 5 章的相关内容。参考实验系统中“债务筹资方式”模块“实验示范”中的债务筹资方式模型创建的屏幕录像。

默多克的债务危机

默多克出生于澳大利亚，加入美国国籍后，他的企业总部仍设在澳大利亚，在全世界他有 100 多个新闻单位，包括闻名于世的英国《泰晤士报》。默多克从事的新闻出版业庇荫于父亲。老默多克在墨尔本创办了导报公司，取得成功。在子承父业时，年收入已达 400 万美元。默多克经营导报公司以后，筹划经营，多有建树，最终建成了一个年营业收入达 60 亿美元的报业王国。它控制了澳大利亚 70%的新闻业，英国 45%的报业，又把美国相当一部分电视网络置于他的王国统治之下。

默多克报业背了多少债呢？24 亿美元。他的债务遍及全世界，美国、英国、瑞士、荷兰，连印度和中国香港的钱他都借去花了。那些大大小小的银行也乐于给他贷款，他的报业王国的财务机构里共有 146 家债主。

正因为债务大、债主多，默多克对付起来也实在不容易，牵一发动全身，风险很高。若是碰到一个财务管理上的失误，或是一种始料未及的灾难，就可能像多米诺骨牌

---

① 因主教材第 5 章为“长期筹资方式”，本章中股权性筹资和混合性筹资的内容很少，特别是涉及实验的内容主要是债务性筹资，故将本章改为“债务筹资决策实验”。特此说明。

一样，把整个事业搞垮。但多年来默多克经营得法，一路顺风。殊不知，1990 年西方经济衰退刚露苗头，默多克报业王国就像中了邪，几乎翻船，令人难以置信的是，仅仅因为 1 000 万美元的一小笔债务。

美国匹兹堡有家小银行，前些时候贷款给默多克 1 000 万美元。原以为这笔短期贷款到期可以付息转期，延长贷款期限。也不知哪里听来的风言风语，这家银行认为默多克的支付能力不佳，通知默多克这笔贷款到期必须收回，而且规定必须全额偿付现金。

默多克毫不在意，以为筹集 1 000 万美元现款轻而易举。他在澳大利亚资金市场上享有短期融资的特权，期限一星期到一个月，金额可以高到上亿美元。他派代表去融资，大出意外，说默多克的特权已冻结了。为什么？对方说日本大银行在澳大利亚资金市场上投入的资金抽了回去，头寸紧了。默多克得知被拒绝融资后很不愉快，东边不亮西边亮，他亲自带了财务顾问飞往美国去贷款。到了美国，却始料不及，那些跟他打过半辈子交道的银行家，这回像是联手存心跟他过不去，都婉言推辞，一个子儿都不给。默多克和他的财务顾问在美洲大陆兜来兜去，弄到了求爷爷告奶奶的程度，还是没有借到 1 000 万美元。而还贷期一天天逼近，商业信誉可开不得玩笑。若是还不了这笔债，那么引起连锁反应，就不是匹兹堡一家闹到法庭，还有 145 家银行都会像狼群一般，成群结队来索还贷款。

默多克有点手足无措，但镇定下来思考，豁然开朗，一个主意出来了，决定去找花旗银行。花旗银行是默多克报业集团的最大债主（贷款 14 亿美元），投入资金最多，如果默多克完蛋，花旗银行的损失肯定最大。

花旗银行权衡利弊，同意对他的报业王国进行一番财务调查，对其资产负债状况做出全面评估，得出结论后再采取行动。花旗派了一位副经理，加州大学伯克利分校出身的女专家带了一个班子前往调查。

花旗银行的调查工作班子每天工作 20 小时，通宵达旦，把 100 多家默多克企业一一评估，一家也不放过，最后完成了一份调查研究报告，这份报告竟有电话簿那么厚。报告递交给花旗银行总部，副经理写下这样一个结论：支持默多克！原来这位女银行专家观察默多克报业王国的全盘状况后，对默多克的雄才大略，对他发展事业的企业家精神由衷敬佩，决心要帮助他渡过难关。

她向总部提出一个解救方案：由花旗银行牵头，所有贷款银行都必须待在原地不动，谁也不许退出贷款团，匹兹堡那家小银行，由花旗出面，对它施加影响和压力，要它到期续贷，不得收回贷款。

已经到了关键时刻，报告提交到花旗总部时距离还贷最后时限只剩下 10 个小时。默多克带着助手飞到伦敦，花旗银行的副经理也在伦敦等候纽约总部进一步的指示。真是千钧一发，默多克报业王国的安危命运此时取决于花旗银行的一项裁决了。

副经理所承受的压力也很大，她所做出的结论关系到一个报业王国的存亡，关系到 14 亿贷款的安全，也关系到她自身的命运。她所提出的对策，要对花旗银行总部直接承担责任。如果 146 家银行中任何一家或几家不接受原地不动这项对策的约束，那么花旗银行在财务与信誉上都会蒙受严重损失，而她个人的前程也要受到重大挫折。

她虽然感到风险很大，内心忐忑不安，但保持镇静，谈笑自若，她的模样使屋子里的所有人都能够放松一些。时间在一小时一小时地过去，最后的 10 小时已所剩无几，到了读秒的关头！花旗银行纽约总部的电话终于在最后时刻以前来了：同意副经理的建议，已经与匹兹堡银行谈过了，现在应由默多克自己与对方经理直接接触。

默多克松了一口气，迫不及待地拨通越洋电话到匹兹堡，不料对方经理不接电话，气氛一下子紧张起来。默多克再挂电话，电话在银行里转来转去，最终落到贷款部主任那里。默多克听到匹兹堡银行贷款部主任的话音，他发觉这位先生一变先前拒人于千里之外的冷淡口气，忽而和悦客气起来："你是默多克先生啊，我很高兴听到你的声音呀，我们已决定向你继续贷款。"

一屋子的人都轻松了，气氛顿时活跃起来。只有默多克搁下电话后像是要瘫了，他招了一下手，说道："我已经筋疲力尽了！"侍者递给他一杯香槟，他一饮而尽。

默多克渡过了这一关，但他在支付能力上的弱点已暴露在资金市场上。此后半年，他仍然处在生死攸关的困境之中。由于得到了花旗银行牵头146家银行一起都不退出贷款团的保证，他有了充分时间调整与改善报业集团的支付能力，半年后，他终于摆脱了财务困境。

资料来源：http://wenku.baidu.com/view/230458679b6648d7c1c746d2.html?re=view.

5.1 债务筹资方式实验概述

筹资管理是财务管理的筹资、投资、资金运营和资金分配四项管理活动中的重要内容。根据主教材介绍的内容和提供的材料只有债务筹资适合实验。债务筹资是指企业按照与债券人的约定取得且需要按期还本付息的一种筹资方式。债务筹资因具有速度快、筹资弹性大、筹资成本较低、可以利用财务杠杆和稳定公司的控制权等特点而普遍使用。债务筹资的基本方式主要有：发行债券、融资租赁、银行借款以及赊购商品或服务等。

5.1.1 债务筹资方式实验内容

根据主教材的内容，债务筹资方式实验的主要内容包括债券筹资和融资租赁。

第一，发行债券筹资。发行债券筹资是指企业通过发行债券来筹集资金的方式。债券筹资是企业常用的一种筹资方式，其应用范围非常广泛。

第二，融资租赁筹资。融资租赁筹资是指实质上转移与资产所有权有关的全部或绝大部分风险和报酬的租赁。融资租赁筹资由承租人指定设备及生产厂家，委托出租人融通资金购买并提供设备，由承租人使用并支付租金，租赁期满由出租人向承租人转移设备所有权。它以出租人保留租赁物所有权和收取租金为条件，使承租人在租赁期内对租赁物取得占有、使用和收益的权利。

5.1.2 债务筹资方式实验任务

根据债务筹资方式的内容，本章的实验任务主要包括：

第一，完成发行债券筹资模型的创建与应用实验。债券筹集资金涉及的一个重要问题就是确定债券的发行价格。由于引入货币时间价值的概念后，不同时点上的货币的价值也就不同，通过创建和应用债券筹资模型可以解决债务筹资中的计算和分析问题。

第二，完成融资租赁筹资模型的创建与应用实验。融资租赁筹资同债券筹资一样，涉及的问题比较复杂，不仅涉及货币时间价值，而且涉及租赁期的长短、设备残值的大小和归属、支付租赁费的时间、手续费等，通过创建和应用融资租赁筹资模型可以解决融资租赁筹资中的计算和分析问题。

5.1.3　债务筹资方式实验平台

债务筹资方式实验以 Excel 工作表为实验平台。尽管我们可以用手工计算办法来解决涉及债务筹资的计算，但这种计算问题是债务筹资的经常性工作，在债务筹资工作中计算工作量非常大。为了提高计算这类问题的工作效率，减轻财务管理专业人员的劳动强度，有必要借助 Excel 工作表创建债务筹资计算模型。

Excel 工作表能够解决债务筹资中的许多问题，该实验平台不仅可以方便地编写公式，引用内置的函数，还可以调用分析工具，为我们创建各种债务筹资模型提供了极大的便利。在本实验的模型构建过程中除了编辑公式外，还涉及 PV 函数以及单变量求解分析工具。

5.2　债券筹资实验

债券筹资实验属于学习债券筹资理论知识后验证性的实验和巩固知识的实验。

每个学生通过亲自动手做创建筹资模型的债券筹资实验，可以把债券筹资的书本知识和实际要解决的问题联系起来，获得比较全面的知识和解决问题的技能。

债券筹资涉及债券筹资模型的创建与应用两方面的实验内容。

5.2.1　债券筹资模型的创建

债券筹资模型是根据发行债券的面值、票面利率、债券的期限、付息的期限和市场利率等因素来计算确定公司债券发行价格的一种分析模型。

【任务 5—1】

假定江海电器有限公司拟发行面额为 100 元、票面利率 10%、每年末付息一次、期限 10 年的债券。假设：(1) 如果市场利率为 10%，即与票面利率一致；(2) 如果市场利率为 8%，即低于票面利率；(3) 如果市场利率为 12%，即高于票面利率。请分别上述三种情况计算该债券的发行价格为多少？(资料来源：主教材第 163 页例 5—1。)

【任务 5—1】涉及的问题其实就是货币时间价值中的现值计算的问题，因此，在这里我们只要利用第 2 章已经创建的现值计算模型就可以了。如图 5—1 所示。

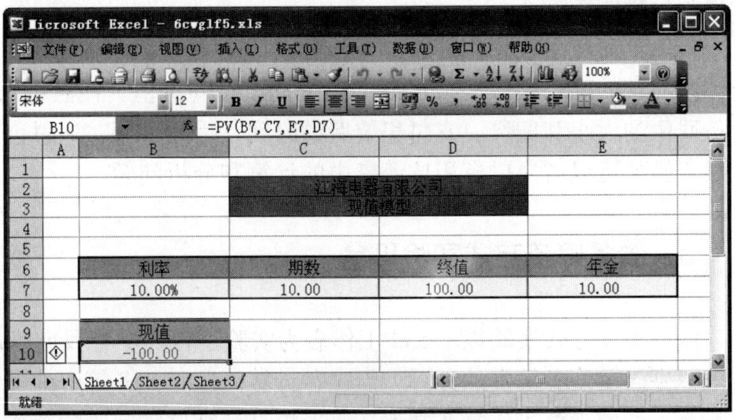

图 5—1

调用债券筹资模型（现值模型），即刻就可以计算出当市场利率为 10%，即等于票面利率的情况下，该债券的发行价格为 100 元。按照【任务 5—1】所提供的资料，在 Excel 工作表中创建债券筹资模型就已经完成了。债券筹资模型的创建可参考第 2 章的内容，也可以参考“实验系统”中“债务筹资决策实验”项目下“实验示范”中第 1 个实验的屏幕录像。

5.2.2 债券筹资模型的应用

通过债券筹资模型的分析，我们可以看到该公司债券的发行价格应该是 100 元。借助债券筹资模型进行假设分析，可以计算出不同因素发生变化对债券发行价格的影响，为公司确定发行债券价格提供资料。

第一，测算市场利率为 10%的债券发行价格

调用债券筹资模型并将【任务 5—1】的相关资料录入该债券筹资模型，即刻就可以计算出当市场利率为 10%，即与票面利率一致的情况下，该债券的发行价格为 100 元。如图 5—2 所示。

江海电器有限公司发行面额为 100 元、票面利率 10%、每年末付息一次、期限 10 年的债券。如果市场利率为 10%，即与票面利率一致，该债券的发行价格为 100 元。

第二，测算市场利率为 8%的债券发行价格

调用债券筹资模型，即刻就可以计算出当市场利率为 8%，即低于票面利率的情况下，该债券的发行价格为 113.42 元。如图 5—3 所示。

江海电器有限公司发行面额为 100 元、票面利率 10%、每年末付息一次、期限 10 年的债券。如果市场利率为 8%，即票面利率高于市场利率，该债券的发行价格为 113.42 元。

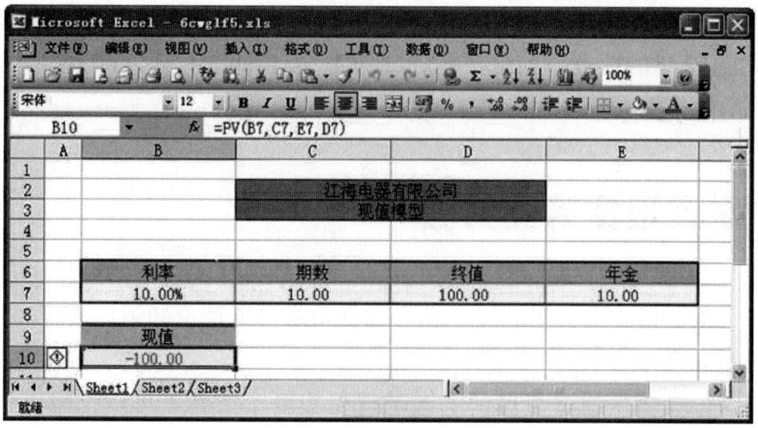

图 5—2

图 5—3

第三，测算市场利率为 12%的债券发行价格

调用债券筹资模型，即刻就可以计算出当市场利率为 12%，即高于票面利率的情况下，该债券的发行价格为 88.70 元。如图 5—4 所示。

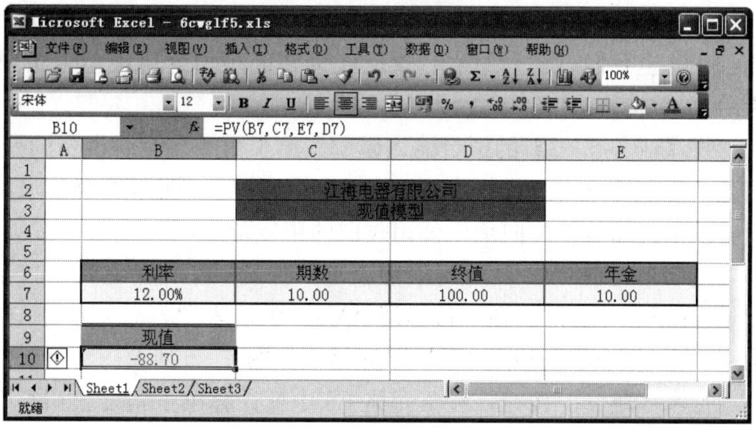

图 5—4

江海电器有限公司发行面额为 100 元、票面利率 10%、每年末付息一次、期限 10 年的债券。如果市场利率为 12%，即高于票面利率的情况下，该债券的发行价格为 88.70 元。

5.3 融资租赁筹资实验

融资租赁筹资实验属于学习融资租赁筹资理论知识后验证性的实验和巩固知识的实验。

每个学生通过亲自动手做融资租赁筹资实验，可以把融资租赁筹资的书本知识和实际要解决的问题联系起来，获得比较全面的知识和解决问题的技能。

融资租赁筹资实验涉及融资租赁筹资模型的创建与应用两方面的实验内容。

5.3.1 融资租赁筹资模型的创建

融资租赁筹资模型是根据融资租赁标的购置成本、预计租赁设备的残值、利息、手续费、租赁期限和租金支付方式等因素来计算确定公司融资租赁成本，从而为融资租赁决策提供资料的一种分析模型。

【任务 5—2】

假定江海电器有限公司于 2014 年 1 月 1 日从租赁公司租入一套设备，价值 50 万元，租期为 5 年，预计租赁期满时的残值为 1.5 万元，归租赁公司，年利率 9%，租赁手续费率为设备价值的 2%。租金每年末支付一次。租赁该套设备租赁公司每年应收取的租金为多少？（资料来源：主教材第 169 页例 5—2。）（说明：为了使【任务 5—2】和【任务 5—3】计算方便以及便于对两者结果进行比较，我们都按考虑货币时间价值的方法进行计算，并假定设备价值 50 万元另加 2%的手续费，共支出 510 000 元。）

【任务 5—2】涉及的问题其实就是货币时间价值中的现值计算的问题，因此，在这里我们只要利用第 2 章已经创建的现值计算模型就可以了。如图 5—5 所示。

将【任务 5—2】的资料输入模型，由于租赁期满时设备的残值归租赁公司，因此，现值模型中的终值应为“15 000”。然后，调用单变量求解工具计算该套设备出租公司每年应向承租公司收取的租赁费。

选中单元格 B9，然后用鼠标单击“工具”菜单，在其下拉菜单中选择“单变量求解”、“工具”。在“目标值（V）”中输入“－510 000”，选中“可变单元格（C）”并用鼠标选中“E6”单元格。如图 5—6 所示。

点击“确定”按钮，在单元格 E6 中就计算出了租赁公司在今后 5 年里每年应收取该套设备的租赁费为 128 610.77 元。如图 5—7 所示。

按照【任务 5—2】所提供的资料，在 Excel 工作表中创建融资租赁筹资模

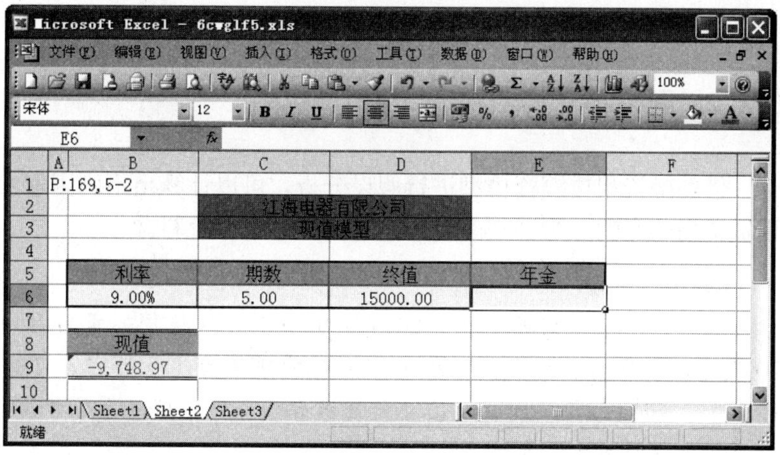

图 5—5

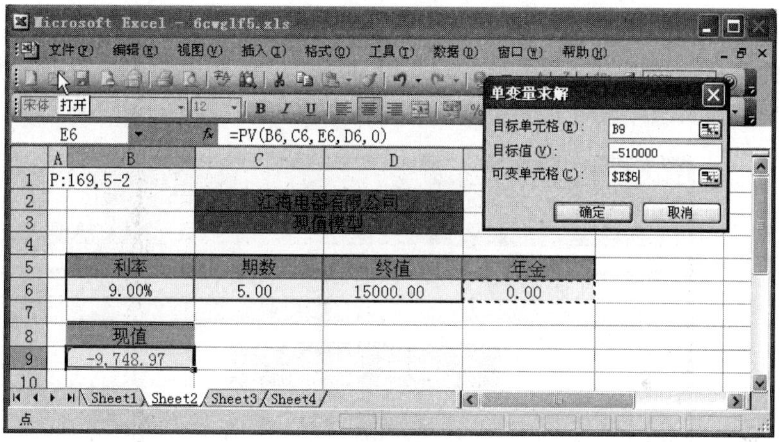

图 5—6

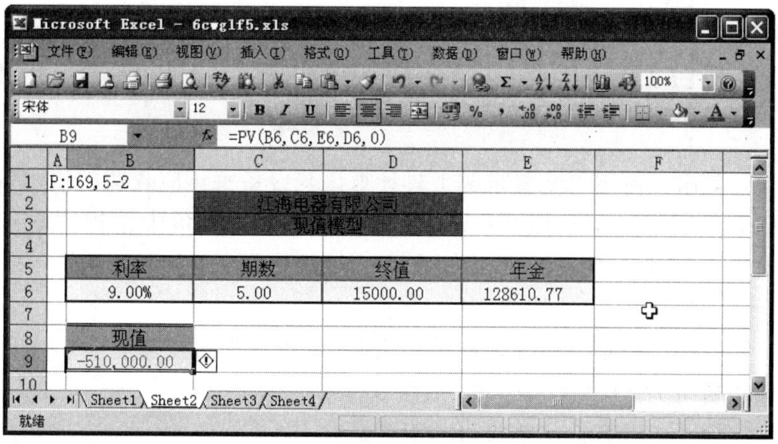

图 5—7

型就已经完成了。融资租赁筹资模型的创建可参考第 2 章财务管理基础实验的内容，也可以参考"实验系统"中"债务筹资决策实验"项目下"实验示范"中第

2 个实验的屏幕录像。

5.3.2 融资租赁筹资模型的应用

借助融资租赁筹资模型进行假设分析，可以计算出不同因素发生变化对融资租赁费用的影响，为公司融资租赁筹资决策提供资料。

【任务 5—3】

如果江海电器有限公司于 2014 年 1 月 1 日从租赁公司租入一套设备，价值 50 万元，租期为 5 年，预计租赁期满时的残值为 1.5 万元，归承租公司，年利率 11%。租金每年末支付一次。租赁该套设备每年应收取的租金为多少？（资料来源：主教材第 170 页例 5—3。）

第一，计算每年末应付的租赁费

首先，在融资租赁筹资模型中输入相关资料计算租赁费。根据【任务 5—3】的资料，在现值计算模型中输入相关资料，由于设备的残值归承租公司，所以租赁公司只有年金形式的租赁费收入，终值为零。如图 5—8 所示。

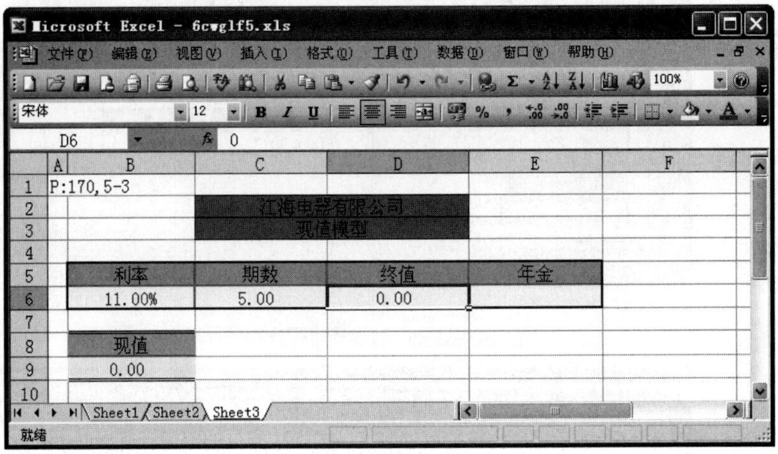

图 5—8

其次，调用单变量求解工具计算该套设备每年应收取的租赁费。选中单元格 B9，然后用鼠标单击“工具”菜单，在其下拉菜单中选择“单变量求解”、“工具”。在“目标值（V）”中输入“－510 000”，选中“可变单元格（C）”并用鼠标选中单元格 E6。如图 5—9 所示。

点击“确定”按钮，在单元格 E6 中就计算出在今后 5 年该套设备每年应收取租赁费为 137 990.86 元。如图 5—10 所示。

第二，计算每年初应付的租赁费

利用融资租赁筹资模型可以计算利率、租金的支付方式和残值归属等因素变化后每年应支付的租赁费。依据题意，计算当设备残值归属承租企业而且资本成本率为 11%时，租赁公司在每年年初应收取的租赁费。

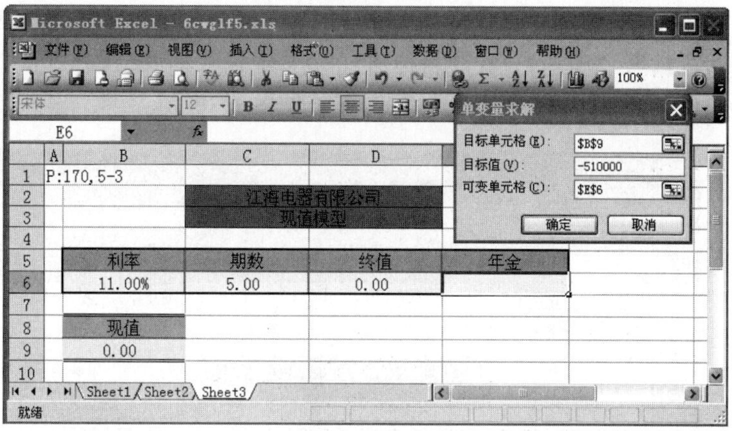

图 5—9

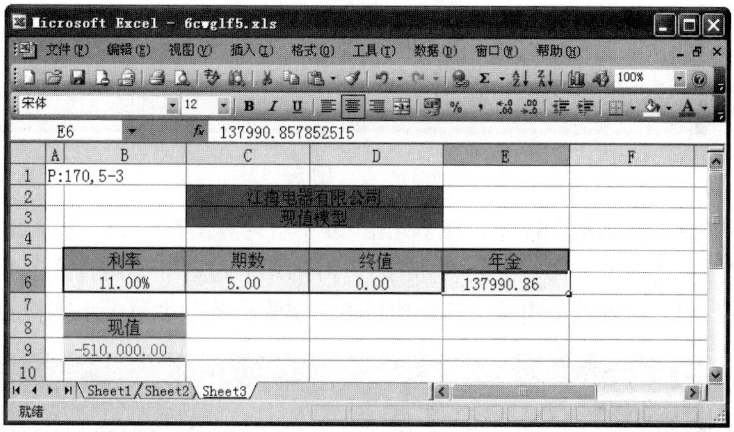

图 5—10

用鼠标选中单元格 B9，将公式编辑栏内的 PV 函数由"＝PV(B6,C6,E6,D6,0)"改为"＝PV(B6,C6,E6,D6,1)"，即将年末支付的租金改为年初支付。如图 5—11 所示。

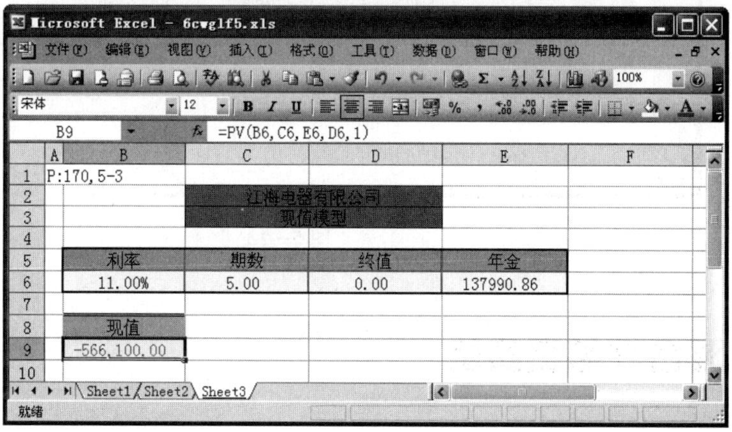

图 5—11

选中单元格 B9，然后用鼠标单击“工具”菜单，在其下拉菜单中选择“单变量求解”、“工具”。在“目标值（V）”中输入“－510 000”，选中“可变单元格（C）”并用鼠标选中单元格 E6。如图 5—12 所示。

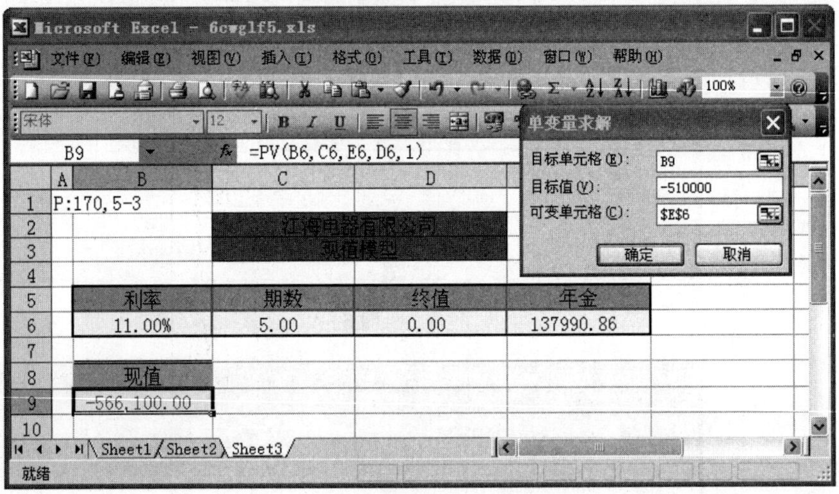

图 5—12

点击“确定”按钮，在单元格 E6 中就计算出在今后 5 年该套设备每年年初应支付租赁费 124 316.09 元。如图 5—13 所示。对这部分内容读者可以参考“实验系统”中“债务筹资决策实验”项目下“实验示范”中第 3 个实验的屏幕录像。

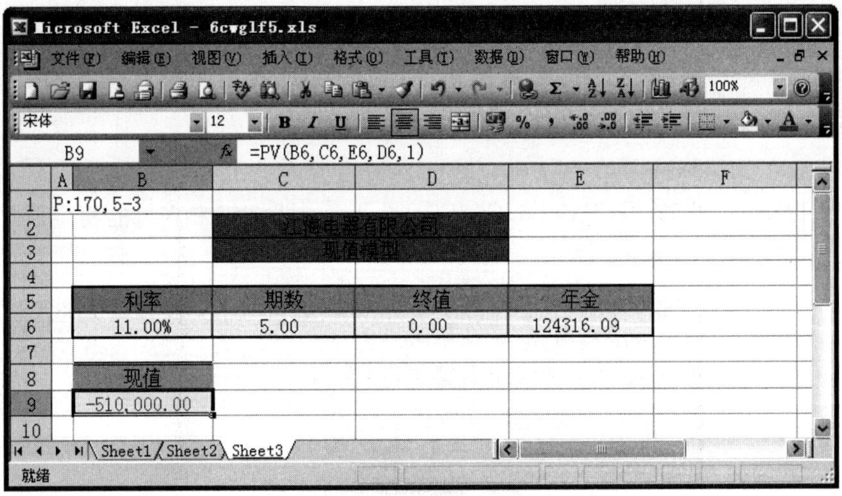

图 5—13

5.4 混合性筹资实验

因主教材所涉及的混合性筹资实验的资料比较简单，这里的混合性筹资模型的创建与应用省略。

5.5　债务筹资方式实验资料

5.5.1　主教材第 5 章长期筹资方式的练习题

见主教材第 177 页。

5.5.2　补充实验资料

1. 资料：假定甲公司发行面值 100 000 元，票面利率 10%，每年末计息，到期一次还本付息的 5 年期的公司债。假设发行时的市场利率为（1）10%；（2）9%；（3）11%。

要求：请分别按上述三种情况计算该债券的发行价格为多少？

2. 资料：假定乙公司以融资租赁方式租入设备一套，租期为 4 年。设备价款总额为 220 万元，资本成本率为 10%，残值为 1.5 万元。

要求：根据租赁协议，如果租赁价款分 4 年于每年年初支付，租期满后，设备转归承租企业所有，那么租赁公司每年收取的租赁费为多少？如果设备残值归属出租企业，资本成本率为 11%，则出租企业每年末收取的租金为多少？

参考答案

1. （1）100 000 元；（2）103 889.65 元；（3）96 304.10 元。

2. （1）如果租赁价款分 4 年于每年年初支付，租期满后，设备转归承租企业所有，那么租赁公司每年收取的租赁费为 630 941.61 元。

（2）如果设备残值归属出租企业，资本成本率为 11%，则出租企业每年末收取的租金为 635 975.75 元。

第 6 章 Chapter 6 资本结构决策实验

实验导引

实验名称： 资本结构决策实验

实验目的： 理解资本结构决策的原理和方法，获得利用 Excel 工作表作出资本结构决策的技能。

实验内容： 根据主教材第 6 章“资本结构决策”的主要内容，利用 Excel 工作表创建资本结构决策的资本成本率计算模型，完成资本成本率的计算工作以及资本结构决策模型的维护和应用。

实验要求： 完成资本成本率计算模型的创建和按资本成本率选取最佳的资本结构的任务。

实验参考： 参考主教材第 6 章的相关内容。参考实验系统中“资本结构决策”模块“实验示范”中的模型创建的屏幕录像。

母鸡生蛋

一个妇人养了一只母鸡，这只鸡每天生一个鸡蛋，过一段时间妇人就拿鸡蛋去卖，得到的钱买些小麦回来糊口。妇人贪心，常常想，如果能让母鸡每天多生一个蛋就好了，那样就可以多换一倍的小麦回来，如何才能每天得到两个鸡蛋呢？为了这个问题，她常常睡不好觉。一天，她突然“开窍”，想到了一个办法：每天给那只母鸡吃两倍的小麦。过了一段时间母鸡变得肥肥胖胖，但不再生蛋了。妇人气愤地说：“我给你双倍的粮食你不但不多生蛋，连一个也不生了?！我要把你宰了！”这个妇人真的很笨，以为母鸡吃得越多，生蛋就会越多。不少企业的管理者也会有这种思想，以为筹集更多的资金投入运营，就会赚更多的钱，但结果并非如此。为什么？只因资本成本有个边际效应问题。

资料来源：http://wenku.baidu.com/link? url = DVJ4z3DBcDp4t9rCgvK67bnvyCxz1MpD-xJ-YzY1y3Ys5LgueTzeMRZpanDsyXFO-KqearDx3lgtUjbDxkHLVC48qGBnVzylDIKXGpGq2gNK&qq-pf-to=pcqq.c2c.

6.1 资本结构决策实验概述

财务管理主要是指企业以筹资、投资、资金运营和资金分配四方面的价值管理活动为主要内容的管理活动。资本结构是企业财务管理的基本范畴之一。资本结构是指企业各种资本的价值构成及其比例关系，是企业一定时期筹资组合的结果。资本结构决策的方法包括：资本成本比较法、每股收益分析法和公司价值比较法。由于主教材在本章安排的主要内容是资本结构的理论、资本成本的测算、杠杆利益与风险的衡量和资本结构决策分析，因此资本结构决策实验也围绕上述内容展开。

6.1.1 资本结构决策实验内容

资本结构决策实验的主要内容包括：

第一，计算资本成本率。资本成本率包括：个别资本成本率、综合资本成本率和边际资本成本率。资本成本率可以作为评价企业整体经营业绩的基准，是评价投资项目、比较投资方案和进行投资决策的经济标准。

第二，计算杠杆利益与风险。杠杆利益与风险是企业资本结构决策的基本因素之一。企业的资本结构决策应当在杠杆利益与风险之间进行权衡。企业杠杆包括营业杠杆和财务杠杆，企业利用杠杆，有时可以获得一定的利益，但有时也承受着相应的风险，杠杆是一把“双刃剑”。因此，应把握营业杠杆和财务杠杆与风险的关系，计算出营业杠杆系数和财务杠杆系数，为企业制定合理的资本结构决策提供参考。

第三，分析资本结构决策。包括：资本结构决策的资本成本率比较法、资本结构决策的每股收益分析法、资本结构决策的公司价值比较法。

6.1.2 资本结构决策实验任务

根据资本结构决策实验的内容，本章的实验任务主要包括：

第一，完成债务资本成本率测算模型的创建与应用实验；

第二，完成股权资本成本率测算模型的创建与应用实验；

第三，完成边际资本成本率测算模型的创建与应用；

第四，完成营业杠杆利益模型的创建与应用；

第五，完成营业风险测算模型的创建与应用；

第六，完成财务杠杆利益测算模型的创建与应用；

第七，完成财务风险测算模型的创建与应用；

第八，完成初始筹资组合资本成本率测算模型的创建与应用；

第九，完成不同债务规模下的债务年利率和普通股资本成本率测算模型的创建与应用。

6.1.3 资本结构决策实验平台

资本结构决策实验以 Excel 工作表为实验平台。尽管我们可以用手工计算办法，来解决涉及资本成本率、杠杆利益与风险的衡量、资本结构决策分析的计算，但这种计算问题是财务管理的经常性工作，在财务管理工作中计算工作量非常大。为了提高这类计算问题的工作效率，减轻财务管理专业人员的劳动强度，有必要借助 Excel 工作表创建资本成本率、营业杠杆利益、营业风险测算、财务杠杆利益、财务风险测算、初始筹资组合资本成本率测算、不同债务规模下的债务年利率和普通股资本成本率测算模型。

Excel 工作表能够解决财务管理的许多问题，不仅可以方便地编写公式，引用内置的函数，还可以调用分析工具，为我们创建各种财务管理模型提供了极大的便利。在本实验的模型构建过程中除了编写公式外，还涉及 IF 函数、VLOOKUP 函数和函数的嵌套，以及单变量求解分析工具。

6.2 资本成本测算实验

资本成本是企业筹资管理的重要参考依据，也是企业资本结构决策的重要影响因素。资本成本是企业筹集和使用资本而承担的代价，如筹资公司向银行支付的借款利息和向股东支付的股利等。资本成本测算主要包括：债务资本成本率的测算、股权资本成本率的测算、综合资本成本率的测算、边际资本成本率的测算。

6.2.1 债务资本成本率的测算

6.2.1.1 债务资本成本率测算模型的创建

债务资本成本率的测算包括：个别资本成本率的测算和长期债务资本成本率的测算。个别资本成本率是企业筹资费用与有效筹资额的比率，而长期债务资本成本率一般有长期借款资本成本率和长期债权资本成本率两种。

债务资本成本率测算模型是根据长期借款数额、手续费率、所得税率、年利率和借款期限等因素来测算债务资本成本率的一种分析模型。

【任务 6—1】

江海电器有限公司欲从银行取得一笔长期借款 1 000 万元，手续费率 1%，年利率 5%，期限 3 年，每年结息一次，到期一次还本。公司所得税税率为 25%。这笔借款的资本成本率是多少？（资料来源：主教材第 189 页例 6—1。）

为便于说明如何在 Excel 工作表中完成债务资本成本率测算的任务，我们利用上述【任务 6—1】的资料并借助 Excel 工作表创建债务资本成本率测算模型，然后根据债务资本成本率测算模型解决【任务 6—1】中有关债务资本成本率的测算问题。

在 Excel 工作表中，创建债务资本成本率测算模型的步骤如下：

第一步，建立债务资本成本率测算模型并录入数据

首先在 Excel 工作表中建立债务资本成本率测算模型并将【任务 6—1】的债务资本成本率计算相关数据录入。如图 6—1 所示。

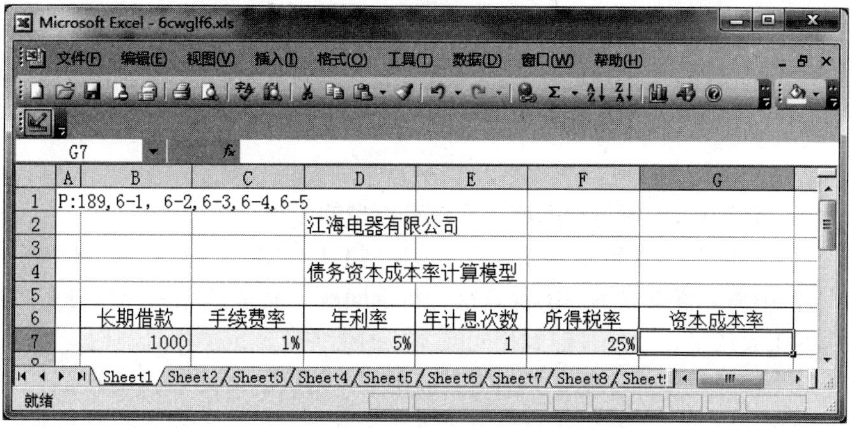

图 6—1

第二步，输入公式

用鼠标单击单元格 G7，输入公式“=(B7＊((1＋D7/E7)^E7－1)＊(1－F7))/(B7＊(1－C7))”计算债务资本成本率。如图 6—2 所示。

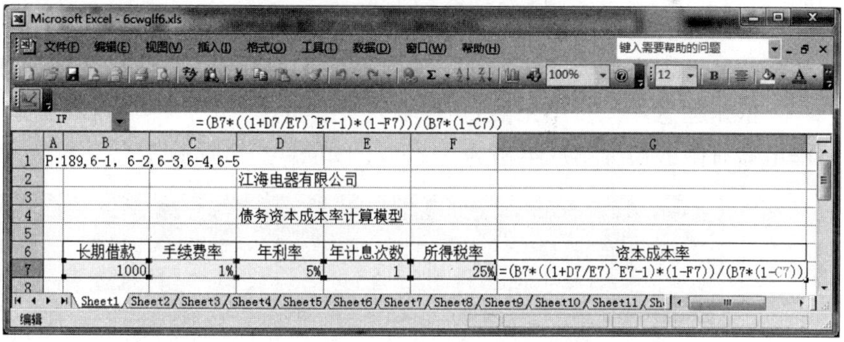

图 6—2

按回车键就得到江海电器有限公司债务资本成本率为 3.79%。如图 6—3 所示。

到此为止，按照【任务 6—1】提供的资料，在 Excel 工作表中创建的债务资本成本率计算模型就已经完成了，并计算出江海电器有限公司债务资本成本率为 3.79%。对这部分内容读者可以参考“实验系统”中“资本结构决策实验”项目下“实验示范”中第 1 个实验的屏幕录像。

通过债务资本成本率测算模型，我们可以进行长期债务资本成本率的测算。借助债务资本成本率测算模型进行假设分析，可以确定不同长期债务资本成本率，为公司确定最优的资本结构提供资料。

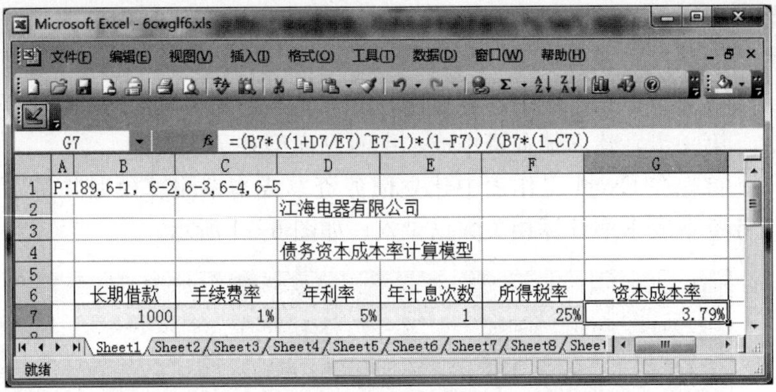

图 6—3

6.2.1.2 债务资本成本率测算模型的应用

我们创建债务资本成本率计算模型的目的并不仅仅是要解决上述【任务 6—1】中债务资本成本率的计算这一特定问题，而是建立一个债务资本成本率计算的工具或平台。凡是遇到相同或类似的债务资本成本率计算时，我们就可以利用这个债务资本成本率计算的工具或平台来解决这类问题。债务资本成本率计算模型建立以后，为我们进行债务资本成本率计算提供了极大的便利。

第一，测算银行借款手续费变化对资本成本率的影响。

【任务 6—2】

资料同【任务 6—1】。如果银行不收取借款手续费，则这笔借款的资本成本率是多少?（资料来源：主教材第 189 页例 6—2。）

下面我们就利用已经建立的债务资本成本率计算模型，并借助 Excel 工作表的相关工具，来完成【任务 6—2】提出的不同的债务资本成本率计算任务。

依据题意，先在单元格 C7 中输入手续费率“0”，然后按回车键，就得出江海电器有限公司资本成本率为 3.75%。如图 6—4 所示。

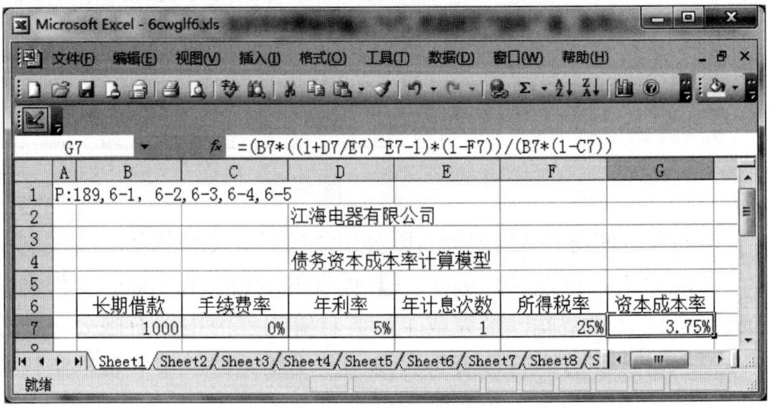

图 6—4

应用债务资本成本率测算模型可以方便地测算出如果银行不收取借款手续费，那么这笔借款的资本成本率应该是 3.75%。

第二，测算银行借款补偿性余额所占比例变化对资本成本率的影响。

【任务 6—3】

资料同【任务 6—1】。如果银行要求的补偿性余额所占比例为 20%。这笔借款的资本成本率是多少？（资料来源：主教材第 189 页例 6—3。）

依据题意，在单元格 C7 中输入手续费率“20%”（由于模型中没有设置银行借款补偿性余额栏目，这里就用手续费率替代），然后按回车键即可。如图 6—5 所示。

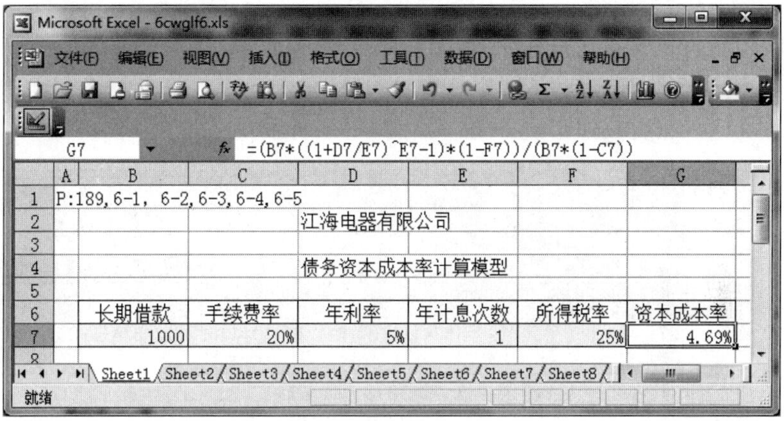

图 6—5

应用债务资本成本率测算模型可以方便地测算出，银行借款补偿性余额所占比例为 20%时的借款资本成本率是 4.69%。

第三，测算银行借款结息期限变化对资本成本率的影响。

【任务 6—4】

资料同【任务 6—1】。如果不考虑手续费，每季结息一次，到期一次还本。这笔借款的资本成本率是多少？（资料来源：主教材第 189 页例 6—4。）

依据题意，先在单元格 C7 中输入手续费率“0%”，在单元格 E7 中输入年计息次数“4”，然后按回车键即可。如图 6—6 所示。

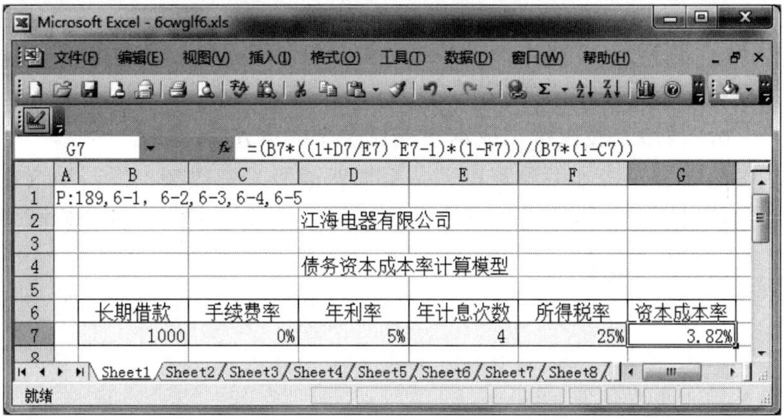

图 6—6

应用债务资本成本率测算模型可以方便地测算出，银行借款结息期限为每年4次时的借款资本成本率是3.82%。

第四，测算债券发行费用变化对资本成本率的影响。

【任务6—5】

如果公司拟平价发行面值100元、期限5年、票面利率8%的债券，每年结息一次，发行费用为发行价格的5%，公司所得税税率为25%。则这批债券的资本成本率是多少？(资料来源：主教材第190页例6—5。)

依据题意，先在单元格B7中输入长期借款“100”，在单元格C7中输入手续费率“5%”，在单元格D7中输入年利率“8%”，在单元格E7中输入年计息次数“1”，然后按回车键即可。如图6—7所示。

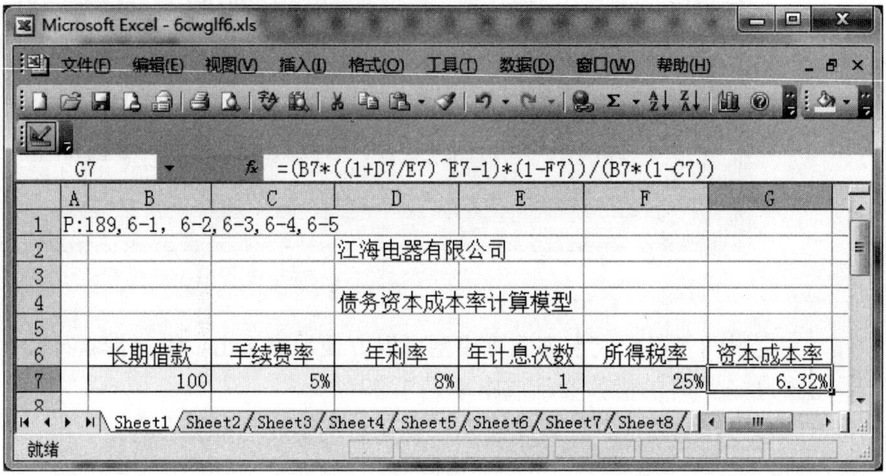

图6—7

应用债务资本成本率测算模型可以方便地测算出公司发行债券的资本成本率，按本例资料测算的债券的资本成本率是6.32%。

6.2.2 股权资本成本率的测算

公司股权资本成本率的测算主要包括：普通股资本成本率、优先股资本成本率和留用资本成本率等的测算。

6.2.2.1 股权资本成本率测算模型的创建

股权资本成本率测算模型是根据普通股筹资数额、发行手续费用、年股利和普通股必要的报酬率等因素来测算股权资本成本率的一种分析模型。

【任务6—6】

江海电器有限公司拟发行一批普通股，发行价格12元/股，每股发行费用1元，预定每年分派现金股利每股1.2元。其资本成本率是多少？(资料来源：主教材第191页例6—6。)

为便于说明如何在Excel工作表中完成股权资本成本率计算的任务，我们利用上述【任务 6—6】的资料并借助 Excel 工作表创建股权资本成本率计算模型，然后根据股权资本成本率计算模型计算出【任务 6—6】中有关股权资本成本率问题。

在 Excel 工作表中，创建股权资本成本率计算模型的步骤如下：

第一步，建立股权资本成本率计算模型并录入相关数据

首先在 Excel 工作表中建立股权资本成本率计算模型并将【任务 6—6】的股权资本成本率计算相关数据录入。如图 6—8 所示。

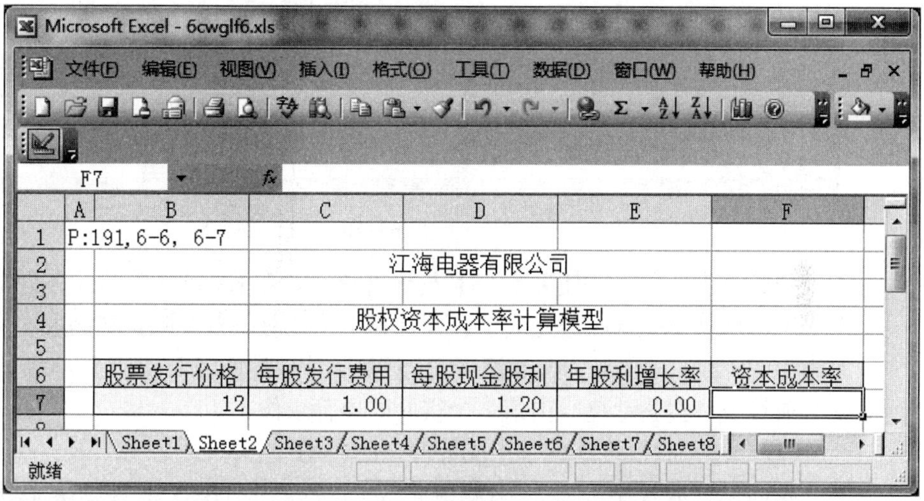

图 6—8

第二步，计算股权资本成本率

用鼠标单击单元格 F7，输入公式“=D7/(B7-C7)+E7”。如图 6—9 所示。

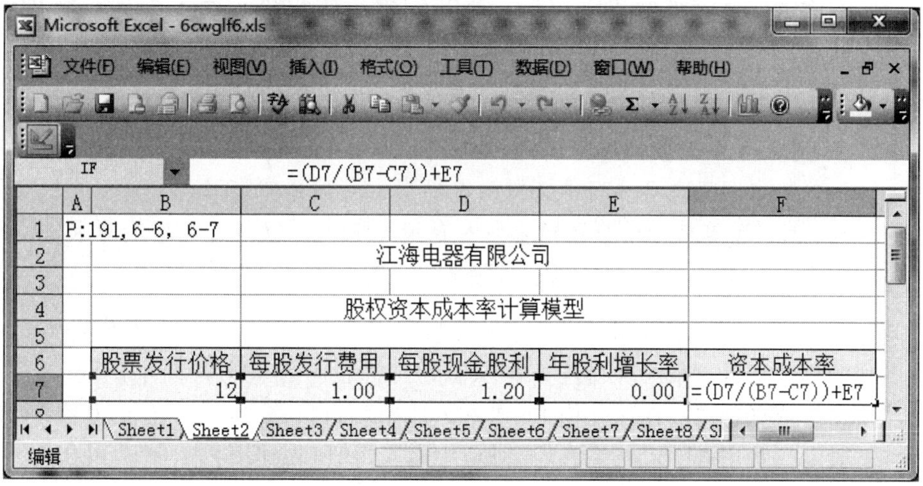

图 6—9

按回车键就得到江海电器有限公司发行股票的资本成本率为 10.91%。如图 6—10 所示。

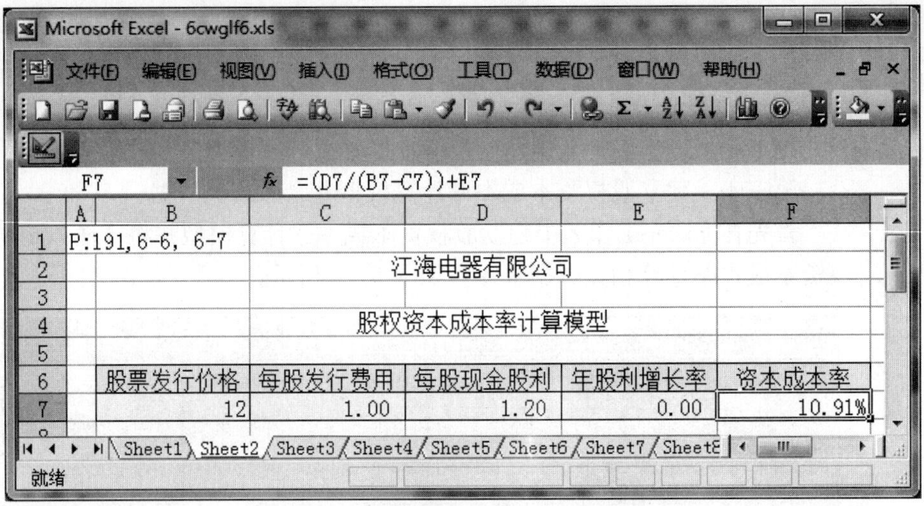

图 6—10

到此为止，按照【任务 6—6】提供的资料，在 Excel 工作表中创建的股权资本成本率计算模型就已经完成了，并计算出了江海电器有限公司的股权资本成本率为 10.91%。对这部分内容读者可以参考“实验系统”中“资本结构决策实验”项目下“实验示范”中第 2 个实验的屏幕录像。

6.2.2.2 股权资本成本率测算模型的应用

我们创建股权资本成本率测算模型的目的并不仅仅是要解决上述【任务 6—6】中股权资本成本率的计算这一特定问题，而是建立一个股权资本成本率计算的工具或平台。凡是遇到相同或类似的股权资本成本率计算时，我们就可以利用这个股权资本成本率计算的工具或平台来解决这类问题。因此，股权资本成本率计算模型建立以后，为我们进行股权资本成本率计算提供了极大的便利。

第一，测算每年股利增长对股权资本成本率的影响。

【任务 6—7】

江海电器有限公司准备增发普通股，每股的发行价格 15 元，每股发行费用 1.5 元，预定第一年分派现金股利每股 1.5 元，以后每年股利增长 4%。其资本成本率是多少？（资料来源：主教材第 191 页例 6—7。）

下面我们就利用已经建立的股权资本成本率测算模型，并借助 Excel 工作表的相关工具，来解决【任务 6—7】提出的股权资本成本率测算任务。

依据题意，在单元格 B6 中输入股票发行价格“15”，在单元格 C7 中输入每股发行费用“1.5”，在单元格 D7 中输入每股现金股利“1.5”，再在单元格 E7 中输入年股利增长率“0.04”。如图 6—11 所示。

应用股权资本成本率测算模型可以方便地测算出公司发行股票的资本成本率，按本例资料测算的股权资本成本率是 15.11%。

第二，测算普通股投资必要的资本成本率。

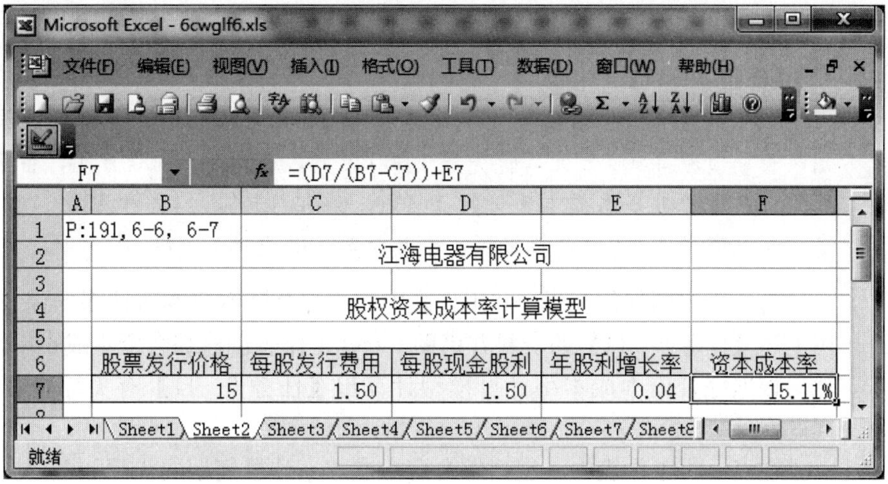

图6—11

【任务6—8】

已知某股票的β值为1.5，市场报酬率为10%，无风险报酬率为6%。该股票的资本成本率测算为：$Kc=6\%+1.5\times(10\%-6\%)=12\%$。

因为计算过程较为简单，故建模及应用过程省略。

第三，测算债券投资报酬率加股票投资风险报酬率。

【任务6—9】

XYZ公司已发行债券的投资报酬率为8%。现准备发行一批股票，经分析，该股票投资高于债券投资的风险报酬率为4%。则该股票的必要报酬率即资本成本率为：8%+4%=12%。

因为计算过程较为简单，故建模及应用过程省略。

第四，测算优先股资本成本率。

【任务6—10】

ABC公司准备发行一批优先股，每股发行价格5元，发行费用0.2元，预计年股利0.5元。其资本成本率测算可应用股权资本成本率计算模型，过程省略。

6.2.3　综合资本成本率的测算

综合资本成本率是一个企业全部长期资本的成本率，通常是以各种长期资本的比例为权重，对个别资本成本率进行加权平均测算的，亦称加权平均资本成本率。因此，综合资本成本率是由个别资本成本率和各种长期资本比例这两个因素决定的。

6.2.3.1　综合资本成本率测算模型的创建

股权资本成本率测算模型是根据各种长期资本的个别资本成本率和比重来测

算公司综合股权资本成本率的一种分析模型。

【任务 6—11】

江海电器有限公司现有长期资本总额 10 000 万元，其中长期借款 2 000 万元，长期债券 3 500 万元，优先股 1 000 万元，普通股 3 000 万元，留用利润 500 万元；各种长期资本成本率分别为 4%，6%，10%，14%和 13%。该公司综合资本成本率是多少？（资料来源：主教材第 193 页例 6—11。）

为便于说明如何在 Excel 工作表中完成综合资本成本率计算的任务，我们利用上述【任务 6—11】的资料并借助 Excel 工作表创建综合资本成本率计算模型，然后根据综合资本成本率计算模型计算出【任务 6—11】有关综合资本成本率问题。

在 Excel 工作表中，创建综合资本成本率计算模型的步骤如下：

第一步，建立综合资本成本率计算模型并录入数据

首先在 Excel 工作表中建立综合资本成本率计算模型并将【任务 6—11】的综合资本成本率计算相关数据录入。如图 6—12 所示。

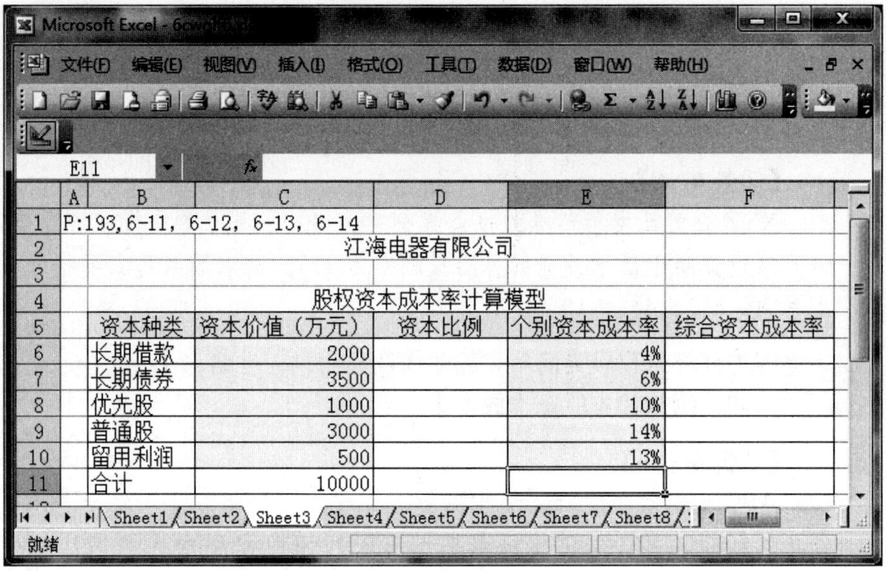

	A	B	C	D	E	F
1	P:193, 6-11, 6-12, 6-13, 6-14					
2				江海电器有限公司		
3						
4				股权资本成本率计算模型		
5		资本种类	资本价值（万元）	资本比例	个别资本成本率	综合资本成本率
6		长期借款	2000		4%	
7		长期债券	3500		6%	
8		优先股	1000		10%	
9		普通股	3000		14%	
10		留用利润	500		13%	
11		合计	10000			

图 6—12

第二步，计算长期借款占资本总额的比例

单击单元格 D6，输入公式“C6/＄C＄11”计算长期借款项目占全部资本的比例。如图 6—13 所示。

按回车键，就会得到长期借款项目占全部资本的比例为 20%。如图 6—14 所示。

第三步，计算各项目长期资本占全部资本的比例

选中单元格 D6，用鼠标指向该单元格的右下角，待鼠标指针变为实心的黑“十”时，按下鼠标左键拖向单元格 D7:D10，就可以计算出其他资本项目占全部资本的比例。如图 6—15 所示。

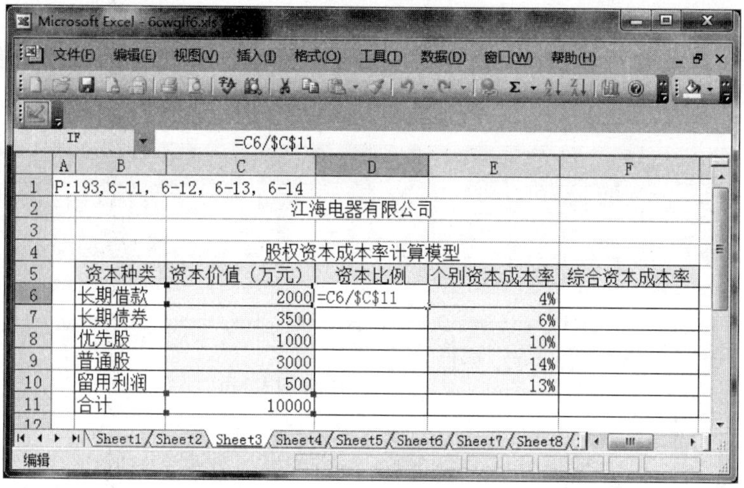

图 6—13

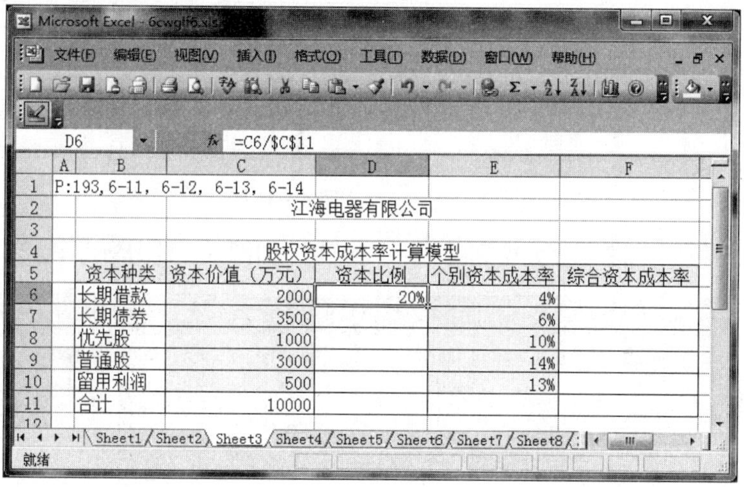

图 6—14

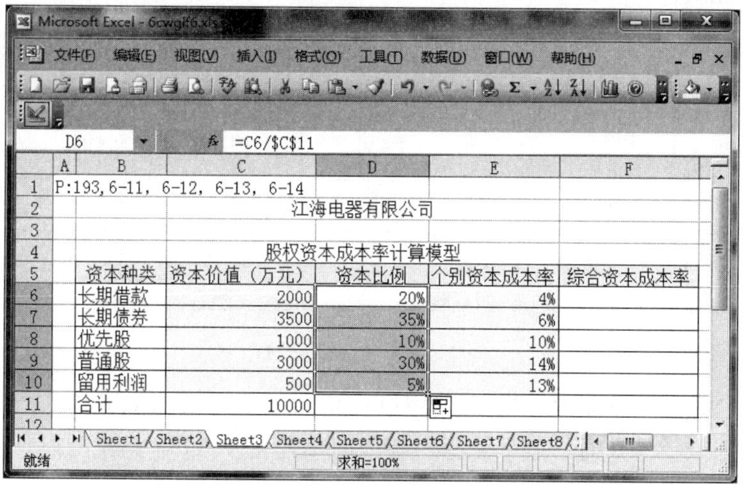

图 6—15

第四步，计算长期资本的综合资本成本率

单击单元格 F6，输入公式“D6 * E6”，计算出长期借款的资本成本率。如图 6—16 所示。

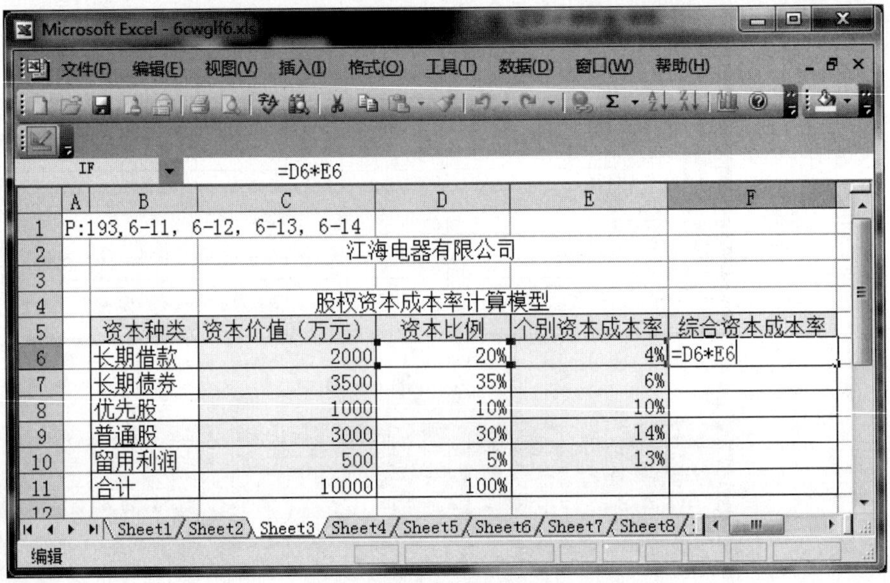

图 6—16

按回车键，就会得到结果：0.80%。如图 6—17 所示。

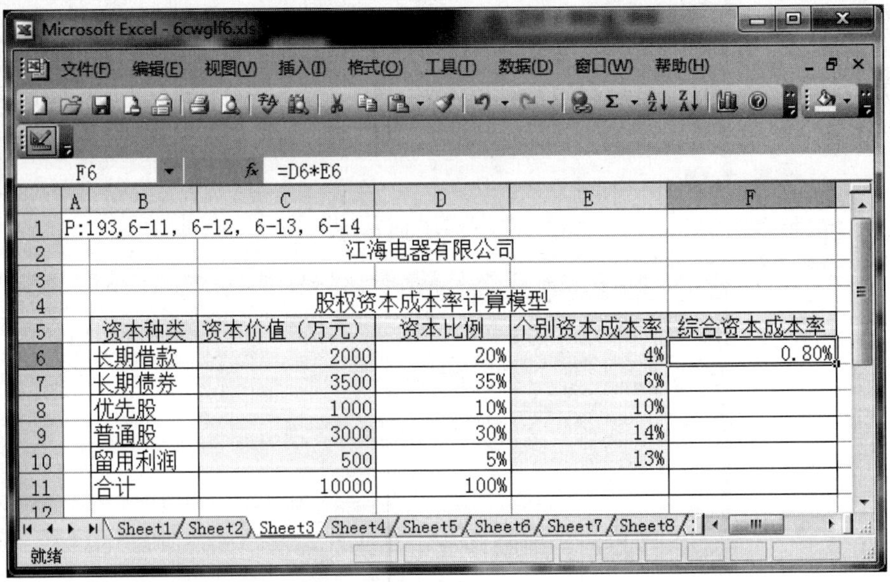

图 6—17

然后，选中单元格 F6，用鼠标指向该单元格的右下角，待鼠标指针变为实心的黑“+”时，按下鼠标左键拖向单元格 F7:F10，就可以计算出其他资本项目的综合资本成本率。如图 6—18 所示。

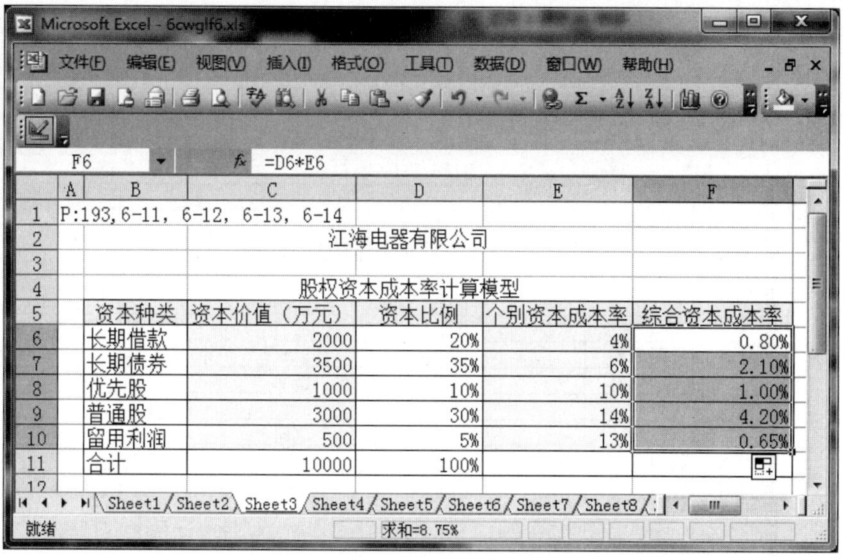

图 6—18

第五步，测算综合资本成本率

单击单元格 F11，利用“SUM”求和函数。如图 6—19 所示。

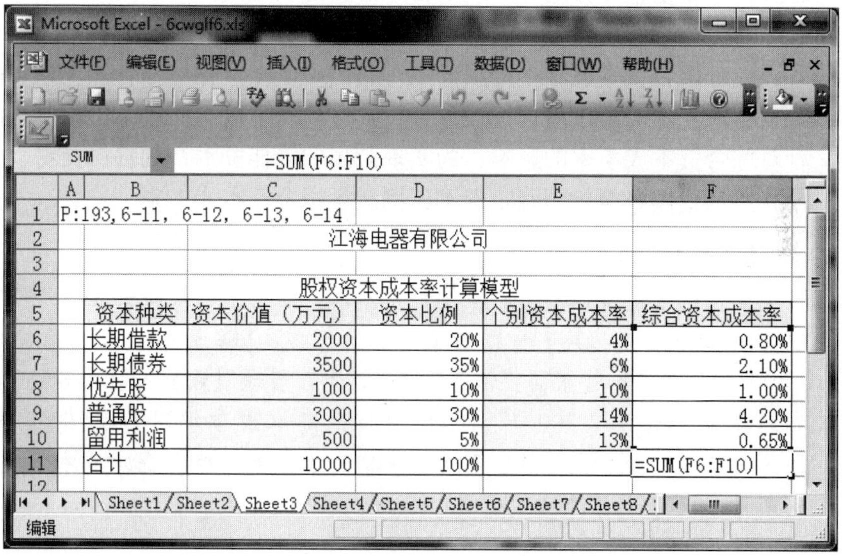

图 6—19

按回车键，就可得到结果：8.75%。如图 6—20 所示。

到此为止，按照【任务 6—11】所提供的资料，在 Excel 工作表中创建的综合资本成本率计算模型就已经完成了。对这部分内容读者可以参考“实验系统”中“资本结构决策实验”项目下“实验示范”中第 3 个实验的屏幕录像。

6.2.3.2　综合资本成本率测算模型的应用

我们创建综合资本成本率测算模型的目的并不仅仅是要解决上述【任务 6—5】中综合资本成本率的计算这一特定问题，而是建立一个综合资本成本率计算的工

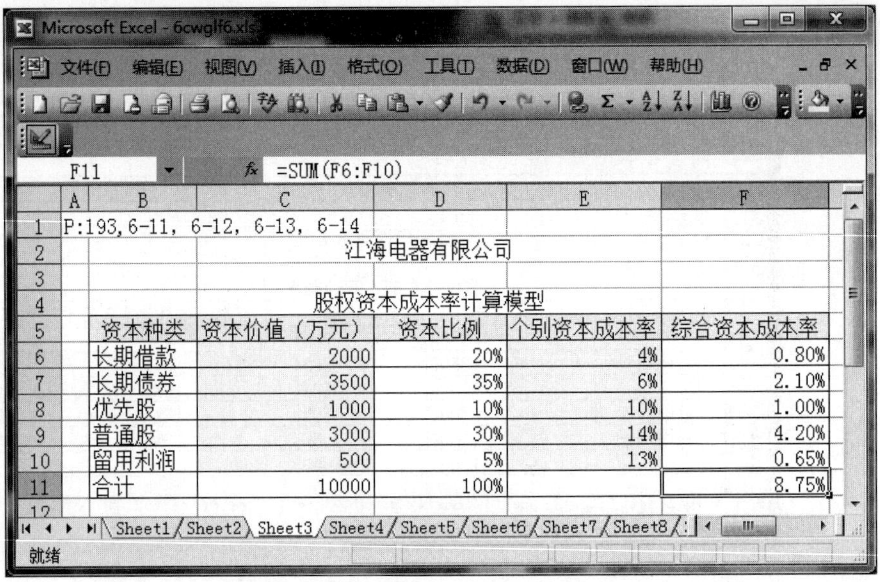

资本种类	资本价值（万元）	资本比例	个别资本成本率	综合资本成本率
长期借款	2000	20%	4%	0.80%
长期债券	3500	35%	6%	2.10%
优先股	1000	10%	10%	1.00%
普通股	3000	30%	14%	4.20%
留用利润	500	5%	13%	0.65%
合计	10000	100%		8.75%

图 6—20

具或平台。凡是遇到相同或类似的综合资本成本率计算时，我们就可以利用这个综合资本成本率计算的工具或平台来解决这类问题。综合资本成本率计算模型建立以后，为我们进行综合资本成本率计算提供了极大的便利。

通过综合资本成本率测算模型，我们可以测算各种综合资本成本率。借助综合资本成本率测算模型进行假设分析，可以确定按不同资本价值基础测算投资组合对综合资本成本率的影响，为实现公司的最佳资本结构提供资料。

第一，按账面价值确定资本比例测算综合资本成本率。

【任务 6—12】

如果按账面价值确定资本比例，江海电器有限公司现有长期资本总额账面价值为 10 000 万元，其中长期借款账面价值为 1 500 万元，长期债券账面价值为 2 000 万元，优先股账面价值为 1 000 万元，普通股账面价值为 3 000 万元，留用利润账面价值为 2 500 万元；各种长期资本成本率分别为 6%，7%，10%，14%，13%。如果公司按账面价值确定资本比例，综合资本成本率是多少？（资料来源：主教材第 194 页例 6—12。）

下面我们就利用已经建立的综合资本成本率测算模型，并借助 Excel 工作表的相关工具，来解决【任务 6—12】提出的综合资本成本率测算任务。

依据题意，在单元格 C6 中输入长期借款“1 500”，在单元格 C7 中输入长期债券“2 000”，在单元格 C8 中输入优先股“1 000”，在单元格 C9 中输入普通股“3 000”，再在单元格 C10 中输入留用利润“2 500”；在个别资本成本率单元格区域 E6:E11 内依次输入 6%，7%，10%，14%，13%。然后按回车键，模型就为我们计算出了结果。如图 6—21 所示。

如果公司按账面价值确定资本比例，其综合资本成本率就是 10.75%。

第二，按市场价值确定资本比例测算综合资本成本率。

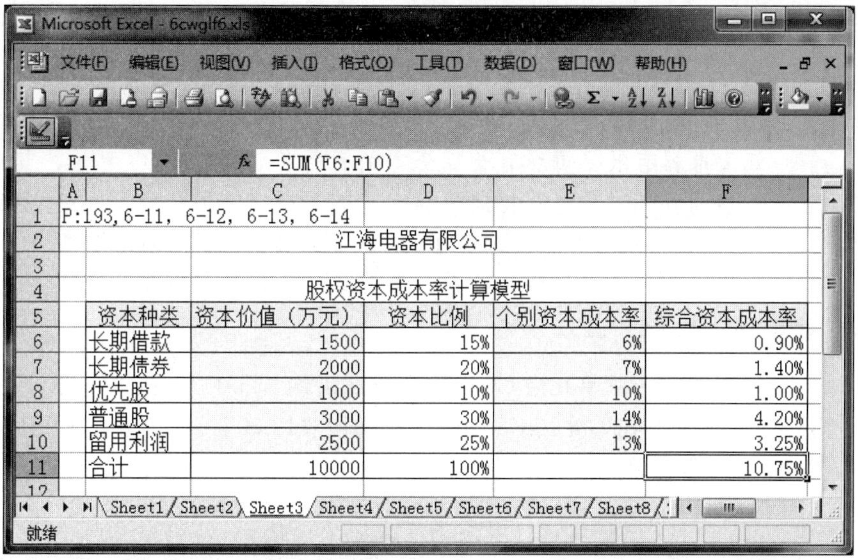

Microsoft Excel - 6cwglf6.xls

F11　=SUM(F6:F10)

P:193, 6-11, 6-12, 6-13, 6-14

江海电器有限公司

股权资本成本率计算模型

资本种类	资本价值（万元）	资本比例	个别资本成本率	综合资本成本率
长期借款	1500	15%	6%	0.90%
长期债券	2000	20%	7%	1.40%
优先股	1000	10%	10%	1.00%
普通股	3000	30%	14%	4.20%
留用利润	2500	25%	13%	3.25%
合计	10000	100%		10.75%

图 6—21

【任务 6—13】

江海电器有限公司现有长期资本的市场价值为 15 000 万元，其中长期借款市场价值为 1 500 万元，长期债券市场价值为 2 500 万元，优先股市场价值为 1 500 万元，普通股市场价值为 6 000 万元，留用利润市场价值为 3 500 万元。如果公司资本比例按市场价值确定，其综合资本成本率是多少？（资料来源 ：主教材第 194 页例 6—13。）

依据题意，在单元格 C6 中输入长期借款“1 500”，在单元格 C7 中输入长期债券“2 500”，在单元格 C8 中输入优先股“1 500”，在单元格 C9 中输入普通股“6 000”，再在单元格 C10 中输入留用利润“3 500”，其结果就计算出来了。如图 6—22 所示 。

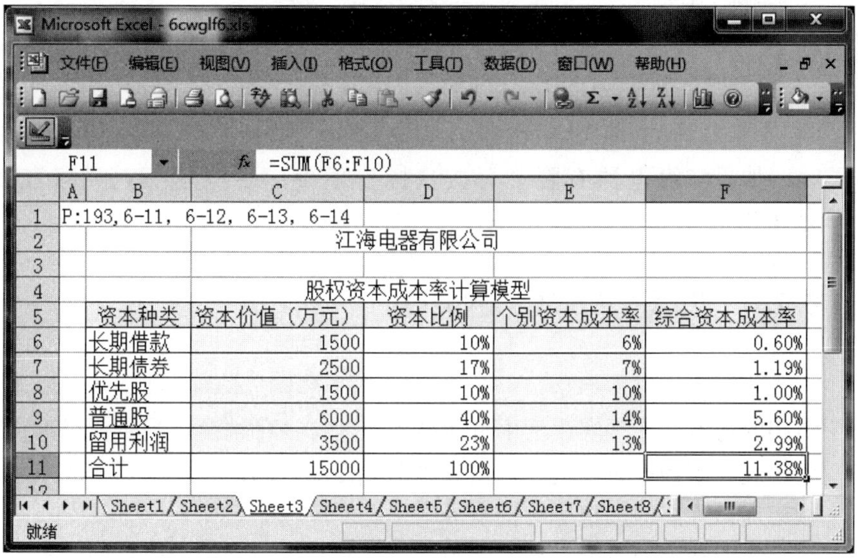

Microsoft Excel - 6cwglf6.xls

F11　=SUM(F6:F10)

P:193, 6-11, 6-12, 6-13, 6-14

江海电器有限公司

股权资本成本率计算模型

资本种类	资本价值（万元）	资本比例	个别资本成本率	综合资本成本率
长期借款	1500	10%	6%	0.60%
长期债券	2500	17%	7%	1.19%
优先股	1500	10%	10%	1.00%
普通股	6000	40%	14%	5.60%
留用利润	3500	23%	13%	2.99%
合计	15000	100%		11.38%

图 6—22

如果公司按市场价值确定资本比例，其综合资本成本率就是 11.38%。

第三，按目标价值确定资本比例测算综合资本成本率。

【任务 6—14】

江海电器有限公司现有长期资本的目标价值为 20 000 万元，其中长期借款目标价值为 5 000 万元，长期债券目标价值为 7 000 万元，优先股目标价值为 1 000 万元，普通股目标价值为 4 000 万元，留用利润目标价值为 3 000 万元。如果公司资本比例按目标价值确定，其综合资本成本率是多少？（资料来源：主教材第 195 页例 6—14。）

依据题意，在单元格 C6 中输入长期借款“5 000”，在单元格 C7 中输入长期债券“7 000”，在单元格 C8 中输入优先股“1 000”，在单元格 C9 中输入普通股“4 000”，再在单元格 C10 中输入留用利润“3 000”，其结果就计算出来了。如图 6—23 所示。

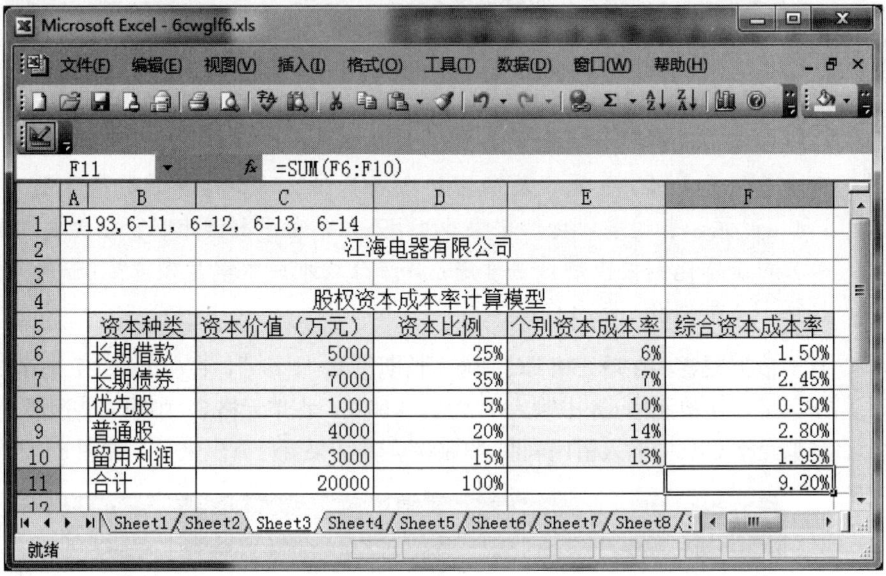

资本种类	资本价值（万元）	资本比例	个别资本成本率	综合资本成本率
长期借款	5000	25%	6%	1.50%
长期债券	7000	35%	7%	2.45%
优先股	1000	5%	10%	0.50%
普通股	4000	20%	14%	2.80%
留用利润	3000	15%	13%	1.95%
合计	20000	100%		9.20%

图 6—23

如果江海电器有限公司按目标价值确定资本比例，其综合资本成本率是 9.2%。

6.2.4 边际资本成本率的测算

边际资本成本率是指企业追加筹资的资本成本率，即企业新增 1 元资本所需负担的成本。在现实生活中可能会出现这样一种情况：当企业以某种筹资方式筹资超过一定额度时，边际资本成本率会提高。因此，边际资本成本率亦称随筹资额增加而提高的加权平均资本成本率。

企业在追加筹资过程中，为便于比较、选择不同规模范围的筹资组合，可以预先测算边际资本成本率，做好边际资本成本率的规划。

6.2.4.1　边际资本成本率测算模型的创建和应用

边际资本成本率测算模型是分析每筹集 1 元资本所增加的资本成本的模型。

【任务 6—15】

江海电器有限公司现有长期资本总额 1 000 万元，其目标资本结构（比例）为：长期债务 0.20，优先股 0.05，普通股权益（包括普通股和留用利润）0.75。现拟追加资本 300 万元，仍按此资本结构筹资。经测算，个别资本成本率分别为：长期债务 7.50%，优先股 11.80%，普通股权益 14.80%。该公司追加筹资的边际资本成本率是多少？（资料来源：主教材第 196 页例 6—15。）

为便于说明如何在 Excel 工作表中完成边际资本成本率计算的任务，我们利用上述【任务 6—15】资料并借助 Excel 工作表创建边际资本成本率计算模型，然后根据边际资本成本率计算模型计算出【任务 6—15】有关边际资本成本率。

在 Excel 工作表中，创建边际资本成本率计算模型的步骤如下：

第一步，建立边际资本成本率计算模型并录入数据

首先在 Excel 工作表中建立边际资本成本率计算模型并将【任务 6—15】的边际资本成本率计算相关数据录入。如图 6—24 所示。

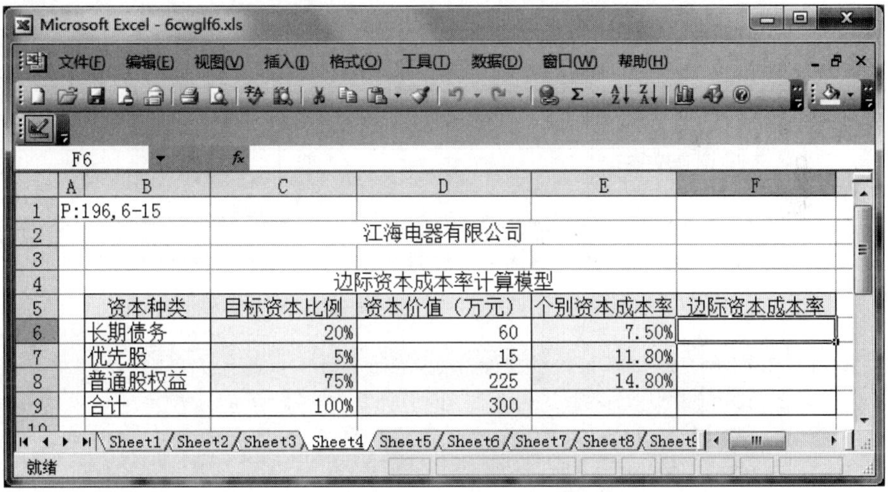

图 6—24

第二步，分别计算各类长期资本的个别边际资本成本率

单击单元格 F6，输入公式“C6 * E6”，计算长期债务的边际资本成本率。如图 6—25 所示。

按回车键，就会得到结果：1.50%。如图 6—26 所示。

然后，选中单元格 F6，用鼠标指向该单元格的右下角，待鼠标指针变为实心的黑“+”时，按下鼠标左键拖向单元格 F7:F8，就可以计算出其他种类资本的边际资本成本率。如图 6—27 所示。

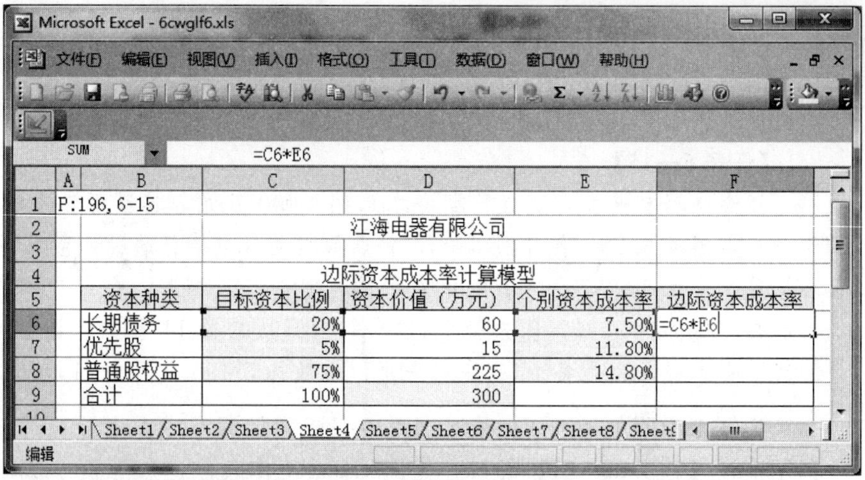

资本种类	目标资本比例	资本价值（万元）	个别资本成本率	边际资本成本率
长期债务	20%	60	7.50%	=C6*E6
优先股	5%	15	11.80%	
普通股权益	75%	225	14.80%	
合计	100%	300		

图 6—25

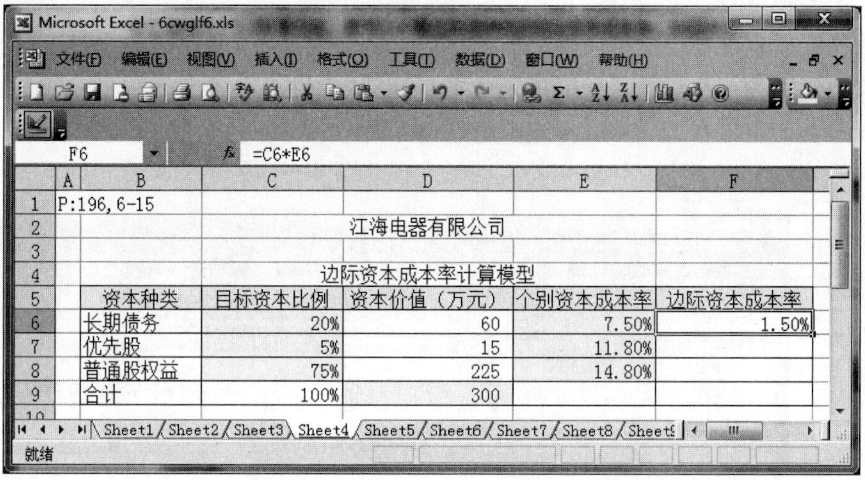

资本种类	目标资本比例	资本价值（万元）	个别资本成本率	边际资本成本率
长期债务	20%	60	7.50%	1.50%
优先股	5%	15	11.80%	
普通股权益	75%	225	14.80%	
合计	100%	300		

图 6—26

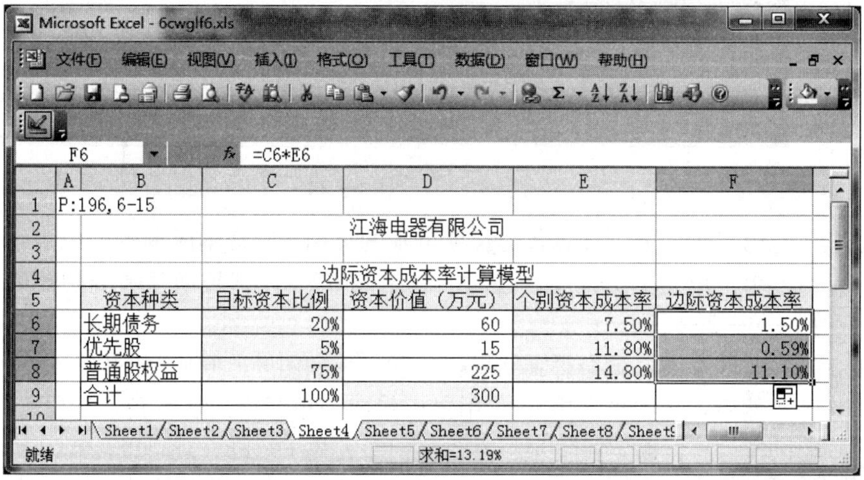

资本种类	目标资本比例	资本价值（万元）	个别资本成本率	边际资本成本率
长期债务	20%	60	7.50%	1.50%
优先股	5%	15	11.80%	0.59%
普通股权益	75%	225	14.80%	11.10%
合计	100%	300		

图 6—27

第三步，计算公司追加筹资的综合边际资本成本率

单击单元格 F9，利用“SUM”求和函数就可求得综合边际资本成本率。如图 6—28 所示。

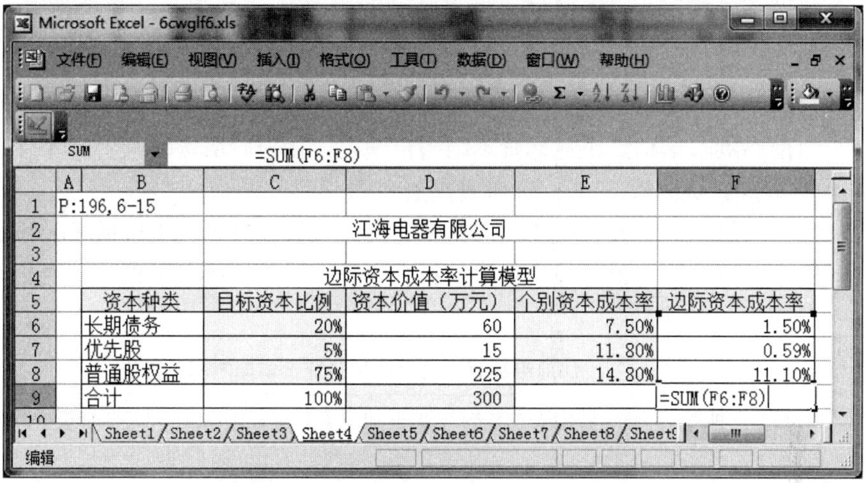

	A	B	C	D	E	F
1	P:196,6-15					
2				江海电器有限公司		
3						
4				边际资本成本率计算模型		
5		资本种类	目标资本比例	资本价值（万元）	个别资本成本率	边际资本成本率
6		长期债务	20%	60	7.50%	1.50%
7		优先股	5%	15	11.80%	0.59%
8		普通股权益	75%	225	14.80%	11.10%
9		合计	100%	300		=SUM(F6:F8)

图 6—28

按回车键，就可得到结果：13.19%。如图 6—29 所示。

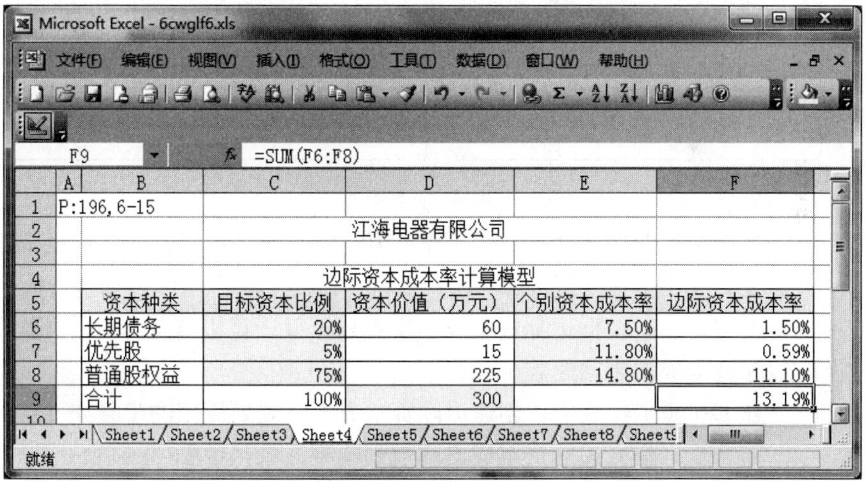

	A	B	C	D	E	F
1	P:196,6-15					
2				江海电器有限公司		
3						
4				边际资本成本率计算模型		
5		资本种类	目标资本比例	资本价值（万元）	个别资本成本率	边际资本成本率
6		长期债务	20%	60	7.50%	1.50%
7		优先股	5%	15	11.80%	0.59%
8		普通股权益	75%	225	14.80%	11.10%
9		合计	100%	300		13.19%

图 6—29

到此为止，按照【任务 6—15】所提供的资料，在 Excel 工作表中创建的边际资本成本率计算模型就已经完成了。对这部分内容读者可以参考“实验系统”中“资本结构决策实验”项目下“实验示范”中第 4 个实验的屏幕录像。

通过边际资本成本率测算模型，我们可以预测增加筹资额的筹资成本。借助边际资本成本率测算模型进行假设分析，可以确定新增筹资对筹资成本的影响，为实现公司的最佳资本结构提供资料。

6.2.4.2　边际资本成本率规划模型的创建和应用

边际资本成本率规划模型是用以计算和分析筹资组合边际资本成本率的模型。

【任务 6—16】

江海电器有限公司目前拥有长期资本 100 万元。其中，长期债务 20 万元，优先股 5 万元，普通股（含留用利润）75 万元。为了适应追加投资的需要，公司准备筹措新资。试测算追加筹资的边际资本成本率。（资料来源：主教材第 196 页例 6—16。）

首先，确定目标资本结构。财务人员经过分析测算后认为江海电器有限公司目前的资本结构处于目标资本结构范围内，在今后增资时应予以保持，即长期债务 0.20，优先股 0.05，普通股权益 0.75。

其次，测算各种资本的成本率。财务人员分析了资本市场状况和公司的筹资能力，认定随着公司筹资规模的扩大，各种资本的成本率也会发生变动，测算结果如表 6—1 所示。

表 6—1　　江海电器有限公司追加筹资资本成本率测算表

资本种类	目标资本结构	追加筹资数量范围（元）	个别资本成本率（%）
长期债务	0.20	10 000 以内	6
		10 000～40 000	7
		40 000 以上	8
优先股	0.05	2 500 以内	10
		2 500 以上	12
普通股权益	0.75	22 500 以内	14
		22 500～75 000	15
		75 000 以上	16

最后，创建边际资本成本率规划模型。

为便于说明如何在 Excel 工作表中完成追加筹资的边际资本成本率计算的任务，我们利用上述【任务 6—16】资料并借助 Excel 工作表创建边际资本成本率规划模型，然后根据边际资本成本率规划模型计算出【任务 6—16】中追加筹资的边际资本成本率问题。

在 Excel 工作表中，创建边际资本成本率规划模型的步骤如下：

第一步，建立边际资本成本率规划模型并录入数据

首先在 Excel 工作表中建立边际资本成本率规划模型并将【任务 6—16】资本结构的相关数据录入并求出合计数。为了分析的方便，模型中的筹资额均以万元表示。如图 6—30 所示。

第二步，增加控件按钮设置长期筹资总额分析框

单击单元格 C5，选择菜单“视图”、“工具栏”、“窗体”（注意：不要选择“控件工具箱”），选择“窗体”选项后，弹出“选项按钮”。如图 6—31 所示。

点击“选项按钮”右边一列倒数第三个选项“微调项”，鼠标指针变成了“十”形状，然后将鼠标移到单元格 C5，按下右键拖动鼠标，画出大小适中的按钮。如图 6—32 所示。

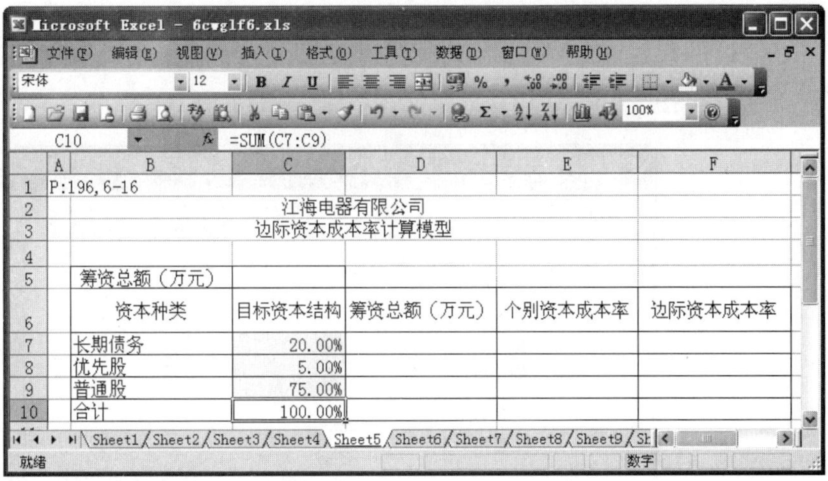

图 6—30

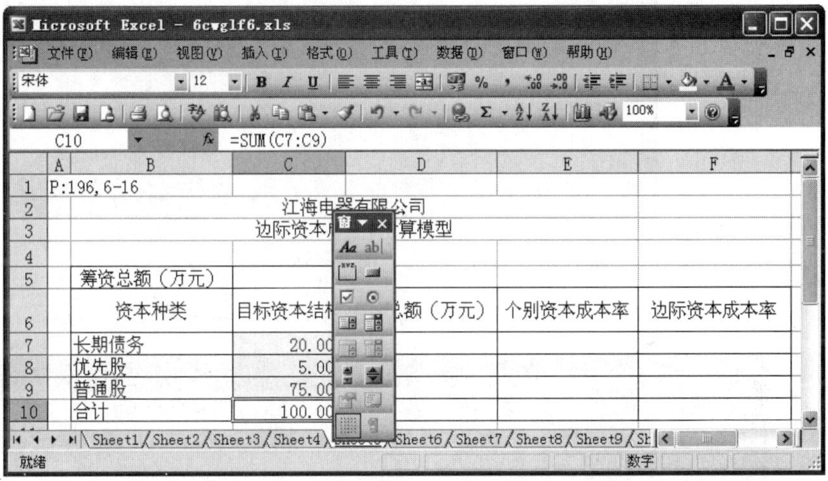

图 6—31

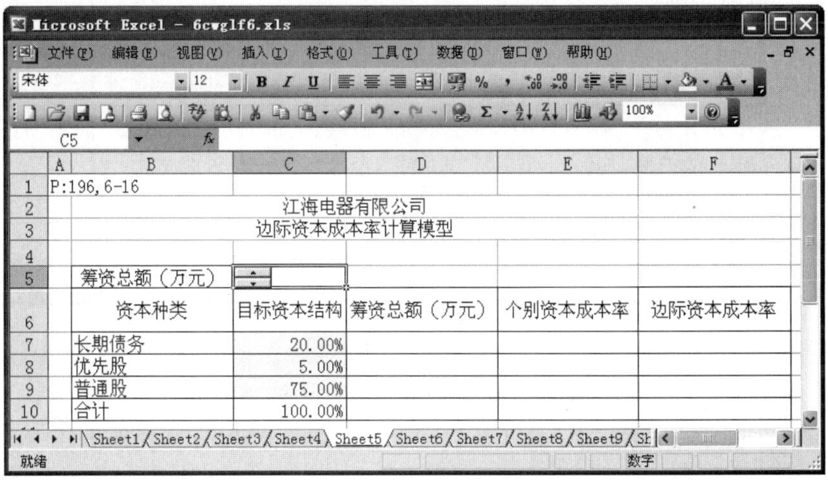

图 6—32

最后，为控件按钮设置控件格式。用鼠标右键单击选项按钮，选择“设置控件格式”，然后选择“控制”标签，将最小值设置为“1”，最大值设置为“20”，“单元格链接”设置为＄C＄5 单元。如图 6—33 所示。

图 6—33

点击“确定”按钮，控件格式就设置好了。如图 6—34 所示。

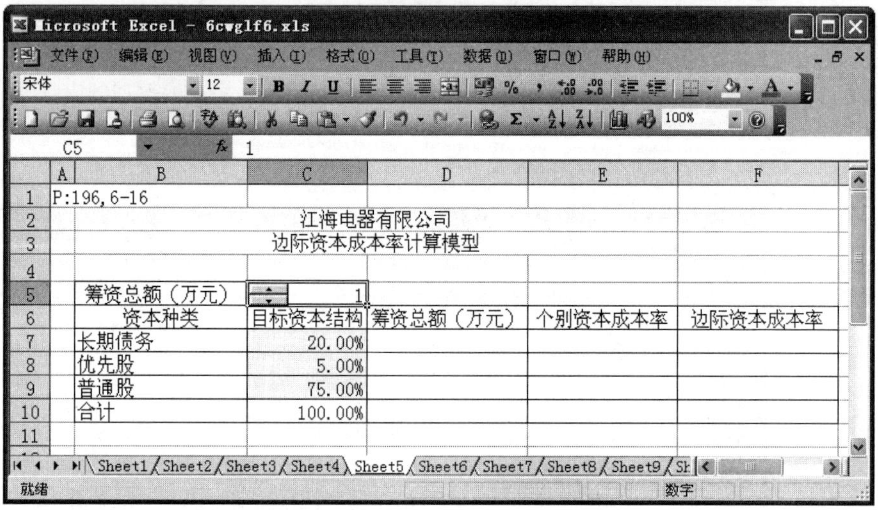

图 6—34

第三步，按各种资本比例计算各种资本的筹资额

选中单元格 D7，输入公式“＝＄C＄5＊C7”计算长期借款项目的金额。如图 6—35 所示。

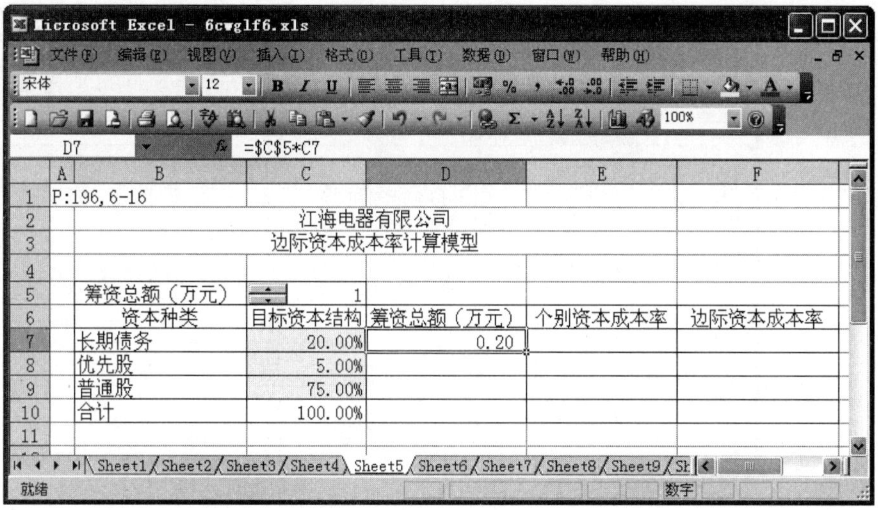

图 6—35

然后，选中单元格 D7，用鼠标指向该单元格的右下角，待鼠标指针变为实心的黑“＋”时，按下鼠标左键拖向单元格 D8∶D9，就可以计算出其他资本项目的金额。如图 6—36 所示。

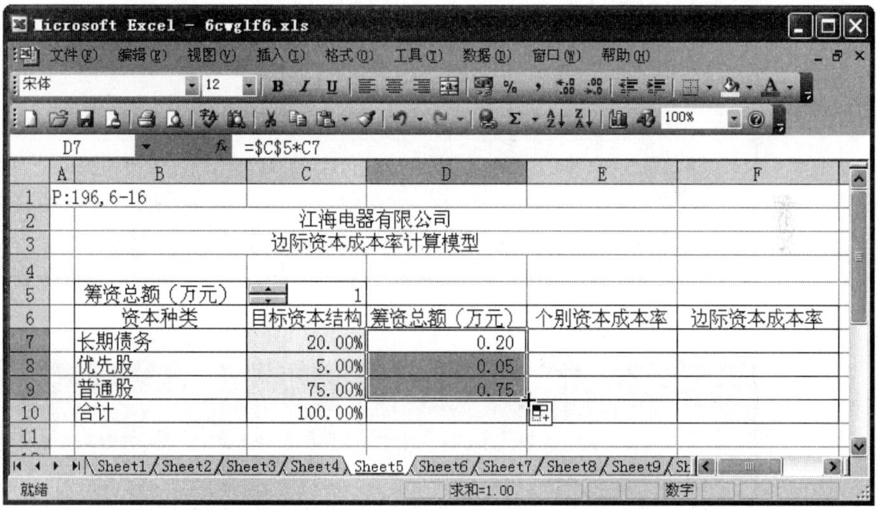

图 6—36

第四步，确定各个项目的个别资本成本率

单击单元格 E7，输入公式“＝IF(D7＜1,"6％",IF(AND(D7＞＝1,D7＜4),"7％","8％"))”，确定长期借款的资本成本率为 6％。如图 6—37 所示。

单击单元格 E8，输入公式“＝IF(D8＜0.25,"10％",IF(D8＞＝0.25,"12％",""))”，确定优先股的资本成本率为 10％。如图 6—38 所示。

同样，单击单元格 E9，输入公式“＝IF(D9＜2.25,"14％",IF(AND(D9＞＝2.25,D9＜7.5),"15％","16％"))”，确定普通股的资本成本率为 14％。如图 6—39 所示。

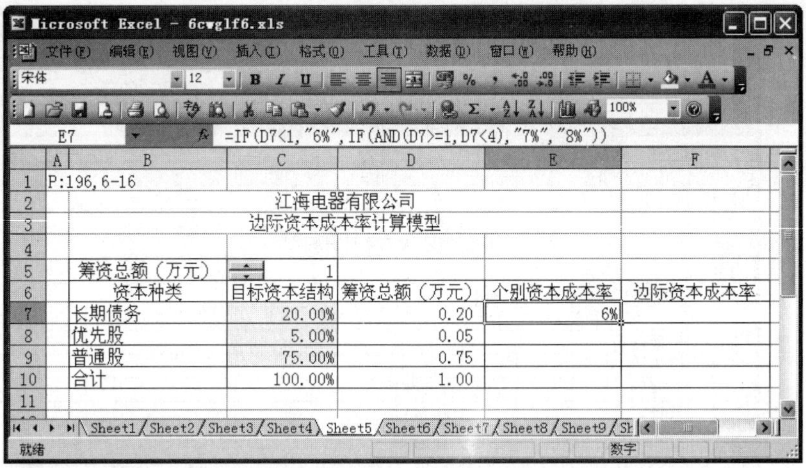

	A	B	C	D	E	F
1	P:196,6-16					
2			江海电器有限公司			
3			边际资本成本率计算模型			
4						
5		筹资总额（万元）	1			
6		资本种类	目标资本结构	筹资总额（万元）	个别资本成本率	边际资本成本率
7		长期债务	20.00%	0.20	6%	
8		优先股	5.00%	0.05		
9		普通股	75.00%	0.75		
10		合计	100.00%	1.00		

图 6—37

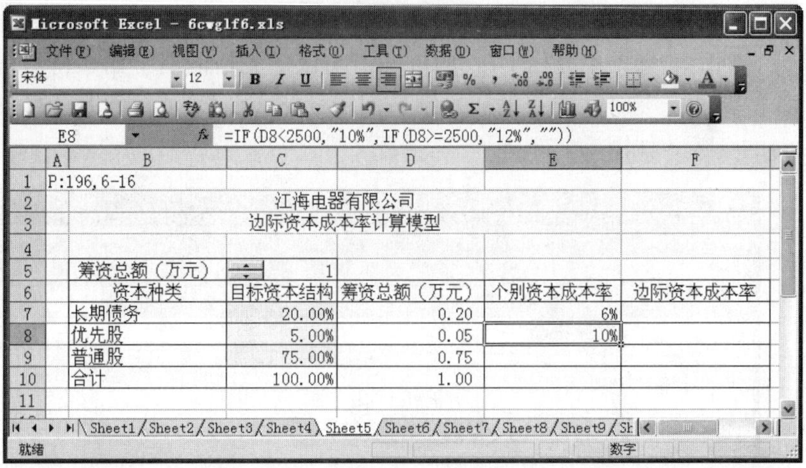

	A	B	C	D	E	F
1	P:196,6-16					
2			江海电器有限公司			
3			边际资本成本率计算模型			
4						
5		筹资总额（万元）	1			
6		资本种类	目标资本结构	筹资总额（万元）	个别资本成本率	边际资本成本率
7		长期债务	20.00%	0.20	6%	
8		优先股	5.00%	0.05	10%	
9		普通股	75.00%	0.75		
10		合计	100.00%	1.00		

图 6—38

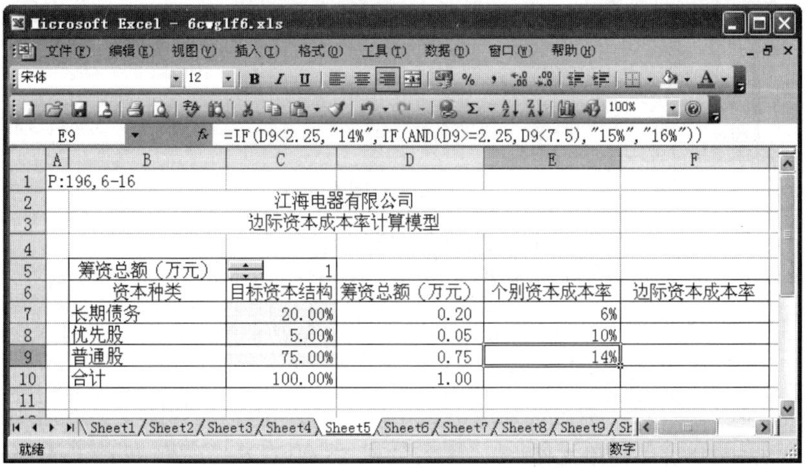

	A	B	C	D	E	F
1	P:196,6-16					
2			江海电器有限公司			
3			边际资本成本率计算模型			
4						
5		筹资总额（万元）	1			
6		资本种类	目标资本结构	筹资总额（万元）	个别资本成本率	边际资本成本率
7		长期债务	20.00%	0.20	6%	
8		优先股	5.00%	0.05	10%	
9		普通股	75.00%	0.75	14%	
10		合计	100.00%	1.00		

图 6—39

第五步，计算各资本项目的边际资本成本率

选中单元格 F7，输入公式“=C7 * E7”，计算出长期债务项目的边际资本成本率为 1.2%。如图 6—40 所示。

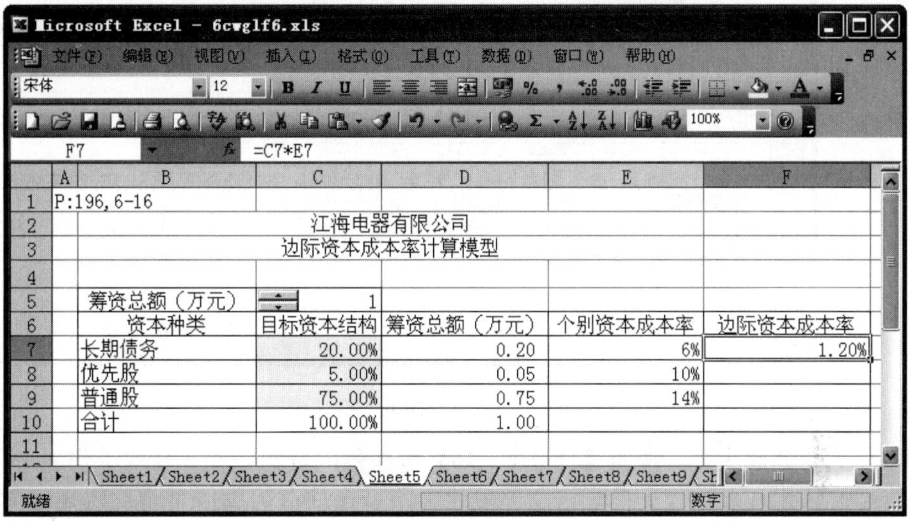

图 6—40

然后，选中单元格 F7，用鼠标指向该单元格的右下角，待鼠标指针变为实心的黑“+”时，按下鼠标左键拖向单元格 F8:F9，就可以计算出其他资本项目的边际资本成本率。如图 6—41 所示。

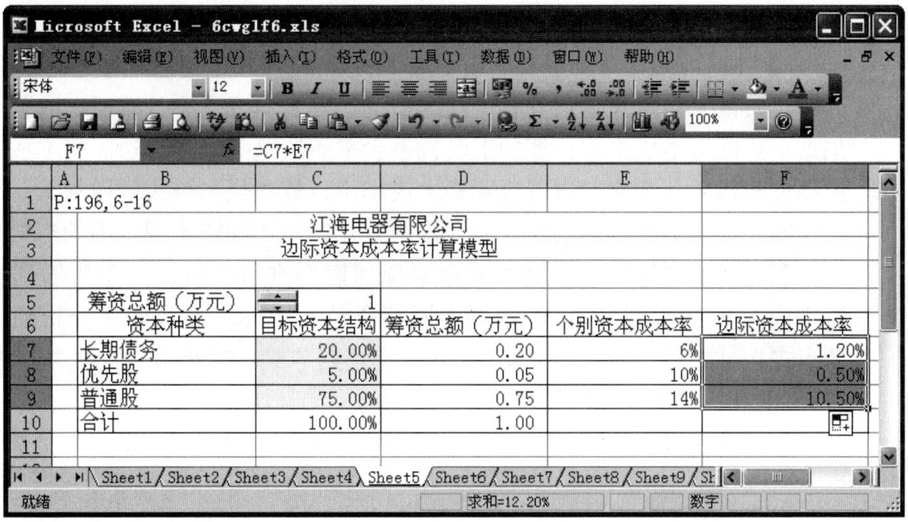

图 6—41

第六步，测算综合边际资本成本率

单击单元格 F10，利用“SUM”求和函数，计算出各项目的综合边际资本成本率。如图 6—42 所示。

	A	B	C	D	E	F
1	P:196,6-16					
2		江海电器有限公司				
3		边际资本成本率计算模型				
4						
5		筹资总额（万元）	1			
6		资本种类	目标资本结构	筹资总额（万元）	个别资本成本率	边际资本成本率
7		长期债务	20.00%	0.20	6%	1.20%
8		优先股	5.00%	0.05	10%	0.50%
9		普通股	75.00%	0.75	14%	10.50%
10		合计	100.00%	1.00		12.20%
11						

图 6—42

到此为止，按照【任务 6—16】所提供的资料，在 Excel 工作表中创建的边际资本成本率规划模型就已经完成了。对这部分内容读者可以参考“实验系统”中“资本结构决策实验”项目下“实验示范”中第 5 个实验的屏幕录像。

通过边际资本成本率规划模型，我们可以预测不同长期资本筹资组合的边际成本率。借助边际资本成本率规划模型进行假设分析，可以确定不同筹资组合的边际成本率及其对筹资决策的影响，为实现公司的最佳资本结构提供资料。

测算不同筹资额的边际资本成本率其实就是边际资本成本率规划模型的应用问题。我们创建边际资本成本率测算模型的目的并不仅仅是要解决上述【任务 6—16】中边际资本成本率的计算这一特定问题，而是建立一个边际资本成本率计算工具或平台。凡是遇到相同或类似的边际资本成本率计算时，我们就可以利用这个边际资本成本率计算的工具或平台来解决这类问题。边际资本成本率规划模型创建以后，为我们进行边际资本成本率计算提供了极大的便利。

第一，测算筹资总额在 3 万元以内变化时对边际资本成本率的影响。

利用我们创建的边际资本成本率规划模型进行分析。由于我们创建的边际资本成本率规划模型时已经设置不同筹资总额边际资本成本率分析框。现在只要点击控件按钮，使筹资总额从“1”变化到“2”，其综合边际资本成本率都是“12.20%”。如图 6—43 所示。

继续点击按钮到“3”，综合边际资本成本率就变化为 12.95%。如图 6—44 所示。

第二，测算筹资总额在 3 万～5 万元以内变化时对边际资本成本率的影响。

继续点击按钮使筹资总额从“3”到“4”，其综合边际资本成本率都是 12.95%。

继续点击按钮使筹资总额从“4”到“5”，其综合边际资本成本率都是 13.25%。如图 6—45 所示。

第三，测算筹资总额在 5 万～10 万元以内变化时对边际资本成本率的影响。

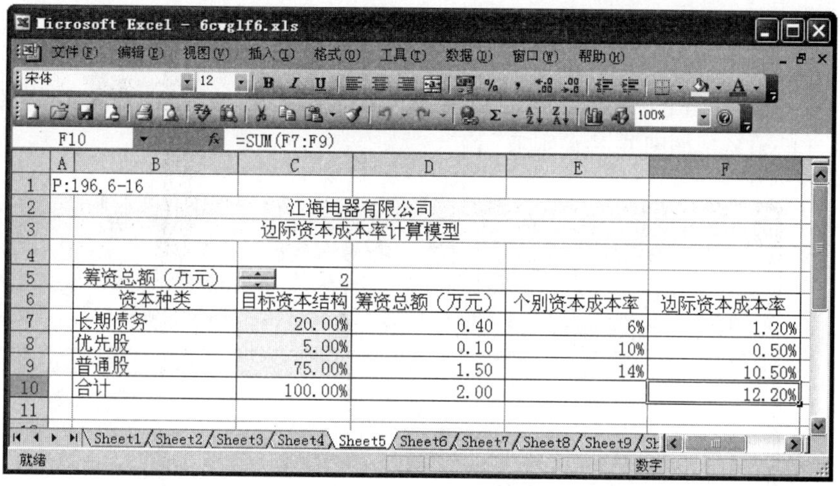

P:196, 6-16				
江海电器有限公司				
边际资本成本率计算模型				
筹资总额（万元）	2			
资本种类	目标资本结构	筹资总额（万元）	个别资本成本率	边际资本成本率
长期债务	20.00%	0.40	6%	1.20%
优先股	5.00%	0.10	10%	0.50%
普通股	75.00%	1.50	14%	10.50%
合计	100.00%	2.00		12.20%

图 6—43

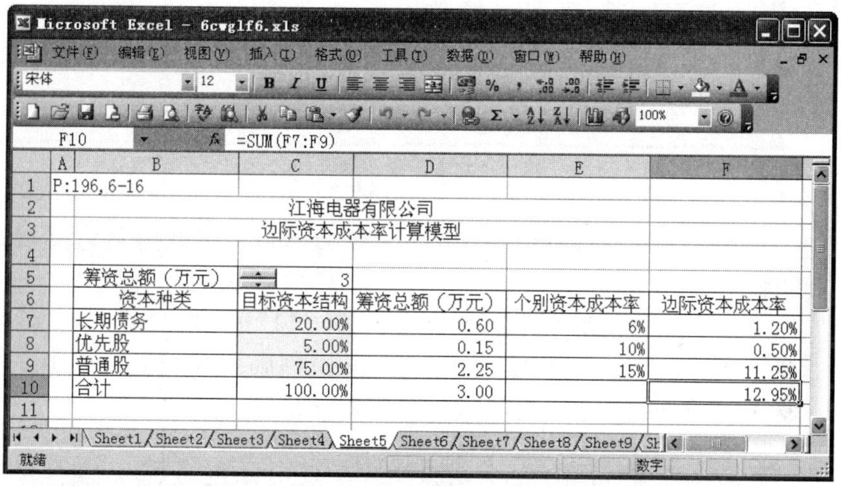

P:196, 6-16				
江海电器有限公司				
边际资本成本率计算模型				
筹资总额（万元）	3			
资本种类	目标资本结构	筹资总额（万元）	个别资本成本率	边际资本成本率
长期债务	20.00%	0.60	6%	1.20%
优先股	5.00%	0.15	10%	0.50%
普通股	75.00%	2.25	15%	11.25%
合计	100.00%	3.00		12.95%

图 6—44

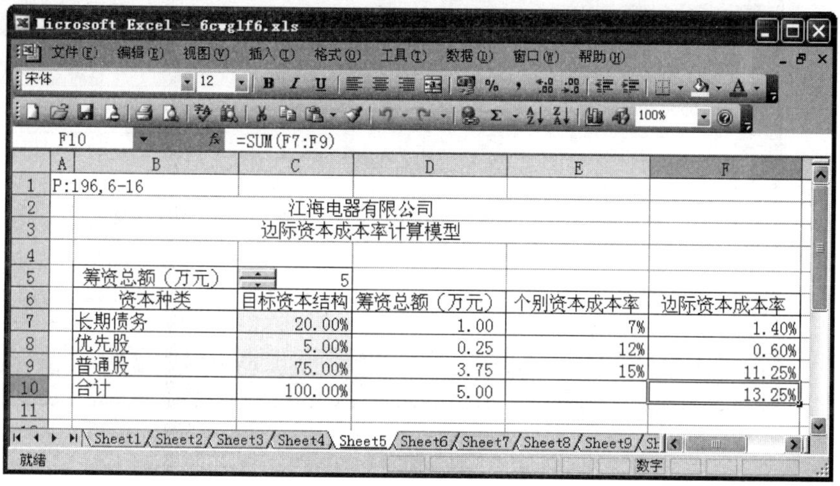

P:196, 6-16				
江海电器有限公司				
边际资本成本率计算模型				
筹资总额（万元）	5			
资本种类	目标资本结构	筹资总额（万元）	个别资本成本率	边际资本成本率
长期债务	20.00%	1.00	7%	1.40%
优先股	5.00%	0.25	12%	0.60%
普通股	75.00%	3.75	15%	11.25%
合计	100.00%	5.00		13.25%

图 6—45

继续点击按钮使筹资总额从“5”变化到“6”、“7”、“8”、“9”，其综合边际资本成本率都是13.25%。

继续点击按钮使筹资总额从“9”到“10”，其综合边际资本成本率是14.00%。如图6—46所示。

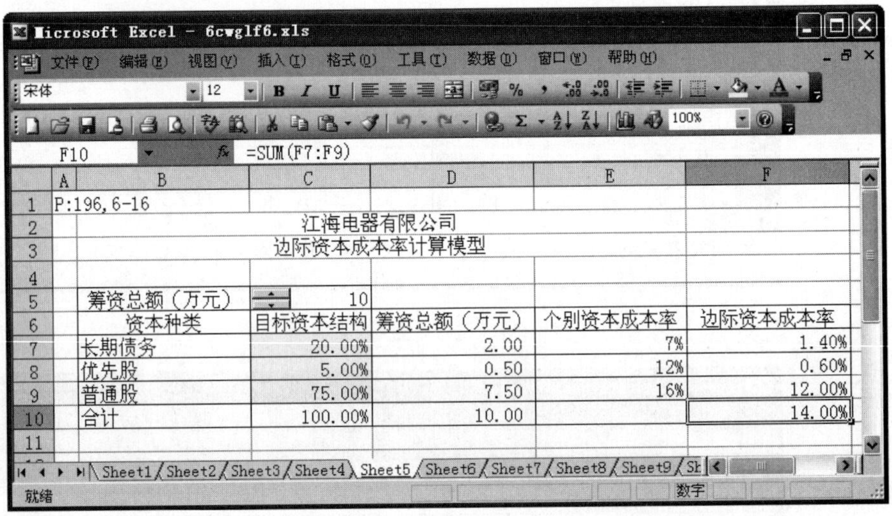

筹资总额（万元）	10			
资本种类	目标资本结构	筹资总额（万元）	个别资本成本率	边际资本成本率
长期债务	20.00%	2.00	7%	1.40%
优先股	5.00%	0.50	12%	0.60%
普通股	75.00%	7.50	16%	12.00%
合计	100.00%	10.00		14.00%

图6—46

第四，测算筹资总额在10万～20万元以内变化时对边际资本成本率的影响。

继续点击按钮使筹资总额从“10”到“11”直到“19”，其综合边际资本成本率都是14.00%。继续点击按钮使筹资总额从“19”到“20”时，其综合边际资本成本率变化为14.20%。如图6—47所示。

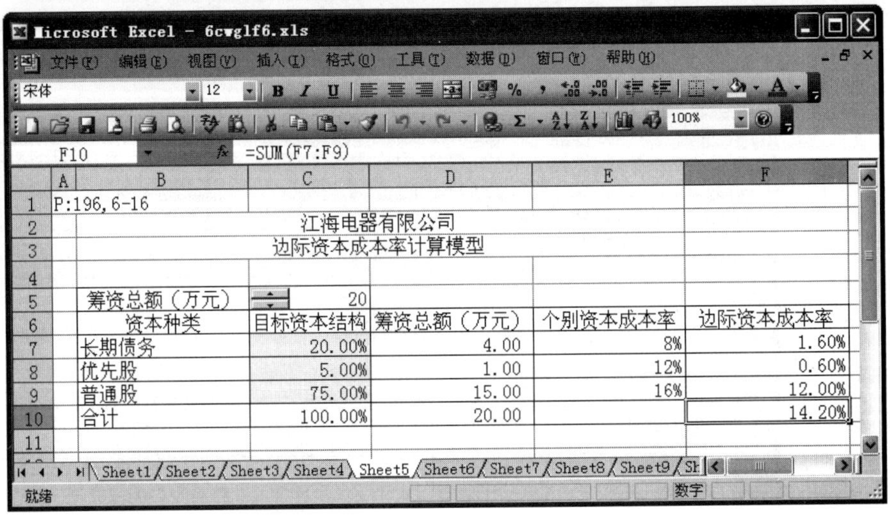

筹资总额（万元）	20			
资本种类	目标资本结构	筹资总额（万元）	个别资本成本率	边际资本成本率
长期债务	20.00%	4.00	8%	1.60%
优先股	5.00%	1.00	12%	0.60%
普通股	75.00%	15.00	16%	12.00%
合计	100.00%	20.00		14.20%

图6—47

6.3　杠杆利益与风险衡量实验

杠杆利益与风险衡量实验包括营业杠杆利益与风险、财务杠杆利益与风险两部分实验。主要围绕营业杠杆、财务杠杆和联合杠杆的测算来展开。

6.3.1　营业杠杆利益与风险模型的创建与应用

6.3.1.1　营业杠杆利益分析模型

营业杠杆利益分析模型是通过计算企业增加营业收入而引起的固定成本相对下降而增加的息税前利润来评价营业杠杆是否有效的一种分析模型。

【任务 6—17】

江海电器有限公司在营业收入总额为 2 400 万～3 000 万元的情况下，每年的固定成本总额均为 800 万元，变动成本率为 60%。公司 2012—2014 年的营业收入总额分别为 2 400 万元、2 600 万元和 3 000 万元。测算其营业杠杆利益。（资料来源：主教材第 199 页例 6—17。）

为便于说明如何在 Excel 工作表中完成测算营业杠杆利益的任务，我们利用上述【任务 6—17】的资料并借助 Excel 工作表创建营业杠杆利益计算模型，然后根据营业杠杆利益计算模型计算出【任务 6—17】有关营业杠杆利益问题。

在 Excel 工作表中，创建营业杠杆利益计算模型的步骤如下：

第一步，建立营业杠杆利益计算模型并录入数据

在 Excel 工作表中建立营业杠杆利益计算模型并将【任务 6—17】的营业杠杆利益相关数据录入。如图 6—48 所示。

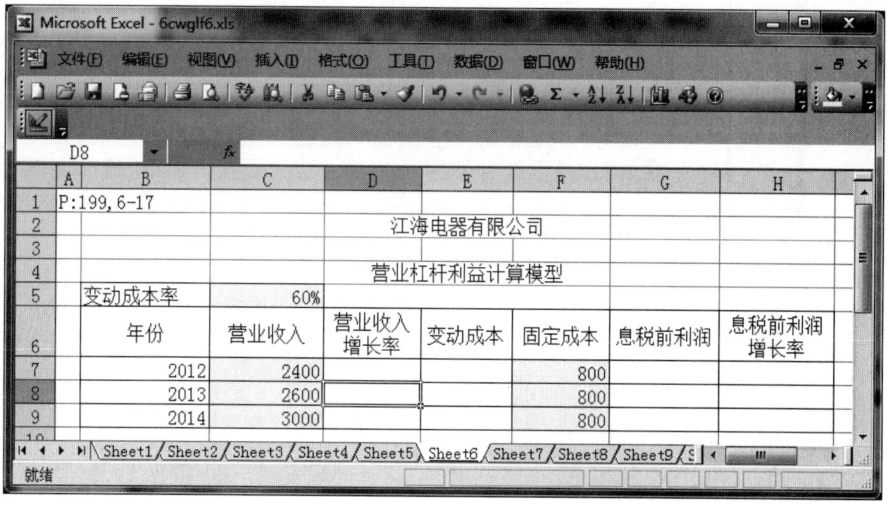

	A	B	C	D	E	F	G	H
1	P:199,6-17							
2				江海电器有限公司				
3								
4				营业杠杆利益计算模型				
5		变动成本率	60%					
6		年份	营业收入	营业收入增长率	变动成本	固定成本	息税前利润	息税前利润增长率
7		2012	2400			800		
8		2013	2600			800		
9		2014	3000			800		

图 6—48

第二步，计算营业收入增长率

单击单元格 D8，输入公式“=(C8−C7)/C7”，依次计算不同年度的营业收入增长率。如图 6—49 所示。

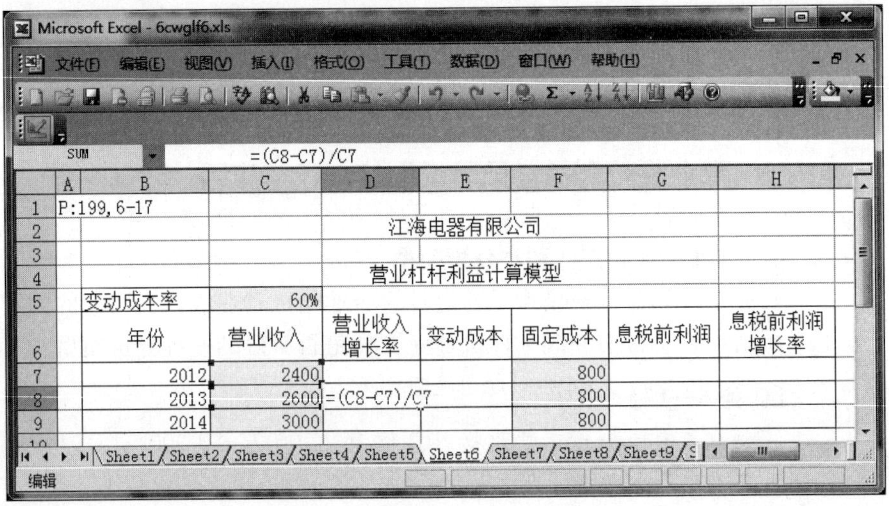

图 6—49

按回车键，结果为 8.33%。如图 6—50 所示。

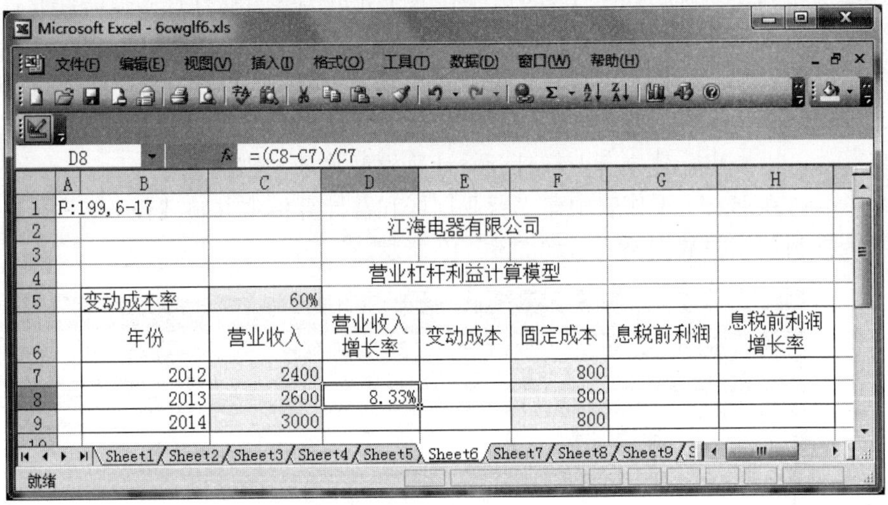

图 6—50

然后，选中单元格 D8，用鼠标指向该单元格的右下角，待鼠标指针变为实心的黑“+”时，按下鼠标左键拖向单元格 D9，就可以计算出 2014 年的营业收入增长率。如图 6—51 所示。

第三步，计算变动成本

单击单元格 E7，输入公式“=C7 * $C$5”，并依次计算不同年度的变动成本。如图 6—52 所示。

按回车键，就会得到结果：1 440。如图 6—53 所示。

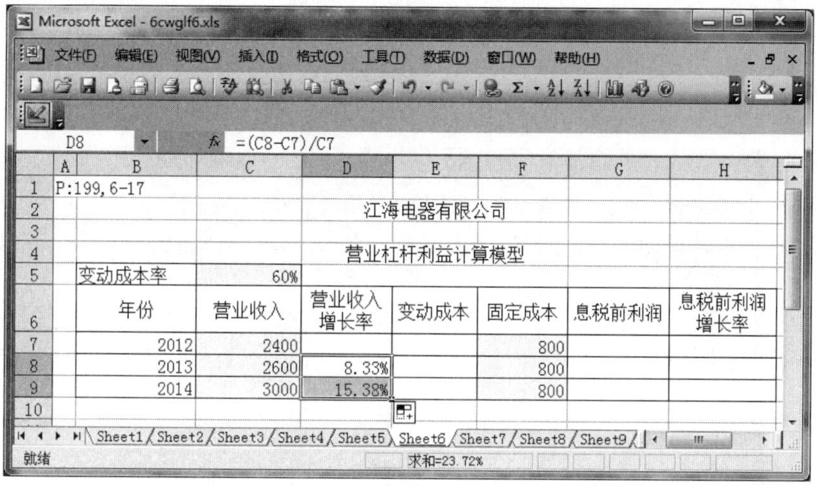

Microsoft Excel - 6cwglf6.xls

D8　=(C8-C7)/C7

	A	B	C	D	E	F	G	H
1	P:199, 6-17							
2				江海电器有限公司				
3								
4				营业杠杆利益计算模型				
5		变动成本率	60%					
6		年份	营业收入	营业收入增长率	变动成本	固定成本	息税前利润	息税前利润增长率
7		2012	2400			800		
8		2013	2600	8.33%		800		
9		2014	3000	15.38%		800		

求和=23.72%

图 6—51

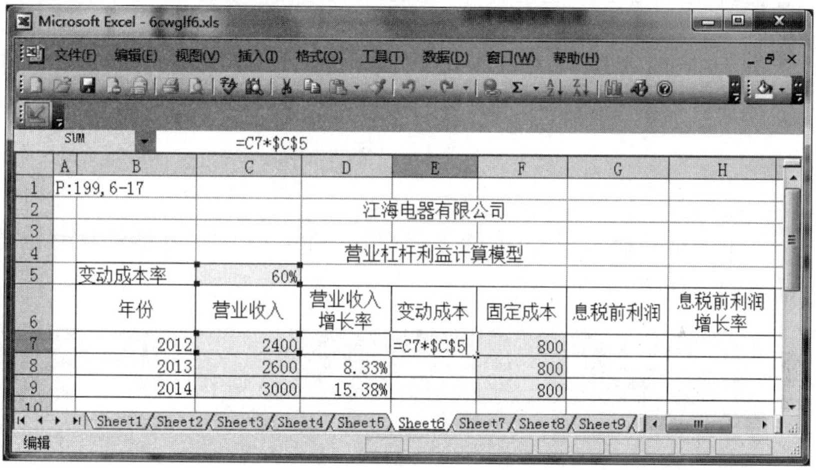

Microsoft Excel - 6cwglf6.xls

SUM　=C7*$C$5

	A	B	C	D	E	F	G	H
1	P:199, 6-17							
2				江海电器有限公司				
3								
4				营业杠杆利益计算模型				
5		变动成本率	60%					
6		年份	营业收入	营业收入增长率	变动成本	固定成本	息税前利润	息税前利润增长率
7		2012	2400		=C7*$C$5	800		
8		2013	2600	8.33%		800		
9		2014	3000	15.38%		800		

图 6—52

Microsoft Excel - 6cwglf6.xls

E7　=C7*$C$5

	A	B	C	D	E	F	G	H
1	P:199, 6-17							
2				江海电器有限公司				
3								
4				营业杠杆利益计算模型				
5		变动成本率	60%					
6		年份	营业收入	营业收入增长率	变动成本	固定成本	息税前利润	息税前利润增长率
7		2012	2400		1440	800		
8		2013	2600	8.33%		800		
9		2014	3000	15.38%		800		

图 6—53

然后，选中单元格 E7，用鼠标指向该单元格的右下角，待鼠标指针变为实心的黑“+”时，按下鼠标左键拖向单元格 E8:E9，就可以计算出其他年份的变动成本。如图 6—54 所示。

图 6—54

第四步，计算息税前利润

单击单元格 G7，输入公式“=C7－E7－F7”，并依次计算不同年度的息税前利润。如图 6—55 所示。

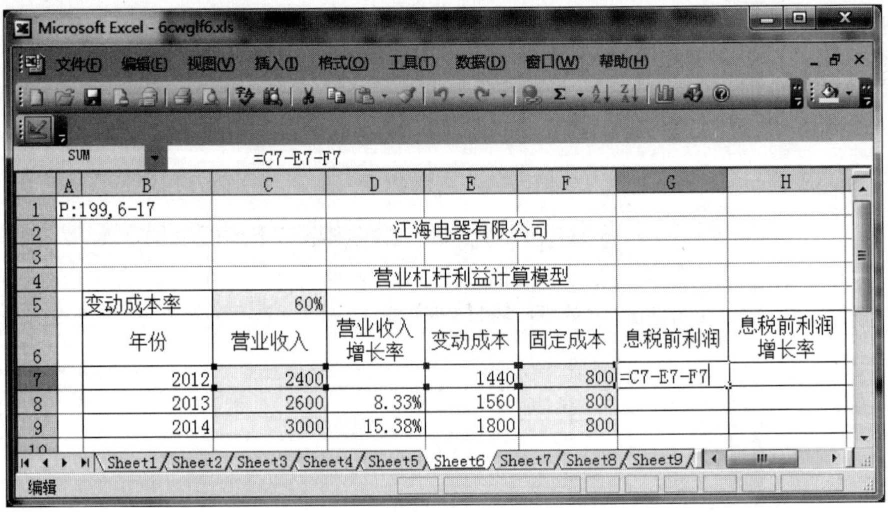

图 6—55

按回车键，其结果为 160。如图 6—56 所示。

然后，选中单元格 G7，用鼠标指向该单元格的右下角，待鼠标指针变为实心的黑“+”时，按下鼠标左键拖向单元格 G8:G9，就可以计算出其他年份的息税前利润。如图 6—57 所示。

图 6—56

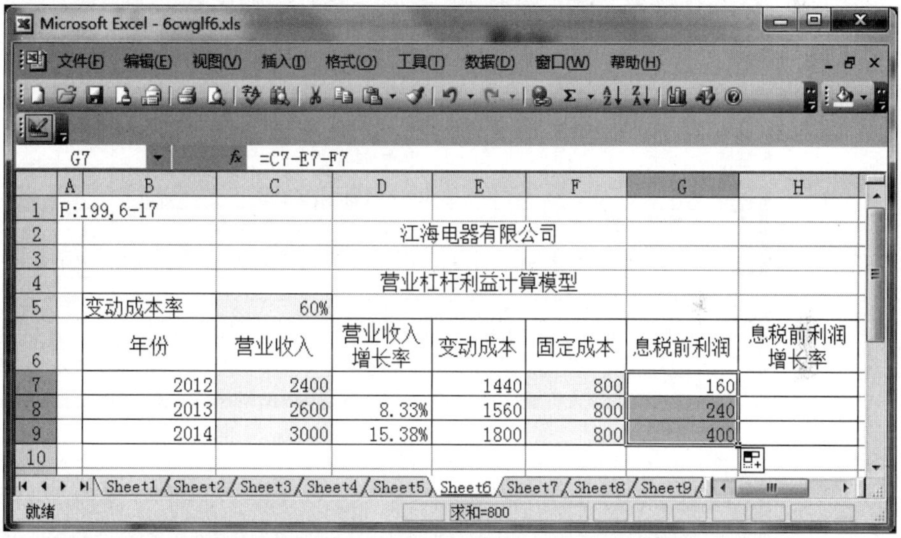

图 6—57

第五步，计算息税前利润增长率（营业杠杆利益）

单击单元格 H8，输入公式“=(G8－G7)/G7”，并依次计算不同年度的息税前利润增长率。如图 6—58 所示。

按回车键，其结果为 50.00%。如图 6—59 所示。

然后，选中单元格 H8，用鼠标指向该单元格的右下角，待鼠标指针变为实心的黑“+”时，按下鼠标左键拖向单元格 H9，就可以计算出 2014 年的息税前利润增长率。如图 6—60 所示。

按照【任务 6—17】所提供的资料，在 Excel 工作表中创建营业杠杆利益分析模型就已经完成了。对这部分内容读者可以参考“实验系统”中“资本结构决策实验”项目下“实验示范”中第 6 个实验的屏幕录像。

图 6—58

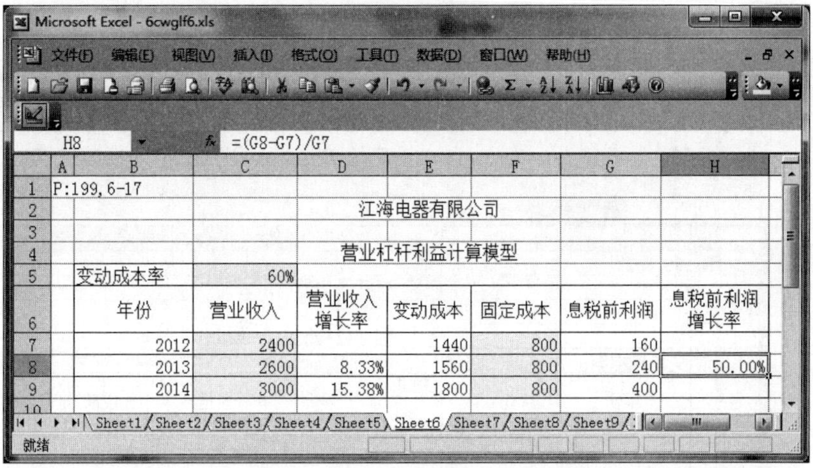

图 6—59

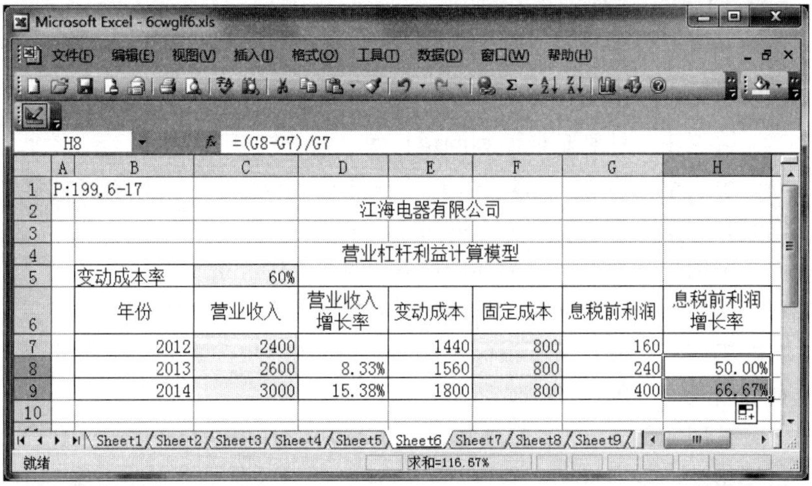

图 6—60

通过营业杠杆利益分析模型，我们可以看到该公司的息税前利润的增长要比营业收入的增长快，说明公司有效地利用了营业杠杆，获得了较高的营业杠杆利益。借助江海电器有限公司进行假设分析，可以计算出不同年份的营业杠杆利益，为权衡公司的营业杠杆利益与风险、实现公司的最佳资本结构提供资料。

6.3.1.2　营业风险分析模型

营业风险分析模型是通过计算企业因营业收入下降而引起的固定成本相对上升而降低的息税前利润来评价营业风险程度的一种分析模型。

【任务 6—18】

假定江海电器有限公司 2012—2014 年的营业收入总额分别为 3 000 万元、2 600 万元和 2 400 万元，每年的固定成本总额都是 800 万元，变动成本率为 60%。请测算其营业风险。（资料来源：主教材第 200 页例 6—18。）

为便于说明如何在 Excel 工作表中完成测算营业风险的任务，我们利用上述【任务 6—18】为资料并借助 Excel 工作表创建营业风险分析模型，然后根据营业风险分析模型计算【任务 6—18】有关营业风险问题。

在 Excel 工作表中，创建营业风险分析模型的步骤如下：

第一步，建立营业风险分析模型并录入数据

首先在 Excel 工作表中建立营业风险分析模型并将【任务 6—18】营业风险相关数据录入。如图 6—61 所示。

图 6—61

第二步，计算营业收入增长率

单击单元格 D8，输入公式“=(C8−C7)/C7”，依次计算不同年度的营业收入增长率。如图 6—62 所示。

按回车键，结果为−13.33%。如图 6—63 所示。

然后，选中单元格 D8，用鼠标指向该单元格的右下角，待鼠标指针变为实心的黑“+”时，按下鼠标左键拖向单元格 D9，就可以计算出 2014 年的营业收入增长率。如图 6—64 所示。

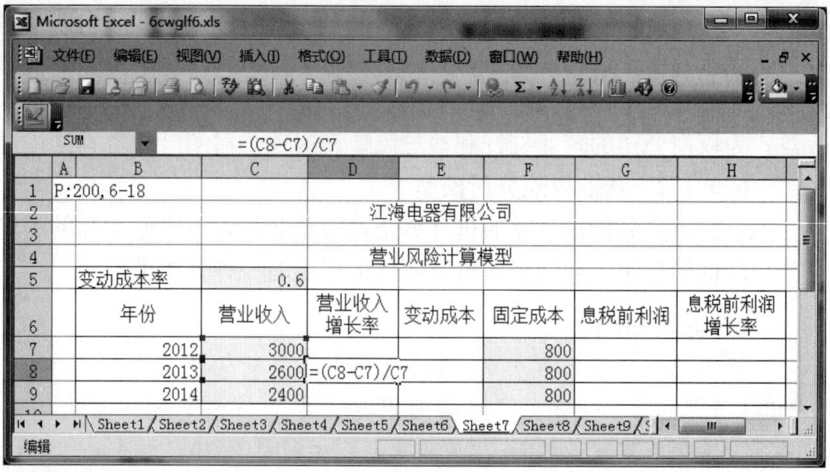

图 6—62

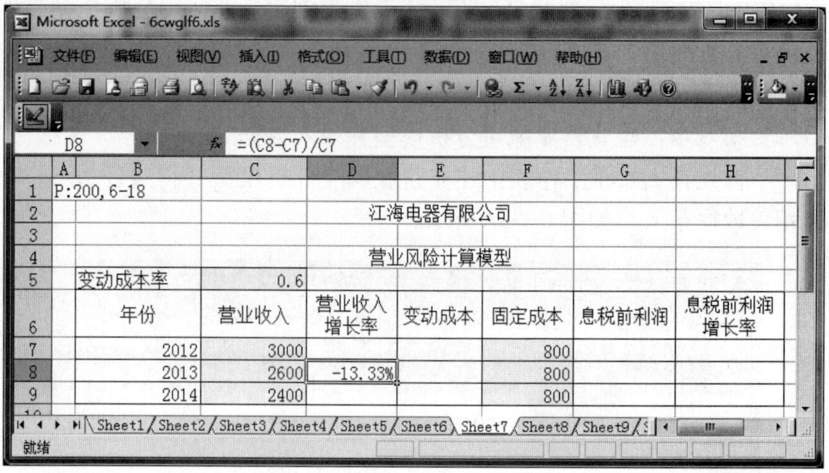

图 6—63

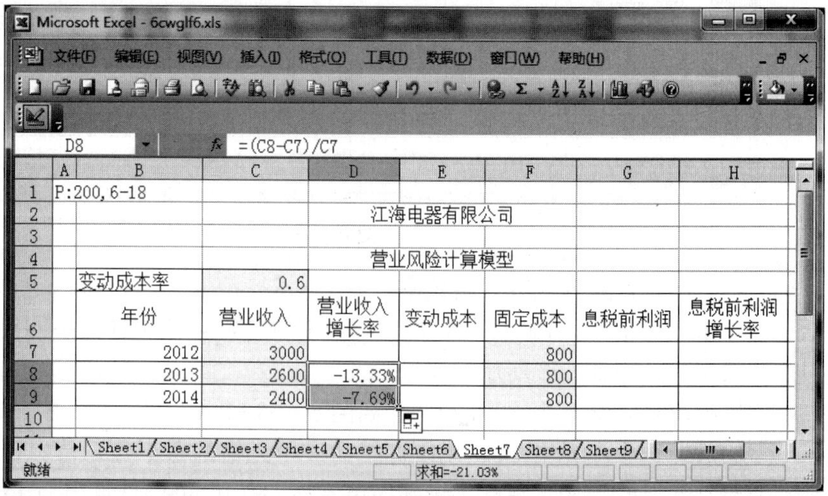

图 6—64

第三步，计算变动成本

单击单元格 E7，输入公式“=C7＊$C$5”，计算 2012 年的变动成本。如图 6—65 所示。

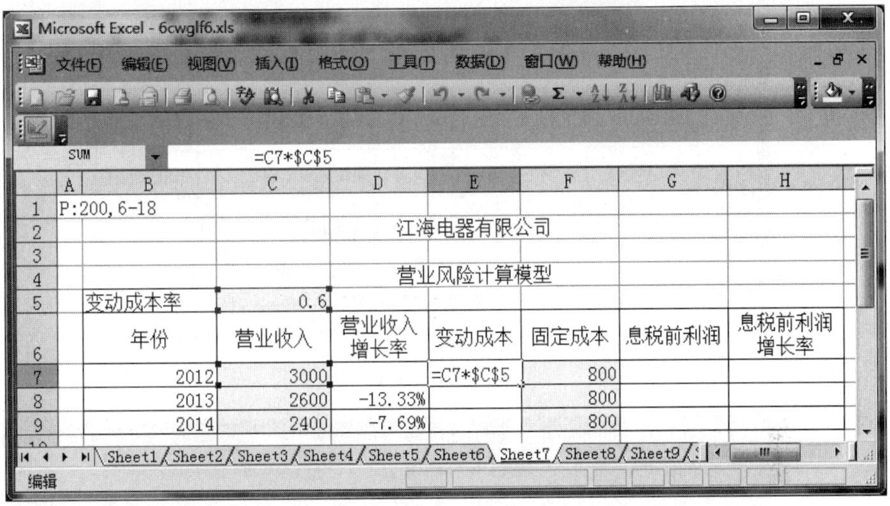

图 6—65

按回车键，就会得到结果：1 800。如图 6—66 所示。

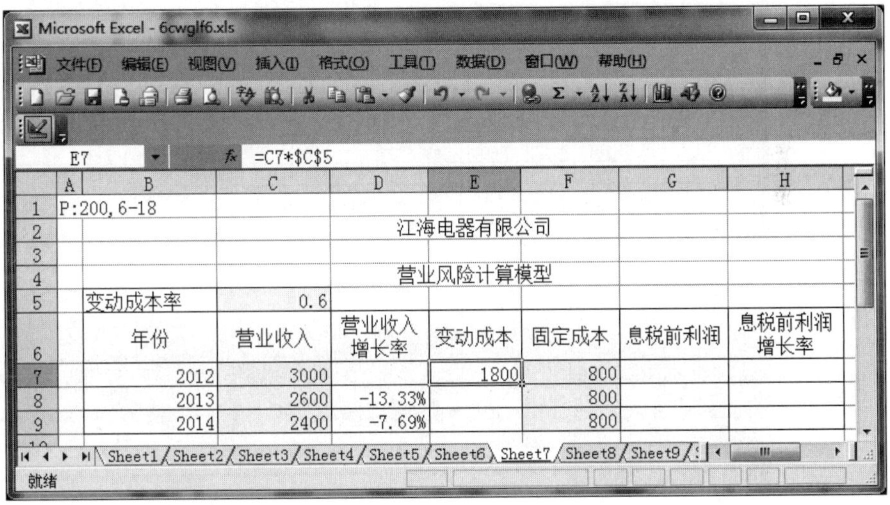

图 6—66

然后，选中单元格 E7，用鼠标指向该单元格的右下角，待鼠标指针变为实心的黑“+”时，按下鼠标左键拖向单元格 E9，就可以计算出 2013 年和 2014 年的变动成本。如图 6—67 所示。

第四步，计算息税前利润

单击单元格 G7，输入公式“=C7−E7−F7”，计算 2012 年度的息税前利润。如图 6—68 所示。

按回车键，计算出 2012 年度的息税前利润为 400。如图 6—69 所示。

图 6—67

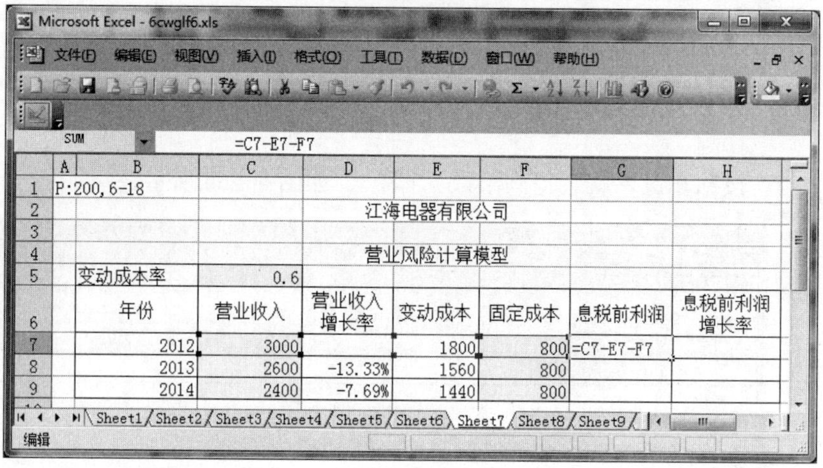

图 6—68

图 6—69

然后，选中单元格 G7，用鼠标指向该单元格的右下角，待鼠标指针变为实心的黑“+”时，按下鼠标左键拖向单元格 G9，就可以计算出 2013 年和 2014 年的息税前利润。如图 6—70 所示。

图 6—70

第五步，计算其息税前利润增长率（营业风险）

单击单元格 H8，输入公式“=(G8−G7)/G7”，计算 2013 年度的息税前利润增长率（营业风险）。如图 6—71 所示。

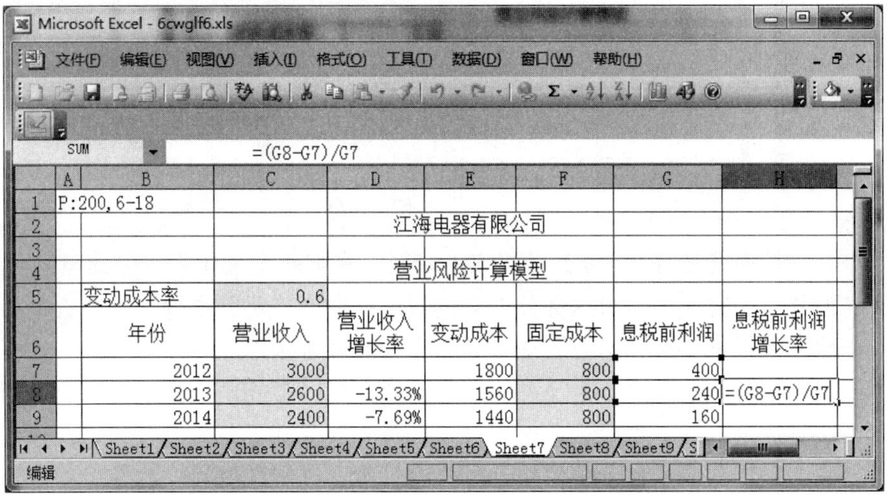

图 6—71

按回车键，计算出 2013 年度的息税前利润增长率为−40.00%。如图 6—72 所示。

然后，选中单元格 H8，用鼠标指向该单元格的右下角，待鼠标指针变为实心的黑“+”时，按下鼠标左键拖向单元格 H9，就可以计算出 2014 年的息税前利润增长率为−33.33%。如图 6—73 所示。

	A	B	C	D	E	F	G	H
1	P:200, 6-18							
2					江海电器有限公司			
3								
4					营业风险计算模型			
5		变动成本率	0.6					
6		年份	营业收入	营业收入增长率	变动成本	固定成本	息税前利润	息税前利润增长率
7		2012	3000		1800	800	400	
8		2013	2600	-13.33%	1560	800	240	-40.00%
9		2014	2400	-7.69%	1440	800	160	

图 6—72

	A	B	C	D	E	F	G	H
1	P:200, 6-18							
2					江海电器有限公司			
3								
4					营业风险计算模型			
5		变动成本率	0.6					
6		年份	营业收入	营业收入增长率	变动成本	固定成本	息税前利润	息税前利润增长率
7		2012	3000		1800	800	400	
8		2013	2600	-13.33%	1560	800	240	-40.00%
9		2014	2400	-7.69%	1440	800	160	-33.33%
10								

图 6—73

按照【任务 6—18】所提供的资料，在 Excel 工作表中创建营业风险分析模型就已经完成了。对这部分内容读者可以参考“实验系统”中“资本结构决策实验”项目下“实验示范”中第 7 个实验的屏幕录像。

通过营业风险分析模型的分析，我们可以看到该公司的息税前利润的下降要比营业收入的下降更快，说明公司没有有效地利用营业杠杆，存在较高的营业风险。借助营业风险分析模型进行假设分析，可以计算出不同年份的营业风险，为权衡公司的营业杠杆利益与风险、实现公司的最佳资本结构提供资料。

6.3.1.3 营业杠杆系数测算模型的创建

营业杠杆系数测算模型是通过测算企业因营业利润的变动率对于营业收入变动率的倍数来反映营业杠杆发挥多大作用的一种分析模型。

【任务 6—19】

江海电器有限江海电器有限公司的产品销量 40 000 件，单位产品售价 1 000

元，营业收入总额 4 000 万元，固定成本总额为 800 万元，单位产品变动成本为 600 元，变动成本率为 60%，变动成本总额为 2 400 万元。其营业杠杆系数是多少？(资料来源：主教材第 201 页例 6—19。)

在 Excel 工作表中，创建营业杠杆模型的步骤如下：

第一步，建立营业杠杆模型并录入数据

首先在 Excel 工作表中建立营业杠杆模型并将【任务 6—19】的营业杠杆相关数据录入。如图 6—74 所示。

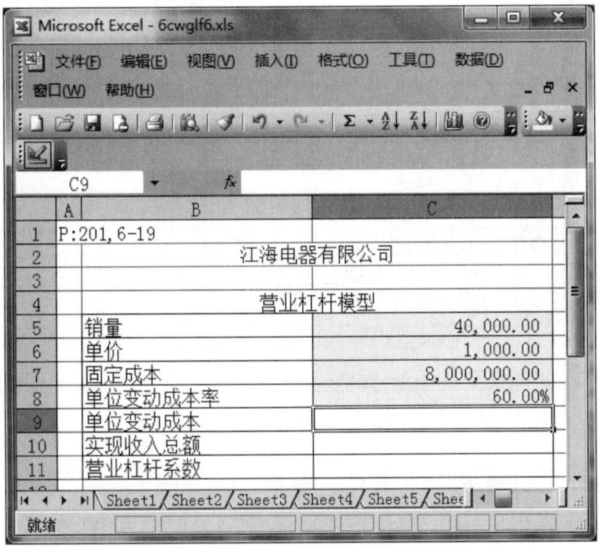

图 6—74

第二步，计算单位变动成本

单击单元格 C9，输入公式“=C6 * C8”。如图 6—75 所示。

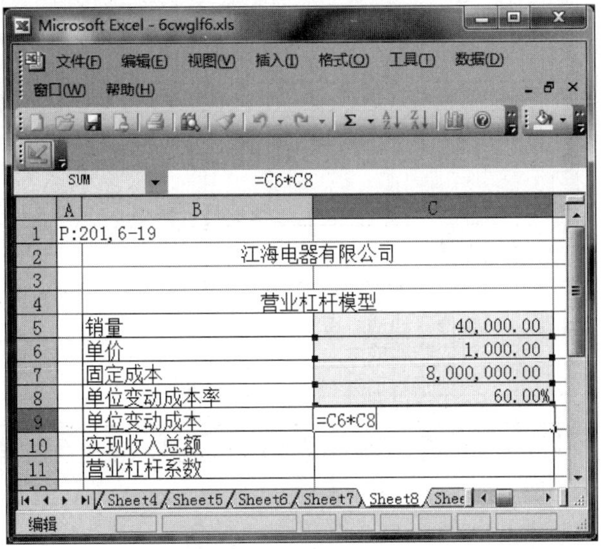

图 6—75

按回车键，其结果为 600.00 元。如图 6—76 所示。

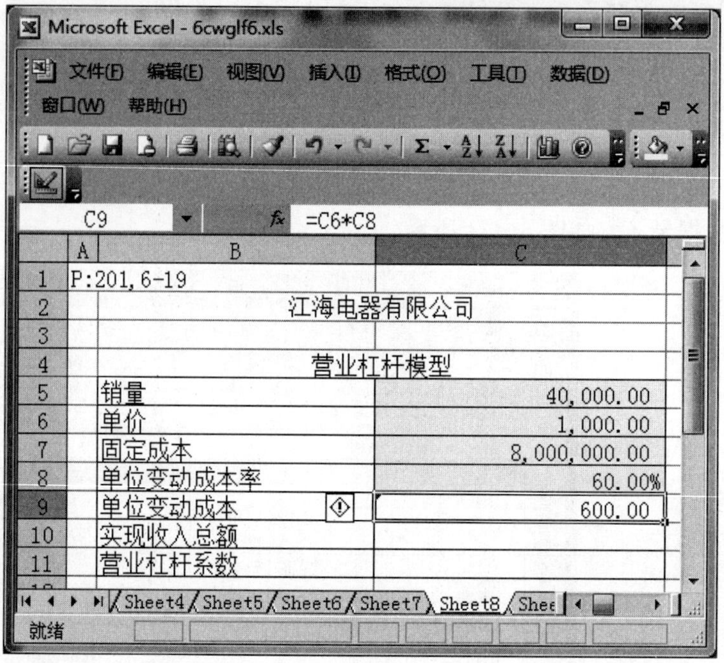

图 6—76

第三步，计算实际收入总额

单击单元格 C10，输入公式“=C5 * C6”。如图 6—77 所示。

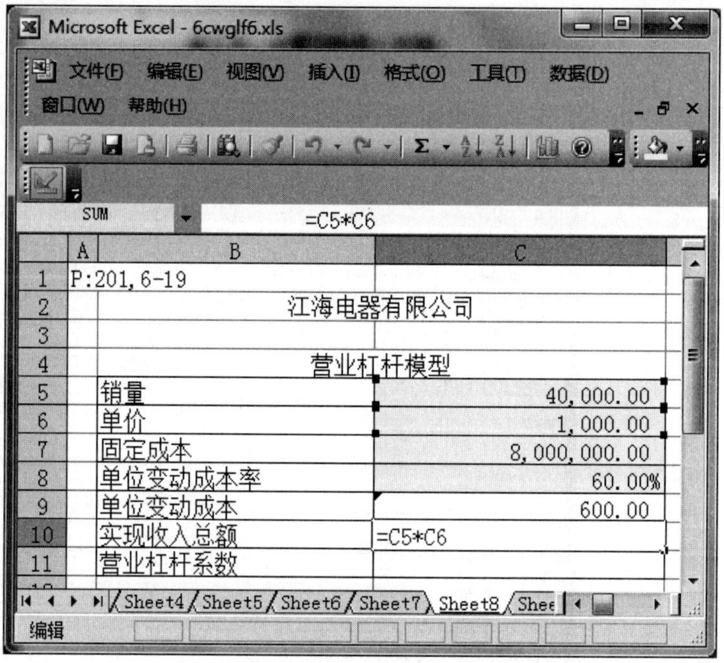

图 6—77

按回车键，可得结果：40 000 000.00 元。如图 6—78 所示。

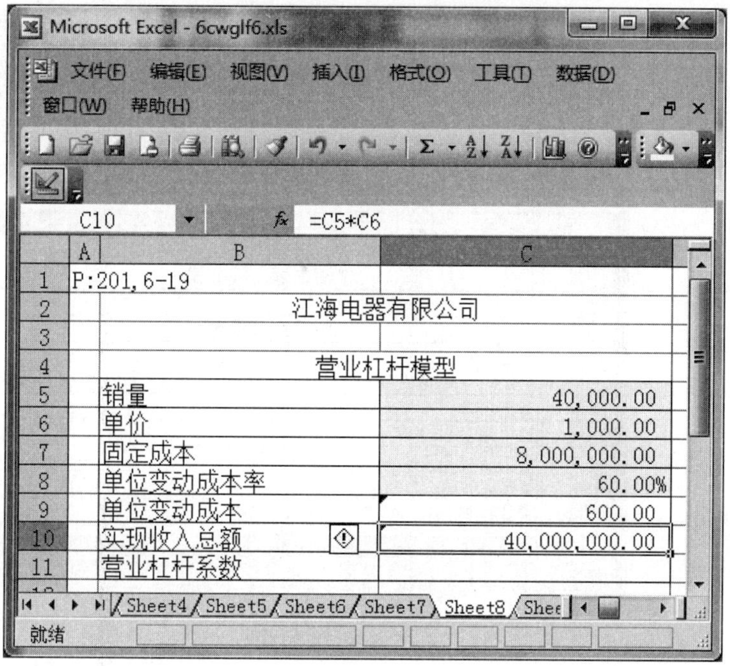

图 6—78

第四步，计算营业杠杆系数

单击单元格 C11，输入公式"=C5 * (C6−C9)/(C5 * (C6−C9)−C7)"。如图 6—79 所示。

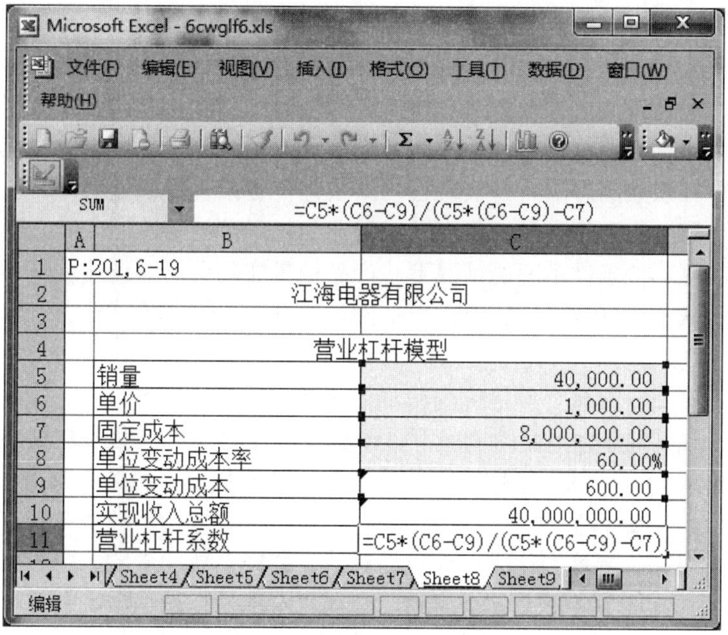

图 6—79

按回车键，可得其结果为 2.00。如图 6—80 所示。

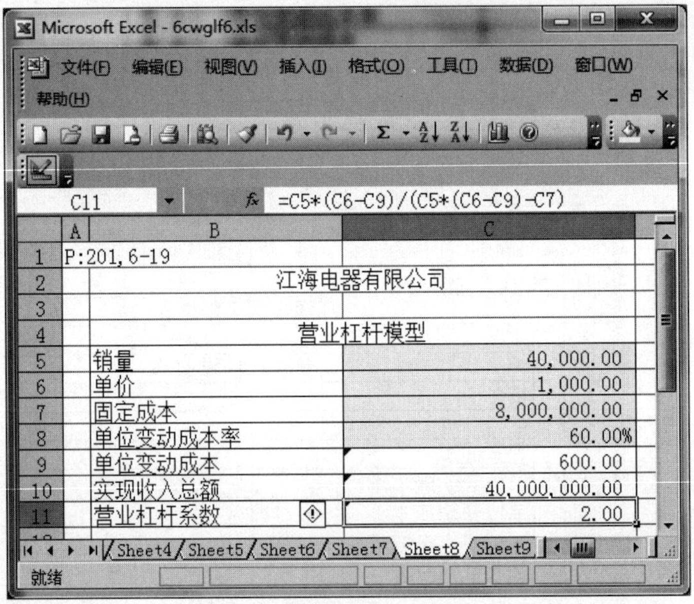

图 6—80

按照【任务 6—19】所提供的资料，在 Excel 工作表中创建营业杠杆系数测算模型的任务就已经完成了。对这部分内容读者可以参考“实验系统”中“资本结构决策实验”项目下“实验示范”中第 8 个实验的屏幕录像。

通过营业杠杆系数测算模型的分析，我们可以看到该公司的营业杠杆系数为 2，说明当公司营业收入增长 10%时，息税前利润会增长 20%；反之，当公司营业收入下降 10%时，息税前利润也会下降 20%。

6.3.1.4 营业杠杆系数测算模型的应用

通过营业杠杆系数测算模型，我们可以测算出公司营业杠杆利益和营业风险的大小。借助营业杠杆系数测算模型进行假设分析，可以确定其他因素变动对营业杠杆系数的影响，为实现公司的最佳资本结构提供资料。

第一，测算产品销量变动对营业杠杆系数的影响。

在其他条件不变的情况下，产品销量变动会影响营业杠杆系数。如果公司的销量从 40 000 件提高到 42 000 件，营业杠杆系数就会从 2 下降到 1.91。如图 6—81 所示。

第二，测算产品售价变动对营业杠杆系数的影响。

在其他条件不变的情况下，产品售价变动会影响营业杠杆系数。如果公司的售价从 1 000 元提高到 1 100 元，营业杠杆系数就会从 2 下降到 1.83。如图 6—82 所示。

第三，测算变动成本率变动对营业杠杆系数的影响。

在其他条件不变的情况下，变动成本率的变动会影响营业杠杆系数。如果公司的变动成本率从 60%提高到 65%，营业杠杆系数就会从 2 上升到 2.33。如图 6—83 所示。

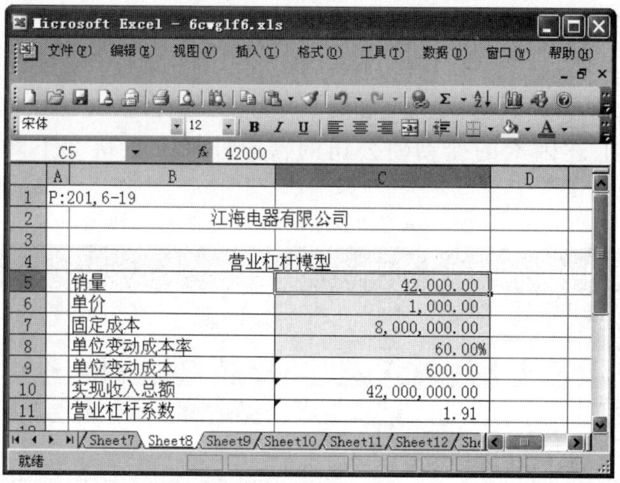

	A	B	C
1	P:201, 6-19		
2		江海电器有限公司	
3			
4		营业杠杆模型	
5		销量	42,000.00
6		单价	1,000.00
7		固定成本	8,000,000.00
8		单位变动成本率	60.00%
9		单位变动成本	600.00
10		实现收入总额	42,000,000.00
11		营业杠杆系数	1.91

图 6—81

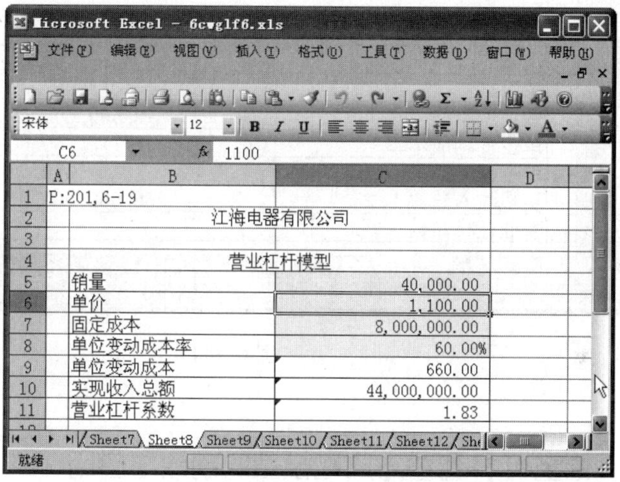

	A	B	C
1	P:201, 6-19		
2		江海电器有限公司	
3			
4		营业杠杆模型	
5		销量	40,000.00
6		单价	1,100.00
7		固定成本	8,000,000.00
8		单位变动成本率	60.00%
9		单位变动成本	660.00
10		实现收入总额	44,000,000.00
11		营业杠杆系数	1.83

图 6—82

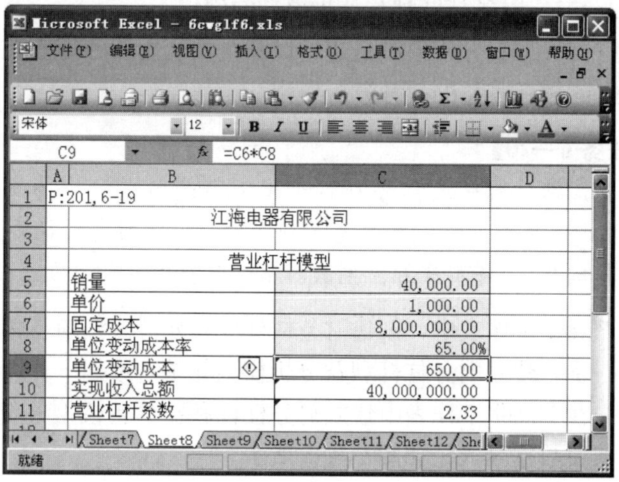

	A	B	C
1	P:201, 6-19		
2		江海电器有限公司	
3			
4		营业杠杆模型	
5		销量	40,000.00
6		单价	1,000.00
7		固定成本	8,000,000.00
8		单位变动成本率	65.00%
9		单位变动成本	650.00
10		实现收入总额	40,000,000.00
11		营业杠杆系数	2.33

图 6—83

第四，测算固定成本变动对营业杠杆系数的影响。

在其他条件不变的情况下，固定成本的变动也会影响营业杠杆系数。如果公司的固定成本从 800 万元增加到 950 万元，销售收入也由 4 000 万元上升到 5 000 万元。上述因素的变动使公司的营业杠杆系数从 2 下降到 1.9。如图 6—84 所示。

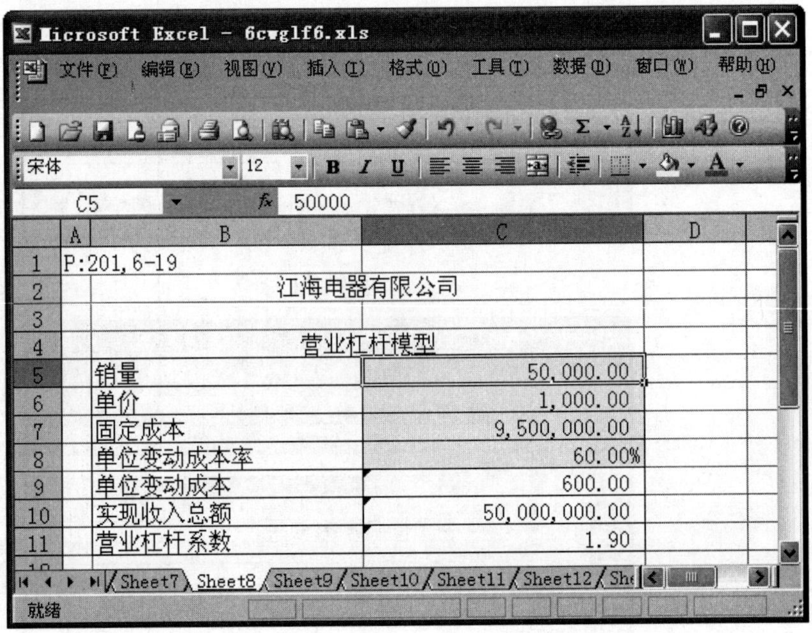

图 6—84

6.3.2 财务杠杆利益与风险模型的创建与应用

6.3.2.1 财务杠杆利益分析模型的创建

财务杠杆利益分析模型是通过计算企业利用债务筹资这一财务杠杆而给权益资本带来的额外收益的一种分析模型。

【任务 6—20】

假定江海电器有限公司 2012—2014 年息税前利润为 160 万元、240 万元和 400 万元，每年的债务利息都是 150 万元，公司所得税税率为 25%。求该公司的财务杠杆利益。（资料来源：主教材第 202 页例 6—20。）

在 Excel 工作表中，创建财务杠杆利益分析模型的步骤如下：

第一步，建立财务杠杆利益分析模型并录入数据

首先在 Excel 工作表中建立财务杠杆利益分析模型并将【任务 6—20】的财务杠杆相关数据录入。如图 6—85 所示。

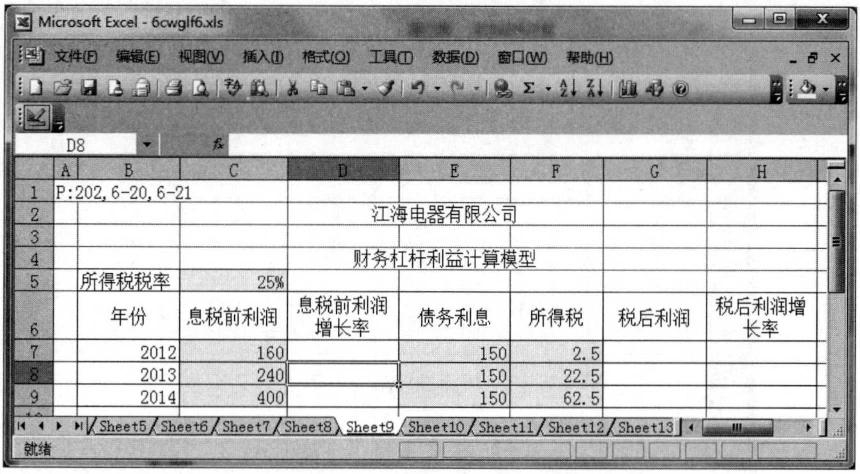

图6—85

第二步，计算息税前利润增长率

单击单元格D8，输入公式“=(C8－C7)/C7”，依次计算2013年和2014年的息税前利润增长率。如图6—86所示。

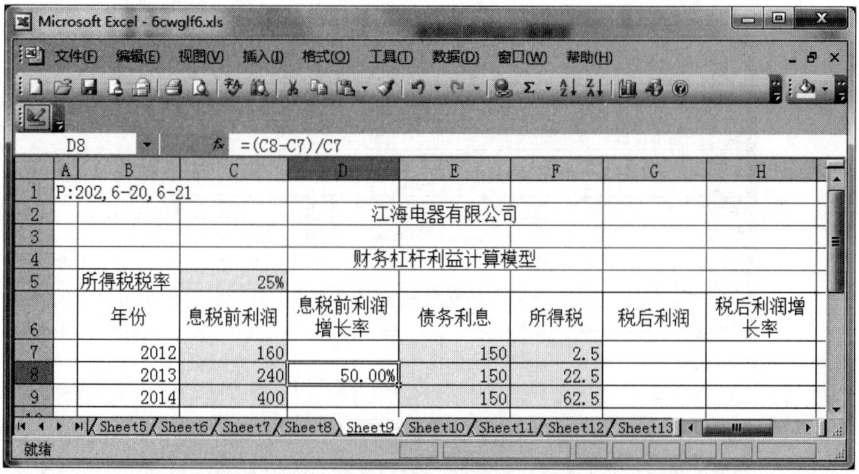

图6—86

然后，选中单元格D8，用鼠标指向该单元格的右下角，待鼠标指针变为实心的黑“+”时，按下鼠标左键拖向单元格D9，就可以计算出2014年的息税前利润增长率为66.67%。如图6—87所示。

第三步，计算税后利润

单击单元格G7，输入公式“=C7－E7－F7”，并依次计算出各年的税后利润。如图6—88所示。

按回车键，可得结果为7.5。如图6—89所示。

然后，选中单元格G7，用鼠标指向该单元格的右下角，待鼠标指针变为实心的黑“+”时，按下鼠标左键拖向单元格G8:G9，就可以分别计算出其他年度的税后利润。如图6—90所示。

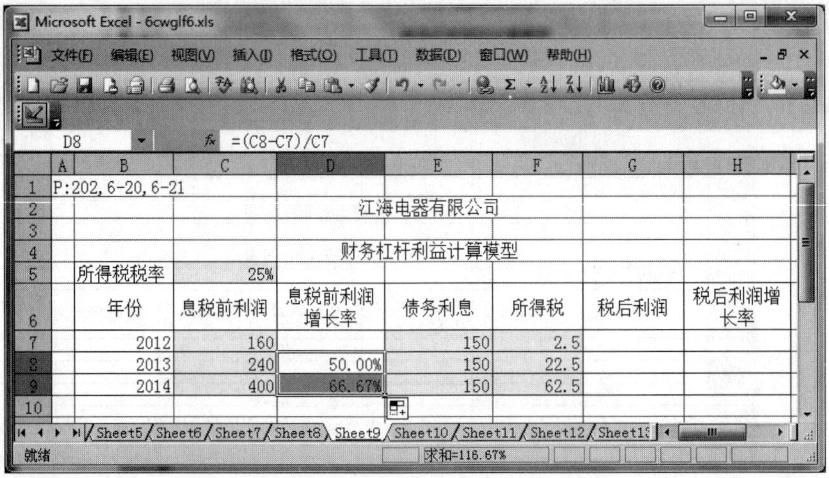

图 6—87

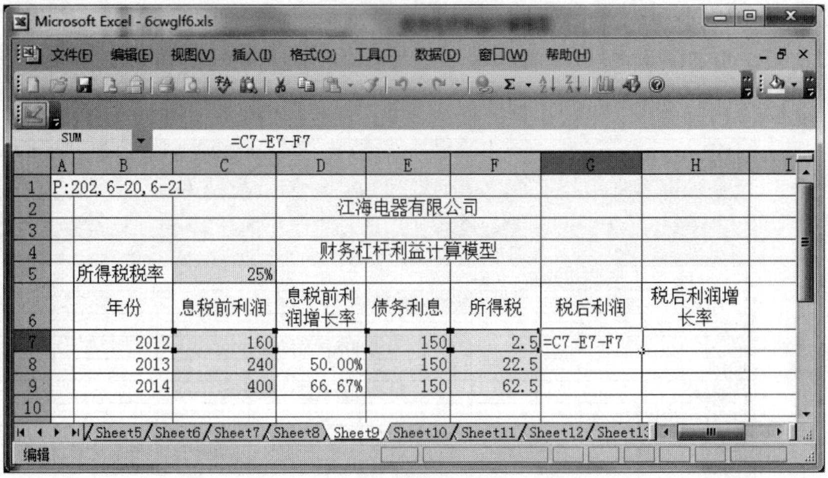

图 6—88

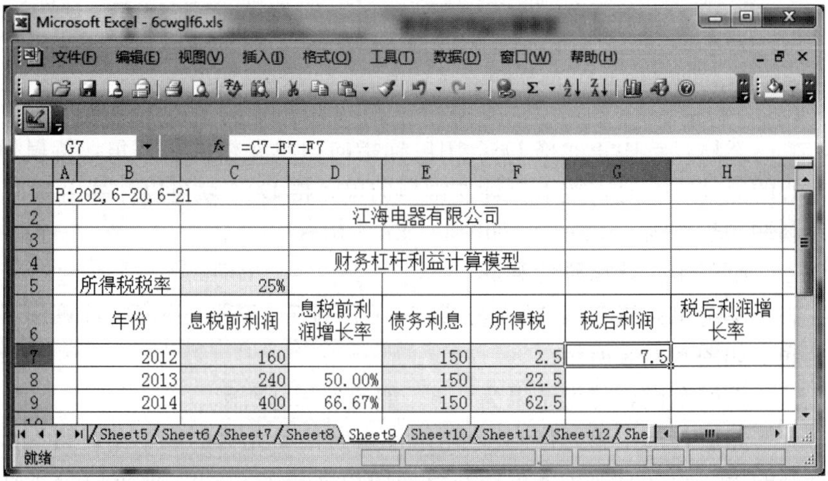

图 6—89

图 6—90

第四步，计算税后利润增长率（财务杠杆利益）

单击单元格 H8，输入公式“=(G8－G7)/G7”，并依次计算出各年的税后利润增长率。如图 6—91 所示。

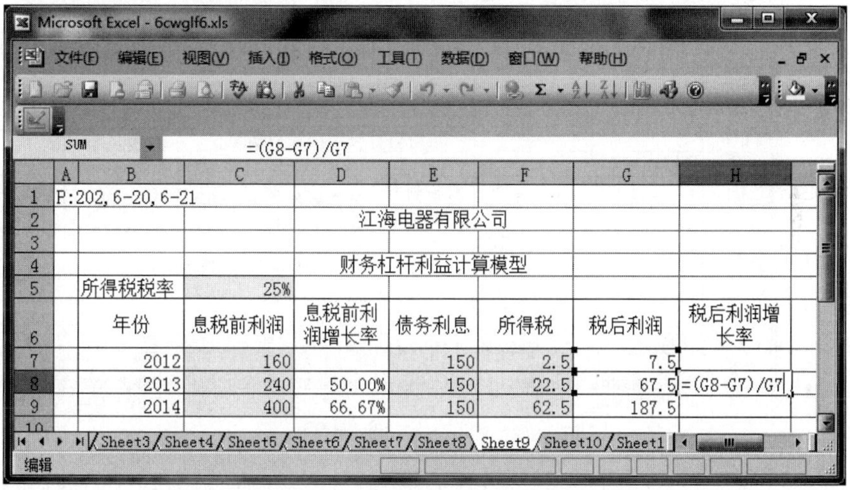

图 6—91

按回车键，可得结果为 800.00%。如图 6—92 所示。

然后，选中单元格 H8，用鼠标指向该单元格的右下角，待鼠标指针变为实心的黑“+”时，按下鼠标左键拖向单元格 H9，就可以计算出 2014 年的税后利润增长率。如图 6—93 所示。

本例计算出的 2014 年的税后利润增长率为 177.78%。

按照【任务 6—20】所提供的资料，在 Excel 工作表中创建财务杠杆利益分析模型就已经完成了。对这部分内容读者可以参考“实验系统”中“资本结构决策实验”项目下“实验示范”中第 9 个实验的屏幕录像。

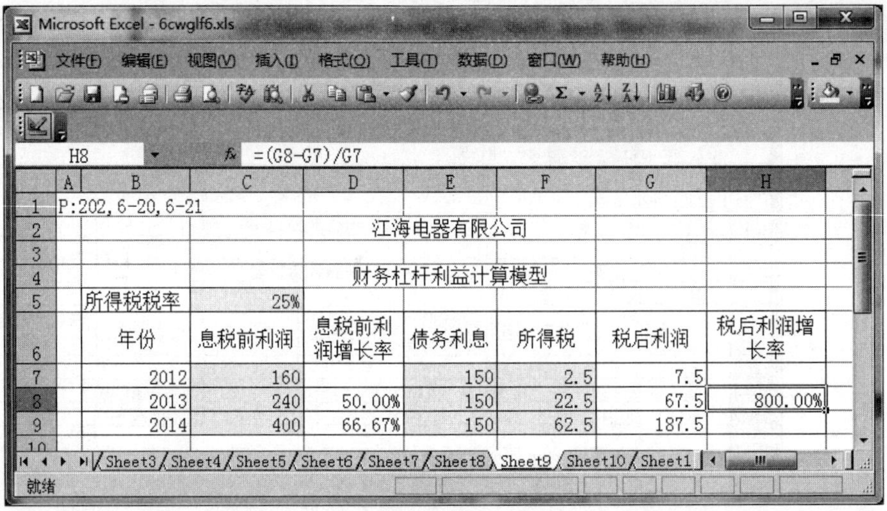
Microsoft Excel - 6cwglf6.xls

H8 =(G8-G7)/G7

	A	B	C	D	E	F	G	H
1	P:202, 6-20, 6-21							
2				江海电器有限公司				
3								
4				财务杠杆利益计算模型				
5		所得税税率	25%					
6		年份	息税前利润	息税前利润增长率	债务利息	所得税	税后利润	税后利润增长率
7		2012	160		150	2.5	7.5	
8		2013	240	50.00%	150	22.5	67.5	800.00%
9		2014	400	66.67%	150	62.5	187.5	

图 6—92

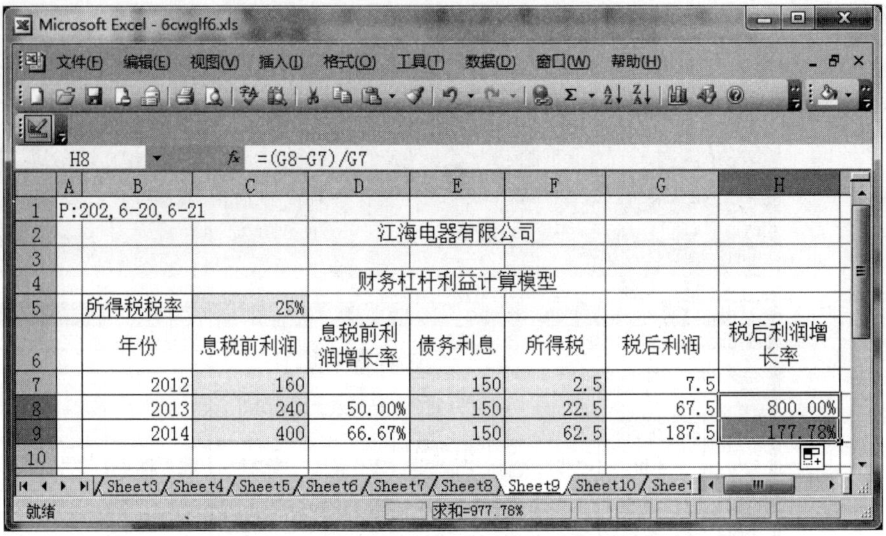
Microsoft Excel - 6cwglf6.xls

H8 =(G8-G7)/G7

	A	B	C	D	E	F	G	H
1	P:202, 6-20, 6-21							
2				江海电器有限公司				
3								
4				财务杠杆利益计算模型				
5		所得税税率	25%					
6		年份	息税前利润	息税前利润增长率	债务利息	所得税	税后利润	税后利润增长率
7		2012	160		150	2.5	7.5	
8		2013	240	50.00%	150	22.5	67.5	800.00%
9		2014	400	66.67%	150	62.5	187.5	177.78%

求和=977.78%

图 6—93

通过财务杠杆利益分析模型，我们可以预测息税前利润的增长给权益资本带来的额外收益。借助财务杠杆利益分析模型进行假设分析，可以预测利用债务筹资这一财务杠杆而给权益资本带来的额外收益的不同对筹资决策的影响，为实现公司的最佳资本结构提供资料。

6.3.2.2 财务风险分析模型的创建

财务风险分析模型是通过计算企业利用债务筹资这一财务杠杆而给权益资本带来的收益下降的一种分析模型。

【任务 6—21】

假定江海电器有限公司 2012—2014 年息税前利润为 400 万元、240 万元和 160 万元，每年的债务利息都是 150 万元，公司所得税税率为 25%。请测算该公司的财务风险。（资料来源：主教材第 203 页例 6—21。）

在 Excel 工作表中，创建财务风险模型的步骤如下：

第一步，建立财务风险模型并录入数据

首先在 Excel 工作表中建立财务风险模型并将【任务 6—21】的财务风险相关数据录入。如图 6—94 所示。

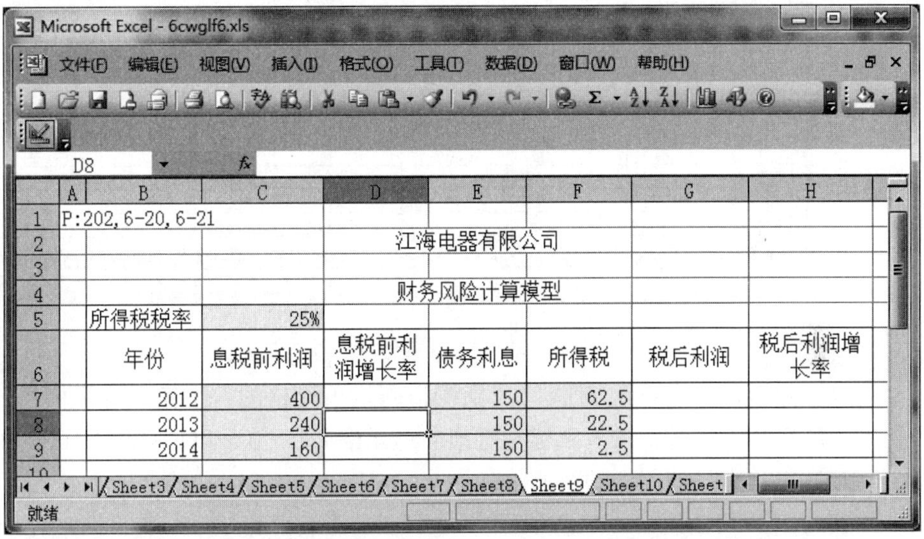

	A	B	C	D	E	F	G	H
1	P:202, 6-20, 6-21							
2				江海电器有限公司				
3								
4				财务风险计算模型				
5		所得税税率	25%					
6		年份	息税前利润	息税前利润增长率	债务利息	所得税	税后利润	税后利润增长率
7		2012	400		150	62.5		
8		2013	240		150	22.5		
9		2014	160		150	2.5		

图 6—94

第二步，计算息税前利润增长率

单击单元格 D8，输入公式“=(C8−C7)/C7”，依次计算 2013 年和 2014 年的息税前利润增长率。如图 6—95 所示。

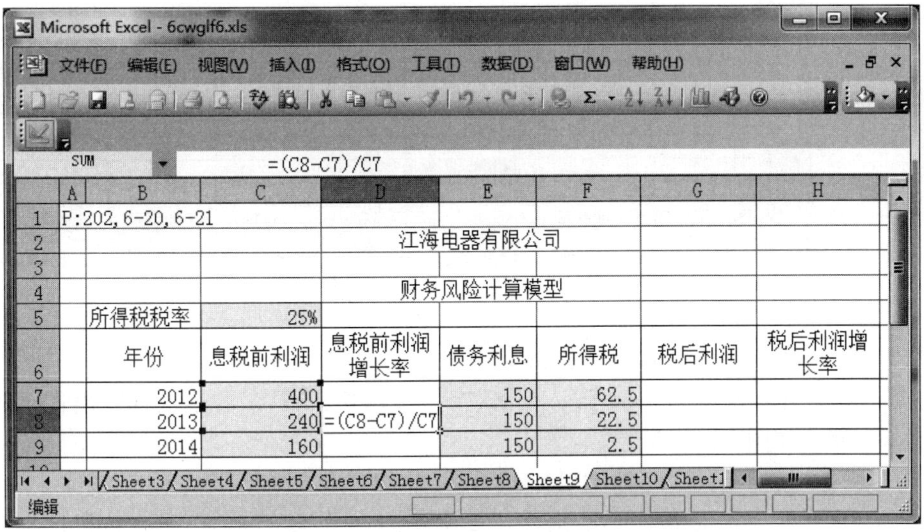

	A	B	C	D	E	F	G	H
1	P:202, 6-20, 6-21							
2				江海电器有限公司				
3								
4				财务风险计算模型				
5		所得税税率	25%					
6		年份	息税前利润	息税前利润增长率	债务利息	所得税	税后利润	税后利润增长率
7		2012	400		150	62.5		
8		2013	240	=(C8-C7)/C7	150	22.5		
9		2014	160		150	2.5		

图 6—95

按回车键，可得结果为－40.00％ 。如图 6—96 所示。

图 6—96

然后，选中单元格 D8，用鼠标指向该单元格的右下角，待鼠标指针变为实心的黑“＋”时，按下鼠标左键拖向单元格 D9，就可以计算出 2014 年的息税前利润增长率。如图 6—97 所示。

图 6—97

第三步，计算税后利润

单击单元格 G7，输入公式“＝C7－E7－F7”，并依次计算出各年的税后利润。如图 6—98 所示。

按回车键，可得结果为 187.5。如图 6—99 所示。

然后，选中单元格 G7，用鼠标指向该单元格的右下角，待鼠标指针变为实心的黑“＋”时，按下鼠标左键拖向单元格 G8:G9，就可以计算出 2013 年、2014 年的税后利润。如图 6—100 所示。

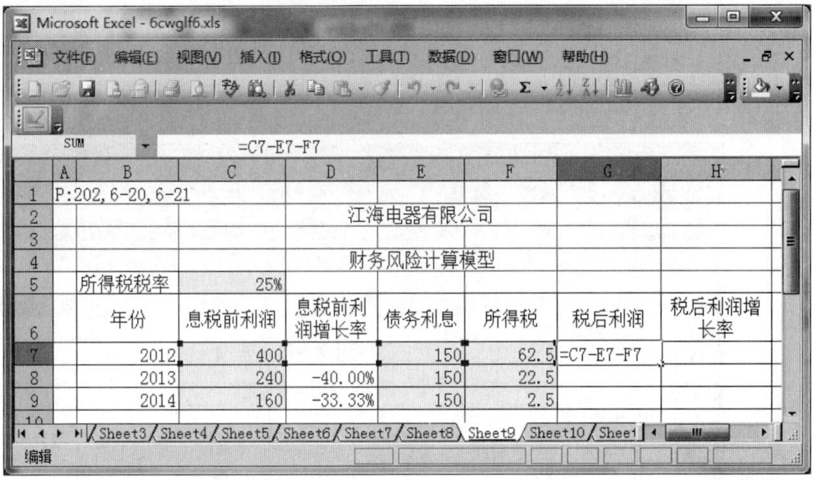

图 6—98

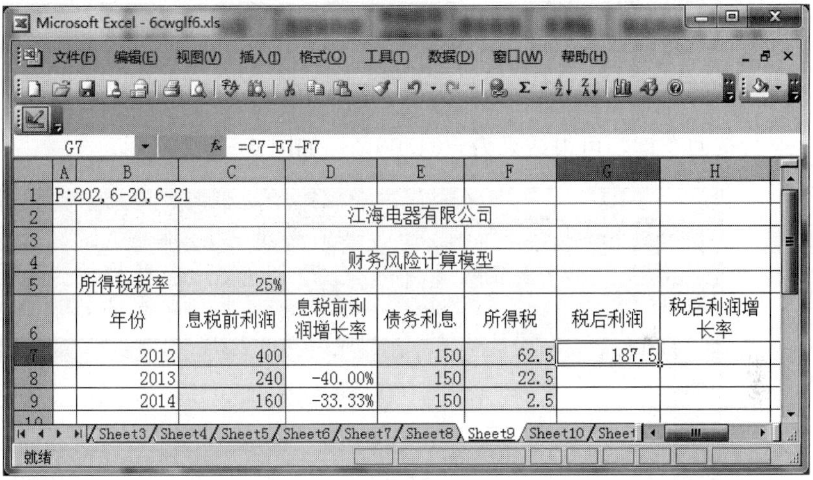

图 6—99

图 6—100

第四步，计算税后利润增长率（财务风险）

单击单元格 H8，输入公式“=(G8－G7)/G7”，并依次计算出各年的税后利润增长率。如图 6—101 所示。

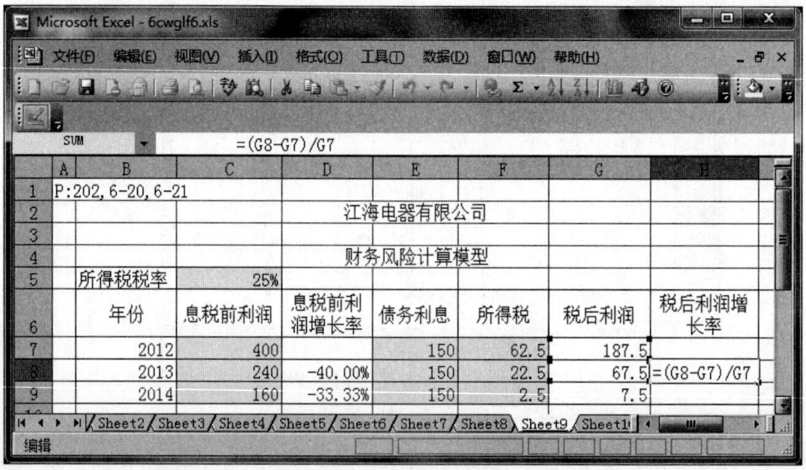

图 6—101

按回车键，可得结果为－64.00%。如图 6—102 所示。

图 6—102

然后，选中单元格 H8，用鼠标指向该单元格的右下角，待鼠标指针变为实心的黑“＋”时，按下鼠标左键拖向单元格 H9，就可以计算出 2014 年的税后利润增长率。如图 6—103 所示。

按照【任务 6—21】所提供的资料，在 Excel 工作表中创建财务风险分析模型就已经完成了。对这部分内容读者可以参考“实验系统”中“资本结构决策实验”项目下“实验示范”中第 9 个实验的屏幕录像。

通过财务风险分析模型，我们可以预测息税前利润的下降给权益资本带来的收益的下降。借助财务风险分析模型进行假设分析，可以预测息税前利润下降对税后利润下降带来的影响，为实现公司的最佳资本结构提供资料。

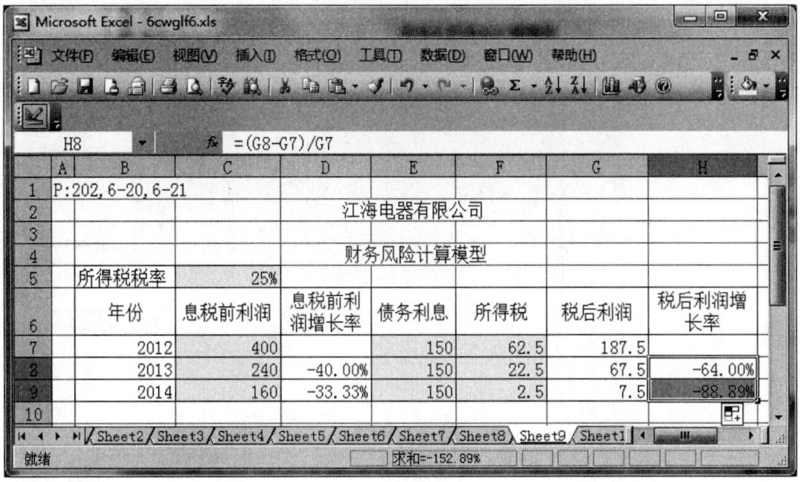

Microsoft Excel - 6cwglf6.xls

H8　=(G8-G7)/G7

P:202, 6-20, 6-21

江海电器有限公司

财务风险计算模型

所得税税率	25%					
年份	息税前利润	息税前利润增长率	债务利息	所得税	税后利润	税后利润增长率
2012	400		150	62.5	187.5	
2013	240	-40.00%	150	22.5	67.5	-64.00%
2014	160	-33.33%	150	2.5	7.5	-88.89%

图 6—103

6.3.2.3　财务杠杆系数测算模型的创建

财务杠杆系数测算模型是通过测算企业因税后利润的变动率对于税前利润变动率的倍数来反映财务杠杆发挥多大作用的一种分析模型。

【任务 6—22】

江海电器有限公司全部长期资本为 7 500 万元，债务资本比例为 0.4，债务年利率为 8%，公司所得税税率为 25%，息税前利润为 800 万元。其财务杠杆系数是多少？（资料来源：主教材第 204 页例 6—22。）

在 Excel 工作表中，创建财务杠杆系数测算模型的步骤如下：

第一步，建立财务杠杆系数测算模型并录入数据

首先在 Excel 工作表中建立财务杠杆系数测算模型并将【任务 6—22】的财务杠杆系数相关数据录入。如图 6—104 所示。

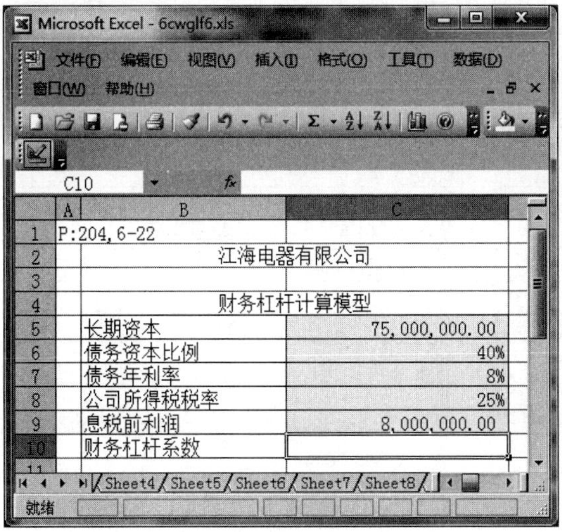

Microsoft Excel - 6cwglf6.xls

C10

P:204, 6-22

江海电器有限公司

财务杠杆计算模型

长期资本	75,000,000.00
债务资本比例	40%
债务年利率	8%
公司所得税税率	25%
息税前利润	8,000,000.00
财务杠杆系数	

图 6—104

第二步，计算财务杠杆系数

单击单元格 C10，输入公式“=C9/(C9−C5＊C6＊C7)”。如图 6—105 所示。

图 6—105

按回车键，可得结果为 1.43。如图 6—106 所示。

图 6—106

按照【任务 6—22】所提供的资料，在 Excel 工作表中创建财务杠杆系数测算模型就已经完成了。对这部分内容读者可以参考“实验系统”中“资本结构决策实验”项目下“实验示范”中第 10 个实验的屏幕录像。

通过财务杠杆系数测算模型，我们可以测算公司税后利润的变动率对于税前利润变动率的倍数即财务杠杆系数。借助财务杠杆系数测算模型进行假设分析，可以确定公司财务杠杆的利用情况，为实现公司的最佳资本结构提供资料。

6.3.2.4　财务杠杆系数测算模型的应用

通过财务杠杆系数测算模型，我们可以测算出公司财务杠杆系数的大小。借助财务杠杆系数测算模型进行假设分析，可以测算其他因素变动对财务杠杆系数的影响程度，为公司充分利用财务杠杆利益、实现公司的最佳资本结构提供资料。

第一，测算资本规模变动对财务杠杆利益的影响。

在其他条件不变的情况下，资本规模变动会影响财务杠杆系数。如果公司的资本规模从 7 500 万元提高到 8 000 万元，在单元格 C5 内输入“80 000”，回车后财务杠杆系数就会从 1.43 上升到 1.47。如图 6—107 所示。

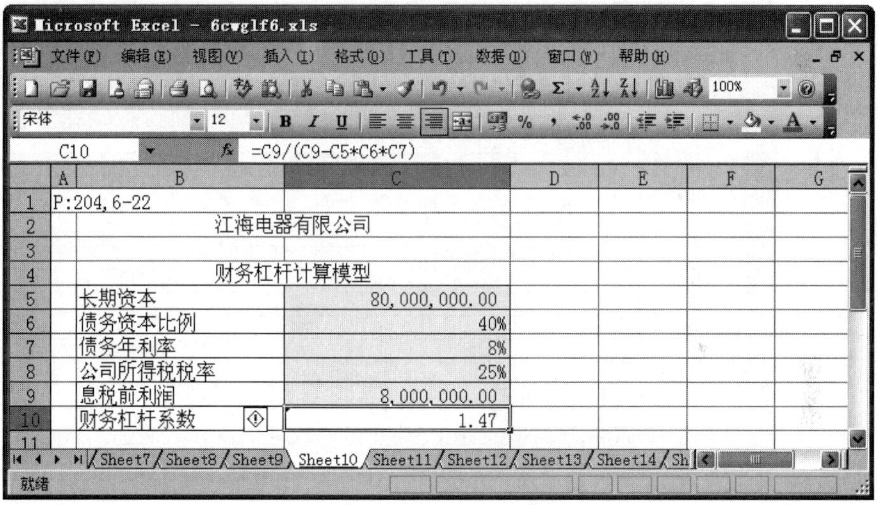

图 6—107

第二，测算资本结构变动对财务杠杆系数的影响。

在其他条件不变的情况下，资本结构变动会影响财务杠杆系数。如果公司的债务比例由 40%提高到 50%，在单元格 C6 内输入“50%”，回车后财务杠杆系数就会从 1.43 提高到 1.6。如图 6—108 所示。

第三，测算债务利率的变动对财务杠杆系数的影响。

在其他条件不变的情况下，债务利率的变化会影响财务杠杆系数。如果公司的债务利率由 8%下降到 7%，在单元格 C7 内输入“7%”，回车后财务杠杆系数就会从下降到 1.36。如图 6—109 所示。

第四，测算息税前利润的变动对财务杠杆系数的影响。

在其他条件不变的情况下，息税前利润的变动也会影响财务杠杆系数。如果公司的息税前从 800 万元增加到 1 000 万元，在单元格 C9 内输入“10 000 000”，回车后公司的营业杠杆系数就会下降到 1.32。如图 6—110 所示。

Microsoft Excel - 6cwglf6.xls

C10 =C9/(C9-C5*C6*C7)

	A	B	C
1	P:204,6-22		
2		江海电器有限公司	
3			
4		财务杠杆计算模型	
5		长期资本	75,000,000.00
6		债务资本比例	50%
7		债务年利率	8%
8		公司所得税税率	25%
9		息税前利润	8,000,000.00
10		财务杠杆系数	1.60

图 6—108

Microsoft Excel - 6cwglf6.xls

C10 =C9/(C9-C5*C6*C7)

	A	B	C
1	P:204,6-22		
2		江海电器有限公司	
3			
4		财务杠杆计算模型	
5		长期资本	75,000,000.00
6		债务资本比例	40%
7		债务年利率	7%
8		公司所得税税率	25%
9		息税前利润	8,000,000.00
10		财务杠杆系数	1.36

图 6—109

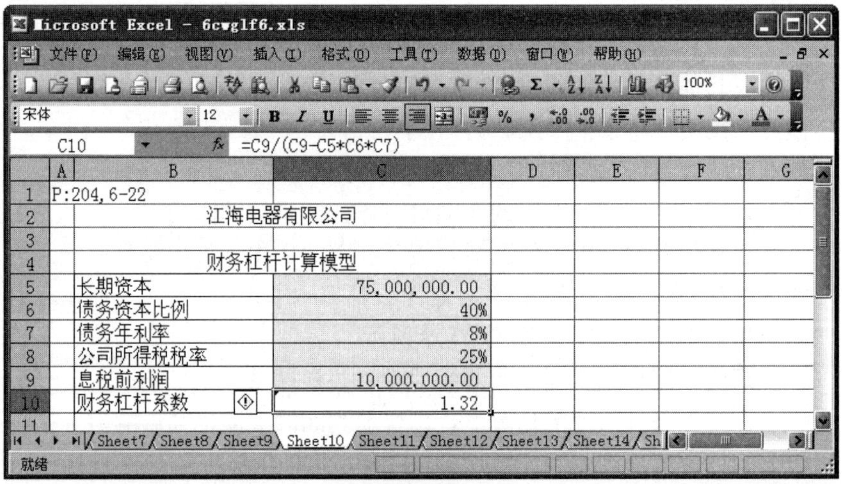

Microsoft Excel - 6cwglf6.xls

C10 =C9/(C9-C5*C6*C7)

	A	B	C
1	P:204,6-22		
2		江海电器有限公司	
3			
4		财务杠杆计算模型	
5		长期资本	75,000,000.00
6		债务资本比例	40%
7		债务年利率	8%
8		公司所得税税率	25%
9		息税前利润	10,000,000.00
10		财务杠杆系数	1.32

图 6—110

6.3.3 联合杠杆系数测算模型的创建与应用

联合杠杆系数测算模型是通过计算营业杠杆和财务杠杆的乘积来确定普通股每股收益变动率相当于营业收入变动率的倍数来分析两者对普通股每股收益的共同影响的一种分析模型。

【任务 6—23】

江海电器有限公司的营业杠杆系数为 2，财务杠杆系数为 1.5。该公司的联合杠杆系数是多少？（资料来源：主教材第 205 页例 6—23。）

在 Excel 工作表中，创建联合杠杆系数测算模型的步骤如下：

第一步，建立联合杠杆系数测算模型并录入数据

首先在 Excel 工作表中建立联合杠杆系数测算模型并将【任务 6—23】的联合杠杆系数相关数据录入。如图 6—111 所示。

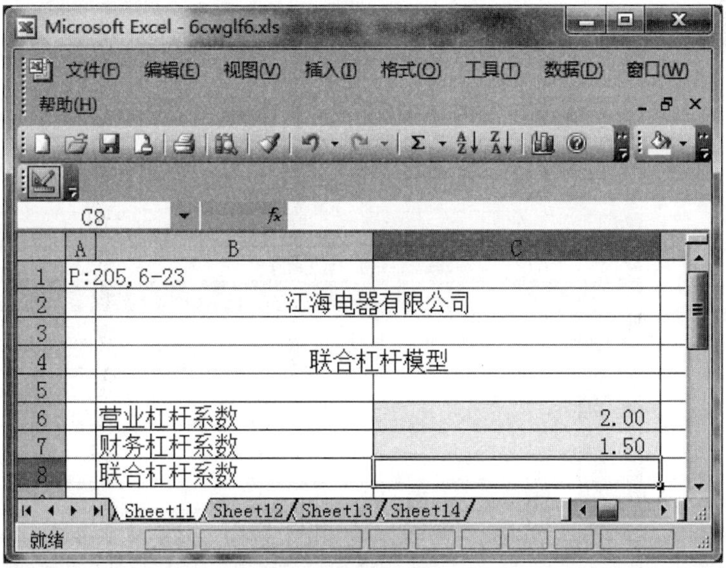

图 6—111

第二步，计算联合杠杆系数

单击单元格 C8，输入公式"=C6 * C7"。如图 6—112 所示。

按回车键，可得结果为 3。如图 6—113 所示。

按照【任务 6—23】所提供的资料，在 Excel 工作表中创建联合杠杆系数测算模型就已经完成了。对这部分内容读者可以参考"实验系统"中"资本结构决策实验"项目下"实验示范"中第 11 个实验的屏幕录像。

通过联合杠杆系数测算模型，我们可以测算公司的联合杠杆系数是多少。借助联合杠杆系数测算模型进行假设分析，可以确定公司联合杠杆的利用情况，为实现公司的最佳资本结构提供资料。

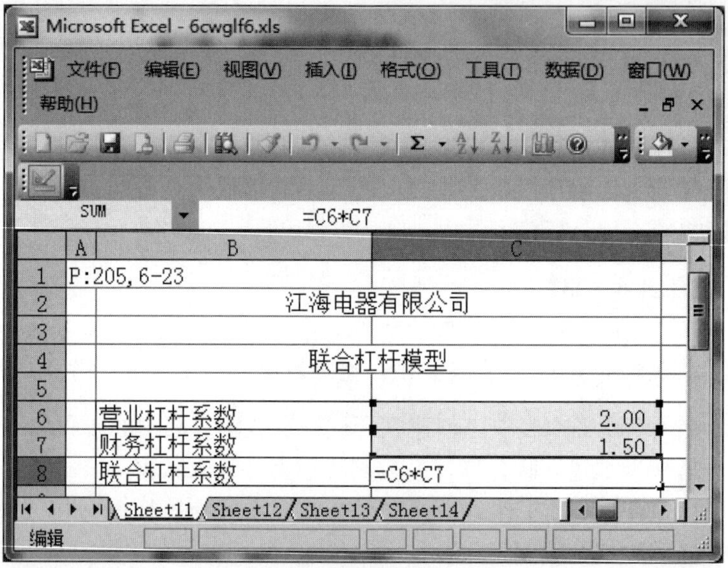

图 6—112

图 6—113

6.4 资本结构决策分析实验

资本结构决策是企业财务决策的核心内容之一。企业资本结构决策是结合企业有关情况，分析有关因素的影响，运用一定方法确定最佳资本结构。具体来讲，最佳资本结构是指企业在适度财务风险的条件下，能使公司预期的综合资本成本率最低且企业价值最大的资本结构，也就是企业的目标资本结构。

6.4.1　初始筹资的资本结构决策模型的创建与应用

6.4.1.1　初始筹资的资本结构决策模型的创建

初始筹资的资本结构决策模型是通过若干预选的初始筹资方案的综合资本成本率的计算、分析和比较来确定最佳初始筹资组合方案的模型。

【任务 6—24】

江海电器有限公司在初创时需资本总额 5 000 万元，有如下三个筹资组合方案可供选择，有关资料经测算如表 6—2 所示。

表 6—2　　**江海电器有限公司初始筹资组合方案资料测算表**　　单位：万元

筹资方式	筹资方案 Ⅰ		筹资方案 Ⅱ		筹资方案 Ⅲ	
	初始筹资额	资本成本率（%）	初始筹资额	资本成本率（%）	初始筹资额	资本成本率（%）
长期借款	400	6	500	6.5	800	7
长期债券	1 000	7	1 500	8	1 200	7.5
优先股	600	12	1 000	12	500	12
普通股	3 000	15	2 000	15	2 500	15
合计	5 000	—	5 000	—	5 000	—

假定江海电器有限公司的三个初始筹资组合方案的财务风险相当，都是可以承受的。分别测算这三个筹资组合方案的综合资本成本率并比较其高低，以确定最佳筹资组合方案（最佳资本结构）。（资料来源：主教材第 208 页例 6—24。）

在 Excel 工作表中，创建初始筹资组合资本成本率计算模型的步骤如下（以筹资方案 Ⅰ 为例）：

第一步，建立初始筹资资本结构决策模型并录入数据

首先在 Excel 工作表中建立初始筹资资本结构决策模型并将【任务 6—24】的初始筹资组合资本成本率的相关数据录入。如图 6—114 所示。

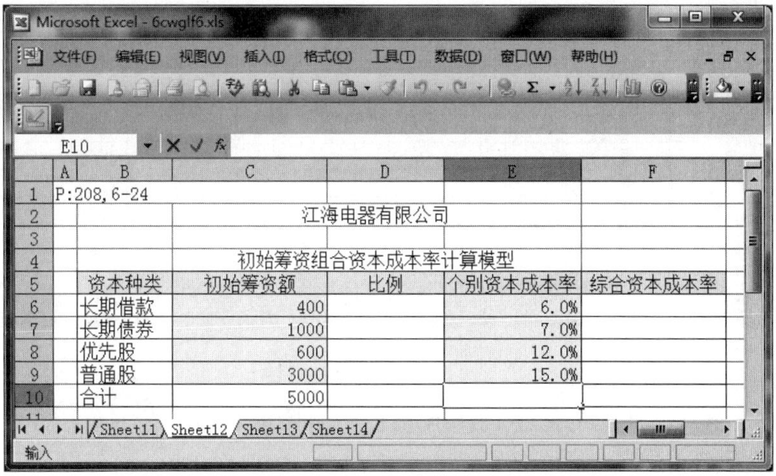

图 6—114

第二步，计算各种筹资方式的筹资额与筹资总额的比率

单击单元格 D6，输入公式“＝C6/＄C＄10”，并依次计算出其他的筹资额与筹资总额的比率。如图 6—115 所示。

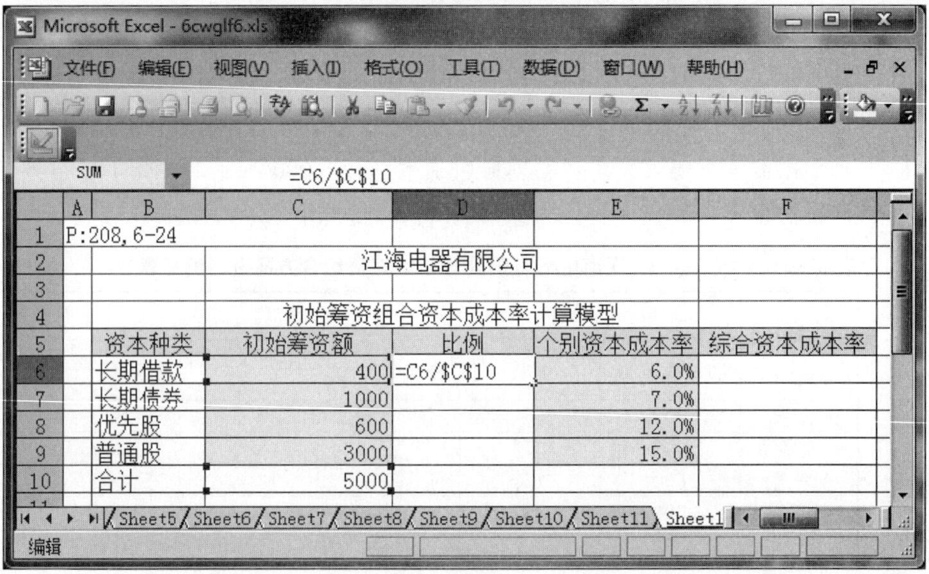

图 6—115

按回车键，可得结果为 8％。如图 6—116 所示。

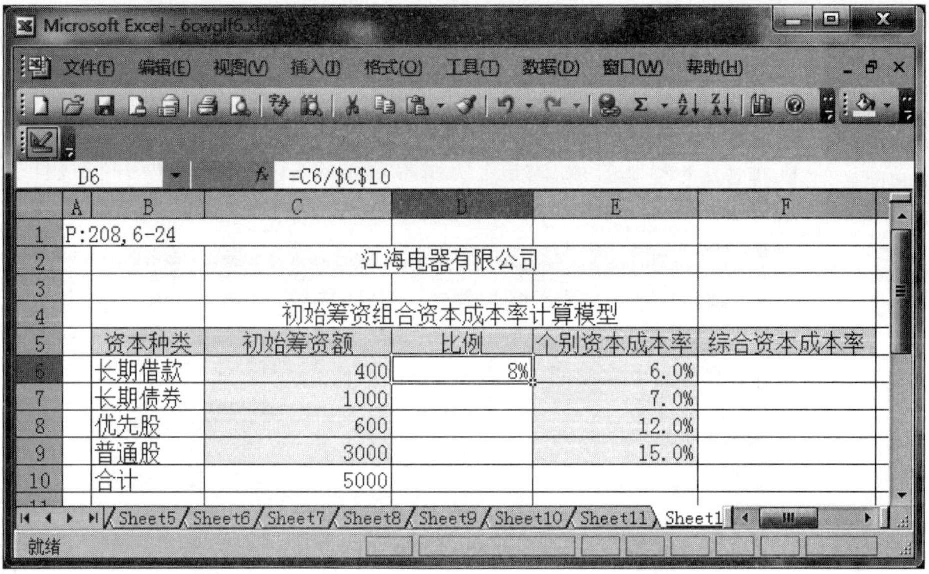

图 6—116

然后，选中单元格 D6，用鼠标指向该单元格的右下角，待鼠标指针变为实心的黑“＋”时，按下鼠标左键拖向单元格 D7:D9，就可以计算出其他各种筹资资本占总筹资额的比例。如图 6—117 所示。

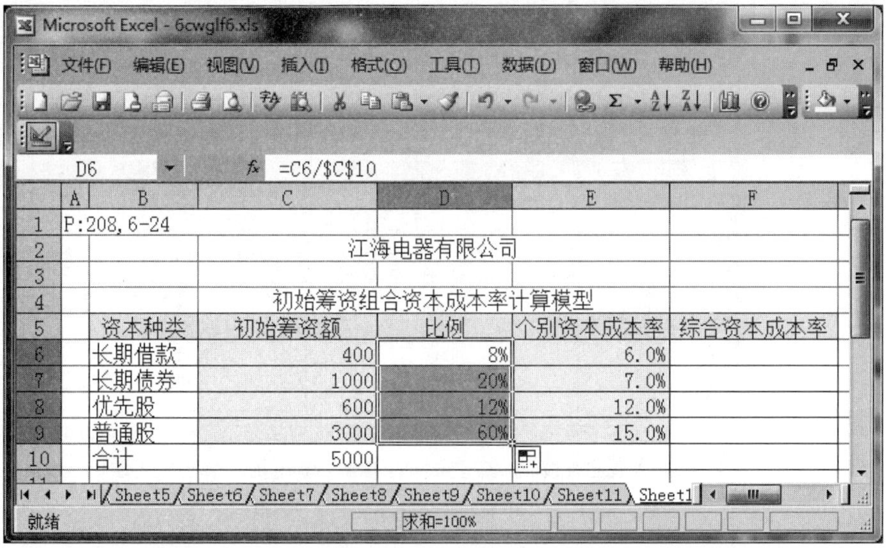

图 6—117

第三步，计算综合资本成本率

单击单元格 F6，输入公式“＝D6 ∗ E6”，计算出长期借款的综合资本成本率。依次计算其他不同种类筹资的综合资本成本率。如图 6—118 所示。

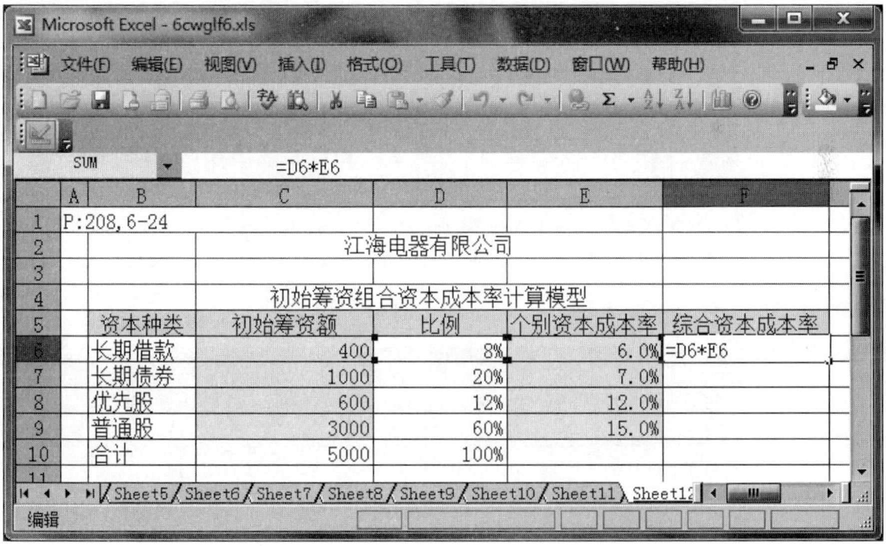

图 6—118

按回车键，可得结果为 0.48%。如图 6—119 所示。

然后，选中单元格 F6，用鼠标指向该单元格的右下角，待鼠标指针变为实心的黑“＋”时，按下鼠标左键拖向单元格 F7:F9，就可以计算出其他资本的综合资本成本率。如图 6—120 所示。

然后，利用 SUM 求和函数，得到方案Ⅰ的综合资本成本率为 12.32%。如图 6—121 所示。

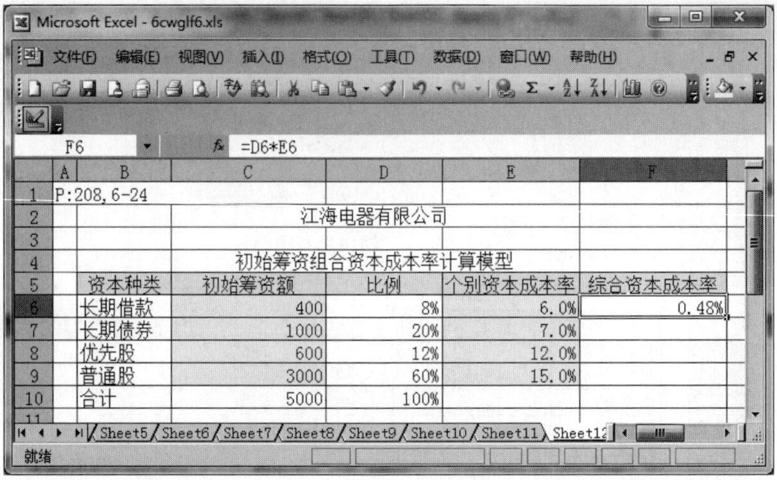

F6 =D6*E6

	A	B	C	D	E	F
1	P:208, 6-24					
2			江海电器有限公司			
3						
4			初始筹资组合资本成本率计算模型			
5		资本种类	初始筹资额	比例	个别资本成本率	综合资本成本率
6		长期借款	400	8%	6.0%	0.48%
7		长期债券	1000	20%	7.0%	
8		优先股	600	12%	12.0%	
9		普通股	3000	60%	15.0%	
10		合计	5000	100%		

图 6—119

F6 =D6*E6

	A	B	C	D	E	F
1	P:208, 6-24					
2			江海电器有限公司			
3						
4			初始筹资组合资本成本率计算模型			
5		资本种类	初始筹资额	比例	个别资本成本率	综合资本成本率
6		长期借款	400	8%	6.0%	0.48%
7		长期债券	1000	20%	7.0%	1.40%
8		优先股	600	12%	12.0%	1.44%
9		普通股	3000	60%	15.0%	9.00%
10		合计	5000	100%		

求和=12.32%

图 6—120

F10 =SUM(F6:F9)

	A	B	C	D	E	F
1	P:208, 6-24					
2			江海电器有限公司			
3						
4			初始筹资组合资本成本率计算模型			
5		资本种类	初始筹资额	比例	个别资本成本率	综合资本成本率
6		长期借款	400	8%	6.0%	0.48%
7		长期债券	1000	20%	7.0%	1.40%
8		优先股	600	12%	12.0%	1.44%
9		普通股	3000	60%	15.0%	9.00%
10		合计	5000	100%		12.32%

图 6—121

按照【任务 6—24】所提供的资料，在 Excel 工作表中创建初始筹资的资本结构决策模型就已经完成了。对这部分内容读者可以参考“实验系统”中“资本结构决策实验”项目下“实验示范”中第 12 个实验的屏幕录像。

6.4.1.2　初始筹资的资本结构决策模型的应用

上面我们通过初始筹资的资本结构决策模型，已经测算出方案Ⅰ的筹资方案的综合资本成本率为 12.32%。

同理，对于筹资方案Ⅱ、方案Ⅲ，我们也可以运用此模型来测算综合资本成本率。只要将不同方案的相关数据输入模型，其综合资本成本率就计算出来了。方案Ⅱ、Ⅲ的综合资本成本率分别为 11.45%和 11.62%。比较以上三个方案的综合资本成本率，可以得知方案Ⅱ的综合资本成本率最低，只有 11.45%。故在适度财务风险的条件下，应选择筹资组合方案Ⅱ作为最佳筹资组合方案，由此形成的资本结构可确定为最佳资本结构。

通过初始筹资的资本结构决策模型，我们可以预测不同筹资方案的综合资本成本率。借助初始筹资的资本结构决策进行假设分析，可以确定不同初始筹资项目的综合资本成本率，为实现公司的最佳资本结构提供资料。

6.4.2　追加筹资的资本结构决策模型的创建

追加筹资的资本结构决策模型是通过若干预选的追加筹资方案的综合资本成本率的计算、分析和比较来确定最佳追加筹资组合方案的模型。

【任务 6—25】

江海电器有限公司拟追加筹资 1 000 万元，现有两个追加筹资方案可供选择，有关资料经测算整理后如表 6—3 所示。

表 6—3　江海电器有限公司追加筹资方案资料测算表　单位：万元

筹资方式	筹资方案 1		筹资方案 2	
	追加筹资额	资本成本率（%）	追加筹资额	资本成本率（%）
长期借款	500	7	600	7.5
优先股	200	13	200	13
普通股	300	16	200	16
合计	1 000	—	1 000	—

分别测算这两种追加筹资方案的综合资本成本率是多少？（资料来源：主教材第 209 页例 6—25。）

在 Excel 工作表中，创建追加筹资的资本结构决策模型计算综合资本成本率的步骤如下：

第一步，建立追加筹资的资本结构决策模型并录入数据

首先在 Excel 工作表中建立追加筹资的资本结构决策模型并将【任务 6—25】的追加筹资组合资本成本率的相关数据录入。如图 6—122 所示。

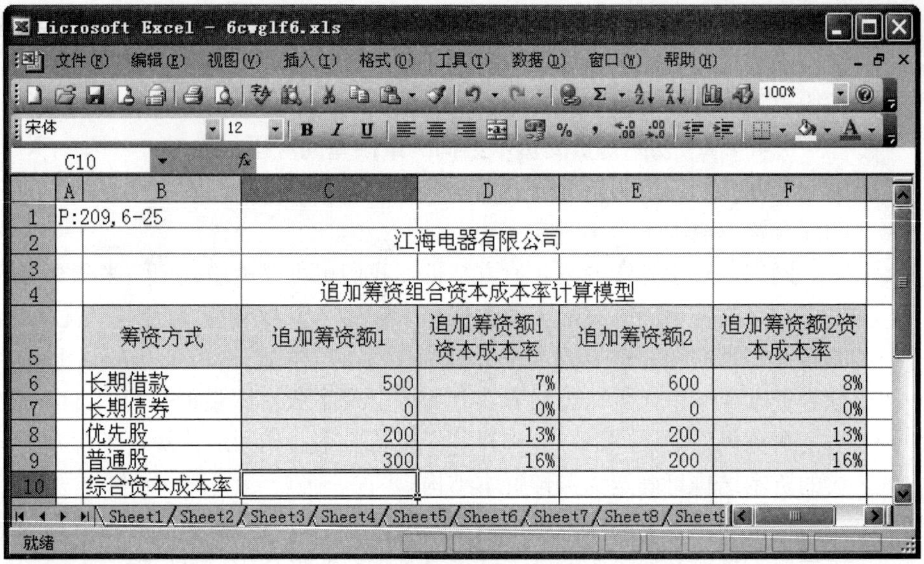

	A	B	C	D	E	F
1	P:209,6-25					
2			江海电器有限公司			
3						
4			追加筹资组合资本成本率计算模型			
5		筹资方式	追加筹资额1	追加筹资额1资本成本率	追加筹资额2	追加筹资额2资本成本率
6		长期借款	500	7%	600	8%
7		长期债券	0	0%	0	0%
8		优先股	200	13%	200	13%
9		普通股	300	16%	200	16%
10		综合资本成本率				

图 6—122

第二步，计算各种筹资方式的筹资额

单击单元格 C10，调用 SUM 函数计算公司追加筹资额，计算出方案 1 的追加筹资额。如图 6—123 所示。

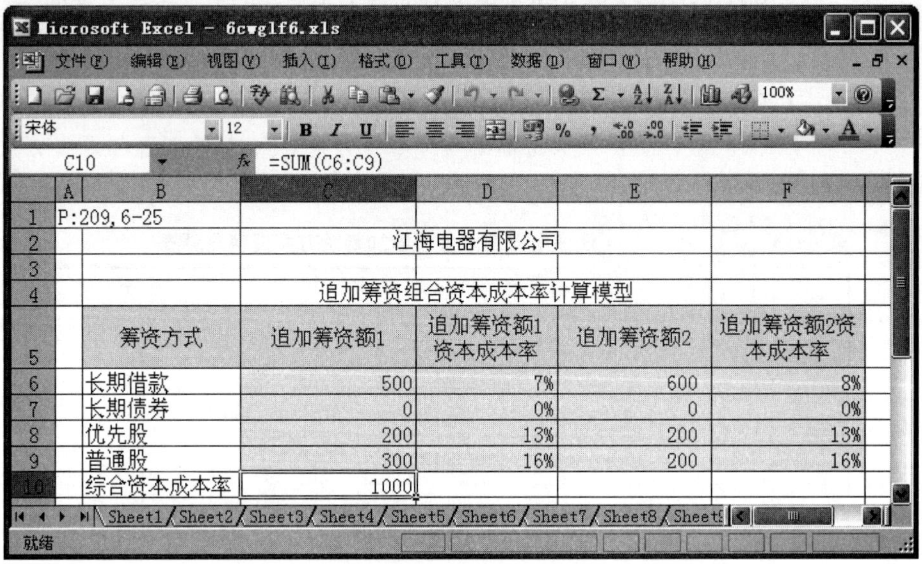

C10 =SUM(C6:C9)

	A	B	C	D	E	F
1	P:209,6-25					
2			江海电器有限公司			
3						
4			追加筹资组合资本成本率计算模型			
5		筹资方式	追加筹资额1	追加筹资额1资本成本率	追加筹资额2	追加筹资额2资本成本率
6		长期借款	500	7%	600	8%
7		长期债券	0	0%	0	0%
8		优先股	200	13%	200	13%
9		普通股	300	16%	200	16%
10		综合资本成本率	1000			

图 6—123

同理，我们可以计算出方案 2 的追加筹资额。

第三步，计算方案 1 的综合资本成本率

选中单元格 D10，输入公式“=C6/C10＊D6+C7/C10＊D7+C8/C10＊D8+C9/C10＊D9”，就可以计算出方案 1 的综合资本成本率。如图 6—124 所示。

同理，我们可以计算出方案 2 的综合资本成本率。如图 6—125 所示。

Microsoft Excel - 6cwglf6.xls

D10　=C6/C10*D6+C7/C10*D7+C8/C10*D8+C9/C10*D9

	A	B	C	D	E	F
1	P:209, 6-25					
2				江海电器有限公司		
3						
4				追加筹资组合资本成本率计算模型		
5		筹资方式	追加筹资额1	追加筹资额1资本成本率	追加筹资额2	追加筹资额2资本成本率
6		长期借款	500	7%	600	8%
7		长期债券	0	0%	0	0%
8		优先股	200	13%	200	13%
9		普通股	300	16%	200	16%
10		综合资本成本率	1000	10.90%		

图 6—124

Microsoft Excel - 6cwglf6.xls

F10　=E6/E10*F6+E7/E10*F7+E8/E10*F8+E9/E10*F9

	A	B	C	D	E	F
1	P:209, 6-25					
2				江海电器有限公司		
3						
4				追加筹资组合资本成本率计算模型		
5		筹资方式	追加筹资额1	追加筹资额1资本成本率	追加筹资额2	追加筹资额2资本成本率
6		长期借款	500	7%	600	8%
7		长期债券	0	0%	0	0%
8		优先股	200	13%	200	13%
9		普通股	300	16%	200	16%
10		综合资本成本率	1000	10.90%	1000	10.30%

图 6—125

按照【任务 6—25】所提供的资料，在 Excel 工作表中创建追加筹资的资本结构决策模型就已经完成了。对这部分内容读者可以参考“实验系统”中“资本结构决策实验”项目下“实验示范”中第 13 个实验的屏幕录像。

通过追加筹资的资本结构决策模型，我们可以测算公司的不同的追加投资方案对综合资本成本率的影响。借助追加筹资的资本结构决策模型进行假设分析，可以确定公司最佳的追加筹资方案，为实现公司的最佳资本结构提供资料。

6.4.3　每股收益分析法模型的创建与应用

6.4.3.1　每股收益分析法模型的创建

每股收益分析法模型是通过若干预选的追加筹资方案的普通股每股收益的计

算、分析和比较来确定最佳追加筹资组合方案的模型。

【任务 6—26】

江海电器有限公司目前拥有长期资本 8 500 万元，其资本结构为：长期债务 1 000 万元，普通股权益 7 500 万元。现准备追加筹资 1 500 万元，有两种筹资方式可供选择：增发普通股和增加长期债务。有关资料详见表 6—4。

表 6—4　江海电器有限公司目前和追加筹资的资本结构资料表　单位：万元

资本种类	目前资本结构		追加筹资后的资本结构			
			增发普通股		增加长期债务	
	金额	比例（%）	金额	比例（%）	金额	比例（%）
长期债务	1 000	0.12				
普通股权益	7 500	0.88	9 000	0.90	7 500	0.75
资本总额	8 500	1.00	10 000	1.00	10 000	1.00
其他资料：						
年债务利息额	90		90		270	
普通股股数（万股）	1 000		1 300		1 000	

为便于计算，假定公司所得税税率为 25%。当息税前利润为 1 600 万元时，分别测算这两种筹资方式追加筹资后的普通股每股收益是多少？（资料来源：主教材第 211 页例 6—26。）

在 Excel 工作表中，创建每股收益分析法模型的步骤如下（以增发普通股为例）：

第一步，建立每股收益分析法模型并录入数据

首先在 Excel 工作表中建立每股收益分析法模型并将【任务 6—26】的每股收益分析法模型的相关数据录入。如图 6—126 所示。

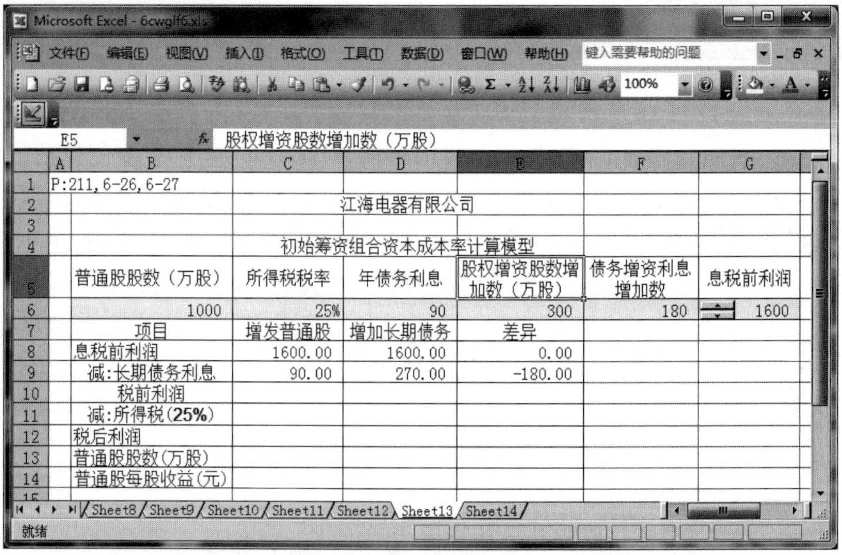

图 6—126

第二步，计算税前利润

单击单元格 C10，输入公式“=C8−C9”。如图 6—127 所示。

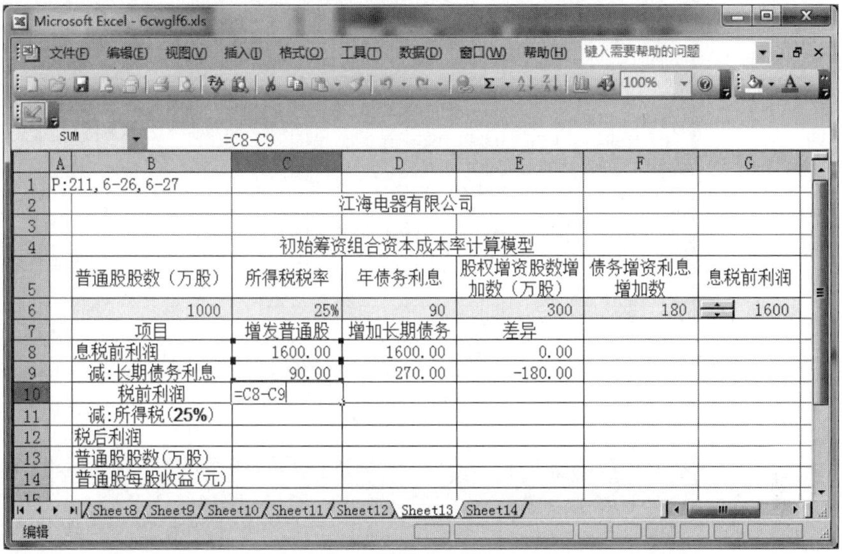

图 6—127

按回车键，可得结果为 1 510.00 万元。如图 6—128 所示。

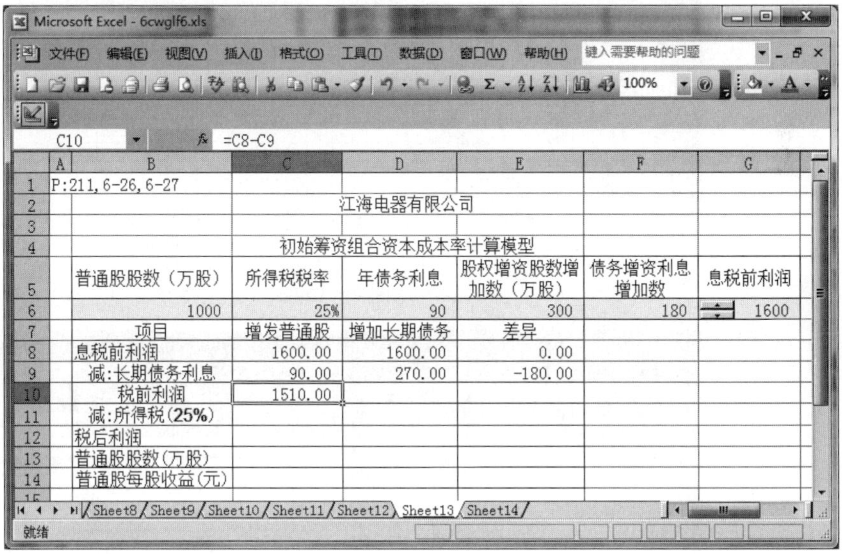

图 6—128

第三步，计算所得税

单击单元格 C11，输入公式“=C10＊＄C＄6”。如图 6—129 所示。

按回车键，可得结果为 377.50 万元。如图 6—130 所示。

第四步，计算税后利润

单击单元格 C12，输入公式“=C10−C11”。如图 6—131 所示。

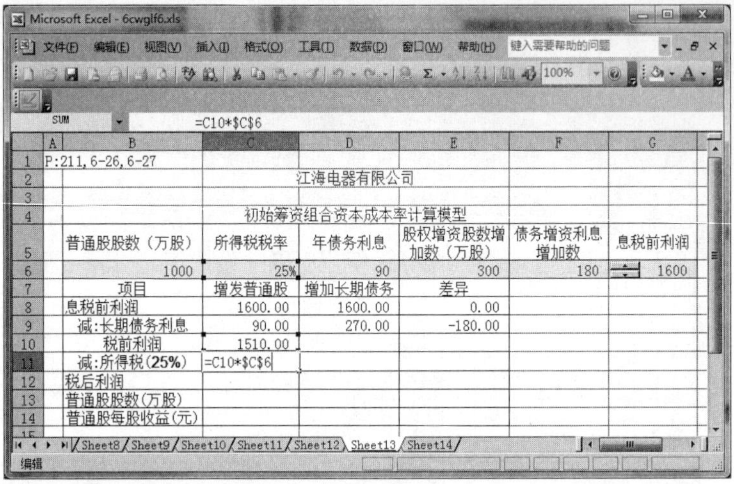

图 6—129

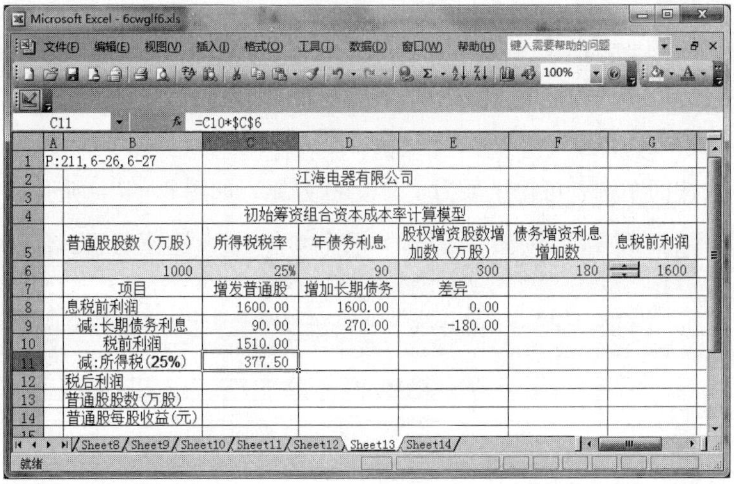

图 6—130

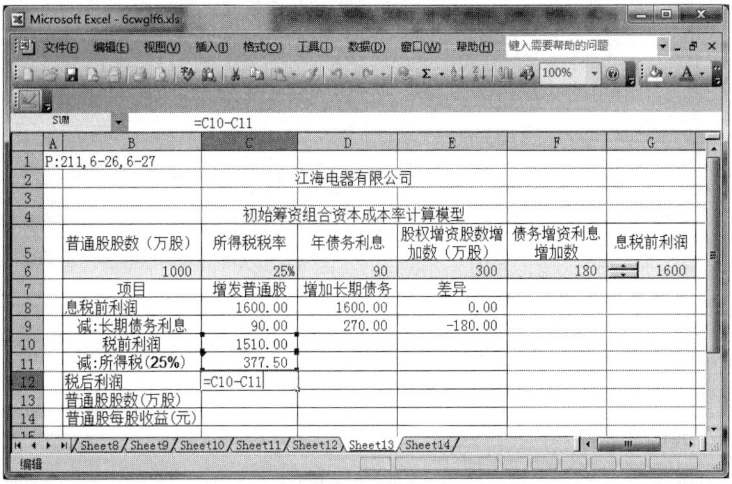

图 6—131

按回车键，可得结果为 1 132.50 万元。如图 6—132 所示。

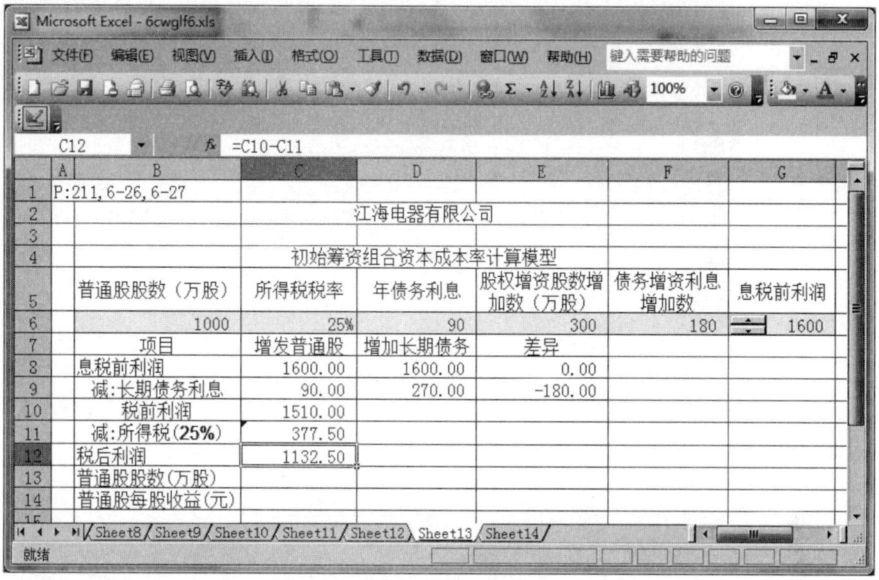

Microsoft Excel - 6cwglf6.xls

C12 =C10-C11

	A	B	C	D	E	F	G
1	P:211,6-26,6-27						
2			江海电器有限公司				
3							
4			初始筹资组合资本成本率计算模型				
5		普通股股数（万股）	所得税税率	年债务利息	股权增资股数增加数（万股）	债务增资利息增加数	息税前利润
6		1000	25%	90	300	180	1600
7		项目	增发普通股	增加长期债务	差异		
8		息税前利润	1600.00	1600.00	0.00		
9		减:长期债务利息	90.00	270.00	-180.00		
10		税前利润	1510.00				
11		减:所得税(25%)	377.50				
12		税后利润	1132.50				
13		普通股股数(万股)					
14		普通股每股收益(元)					

Sheet8 Sheet9 Sheet10 Sheet11 Sheet12 Sheet13 Sheet14

就绪

图 6—132

第五步，计算普通股股数

单击单元格 C13，输入公式"＝B6＋E6"。如图 6—133 所示。

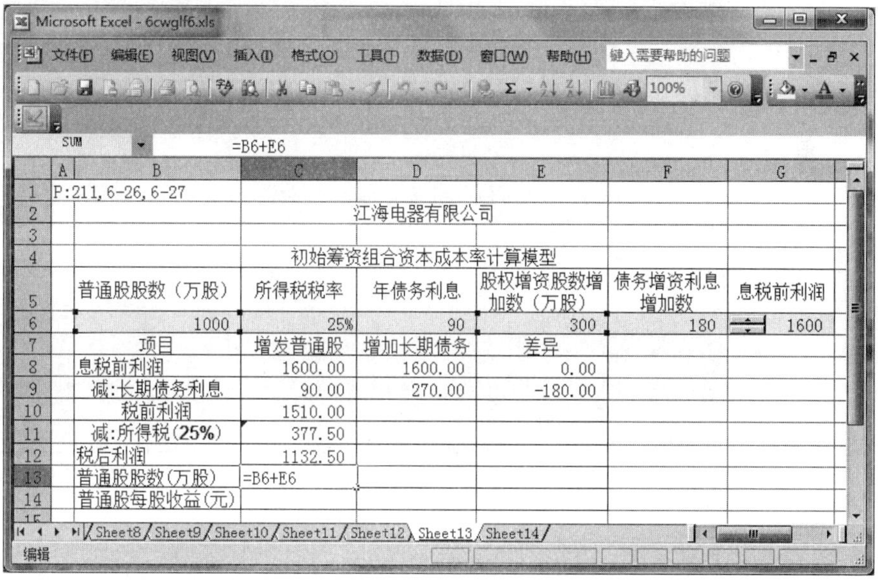

Microsoft Excel - 6cwglf6.xls

SUM =B6+E6

	A	B	C	D	E	F	G
1	P:211,6-26,6-27						
2			江海电器有限公司				
3							
4			初始筹资组合资本成本率计算模型				
5		普通股股数（万股）	所得税税率	年债务利息	股权增资股数增加数（万股）	债务增资利息增加数	息税前利润
6		1000	25%	90	300	180	1600
7		项目	增发普通股	增加长期债务	差异		
8		息税前利润	1600.00	1600.00	0.00		
9		减:长期债务利息	90.00	270.00	-180.00		
10		税前利润	1510.00				
11		减:所得税(25%)	377.50				
12		税后利润	1132.50				
13		普通股股数(万股)	=B6+E6				
14		普通股每股收益(元)					

Sheet8 Sheet9 Sheet10 Sheet11 Sheet12 Sheet13 Sheet14

编辑

图 6—133

按回车键，可得结果为 1 300 万股。如图 6—134 所示。

第六步，计算普通股每股收益

单击单元格 C14，输入公式"＝C12/C13"。如图 6—135 所示。

按回车键，可得结果为 0.87 元。如图 6—136 所示。

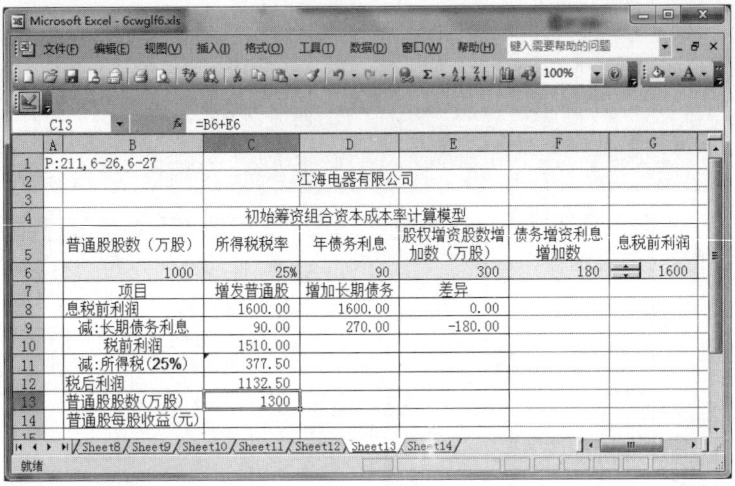

	A	B	C	D	E	F	G
1	P:211,6-26,6-27						
2				江海电器有限公司			
3							
4				初始筹资组合资本成本率计算模型			
5		普通股股数（万股）	所得税税率	年债务利息	股权增资股数增加数（万股）	债务增资利息增加数	息税前利润
6		1000	25%	90	300	180	1600
7		项目	增发普通股	增加长期债务	差异		
8		息税前利润	1600.00	1600.00	0.00		
9		减:长期债务利息	90.00	270.00	-180.00		
10		税前利润	1510.00				
11		减:所得税(25%)	377.50				
12		税后利润	1132.50				
13		普通股股数(万股)	1300				
14		普通股每股收益(元)					

图 6—134

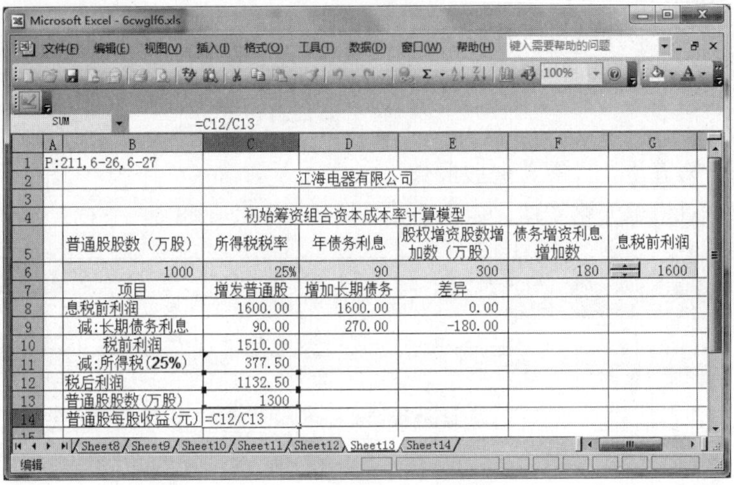

	A	B	C	D	E	F	G
1	P:211,6-26,6-27						
2				江海电器有限公司			
3							
4				初始筹资组合资本成本率计算模型			
5		普通股股数（万股）	所得税税率	年债务利息	股权增资股数增加数（万股）	债务增资利息增加数	息税前利润
6		1000	25%	90	300	180	1600
7		项目	增发普通股	增加长期债务	差异		
8		息税前利润	1600.00	1600.00	0.00		
9		减:长期债务利息	90.00	270.00	-180.00		
10		税前利润	1510.00				
11		减:所得税(25%)	377.50				
12		税后利润	1132.50				
13		普通股股数(万股)	1300				
14		普通股每股收益(元)	=C12/C13				

图 6—135

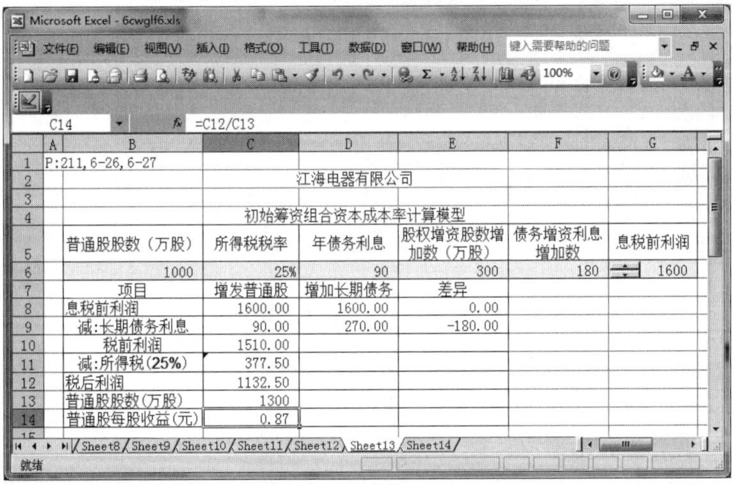

	A	B	C	D	E	F	G
1	P:211,6-26,6-27						
2				江海电器有限公司			
3							
4				初始筹资组合资本成本率计算模型			
5		普通股股数（万股）	所得税税率	年债务利息	股权增资股数增加数（万股）	债务增资利息增加数	息税前利润
6		1000	25%	90	300	180	1600
7		项目	增发普通股	增加长期债务	差异		
8		息税前利润	1600.00	1600.00	0.00		
9		减:长期债务利息	90.00	270.00	-180.00		
10		税前利润	1510.00				
11		减:所得税(25%)	377.50				
12		税后利润	1132.50				
13		普通股股数(万股)	1300				
14		普通股每股收益(元)	0.87				

图 6—136

同理，我们可以计算出增加长期债权后的普通股每股收益。如图 6—137 所示。

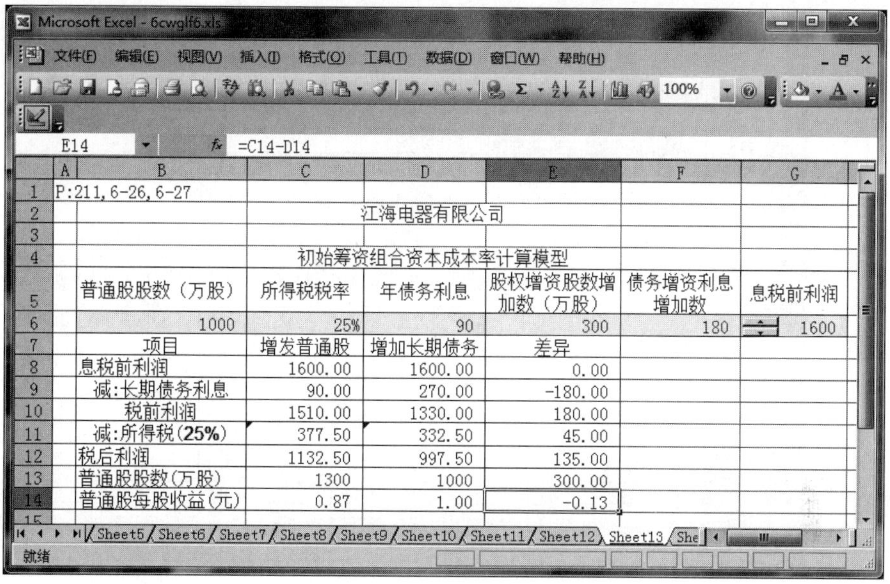

	A	B	C	D	E	F	G
1	P:211,6-26,6-27						
2				江海电器有限公司			
3							
4				初始筹资组合资本成本率计算模型			
5		普通股股数（万股）	所得税税率	年债务利息	股权增资股数增加数（万股）	债务增资利息增加数	息税前利润
6		1000	25%	90	300	180	1600
7		项目	增发普通股	增加长期债务	差异		
8		息税前利润	1600.00	1600.00	0.00		
9		减:长期债务利息	90.00	270.00	-180.00		
10		税前利润	1510.00	1330.00	180.00		
11		减:所得税(25%)	377.50	332.50	45.00		
12		税后利润	1132.50	997.50	135.00		
13		普通股股数(万股)	1300	1000	300.00		
14		普通股每股收益(元)	0.87	1.00	-0.13		

图 6—137

追加普通股筹资和追加长期债务筹资对每股收益有不同的影响。在息税前利润为 1 600 万元的条件下，当增发普通股时，普通股每股收益为 0.87 元；当增加长期债务时，普通股每股收益为 1.00 元。也就是说，当息税前利润为 1 600 万元时，应当增加长期债务筹资。

按照【任务 7—26】所提供的资料，在 Excel 工作表中创建每股收益分析法模型就已经完成了。对这部分内容读者可以参考"实验系统"中"资本结构决策实验"项目下"实验示范"中第 14 个实验的屏幕录像。

6.4.3.2　每股收益分析法模型的应用

通过每股收益分析法模型，我们可以测算出在公司息税前利润变化的条件下股权筹资和债权筹资对普通股每股收益的影响。借助每股收益分析法模型进行假设分析，可以确定不同筹资方式对筹资决策的影响，为实现公司的最佳资本结构提供资料。

第一，测算息税前利润变化对不同筹资方式的每股收益的影响。

【任务 6—27】

资料同【任务 6—26】。假设江海电器有限公司息税前利润为 500 万元，测算在增发普通股或增加长期债务时每股收益分别是多少？（资料来源：主教材第 213 页例 6—27。）

下面我们就利用已经建立的每股收益分析法模型，并借助 Excel 工作表的相关工具，来解决【任务 6—27】提出的每股收益计算任务。

依据题意，在单元格 G6 中输入息税前利润"500"，可以得到在增发普通股或增加长期债务时的普通股每股收益分别为 0.24 元和 0.17 元。如图 6—138 所示。

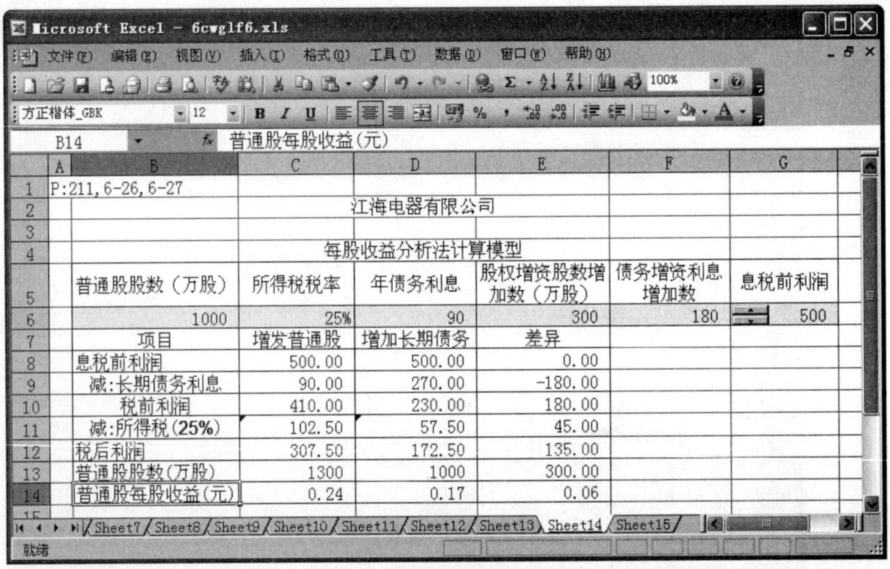

B	C	D	E	F	G
P:211,6-26,6-27					
	江海电器有限公司				
	每股收益分析法计算模型				
普通股股数（万股）	所得税税率	年债务利息	股权增资股数增加数（万股）	债务增资利息增加数	息税前利润
1000	25%	90	300	180	500
项目	增发普通股	增加长期债务	差异		
息税前利润	500.00	500.00	0.00		
减:长期债务利息	90.00	270.00	-180.00		
税前利润	410.00	230.00	180.00		
减:所得税(25%)	102.50	57.50	45.00		
税后利润	307.50	172.50	135.00		
普通股股数(万股)	1300	1000	300.00		
普通股每股收益(元)	0.24	0.17	0.06		

图 6—138

可见，假设息税前利润为 500 万元时，增加长期债务的每股收益为 0.17 元，低于增发普通股的每股收益 0.24 元，因此，增加长期债务不利，应当增发普通股筹资。

第二，测算普通股每股收益无差异点。

通过每股收益分析法模型的应用，我们可以知道，在息税前利润分别为 1 600 万元和 500 万元时，根据普通股每股收益做出的决策是完全不同的。当息税前利润为 500 万元时，应当增发普通股筹资；而当息税前利润为 1 600 万元时，应当增加长期债务筹资。据此，我们不难推测在息税前利润为 500 万～1 600 万元之间一定有一点可以使每股收益相等，即每股收益无差异点。

在每股收益分析法模型中，我们可以在息税前利润单元格设置控件按钮，来观察息税前利润变化对每股收益的影响，也包括对每股收益无差异点的测算。当息税前利润为 850 万元时，增发普通股时每股收益为 0.438 元；增加长期债务时普通股每股收益为 0.435 元。当息税前利润为 900 万元时，增发普通股时每股收益为 0.467 元；增加长期债务时普通股每股收益为 0.473 元。说明该公司的每股收益无差异点应该在息税前利润为 850 万～900 万元之间。当然我们将控件按钮的“步长”设置缩小，再来观察息税前利润变化对每股收益的影响，就可以得到更准确的普通股每股收益无差异点。

解决这一问题最有效的方法是应用“单变量求解”工具。单击单元格 E14，然后在“工具”菜单的下拉菜单中选择“单变量求解”工具。单击“目标单元格(E)”栏右边的“折叠对话框”按钮，用鼠标选择单元格 E14。然后单击“目标值（V)”栏，并输入目标值“0”，再单击“可变单元格（C)”栏右边的“折叠对话框”按钮，用鼠标选择单元格 G6。如图 6—139 所示。

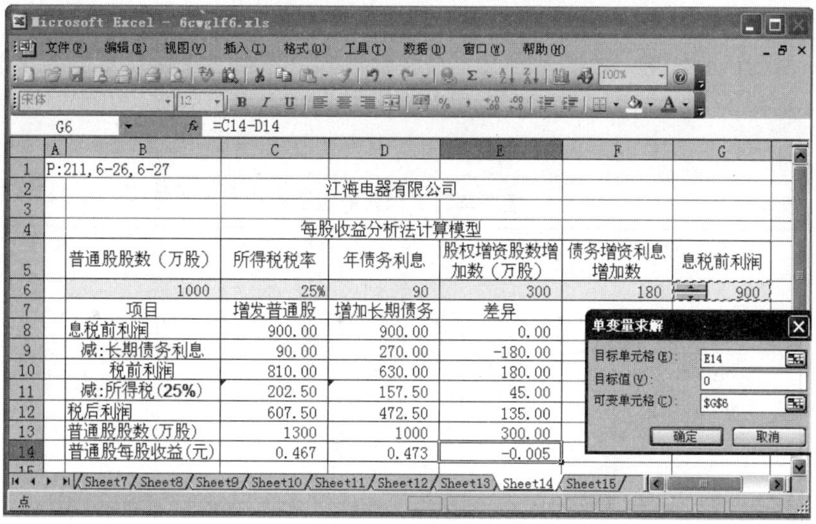

图 6—139

点击“确定”按钮，在 G6 单元格中就计算出普通股每股收益无差异点，即息税前利润为 870 万元时，增发普通股筹资和增加长期债务筹资对普通股每股收益的影响是一样的。如图 6—140 所示。

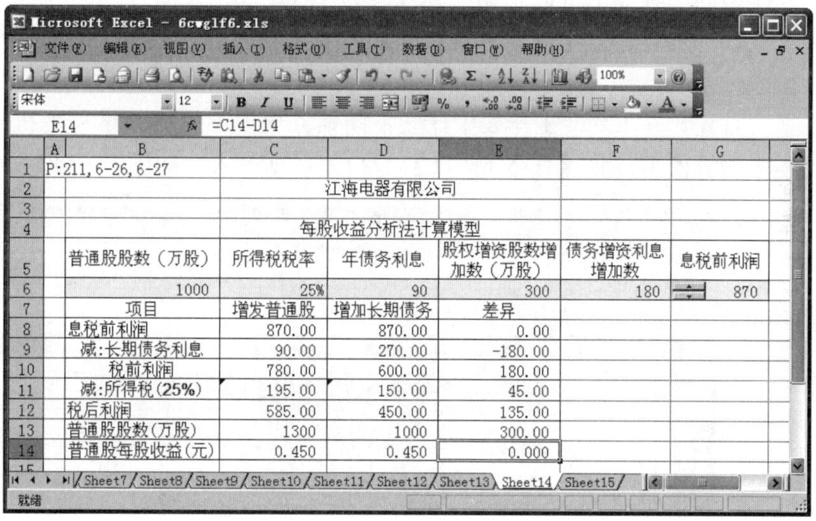

图 6—140

6.4.4　最佳资本结构确定模型的创建与应用

最佳资本结构确定模型是通过计算公司的总价值和综合资本成本率，确定公司价值最大化的资本结构的分析模型。

【任务 6—28】

江海电器有限公司现有全部长期资本均为普通股资本，无长期债务资本和优先股资本，账面价值 20 000 万元。公司认为这种资本结构不合理，没有发挥财务杠杆的作用，准备举借长期债务购回部分普通股予以调整。公司预计息税前利润为 5 000 万元，假定公司所得税税率为 25%。经测算，目前江海电器有限公司的长期债务年利率和普通股资本成本率测算如表 6—5 所示。

表 6—5　　　　债务年利率和普通股资本成本率测算表

B（万元）	K_B（%）	β	R_F（%）	R_M（%）	K_S（%）
0	—	1.20	10	14	14.8
2 000	10	1.25	10	14	15.0
4 000	10	1.30	10	14	15.2
6 000	12	1.40	10	14	15.6
8 000	14	2.00	10	14	16.2
10 000	16	2.10	10	14	18.4

请根据以上资料，运用前述公司价值和公司资本成本率的测算方法，测算在不同长期债务规模下的公司价值和公司资本成本率，据以比较确定公司的最佳资本结构。（资料来源：主教材第 215 页例 6—28。）

在 Excel 工作表中创建不同债务规模下的债务年利率和普通股资本成本率测算模型的步骤如下（以长期债务规模为 4 000 万元为例）：

第一步，建立不同债务规模下的债务年利率和普通股资本成本率测算模型并录入数据

首先，在 Excel 工作表中建立不同债务规模下的债务年利率和普通股资本成本率测算模型并将【任务 6—28】的相关数据录入。如图 6—141 所示。

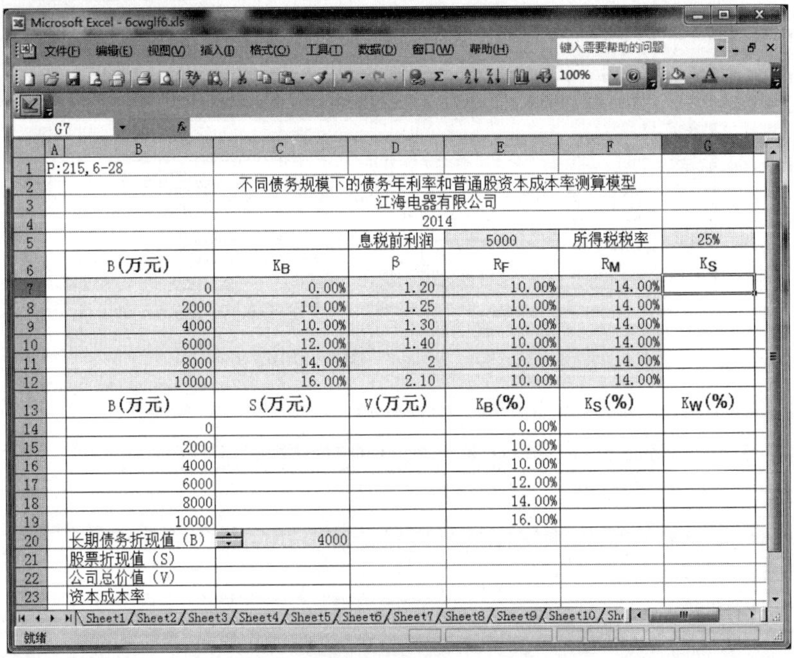

图 6—141

第二步，计算公司普通股资本成本率

单击单元格 G7，输入公式"=E7+D7＊(F7−E7)"。同理依次计算不同债务规模下的普通股资本成本率。如图 6—142 所示。

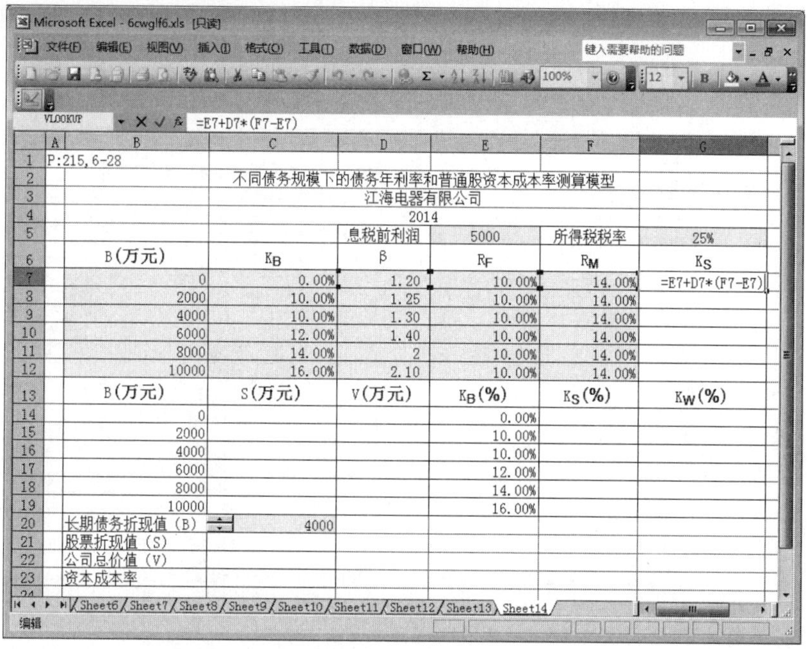

图 6—142

按回车键，可得结果为 14.80%。如图 6—143 所示。

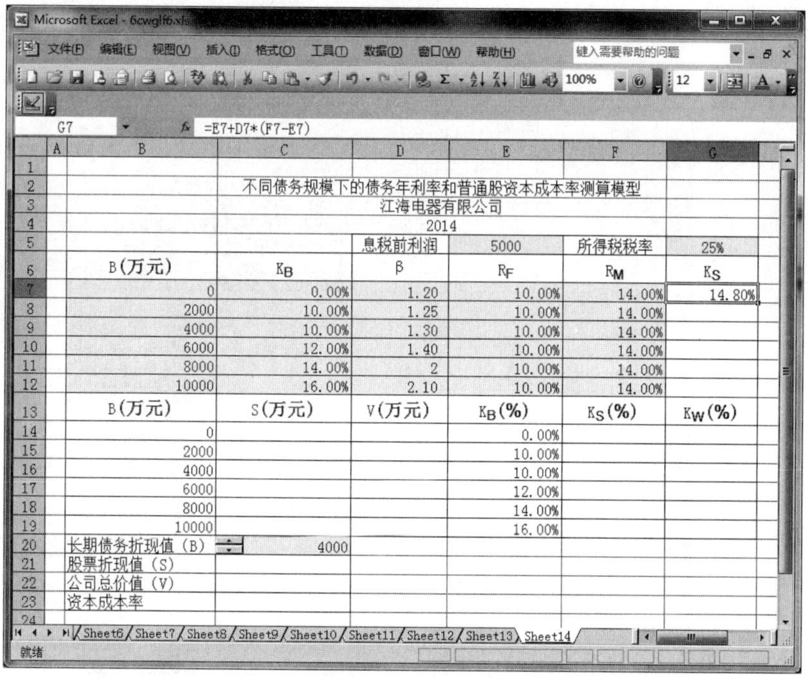

图 6—143

然后，选中单元格 G7，用鼠标指向该单元格的右下角，待鼠标指针变为实心的黑“+”时，按下鼠标左键拖向单元格 G8:G12，就可以计算出不同债务规模下的普通股资本成本率。如图 6—144 所示。

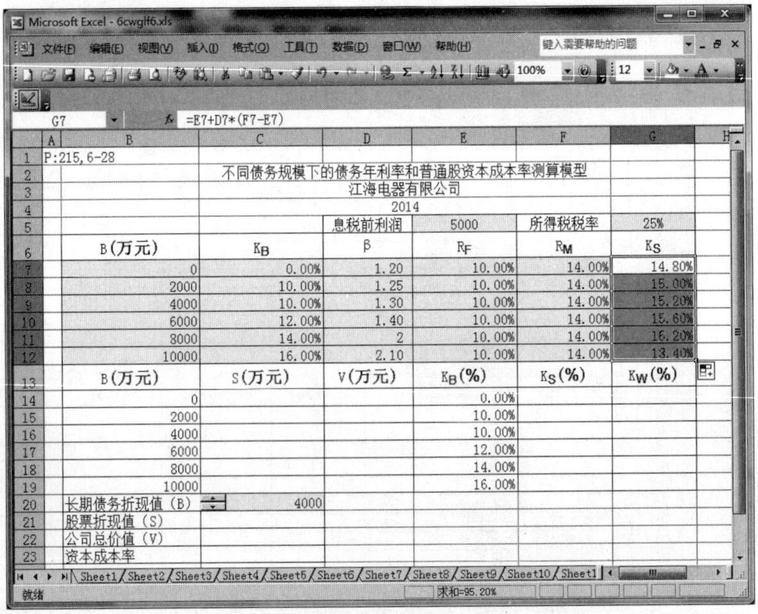

图 6—144

第三步，计算公司股票的折现价值

单击单元格 C14，输入公式“=($E$5-B14*E14)*(1-$G$5)/F14”，依次计算出在不同债务规模下公司股票的折现值。如图 6—145 所示。

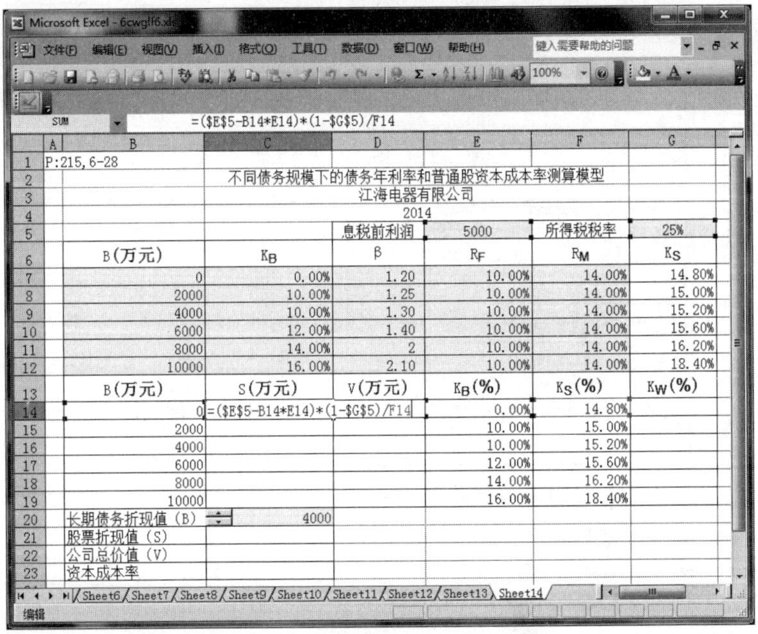

图 6—145

按回车键，可得公司普通股的折现价值，计算结果为 25 337.84 万元。如图 6—146 所示。

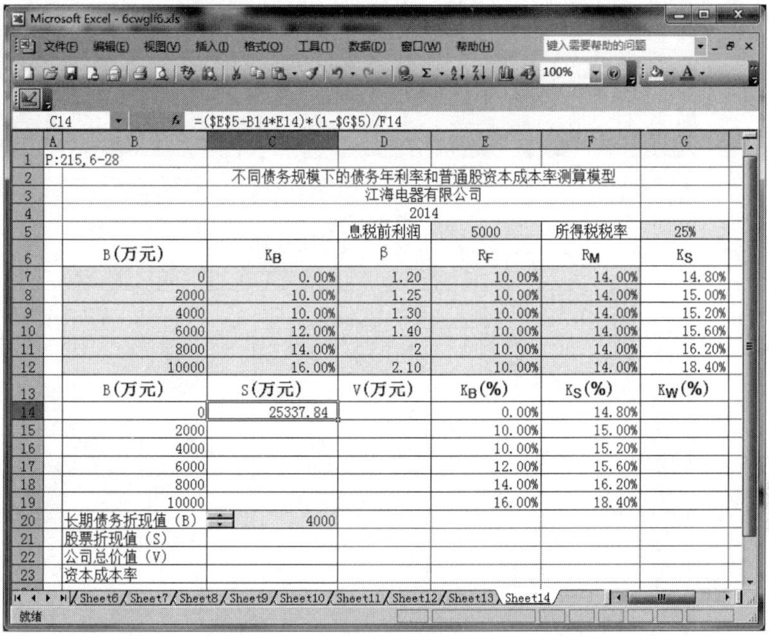

Microsoft Excel - 6cwglf6.xls

C14　=($E$5-B14*E14)*(1-$G$5)/F14

	A	B	C	D	E	F	G
1	P:215,6-28						
2			不同债务规模下的债务年利率和普通股资本成本率测算模型				
3			江海电器有限公司				
4			2014				
5				息税前利润	5000	所得税税率	25%
6		B(万元)	K_B	β	R_F	R_M	K_S
7		0	0.00%	1.20	10.00%	14.00%	14.80%
8		2000	10.00%	1.25	10.00%	14.00%	15.00%
9		4000	10.00%	1.30	10.00%	14.00%	15.20%
10		6000	12.00%	1.40	10.00%	14.00%	15.60%
11		8000	14.00%	2	10.00%	14.00%	16.20%
12		10000	16.00%	2.10	10.00%	14.00%	18.40%
13		B(万元)	S(万元)	V(万元)	K_B(%)	K_S(%)	K_W(%)
14		0	25337.84		0.00%	14.80%	
15		2000			10.00%	15.00%	
16		4000			10.00%	15.20%	
17		6000			12.00%	15.60%	
18		8000			14.00%	16.20%	
19		10000			16.00%	18.40%	
20		长期债务折现值（B）	4000				
21		股票折现值（S）					
22		公司总价值（V）					
23		资本成本率					

图 6—146

然后，选中单元格 C14，用鼠标指向该单元格的右下角，待鼠标指针变为实心的黑"+"时，按下鼠标左键拖向单元格 C15:C19，就可以计算出不同债务规模下公司普通股股票的折现价值。如图 6—147 所示。

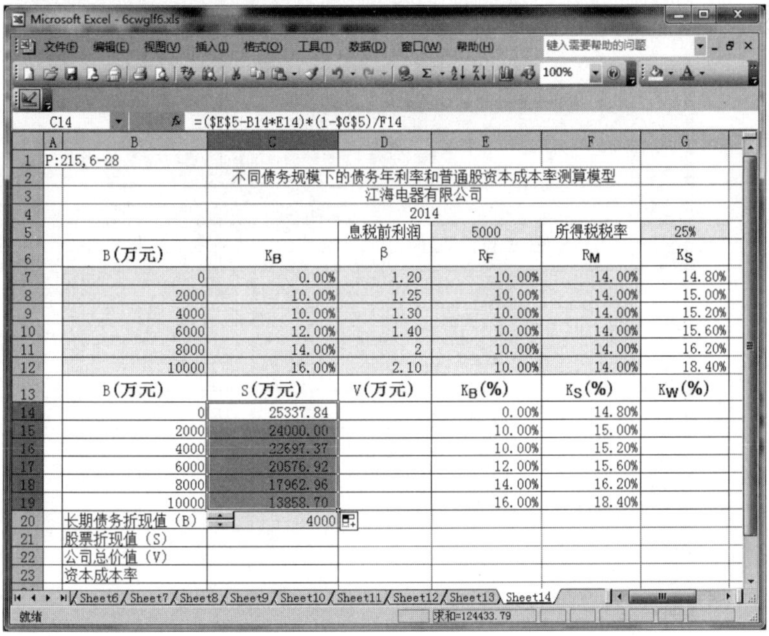

Microsoft Excel - 6cwglf6.xls

C14　=($E$5-B14*E14)*(1-$G$5)/F14

	A	B	C	D	E	F	G
1	P:215,6-28						
2			不同债务规模下的债务年利率和普通股资本成本率测算模型				
3			江海电器有限公司				
4			2014				
5				息税前利润	5000	所得税税率	25%
6		B(万元)	K_B	β	R_F	R_M	K_S
7		0	0.00%	1.20	10.00%	14.00%	14.80%
8		2000	10.00%	1.25	10.00%	14.00%	15.00%
9		4000	10.00%	1.30	10.00%	14.00%	15.20%
10		6000	12.00%	1.40	10.00%	14.00%	15.60%
11		8000	14.00%	2	10.00%	14.00%	16.20%
12		10000	16.00%	2.10	10.00%	14.00%	18.40%
13		B(万元)	S(万元)	V(万元)	K_B(%)	K_S(%)	K_W(%)
14		0	25337.84		0.00%	14.80%	
15		2000	24000.00		10.00%	15.00%	
16		4000	22697.37		10.00%	15.20%	
17		6000	20576.92		12.00%	15.60%	
18		8000	17962.96		14.00%	16.20%	
19		10000	13858.70		16.00%	18.40%	
20		长期债务折现值（B）	4000				
21		股票折现值（S）					
22		公司总价值（V）					
23		资本成本率					

求和=124433.79

图 6—147

第三步，计算公司总价值

单击单元格 D14，输入公式“=B14+C14”，依次计算在不同债务规模下的公司总价值。如图 6—148 所示。

	A	B	C	D	E	F	G
1	P:215,6-28						
2			不同债务规模下的债务年利率和普通股资本成本率测算模型				
3			江海电器有限公司				
4			2014				
5				息税前利润	5000	所得税税率	25%
6		B(万元)	K_B	β	R_F	R_M	K_S
7		0	0.00%	1.20	10.00%	14.00%	14.80%
8		2000	10.00%	1.25	10.00%	14.00%	15.00%
9		4000	10.00%	1.30	10.00%	14.00%	15.20%
10		6000	12.00%	1.40	10.00%	14.00%	15.60%
11		8000	14.00%	2	10.00%	14.00%	16.20%
12		10000	16.00%	2.10	10.00%	14.00%	18.40%
13		B(万元)	S(万元)	V(万元)	K_B(%)	K_S(%)	K_W(%)
14		0	25337.84	=B14+C14	0.00%	14.80%	
15		2000	24000.00		10.00%	15.00%	
16		4000	22697.37		10.00%	15.20%	
17		6000	20576.92		12.00%	15.60%	
18		8000	17962.96		14.00%	16.20%	
19		10000	13858.70		16.00%	18.40%	
20		长期债务折现值（B）	4000				
21		股票折现值（S）					
22		公司总价值（V）					
23		资本成本率					

图 6—148

按回车键，可得结果为 25 337.84 万元。如图 6—149 所示。

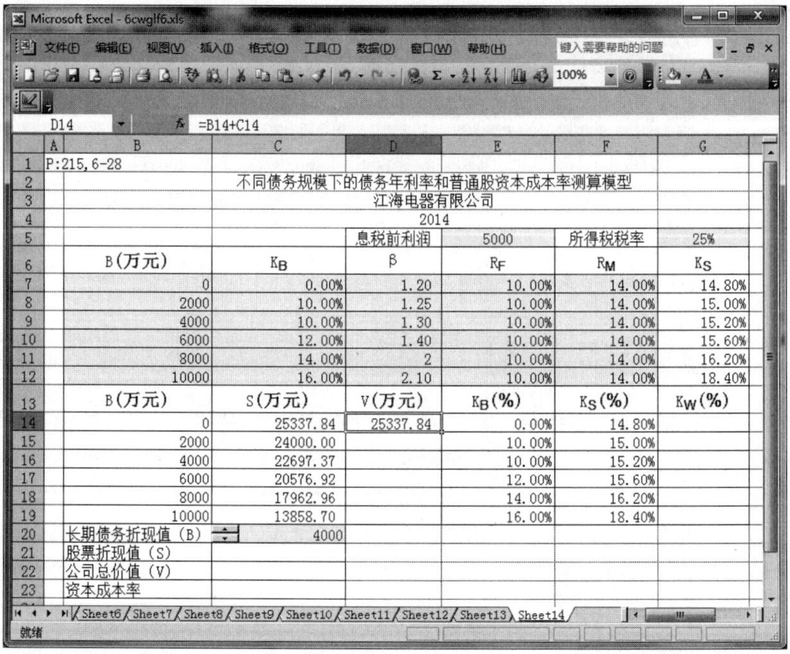

	A	B	C	D	E	F	G
1	P:215,6-28						
2			不同债务规模下的债务年利率和普通股资本成本率测算模型				
3			江海电器有限公司				
4			2014				
5				息税前利润	5000	所得税税率	25%
6		B(万元)	K_B	β	R_F	R_M	K_S
7		0	0.00%	1.20	10.00%	14.00%	14.80%
8		2000	10.00%	1.25	10.00%	14.00%	15.00%
9		4000	10.00%	1.30	10.00%	14.00%	15.20%
10		6000	12.00%	1.40	10.00%	14.00%	15.60%
11		8000	14.00%	2	10.00%	14.00%	16.20%
12		10000	16.00%	2.10	10.00%	14.00%	18.40%
13		B(万元)	S(万元)	V(万元)	K_B(%)	K_S(%)	K_W(%)
14		0	25337.84	25337.84	0.00%	14.80%	
15		2000	24000.00		10.00%	15.00%	
16		4000	22697.37		10.00%	15.20%	
17		6000	20576.92		12.00%	15.60%	
18		8000	17962.96		14.00%	16.20%	
19		10000	13858.70		16.00%	18.40%	
20		长期债务折现值（B）	4000				
21		股票折现值（S）					
22		公司总价值（V）					
23		资本成本率					

图 6—149

然后，选中单元格 D14，用鼠标指向该单元格的右下角，待鼠标指针变为实心的黑“+”时，按下鼠标左键拖向单元格 D15：D19，就可以计算出不同债务规模下的公司总价值。如图 6—150 所示。

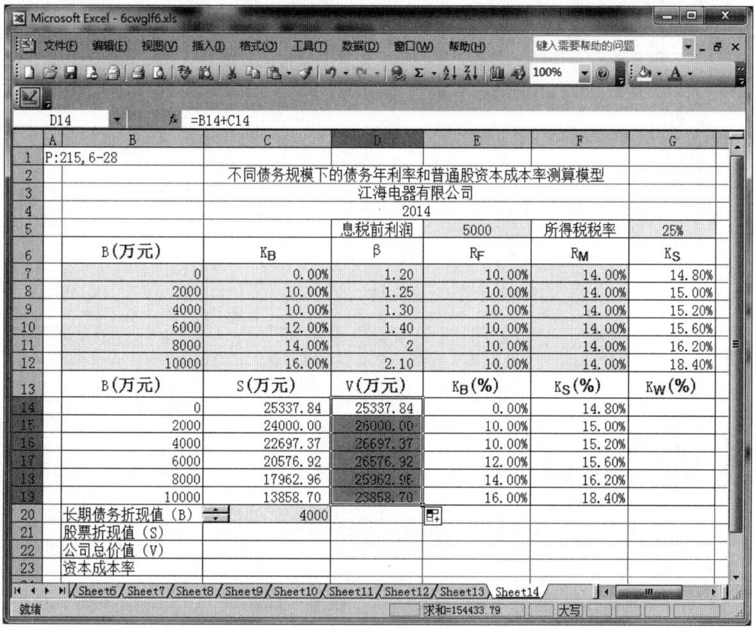

Microsoft Excel - 6cwglf6.xls

D14　=B14+C14

	A	B	C	D	E	F	G
1	P:215,6-28						
2			不同债务规模下的债务年利率和普通股资本成本率测算模型				
3			江海电器有限公司				
4			2014				
5				息税前利润	5000	所得税税率	25%
6		B(万元)	K_B	β	R_F	R_M	K_S
7		0	0.00%	1.20	10.00%	14.00%	14.80%
8		2000	10.00%	1.25	10.00%	14.00%	15.00%
9		4000	10.00%	1.30	10.00%	14.00%	15.20%
10		6000	12.00%	1.40	10.00%	14.00%	15.60%
11		8000	14.00%	2	10.00%	14.00%	16.20%
12		10000	16.00%	2.10	10.00%	14.00%	18.40%
13		B(万元)	S(万元)	V(万元)	K_B(%)	K_S(%)	K_W(%)
14		0	25337.84	25337.84	0.00%	14.80%	
15		2000	24000.00	26000.00	10.00%	15.00%	
16		4000	22697.37	26697.37	10.00%	15.20%	
17		6000	20576.92	26576.92	12.00%	15.60%	
18		8000	17962.96	25962.96	14.00%	16.20%	
19		10000	13858.70	23858.70	16.00%	18.40%	
20		长期债务折现值（B）	4000				
21		股票折现值（S）					
22		公司总价值（V）					
23		资本成本率					

求和=154433.79

图 6—150

第三步，计算公司综合资本成本率

单击单元格 G14，输入公式“$=E14*B14/D14*(1-\$G\$5)+F14*C14/D14$”，依次计算在不同债务规模下的公司综合资本成本率 K_W。如图 6—151 所示。

Microsoft Excel - 6cwglf6.xls

SUM　=E14*B14/D14*(1-$G$5)+F14*C14/D14

	A	B	C	D	E	F	G
1	P:215,6-28						
2			不同债务规模下的债务年利率和普通股资本成本率测算模型				
3			江海电器有限公司				
4			2014				
5				息税前利润	5000	所得税税率	25%
6		B(万元)	K_B	β	R_F	R_M	K_S
7		0	0.00%	1.20	10.00%	14.00%	14.80%
8		2000	10.00%	1.25	10.00%	14.00%	15.00%
9		4000	10.00%	1.30	10.00%	14.00%	15.20%
10		6000	12.00%	1.40	10.00%	14.00%	15.60%
11		8000	14.00%	2	10.00%	14.00%	16.20%
12		10000	16.00%	2.10	10.00%	14.00%	18.40%
13		B(万元)	S(万元)	V(万元)	K_B(%)	K_S(%)	K_W(%)
14		0	25337.84	25337.84	0.00%	14.80%	=E14*B14/D14*(1-$G$5)+F14*C14/D14
15		2000	24000.00	26000.00	10.00%	15.00%	
16		4000	22697.37	26697.37	10.00%	15.20%	
17		6000	20576.92	26576.92	12.00%	15.60%	
18		8000	17962.96	25962.96	14.00%	16.20%	
19		10000	13858.70	23858.70	16.00%	18.40%	
20		长期债务折现值（B）	4000				
21		股票折现值（S）					
22		公司总价值（V）					
23		资本成本率					

图 6—151

按回车键，可得结果为 14.8%。如图 6—152 所示。

	A	B	C	D	E	F	G
1	P:215,6-28						
2			不同债务规模下的债务年利率和普通股资本成本率测算模型				
3			江海电器有限公司				
4			2014				
5				息税前利润	5000	所得税税率	25%
6		B(万元)	K_B	β	R_F	R_M	K_S
7		0	0.00%	1.20	10.00%	14.00%	14.80%
8		2000	10.00%	1.25	10.00%	14.00%	15.00%
9		4000	10.00%	1.30	10.00%	14.00%	15.20%
10		6000	12.00%	1.40	10.00%	14.00%	15.60%
11		8000	14.00%	2	10.00%	14.00%	16.20%
12		10000	16.00%	2.10	10.00%	14.00%	18.40%
13		B(万元)	S(万元)	V(万元)	K_B(%)	K_S(%)	K_W(%)
14		0	25337.84	25337.84	0.00%	14.80%	14.80%
15		2000	24000.00	26000.00	10.00%	15.00%	
16		4000	22697.37	26697.37	10.00%	15.20%	
17		6000	20576.92	26576.92	12.00%	15.60%	
18		8000	17962.96	25962.96	14.00%	16.20%	
19		10000	13858.70	23858.70	16.00%	18.40%	
20		长期债务折现值（B）	4000				
21		股票折现值（S）					
22		公司总价值（V）					
23		资本成本率					

图 6—152

然后，选中单元格 G14，用鼠标指向该单元格的右下角，待鼠标指针变为实心的黑“+”时，按下鼠标左键拖向单元格 G15:G19，就可以计算出不同债务规模下的公司综合资本成本率。如图 6—153 所示。

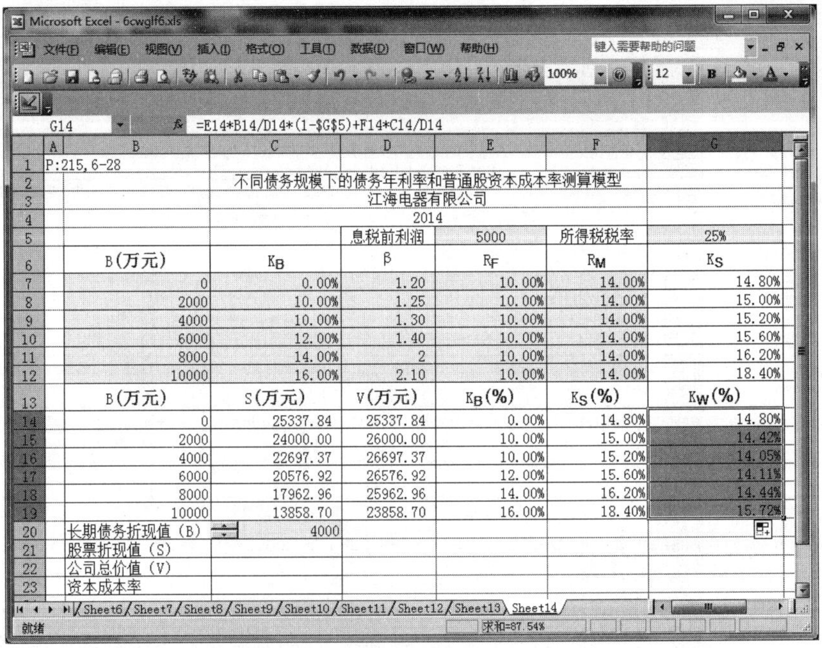

	A	B	C	D	E	F	G
1	P:215,6-28						
2			不同债务规模下的债务年利率和普通股资本成本率测算模型				
3			江海电器有限公司				
4			2014				
5				息税前利润	5000	所得税税率	25%
6		B(万元)	K_B	β	R_F	R_M	K_S
7		0	0.00%	1.20	10.00%	14.00%	14.80%
8		2000	10.00%	1.25	10.00%	14.00%	15.00%
9		4000	10.00%	1.30	10.00%	14.00%	15.20%
10		6000	12.00%	1.40	10.00%	14.00%	15.60%
11		8000	14.00%	2	10.00%	14.00%	16.20%
12		10000	16.00%	2.10	10.00%	14.00%	18.40%
13		B(万元)	S(万元)	V(万元)	K_B(%)	K_S(%)	K_W(%)
14		0	25337.84	25337.84	0.00%	14.80%	14.80%
15		2000	24000.00	26000.00	10.00%	15.00%	14.42%
16		4000	22697.37	26697.37	10.00%	15.20%	14.05%
17		6000	20576.92	26576.92	12.00%	15.60%	14.11%
18		8000	17962.96	25962.96	14.00%	16.20%	14.44%
19		10000	13858.70	23858.70	16.00%	18.40%	15.72%
20		长期债务折现值（B）	4000				
21		股票折现值（S）					
22		公司总价值（V）					
23		资本成本率					

图 6—153

第四步，当长期债务为 4 000 万元时，调用 VLOOKUP 函数计算公司股票折现值

用鼠标单击单元格 C21，单击公式编辑栏左侧的插入函数“fx”按钮，弹出“插入函数”对话框，单击“或选择类别（C）”栏选择“全部”类，在“选择函数（N）”栏选择“VLOOKUP”函数名。如图 6—154 所示。

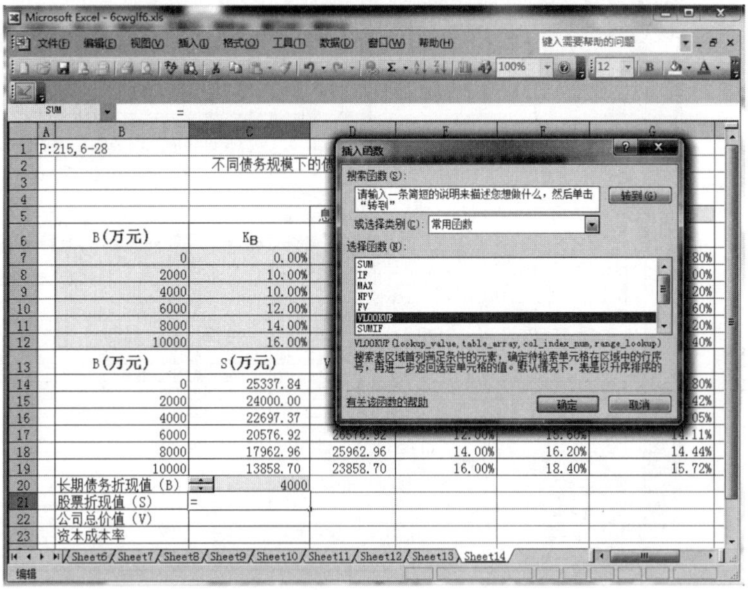

图 6—154

点击“确定”按钮，弹出计算股票折现值的“函数参数”对话框。如图 6—155 所示。

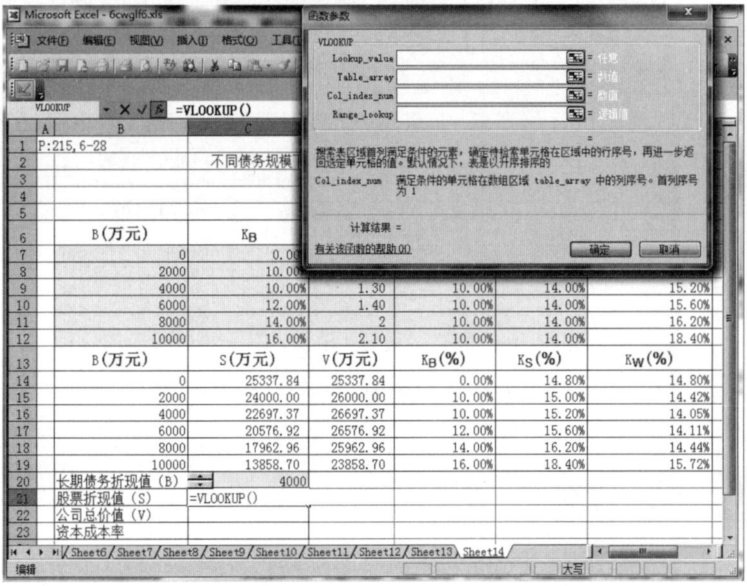

图 6—155

单击“Lookup _ value”栏右边的“折叠对话框”按钮，用鼠标选择单元格C20。然后单击“Rate”栏右边的“折叠对话框”按钮，返回VLOOKUP“函数参数”对话框。以此类推，将计算终值的参数选入“函数参数”对话框中。如图6—156所示。

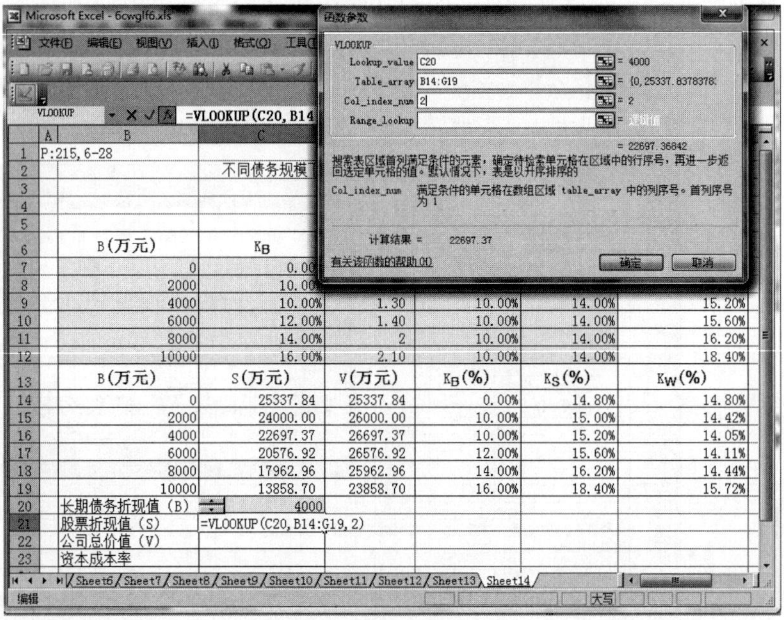

图6—156

点击“确定”按钮，在单元格C21就显现出股票折现值为22 697.37万元。如图6—157所示。

图6—157

同理，对于公司总价值和资本成本率均可利用“VLOOKUP”函数，依次算出结果为 22 697.37 万元，14.05%。如图 6—158 所示。

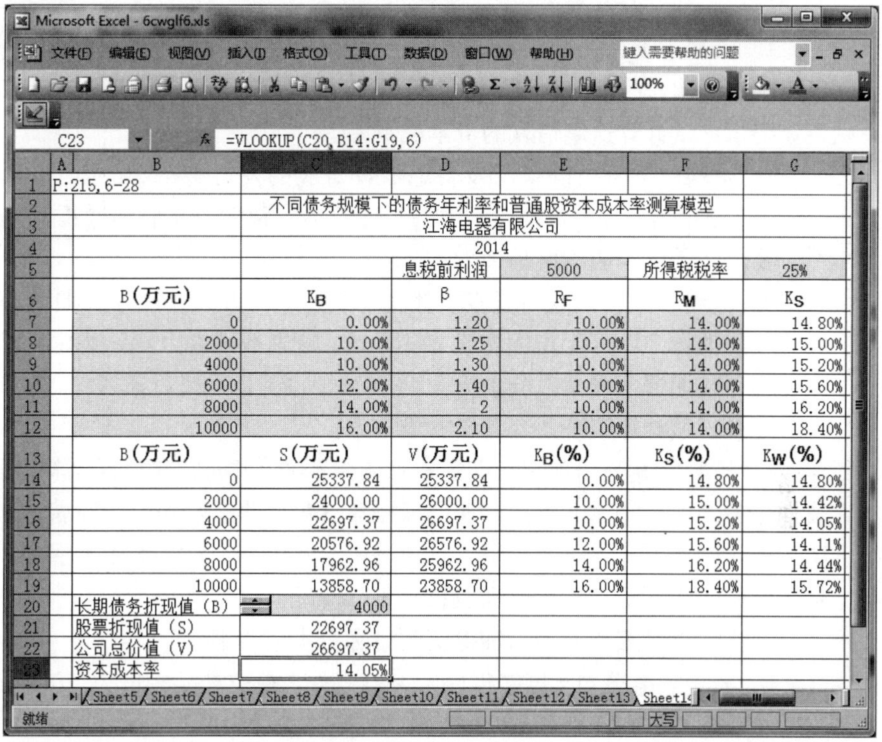

	A	B	C	D	E	F	G
1	P:215,6-28						
2			不同债务规模下的债务年利率和普通股资本成本率测算模型				
3			江海电器有限公司				
4			2014				
5				息税前利润	5000	所得税税率	25%
6		B(万元)	K_B	β	R_F	R_M	K_S
7		0	0.00%	1.20	10.00%	14.00%	14.80%
8		2000	10.00%	1.25	10.00%	14.00%	15.00%
9		4000	10.00%	1.30	10.00%	14.00%	15.20%
10		6000	12.00%	1.40	10.00%	14.00%	15.60%
11		8000	14.00%	2	10.00%	14.00%	16.20%
12		10000	16.00%	2.10	10.00%	14.00%	18.40%
13		B(万元)	S(万元)	V(万元)	K_B(%)	K_S(%)	K_W(%)
14		0	25337.84	25337.84	0.00%	14.80%	14.80%
15		2000	24000.00	26000.00	10.00%	15.00%	14.42%
16		4000	22697.37	26697.37	10.00%	15.20%	14.05%
17		6000	20576.92	26576.92	12.00%	15.60%	14.11%
18		8000	17962.96	25962.96	14.00%	16.20%	14.44%
19		10000	13858.70	23858.70	16.00%	18.40%	15.72%
20		长期债务折现值（B）	4000				
21		股票折现值（S）	22697.37				
22		公司总价值（V）	26697.37				
23		资本成本率	14.05%				

图 6—158

以上是债务为 4 000 万元时计算出的公司总价值和资本成本率，我们可以利用以上模型计算出不同债务规模的公司总价值和资本成本率，通过比较公司价值和资本成本率，得出当公司的长期债务资本为 4 000 万元时的资本结构为最佳资本结构。

按照【任务 6—28】所提供的资料，在 Excel 工作表中创建最佳资本结构确定模型就已经完成了。对这部分内容读者可以参考“实验系统”中“资本结构决策模型”项目下“实验示范”中第 15 个实验的屏幕录像。

通过最佳资本结构确定模型，我们可以测算公司总价值最大化的长期债务规模。借助最佳资本结构确定模型进行假设分析，可以确定不同债务规模对公司总价值的影响，为实现公司的最佳资本结构提供资料。

6.5　资本结构决策实验资料

6.5.1　主教材第 6 章资本结构决策的练习题

见主教材第 217 页。

6.5.2 补充实验资料

1. 资料：某公司从银行取得一笔2年期5 000万元的借款，年利率为6%，每年结息一次，到期一次还本，手续费率为2%。公司所得税税率为25%。

要求：试计算这笔借款的资本成本率。

2. 资料：某公司准备增发普通股，每股的发行价格20元，每股发行费用1.5元，预定第一年分派现金股利每股1.5元，以后每年股利增长5%。

要求：其资本成本率是多少？

3. 资料：某公司现有长期资本总额为2 000万元，其中长期借款为400万元，长期债券700万元，优先股200万元，普通股600万元，留用利润为100万元；各种长期资本成本率分别为5%，6%，11%，14%，13%。

要求：试计算该公司综合资本成本率。

4. 资料：某公司现有长期资本总额为5 000万元，其目标结构（比例）为：长期债务20%，优先股5%，普通股权益（包括普通股和留用利润）75%。现拟追加资本500万元，仍按此资本结构筹资。其中，个别资本成本率分别为：长期债务8%，优先股12%，普通股权益13.2%。

要求：试计算该公司追加筹资的边际资本成本率。

5. 资料：某公司年度销售量为42 000件，单位产品售价为1 000元，固定成本为700万元，单位变动成本率为60%；资本总额为2 500万元，其中债务资本比例占40%，该债务年利率为9%，息税前利润为800万元，公司所得税税率为25%。

要求：试分别计算营业杠杆系数、财务杠杆系数和联合杠杆系数。

6. 资料：某公司在成长过程中拟追加筹资4 000万元，现有A，B，C三个追加筹资方案可供选择，有关资料经整理后如表6—6所示。

表6—6

筹资方式	筹资方案A		筹资方案B		筹资方案C	
	筹资额（万元）	个别资本成本率（%）	筹资额（万元）	个别资本成本率（%）	筹资额（万元）	个别资本成本率（%）
长期借款	500	7	1 500	8	1 000	7.5
公司债券	1 500	9	500	8	1 000	8.3
优先股	1 500	12	500	12	1 000	12
普通股	500	14	1 500	14	1 000	14
合计	4 000	—	4 000	—	4 000	—

要求：试计算该公司A，B，C三个追加筹资方案的边际资本成本率，并据以比较选择最优追加筹资方案。

7. 资料：某公司2013年长期资本总额为1亿元，其中普通股6 000万元（240万股），长期债务4 000万元，利率10%。假定公司所得税税率为25%。

2014 年公司预定将长期资本总额增至 1.4 亿元，需要追加筹资 4 000 万元。现有两个追加筹资方案可供选择：(1) 发行公司债券，票面利率 12%；(2) 增发普通股 100 万股。预计 2014 年息税前利润为 3 000 万元。

要求：测算两个追加方案下普通股每股收益。

8. 资料：某公司现有全部长期资本均为普通股资本，无长期债务资本和优先股资本，账面价值 1.5 亿元。公司认为这种资本结构不合理，没有发挥财务杠杆的作用，准备举借长期债务购回部分普通股予以调整。公司预计息税前利润为 5 000 万元，假定公司所得税税率为 25%。经测算，目前的长期债务年利率和普通股资本成本率如表 6—7 所示。

表 6—7　某公司在不同长期债务规模下的债务年利率和普通股资本成本率测算表

B (万元)	K_B (%)	β	R_F (%)	R_M (%)	K_S (%)
0	—	1.15	10	14	14.60
1 000	10	1.20	10	14	14.80
2 000	12	1.25	10	14	15.00
3 000	14	1.30	10	14	15.20
4 000	16	1.35	10	14	15.40
5 000	18	1.40	10	14	15.60

要求：请根据以上资料，运用前述公司价值和公司资本成本率的测算方法，测算在不同长期债务规模下的公司价值和公司资本成本率，据以比较确定公司的最佳资本结构。

参考答案

1. 4.59%。
2. 13.11%。
3. 9.05%。
4. 12.1%。
5. 1.71，1.13%，1.93。
6. A：10.5%；B：10.75%；C：10.45%，C 筹资方案的边际资本成本率最低，为最优追加筹资方案。
7. 增发普通股：5.735，增发债券：6.625。
8. $B=0$，$V=25\,684.93$，$K_W=14.60\%$

$B=1\,000$，$V=25\,831.08$，$K_W=14.52\%$

$B=2\,000$，$V=25\,800.00$，$K_W=14.53\%$

$B=3\,000$，$V=25\,598.68$，$K_W=14.65\%$

$B=4\,000$，$V=25\,233.77$，$K_W=14.86\%$

$B=5\,000$，$V=24\,711.54$，$K_W=15.18\%$

最佳资本结构为举借 1 000 万元的长期债务。

第 7 章

Chapter 7 投资决策原理实验

实 验 导 引

实验名称： 投资决策原理实验

实验目的： 理解投资决策的基本原理，获得利用 Excel 工作表完成投资决策原理的基本技能。

实验内容： 以主教材第 7 章“投资决策原理”的投资现金流分析、折现现金流计算、非折现现金流计算、投资决策指标的比较为主要实验内容。

实验要求： 完成投资现金流分析、折现现金流、非折现现金流模型的创建和应用。

实验参考： 参考主教材第 7 章“投资决策原理”的投资现金流分析、折现现金流计算、非折现现金流计算、投资决策指标的比较等相关内容以及实验系统中投资决策原理模块“实验示范”中的投资现金流分析、折现现金流计算、非折现现金流计算、投资决策指标的比较模型的创建和应用屏幕录像以及“实验参考”等内容。

“3＝490”的方程

美籍华裔商人谢家华在 25 岁时，斥资 50 万美元投资了一家经营鞋子的网店 Zappos，可由于这个网店在消费者中认知度、美誉度不高，产品的销售并不乐观。

为了改变这一局面，谢家华经过深思熟虑，做出了一个大胆的决定：推出买一双送三双试穿的服务。顾客如果对 Zappos 公司的某款鞋子感兴趣，只需一个电话，公司马上就会寄出三双同颜色同款式的鞋子供试穿，等顾客选中其中一双后，再将另外两双退回，而且运费全免。

这项举措一经推出，马上就得到了广大消费者的追捧。不过，虽然 Zappos 公司赢得不少消费者的赞美，但退货率却高达 35%。每年单运费一项就超过了 1 亿美元，而顾客趁机侵吞另外两双试穿鞋的现象也非常普遍。一时间，嘲笑声、反对声此起彼伏，公司员工相继跳槽，公司甚至两度濒临破产。倔强的谢家华依然坚持了下来。

就在人们不看好 Zappos 的时候，公司的订单开始快速增长，实现了连年翻番。如今，Zappos 的年销售额已经超过 10 亿美元，占全美鞋类销售量的 1/4，成为全球最大的网络鞋店。谢家华也因此获得了巨额财富，入选全球 40 岁以下亿万富豪榜。

当记者采访谢家华的时候，他憨厚地回答说："我们统计过，一个人平均每年要买 7 双鞋，如果一生按 70 年来计算，那么就需要买 490 双鞋子。用牺牲两双鞋的代价，就换来了一个顾客终身购买 490 双鞋的机会，你们说这项服务划不划算?"人们听后，恍然大悟，同时也为他精明睿智的商业头脑和独到的眼光折服。

阿里巴巴的马云曾说过："今天是残酷的，明天更残酷，但后天是美好的。可大多数人却死在了明天晚上，没有等到后天的太阳。"谢家华的成功，也恰恰给予了我们这样一个启示：只有练就比常人更远一步的眼光、更胜一筹的胆识，并且始终坚信自己的目标，才能在竞争激烈的商海中赚取到超额财富，取得人生的成功。

资料来源：http://www.xiaogushi.com/diy/licai/2012122414862.html.

7.1 投资决策原理实验概述

企业投资是指公司对现在所持有资金的一种运用，其目的是在未来一定时期内获得与风险相匹配的报酬。在市场经济条件下，公司能否把筹集到的资金投放到报酬高、回报快、风险小的项目上去，对企业的生存和发展十分重要。由于主教材在本章主要是围绕投资项目现金流量的构成与计算，各种投资决策指标的计算方法、决策规则，各种方法之间的比较和具体的应用，所以投资决策原理实验也是围绕上述内容展开。

7.1.1 投资决策原理实验内容

第一，投资现金流量的分析。在投资决策中，资金无论是投向公司内部形成各种资产，还是投向公司外部形成联营投资，都需要用特定的指标对投资的可行性进行分析，这些指标的计算都是以投资项目的现金流量为基础的。因此，现金流量是评价方案是否可行时必须事先计算的基础性数据。

第二，计算折现现金流。计算折现现金流方法主要有净现值法、内含报酬率法和获利指数法，正确计算这些数据对于投资决策有重要的作用，本章着重介绍了折现现金流的计算方法和计算步骤。

第三，计算非折现现金流。非折现现金流指标主要有投资回收期和平均报酬率。非折现现金流计算方法较为简单，缺点是没有考虑货币时间价值，具有较大的主观性。

第四，投资决策指标的比较。本章既介绍了折现现金流的计算，也介绍了非折现现金流的计算，通过比较可以找出各自的优缺点，为进行准确的决策奠定基础。

7.1.2 投资决策原理实验任务

根据投资决策原理实验的内容，本章的实验任务主要包括：
第一，完成投资现金流量预测模型的创建与应用实验；
第二，完成净现值法模型的创建与应用实验；
第三，完成内含报酬率法模型的创建与应用实验；
第四，完成获利指数法模型的创建与应用实验；
第五，完成投资回收期法模型的创建与应用实验；
第六，完成平均报酬率法模型的创建与应用实验；
第七，完成投资决策指标比较的应用实验。

7.1.3 投资决策原理实验平台

投资决策原理实验以 Excel 工作表为实验平台。尽管我们可以用手工计算或者借助查现值表的办法，来解决涉及净现值、内含报酬率和获利指数的计算，但是这种计算问题是财务管理的经常性工作，在财务管理工作中计算工作量非常大。为了提高这类计算问题的工作效率，减轻财务管理专业人员的劳动强度，有必要借助 Excel 工作表创建净现值、内含报酬率和获利指数的计算模型。

Excel 工作表能够解决财务管理的许多问题，不仅可以方便地编写公式，引用内置的函数，还可以调用分析工具，为我们创建各种财务管理模型提供了极大的便利。在本实验的模型构建过程中除了编写公式外，还涉及 SLN 函数、NPV 函数、IRR 函数和 FV 函数的应用，以及窗体控件按钮在分析中的应用。

7.2 投资现金流分析实验

公司的投资活动必然会引起现金流的增减变化，按照现金流动的方向，可以将投资活动的现金流量分为现金流入量、现金流出量和净现金流量。按照现金流量的发生时间，投资活动的现金流量又可以分为初始现金流量、营业现金流量和终结现金流量。关注投资项目引起的现金流量对于公司妥善筹措资金、评价项目可行性都具有重要意义。

7.2.1 逐项测算法模型的创建

逐项测算法模型是对投资项目所需的各种现金流量进行逐项预测的一种分析模型。

【任务 7—1】

某企业准备建一条新的生产线，经过认真调查研究和分析，预计各项支出如下：投资前费用 10 000 元；设备购置费用 500 000 元；设备安装费用 100 000 元；

建筑工程费用 400 000 元；投产时需垫支营运资本 50 000 元；不可预见费按上述总支出的 5%计算。计算：该生产线的投资总额是多少？（资料来源：主教材第 226 页例 7—1。）

为便于说明如何在 Excel 工作表中完成创建逐项测算法模型的任务，我们利用上述【任务 7—1】的资料并借助 Excel 工作表创建逐项测算法模型预测出投资总额。

在 Excel 工作表中，创建逐项测算法模型的步骤如下：

第一步，建立逐项测算法模型并录入数据

首先，在 Excel 工作表中建立逐项测算法模型并将【任务 7—1】预测投资总额相关数据录入。如图 7—1 所示。

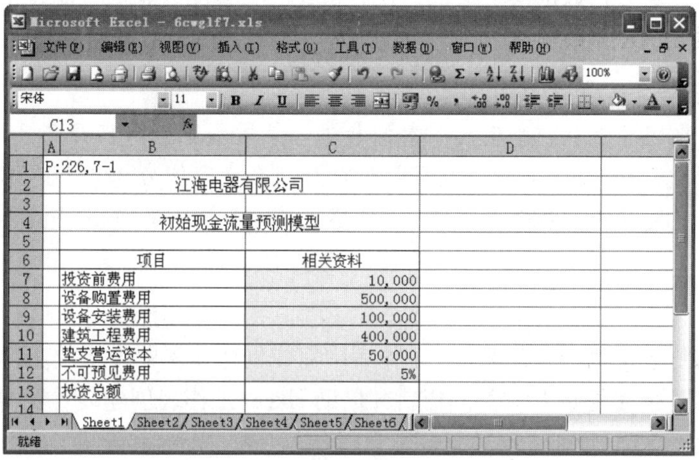

图 7—1

第二步，逐项预测投资总额

单击单元格 C13，调用 SUM 函数对单元格区域 C7:C11 求和，并按总支出的 5%计算出不可预见费用。即“=SUM（C7:C11）＊（1+C12)”，按回车键就预测出该项目的投资总额为 1 113 000 元。如图 7—2 所示。

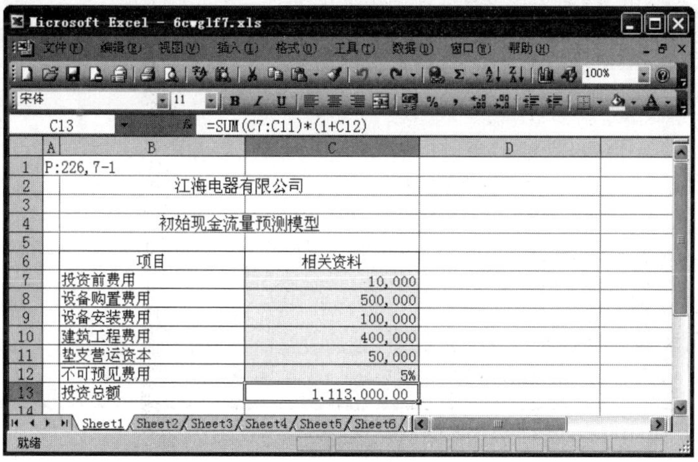

图 7—2

至此，按照【任务 7—1】所提供的资料，在 Excel 工作表中创建逐项测算法模型就已经完成了。对这部分内容读者可以参考“实验系统”中“投资决策原理实验”项目下“实验示范”中第 1 个实验的屏幕录像。

通过逐项测算法模型，我们可以预测该项目的投资总额应该为 1 113 000 元。借助逐项测算法模型进行假设分析，可以确定不同投资项目各个支出项目对投资决策的影响，为实现公司的投资决策提供资料。

7.2.2 装置能力指数法模型的创建

装置能力指数法模型是根据投资项目的装置能力和装置能力指数来预测项目投资额的一种分析模型。

【任务 7—2】

某化肥厂原有一套生产尿素的装置，装置能力为年产尿素 10 万吨，5 年前投资额为 1 000 万元，现该化肥厂拟增加一套生产能力为 8 万吨的尿素装置，根据经验，装置能力指数取 0.8，因价格上涨，需要对投资进行调整，取调整系数为 1.4。试预测 8 万吨尿素装置的投资额。（资料来源：主教材第 227 页例 7—2。）

为便于说明如何在 Excel 工作表中完成创建装置能力指数法模型的任务，我们利用上述【任务 7—2】的资料并借助 Excel 工作表创建装置能力指数法模型预测出投资总额。

在 Excel 工作表中，创建装置能力指数法模型的步骤如下：

第一步，建立装置能力指数法模型并录入数据

首先，在 Excel 工作表中建立装置能力指数法模型并将【任务 7—2】预测投资总额相关数据录入。如图 7—3 所示。

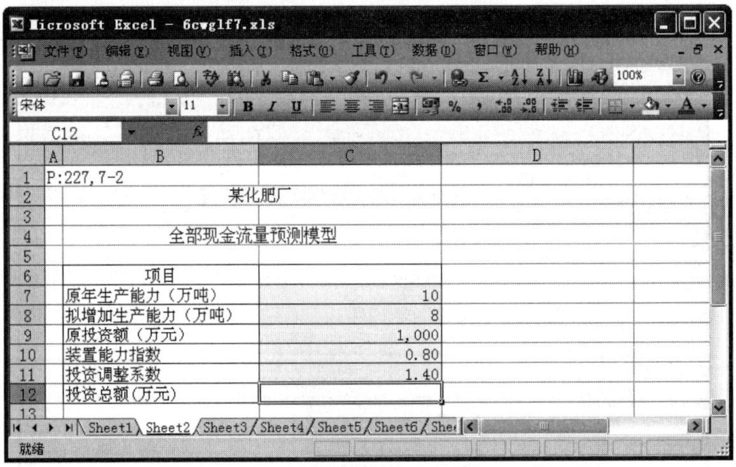

图 7—3

第二步，预测投资总额

在单元格 C12 中，输入公式“=C9 * (8/10) ^C10 * C11”，按回车键就预测出该项目的投资总额为 1 171.12 万元。如图 7—4 所示。

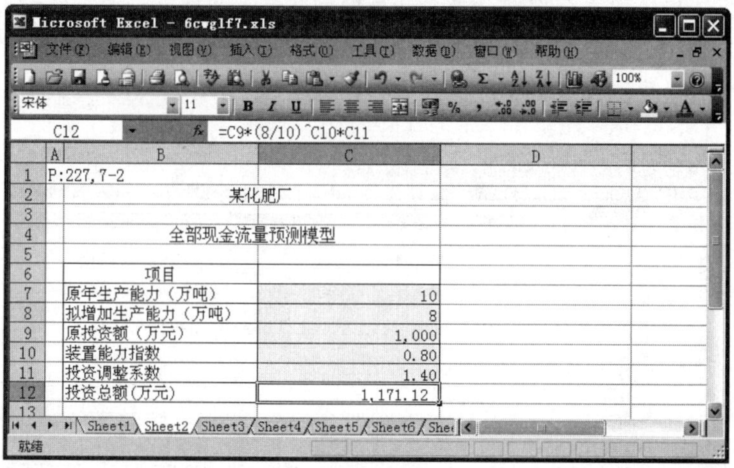

图 7—4

至此，按照【任务 7—2】所提供的资料，在 Excel 工作表中创建装置能力指数法模型就已经完成了。对这部分内容读者可以参考“实验系统”中“投资决策原理实验”项目下“实验示范”中第 2 个实验的屏幕录像。

通过装置能力指数法模型，我们可以预测该项目的投资总额应该为 1 171.12 万元。借助装置能力指数法模型进行假设分析，可以确定不同投资项目现金流量对投资决策的影响，为实现公司的投资决策提供资料。

7.2.3 全部现金流量计算模型的创建

全部现金流量计算模型是对投资项目整个生命周期内的初始现金流量、营业现金流量和终结现金流量进行预测的一种分析模型。

【任务 7—3】

江海电器有限公司准备购入一台设备以扩充生产能力。现有甲、乙两个方案可供选择。甲方案需投资 10 000 元，使用寿命为 5 年，采用直线法计提折旧，5 年后设备无残值，5 年中每年销售收入为 6 000 元，每年的付现成本为 2 000 元。乙方案需投资 12 000 元，采用直线法计提折旧，使用寿命也为 5 年，5 年后有残值收入 2 000 元。5 年中每年的销售收入为 8 000 元，付现成本第 1 年为 3 000 元，以后随着设备陈旧，逐年将增加修理费 400 元，另需垫支营运资本 3 000 元，假设所得税税率为 25%。试计算两个方案的现金流量。（资料来源：主教材第 227 页例 7—3。）

为便于说明如何在 Excel 工作表中完成创建全部现金流量计算模型的任务，我们利用上述【任务 7—3】的资料并借助 Excel 工作表创建全部现金流量计算模型，然后根据全部现金流量计算模型预测出【任务 7—3】中有关投资项目的投资总额。

在 Excel 工作表中，创建全部现金流量计算模型的步骤如下：

第一步，建立全部现金流量计算模型并录入数据

首先在 Excel 工作表中建立全部现金流量计算模型并将【任务 7—3】的全部现金流量预测计算相关数据录入。如图 7—5 所示。

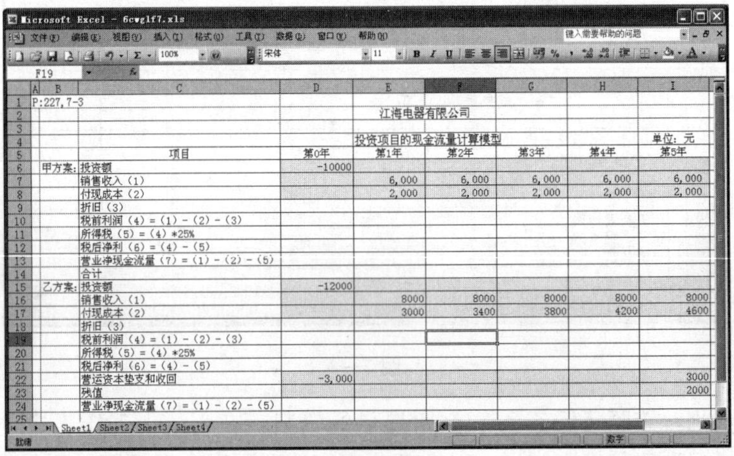

图 7—5

第二步，调用 SLN 函数计算设备的折旧额

用鼠标单击单元格 E9，单击公式编辑栏左侧的插入函数“f_x”按钮，弹出“插入函数”对话框，单击“或选择类别（C）”栏选择“财务”类，在“选择函数（N）”栏选择“SLN”函数名，如图 7—6 所示。

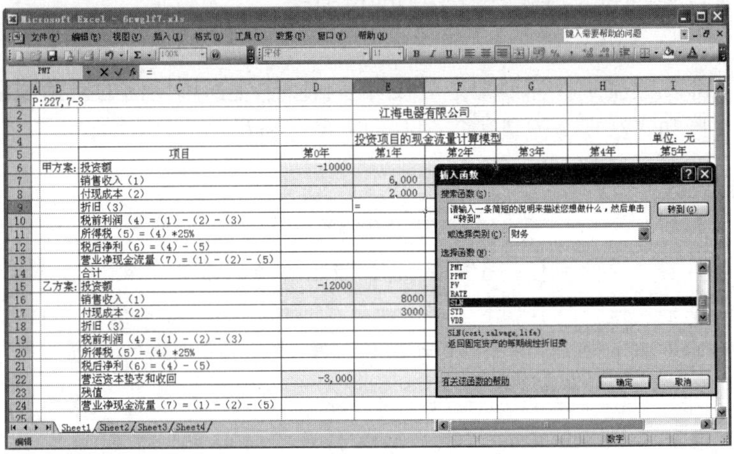

图 7—6

点击“确定”按钮就弹出计算折旧的“函数参数”对话框。如图 7—7 所示。

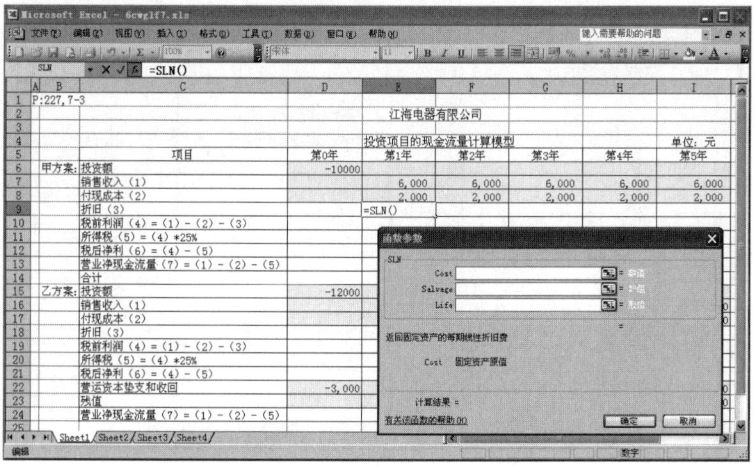

图 7—7

单击“Cost”栏右边的“折叠对话框”按钮，鼠标选择单元格 D6，再按下 F4 键，然后单击“Cost”栏右边的“折叠对话框”按钮，返回函数参数对话框，在＄D＄6 单元格前加一个负号，使得设备原值变成正数。在“Salvage”栏中输入残值“0”，在“Life”栏中输入使用年数“5”，点击“确定”按钮，计算出第 1年的折旧额，如图 7—8 所示。

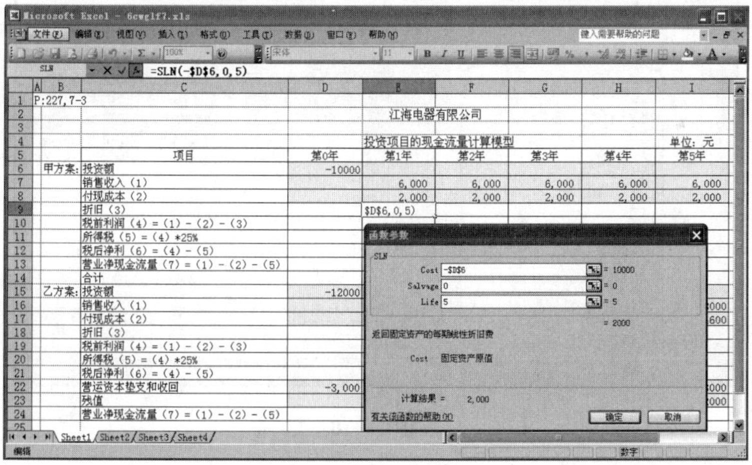

图 7—8

按住单元格 E9 向右拖，则第 2 年、第 3 年、第 4 年、第 5 年的折旧额就计算出来。

第三步，计算甲方案的税后净利

首先计算“税前利润”，在单元格 E10 中输入“＝”，然后用鼠标选择单元格 E7，再输入“－”，然后用鼠标选择单元格 E8，再输入“－”，然后用鼠标选择单元格 E9，最后按回车键，就会算出第 1 年的税前利润。如图 7—9 所示。

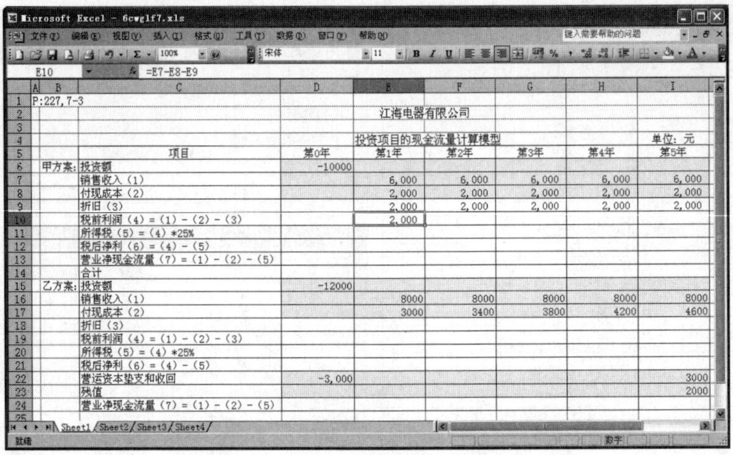

图 7—9

按住单元格 D9 向右拖，则第 2 年、第 3 年、第 4 年、第 5 年的税前利润就计算出来。

然后计算所得税，在单元格 E11 中输入计算公式“=E10＊25%”，再按回车键就计算出第 1 年的所得税，如图 7—10 所示。

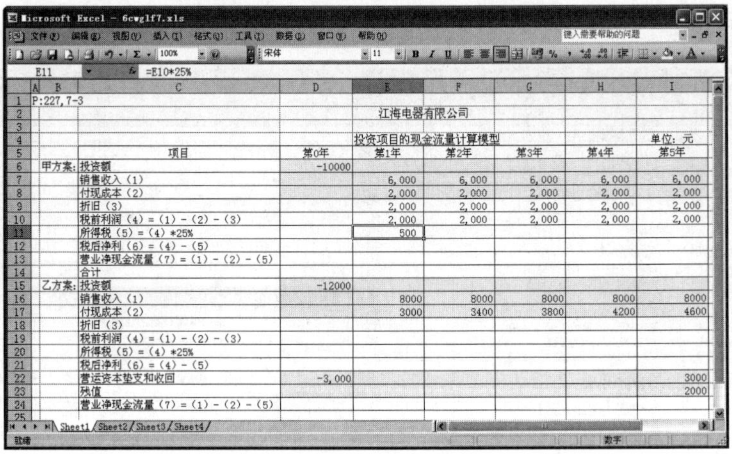

图 7—10

按住单元格 E11 向右拖，则第 2 年、第 3 年、第 4 年、第 5 年的所得税就计算出来。

最后计算税后净利，在单元格 E12 中输入计算公式“=E10−E11”，然后按回车键就计算出第 1 年的税后净利。如图 7—11 所示。

按住单元格 E12 向右拖，则第 2 年、第 3 年、第 4 年、第 5 年的税后净利就计算出来。

第四步，计算营业净现金流量

单击单元格 D13，从工具栏中选择“∑”求和公式，然后选择求和的范围是 D6:D12，按回车键，就会计算出第 0 年的营业净现金流量。如图 7—12 所示。

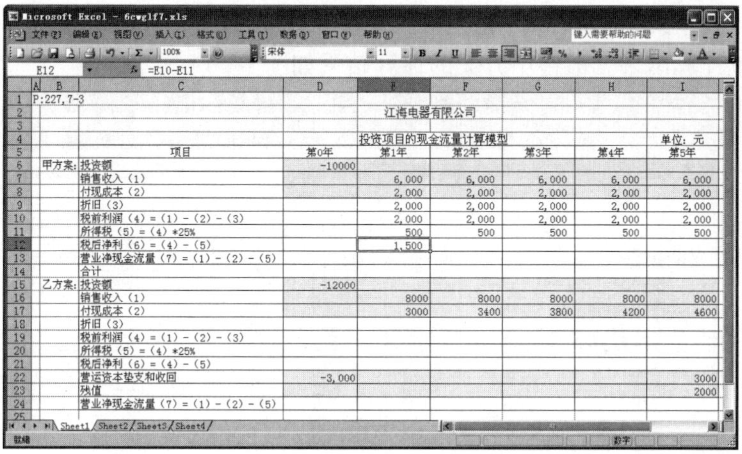

Microsoft Excel - 6cwglf7.xls

E12 =E10-E11

	B	C	D	E	F	G	H	I
1	P:227,7-3							
2				江海电器有限公司				
3								
4				投资项目的现金流量计算模型				单位：元
5		项目	第0年	第1年	第2年	第3年	第4年	第5年
6	甲方案:	投资额	-10000					
7		销售收入（1）		6,000	6,000	6,000	6,000	6,000
8		付现成本（2）		2,000	2,000	2,000	2,000	2,000
9		折旧（3）		2,000	2,000	2,000	2,000	2,000
10		税前利润（4）=（1）-（2）-（3）		2,000	2,000	2,000	2,000	2,000
11		所得税（5）=（4）*25%		500	500	500	500	500
12		税后净利（6）=（4）-（5）		1,500				
13		营业净现金流量（7）=（1）-（2）-（5）						
14		合计						
15	乙方案:	投资额	-12000					
16		销售收入（1）		8000	8000	8000	8000	8000
17		付现成本（2）		3000	3400	3800	4200	4600
18		折旧（3）						
19		税前利润（4）=（1）-（2）-（3）						
20		所得税（5）=（4）*25%						
21		税后净利（6）=（4）-（5）						
22		营运资本垫支和收回	-3,000					3000
23		残值						2000
24		营业净现金流量（7）=（1）-（2）-（5）						

图 7—11

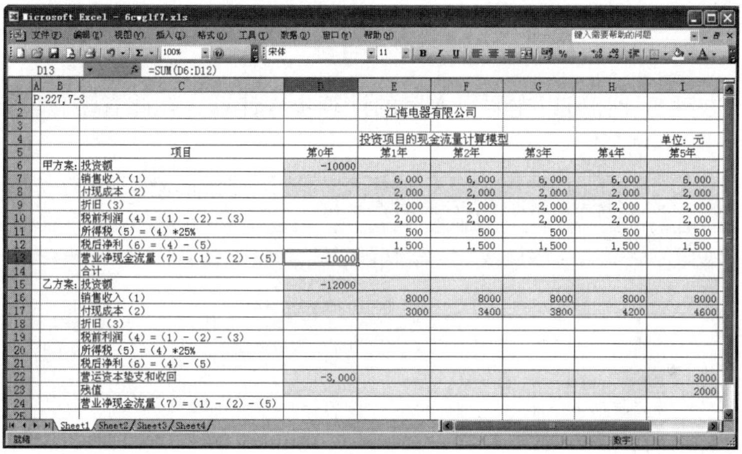

Microsoft Excel - 6cwglf7.xls

D13 =SUM(D6:D12)

	B	C	D	E	F	G	H	I
1	P:227,7-3							
2				江海电器有限公司				
3								
4				投资项目的现金流量计算模型				单位：元
5		项目	第0年	第1年	第2年	第3年	第4年	第5年
6	甲方案:	投资额	-10000					
7		销售收入（1）		6,000	6,000	6,000	6,000	6,000
8		付现成本（2）		2,000	2,000	2,000	2,000	2,000
9		折旧（3）		2,000	2,000	2,000	2,000	2,000
10		税前利润（4）=（1）-（2）-（3）		2,000	2,000	2,000	2,000	2,000
11		所得税（5）=（4）*25%		500	500	500	500	500
12		税后净利（6）=（4）-（5）		1,500	1,500	1,500	1,500	1,500
13		营业净现金流量（7）=（1）-（2）-（5）	-10000					
14		合计						
15	乙方案:	投资额	-12000					
16		销售收入（1）		8000	8000	8000	8000	8000
17		付现成本（2）		3000	3400	3800	4200	4600
18		折旧（3）						
19		税前利润（4）=（1）-（2）-（3）						
20		所得税（5）=（4）*25%						
21		税后净利（6）=（4）-（5）						
22		营运资本垫支和收回	-3,000					3000
23		残值						2000
24		营业净现金流量（7）=（1）-（2）-（5）						

图 7—12

在单元格 E13 中输入计算公式“＝E7－E8－E11”，然后按回车键就计算出第 1 年的营业净现金流量，如图 7—13 所示。

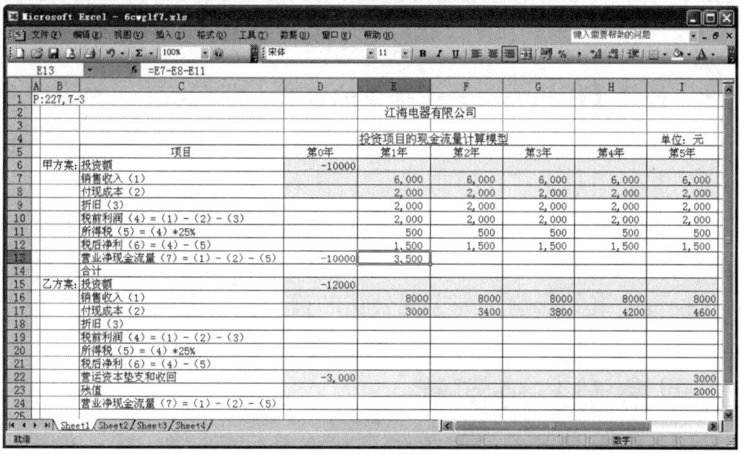

Microsoft Excel - 6cwglf7.xls

E13 =E7-E8-E11

	B	C	D	E	F	G	H	I
1	P:227,7-3							
2				江海电器有限公司				
3								
4				投资项目的现金流量计算模型				单位：元
5		项目	第0年	第1年	第2年	第3年	第4年	第5年
6	甲方案:	投资额	-10000					
7		销售收入（1）		6,000	6,000	6,000	6,000	6,000
8		付现成本（2）		2,000	2,000	2,000	2,000	2,000
9		折旧（3）		2,000	2,000	2,000	2,000	2,000
10		税前利润（4）=（1）-（2）-（3）		2,000	2,000	2,000	2,000	2,000
11		所得税（5）=（4）*25%		500	500	500	500	500
12		税后净利（6）=（4）-（5）		1,500	1,500	1,500	1,500	1,500
13		营业净现金流量（7）=（1）-（2）-（5）	-10000	3,500				
14		合计						
15	乙方案:	投资额	-12000					
16		销售收入（1）		8000	8000	8000	8000	8000
17		付现成本（2）		3000	3400	3800	4200	4600
18		折旧（3）						
19		税前利润（4）=（1）-（2）-（3）						
20		所得税（5）=（4）*25%						
21		税后净利（6）=（4）-（5）						
22		营运资本垫支和收回	-3,000					3000
23		残值						2000
24		营业净现金流量（7）=（1）-（2）-（5）						

图 7—13

按住单元格 E13 向右拖，则第 2 年、第 3 年、第 4 年、第 5 年的营业现金净流量就计算出来。最终甲方案的计算结果如图 7—14 所示。

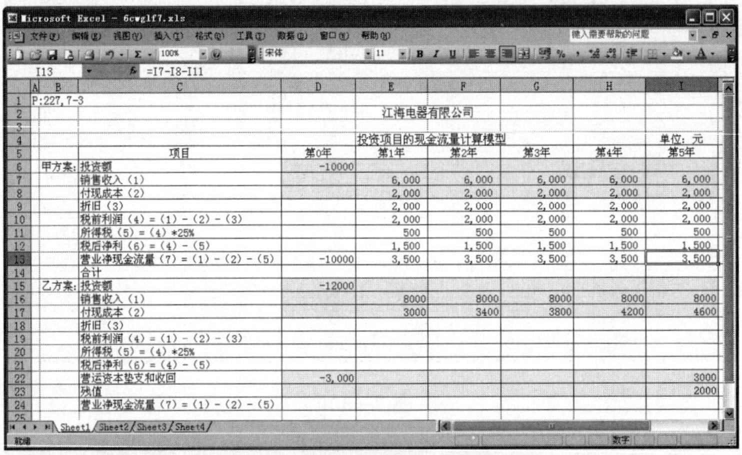

	项目	第0年	第1年	第2年	第3年	第4年	第5年
甲方案:	投资额	-10000					
	销售收入（1）		6,000	6,000	6,000	6,000	6,000
	付现成本（2）		2,000	2,000	2,000	2,000	2,000
	折旧（3）		2,000	2,000	2,000	2,000	2,000
	税前利润（4）=（1）-（2）-（3）		2,000	2,000	2,000	2,000	2,000
	所得税（5）=（4）*25%		500	500	500	500	500
	税后净利（6）=（4）-（5）		1,500	1,500	1,500	1,500	1,500
	营业净现金流量（7）=（1）-（2）-（5）	-10000	3,500	3,500	3,500	3,500	3,500
	合计						
乙方案:	投资额	-12000					
	销售收入（1）		8000	8000	8000	8000	8000
	付现成本（2）		3000	3400	3800	4200	4600
	折旧（3）						
	税前利润（4）=（1）-（2）-（3）						
	所得税（5）=（4）*25%						
	税后净利（6）=（4）-（5）						
	营运资本垫支和收回	-3,000					3000
	残值						2000
	营业净现金流量（7）=（1）-（2）-（5）						

图 7—14

乙方案的计算可以比照甲方案的计算步骤计算，在此省略。乙方案最终的结果如图 7—15 所示。

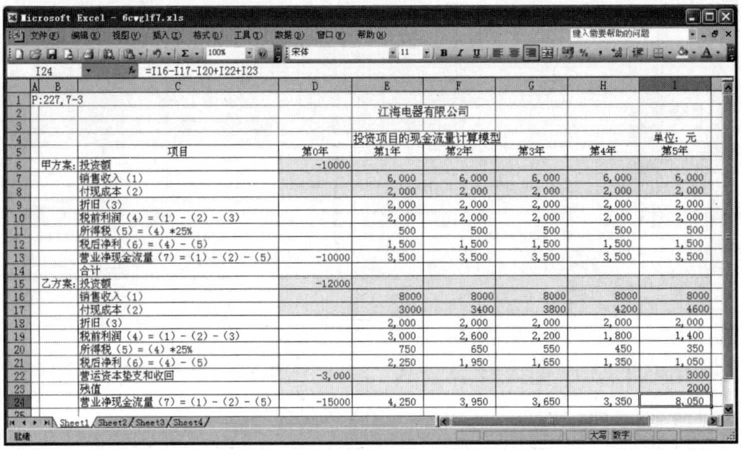

	项目	第0年	第1年	第2年	第3年	第4年	第5年
甲方案:	投资额	-10000					
	销售收入（1）		6,000	6,000	6,000	6,000	6,000
	付现成本（2）		2,000	2,000	2,000	2,000	2,000
	折旧（3）		2,000	2,000	2,000	2,000	2,000
	税前利润（4）=（1）-（2）-（3）		2,000	2,000	2,000	2,000	2,000
	所得税（5）=（4）*25%		500	500	500	500	500
	税后净利（6）=（4）-（5）		1,500	1,500	1,500	1,500	1,500
	营业净现金流量（7）=（1）-（2）-（5）	-10000	3,500	3,500	3,500	3,500	3,500
	合计						
乙方案:	投资额	-12000					
	销售收入（1）		8000	8000	8000	8000	8000
	付现成本（2）		3000	3400	3800	4200	4600
	折旧（3）		2,000	2,000	2,000	2,000	2,000
	税前利润（4）=（1）-（2）-（3）		3,000	2,600	2,200	1,800	1,400
	所得税（5）=（4）*25%		750	650	550	450	350
	税后净利（6）=（4）-（5）		2,250	1,950	1,650	1,350	1,050
	营运资本垫支和收回	-3,000					3000
	残值						2000
	营业净现金流量（7）=（1）-（2）-（5）	-15000	4,250	3,950	3,650	3,350	8,050

图 7—15

至此，按照【任务 7—3】所提供的资料，在 Excel 工作表中创建全部现金流量计算模型就已经完成了。对这部分内容读者可以参考“实验系统”中“投资决策原理实验”项目下“实验示范”中第 3 个实验的屏幕录像。

通过全部现金流量计算模型，我们可以预测甲方案和乙方案的全部现金流量。借助全部现金流量计算模型进行假设分析，可以确定不同投资项目现金流量的不同对投资决策的影响，为实现公司的投资决策提供资料。

7.3 折现现金流方法实验

折现现金流量指标主要有净现值、内含报酬率、获利指数、折现的投资回收期等。其中前三种体现了折现现金流量的思想，使用现金流量的现值计算各种指标，并进行决策。

7.3.1　净现值法模型的创建

净现值法模型是通过计算投资项目未来现金流入量的现值和流出量的现值之差来评价投资项目是否可行的一种分析模型。

【任务 7—4】

现仍以前面所举江海电器有限公司的资料为例，来说明净现值的计算。假设资本成本率为 10%。（资料来源：主教材第 230 页例 7—4。）

为便于说明如何在 Excel 工作表中完成创建净现值法模型的任务，我们利用上述例题的资料并借助 Excel 工作表创建净现值法模型，然后根据净现值法模型计算出有关净现值并评价投资方案是否可行。

在 Excel 工作表中，创建净现值法模型的步骤如下：

第一步，建立净现值法模型并录入数据

首先在 Excel 工作表中建立净现值法模型并将【任务 7—4】的净现值计算相关数据录入。如图 7—16 所示。

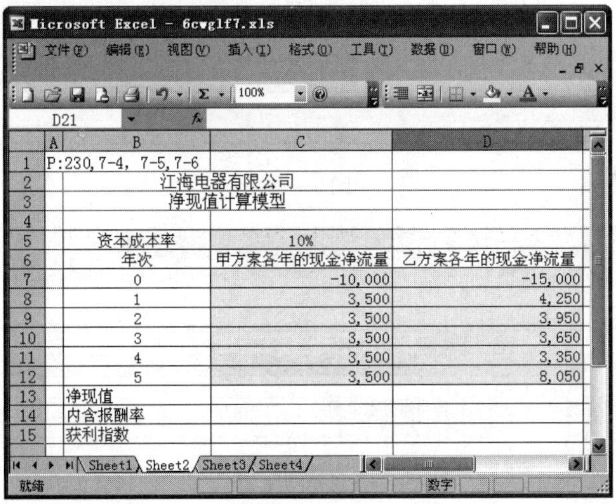

图 7—16

第二步，调用 NPV 函数计算净现值

用鼠标单击单元格 C13，单击公式编辑栏左侧的插入函数"f_x"按钮，弹出"插入函数"对话框，单击"或选择类别（C）"栏选择"财务"类，在"选择函数（N）"栏选择"NPV"函数名。如图 7—17 所示。

点击"确定"按钮将弹出计算复利终值的"函数参数"对话框。如图 7—18 所示。

单击"Rate"栏右边的"折叠对话框"按钮，用鼠标选择 C5 单元格，然后按下 F4 键。然后单击"Rate"栏右边的"折叠对话框"按钮，返回"NPV"函数对话框。单击"Value"栏右边的"折叠对话框"按钮，用鼠标选择单元格区域 C8：C12，最后再加上期初的投资额 C7，单击"确定"按钮。如图 7—19 所示。

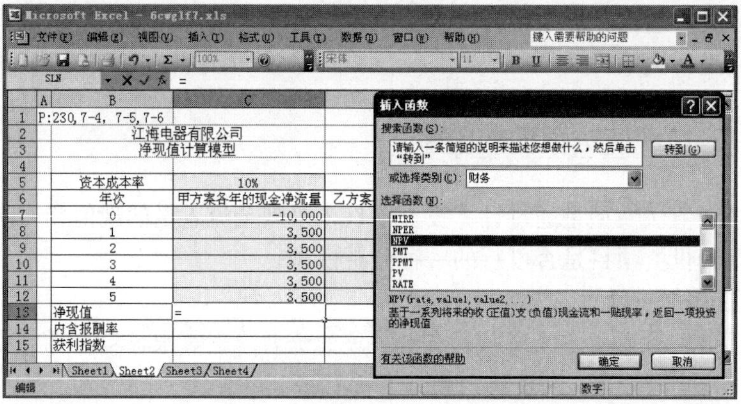

图 7—17

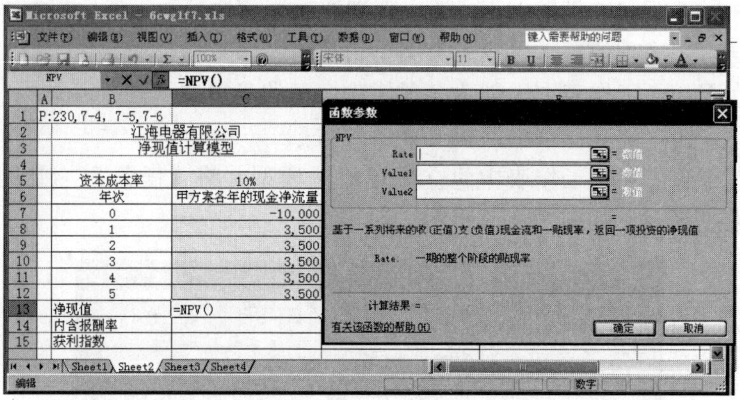

图 7—18

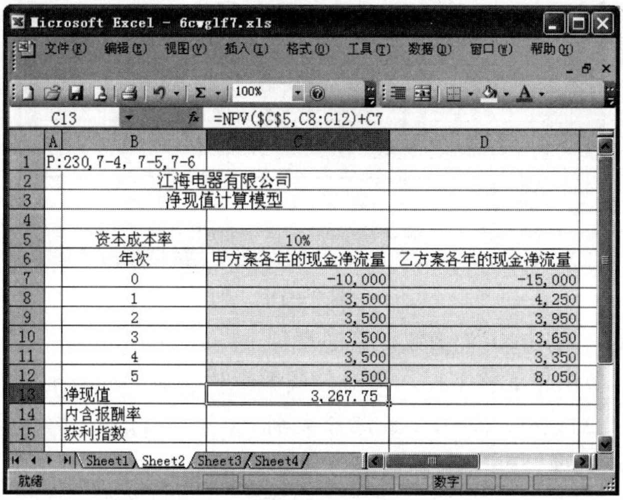

图 7—19

乙方案的计算可以比照甲方案的计算步骤，在此省略。最终的结果如图 7—20 所示。

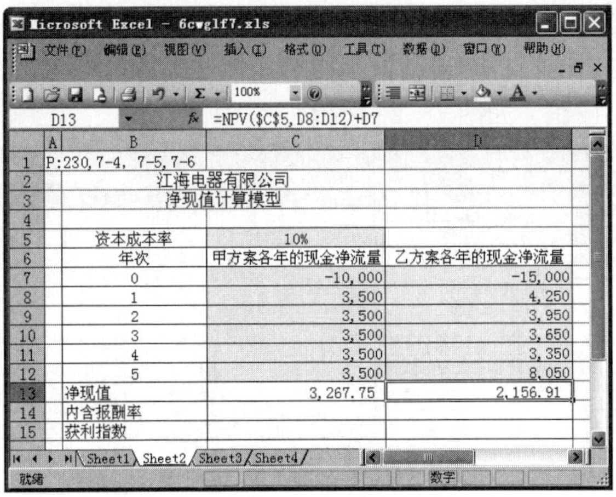

图 7—20

注意：本任务使用 NPV 函数计算出的甲、乙方案的净现值与主教材中的计算结果有点差异，主要是由于主教材计算时保留小数位数比较少，所以应该是本实验教材中的净现值法模型计算出的结果更为准确。

7.3.2　内含报酬率法模型的创建

内含报酬率法模型是通过计算投资项目未来现金流入量的现值和流出量的现值相等时的折现率来评价投资项目是否可行的一种分析模型。

【任务 7—5】

现仍以前面所举江海电器有限公司的资料为例，来说明内含报酬率的计算。(资料来源：主教材第 231 页例 7—5。)

步骤：调用 IRR 函数计算内含报酬率

用鼠标单击单元格 C14，单击公式编辑栏左侧的插入函数“f_x”按钮，弹出“插入函数”对话框，单击“或选择类别（C）”栏选择“财务”类，在“选择函数（N）”栏选择“IRR”函数名。如图 7—21 所示。

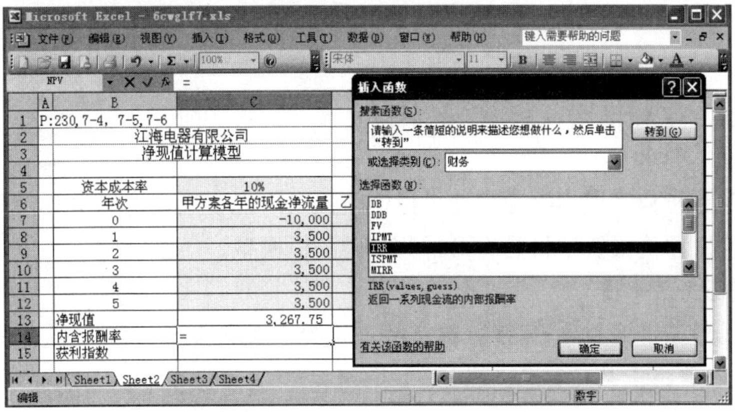

图 7—21

点击“确定”按钮将弹出计算内含报酬率的“函数参数”对话框。单击“Value”栏右边的“折叠对话框”按钮，用鼠标选择单元格区域 C7：C12，最后单击“确定”按钮。如图 7—22 所示。

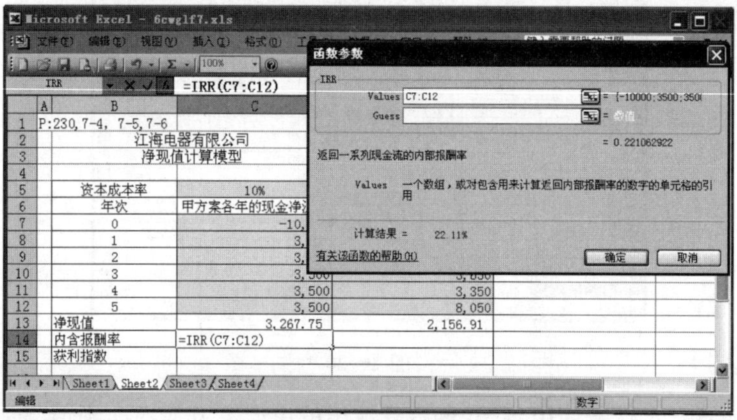

图 7—22

乙方案的计算可以比照甲方案的计算步骤，在此省略。最终的结果如图 7—23所示。

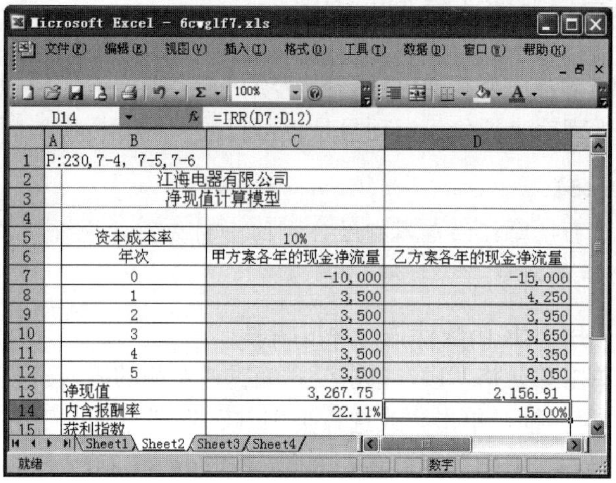

图 7—23

7.3.3 获利指数法模型的创建

获利指数法模型是通过计算投资项目未来现金流入量的现值和流出量的现值的比值来评价投资项目是否可行的一种分析模型。

【任务 7—6】

现仍以前面所举江海电器有限公司的资料为例，来说明获利指数的计算。（资料来源：主教材第 233 页例 7—6。）

步骤：调用 NPV 函数计算获利指数

用鼠标单击单元格 C15，单击公式编辑栏左侧的插入函数“f_x”按钮，弹出“插入函数”对话框，单击“或选择类别（C）”栏选择“财务”类，在“选择函数（N）”栏选择“NPV”函数名。如图 7—24 所示。

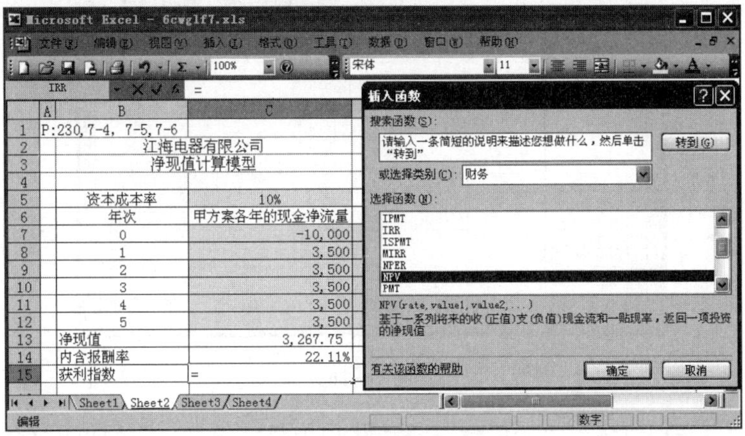

图 7—24

单击“Rate”栏右边的“折叠对话框”按钮，用鼠标选择单元格 C5。然后单击“Rate”栏右边的“折叠对话框”按钮，返回“NPV”函数对话框。单击“Value”栏右边的“折叠对话框”按钮，用鼠标选择单元格区域 C8:C12，最后再除以期初的投资额－C7，单击“确定”按钮。如图 7—25 所示。

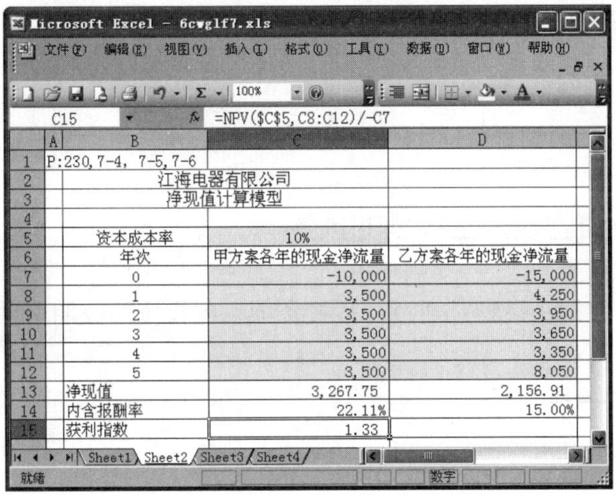

图 7—25

乙方案的计算可以比照甲方案的计算步骤，在此省略。最终的结果如图 7—26 所示。

至此，按照【任务 7—4】【任务 7—5】【任务 7—6】所提供的资料，在 Excel 工作表中创建净现值法、内含报酬率法和获利指数法模型就已经完成了。对这部分内容读者可以参考“实验系统”中“投资决策原理实验”项目下“实验示范”中第 4 个实验的屏幕录像。

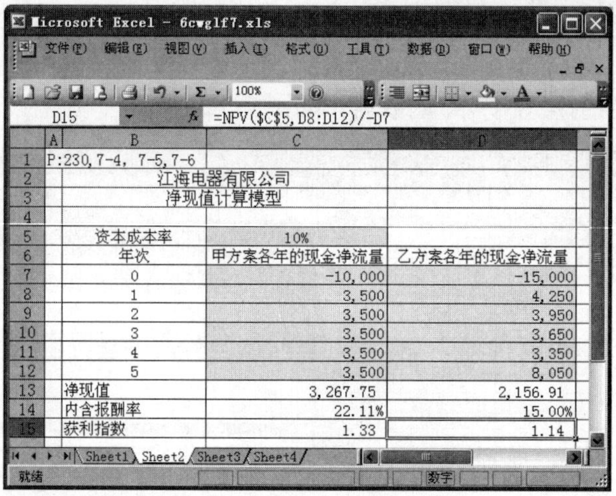

	A	B	C	D
1	P:230,7-4, 7-5,7-6			
2		江海电器有限公司		
3		净现值计算模型		
4				
5		资本成本率	10%	
6		年次	甲方案各年的现金净流量	乙方案各年的现金净流量
7		0	-10,000	-15,000
8		1	3,500	4,250
9		2	3,500	3,950
10		3	3,500	3,650
11		4	3,500	3,350
12		5	3,500	8,050
13		净现值	3,267.75	2,156.91
14		内含报酬率	22.11%	15.00%
15		获利指数	1.33	1.14

图 7—26

通过净现值法、内含报酬率法和获利指数法模型，我们可以看到：甲方案的净现值为 3 267.75 元，内含报酬率法为 22.11%，获利指数为 1.33；而乙方案的净现值为 2 156.91 元，内含报酬率法为 15.00%，获利指数为 1.14。因此公司应该采纳甲方案。借助净现值法、内含报酬率法和获利指数法模型进行假设分析，可以确定不同投资项目现金流量对投资决策的影响，为实现公司的投资决策提供资料。

7.4 非折现现金流计算实验

非折现现金流计算主要有：投资回收期法和平均报酬率法。

7.4.1 投资回收期法模型的创建

投资回收期法模型是通过计算投资项目的投资回收期来评价投资项目是否可行的一种分析模型。

【任务 7—7】

江海电器有限公司欲进行一项投资，初始投资额 10 000 元，项目为期 5 年，每年净现金流量为 3 000 元。试计算该方案的投资回收期。（资料来源：主教材第 235 页例 7—7，例 7—9。）

为便于说明如何在 Excel 工作表中完成非折现现金流计算的任务，我们利用上述【任务 7—7】的资料并借助 Excel 工作表创建投资回收期法模型，然后根据投资回收期法模型计算出【任务 7—7】中有关非折现现金流。

在 Excel 工作表中，创建投资回收期法模型的步骤如下：

第一步，建立投资回收期法模型并录入数据

首先，在 Excel 工作表中建立投资回收期法模型并将【任务 7—7】的投资回收期法计算相关数据录入。如图 7—27 所示。

图 7—27

第二步，计算累计回收的现金流量

在单元格 C8 中输入公式“＝C7”，计算出第 0 年回收的现金流量。如图 7—28 所示。

图 7—28

在单元格 D8 中输入公式“＝C8＋D7”，计算出第 1 年回收的现金流量。如图 7—29 所示。

图 7—29

按住单元格 D8 向右拖，则第 2 年、第 3 年、第 4 年、第 5 年的累计回收现金流量就计算出来。如图 7—30 所示。

图 7—30

第三步，计算各期折现的现金流量

单击单元格 C9，调用 PV 函数计算第 0 年的现金流量（注意：PV 函数前面要加负号）。单击“Rate”栏，用鼠标选择单元格 C5，再按下 F4 键，使得“Rate”栏变成 $C$5，然后单击“Nper”栏，用鼠标选择单元格 C6，单击“Fv”栏，用鼠标选择单元格 C7，如图 7—31 所示。

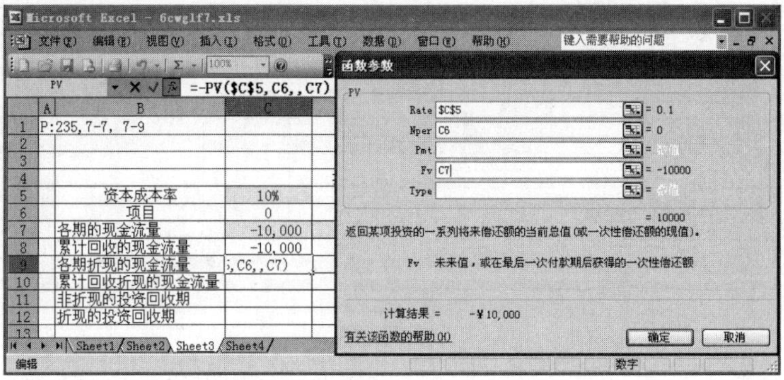

图 7—31

最后单击“确定”按钮。如图 7—32 所示。

图 7—32

同样可以计算出第 1 年到第 5 年的现金流量。如图 7—33 所示。

D9　=-PV($C$5,D6,,D7)

	A	B	C	D	E	F	G	H
1	P:235,7-7, 7-9							
2				江海电器有限公司				
3								
4				投资回收期计算模型				
5		资本成本率	10%					单位：元
6		项目	0	1	2	3	4	5
7		各期的现金流量	-10,000	3,000	3,000	3,000	3,000	3,000
8		累计回收的现金流量	-10,000	-7,000	-4,000	-1,000	2,000	5,000
9		各期折现的现金流量	-¥10,000	¥2,727	¥2,479	¥2,254	¥2,049	¥1,863
10		累计回收折现的现金流量						
11		非折现的投资回收期						
12		折现的投资回收期						

图 7—33

第四步，计算累计回收折现的现金流量

在单元格 C10 中输入公式 "＝C9"，计算出第 0 年累计回收的折现现金流量。如图 7—34 所示。

C10　=C9

	A	B	C	D	E	F	G	H
1	P:235,7-7, 7-9							
2				江海电器有限公司				
3								
4				投资回收期计算模型				
5		资本成本率	10%					单位：元
6		项目	0	1	2	3	4	5
7		各期的现金流量	-10,000	3,000	3,000	3,000	3,000	3,000
8		累计回收的现金流量	-10,000	-7,000	-4,000	-1,000	2,000	5,000
9		各期折现的现金流量	-¥10,000	¥2,727	¥2,479	¥2,254	¥2,049	¥1,863
10		累计回收折现的现金流量	-¥10,000					
11		非折现的投资回收期						
12		折现的投资回收期						

图 7—34

单击单元格 D10，输入公式 "＝C10＋D9"，按回车键计算出第 1 年的累计回收折现现金流量，如图 7—35 所示。

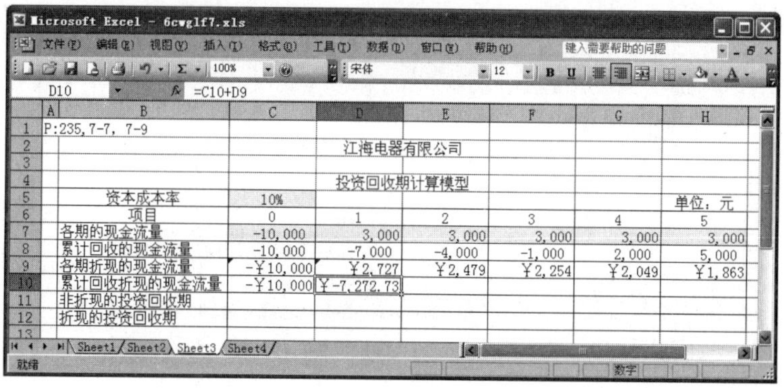

D10　=C10+D9

	A	B	C	D	E	F	G	H
1	P:235,7-7, 7-9							
2				江海电器有限公司				
3								
4				投资回收期计算模型				
5		资本成本率	10%					单位：元
6		项目	0	1	2	3	4	5
7		各期的现金流量	-10,000	3,000	3,000	3,000	3,000	3,000
8		累计回收的现金流量	-10,000	-7,000	-4,000	-1,000	2,000	5,000
9		各期折现的现金流量	-¥10,000	¥2,727	¥2,479	¥2,254	¥2,049	¥1,863
10		累计回收折现的现金流量	-¥10,000	¥-7,272.73				
11		非折现的投资回收期						
12		折现的投资回收期						

图 7—35

按住单元格 D11 向右拖，同样可以计算出第 2 至第 5 年的累计折现现金流量。如图 7—36 所示。

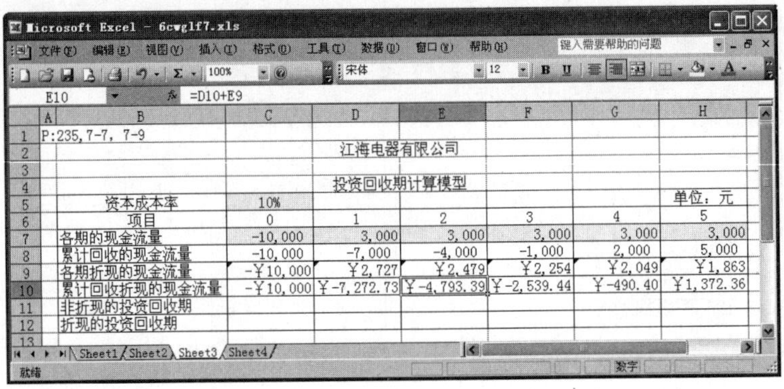

图 7—36

第五步，计算非折现的投资回收期

单击单元格 C11，单击公式编辑栏左侧的插入函数“fx”按钮，弹出“插入函数”对话框，单击“或选择类别（C）”栏选择“查找与引用”，在“选择函数（N）”栏选择“LOOKUP”函数。如图 7—37 所示。

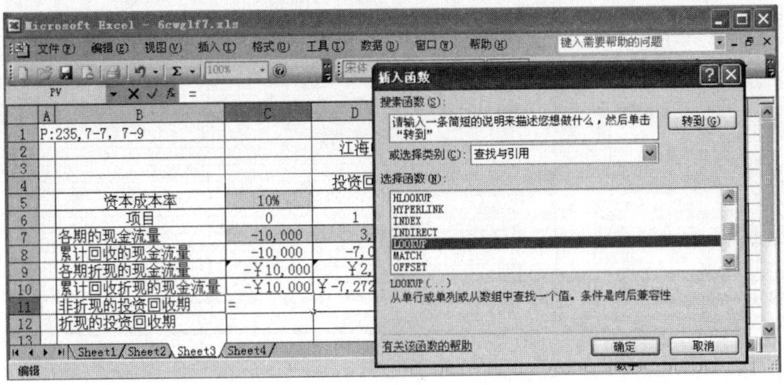

图 7—37

单击“确定”后弹出“选定函数”对话框，选择第一种组合方式，如图 7—38 所示。

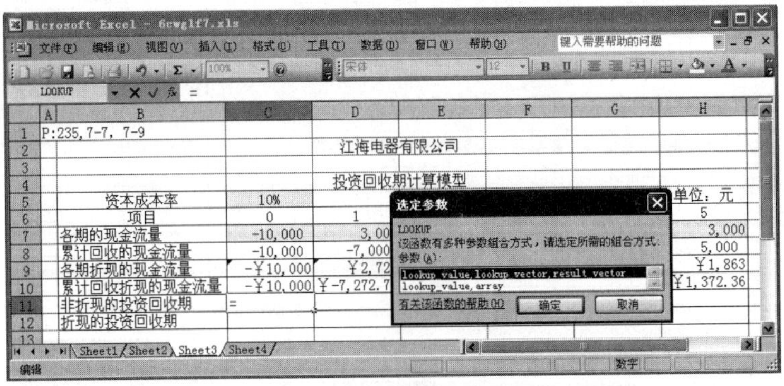

图 7—38

单击“确定”后，在三个选项中分别输入如下内容，如图 7—39 所示。

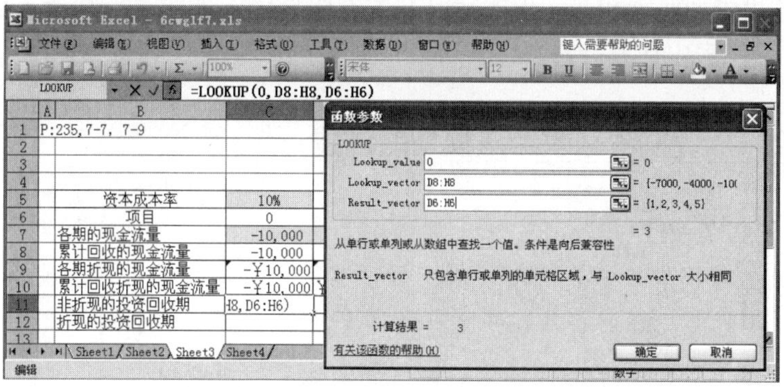

图 7—39

单击“确定”后，在公式栏内再输入如下内容：−D6+1−LOOKUP（0，D8：H8）/LOOKUP（LOOKUP（0，D8：H8，D6：H6）+1，D6：H6，D7：H7），其中 Lookup 函数的使用如前面所示。最终的计算结果如图 7—40 所示。

图 7—40

至此，按照【任务 7—7】所提供的资料，在 Excel 工作表中创建的投资回收期法模型就已经完成了。对这部分内容读者可以参考“实验系统”中“投资决策原理实验”项目下“实验示范”中第 5 个实验的屏幕录像。

通过投资回收期法模型，我们可以看到公司的该项投资的非折现的投资回收期为 3.33。借助投资回收期法模型进行假设分析，可以确定不同投资项目的投资回收期对投资决策的影响，为实现公司的投资决策提供资料。

【任务 7—8】

假设有两个方案的预计现金流量，如表 7—1 所示。试计算投资回收期，并比较优劣。（资料来源：主教材第 235 页例 7—8。）

表 7—1　　**两个方案的预计现金流量**　　单位：元

项目	第 0 年	第 1 年	第 2 年	第 3 年	第 4 年	第 5 年
A 方案现金流量	−10 000	4 000	6 000	6 000	6 000	6 000
B 方案现金流量	−10 000	4 000	6 000	8 000	8 000	8 000

两个方案的投资回收期相同，都是 2 年，如果用投资回收期指标进行评价，两者的投资回收期相等，但实际上 B 方案明显优于 A 方案。由于本题较为简单，Excel 工作表中计算省略。

7.4.2 折现投资回收期法模型的创建

【任务 7—9】

仍以【任务 7—7】资料为例，假设有两个方案的预计现金流量，如表 7—1 所示。试计算投资回收期，并比较优劣。(资料来源：主教材第 235 页例 7—9。)

第一步，利用【任务 7—7】提供的资料，创建模型

如图 7—41 所示。

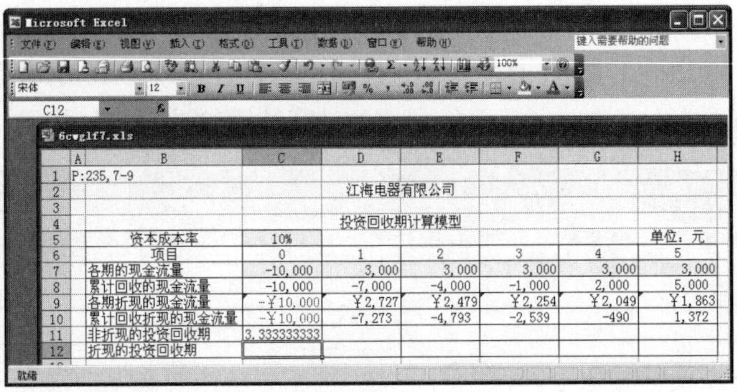

图 7—41

第二步，计算折现的投资回收期

单击单元格 C12，使用 LOOKUP 函数，计算公式如图 7—42 所示。

图 7—42

至此，按照【任务 7—9】所提供的资料，在 Excel 工作表中创建的折现投资回收期法模型就已经完成了。对这部分内容读者可以参考“实验系统”中“投资决策原理实验”项目下“实验示范”中第 6 个实验的屏幕录像。

通过折现的投资回收期法模型，我们可以看到公司的该项投资的折现的投资回收期为 4.26 年。借助折现的投资回收期法模型进行假设分析，可以确定不同投资项目的投资回收期对投资决策的影响，为实现公司的投资决策提供资料。

7.4.3　平均报酬率法模型的创建

平均报酬率法模型是通过计算投资项目生命周期内的平均年投资报酬率来评价投资项目是否可行的一种分析模型。

【任务 7—10】

现仍以前面【任务 7—3】江海公司的资料为例说明平均报酬率的计算。（资料来源：主教材第 235 页例 7—10。）

$$ARR_{甲}=\frac{3\ 500}{10\ 000}\times 100\%=35\%$$

$$ARR_{乙}=\frac{(4\ 250+3\ 950+3\ 650+3\ 350+8\ 050)\div 5}{15\ 000}\times 100\%=31\%$$

由于本题提出的问题较为简单，Excel 工作表中的模型创建省略。

7.5　投资决策项目指标比较实验

7.5.1　互斥项目投资决策项目指标比较模型的创建

互斥项目投资决策项目指标比较模型是通过比较初始投资额不相同的项目的折现指标来做出投资项目取舍的一种分析模型。

【任务 7—11】

江海电器有限公司有两个项目 D 和 E，它们的初始投资不一致，详细情况如表 7—2 所示。（资料来源：主教材第 238 页例 7—11。）

表 7—2　　项目 D 和项目 E 的相关数据表　　单位：元

指标	年次（*t*）	项目 D	项目 E
初始投资	0	110 000	10 000
营业现金流量	1	50 000	5 050
	2	50 000	5 050
	3	50 000	5 050

为便于说明如何在 Excel 工作表中完成净现值（NPV）、内含报酬率（IRR）、获利指数(PI) 计算的任务，我们利用上述【任务 7—11】的资料并借助 Excel 工作表创建 NPV，IRR，PI 计算模型，然后根据计算模型计算出【任务 7—11】中相关问题。

第一步，建立 NPV，IRR，PI 指标比较模型

在 Excel 工作表中，创建 NPV，IRR，PI 计算模型的步骤与【任务 7—4】净现值、【任务 7—5】内含报酬率以及【任务 7—6】获利指数的方法步骤相同，这里不再赘述。

根据【任务 7—11】的资料，在 Excel 工作表中建立的 NPV，IRR，PI 指标

比较模型，如图 7—43 所示。

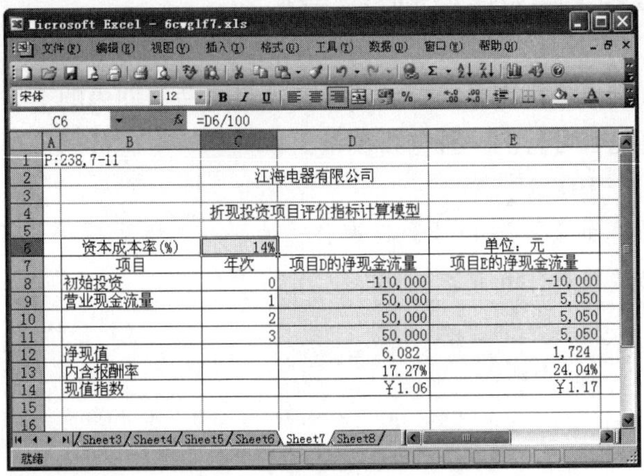

图 7—43

第二步，添加控件按钮分析比较方案

根据【任务 7—11】的资料，资本成本率在 0%～25%之间变化，为了方便地观察和比较两个项目在不同的折现率条件下的净现值，我们需要在已完成的模型中添加控件按钮分析比较方案的净现值。Excel 工作表中的窗体控件是进行假设分析的十分简便和有效的分析工具。用窗体控件可以提高决策分析的效率。

由于控件格式的设置参数的最大值、最小值和步长都不能设置为小数，而例题中的资本成本率的变化幅度为：0%，5%，10%，15%，20%，25%。因此这里我们要先做一些技术处理，以满足敏感性分析的需要。在单元格 D6 内输入“25”，然后，选中单元格 C6，输入公式“＝D6/100”。

然后，选中单元格 C6，选择“视图”、“工具栏”、“窗体”（注意：不要选择“控件工具箱”）。如图 7—44 所示。

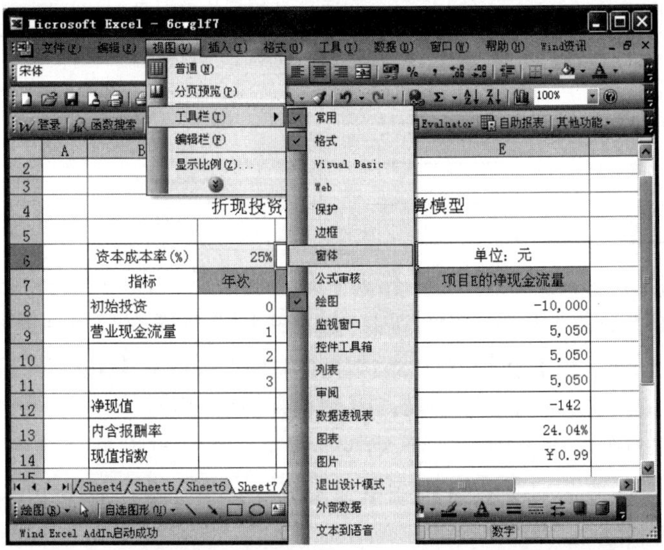

图 7—44

选择“窗体”选项后，弹出“窗体”对话框。如图 7—45 所示。

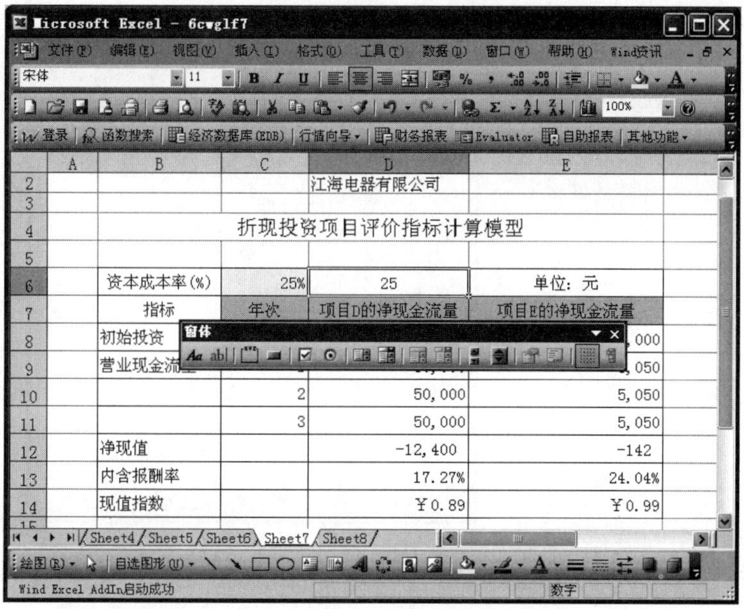

图 7—45

点击“选项按钮”右边数第 5 个选项“微调项”，鼠标指针变成了“+”形状，然后将鼠标移到单元格 C6 的左边，按下右键拖动鼠标，画出大小适中的按钮为止。如图 7—46 所示。

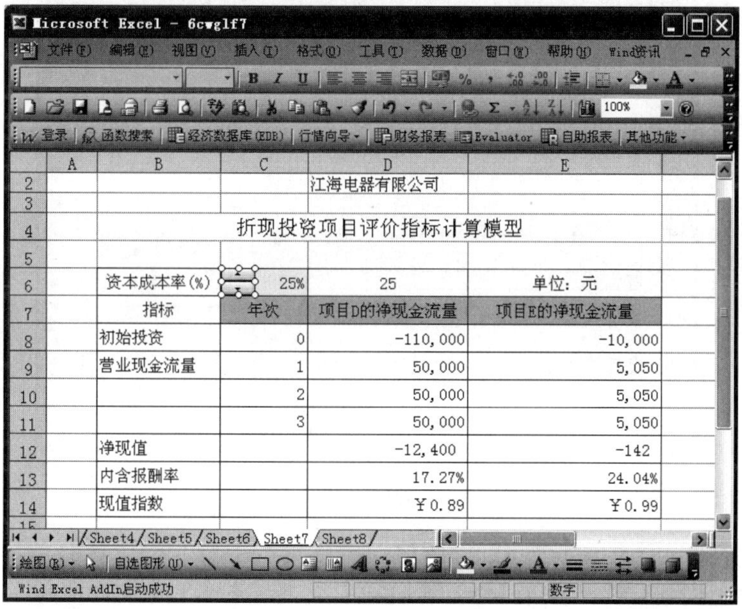

图 7—46

最后，为控件按钮设置控件格式。用鼠标右键单击单元格 C6“微调框按钮”，选择“设置控件格式”，然后选择“控制”标签，依据题意将“最小值”设置为“0”，

“最大值”设置为“25”，“步长”设置为“5”，“单元格链接”的单元格为“$D$6”单元格。如图 7—47 所示。

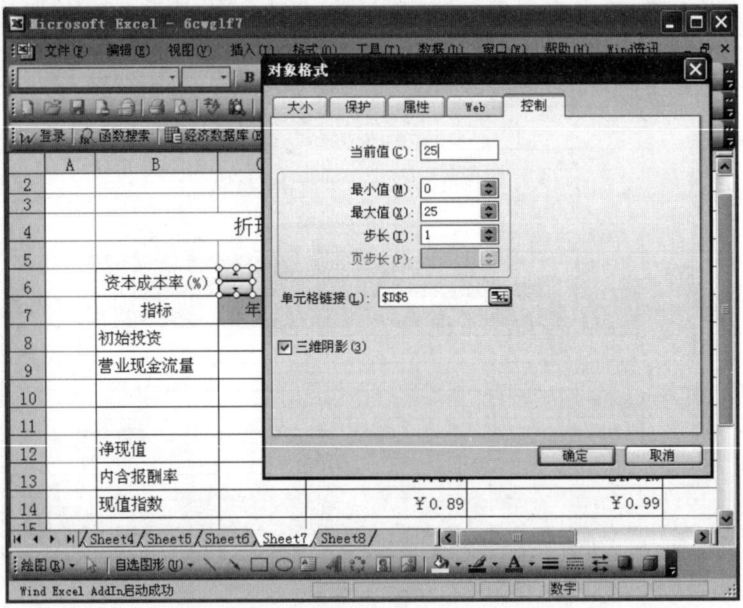

图 7—47

点击“确定”按钮，“资本成本率”微调框按钮设置就完成了。如图 7—48 所示。

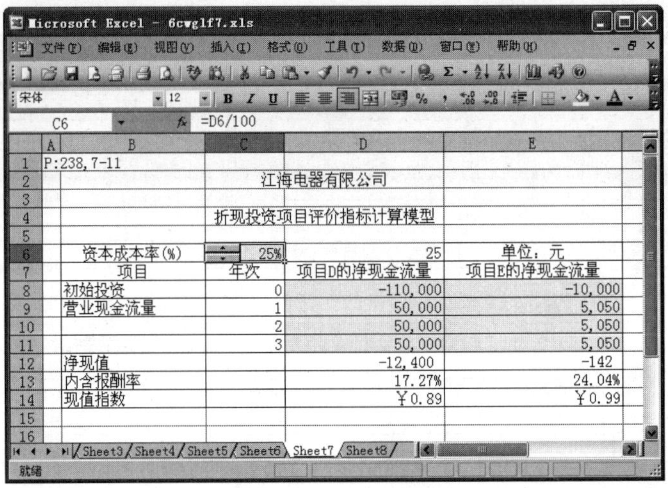

图 7—48

现在我们用鼠标点击控件按钮，项目 D 和项目 E 的净现值（NPV）、内含报酬率（IRR）、获利指数（PI）就会随着资本成本率的变动而变动。

至此，按照【任务 7—11】所提供的资料，在 Excel 工作表中创建互斥项目投资决策项目指标比较模型就已经完成了。对这部分内容读者可以参考“实验系统”中“投资决策原理实验”项目下“实验示范”中第 7 个实验的屏幕录像。

通过互斥项目投资决策项目指标比较模型，我们可以看到当资本成本率在

0%～15%时，D 方案净现值大于 E 方案，D 方案优于 E 方案；当资本成本率在 20%～25%时，D 方案净现值小于 E 方案，E 方案优于 D 方案。通过设置控件按钮实现调节资金成本率，可以分析比较互斥项目投资决策项目投资评价指标。借助互斥项目投资决策项目指标比较模型进行假设分析，可以确定不同投资项目的净现值，为实现公司的投资决策提供资料。

7.5.2　非常规项目投资决策项目指标比较模型的创建

非常规项目投资决策项目指标比较模型是通过计算不同非常规的现金流量投资项目的净现值来评价投资项目是否可行的一种分析模型。

【任务 7—12】

假设江海电器有限公司要投资一个项目，该项目的初始投资成本为 16 000 元，预计第 1 年年末的现金流入量为 100 000 元，第 2 年年末的现金流入量为 100 000 元，但同时要发生 200 000 元的环境清理支出，这样，后 2 年的现金净流量分别是正的和负的，该投资项目是一个非常规项目，见表 7—3。（资料来源：主教材第 240 页例 7—12。）

表 7—3　　**江海电器有限公司投资项目的现金净流量**　　单位：万元

现金净流量		
第 1 年年初	第 1 年年末	第 2 年年末
－1.6	10	－10

为便于说明如何在 Excel 工作表中完成净现值（NPV）计算的任务，我们利用上述【任务 7—12】的资料并借助 Excel 工作表非常规项目投资决策项目指标比较模型，然后根据计算模型计算出【任务 7—12】中相关问题。

第一步，建立非常规项目投资决策项目指标比较模型

在 Excel 工作表中，创建非常规项目投资决策项目指标比较模型的步骤与【任务 7—11】创建净现值模型的方法步骤相同，这里不再赘述。根据【任务 7—12】的资料，在 Excel 工作表中建立的非常规项目投资决策项目指标比较模型，如图 7—49 所示。

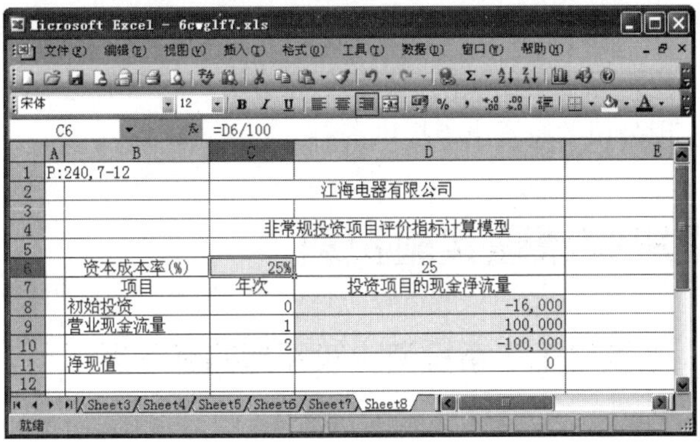

图 7—49

第二步，添加控件按钮分析比较方案

根据【任务 7—12】的资料，资金成本率是介于净现值等于“0”的折现率 25%和 400%之间，为了方便地观察和比较投资项目在不同的折现率条件下的净现值，我们需要在已完成的模型中添加控件按钮分析比较方案的净现值，方法和步骤同【任务 7—11】。

第三步，为控件按钮设置“控件格式”

用鼠标右键单击单元格 C6“微调框按钮”，选择“设置控件格式”，然后选择“控制”标签，依据题意将“最小值”设置为“0”，“最大值”设置为“500”，“步长”设置为“5”，“单元格链接”的单元格为“$D$6”单元格。点击“确定”按钮，“资本成本率”微调框按钮设置就完成了。如图 7—50 所示。

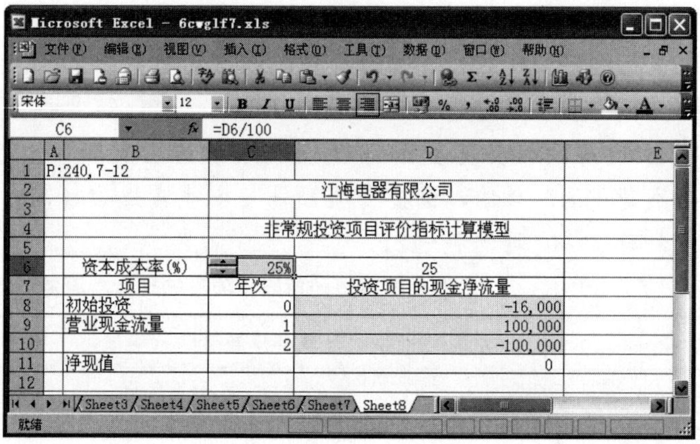

图 7—50

现在我们用鼠标点击控件按钮，该投资项目的净现值（NPV）就会随着资本成本率的变动而变动。其中，资本成本率为 25%和 400%时的净现值都为 0。

至此，按照【任务 7—12】所提供的资料，在 Excel 工作表中创建非常规项目投资决策项目指标比较模型就已经完成了。对这部分内容读者可以参考“实验系统”中“投资决策原理实验”项目下“实验示范”中第 8 个实验的屏幕录像。

通过非常规投资决策项目指标比较模型，我们可以看到当资本成本率为 25%时，非常规投资项目的净现值等于 0；当资本成本率在 400%时，该方案净现值也等于 0。通过设置控件按钮实现调节资金成本率，可以分析比较非常规投资决策项目评价指标。借助该模型进行假设分析，可以确定不同非常规投资项目的净现值，为实现公司的投资决策提供资料。

7.6 投资决策原理实验资料

7.6.1 主教材第 7 章投资决策原理的练习题

见主教材第 242 页。

7.6.2　补充实验资料

1. 现金流量计算任务

资料：江海电器有限公司准备购入一设备以扩充生产能力。现有甲、乙两个方案可供选择。甲方案需投资 20 000 元，使用寿命为 5 年，采用直线法计提折旧，5 年后设备无残值，5 年中每年销售收入为 9 000 元，每年的付现成本为 2 500 元。乙方案需投资 27 000 元，采用直线法计提折旧，使用寿命也为 5 年，5 年后残值收入 2 000 元。5 年中每年的销售收入为 13 000 元，付现成本第 1 年为 3 000 元，以后随着设备陈旧，逐年将增加修理费 400 元，另需垫支营运资本 3 000 元，假设所得税税率为 25%。

要求：根据上述资料，计算两个方案的现金流量。

2. 折现现金流计算任务

资料：仍沿用上述资料，江海电器有限公司要求的资本成本率为 10%。

要求：

(1) 计算两个方案的净现值；

(2) 计算两个方案的内含报酬率；

(3) 计算两个方案的获利指数；

(4) 如果江海公司只能选择一个方案，请作出决策。

3. 非折现现金流计算任务

资料：江海电器有限公司欲进行一项投资，初始投资额 13 000 元，项目为期 5 年，公司要求的资本成本率为 10%，每年净现金流量有关资料详见表 7—4。

表 7—4　　江海公司投资回收期的计算表　　单位：元

年次 (t)	每年净现金流量	年末尚未回收的投资额
1	3 000	10 000
2	3 000	7 000
3	3 000	4 000
4	3 000	1 000
5	3 000	—

要求：计算该方案的非折现的投资回收期和折现的投资回收期。

参考答案

1. 甲方案的现金流量（单位：元）分别为：

第 0 年	第 1 年	第 2 年	第 3 年	第 4 年	第 5 年
−20 000	5 875	5 875	5 875	5 875	5 875

乙方案的现金流量（单位：元）分别为：

第0年	第1年	第2年	第3年	第4年	第5年
—30 000	8 450	8 150	7 850	7 550	11 750

2.

	甲方案	乙方案
净现值（元）	2 270.87	4 215.45
内含报酬率	14.35%	15.11%
获利指数	1.11	1.14

3.

非折现的投资回收期	4.33
折现的投资回收期	5.87

第 8 章

Chapter 8

投资决策实务实验

实验导引

实验名称： 投资决策实务实验

实验目的： 理解投资决策的基本实务操作流程，获得利用 Excel 工作表完成投资决策实务的基本技能。

实验内容： 以主教材第 8 章“投资决策实务”的项目投资决策和风险投资决策为主要实验内容。

实验要求： 完成固定资产更新决策、资本限额投资决策、投资时机选择决策、投资期选择决策和风险投资决策模型的创建和应用。

实验参考： 参考主教材第 8 章“投资决策实务”的项目投资决策和风险投资决策等相关内容以及实验系统中投资决策实务模块“实验示范”中的固定资产更新决策、资本限额投资决策、投资时机选择决策、投资期选择决策和风险投资决策模型的创建和应用屏幕录像以及“实验参考”等内容。

跟风者都找不到北

我身边从来都不乏热衷理财投资的朋友，我也发现，他们都对投资市场缺乏了解，对理财方式也缺乏认知。他们选择投资理财的唯一风向标就是——跟风！

有那么一段时间，投资钻石非常热，台里有位同事买了一颗 3 克拉的裸钻，她说这东西能保持每年不低于 12%的增值率。

从市场售价看，似乎是这样。但被她忽视的是，上涨的只是卖家的售价，作为藏家，面对的是一个有价无市的市场。她曾经去询问她那颗裸钻是否能回收，珠宝行报出的回收价是——4 万元，只相当于她买价的 20%。

我帮她找到了售价与回收价天差地别的答案。在采访南非副总统莫特兰蒂时，他对于投资钻石的回答是：钻石难以保值，更不可能升值，它就是元素碳而已，除了工业钻石有实际用途外，钻石唯一的价值就是做成首饰满足人的虚荣心。而之所以价格逐年上涨，不是由市场决定，是由戴比尔斯公司控制的中央销售机构定的。该公司囤积垄断了全球钻石原石，所以它每年自行提价投放市场，保证供小于求，这种涨价不是因为稀缺，而是因为被操控。

我知道那个投资钻石的同事完了，她那颗裸钻注定只能当作传家宝一代一代往下传。

资料来源：http://www.xiaogushi.com/diy/licai/2012121813439.html.

8.1 投资决策实务实验概述

前一章“投资决策原理实验”介绍了现金流量的相关问题，为突出重点和方便叙述，忽略了一些影响决策的因素。事实上，估计投资方案的现金流量会涉及很多问题，需要多个部门的参与和协调。为了正确计算投资方案的现金流量，需要考虑哪些因素会引起企业总现金流量的变动，为正确决策提供参考。

8.1.1 投资决策实务实验内容

第一，项目投资决策。包括固定资产更新决策、资本限额投资决策、投资时机选择决策、投资期选择决策和风险投资决策。

第二，风险投资决策。长期投资涉及的时间较长，未来的收益和成本都很难进行准确预测，存在不同程度的风险。进行风险投资分析有两类基本的方法，第一种为风险调整法，主要包括调整折现率和调整未来现金流量；第二类方法是对项目的基本状态的不确定性进行分析，主要包括决策树法、敏感性分析法、盈亏平衡分析法等方法，这些在我们的实验中都会涉及。

8.1.2 投资决策实务实验任务

根据投资决策实务实验的内容，本章的实验任务主要包括：

第一，完成固定资产更新决策模型的创建与应用实验；

第二，完成资本限额投资决策模型的创建与应用实验；

第三，完成投资时机选择决策模型的创建与应用实验；

第四，完成投资期选择决策模型的创建与应用实验；

第五，完成风险投资决策模型的创建和应用实验。

8.1.3 投资决策实务实验平台

投资决策实务实验以 Excel 工作表为实验平台。尽管我们可以用手工计算办法或者借助查现值表的办法，来解决涉及净现值、投资期的计算，但是这种计算问题是财务管理的经常性工作，在财务管理工作中计算工作量非常大。为了提高这类计算问题的工作效率，减轻财务管理专业人员的劳动强度，有必要借助 Excel 工作表创建固定资产更新决策、资本限额投资决策、投资时机选择决策、投资期选择决策和风险投资决策计算模型。

Excel 工作表能够解决财务管理的许多问题，不仅可以方便地编写公式，引用内置的函数，还可以调用分析工具，为我们创建各种财务管理模型提供了极大的便利。在本实验的模型构建过程中除了编写公式外，还涉及 SYD 函数、NPV 函数、IF 函数、SDD 函数、SUMPRODUCT 函数、DDB 函数、PMT 函数和 CEILING 函数的引用，以及规划求解工具的应用。

8.2　投资决策中的现金流计算实验

前一章“投资决策原理实验”在计算现金流量的时候，并没有讨论税负对现金流量的影响，根据我国的税法，在固定资产投资过程中，公司通常会面临两种税负：流转税和所得税。其中流转税主要有营业税和增值税。

项目经营期内营业利润所要缴纳的所得税在整个项目期间都会涉及。经营期内所得税的大小取决于利润的大小和所得税税率的高低。而利润大小受折旧的影响，因此，这两个问题可以放在一起讨论。折旧是在所得税前扣除的一项费用，因此可以起到递减所得税的作用。

8.2.1　税后成本计算模型的创建

税后成本计算模型是关于所得税对公司成本和现金流量影响的一种分析模型。

【任务 8—1】

江海电器有限公司目前的损益情况如表 8—1 所示。该公司正在考虑一项财产保险计划，每月支付 1 000 元保险费，假定所得税税率为 25%，该保险费的税后成本是多少？(资料来源：主教材第 246 页例 8—1。)

表 8—1　　**损益情况表**　　单位：元

项目	目前（不买保险）	买保险
销售收入	10 000	10 000
成本和费用	5 000	5 000
新增保险费	0	1 000

为便于说明如何在 Excel 工作表中完成税后成本计算的任务，我们利用上述【任务 8—1】的资料并借助 Excel 工作表创建税后成本计算模型计算出税后成本。

在 Excel 工作表中，创建税后成本计算模型的步骤如下：

第一步，建立税后成本计算模型并录入数据

首先，在 Excel 工作表中建立税后成本计算模型并将【任务 8—1】的税后成本计算相关数据录入。如图 8—1 所示。

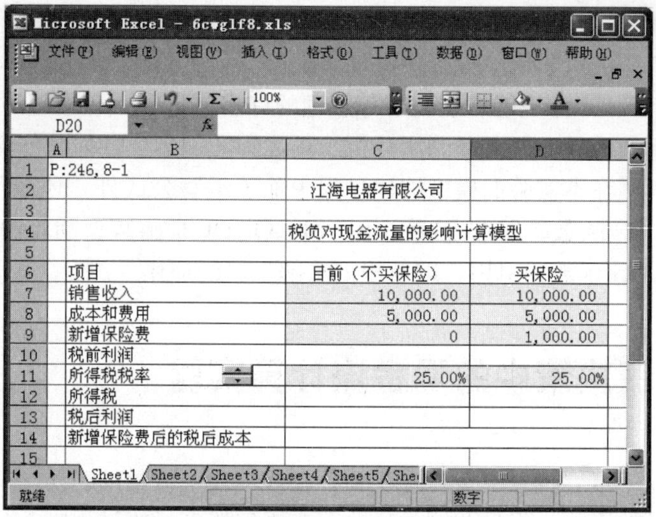

图 8—1

第二步，计算税前利润

在单元格 C10 中输入公式“=C7－C8－C9”，按回车键后计算出不买保险的税前利润。如图 8—2 所示。

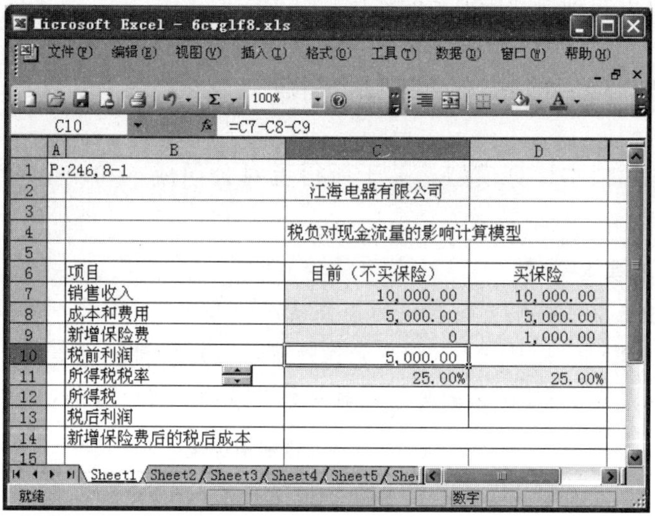

图 8—2

然后选中单元格 C10，用鼠标指向该单元格的右下角，待鼠标指针变为实心的黑“+”时，按下鼠标左键拖向单元格 D10，就可以计算出买保险的税前利润。

第三步，计算所得税及税后利润

在单元格 C12 中输入公式“=C10＊$C$11”，按回车键计算出不买保险的所得税，如图 8—3 所示。同理，可以计算出买保险的所得税。

然后计算税后利润。在单元格 C13 中输入公式“=C10－C12”，按回车键计算出不买保险的税后利润，如图 8—4 所示。同理，可以计算出买保险的税后利润。

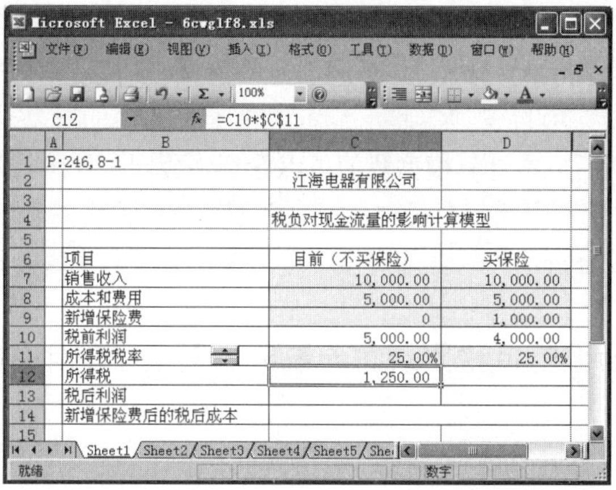

C12　=C10*$C$11

	A	B	C	D
1	P:246,8-1			
2			江海电器有限公司	
3				
4			税负对现金流量的影响计算模型	
5				
6		项目	目前（不买保险）	买保险
7		销售收入	10,000.00	10,000.00
8		成本和费用	5,000.00	5,000.00
9		新增保险费	0	1,000.00
10		税前利润	5,000.00	4,000.00
11		所得税税率	25.00%	25.00%
12		所得税	1,250.00	
13		税后利润		
14		新增保险费后的税后成本		

图 8—3

C13　=C10-C12

	A	B	C	D
1	P:246,8-1			
2			江海电器有限公司	
3				
4			税负对现金流量的影响计算模型	
5				
6		项目	目前（不买保险）	买保险
7		销售收入	10,000.00	10,000.00
8		成本和费用	5,000.00	5,000.00
9		新增保险费	0	1,000.00
10		税前利润	5,000.00	4,000.00
11		所得税税率	25.00%	25.00%
12		所得税	1,250.00	1,000.00
13		税后利润	3,750.00	
14		新增保险费后的税后成本		

图 8—4

第四步，计算新增保险费后的税后成本

在单元格 C14 中输入公式“=C13－D13”，按回车键计算出新增保险费后的税后成本。如图 8—5 所示。

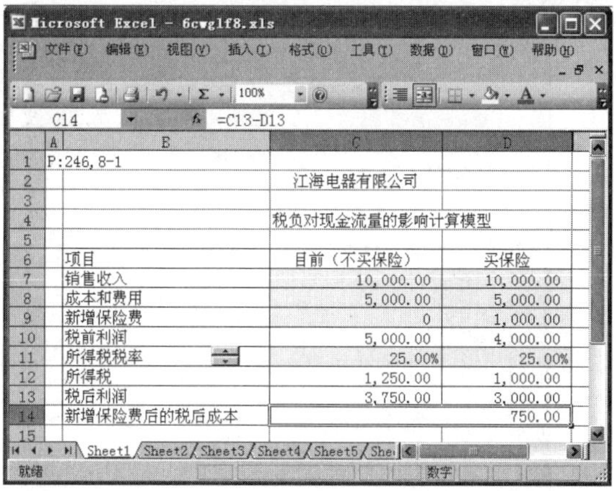

C14　=C13-D13

	A	B	C	D
1	P:246,8-1			
2			江海电器有限公司	
3				
4			税负对现金流量的影响计算模型	
5				
6		项目	目前（不买保险）	买保险
7		销售收入	10,000.00	10,000.00
8		成本和费用	5,000.00	5,000.00
9		新增保险费	0	1,000.00
10		税前利润	5,000.00	4,000.00
11		所得税税率	25.00%	25.00%
12		所得税	1,250.00	1,000.00
13		税后利润	3,750.00	3,000.00
14		新增保险费后的税后成本	750.00	

图 8—5

至此，按照【任务 8—1】所提供的资料，在 Excel 工作表中创建的税后成本计算模型就已经完成了。对这部分内容读者可以参考“实验系统”中“投资决策实务实验”项目下“实验示范”中第 1 个实验的屏幕录像。

通过税后成本计算模型我们可以看到，公司买保险计划的成本只有 750 元，而不是 1 000 元。因此，公司在投资时必须注意所得税的影响。借助税后成本计算模型进行假设分析，可以合理安排现金流量，为顺利实现公司的财务目标提供资料。

8.2.2 折旧的抵税对现金流影响计算模型的创建

折旧的抵税对现金流影响计算模型是关于所得税对公司成本和现金流量影响的一种分析模型。

【任务 8—2】

假设江海电器有限公司下属 A 公司和 B 公司全年销售收入和付现成本都相同，所得税税率为 25%。二者的区别是 A 公司有一项可以计提折旧的资产，每年的折旧额相同，两家公司的现金流量如表 8—2 所示。（资料来源：主教材第 247 页例 8—2。）

表 8—2 **折旧对税负的影响** 单位：元

项目	A 公司	B 公司
销售收入（1）	10 000	10 000
成本和费用：		
付现成本（2）	5 000	5 000
折旧（3）	500	0

根据上述【任务 8—2】的资料并借助 Excel 工作表创建折旧抵税计算模型计算出折旧抵税额。

在 Excel 工作表中，创建折旧抵税计算模型的步骤如下：

第一步，建立折旧抵税计算模型并录入数据

首先在 Excel 工作表中建立折旧抵税计算模型并将【任务 8—2】的折旧抵税计算相关数据录入。如图 8—6 所示。

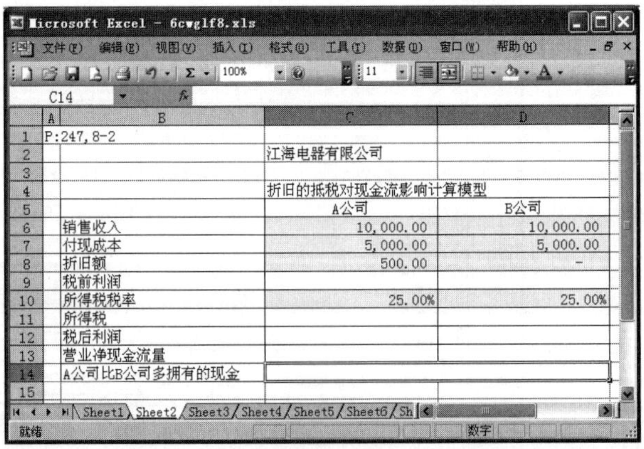

图 8—6

第二步，计算税前利润

在单元格 C9 中输入公式“＝C6－C7－C8”，按回车键计算出 A 公司的税前利润，如图 8—7 所示。同理，可以计算 B 公司税前利润。

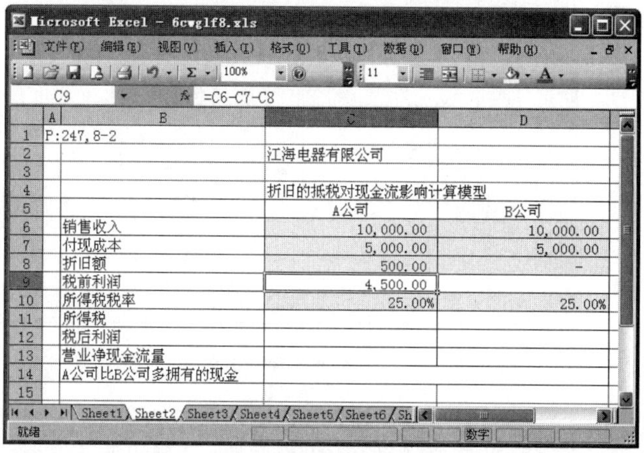

图 8—7

第三步，计算所得税和税后利润

在单元格 C11 中输入公式“＝C9＊C10”，按回车键计算出 A 公司的所得税，如图 8—8 所示。同理，可以计算出 B 公司的所得税。

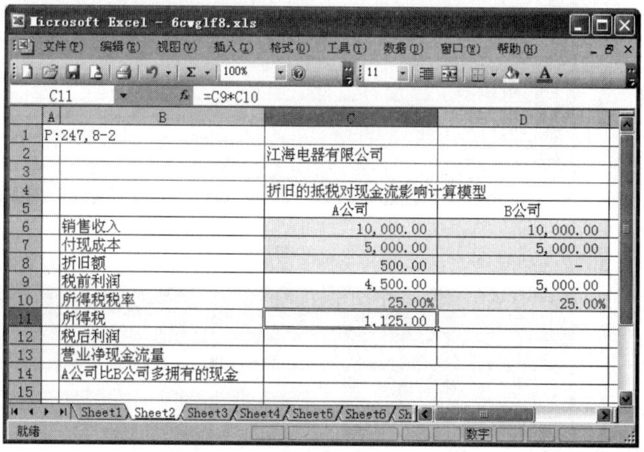

图 8—8

在单元格 C12 中输入公式“＝C9－C11”，按回车键计算出 A 公司的税后利润，如图 8—9 所示。同理，可以计算出 B 公司的税后利润。

第四步，计算出营业净现金流量

在单元格 C13 中输入公式“＝C8＋C12”，按回车键计算出 A 公司的营业净现金流量，如图 8—10 所示。同理，可以计算出 B 公司的营业净现金流量。

第五步，计算 A 公司和 B 公司的现金差额

在单元格 C14 中输入公式“＝C13－D13”，按回车键计算出 A 公司比 B 公司多拥有的现金数额为 125 元。如图 8—11 所示。

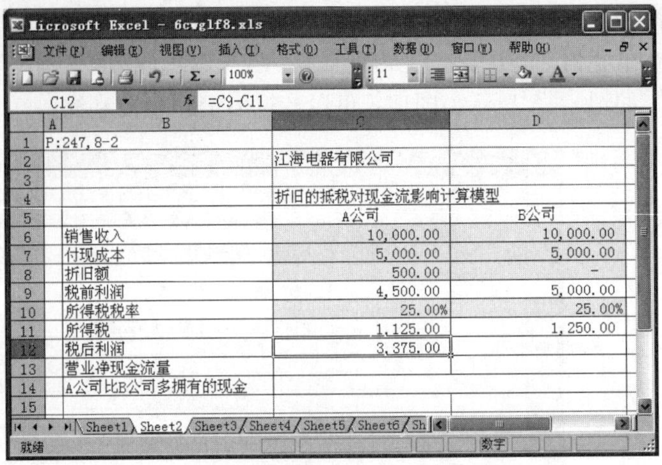

	A	B	C	D
1	P:247,8-2			
2			江海电器有限公司	
3				
4			折旧的抵税对现金流影响计算模型	
5			A公司	B公司
6		销售收入	10,000.00	10,000.00
7		付现成本	5,000.00	5,000.00
8		折旧额	500.00	-
9		税前利润	4,500.00	5,000.00
10		所得税税率	25.00%	25.00%
11		所得税	1,125.00	1,250.00
12		税后利润	3,375.00	
13		营业净现金流量		
14		A公司比B公司多拥有的现金		
15				

图 8—9

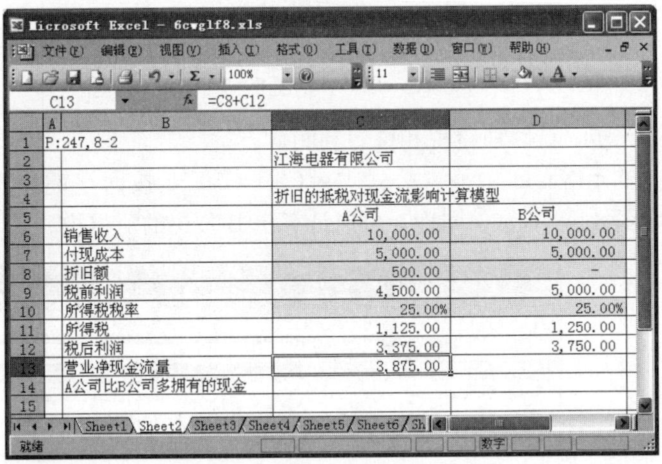

	A	B	C	D
1	P:247,8-2			
2			江海电器有限公司	
3				
4			折旧的抵税对现金流影响计算模型	
5			A公司	B公司
6		销售收入	10,000.00	10,000.00
7		付现成本	5,000.00	5,000.00
8		折旧额	500.00	-
9		税前利润	4,500.00	5,000.00
10		所得税税率	25.00%	25.00%
11		所得税	1,125.00	1,250.00
12		税后利润	3,375.00	3,750.00
13		营业净现金流量	3,875.00	
14		A公司比B公司多拥有的现金		
15				

图 8—10

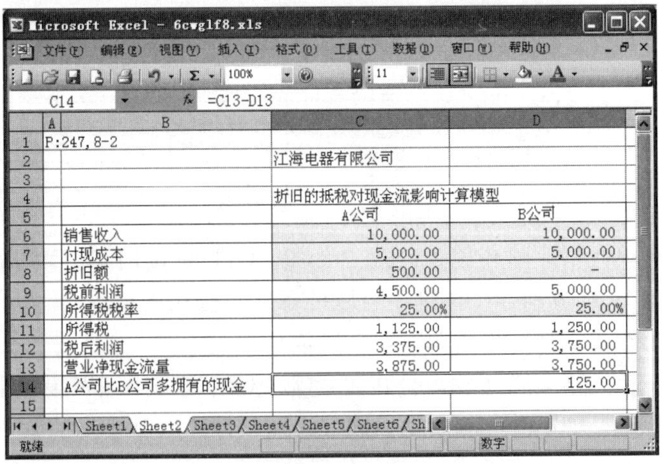

	A	B	C	D
1	P:247,8-2			
2			江海电器有限公司	
3				
4			折旧的抵税对现金流影响计算模型	
5			A公司	B公司
6		销售收入	10,000.00	10,000.00
7		付现成本	5,000.00	5,000.00
8		折旧额	500.00	-
9		税前利润	4,500.00	5,000.00
10		所得税税率	25.00%	25.00%
11		所得税	1,125.00	1,250.00
12		税后利润	3,375.00	3,750.00
13		营业净现金流量	3,875.00	3,750.00
14		A公司比B公司多拥有的现金	125.00	
15				

图 8—11

至此，按照【任务 8—2】所提供的资料，在 Excel 工作表中创建的折旧抵税计算模型就已经完成了。对这部分内容读者可以参考“实验系统”中“投资决策实务实验”项目下“实验示范”中第 2 个实验的屏幕录像。

通过折旧抵税计算模型我们可以看到，虽然 A 公司的利润只有 3 375 元，而不是 B 公司的 3 750 元，但是 A 公司的现金流量却比 B 公司要多 125 元。因此，公司计算现金流量时必须注意折旧对现金流量的影响。借助折旧抵税计算模型进行假设分析，可以确定折旧对现金流量的影响，为顺利实现公司的财务目标提供资料。

8.2.3　税负和折旧对现金流量影响计算模型的创建

税负和折旧对现金流影响计算模型是关于税负和折旧这两种因素对公司现金流量的影响的一种分析模型。

【任务 8—3】

江海电器有限公司正考虑用一台效率更高的新机器取代现有的旧机器。旧机器的账面折余价值为 12 万元，在二手市场上出售可以得到 7 万元；预计尚可使用 5 年，预计 5 年后清理的净残值为零；税法规定的折旧年限尚有 5 年，按直线法计提折旧，税法规定的残值可以忽略。购买和安装新机器需要 48 万元，预计可以使用 5 年，预计清理净残值为 1.2 万元。新机器属于新型环保设备，按税法规定可分 4 年计提折旧，并采用双倍余额递减法计算折旧额，法定残值为原值的 1/12。由于该机器效率很高，每年可以节约付现成本 14 万元。公司的所得税税率为 25%。如果该项目在任何一年出现亏损，公司将会得到按亏损额的 25%计算的所得税税额抵免。假设公司投资该项目的必要报酬率为 10%，不考虑营业税的影响，试计算上述机器更新方案的净现值。（资料来源：主教材第 248 页例 8—3。）

为便于说明如何在 Excel 工作表中完成税负和折旧对现金流影响的计算任务，我们利用上述【任务 8—3】的资料并借助 Excel 工作表创建税负和折旧对现金流影响计算模型，计算出税负和折旧对现金流影响，进而为固定资产更新决策提供资料。

在 Excel 工作表中，创建税负和折旧对现金流影响计算模型的步骤如下：

第一步，建立税负和折旧对现金流影响计算模型并录入数据

首先在 Excel 工作表中建立税负和折旧对现金流影响计算模型并将【任务 8—3】的相关数据录入模型。如图 8—12 所示。

第二步，计算营业期现金流量差额

首先，计算出新设备的法定残值。依据题意，法定残值为原值的 1/12。在单元格 I18 中输入计算公式“＝D6/12”，求出新设备的残值。如图 8—13 所示。

然后，计算新设备的年折旧额。新设备采用双倍余额递减法计算折旧额，插入“DDB”函数计算折旧额。如图 8—14 所示。

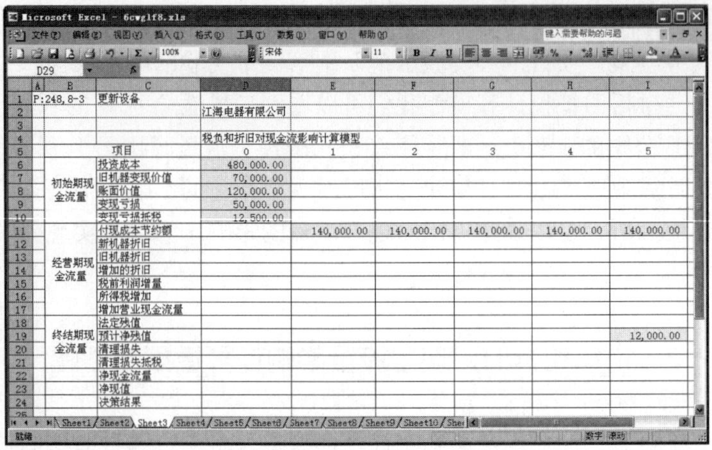

图 8—12

图 8—13

图 8—14

单击“确定”按钮后，在“Cost”栏中用鼠标选中单元格 D6，然后按下 F4 键，变成＄D＄6，在“Salvage”栏中选中＄I＄18，在“Life”栏中选中＄H＄5，在“Period”栏中选中 E5，在“Factor”栏中输入“2”。如图 8—15 所示。

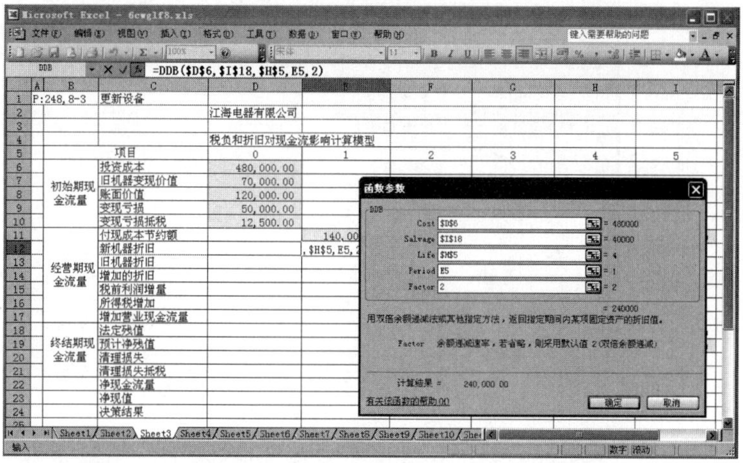

图 8—15

单击“确定”按钮后就会计算出第 1 年的折旧额为 240 000 元。然后，选中单元格 E12，用鼠标指向该单元格的右下角，待鼠标指针变为实心的黑“+”时，按下鼠标左键拖向单元格 F12:H12，就可以计算出新机器的第 2～4 年的折旧额。如图 8—16 所示。

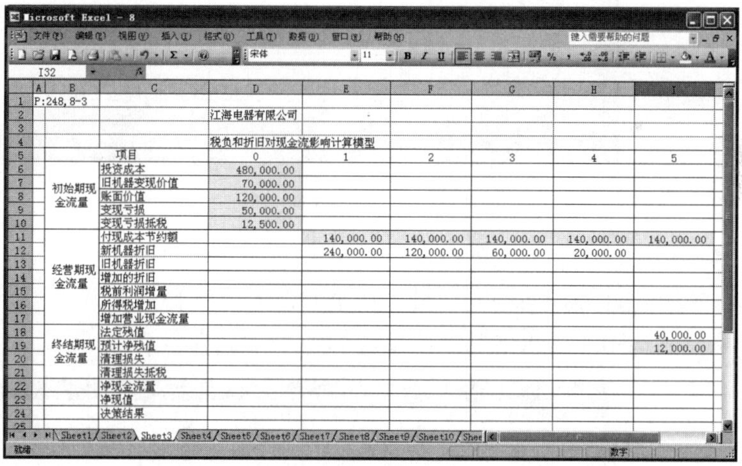

图 8—16

第三，计算旧设备的年折旧额。由于旧设备采用直线法计算折旧，比较简单。在单元格 E13 中输入计算公式“=$D$8/$I$5”，计算出旧设备第 1 年的折旧额。如图 8—17 所示。

后 4 年的折旧额与第 1 年的折旧额相等，可选中单元格 E13，用鼠标指向该单元格的右下角，待鼠标指针变为实心的黑“+”时，按下鼠标左键拖向单元格 F13:H13，就可以计算出旧机器的第 2～4 年的折旧额。

第四，计算增加的折旧额。在单元格 E14 中输入公式“=E12-E13”，按回车键计算出第 1 年增加的折旧额。如图 8—18 所示。

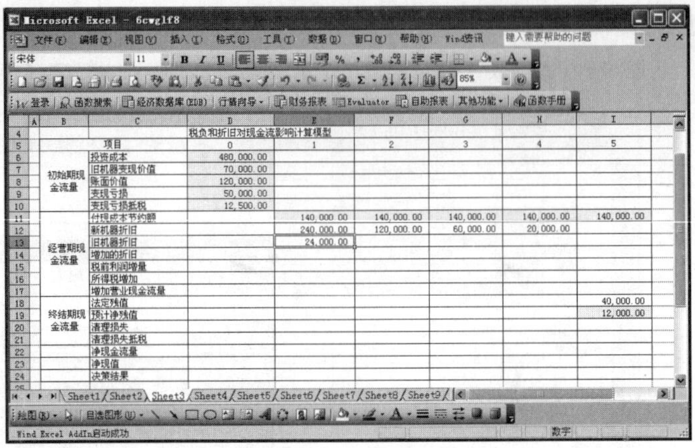

图 8—17

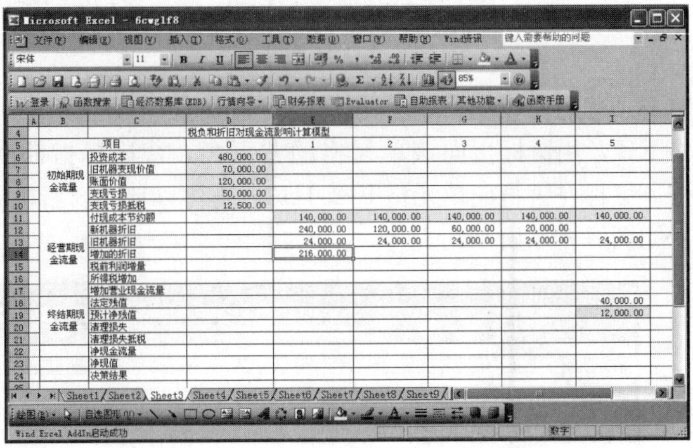

图 8—18

同样利用复制公式的办法计算出第 2～5 年增加的折旧额。

第五，计算税前利润增量。在单元格 E15 中输入公式“＝E11－E14”，按回车键计算出第 1 年税前利润增量。如图 8—19 所示。

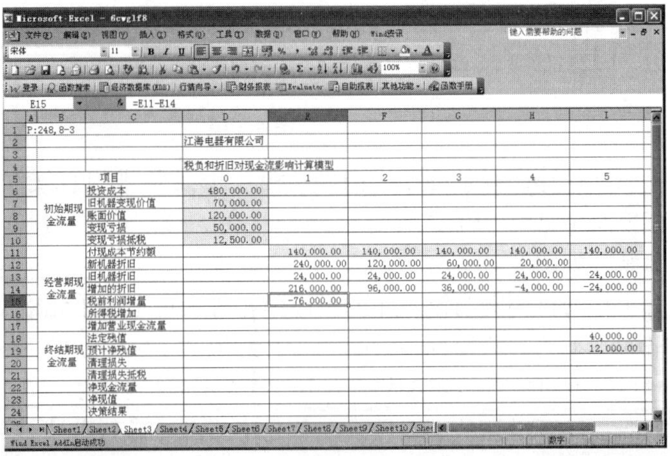

图 8—19

同样利用复制公式的办法计算出第 2～5 年增加的税前利润。

第六，计算增加的所得税。在单元格 E16 中输入公式“＝E15＊0.25”，按回车键计算出第 1 年增加的所得税。如图 8—20 所示。

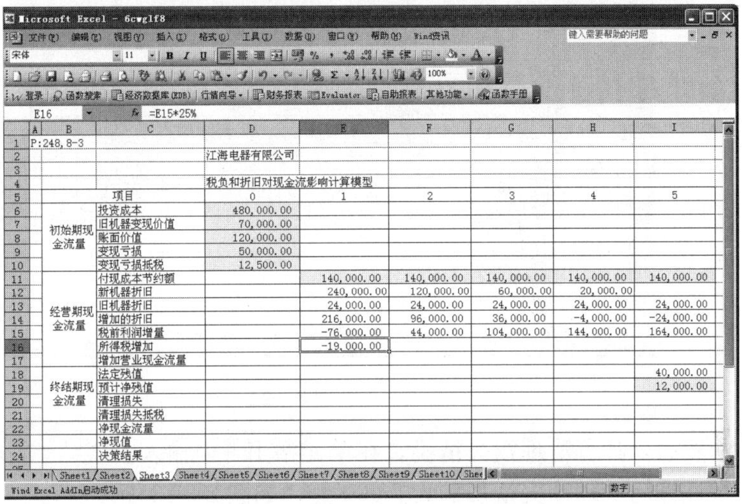

Microsoft Excel - 6cwglf8

E16　=E15*25%

	A	B	C	D	E	F	G	H	I
1	P:248,8-3								
2				江海电器有限公司					
3									
4				税负和折旧对现金流影响计算模型					
5			项目	0	1	2	3	4	5
6		初始期现金流量	投资成本	480,000.00					
7			旧机器变现价值	70,000.00					
8			账面价值	120,000.00					
9			变现亏损	50,000.00					
10			变现亏损抵税	12,500.00					
11		经营期现金流量	付现成本节约额		140,000.00	140,000.00	140,000.00	140,000.00	140,000.00
12			新机器折旧		240,000.00	120,000.00	60,000.00	20,000.00	
13			旧机器折旧		24,000.00	24,000.00	24,000.00	24,000.00	24,000.00
14			增加的折旧		216,000.00	96,000.00	36,000.00	-4,000.00	-24,000.00
15			税前利润增量		-76,000.00	44,000.00	104,000.00	144,000.00	164,000.00
16			所得税增加		-19,000.00				
17			增加营业现金流量						
18		终结期现金流量	法定残值						40,000.00
19			预计净残值						12,000.00
20			清理损失						
21			清理损失抵税						
22			净现金流量						
23			净现值						
24			决策结果						

图 8—20

同样利用复制公式的办法计算出第 2～5 年增加的所得税。

最后，计算增加的营业现金流量。在单元格 E17 中输入公式“＝E11－E16”，按回车键计算出第 1 年增加的营业现金流量。如图 8—21 所示。

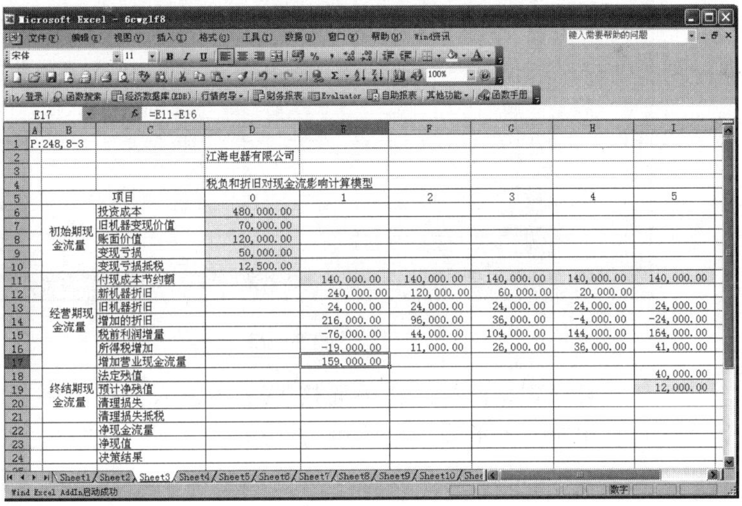

Microsoft Excel - 6cwglf8

E17　=E11-E16

	A	B	C	D	E	F	G	H	I
1	P:248,8-3								
2				江海电器有限公司					
3									
4				税负和折旧对现金流影响计算模型					
5			项目	0	1	2	3	4	5
6		初始期现金流量	投资成本	480,000.00					
7			旧机器变现价值	70,000.00					
8			账面价值	120,000.00					
9			变现亏损	50,000.00					
10			变现亏损抵税	12,500.00					
11		经营期现金流量	付现成本节约额		140,000.00	140,000.00	140,000.00	140,000.00	140,000.00
12			新机器折旧		240,000.00	120,000.00	60,000.00	20,000.00	
13			旧机器折旧		24,000.00	24,000.00	24,000.00	24,000.00	24,000.00
14			增加的折旧		216,000.00	96,000.00	36,000.00	-4,000.00	-24,000.00
15			税前利润增量		-76,000.00	44,000.00	104,000.00	144,000.00	164,000.00
16			所得税增加		-19,000.00	11,000.00	26,000.00	36,000.00	41,000.00
17			增加营业现金流量		159,000.00				
18		终结期现金流量	法定残值						40,000.00
19			预计净残值						12,000.00
20			清理损失						
21			清理损失抵税						
22			净现金流量						
23			净现值						
24			决策结果						

图 8—21

同样利用复制公式的办法计算出第 2～5 年增加的营业现金流量。

第三步，计算终结期现金流量

首先，计算清理损失。在单元格 I20 中输入公式“＝I18－I19”，按回车键计算出清理损失。如图 8—22 所示。

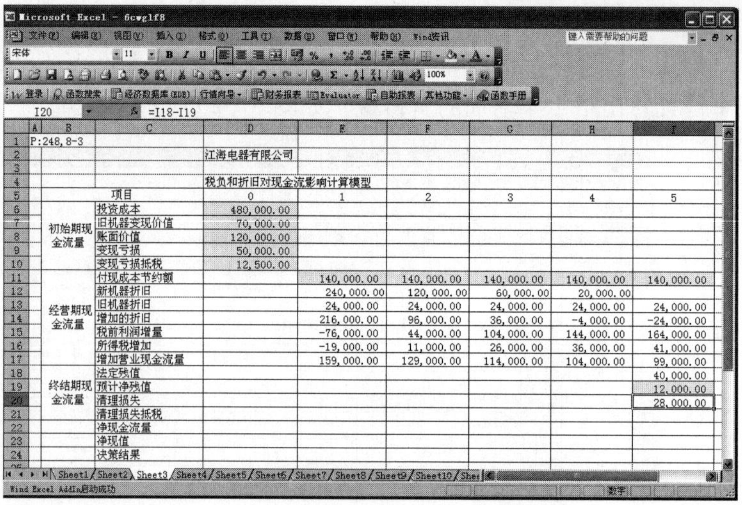

	A	B	C	D	E	F	G	H	I
1	P:248,8-3								
2				江海电器有限公司					
3									
4				税负和折旧对现金流影响计算模型					
5			项目	0	1	2	3	4	5
6		初始期现金流量	投资成本	480,000.00					
7			旧机器变现价值	70,000.00					
8			账面价值	120,000.00					
9			变现亏损	50,000.00					
10			变现亏损抵税	12,500.00					
11		经营期现金流量	付现成本节约额		140,000.00	140,000.00	140,000.00	140,000.00	140,000.00
12			新机器折旧		240,000.00	120,000.00	60,000.00	20,000.00	
13			旧机器折旧		24,000.00	24,000.00	24,000.00	24,000.00	24,000.00
14			增加的折旧		216,000.00	96,000.00	36,000.00	-4,000.00	-24,000.00
15			税前利润增量		-76,000.00	44,000.00	104,000.00	144,000.00	164,000.00
16			所得税增加		-19,000.00	11,000.00	26,000.00	36,000.00	41,000.00
17			增加营业现金流量		159,000.00	129,000.00	114,000.00	104,000.00	99,000.00
18		终结期现金流量	法定残值						40,000.00
19			预计净残值						12,000.00
20			清理损失						28,000.00
21			清理损失抵税						
22			净现金流量						
23			净现值						
24			决策结果						

图 8—22

然后，计算清理损失抵税。在单元格 I21 中输入公式“＝I20 * 0.25”，按回车键计算出清理损失抵税额为 7 000 元。如图 8—23 所示。

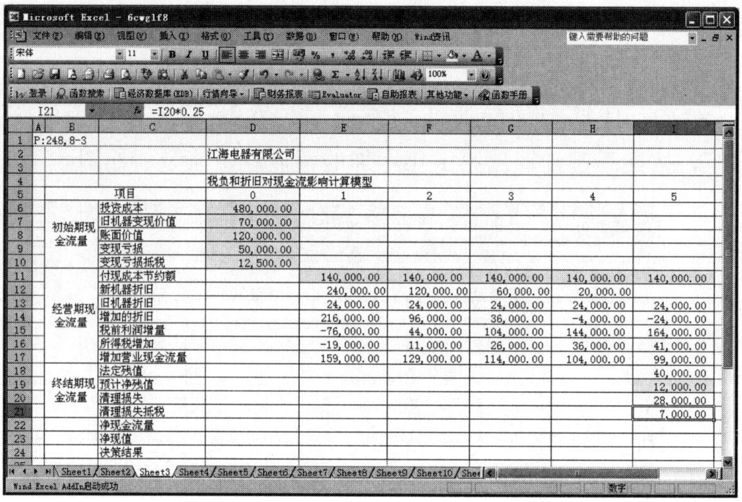

	A	B	C	D	E	F	G	H	I
1	P:248,8-3								
2				江海电器有限公司					
3									
4				税负和折旧对现金流影响计算模型					
5			项目	0	1	2	3	4	5
6		初始期现金流量	投资成本	480,000.00					
7			旧机器变现价值	70,000.00					
8			账面价值	120,000.00					
9			变现亏损	50,000.00					
10			变现亏损抵税	12,500.00					
11		经营期现金流量	付现成本节约额		140,000.00	140,000.00	140,000.00	140,000.00	140,000.00
12			新机器折旧		240,000.00	120,000.00	60,000.00	20,000.00	
13			旧机器折旧		24,000.00	24,000.00	24,000.00	24,000.00	24,000.00
14			增加的折旧		216,000.00	96,000.00	36,000.00	-4,000.00	-24,000.00
15			税前利润增量		-76,000.00	44,000.00	104,000.00	144,000.00	164,000.00
16			所得税增加		-19,000.00	11,000.00	26,000.00	36,000.00	41,000.00
17			增加营业现金流量		159,000.00	129,000.00	114,000.00	104,000.00	99,000.00
18		终结期现金流量	法定残值						40,000.00
19			预计净残值						12,000.00
20			清理损失						28,000.00
21			清理损失抵税						7,000.00
22			净现金流量						
23			净现值						
24			决策结果						

图 8—23

第三，计算净现金流量。在单元格 D22 中输入公式“＝－D6＋D7＋D10”，按回车键计算出第 0 年的净现金流量为－397 500 元。如图 8—24 所示。

由于第 1～4 年的净现金流量就是这四年增加的营业现金流量。在单元格 E22 中输入计算公式“＝E17”，计算出第 1 年的净现金流量。然后，选中单元格 E22，用鼠标指向该单元格的右下角，待鼠标指针变为实心的黑“＋”时，按下鼠标左键拖向单元格 F22:H22，就可以计算出新机器的第 2～4 年的净现金流量。在单元格 I22 中输入计算公式“＝I17＋I19＋I21”，计算出第 5 年的净现金流量为 118 000 元。如图 8—25 所示。

最后，计算净现值。调用“NPV”函数，前面已经详细介绍“NPV”函数的使用，在此不再重复，净现值的计算结果如图 8—26 所示。

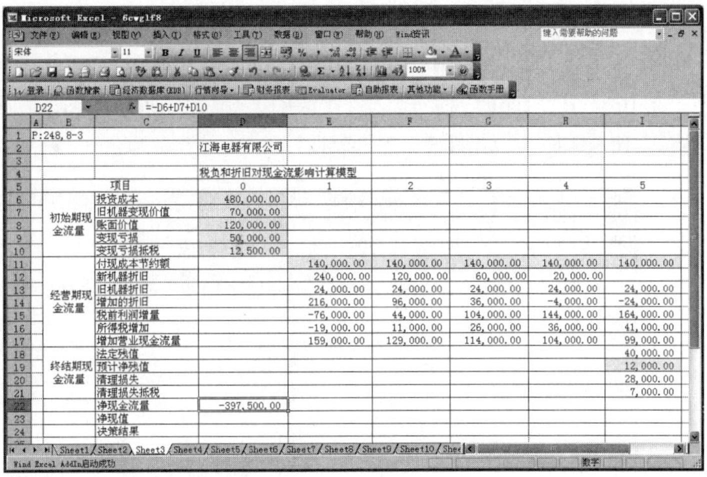

D22　=-D6+D7+D10

	B	C	D	E	F	G	H	I
1	P:248,8-3							
2			江海电器有限公司					
3								
4			税负和折旧对现金流影响计算模型					
5		项目	0	1	2	3	4	5
6	初始期现金流量	投资成本	480,000.00					
7		旧机器变现价值	70,000.00					
8		账面价值	120,000.00					
9		变现亏损	50,000.00					
10		变现亏损抵税	12,500.00					
11	经营期现金流量	付现成本节约额		140,000.00	140,000.00	140,000.00	140,000.00	140,000.00
12		新机器折旧		240,000.00	120,000.00	60,000.00	20,000.00	
13		旧机器折旧		24,000.00	24,000.00	24,000.00	24,000.00	24,000.00
14		增加的折旧		216,000.00	96,000.00	36,000.00	-4,000.00	-24,000.00
15		税前利润增量		-76,000.00	44,000.00	104,000.00	144,000.00	164,000.00
16		所得税增加		-19,000.00	11,000.00	26,000.00	36,000.00	41,000.00
17		增加营业现金流量		159,000.00	129,000.00	114,000.00	104,000.00	99,000.00
18	终结期现金流量	法定残值						40,000.00
19		预计净残值						12,000.00
20		清理损失						28,000.00
21		清理损失抵税						7,000.00
22		净现金流量	-397,500.00					
23		净现值						
24		决策结果						

图 8—24

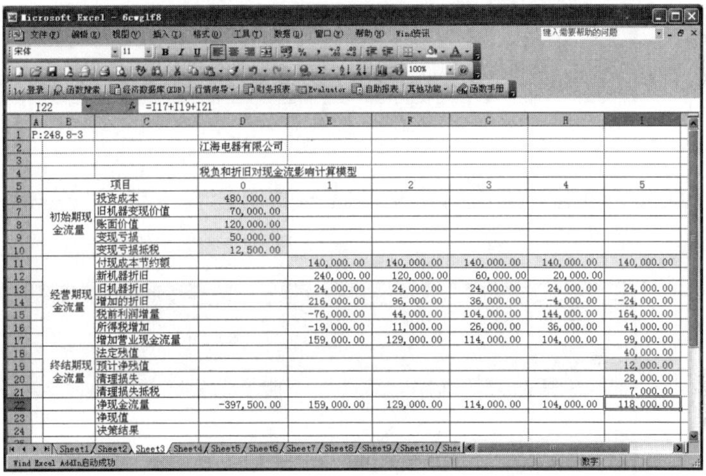

I22　=I17+I19+I21

	B	C	D	E	F	G	H	I
1	P:248,8-3							
2			江海电器有限公司					
3								
4			税负和折旧对现金流影响计算模型					
5		项目	0	1	2	3	4	5
6	初始期现金流量	投资成本	480,000.00					
7		旧机器变现价值	70,000.00					
8		账面价值	120,000.00					
9		变现亏损	50,000.00					
10		变现亏损抵税	12,500.00					
11	经营期现金流量	付现成本节约额		140,000.00	140,000.00	140,000.00	140,000.00	140,000.00
12		新机器折旧		240,000.00	120,000.00	60,000.00	20,000.00	
13		旧机器折旧		24,000.00	24,000.00	24,000.00	24,000.00	24,000.00
14		增加的折旧		216,000.00	96,000.00	36,000.00	-4,000.00	-24,000.00
15		税前利润增量		-76,000.00	44,000.00	104,000.00	144,000.00	164,000.00
16		所得税增加		-19,000.00	11,000.00	26,000.00	36,000.00	41,000.00
17		增加营业现金流量		159,000.00	129,000.00	114,000.00	104,000.00	99,000.00
18	终结期现金流量	法定残值						40,000.00
19		预计净残值						12,000.00
20		清理损失						28,000.00
21		清理损失抵税						7,000.00
22		净现金流量	-397,500.00	159,000.00	129,000.00	114,000.00	104,000.00	118,000.00
23		净现值						
24		决策结果						

图 8—25

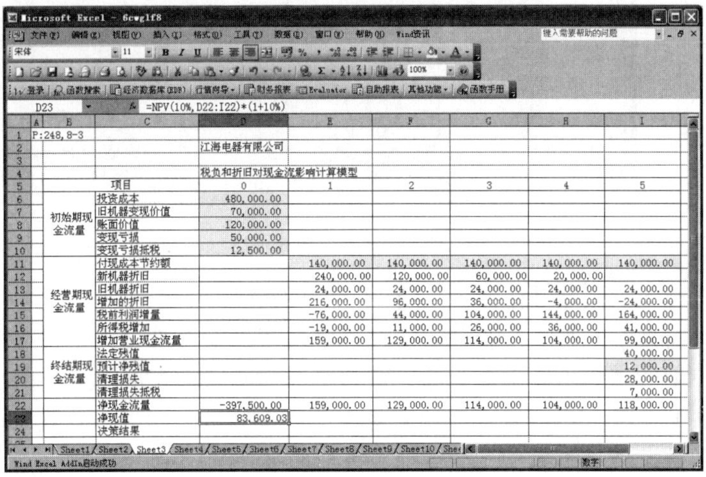

D23　=NPV(10%,D22:I22)*(1+10%)

	B	C	D	E	F	G	H	I
1	P:248,8-3							
2			江海电器有限公司					
3								
4			税负和折旧对现金流影响计算模型					
5		项目	0	1	2	3	4	5
6	初始期现金流量	投资成本	480,000.00					
7		旧机器变现价值	70,000.00					
8		账面价值	120,000.00					
9		变现亏损	50,000.00					
10		变现亏损抵税	12,500.00					
11	经营期现金流量	付现成本节约额		140,000.00	140,000.00	140,000.00	140,000.00	140,000.00
12		新机器折旧		240,000.00	120,000.00	60,000.00	20,000.00	
13		旧机器折旧		24,000.00	24,000.00	24,000.00	24,000.00	24,000.00
14		增加的折旧		216,000.00	96,000.00	36,000.00	-4,000.00	-24,000.00
15		税前利润增量		-76,000.00	44,000.00	104,000.00	144,000.00	164,000.00
16		所得税增加		-19,000.00	11,000.00	26,000.00	36,000.00	41,000.00
17		增加营业现金流量		159,000.00	129,000.00	114,000.00	104,000.00	99,000.00
18	终结期现金流量	法定残值						40,000.00
19		预计净残值						12,000.00
20		清理损失						28,000.00
21		清理损失抵税						7,000.00
22		净现金流量	-397,500.00	159,000.00	129,000.00	114,000.00	104,000.00	118,000.00
23		净现值	83,609.03					
24		决策结果						

图 8—26

第四步，选择决策结果

单击单元格 D23，调用“IF”函数，选中“logical _ test”栏输入“D23>=0”，选中“value _ if _ true”栏 输入“更新设备”，选中“value _ if _ false”栏输入“继续使用旧设备”。如图 8—27 所示。

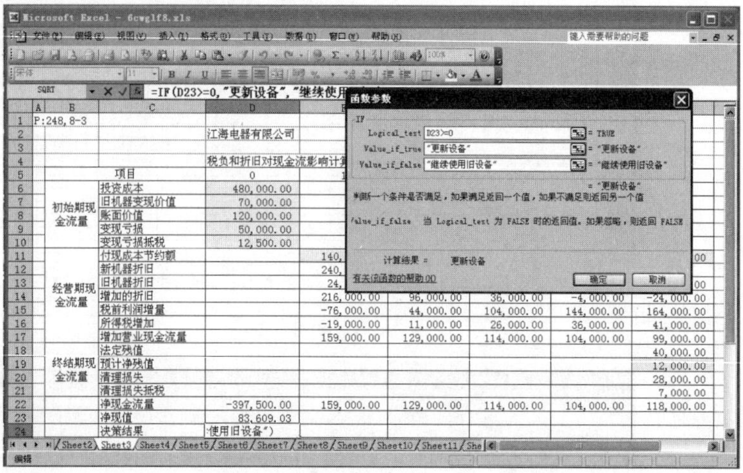

图 8—27

点击“确定”按钮后，模型就为我们选定了更新设备的方案。如图 8—28 所示。

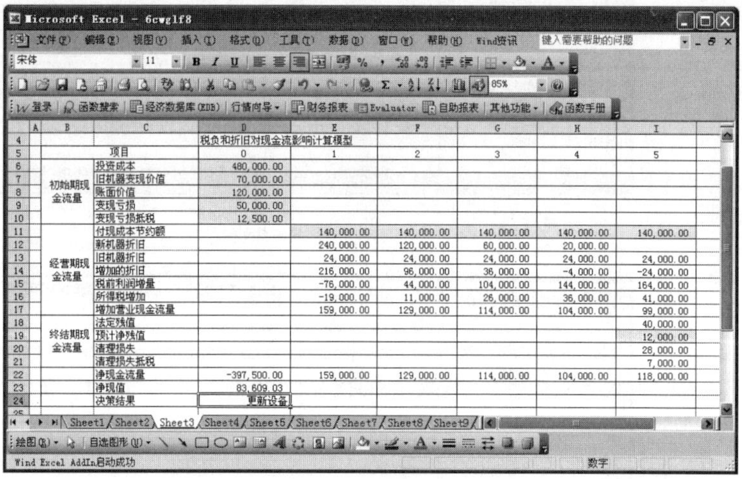

图 8—28

至此，按照【任务 8—3】所提供的资料，在 Excel 工作表中创建的税负和折旧对现金流影响计算模型就已经完成了。对这部分内容读者可以参考“实验系统”中“投资决策实务实验”项目下“实验示范”中第 3 个实验的屏幕录像。

通过税负和折旧对现金流影响计算模型，我们可以看到更新设备方案增加的现金流量的净现值为 83 609.03 元，大于 0。因此，公司应当采用更新设备方案。借助税负和折旧对现金流影响计算模型进行假设分析，可以确定不同投资项目现金流量对投资决策的影响，为实现公司的投资决策提供资料。

8.3　项目投资决策实验

8.3.1　固定资产更新决策模型创建

固定资产更新决策模型是关于所得税对公司成本和现金流量影响的一种分析模型。

【任务 8—4】

江海电器有限公司考虑用一台新的效率更高的设备来代替旧设备，以减少成本，增加收益。旧设备采用直线法计提折旧，新设备采用年数总和法计提折旧，公司的所得税税率为 25%，资本成本率为 10%，不考虑营业税的影响，其他情况见表 8—3。试做出该公司是继续使用旧设备还是对其进行更新的决策。（资料来源：主教材第 250 页例 8—4。）

表 8—3　　**设备更新的相关数据**　　单位：元

项目	旧设备	新设备
原价	50 000	70 000
可用年限	10	4
已用年限	6	0
尚可使用年限	4	4
税法规定残值	0	7 000
目前变现价值	20 000	70 000
每年可获得的收入	40 000	60 000
每年付现成本	20 000	18 000

下面我们就利用已经建立的固定资产更新决策的模型，并借助 Excel 工作表固定资产更新决策计算工具，来解决【任务 8—4】中有关固定资产更新决策问题。

在 Excel 工作表中，创建固定资产更新决策模型的步骤如下：

第一步，建立固定资产更新决策计算模型并录入数据，以第 1 年的数据为例讲解计算步骤

首先在 Excel 工作表中建立固定资产更新决策计算模型并将【任务 8—4】的固定资产更新决策计算相关数据录入。如图 8—28 所示。

第二步，计算经营期现金流量

首先，计算新设备的年折旧额。新设备采用的是年数总和法计算折旧，需要调用“SYD”函数。如图 8—29 所示。

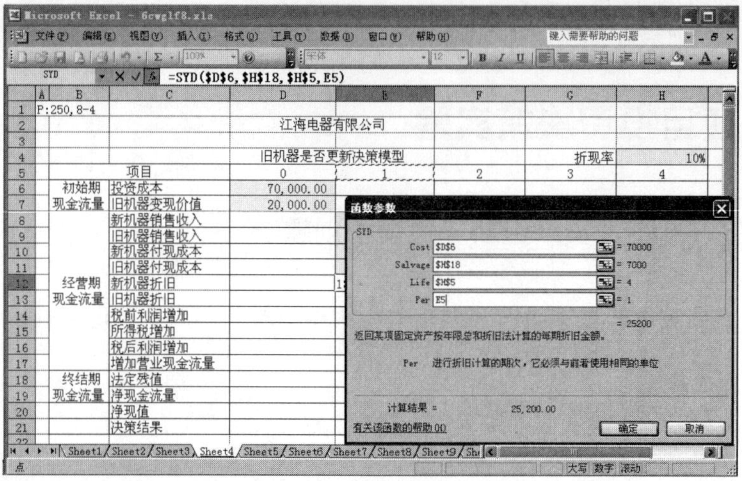

图 8—29

同理，可以计算出第 2～4 年新设备的折旧额。

然后，计算旧设备的折旧额，由于旧设备使用直线法计算折旧，在单元格 C7 中输入公式"＝$D$7/$H$5"，按回车键计算出折旧额。如图 8—30 所示。

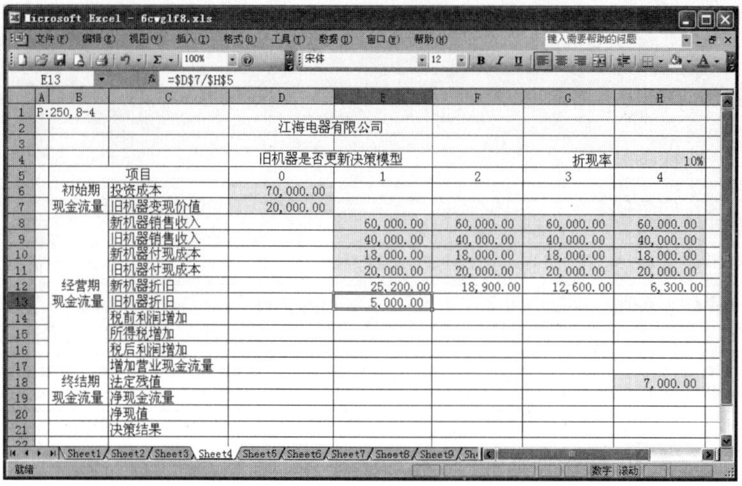

图 8—30

同理，可以计算出第 2～4 年旧设备的折旧额。接着，计算税前利润增加额，单击单元格 E14，输入计算公式"＝（E8－E9）－（E10－E11）－（E12－E13）"，计算出第 1 年的税前利润增加额。如图 8—31 所示。

同理，可以计算出第 2 年至第 4 年的税前利润增加额。

接着，计算所得税增加额。在单元格 E15 中输入公式"＝E14＊25％"，按回车键计算出第 1 年所得税增加额。如图 8—32 所示。

同理，可以计算出第 2～4 年的所得税增加额。

接着，计算税后利润增加额。在单元格 E16 中输入计算公式"＝E14－E15"，计算出第 1 年的税后利润增加额。如图 8—33 所示。

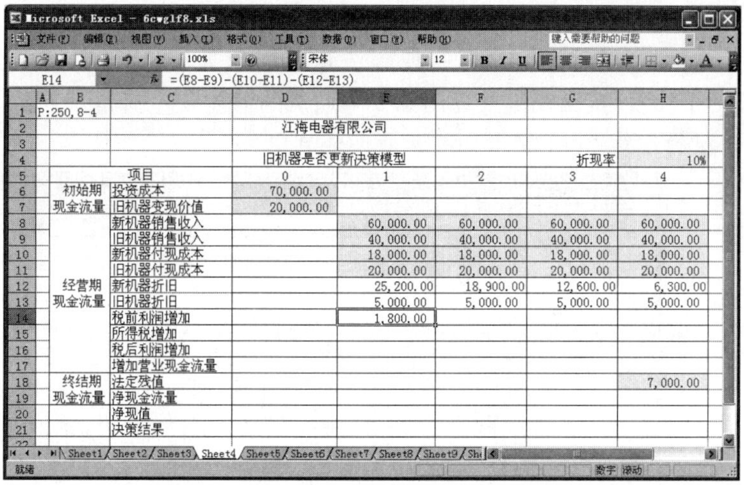

Microsoft Excel - 6cwglf8.xls

E14　fx =(E8-E9)-(E10-E11)-(E12-E13)

	B	C	D	E	F	G	H
1	P:250,8-4						
2			江海电器有限公司				
3							
4			旧机器是否更新决策模型			折现率	10%
5		项目	0	1	2	3	4
6	初始期	投资成本	70,000.00				
7	现金流量	旧机器变现价值	20,000.00				
8		新机器销售收入		60,000.00	60,000.00	60,000.00	60,000.00
9		旧机器销售收入		40,000.00	40,000.00	40,000.00	40,000.00
10		新机器付现成本		18,000.00	18,000.00	18,000.00	18,000.00
11		旧机器付现成本		20,000.00	20,000.00	20,000.00	20,000.00
12	经营期	新机器折旧		25,200.00	18,900.00	12,600.00	6,300.00
13	现金流量	旧机器折旧		5,000.00	5,000.00	5,000.00	5,000.00
14		税前利润增加		1,800.00			
15		所得税增加					
16		税后利润增加					
17		增加营业现金流量					
18	终结期	法定残值					7,000.00
19	现金流量	净现金流量					
20		净现值					
21		决策结果					

图 8—31

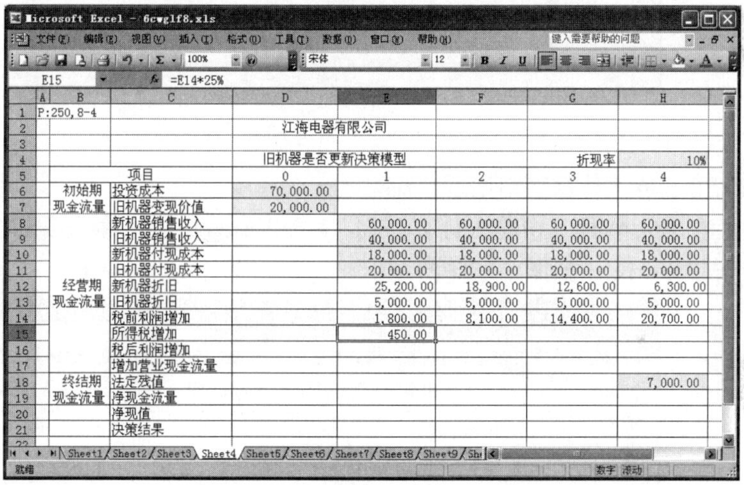

Microsoft Excel - 6cwglf8.xls

E15　fx =E14*25%

	B	C	D	E	F	G	H
1	P:250,8-4						
2			江海电器有限公司				
3							
4			旧机器是否更新决策模型			折现率	10%
5		项目	0	1	2	3	4
6	初始期	投资成本	70,000.00				
7	现金流量	旧机器变现价值	20,000.00				
8		新机器销售收入		60,000.00	60,000.00	60,000.00	60,000.00
9		旧机器销售收入		40,000.00	40,000.00	40,000.00	40,000.00
10		新机器付现成本		18,000.00	18,000.00	18,000.00	18,000.00
11		旧机器付现成本		20,000.00	20,000.00	20,000.00	20,000.00
12	经营期	新机器折旧		25,200.00	18,900.00	12,600.00	6,300.00
13	现金流量	旧机器折旧		5,000.00	5,000.00	5,000.00	5,000.00
14		税前利润增加		1,800.00	8,100.00	14,400.00	20,700.00
15		所得税增加		450.00			
16		税后利润增加					
17		增加营业现金流量					
18	终结期	法定残值					7,000.00
19	现金流量	净现金流量					
20		净现值					
21		决策结果					

图 8—32

Microsoft Excel - 6cwglf8.xls

E16　fx =E14-E15

	B	C	D	E	F	G	H
1	P:250,8-4						
2			江海电器有限公司				
3							
4			旧机器是否更新决策模型			折现率	10%
5		项目	0	1	2	3	4
6	初始期	投资成本	70,000.00				
7	现金流量	旧机器变现价值	20,000.00				
8		新机器销售收入		60,000.00	60,000.00	60,000.00	60,000.00
9		旧机器销售收入		40,000.00	40,000.00	40,000.00	40,000.00
10		新机器付现成本		18,000.00	18,000.00	18,000.00	18,000.00
11		旧机器付现成本		20,000.00	20,000.00	20,000.00	20,000.00
12	经营期	新机器折旧		25,200.00	18,900.00	12,600.00	6,300.00
13	现金流量	旧机器折旧		5,000.00	5,000.00	5,000.00	5,000.00
14		税前利润增加		1,800.00	8,100.00	14,400.00	20,700.00
15		所得税增加		450.00	2,025.00	3,600.00	5,175.00
16		税后利润增加		1,350.00			
17		增加营业现金流量					
18	终结期	法定残值					7,000.00
19	现金流量	净现金流量					
20		净现值					
21		决策结果					

图 8—33

同理，可以计算出第 2～4 年的税后利润增加。

最后，计算增加的营业现金流量。在单元格 E17 中输入公式“＝E16＋E12－E13”，按回车键计算出第 1 年增加的营业现金流量，如图 8—34 所示。同理，计算出第 2～4 年增加的营业现金流量。

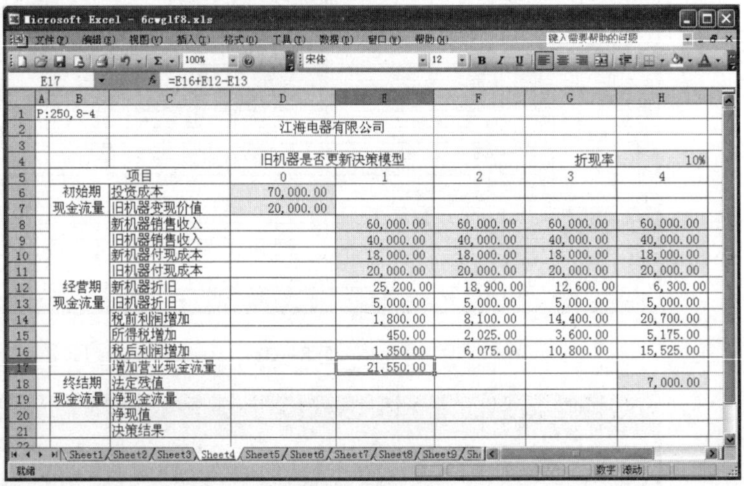

Microsoft Excel - 6cwglf8.xls

E17 =E16+E12-E13

	B	C	D	E	F	G	H
1	P:250,8-4						
2			江海电器有限公司				
3							
4			旧机器是否更新决策模型			折现率	10%
5		项目	0	1	2	3	4
6	初始期	投资成本	70,000.00				
7	现金流量	旧机器变现价值	20,000.00				
8		新机器销售收入		60,000.00	60,000.00	60,000.00	60,000.00
9		旧机器销售收入		40,000.00	40,000.00	40,000.00	40,000.00
10		新机器付现成本		18,000.00	18,000.00	18,000.00	18,000.00
11		旧机器付现成本		20,000.00	20,000.00	20,000.00	20,000.00
12	经营期	新机器折旧		25,200.00	18,900.00	12,600.00	6,300.00
13	现金流量	旧机器折旧		5,000.00	5,000.00	5,000.00	5,000.00
14		税前利润增加		1,800.00	8,100.00	14,400.00	20,700.00
15		所得税增加		450.00	2,025.00	3,600.00	5,175.00
16		税后利润增加		1,350.00	6,075.00	10,800.00	15,525.00
17		增加营业现金流量		21,550.00			
18	终结期	法定残值					7,000.00
19	现金流量	净现金流量					
20		净现值					
21		决策结果					

图 8—34

第三步，计算终结期现金流量

在单元格 D19 中输入计算公式“＝－D6＋D7”，计算出第 0 年的净现金流量为－50 000 元。如图 8—35 所示。

Microsoft Excel - 6cwglf8.xls

D19 =-D6+D7

	B	C	D	E	F	G	H
1	P:250,8-4						
2			江海电器有限公司				
3							
4			旧机器是否更新决策模型			折现率	10%
5		项目	0	1	2	3	4
6	初始期	投资成本	70,000.00				
7	现金流量	旧机器变现价值	20,000.00				
8		新机器销售收入		60,000.00	60,000.00	60,000.00	60,000.00
9		旧机器销售收入		40,000.00	40,000.00	40,000.00	40,000.00
10		新机器付现成本		18,000.00	18,000.00	18,000.00	18,000.00
11		旧机器付现成本		20,000.00	20,000.00	20,000.00	20,000.00
12	经营期	新机器折旧		25,200.00	18,900.00	12,600.00	6,300.00
13	现金流量	旧机器折旧		5,000.00	5,000.00	5,000.00	5,000.00
14		税前利润增加		1,800.00	8,100.00	14,400.00	20,700.00
15		所得税增加		450.00	2,025.00	3,600.00	5,175.00
16		税后利润增加		1,350.00	6,075.00	10,800.00	15,525.00
17		增加营业现金流量		21,550.00	19,975.00	18,400.00	16,825.00
18	终结期	法定残值					7,000.00
19	现金流量	净现金流量	-50,000.00				
20		净现值					
21		决策结果					

图 8—35

单击单元格 E19，调用 SUM 函数，计算出第 1 年的净现金流量，如图 8—36 所示。

同理，可以计算出第 2～4 年的净现金流量。

最后，计算净现值。调用“NPV”函数，前面已经详细介绍“NPV”函数的使用，在此不再重复，结果如图 8—37 所示。

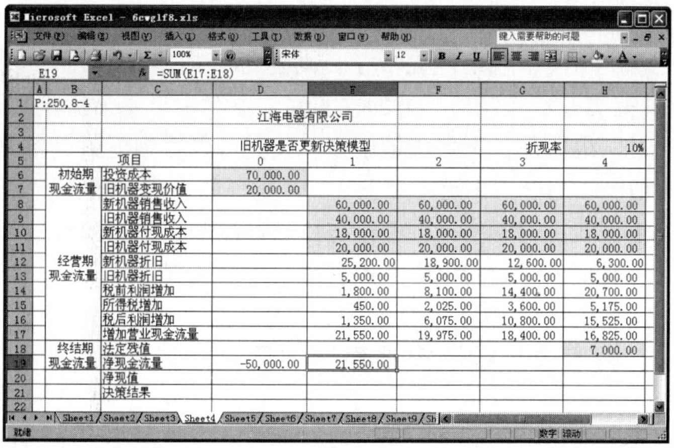

E19 =SUM(E17:E18)

行	B	C	D	E	F	G	H
1	P:250, 8-4						
2			江海电器有限公司				
3							
4			旧机器是否更新决策模型			折现率	10%
5		项目	0	1	2	3	4
6	初始期	投资成本	70,000.00				
7	现金流量	旧机器变现价值	20,000.00				
8		新机器销售收入		60,000.00	60,000.00	60,000.00	60,000.00
9		旧机器销售收入		40,000.00	40,000.00	40,000.00	40,000.00
10		新机器付现成本		18,000.00	18,000.00	18,000.00	18,000.00
11		旧机器付现成本		20,000.00	20,000.00	20,000.00	20,000.00
12	经营期	新机器折旧		25,200.00	18,900.00	12,600.00	6,300.00
13	现金流量	旧机器折旧		5,000.00	5,000.00	5,000.00	5,000.00
14		税前利润增加		1,800.00	8,100.00	14,400.00	20,700.00
15		所得税增加		450.00	2,025.00	3,600.00	5,175.00
16		税后利润增加		1,350.00	6,075.00	10,800.00	15,525.00
17		增加营业现金流量		21,550.00	19,975.00	18,400.00	16,825.00
18	终结期	法定残值					7,000.00
19	现金流量	净现金流量	-50,000.00	21,550.00			
20		净现值					
21		决策结果					

图 8—36

D20 =NPV(H4,D19:H19)*(1+H4)

行	B	C	D	E	F	G	H
1	P:250, 8-4						
2			江海电器有限公司				
3							
4			旧机器是否更新决策模型			折现率	10%
5		项目	0	1	2	3	4
6	初始期	投资成本	70,000.00				
7	现金流量	旧机器变现价值	20,000.00				
8		新机器销售收入		60,000.00	60,000.00	60,000.00	60,000.00
9		旧机器销售收入		40,000.00	40,000.00	40,000.00	40,000.00
10		新机器付现成本		18,000.00	18,000.00	18,000.00	18,000.00
11		旧机器付现成本		20,000.00	20,000.00	20,000.00	20,000.00
12	经营期	新机器折旧		25,200.00	18,900.00	12,600.00	6,300.00
13	现金流量	旧机器折旧		5,000.00	5,000.00	5,000.00	5,000.00
14		税前利润增加		1,800.00	8,100.00	14,400.00	20,700.00
15		所得税增加		450.00	2,025.00	3,600.00	5,175.00
16		税后利润增加		1,350.00	6,075.00	10,800.00	15,525.00
17		增加营业现金流量		21,550.00	19,975.00	18,400.00	16,825.00
18	终结期	法定残值					7,000.00
19	现金流量	净现金流量	-50,000.00	21,550.00	19,975.00	18,400.00	23,825.00
20		净现值	16,196.16				
21		决策结果					

图 8—37

第四步，做出决策

单击单元格 D21，调用“IF”函数，显示决策结果。如图 8—38 所示。

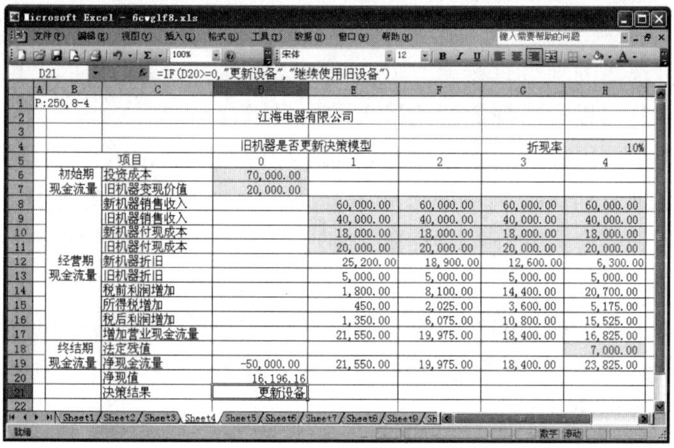

D21 =IF(D20>=0,"更新设备","继续使用旧设备")

行	B	C	D	E	F	G	H
1	P:250, 8-4						
2			江海电器有限公司				
3							
4			旧机器是否更新决策模型			折现率	10%
5		项目	0	1	2	3	4
6	初始期	投资成本	70,000.00				
7	现金流量	旧机器变现价值	20,000.00				
8		新机器销售收入		60,000.00	60,000.00	60,000.00	60,000.00
9		旧机器销售收入		40,000.00	40,000.00	40,000.00	40,000.00
10		新机器付现成本		18,000.00	18,000.00	18,000.00	18,000.00
11		旧机器付现成本		20,000.00	20,000.00	20,000.00	20,000.00
12	经营期	新机器折旧		25,200.00	18,900.00	12,600.00	6,300.00
13	现金流量	旧机器折旧		5,000.00	5,000.00	5,000.00	5,000.00
14		税前利润增加		1,800.00	8,100.00	14,400.00	20,700.00
15		所得税增加		450.00	2,025.00	3,600.00	5,175.00
16		税后利润增加		1,350.00	6,075.00	10,800.00	15,525.00
17		增加营业现金流量		21,550.00	19,975.00	18,400.00	16,825.00
18	终结期	法定残值					7,000.00
19	现金流量	净现金流量	-50,000.00	21,550.00	19,975.00	18,400.00	23,825.00
20		净现值	16,196.16				
21		决策结果	更新设备				

图 8—38

至此，按照【任务 8—4】所提供的资料，在 Excel 工作表中创建的旧机器是否更新决策模型就已经完成了。对这部分内容读者可以参考“实验系统”中“投资决策实务实验”项目下的“实验示范”中第 4 个实验的屏幕录像。

通过旧机器是否更新决策模型，我们可以看到更新设备方案增加的现金流量的净现值为 16 196.16 元，大于 0。因此，公司应当采用更新设备方案。借助旧机器是否更新决策模型进行假设分析，可以确定不同旧机器是否更新决策项目的取舍，为实现公司的固定资产投资决策提供资料。

8.3.2 资本限额投资决策模型创建

资本限额是指企业可以用于投资的资金总量有限，不能投资于所有可接受的项目。在这种情况下，为了使企业获得最大的利益，应该选择那些净现值达到最大的投资组合，可以采用两种方法——净现值法和获利指数法。

【任务 8—5】

假设江海电器有限公司有五个可供选择的项目 A，B，C，D，E，五个项目彼此独立，公司的初始投资限额为 400 000 元。详细情况如表 8—4 所示。（资料来源：主教材第 254 页例 8—5。）

表 8—4　　江海电器有限公司的五个投资项目　　单位：元

投资项目	初始投资	获利指数（PI）	净现值（NPV）
A	120 000	1.56	67 000
B	150 000	1.53	79 500
C	300 000	1.37	111 000
D	125 000	1.17	21 000
E	100 000	1.18	18 000

如果江海电器有限公司想选取获利指数最大的项目，那么它将选择项目 A，B，C；如果该公司按照每个项目净现值的大小来选取，那么首先将选择项目 C，另外可选择的项目只有 B。而这两种选择方法都是错误的，因为它们选择的都不是能使公司投资净现值达到最大的项目组合。

为了选出最优的项目组合，可以用穷举法列出五个项目的所有投资组合（n 个相互独立的投资项目的可能组合共有 2^n-1 种），在其中寻找满足资本限额要求的各种组合，并计算它们的加权平均获利指数和净现值合计，从中选择最优方案。

以上五个项目的所有投资组合共有 31 种，其中满足初始投资限额为 400 000 元条件的有 16 种，将这 16 种组合列于表 8—5 中，并分别计算它们的加权平均获利指数和净现值合计。

表 8—5　　江海电器有限公司的 16 种投资组合

序号	项目组合	初始投资	加权平均获利指数	净现值合计	优先级排序
1	A	120 000	1.168	67 000	13
2	AB	270 000	1.367	146 500	3
3	AD	245 000	1.221	88 000	10
4	AE	220 000	1.213	85 000	11
5	ABD	395 000	1.420	167 500	1
6	ABE	370 000	1.412	164 500	2
7	ADE	345 000	1.266	106 000	7
8	B	150 000	1.199	79 500	12
9	BD	275 000	1.252	100 500	8
10	BE	250 000	1.240	97 500	9
11	BDE	375 000	1.297	118 500	5
12	C	300 000	1.278	111 000	6
13	CE	400 000	1.323	129 000	4
14	D	125 000	1.053	21 000	15
15	DE	225 000	1.098	39 000	14
16	E	100 000	1.045	18 000	16

从表 8—6 中可以看出，用获利指数法和净现值法得到的结论一致。项目 ABD 是最优投资组合，其净现值为 167 500 元。下面我们看看在 Excel 工作表中如何实现这一选择。

为便于说明如何在 Excel 工作表中完成资金限额投资决策的任务，我们利用上述【任务 8—5】的资料并借助 Excel 工作表创建资金限额投资决策模型，然后根据资金限额投资决策模型计算出【任务 8—5】中有关资金限额投资决策问题。

在 Excel 工作表中，创建资金限额投资决策模型的步骤如下：

第一步，建立资金限额投资决策模型并录入数据

首先在 Excel 工作表中建立资金限额投资决策模型并将【任务 8—5】的资金限额投资决策计算相关数据录入。如图 8—39 所示。

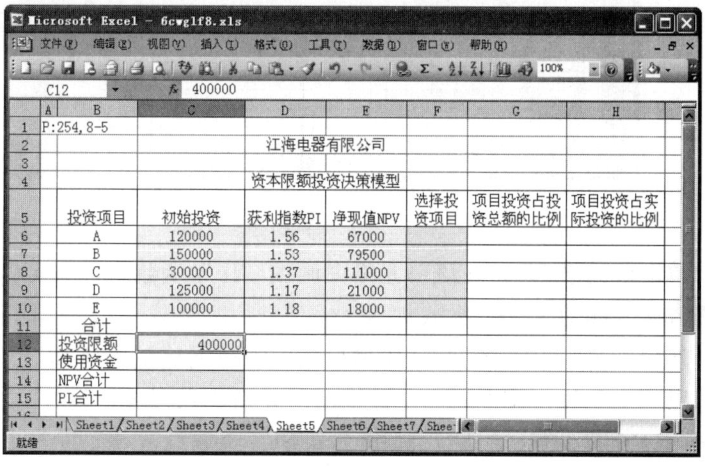

图 8—39

第二步，计算投资项目占比和实际占比

在单元格 G6 中输入公式“＝C6/＄C＄12”，按回车键计算出 A 项目的占比。如图 8—40 所示。

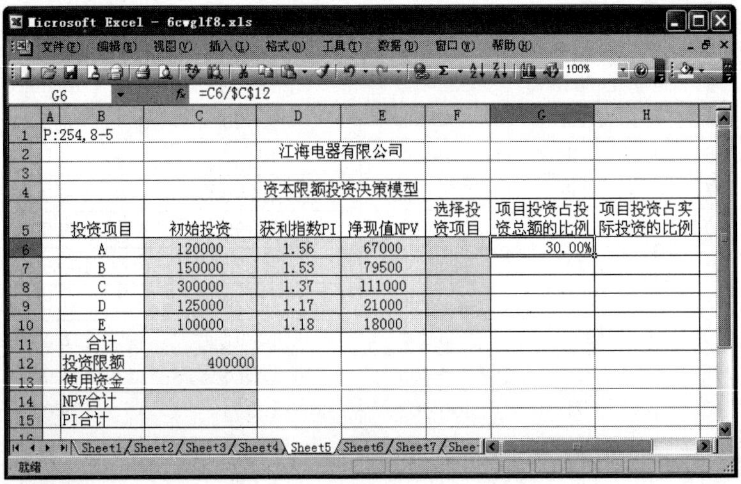

Microsoft Excel - 6cwglf8.xls

G6 =C6/$C$12

	A	B	C	D	E	F	G	H
1	P:254,8-5							
2				江海电器有限公司				
3								
4				资本限额投资决策模型				
5		投资项目	初始投资	获利指数PI	净现值NPV	选择投资项目	项目投资占投资总额的比例	项目投资占实际投资的比例
6		A	120000	1.56	67000		30.00%	
7		B	150000	1.53	79500			
8		C	300000	1.37	111000			
9		D	125000	1.17	21000			
10		E	100000	1.18	18000			
11		合计						
12		投资限额	400000					
13		使用资金						
14		NPV合计						
15		PI合计						

图 8—40

选中单元格 G6，用鼠标指向该单元格的右下角，待鼠标指针变为实心的黑“＋”时，按下鼠标左键拖向单元格 G7:G10，就可以计算出各投资项目占实际投资的比例。然后，调用“SUM”函数计算出五个项目的占比合计。如图 8—41 所示。

Microsoft Excel - 6cwglf8.xls

G11 =SUM(G6:G10)

	A	B	C	D	E	F	G	H
1	P:254,8-5							
2				江海电器有限公司				
3								
4				资本限额投资决策模型				
5		投资项目	初始投资	获利指数PI	净现值NPV	选择投资项目	项目投资占投资总额的比例	项目投资占实际投资的比例
6		A	120000	1.56	67000		30.00%	
7		B	150000	1.53	79500		37.50%	
8		C	300000	1.37	111000		75.00%	
9		D	125000	1.17	21000		31.25%	
10		E	100000	1.18	18000		25.00%	
11		合计					198.75%	
12		投资限额	400000					
13		使用资金						
14		NPV合计						
15		PI合计						

图 8—41

单击单元格 H6，在该单元格中调用“IF”函数，计算出 A 项目投资的实际投资占比。如图 8—42 所示。

然后，选中单元格 H6，用鼠标指向该单元格的右下角，待鼠标指针变为实心的黑“＋”时，按下鼠标左键拖向单元格 H7:H10，就可以计算出各投资项目占实际投资的比例。然后，调用“SUM”函数计算出五个项目投资占实际投资的占比合计。如图 8—43 所示。

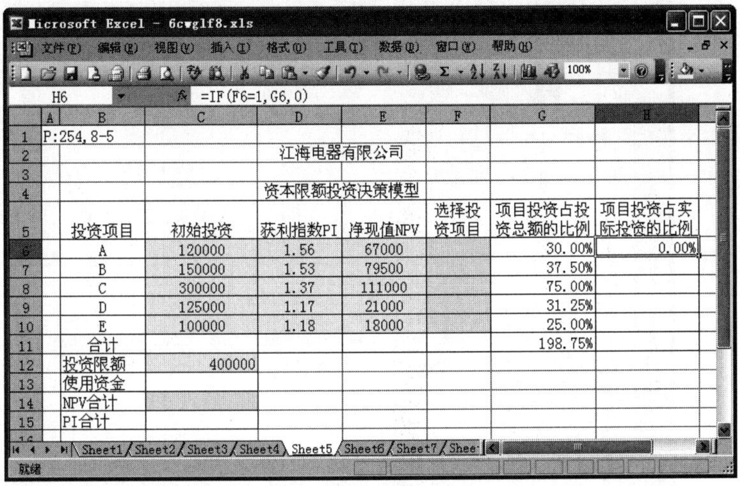

	A	B	C	D	E	F	G	H
1	P:254,8-5							
2				江海电器有限公司				
3								
4				资本限额投资决策模型				
5		投资项目	初始投资	获利指数PI	净现值NPV	选择投资项目	项目投资占投资总额的比例	项目投资占实际投资的比例
6		A	120000	1.56	67000		30.00%	0.00%
7		B	150000	1.53	79500		37.50%	
8		C	300000	1.37	111000		75.00%	
9		D	125000	1.17	21000		31.25%	
10		E	100000	1.18	18000		25.00%	
11		合计					198.75%	
12		投资限额	400000					
13		使用资金						
14		NPV合计						
15		PI合计						

图 8—42

	A	B	C	D	E	F	G	H
1	P:254,8-5							
2				江海电器有限公司				
3								
4				资本限额投资决策模型				
5		投资项目	初始投资	获利指数PI	净现值NPV	选择投资项目	项目投资占投资总额的比例	项目投资占实际投资的比例
6		A	120000	1.56	67000		30.00%	0.00%
7		B	150000	1.53	79500		37.50%	0.00%
8		C	300000	1.37	111000		75.00%	0.00%
9		D	125000	1.17	21000		31.25%	0.00%
10		E	100000	1.18	18000		25.00%	0.00%
11		合计					198.75%	0.00%
12		投资限额	400000					
13		使用资金						
14		NPV合计						
15		PI合计						

图 8—43

第三步，计算投资项目组合使用的资金总额

调用“SUMPRODUCT”函数，计算投资项目组合的使用的资金数额。用鼠标单击单元格 C13，单击公式编辑栏左侧的插入函数“fx”按钮，弹出“插入函数”对话框，单击“或选择类别（C）”栏选择“全部”类，在“选择函数（N）”栏选择“SUMPRODUCT”函数名，以单元格 C6:C10 乘以单元格 F6:F10，再求和，计算出投资项目组合使用的资金总额。因为现在我们还没有确定项目组合，所以这里投资项目组合使用的资金总额为零。如图 8—44 所示。

第四步，计算投资项目组合的净现值和获利指数

调用“SUMPRODUCT”函数，计算投资项目组合的净现值。用鼠标单击单元格 C14，单击公式编辑栏左侧的插入函数“fx”按钮，弹出“插入函数”对话框，单击“或选择类别（C）”栏选择“全部”类，在“选择函数（N）”栏选择“SUMPRODUCT”函数名。如图 8—45 所示。

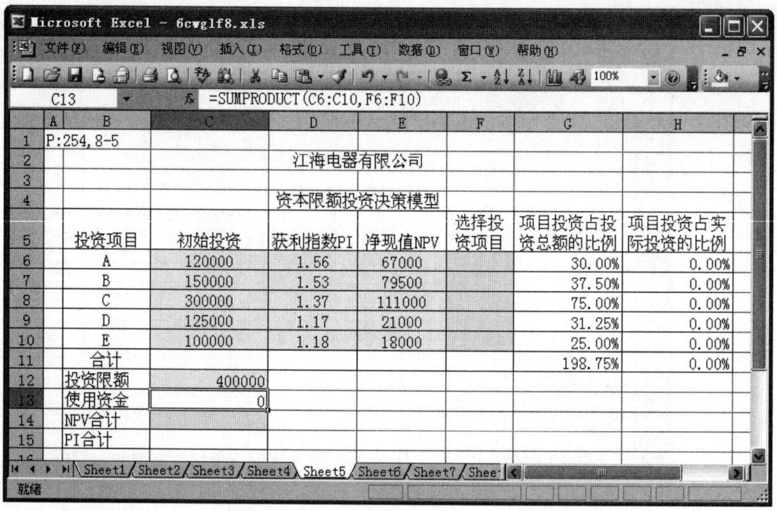

图 8—44

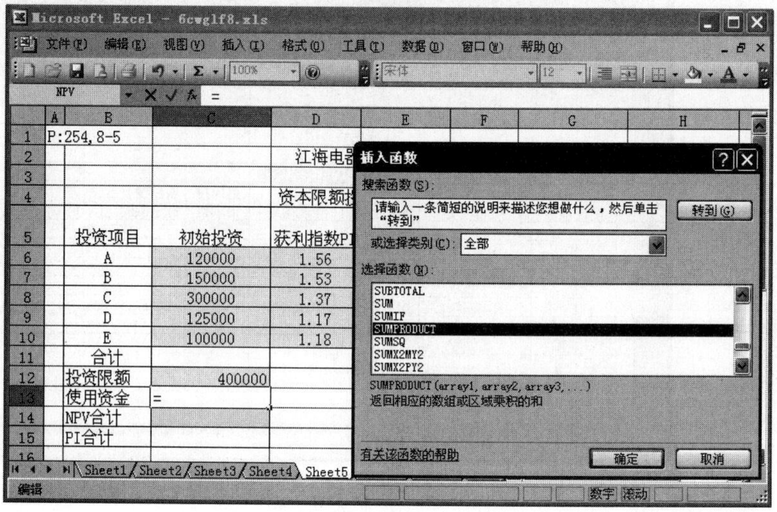

图 8—45

点击“确定”按钮，就弹出“函数参数”的对话框。单击“Array1”栏右边的“折叠对话框”按钮，用鼠标选择单元格 C6:C10，单击“Array2”栏右边的“折叠对话框”按钮，用鼠标选择单元格 F6:F10，如图 8—45 所示。点击“确定”按钮，计算出投资项目使用的资金。如图 8—46 所示。

单击单元格 C14，调用“SUMPRODUCT”函数，计算出投资组合的 NPV 合计为零。如图 8—47 所示。

调用“SUMPRODUCT”函数，计算出项目投资组合的 PI 合计。用鼠标单击单元格 C15，单击公式编辑栏左侧的插入函数“fx”按钮，弹出“插入函数”对话框，单击“或选择类别（C）”栏选择“全部”类，在“选择函数（N）”栏选择“SUMPRODUCT”函数名，输入“=SUMPRODUCT（D6:D10，F6:F10，H6:H10）+1－H11”。如图 8—48 所示。

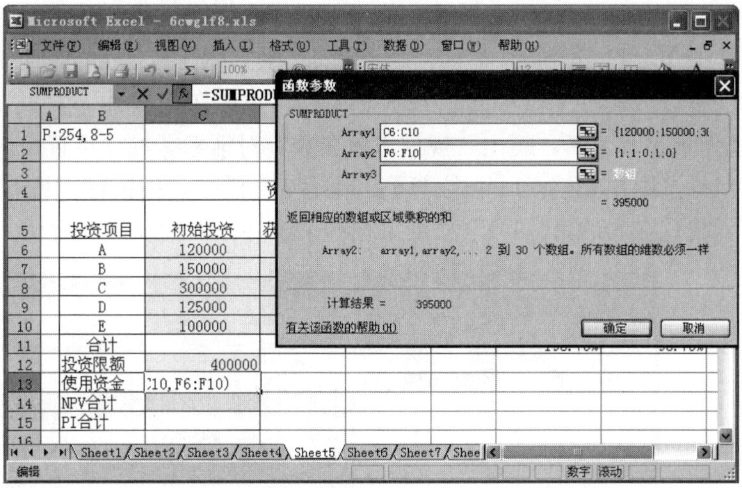

图 8—46

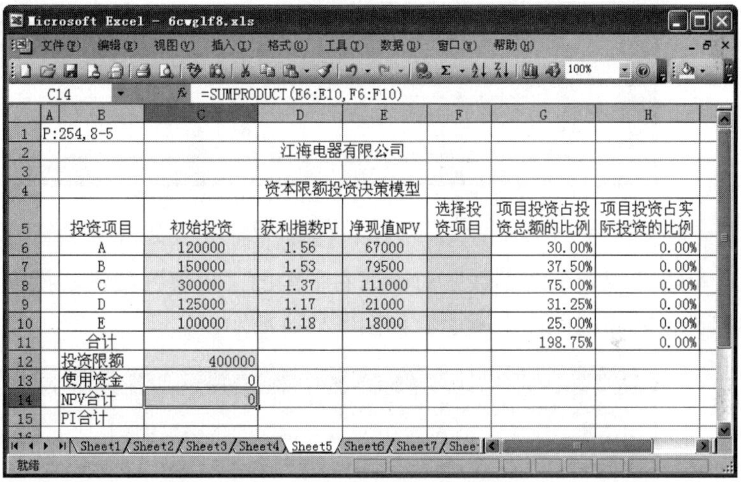

图 8—47

图 8—48

第四步，确定投资项目组合

调用“规划求解”工具，确定能使NPV合计数最大的投资项目组合及其使用的资金数额。用鼠标单击单元格C14，单击工具菜单，在其下拉菜单中选择“规划求解”工具，跳出“规划求解参数”对话框。在“设置目标单元格”栏中，用鼠标选中单元格C14；在“可变单元格”栏中，用鼠标选中＄F＄6：＄F＄10单元格；在“约束（U）”栏内添加约束条件。如图8—49所示。

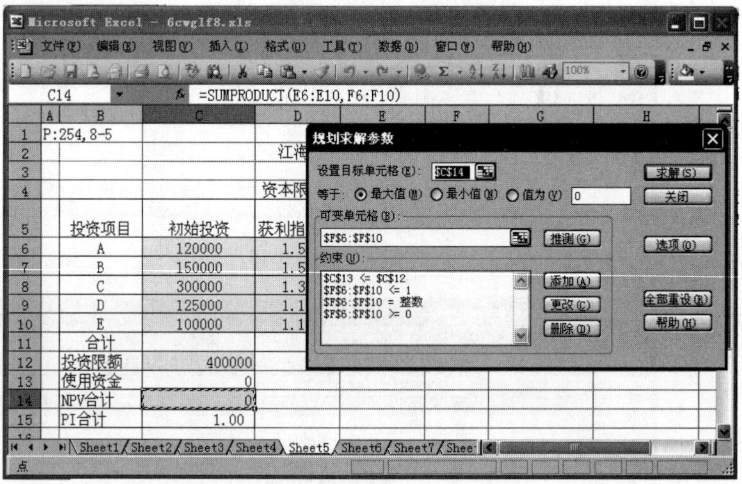

图8—49

单击“规划求解参数”对话框右上角的“求解”按钮，投资项目组合及其使用的资金数额就计算出来了。如图8—50所示。

图8—50

在本例中，通过“规划求解”工具，求出的最优解是选择A，B，D三个项目进行投资，可以使净现值最大，达到167 500元，其使用资金数额为395 000元。

至此，按照【任务8—5】所提供的资料，在Excel工作表中创建的资金限额投资决策模型就已经完成了。对这部分内容读者可以参考“实验系统”中“投资决策实务实验”项目下“实验示范”中第 5 个实验的屏幕录像。

通过资金限额投资决策模型，我们可以看到在公司只有 400 000 元的投资限额的条件下，选择 A，B，D 三个投资项目，可以使净现值最大化。我们也可以利用资金限额投资决策模型进行假设分析，确定在投资额有限的条件下，如何选择项目进行投资，为公司的投资决策提供资料。

8.3.3　投资时机选择决策

投资时机选择决策主要涉及的是如何确定最佳的投资时机的问题。投资时机选择决策模型是关于投资时机选择对公司报酬的影响的一种分析模型。

【任务 8—6】

江海电器有限公司有一片经济林准备采伐并加工成木材出售，该经济林的树木将随着时间的推移而更加茂密，也就是单位面积的经济价值会逐渐提高。根据预测，每年每亩树木的销售收入将提高 20%，但是采伐的付现成本（主要是工人工资）每年也将增加 10%。按照公司的计划安排，可以现在采伐或者 3 年后再采伐。无论哪种方案，林木都可供采伐 4 年，需要购置的采伐及加工设备的初始成本都为 100 万元，直线法折旧年限 4 年，无残值，项目开始时均需垫支营运资本 20 万元，采伐结束后收回。计划每年采伐 200 亩林木，第 1 年每亩林木可获得销售收入 1 万元，采伐每亩林木的付现成本为 0.35 万元。（资料来源：主教材第 256 页例 8—6。）

为便于说明如何在 Excel 工作表中完成投资时机选择决策的任务，我们利用上述【任务 8—6】的资料并借助 Excel 工作表创建投资时机选择决策模型，然后根据投资时机选择决策模型计算出【任务 8—6】中有关投资时机选择决策问题。

在 Excel 工作表中，创建投资时机选择决策模型的步骤如下：

第一步，建立投资时机选择决策模型并录入数据

首先在 Excel 工作表中建立投资时机选择决策模型并将【任务 8—6】的投资时机选择决策的相关数据录入。如图 8—51 所示。

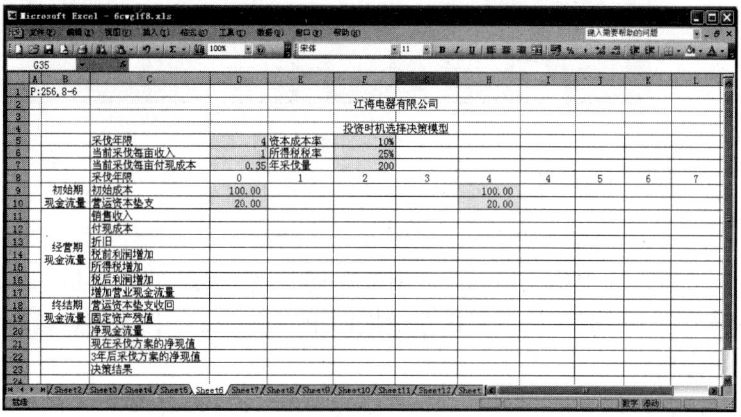

	A	B	C	D	E	F	G	H	I	J	K	L
1	P:256, 8-6											
2						江海电器有限公司						
3												
4						投资时机选择决策模型						
5			采伐年限	4	资本成本率	10%						
6			当前采伐每亩收入	1	所得税税率	25%						
7			当前采伐每亩付现成本	0.35	年采伐量	200						
8			采伐年限	0	1	2	3	4	4	5	6	7
9		初始期	初始成本	100.00				100.00				
10		现金流量	营运资本垫支	20.00				20.00				
11			销售收入									
12			付现成本									
13		经营期	折旧									
14		现金流量	税前利润增加									
15			所得税增加									
16			税后利润增加									
17			增加营业现金流量									
18		终结期	营运资本垫支收回									
19		现金流量	固定资产残值									
20			净现金流量									
21			现在采伐方案的净现值									
22			3年后采伐方案的净现值									
23			决策结果									

图 8—51

第二步，计算经营期现金流量

其中，1，2，3，4 表示现在采伐方案的净现值，4，5，6，7 表示 3 年后才采伐方案的净现值。

首先，计算销售收入。在单元格 E11 中输入计算公式“=$F$7*$D$6*(1+20%)^D8”，计算出第 1 年的销售收入。如图 8—52 所示。

图 8—52

其次，选中单元格 E11，用鼠标指向该单元格的右下角，待鼠标指针变为实心的黑“+”时，按下鼠标左键拖向单元格 F11:L11，就可以计算出两种方案各年的销售收入。如图 8—53 所示。

图 8—53

然后，在单元格 E12 中输入公式“=$F$7*$D$7*(1+10%)^D8”，计算出第 1 年的付现成本。如图 8—54 所示。

然后，选中单元格 E12，用鼠标指向该单元格的右下角，待鼠标指针变为实心的黑“+”时，按下鼠标左键拖向单元格 F12:L12，就可以计算出两种方案各年的付现成本。

接着，计算折旧。在单元格 E13 中输入计算公式“=$D$9/$D$5”，计算出第 1 年的折旧。如图 8—55 所示。

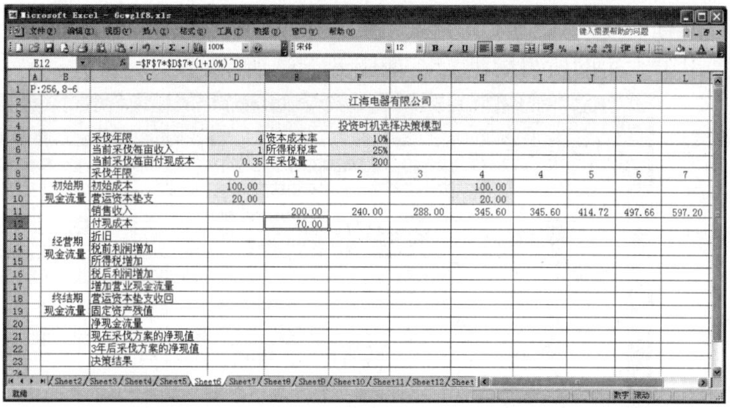

图 8—54

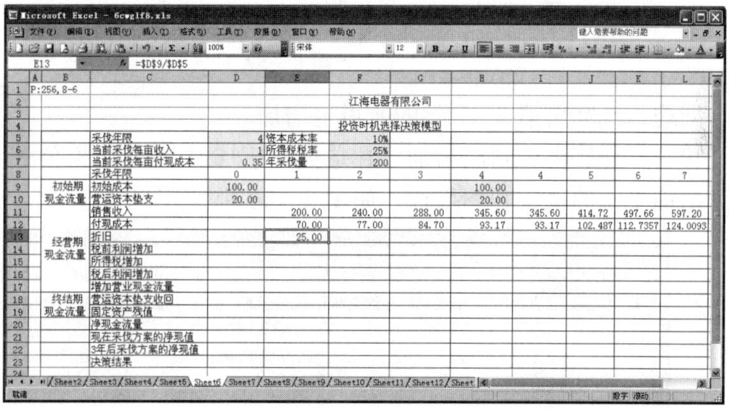

图 8—55

同理，计算出第 2～7 年的折旧。

接着，计算税前利润增加。在单元格 E14 中输入计算公式“＝E11－E12－E13”，计算出第 1 年的税前利润增加。如图 8—56 所示。

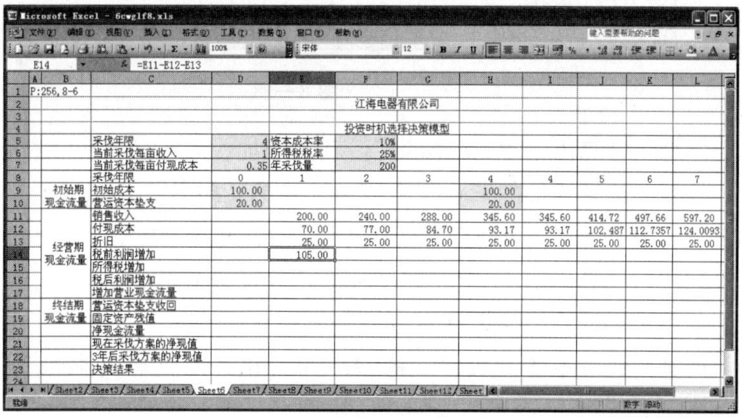

图 8—56

同理，计算出第 2～7 年的税前利润增加。

接着，计算所得税增加。在单元格 E15 中输入计算公式“=E14 * $F$6”，计算出第 1 年的所得税增加。如图 8—57 所示。

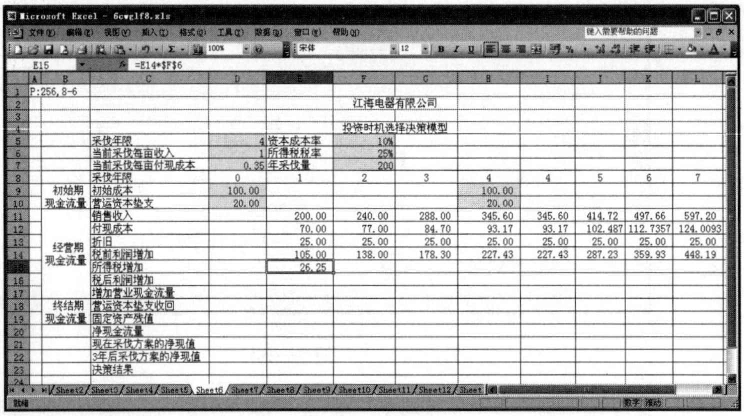

图 8—57

同理，计算出第 2～7 年的所得税增加。

接着，计算税后利润增加。在单元格 E16 中输入计算公式“=E14－E15”，计算出第 1 年的税后利润增加。如图 8—58 所示。

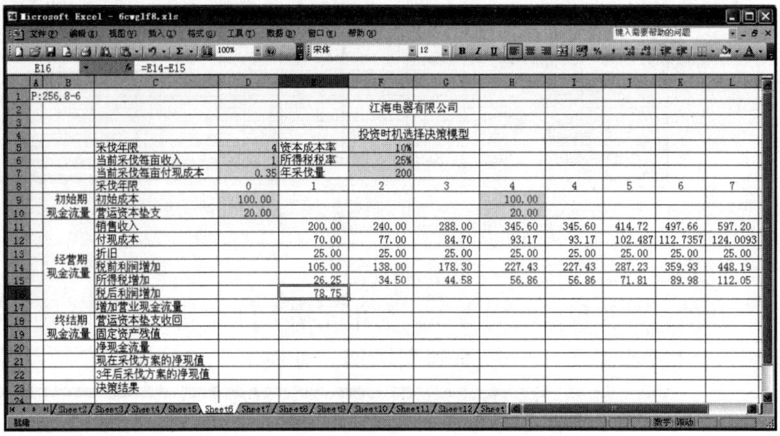

图 8—58

同理，计算出第 2～7 年的税后利润增加。

最后，计算增加的营业现金流量。在单元格 E17 中输入计算公式“=E16＋E13”，计算出第 1 年增加营业现金流量。如图 8—59 所示。

同理，计算出第 2～7 年的增加的营业现金流量。

第三步，计算终结期现金流量

计算营运资本垫支收回。将 D10 单元格，即营运资本垫支的值分别引用到单元格 H18 和 L18。如图 8—60 所示。

第四步，计算净现金流量

首先，计算现在采伐方案的净现值。在单元格 D20 中输入计算公式“=－D9－D10”，计算出第 0 年净现金流量。如图 8—61 所示。

Microsoft Excel - 6cwglf8.xls

E17　=E16+E13

	A	B	C	D	E	F	G	H	I	J	K	L
1	P:256,8-6											
2						江海电器有限公司						
3												
4						投资时机选择决策模型						
5			采伐年限	4	资本成本率	10%						
6			当前采伐每亩收入	1	所得税税率	25%						
7			当前采伐每亩付现成本	0.35	年采伐量	200						
8			采伐年限	0	1	2	3	4	4	5	6	7
9		初始期	初始成本	100.00				100.00				
10		现金流量	营运资本垫支	20.00				20.00				
11			销售收入		200.00	240.00	288.00	345.60	345.60	414.72	497.66	597.20
12			付现成本		70.00	77.00	84.70	93.17	93.17	102.487	112.7357	124.0093
13		经营期	折旧		25.00	25.00	25.00	25.00	25.00	25.00	25.00	25.00
14		现金流量	税前利润增加		105.00	138.00	178.30	227.43	227.43	287.23	359.93	448.19
15			所得税增加		26.25	34.50	44.58	56.86	56.86	71.81	89.98	112.05
16			税后利润增加		78.75	103.50	133.73	170.57	170.57	215.42	269.95	336.14
17			增加营业现金流量		103.75							
18		终结期	营运资本垫支收回									
19		现金流量	固定资产残值									
20			净现金流量									
21			现在采伐方案的净现值									
22			3年后采伐方案的净现值									
23			决策结果									

图 8—59

Microsoft Excel - 6cwglf8.xls

L18　=D10

	A	B	C	D	E	F	G	H	I	J	K	L
1	P:256,8-6											
2						江海电器有限公司						
3												
4						投资时机选择决策模型						
5			采伐年限	4	资本成本率	10%						
6			当前采伐每亩收入	1	所得税税率	25%						
7			当前采伐每亩付现成本	0.35	年采伐量	200						
8			采伐年限	0	1	2	3	4	4	5	6	7
9		初始期	初始成本	100.00				100.00				
10		现金流量	营运资本垫支	20.00				20.00				
11			销售收入		200.00	240.00	288.00	345.60	345.60	414.72	497.66	597.20
12			付现成本		70.00	77.00	84.70	93.17	93.17	102.487	112.7357	124.0093
13		经营期	折旧		25.00	25.00	25.00	25.00	25.00	25.00	25.00	25.00
14		现金流量	税前利润增加		105.00	138.00	178.30	227.43	227.43	287.23	359.93	448.19
15			所得税增加		26.25	34.50	44.58	56.86	56.86	71.81	89.98	112.05
16			税后利润增加		78.75	103.50	133.73	170.57	170.57	215.42	269.95	336.14
17			增加营业现金流量		103.75	128.50	158.73	195.57	195.57	240.42	294.95	361.14
18		终结期	营运资本垫支收回					20.00				20.00
19		现金流量	固定资产残值									
20			净现金流量									
21			现在采伐方案的净现值									
22			3年后采伐方案的净现值									
23			决策结果									

图 8—60

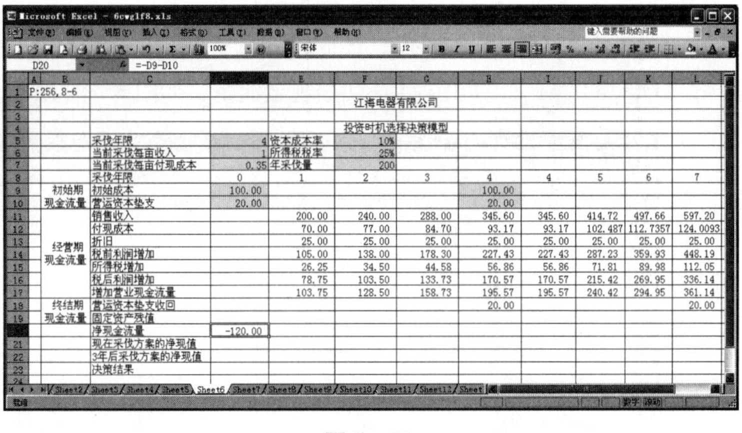

Microsoft Excel - 6cwglf8.xls

D20　=-D9-D10

	A	B	C	D	E	F	G	H	I	J	K	L
1	P:256,8-6											
2						江海电器有限公司						
3												
4						投资时机选择决策模型						
5			采伐年限	4	资本成本率	10%						
6			当前采伐每亩收入	1	所得税税率	25%						
7			当前采伐每亩付现成本	0.35	年采伐量	200						
8			采伐年限	0	1	2	3	4	4	5	6	7
9		初始期	初始成本	100.00				100.00				
10		现金流量	营运资本垫支	20.00				20.00				
11			销售收入		200.00	240.00	288.00	345.60	345.60	414.72	497.66	597.20
12			付现成本		70.00	77.00	84.70	93.17	93.17	102.487	112.7357	124.0093
13		经营期	折旧		25.00	25.00	25.00	25.00	25.00	25.00	25.00	25.00
14		现金流量	税前利润增加		105.00	138.00	178.30	227.43	227.43	287.23	359.93	448.19
15			所得税增加		26.25	34.50	44.58	56.86	56.86	71.81	89.98	112.05
16			税后利润增加		78.75	103.50	133.73	170.57	170.57	215.42	269.95	336.14
17			增加营业现金流量		103.75	128.50	158.73	195.57	195.57	240.42	294.95	361.14
18		终结期	营运资本垫支收回					20.00				20.00
19		现金流量	固定资产残值									
20			净现金流量	-120.00								
21			现在采伐方案的净现值									
22			3年后采伐方案的净现值									
23			决策结果									

图 8—61

单击单元格 E20，调用 SUM 函数，计算出第 1 年净现金流量。如图 8—62 所示。

同理，计算出现在采伐方案即第 2～4 年的净现金流量。

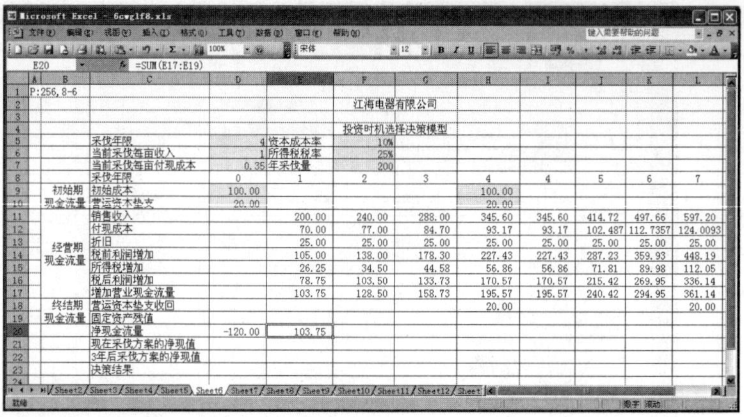

	B	C	D	E	F	G	H	I	J	K	L
1	P:256,8-6										
2					江海电器有限公司						
3											
4					投资时机选择决策模型						
5		采伐年限	4	资本成本率	10%						
6		当前采伐每亩收入	1	所得税税率	25%						
7		当前采伐每亩付现成本	0.35	年采伐量	200						
8		采伐年限	0	1	2	3	4	4	5	6	7
9	初始期现金流量	初始成本	100.00				100.00				
10		营运资本垫支	20.00				20.00				
11	经营期现金流量	销售收入		200.00	240.00	288.00	345.60	345.60	414.72	497.66	597.20
12		付现成本		70.00	77.00	84.70	93.17	93.17	102.487	112.7357	124.0093
13		折旧		25.00	25.00	25.00	25.00	25.00	25.00	25.00	25.00
14		税前利润增加		105.00	138.00	178.30	227.43	227.43	287.23	359.93	448.19
15		所得税增加		26.25	34.50	44.58	56.86	56.86	71.81	89.98	112.05
16		税后利润增加		78.75	103.50	133.73	170.57	170.57	215.42	269.95	336.14
17		增加营业现金流量		103.75	128.50	158.73	195.57	195.57	240.42	294.95	361.14
18	终结期现金流量	营运资本垫支收回					20.00				20.00
19		固定资产残值									
20		净现金流量	-120.00	103.75							
21		现在采伐方案的净现值									
22		3年后采伐方案的净现值									
23		决策结果									

图 8—62

然后，单击单元格 D21，调用 NPV 函数，计算出现在采伐方案的净现值为 347.01 元。如图 8—63 所示。

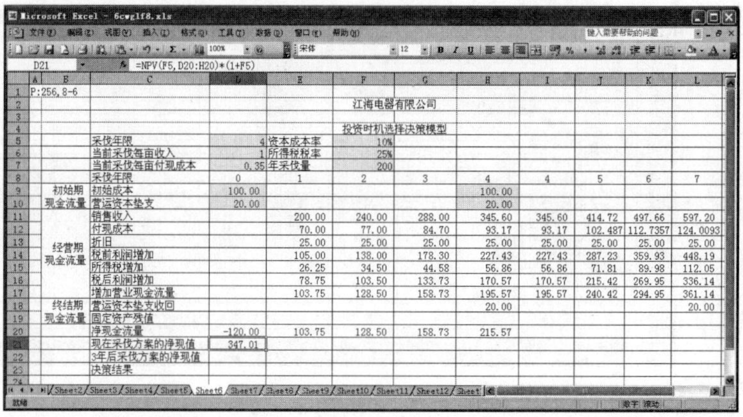

	B	C	D	E	F	G	H	I	J	K	L
1	P:256,8-6										
2					江海电器有限公司						
3											
4					投资时机选择决策模型						
5		采伐年限	4	资本成本率	10%						
6		当前采伐每亩收入	1	所得税税率	25%						
7		当前采伐每亩付现成本	0.35	年采伐量	200						
8		采伐年限	0	1	2	3	4	4	5	6	7
9	初始期现金流量	初始成本	100.00				100.00				
10		营运资本垫支	20.00				20.00				
11	经营期现金流量	销售收入		200.00	240.00	288.00	345.60	345.60	414.72	497.66	597.20
12		付现成本		70.00	77.00	84.70	93.17	93.17	102.487	112.7357	124.0093
13		折旧		25.00	25.00	25.00	25.00	25.00	25.00	25.00	25.00
14		税前利润增加		105.00	138.00	178.30	227.43	227.43	287.23	359.93	448.19
15		所得税增加		26.25	34.50	44.58	56.86	56.86	71.81	89.98	112.05
16		税后利润增加		78.75	103.50	133.73	170.57	170.57	215.42	269.95	336.14
17		增加营业现金流量		103.75	128.50	158.73	195.57	195.57	240.42	294.95	361.14
18	终结期现金流量	营运资本垫支收回					20.00				20.00
19		固定资产残值									
20		净现金流量	-120.00	103.75	128.50	158.73	215.57				
21		现在采伐方案的净现值	347.01								
22		3年后采伐方案的净现值									
23		决策结果									

图 8—63

再计算 3 年后采伐方案即第 4～7 年的净现金流量。在单元格 H22 中输入计算公式"=－H9－H10"，计算出第 4 年初净现金流量。如图 8—64 所示。

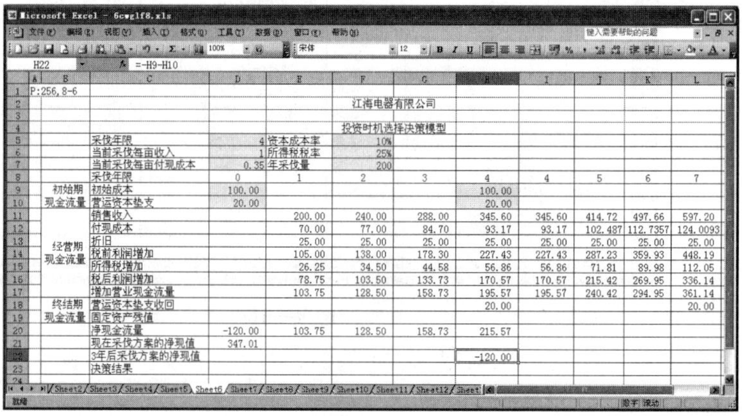

	B	C	D	E	F	G	H	I	J	K	L
1	P:256,8-6										
2					江海电器有限公司						
3											
4					投资时机选择决策模型						
5		采伐年限	4	资本成本率	10%						
6		当前采伐每亩收入	1	所得税税率	25%						
7		当前采伐每亩付现成本	0.35	年采伐量	200						
8		采伐年限	0	1	2	3	4	4	5	6	7
9	初始期现金流量	初始成本	100.00				100.00				
10		营运资本垫支	20.00				20.00				
11	经营期现金流量	销售收入		200.00	240.00	288.00	345.60	345.60	414.72	497.66	597.20
12		付现成本		70.00	77.00	84.70	93.17	93.17	102.487	112.7357	124.0093
13		折旧		25.00	25.00	25.00	25.00	25.00	25.00	25.00	25.00
14		税前利润增加		105.00	138.00	178.30	227.43	227.43	287.23	359.93	448.19
15		所得税增加		26.25	34.50	44.58	56.86	56.86	71.81	89.98	112.05
16		税后利润增加		78.75	103.50	133.73	170.57	170.57	215.42	269.95	336.14
17		增加营业现金流量		103.75	128.50	158.73	195.57	195.57	240.42	294.95	361.14
18	终结期现金流量	营运资本垫支收回					20.00				20.00
19		固定资产残值									
20		净现金流量	-120.00	103.75	128.50	158.73	215.57				
21		现在采伐方案的净现值	347.01								
22		3年后采伐方案的净现值					-120.00				
23		决策结果									

图 8—64

单击单元格 I22，调用 SUM 函数，对单元格 I17:I19 求和，就计算出 3 年后采伐方案第 1 年末净现金流量。如图 8—65 所示。

	A/B	C	D	E	F	G	H	I	J	K	L
1	P:256, 8-6										
2					江海电器有限公司						
3											
4					投资时机选择决策模型						
5		采伐年限	4	资本成本率	10%						
6		当前采伐每亩收入	1	所得税税率	25%						
7		当前采伐每亩付现成本	0.35	年采伐量	200						
8		采伐年限	0	1	2	3	4	4	5	6	7
9	初始期	初始成本	100.00				100.00				
10	现金流量	营运资本垫支	20.00				20.00				
11		销售收入		200.00	240.00	288.00	345.60	345.60	414.72	497.66	597.20
12		付现成本		70.00	77.00	84.70	93.17	93.17	102.487	112.7357	124.0093
13	经营期	折旧		25.00	25.00	25.00	25.00	25.00	25.00	25.00	25.00
14	现金流量	税前利润增加		105.00	138.00	178.30	227.43	227.43	287.23	359.93	448.19
15		所得税增加		26.25	34.50	44.58	56.86	56.86	71.81	89.98	112.05
16		税后利润增加		78.75	103.50	133.73	170.57	170.57	215.42	269.95	336.14
17		增加营业现金流量		103.75	128.50	158.73	195.57	195.57	240.42	294.95	361.14
18	终结期	营运资本垫支收回					20.00				20.00
19	现金流量	固定资产残值									
20		净现金流量	-120.00	103.75	128.50	158.73	215.57				
21		现在采伐方案的净现值	347.01								
22		3年后采伐方案的净现值					-120.00	195.57			
23		决策结果									

图 8—65

然后，选中单元格 I22，用鼠标指向该单元格的右下角，待鼠标指针变为实心的黑“+”时，按下鼠标左键拖向单元格 J22:L22，就可以计算出 3 年后采伐方案各年的现金流量。单击单元格 G22，调用 NPV 函数，计算出 3 年后采伐方案的净现值为 738.41 元。如图 8—66 所示。

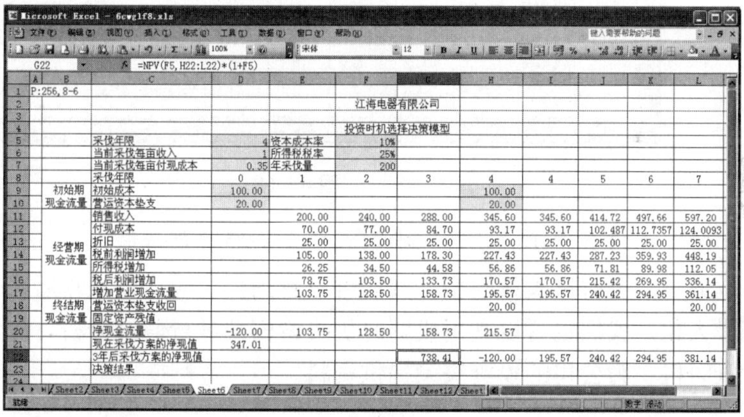

	A/B	C	D	E	F	G	H	I	J	K	L
1	P:256, 8-6										
2					江海电器有限公司						
3											
4					投资时机选择决策模型						
5		采伐年限	4	资本成本率	10%						
6		当前采伐每亩收入	1	所得税税率	25%						
7		当前采伐每亩付现成本	0.35	年采伐量	200						
8		采伐年限	0	1	2	3	4	4	5	6	7
9	初始期	初始成本	100.00				100.00				
10	现金流量	营运资本垫支	20.00				20.00				
11		销售收入		200.00	240.00	288.00	345.60	345.60	414.72	497.66	597.20
12		付现成本		70.00	77.00	84.70	93.17	93.17	102.487	112.7357	124.0093
13	经营期	折旧		25.00	25.00	25.00	25.00	25.00	25.00	25.00	25.00
14	现金流量	税前利润增加		105.00	138.00	178.30	227.43	227.43	287.23	359.93	448.19
15		所得税增加		26.25	34.50	44.58	56.86	56.86	71.81	89.98	112.05
16		税后利润增加		78.75	103.50	133.73	170.57	170.57	215.42	269.95	336.14
17		增加营业现金流量		103.75	128.50	158.73	195.57	195.57	240.42	294.95	361.14
18	终结期	营运资本垫支收回					20.00				20.00
19	现金流量	固定资产残值									
20		净现金流量	-120.00	103.75	128.50	158.73	215.57				
21		现在采伐方案的净现值	347.01								
22		3年后采伐方案的净现值				738.41	-120.00	195.57	240.42	294.95	381.14
23		决策结果									

图 8—66

由于计算出 3 年后采伐方案的净现值 738.41 元是第 4 年年初的值，因此，还需要将该净现值的数值再折现到第 0 年的净现值。在 D22 单元格中输入公式“=G22/(1+F5) ^G8”。如图 8—67 所示。

按回车键，计算出 3 年后采伐方案的净现值的现值为 554.78 元。

第五步，选择决策方案

单击单元格 D23，调用 IF 函数进行决策判别。利用=IF（D22>=D21，“3 年后采伐”，“现在采伐”）条件进行判别，其决策结果是 3 年后采伐。如图 8—68 所示。

至此，按照【任务 8—6】所提供的资料，在 Excel 工作表中创建的投资时机决策模型就已经完成了。对这部分内容读者可以参考“实验系统”中“投资决策实

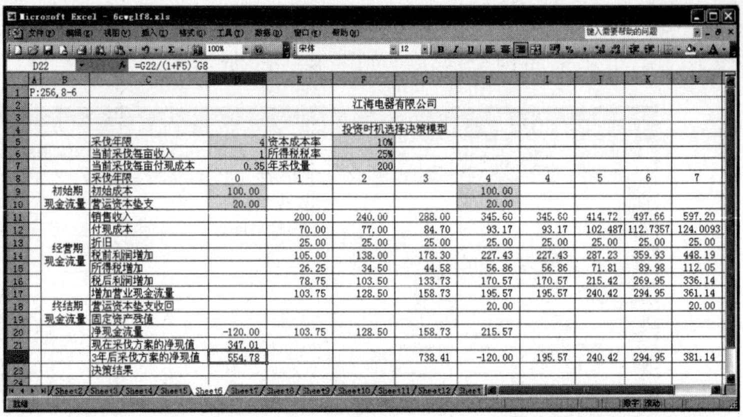

Microsoft Excel - 6cwglf8.xls

D22 =G22/(1+F5)^G8

	A	B	C	D	E	F	G	H	I	J	K	L
1	P:256,8-6											
2						江海电器有限公司						
3												
4						投资时机选择决策模型						
5			采伐年限	4	资本成本率	10%						
6			当前采伐每亩收入	1	所得税税率	25%						
7			当前采伐每亩付现成本	0.35	年采伐量	200						
8			采伐年限	0	1	2	3	4	4	5	6	7
9		初始期	初始成本	100.00				100.00				
10		现金流量	营运资本垫支	20.00				20.00				
11			销售收入		200.00	240.00	288.00	345.60	345.60	414.72	497.66	597.20
12			付现成本		70.00	77.00	84.70	93.17	93.17	102.487	112.7357	124.0093
13		经营期	折旧		25.00	25.00	25.00	25.00	25.00	25.00	25.00	25.00
14		现金流量	税前利润增加		105.00	138.00	178.30	227.43	227.43	287.23	359.93	448.19
15			所得税增加		26.25	34.50	44.58	56.86	56.86	71.81	89.98	112.05
16			税后利润增加		78.75	103.50	133.73	170.57	170.57	215.42	269.95	336.14
17			增加营业现金流量		103.75	128.50	158.73	195.57	195.57	240.42	294.95	361.14
18		终结期	营运资本垫支收回					20.00				20.00
19		现金流量	固定资产残值									
20			净现金流量	-120.00	103.75	128.50	158.73	215.57				
21			现在采伐方案的净现值	347.01								
22			3年后采伐方案的净现值	554.78			738.41	-120.00	195.57	240.42	294.95	381.14
23			决策结果									

图 8—67

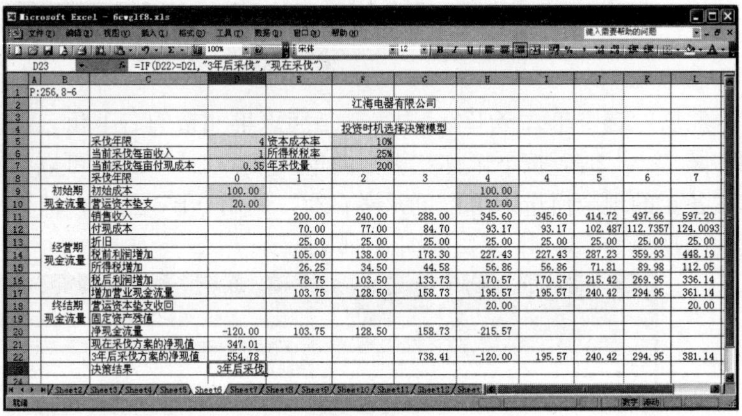

Microsoft Excel - 6cwglf8.xls

D23 =IF(D22>=D21,"3年后采伐","现在采伐")

	A	B	C	D	E	F	G	H	I	J	K	L
1	P:256,8-6											
2						江海电器有限公司						
3												
4						投资时机选择决策模型						
5			采伐年限	4	资本成本率	10%						
6			当前采伐每亩收入	1	所得税税率	25%						
7			当前采伐每亩付现成本	0.35	年采伐量	200						
8			采伐年限	0	1	2	3	4	4	5	6	7
9		初始期	初始成本	100.00				100.00				
10		现金流量	营运资本垫支	20.00				20.00				
11			销售收入		200.00	240.00	288.00	345.60	345.60	414.72	497.66	597.20
12			付现成本		70.00	77.00	84.70	93.17	93.17	102.487	112.7357	124.0093
13		经营期	折旧		25.00	25.00	25.00	25.00	25.00	25.00	25.00	25.00
14		现金流量	税前利润增加		105.00	138.00	178.30	227.43	227.43	287.23	359.93	448.19
15			所得税增加		26.25	34.50	44.58	56.86	56.86	71.81	89.98	112.05
16			税后利润增加		78.75	103.50	133.73	170.57	170.57	215.42	269.95	336.14
17			增加营业现金流量		103.75	128.50	158.73	195.57	195.57	240.42	294.95	361.14
18		终结期	营运资本垫支收回					20.00				20.00
19		现金流量	固定资产残值									
20			净现金流量	-120.00	103.75	128.50	158.73	215.57				
21			现在采伐方案的净现值	347.01								
22			3年后采伐方案的净现值	554.78			738.41	-120.00	195.57	240.42	294.95	381.14
23			决策结果	3年后采伐								

图 8—68

务实验”项目下“实验示范”中第 6 个实验的屏幕录像。

通过投资时机决策模型，我们可以看到公司应当在 3 年后采伐，可以使净现值最大化。我们也可以利用投资时机决策模型进行假设分析，确定各投资项目的投资时机，为公司的投资决策提供资料。

8.3.4 投资期选择决策

投资期是指项目从开始投入至项目建成投入生产所需要的时间。投资期选择模型是关于延长或缩短项目投资期限对公司财务收益影响的一种分析模型。

【任务 8—7】

江海电器有限公司进行一项投资，正常投资期为 3 年，每年投资 200 万元，3 年共需投资 600 万元。第 4～13 年每年现金净流量为 210 万元。如果把投资期缩短为 2 年，每年需投资 320 万元，2 年共投资 640 万元，竣工投产后的项目寿命和每年现金净流量不变。资本成本率为 20%，假设寿命终结时无残值，不用垫支营运资本。试分析判断是否应缩短投资期。（资料来源：主教材第 258 页例 8—7。）

为便于说明如何在 Excel 工作表中完成投资期选择决策的任务，我们利用上述【任务 8—7】的资料并借助 Excel 工作表创建投资期选择决策计算模型，然后根据投资期选择决策模型计算出【任务 8—7】中有关投资期选择决策问题。

在 Excel 工作表中，创建投资期选择决策模型的步骤如下：

第一步，建立投资期选择决策模型并录入数据

首先在 Excel 工作表中建立投资期选择决策模型并将【任务 8—7】的投资期选择决策相关数据录入。如图 8—69 所示。

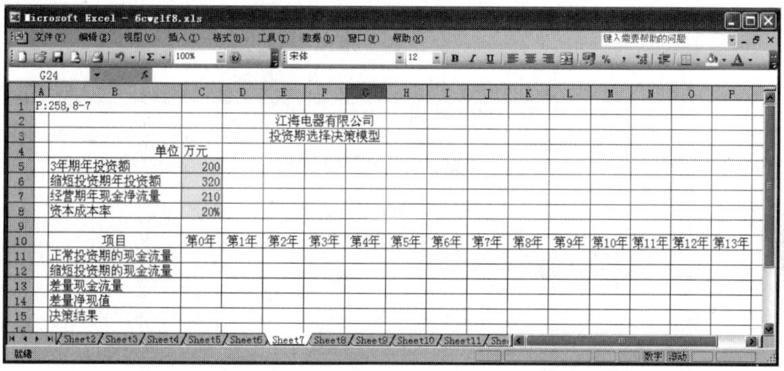

图 8—69

第二步，计算正常投资期和缩短投资期的现金流量

首先，计算正常投资期的现金流量。正常投资期的现金流量第 0 年至第 2 年的计算公式是“－C5”，如图 8—70 所示。

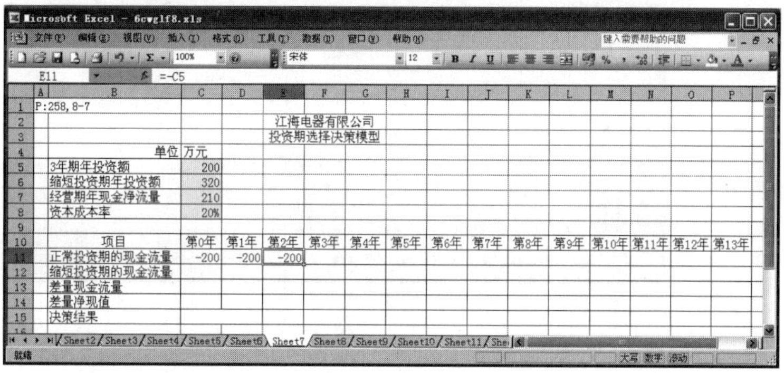

图 8—70

第 3 年的现金流量是 0，第 4～13 年现金流量的计算公式是“＄C7”，如图 8—71 所示。

然后，计算缩短投资期的现金流量。第 0 年至第 1 年计算公式是“－C6”，如图 8—72 所示。

第 2 年的现金流量是 0，第 3～12 年现金流量的计算公式是“＄C7”，第 13 年的现金流量是 0，如图 8—73 所示。

第三步，计算两个方案现金流量的差量

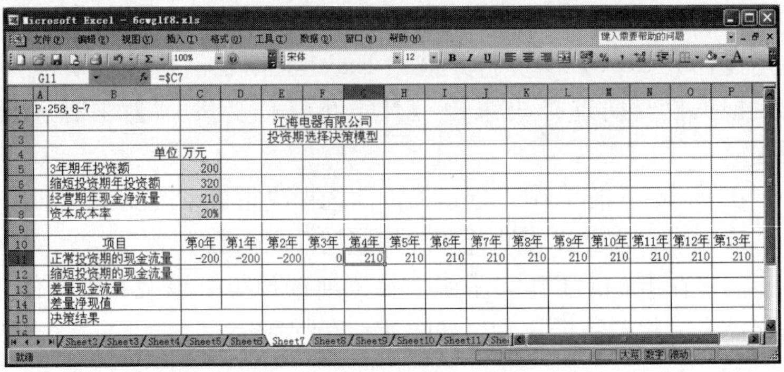

图 8—71

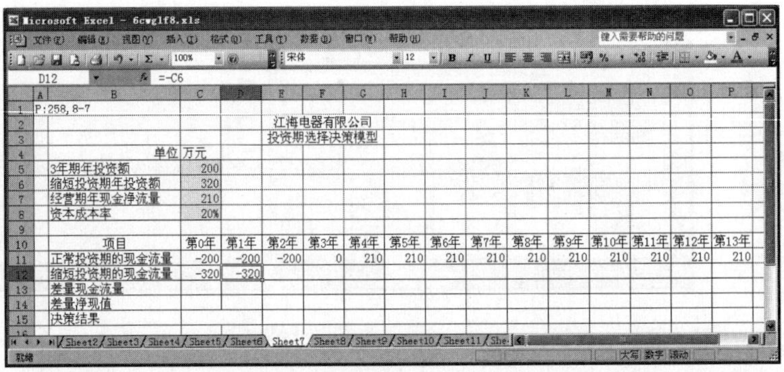

图 8—72

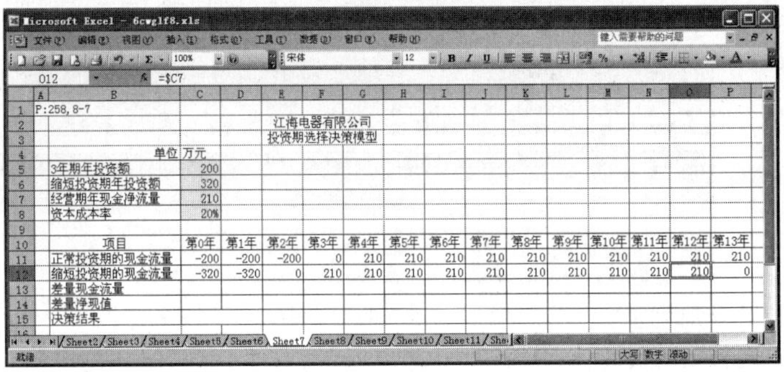

图 8—73

在单元格 C13 中输入公式“＝C12－C11”，按回车键计算出第 0 年的差量现金流量。如图 8—74 所示。

然后选中单元格 C13，用鼠标指向该单元格的右下角，待鼠标指针变为实心的黑“＋”时，按下鼠标左键拖向单元格 D13：P13，就可以计算出两个方案现金流量的差量。

第四步，计算差量净现值

单击单元格 C14，调用“NPV”函数，计算净现值。如图 8—75 所示。

第五步，选择决策方案

单击单元格 C15，调用“IF”函数，利用“＝IF（C14＞＝0，“应缩短投资

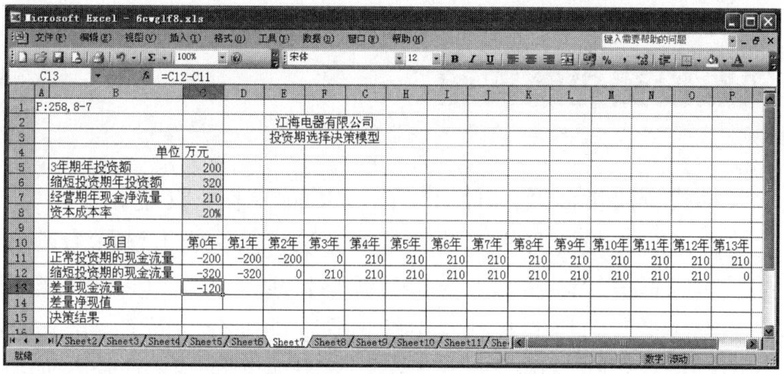

	B	C	D	E	F	G	H	I	J	K	L	M	N	O	P
1	P:258, 8-7														
2				江海电器有限公司											
3				投资期选择决策模型											
4	单位	万元													
5	3年期年投资额	200													
6	缩短投资期年投资额	320													
7	经营期年现金净流量	210													
8	资本成本率	20%													
9															
10	项目	第0年	第1年	第2年	第3年	第4年	第5年	第6年	第7年	第8年	第9年	第10年	第11年	第12年	第13年
11	正常投资期的现金流量	-200	-200	-200	0	210	210	210	210	210	210	210	210	210	210
12	缩短投资期的现金流量	-320	-320	0	210	210	210	210	210	210	210	210	210	210	0
13	差量现金流量	-120													
14	差量净现值														
15	决策结果														

图 8—74

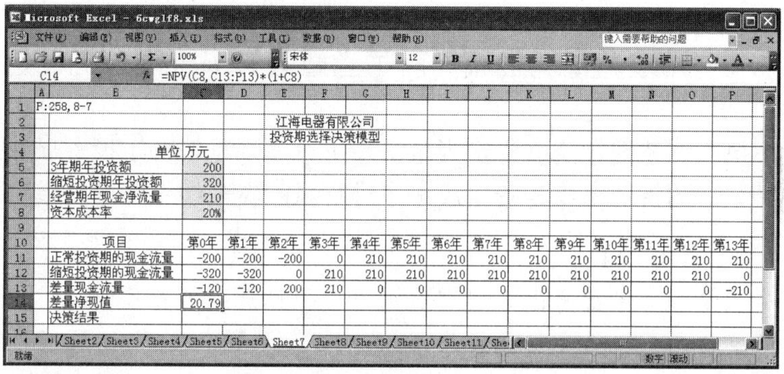

	B	C	D	E	F	G	H	I	J	K	L	M	N	O	P
1	P:258, 8-7														
2				江海电器有限公司											
3				投资期选择决策模型											
4	单位	万元													
5	3年期年投资额	200													
6	缩短投资期年投资额	320													
7	经营期年现金净流量	210													
8	资本成本率	20%													
9															
10	项目	第0年	第1年	第2年	第3年	第4年	第5年	第6年	第7年	第8年	第9年	第10年	第11年	第12年	第13年
11	正常投资期的现金流量	-200	-200	-200	0	210	210	210	210	210	210	210	210	210	210
12	缩短投资期的现金流量	-320	-320	0	210	210	210	210	210	210	210	210	210	210	0
13	差量现金流量	-120	-120	200	210	0	0	0	0	0	0	0	0	0	-210
14	差量净现值	20.79													
15	决策结果														

图 8—75

期”，“不应缩短投资期”)” 条件进行判别。由于缩短投资期方案产生的现金流量的净现值为 20.79 万元，其决策结果是应当缩短投资期限。如图 8—76 所示。

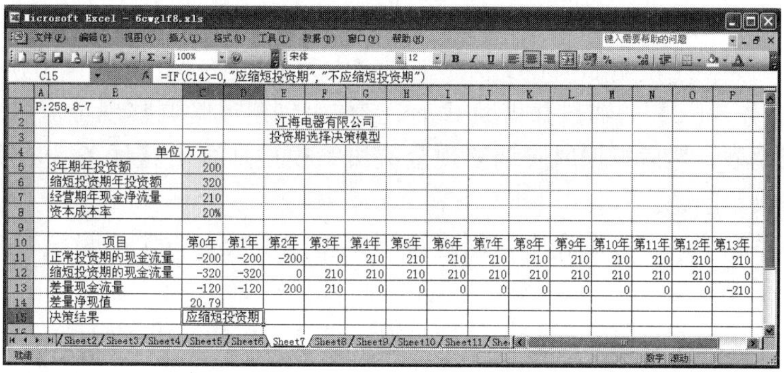

	B	C	D	E	F	G	H	I	J	K	L	M	N	O	P
1	P:258, 8-7														
2				江海电器有限公司											
3				投资期选择决策模型											
4	单位	万元													
5	3年期年投资额	200													
6	缩短投资期年投资额	320													
7	经营期年现金净流量	210													
8	资本成本率	20%													
9															
10	项目	第0年	第1年	第2年	第3年	第4年	第5年	第6年	第7年	第8年	第9年	第10年	第11年	第12年	第13年
11	正常投资期的现金流量	-200	-200	-200	0	210	210	210	210	210	210	210	210	210	210
12	缩短投资期的现金流量	-320	-320	0	210	210	210	210	210	210	210	210	210	210	0
13	差量现金流量	-120	-120	200	210	0	0	0	0	0	0	0	0	0	-210
14	差量净现值	20.79													
15	决策结果	应缩短投资期													

图 8—76

至此，按照【任务 8—7】所提供的资料，在 Excel 工作表中创建的投资期决策模型就已经完成了。对这部分内容读者可以参考“实验系统”中“投资决策实务实验”项目下“实验示范”中第 7 个实验的屏幕录像。

通过投资期决策模型，我们可以看到公司应当缩短投资期，以使净现值最大化。我也可以利用投资期决策模型进行假设分析，确定各投资项目的投资期限，为公司的投资决策提供资料。

8.4 风险投资决策实验

长期投资决策涉及的时间较长，因而对未来收益和成本都很难进行准确预测。进行风险性投资分析有两类基本方法，第一类方法称为风险调整法，即对项目的风险因素进行调整，主要包括调整折现率和调整未来现金流量两方面内容；第二类方法是对项目的基础状态的不确定性进行分析，主要包括决策树法、敏感性分析、盈亏平衡分析等，这类方法通过研究投资基础状态变动对投资分析结果的影响，来测试该投资分析的适用性，进而做出最终决策。

8.4.1 风险调整现金流（肯定当量法）决策模型的创建

风险调整现金流（肯定当量法）决策模型是按特定投资项目风险报酬因素大小调整后的折现率作为资本成本率进行风险决策的一种分析模型。

【任务 8—8】

假设江海电器有限公司准备进行一项投资，其各年的预计现金流量和分析人员确定的约当系数已列示在表 8—6 中，无风险折现率为 12%。试判断此项目是否可行。（资料来源：主教材第 262 页例 8—8。）

表 8—6　　项目的现金流量和约当系数

时间（t）	0	1	2	3	4
NCF_t（元）	－20 000	10 000	8 000	6 000	5 000
d_t	1.0	0.95	0.9	0.8	0.7

为便于说明如何在 Excel 工作表中完成风险投资决策的任务，我们利用上述【任务 8—8】的资料并借助 Excel 工作表创建风险调整现金流（肯定当量法）决策模型，然后根据风险调整现金流决策模型计算出【任务 8—8】中有关风险投资决策问题。

在 Excel 工作表中，创建风险调整现金流（肯定当量法）决策模型的步骤如下：

第一步，建立风险调整现金流（肯定当量法）决策模型并录入数据

如图 8—77 所示。

第二步，计算肯定当量调整的现金流量

在单元格 C9 中输入公式“＝C7 * C8”，按回车键计算出第 0 年的肯定当量调整额。如图 8—78 所示。

然后选中单元格 C9，用鼠标指向该单元格的右下角，待鼠标指针变为实心的黑“＋”时，按下鼠标左键拖向单元格 D9:G9，就可以计算出第 1～4 年按肯定当量调整的现金流量额。

第三步，计算调整前净现值

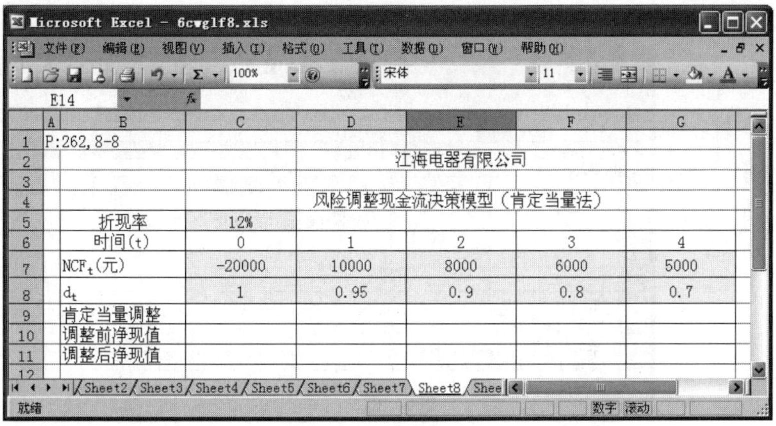

Microsoft Excel - 6cwglf8.xls

E14

	A	B	C	D	E	F	G
1	P:262, 8-8						
2					江海电器有限公司		
3							
4					风险调整现金流决策模型（肯定当量法）		
5		折现率	12%				
6		时间(t)	0	1	2	3	4
7		NCF_t(元)	-20000	10000	8000	6000	5000
8		d_t	1	0.95	0.9	0.8	0.7
9		肯定当量调整					
10		调整前净现值					
11		调整后净现值					

图 8—77

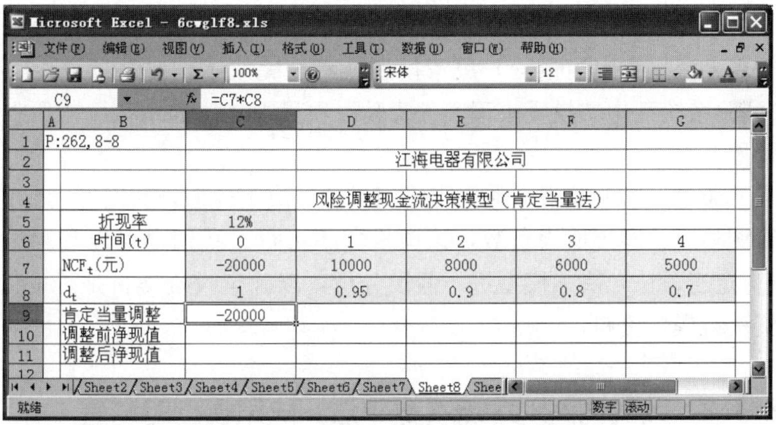

Microsoft Excel - 6cwglf8.xls

C9　=C7*C8

	A	B	C	D	E	F	G
1	P:262, 8-8						
2					江海电器有限公司		
3							
4					风险调整现金流决策模型（肯定当量法）		
5		折现率	12%				
6		时间(t)	0	1	2	3	4
7		NCF_t(元)	-20000	10000	8000	6000	5000
8		d_t	1	0.95	0.9	0.8	0.7
9		肯定当量调整	-20000				
10		调整前净现值					
11		调整后净现值					

图 8—78

单击单元格 C10，调用“NPV”函数，按照“=NPV(C5,C7:G7)*(1+C5)”，计算出的调整前净现值为2 754.39元。如图 8—79 所示。

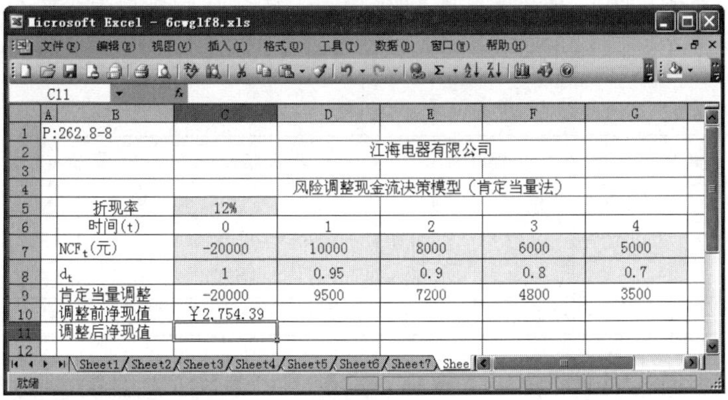

Microsoft Excel - 6cwglf8.xls

C11

	A	B	C	D	E	F	G
1	P:262, 8-8						
2					江海电器有限公司		
3							
4					风险调整现金流决策模型（肯定当量法）		
5		折现率	12%				
6		时间(t)	0	1	2	3	4
7		NCF_t(元)	-20000	10000	8000	6000	5000
8		d_t	1	0.95	0.9	0.8	0.7
9		肯定当量调整	-20000	9500	7200	4800	3500
10		调整前净现值	￥2,754.39				
11		调整后净现值					

图 8—79

第四步，计算调整后净现值

单击单元格 C11，调用“NPV”函数，按照“=NPV(C5,C9:G9)*(1+C5)”，

计算出的调整后净现值为－137.20 元。如图 8—80 所示。

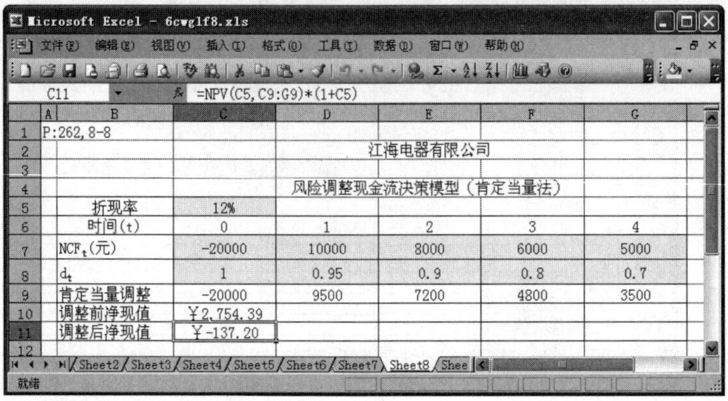

图 8—80

至此，按照【任务 8—8】所提供的资料，在 Excel 工作表中创建的风险调整现金流（肯定当量法）决策模型就已经完成了。对这部分内容读者可以参考“实验系统”中“投资决策实务实验”项目下“实验示范”中第 8 个实验的屏幕录像。

通过风险调整现金流（肯定当量法）决策模型，我们可以看到对现金流量进行调整后，净现值为负数，该项投资不可行。我们也可以利用风险调整现金流（肯定当量法）决策模型进行假设分析，以确定投资项目是否可行，为公司的投资决策提供资料。

8.4.2 风险调整现金流（概率法）决策模型的创建

【任务 8—9】

江海电器有限公司的一个投资项目各年的现金流量及其发生概率情况如表 8—7所示，公司的资本成本率为 16%。试判断此项目是否可行。（资料来源：主教材第 263 页例 8—9。）

表 8—7 单位：元

第 0 年		第 1 年		第 2 年		第 3 年		第 4 年	
概率	NCF_0	概率	NCF_1	概率	NCF_2	概率	NCF_3	概率	NCF_4
1.00	－50 000	0.3	15 000	0.2	20 000	0.4	15 000	0.2	25 000
		0.4	20 000	0.5	30 000	0.4	25 000	0.6	20 000
		0.3	25 000	0.3	10 000	0.2	35 000	0.2	20 000

下面我们就利用以上资料，借助 Excel 工作表创建风险调整现金流（概率法）决策模型，来解决【任务 8—9】中有关风险投资决策问题。

在 Excel 工作表中，创建风险调整现金流（概率法）决策模型的步骤如下：

第一步，建立风险调整现金流（概率法）决策模型并录入数据

如图 8—81 所示。

图 8—81

第二步，计算每年的期望现金流量

单击单元格 E6，调用“SUMPRODUCT”函数，计算 C6:C8 与 D6:D8 的乘积之和。如图 8—82 所示。

图 8—82

然后，选中单元格 E6，用鼠标指向该单元格的右下角，待鼠标指针变为实心的黑“+”时，按下鼠标左键拖向单元格 E18，就可以计算出第 1～4 年的期望现金流量。

第三步，计算净现值

单击单元格 C21，调用“NPV”函数，用“＝NPV(C4,E6:E20)＊(1＋C4)”计算出净现值。如图 8—83 所示。

	B	C	D	E
1	P:263,8-9			
2		江海电器有限公司		
3		风险调整现金流决策模型（概率法）		
4	资本成本率	16%		
5	项目	概率	NCF_0	期望现金流量
6	第0年	1	-50000	
7				
8				-50000
9	第1年	0.3	15000	
10		0.4	20000	
11		0.3	25000	20000
12	第2年	0.2	20000	
13		0.5	30000	
14		0.3	10000	22000
15	第3年	0.4	15000	
16		0.4	25000	
17		0.2	35000	23000
18	第4年	0.2	25000	
19		0.6	20000	
20		0.2	30000	23000
21	净现值			￥11,028.78
22	决策结果			
23				

图 8—83

第四步，选择决策方案

单击单元格 C22，调用“IF”函数，用“＝IF（C21＞＝0，“应该投资”，“不应该投资”)”条件来判别该投资方案是否可行。如图 8—84 所示。

至此，按照【任务 8—9】所提供的资料，在 Excel 工作表中创建的风险调整现金流（概率法）决策模型就已经完成了。对这部分内容读者可以参考“实验系统”中“投资决策实务实验”项目下“实验示范”中第 9 个实验的屏幕录像。

通过风险调整现金流（概率法）决策模型，我们可以看到对现金流量进行调整后，净现值为 11 028.78 元，该项投资可行。我们也可以利用风险调整现金流（概率法）决策模型进行假设分析，以确定投资项目是否可行，为公司的投资决策提供资料。

	B	C	D	E
1	P:263,8-9			
2		江海电器有限公司		
3		风险调整现金流决策模型（概率法）		
4	资本成本率	16%		
5	项目	概率	NCF_0	期望现金流量
6	第0年	1	-50000	
7				
8				-50000
9	第1年	0.3	15000	
10		0.4	20000	
11		0.3	25000	20000
12	第2年	0.2	20000	
13		0.5	30000	
14		0.3	10000	22000
15	第3年	0.4	15000	
16		0.4	25000	
17		0.2	35000	23000
18	第4年	0.2	25000	
19		0.6	20000	
20		0.2	30000	23000
21	净现值			¥11,028.78
22	决策结果	应该投资		

图 8—84

8.4.3 决策树法投资决策模型的创建

决策树法投资决策模型是一种对不确定性投资项目进行分析的模型。

【任务 8—10】

江海电器有限公司准备生产一个新的系列，目前考虑是在国内市场销售还是在国际市场销售的问题。如果在国内市场销售，目前需要投入 150 万元购置加工设备和支付广告费；如果要开拓国际市场，则此项投入需要 400 万元。如果目前在国内市场销售，两年后进入国际市场，则需要再投入 350 万元。公司的资本成本率为 10%，整个项目的经济寿命为 5 年。

其他情况是，如果该公司一开始就打入国际市场，则市场需求水平高、一般、低的概率分别为 0.3，0.4，0.3；如果公司一开始就进入国内市场，则市场需求水平高、一般、低的概率分别为 0.5，0.3，0.2。第 2 年年末，公司还要决定是否进入国际市场。若进入，则国际市场的需求情况如图 8—85 所示；若继续在国内市场上销售，则市场需求情况与前两年相同。根据以上条件，运用决策树法为公司的市场定位问题做出分析。（资料来源：主教材第 264 页例 8—10。）

下面我们就借助 Excel 工作表创建决策树法投资决策模型，来解决【任务 8—10】中有关风险投资决策问题。

在 Excel 工作表中，创建决策树法投资决策模型的步骤如下：

第一步，建立决策树法投资决策模型并录入数据

如图 8—86 所示。

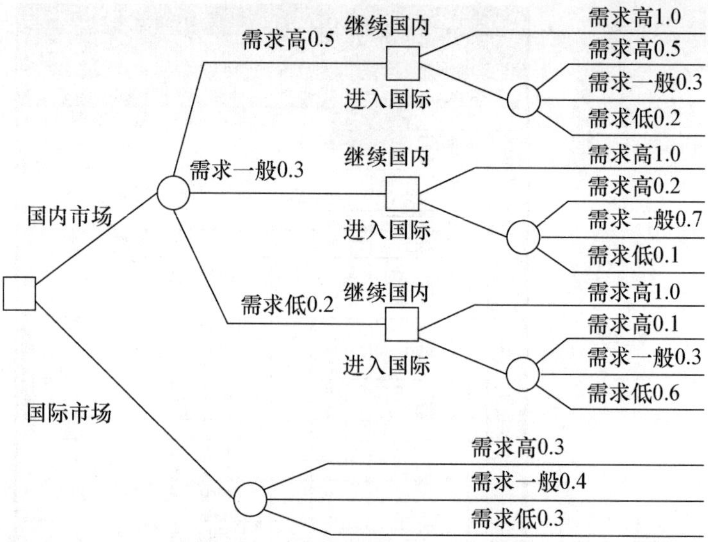

图 8—85

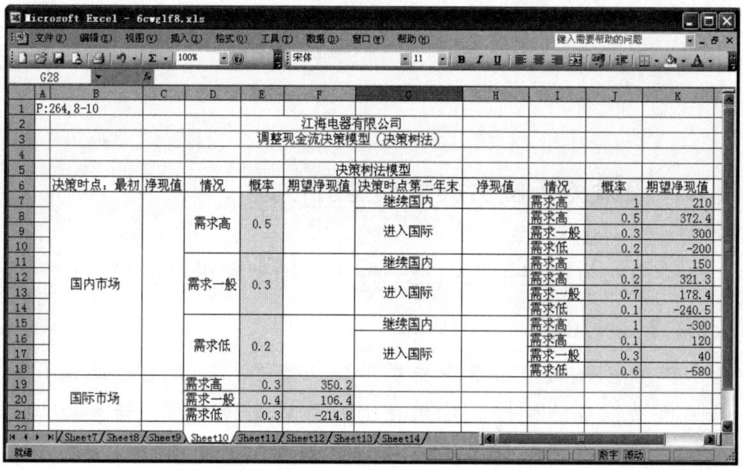

	A	B	C	D	E	F	G	H	I	J	K
1	P:264, 8-10										
2						江海电器有限公司					
3						调整现金流决策模型（决策树法）					
4											
5						决策树法模型					
6		决策时点：最初	净现值	情况	概率	期望净现值	决策时点第二年末	净现值	情况	概率	期望净现值
7		国内市场		需求高	0.5		继续国内		需求高	1	210
8							进入国际		需求高	0.5	372.4
9									需求一般	0.3	300
10									需求低	0.2	-200
11				需求一般	0.3		继续国内		需求高	1	150
12							进入国际		需求高	0.2	321.3
13									需求一般	0.7	178.4
14									需求低	0.1	-240.5
15				需求低	0.2		继续国内		需求高	1	-300
16							进入国际		需求高	0.1	120
17									需求一般	0.3	40
18									需求低	0.6	-580
19		国际市场		需求高	0.3	350.2					
20				需求一般	0.4	106.4					
21				需求低	0.3	-214.8					

图 8—86

第二步，计算国内市场的净现值

首先，计算出决策时点第二年末继续在国内还是进入国际市场的净现值，以需求高为前提，继续国内只有一种情况，在单元格 H7 中输入计算公式“＝K7”。如图 8—87 所示。

进入国际有需求高、需求一般和需求低三种情况，需要调用“SUMPRODUCT”函数来计算。单击单元格 H8，调用“SUMPRODUCT”函数，计算 J8:J10与 K8:K10 的乘积之和，即“＝SUMPRODUCT（J8:J10，K8:K10）”。如图 8—88 所示。

同理，分别求出需求一般和需求低的净现值。

第三步，计算期望净现值

以需求高为例说明如何计算。单击单元格 F7，调用“IF”函数，根据

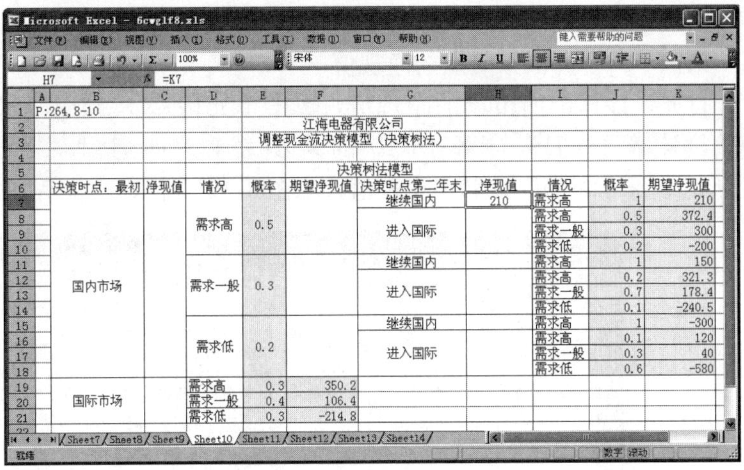

图 8—87

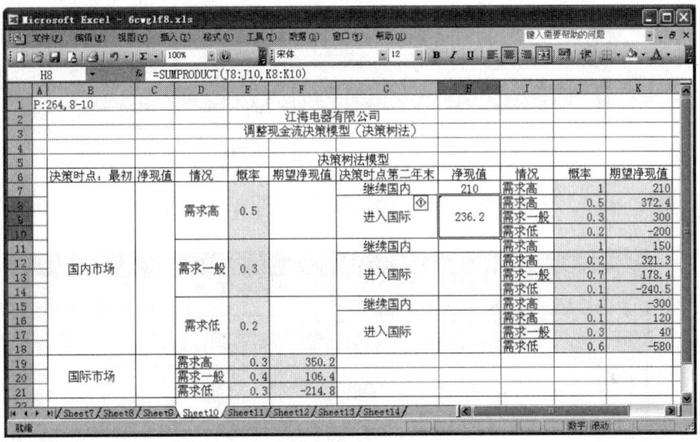

图 8—88

“=IF（H7>H8，H7，H8)”条件判别，计算决策时点第二年末的期望净现值。如图 8—89 所示。

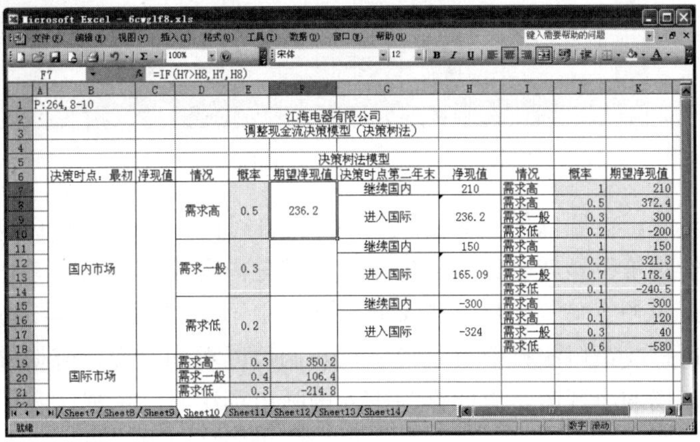

图 8—89

同理，可计算出需求一般和需求低的决策时点第二年末的期望净现值。

第四步，计算决策时点的净现值

首先，计算国内市场的净现值，单击单元格 C7，调用“SUMPRODUCT”函数，计算 J8：J10 与 K8：K10 的乘积之和，即通过“= SUMPRODUCT (J8:J10，K8:K10)”计算出净现值。如图 8—90 所示。

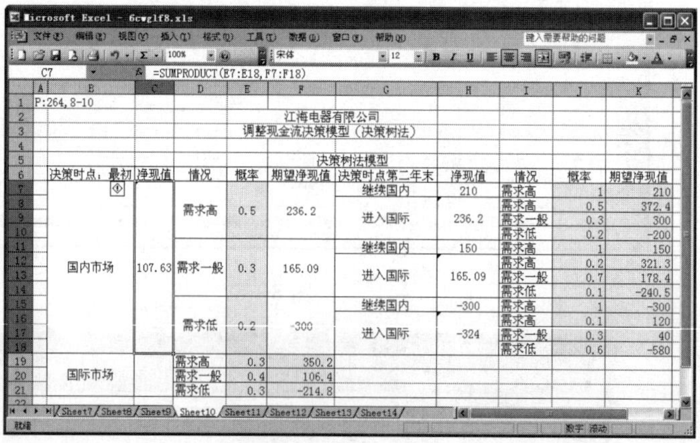

图 8—90

同理，可以计算进入国际市场的净现值。如图 8—91 所示。

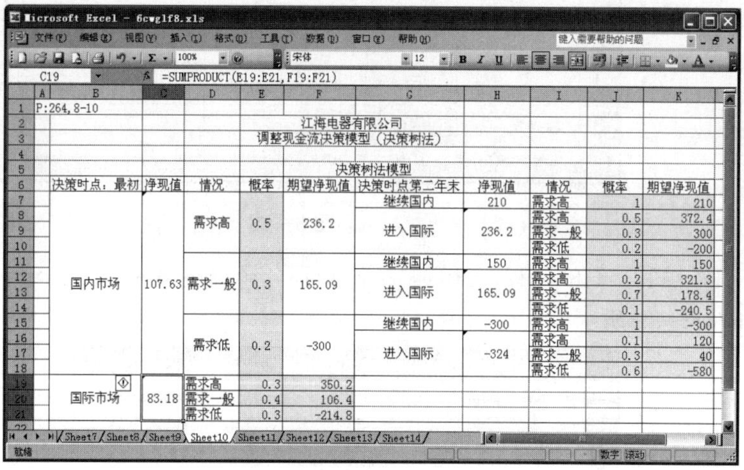

图 8—91

至此，按照【任务 8—10】所提供的资料，在 Excel 工作表中创建的决策树法投资决策模型就已经完成了。对这部分内容读者可以参考“实验系统”中“投资决策实务实验”项目下“实验示范”中第 10 个实验的屏幕录像。

通过决策树法投资决策模型，我们可以看到对现金流量进行调整后，国内和国外市场的净现值，以此作为进入国际市场决策的依据。我们也可以利用决策树法投资决策模型进行假设分析，以确定投资项目是否可行，为公司的投资决策提供资料。

8.4.4　敏感性分析决策模型的创建

敏感性分析决策模型是一种通过衡量不确定性因素变化对投资项目评价指标进行分析的模型。

【任务 8—11】

江海电器有限公司准备投资一个新项目，初始投资全部为固定资产投资，固定资产按直线法计提折旧，使用期 10 年，期末无残值，假定公司的资本成本率为 10%，所得税税率为 25%。（资料来源：主教材第 267 页例 8—11。）

为便于说明如何在 Excel 工作表中完成敏感性分析决策的任务，我们利用【任务 8—11】的资料并借助 Excel 工作表创建敏感性分析决策模型，然后根据敏感性分析决策模型进行有关敏感性分析。

在 Excel 工作表中，创建敏感性分析决策模型的步骤如下：

第一步，建立敏感性分析决策模型并录入数据

为了方便进行敏感性分析，我们需要在模型中加入窗体控件。由于系统设定的设置控件中的最大值为 30 000，而例题中的销售收入和变动成本都是大于或等于 30 000 的数字，因此，这里我们要先做一些技术处理，以满足敏感性分析的需要。

首先，在单元格 C4 中输入“4 000”，在单元格 D4 中输入“3 000”，在单元格 D10 中输入“4 000”。然后，在单元格 D8 中输入公式“＝C4 * 10”，在单元格 D9 中输入公式“＝D4 * 10”。如图 8—92 所示。

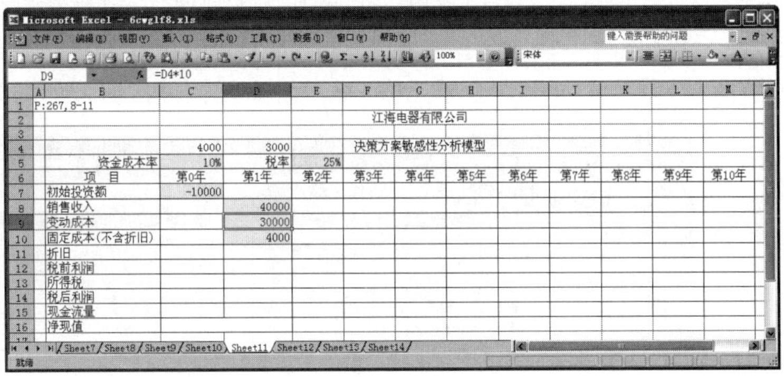

图 8—92

第二步，在敏感性分析决策模型中添加窗体控件按钮

Excel 工作表中的窗体控件是进行假设分析的十分简便和有效的分析工具。用窗体控件创建的敏感性分析决策模型不仅简单直观，而且还能提高假设分析的效率。

首先，在敏感性分析决策模型中增加控件按钮。选中单元格 D8，选择“视图”、“工具栏”、“窗体”（注意：不要选择“控件工具箱”）。如图 8—93 所示。

图 8—93

选择“窗体”选项后，弹出“窗体”对话框。如图 8—94 所示。

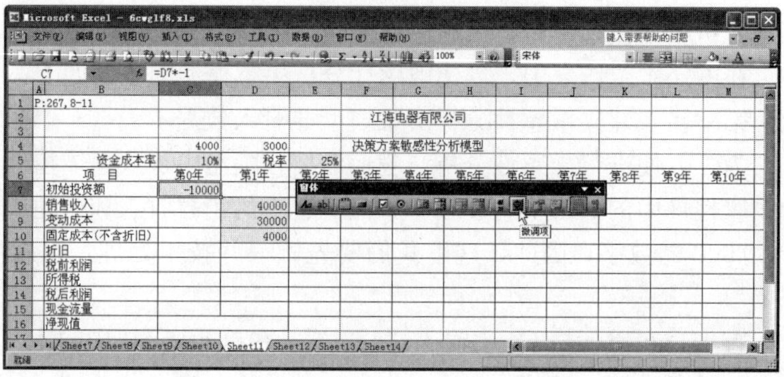

图 8—94

点击“选项按钮”右边数第 5 个选项“微调项”，鼠标指针变成了“+”形状，然后将鼠标移到单元格 D8 的左边，按下右键拖动鼠标，画出大小适中的按钮为止。重复这个过程，为单元格 D9 设置窗体控件按钮。如图 8—95 所示。

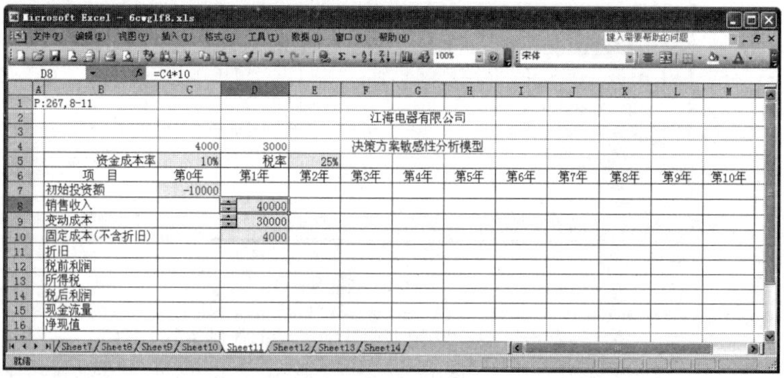

图 8—95

最后，为控件按钮设置控件格式。用鼠标右键单击单元格 D8“微调框按钮”，选择“设置控件格式”，然后选择“控制”标签，依据题意将“最小值”栏设置为“3 000”，“最大值”栏设置为“5 000”，“步长”栏设置为“100”，“单元格链接”的单元格为“$C$4”。如图 8—96 所示。

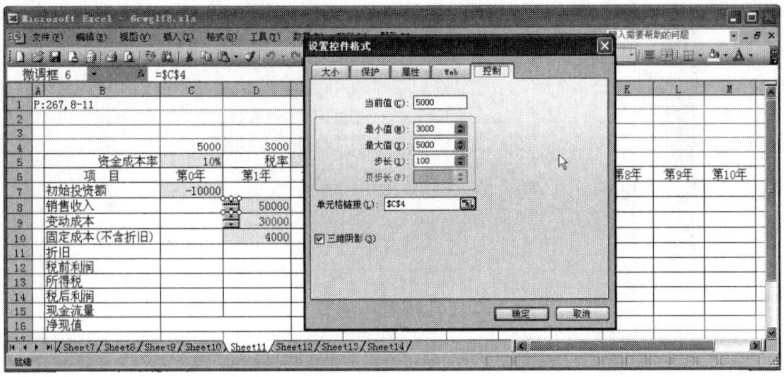

图 8—96

点击“确定”按钮，“销售收入”微调框按钮设置就完成了。

同理，用鼠标右键单击变动成本选项按钮，选择“设置控件格式”，然后选择“控制”标签，将“最小值”栏设置为“2 500”， “最大值”栏设置为“3 800”，“单元格链接”的单元格为“$D$4”。如图 8—97 所示。

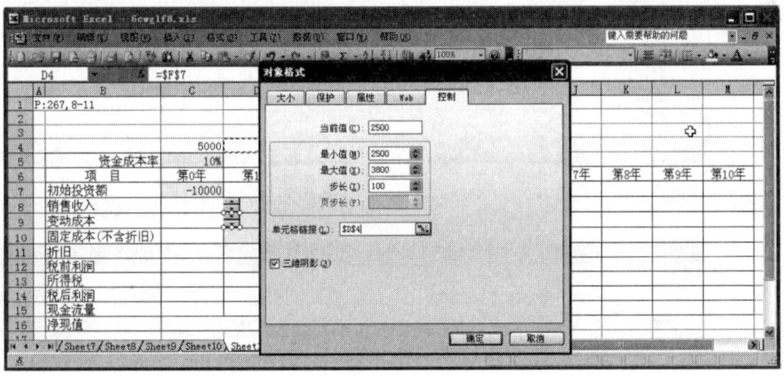

图 8—97

点击“确定”按钮，“变动成本”微调框按钮设置就完成了。

现在我们用鼠标点击控件按钮，敏感性分析决策模型就会随着“销售收入”、“变动成本”的变动而变动。

第三步，计算第 2～10 年的销售收入、变动成本和固定成本（不含折旧）

通过公式引用第 2～10 年的销售收入、变动成本和固定成本。销售收入的计算公式是“＝$D$8”；变动成本的计算公式是“＝$D$9”；固定成本（不含折旧）的计算公式是“＝$D$10”。如图 8—98 所示。

第四步，计算现金流量

首先，计算折旧。第 1 年折旧的计算公式为“＝－C7/10”，第 2～10 年折旧的计算公式为“＝$D$11”。如图 8—99 所示。

然后，计算税前利润。在单元格 D12 中输入计算公式“＝D8－D9－D10－D11”，计算出第 1 年的税前利润，如图 8—100 所示。同理，计算出第 2～10 年的税前利润。

接着，计算所得税。在单元格 D13 中输入计算公式“＝D8＊$E$5”，计算出第 1 年的所得税，如图 8—101 所示。同理，计算出第 2～10 年的所得税。

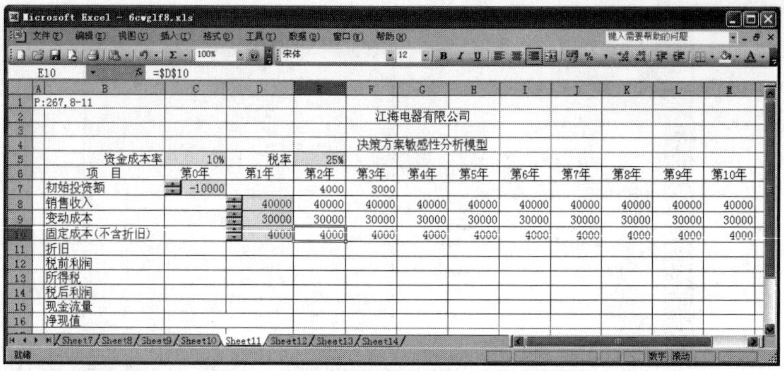

E10 =$D$10

	A	B	C	D	E	F	G	H	I	J	K	L	M
1	P:267,8-11												
2						江海电器有限公司							
3													
4						决策方案敏感性分析模型							
5		资金成本率	10%	税率	25%								
6		项 目	第0年	第1年	第2年	第3年	第4年	第5年	第6年	第7年	第8年	第9年	第10年
7		初始投资额	-10000		4000	3000							
8		销售收入		40000	40000	40000	40000	40000	40000	40000	40000	40000	40000
9		变动成本		30000	30000	30000	30000	30000	30000	30000	30000	30000	30000
10		固定成本(不含折旧)		4000	4000	4000	4000	4000	4000	4000	4000	4000	4000
11		折旧											
12		税前利润											
13		所得税											
14		税后利润											
15		现金流量											
16		净现值											

图 8—98

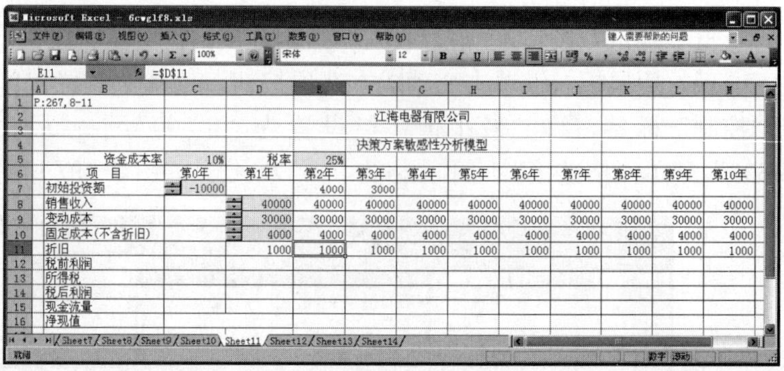

E11 =$D$11

	A	B	C	D	E	F	G	H	I	J	K	L	M
1	P:267,8-11												
2						江海电器有限公司							
3													
4						决策方案敏感性分析模型							
5		资金成本率	10%	税率	25%								
6		项 目	第0年	第1年	第2年	第3年	第4年	第5年	第6年	第7年	第8年	第9年	第10年
7		初始投资额	-10000		4000	3000							
8		销售收入		40000	40000	40000	40000	40000	40000	40000	40000	40000	40000
9		变动成本		30000	30000	30000	30000	30000	30000	30000	30000	30000	30000
10		固定成本(不含折旧)		4000	4000	4000	4000	4000	4000	4000	4000	4000	4000
11		折旧		1000	1000	1000	1000	1000	1000	1000	1000	1000	1000
12		税前利润											
13		所得税											
14		税后利润											
15		现金流量											
16		净现值											

图 8—99

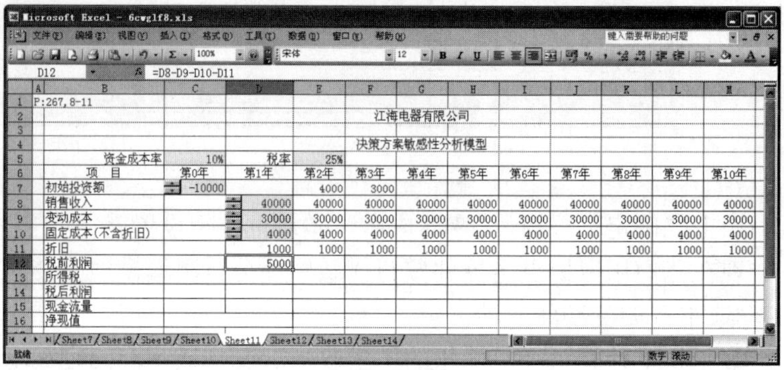

D12 =D8-D9-D10-D11

	A	B	C	D	E	F	G	H	I	J	K	L	M
1	P:267,8-11												
2						江海电器有限公司							
3													
4						决策方案敏感性分析模型							
5		资金成本率	10%	税率	25%								
6		项 目	第0年	第1年	第2年	第3年	第4年	第5年	第6年	第7年	第8年	第9年	第10年
7		初始投资额	-10000		4000	3000							
8		销售收入		40000	40000	40000	40000	40000	40000	40000	40000	40000	40000
9		变动成本		30000	30000	30000	30000	30000	30000	30000	30000	30000	30000
10		固定成本(不含折旧)		4000	4000	4000	4000	4000	4000	4000	4000	4000	4000
11		折旧		1000	1000	1000	1000	1000	1000	1000	1000	1000	1000
12		税前利润		5000									
13		所得税											
14		税后利润											
15		现金流量											
16		净现值											

图 8—100

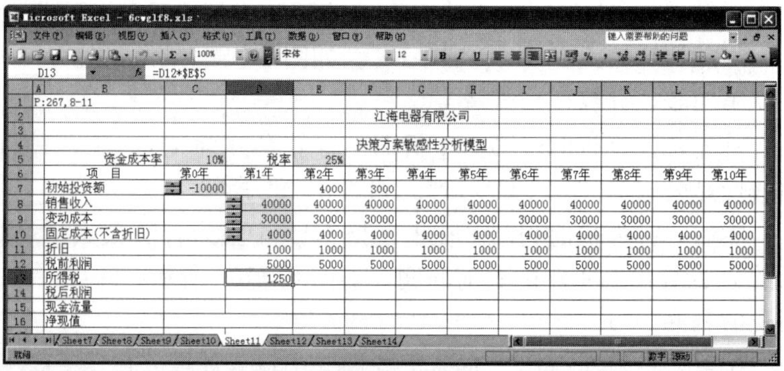

D13 =D12*$E$5

	A	B	C	D	E	F	G	H	I	J	K	L	M
1	P:267,8-11												
2						江海电器有限公司							
3													
4						决策方案敏感性分析模型							
5		资金成本率	10%	税率	25%								
6		项 目	第0年	第1年	第2年	第3年	第4年	第5年	第6年	第7年	第8年	第9年	第10年
7		初始投资额	-10000		4000	3000							
8		销售收入		40000	40000	40000	40000	40000	40000	40000	40000	40000	40000
9		变动成本		30000	30000	30000	30000	30000	30000	30000	30000	30000	30000
10		固定成本(不含折旧)		4000	4000	4000	4000	4000	4000	4000	4000	4000	4000
11		折旧		1000	1000	1000	1000	1000	1000	1000	1000	1000	1000
12		税前利润		5000	5000	5000	5000	5000	5000	5000	5000	5000	5000
13		所得税		1250									
14		税后利润											
15		现金流量											
16		净现值											

图 8—101

接着，计算税后利润。在单元格 D14 中输入计算公式“＝D12－D13”，计算出第 1 年的税后利润，如图 8—102 所示。同理，计算出第 2～10 年的税后利润。

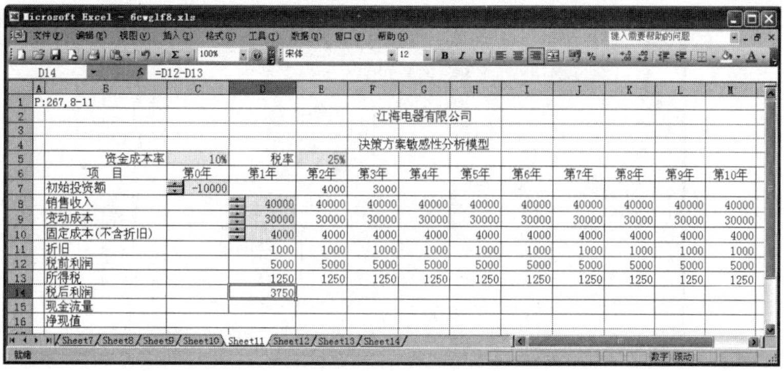
D14　=D12-D13

	B	C	D	E	F	G	H	I	J	K	L	M
1	P:267, 8-11											
2					江海电器有限公司							
3												
4					决策方案敏感性分析模型							
5	资金成本率	10%	税率	25%								
6	项　目	第0年	第1年	第2年	第3年	第4年	第5年	第6年	第7年	第8年	第9年	第10年
7	初始投资额	-10000		4000	3000							
8	销售收入		40000	40000	40000	40000	40000	40000	40000	40000	40000	40000
9	变动成本		30000	30000	30000	30000	30000	30000	30000	30000	30000	30000
10	固定成本(不含折旧)		4000	4000	4000	4000	4000	4000	4000	4000	4000	4000
11	折旧		1000	1000	1000	1000	1000	1000	1000	1000	1000	1000
12	税前利润		5000	5000	5000	5000	5000	5000	5000	5000	5000	5000
13	所得税		1250	1250	1250	1250	1250	1250	1250	1250	1250	1250
14	税后利润		3750									
15	现金流量											
16	净现值											

图 8—102

最后，计算现金流量。在单元格 C15 中输入第 0 年的现金流量计算公式“C7”，如图 8—103 所示。

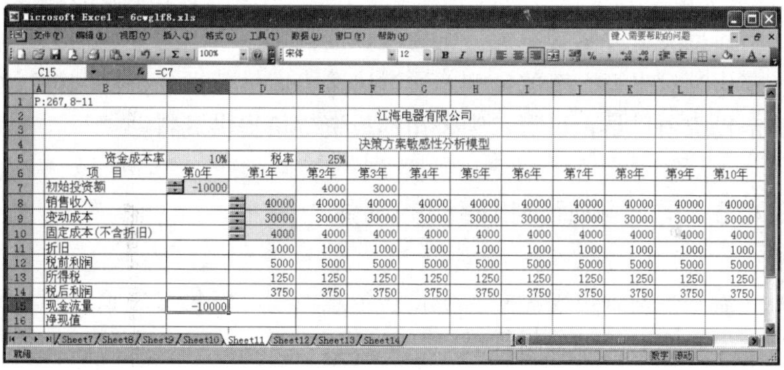
C15　=C7

	B	C	D	E	F	G	H	I	J	K	L	M
1	P:267, 8-11											
2					江海电器有限公司							
3												
4					决策方案敏感性分析模型							
5	资金成本率	10%	税率	25%								
6	项　目	第0年	第1年	第2年	第3年	第4年	第5年	第6年	第7年	第8年	第9年	第10年
7	初始投资额	-10000		4000	3000							
8	销售收入		40000	40000	40000	40000	40000	40000	40000	40000	40000	40000
9	变动成本		30000	30000	30000	30000	30000	30000	30000	30000	30000	30000
10	固定成本(不含折旧)		4000	4000	4000	4000	4000	4000	4000	4000	4000	4000
11	折旧		1000	1000	1000	1000	1000	1000	1000	1000	1000	1000
12	税前利润		5000	5000	5000	5000	5000	5000	5000	5000	5000	5000
13	所得税		1250	1250	1250	1250	1250	1250	1250	1250	1250	1250
14	税后利润		3750	3750	3750	3750	3750	3750	3750	3750	3750	3750
15	现金流量	-10000										
16	净现值											

图 8—103

在单元格 D15 中输入第 1 年现金流量计算公式“＝D14＋D11”，如图 8—104 所示。同理，计算第 2～10 年的现金流量。

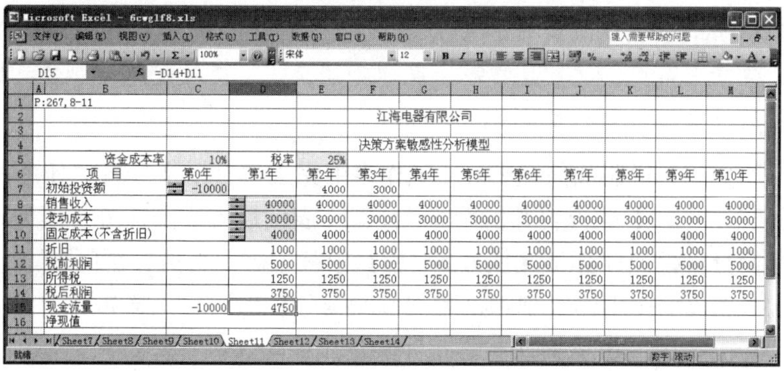
D15　=D14+D11

	B	C	D	E	F	G	H	I	J	K	L	M
1	P:267, 8-11											
2					江海电器有限公司							
3												
4					决策方案敏感性分析模型							
5	资金成本率	10%	税率	25%								
6	项　目	第0年	第1年	第2年	第3年	第4年	第5年	第6年	第7年	第8年	第9年	第10年
7	初始投资额	-10000		4000	3000							
8	销售收入		40000	40000	40000	40000	40000	40000	40000	40000	40000	40000
9	变动成本		30000	30000	30000	30000	30000	30000	30000	30000	30000	30000
10	固定成本(不含折旧)		4000	4000	4000	4000	4000	4000	4000	4000	4000	4000
11	折旧		1000	1000	1000	1000	1000	1000	1000	1000	1000	1000
12	税前利润		5000	5000	5000	5000	5000	5000	5000	5000	5000	5000
13	所得税		1250	1250	1250	1250	1250	1250	1250	1250	1250	1250
14	税后利润		3750	3750	3750	3750	3750	3750	3750	3750	3750	3750
15	现金流量	-10000	4750									
16	净现值											

图 8—104

第五步，计算净现值

单击单元格 C16，调用 NPV 函数，计算净现值。计算公式如图 8—105 所示。

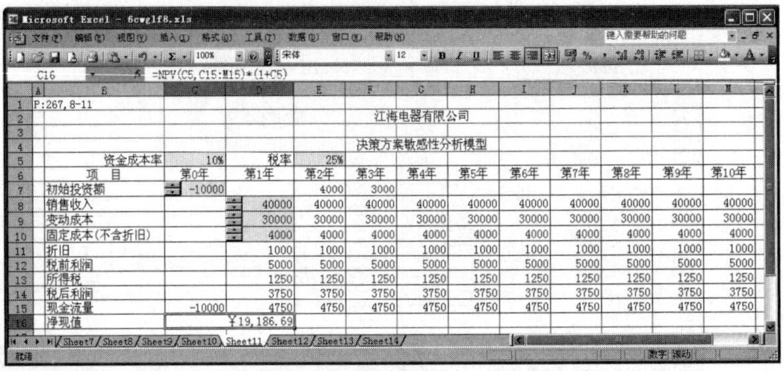

P:267,8-11											
				江海电器有限公司							
				决策方案敏感性分析模型							
资金成本率	10%	税率	25%								
项　目	第0年	第1年	第2年	第3年	第4年	第5年	第6年	第7年	第8年	第9年	第10年
初始投资额	-10000		4000	3000							
销售收入		40000	40000	40000	40000	40000	40000	40000	40000	40000	40000
变动成本		30000	30000	30000	30000	30000	30000	30000	30000	30000	30000
固定成本(不含折旧)		4000	4000	4000	4000	4000	4000	4000	4000	4000	4000
折旧		1000	1000	1000	1000	1000	1000	1000	1000	1000	1000
税前利润		5000	5000	5000	5000	5000	5000	5000	5000	5000	5000
所得税		1250	1250	1250	1250	1250	1250	1250	1250	1250	1250
税后利润		3750	3750	3750	3750	3750	3750	3750	3750	3750	3750
现金流量	-10000	4750	4750	4750	4750	4750	4750	4750	4750	4750	4750
净现值	￥19,186.69										

图 8—105

至此，按照【任务 8—11】所提供的资料，在 Excel 工作表中创建的决策方案敏感性分析模型就已经完成了。对这部分内容读者可以参考“实验系统”中“投资决策实务实验”项目下“实验示范”中第 11 个实验的屏幕录像。

通过决策方案敏感性分析模型，我们可以看到当影响决策方案的有关因素发生变化时对决策方案的影响。通过决策方案敏感性分析模型进行假设分析，可以确定投资项目是否可行，为公司的投资决策提供资料。

8.4.5 盈亏平衡分析模型的创建

盈亏平衡分析模型是关于销售数量的增减变化对总收入和总成本之间数量关系产生影响的一种分析模型。

【任务 8—12】

江海电器有限公司准备投资 30 000 元建设一条数控机床的生产线，该项目的寿命期为 10 年，设备按直线法计提折旧，无残值；每年的固定成本为 7 000 元（含 3 000 元折旧），预定每台机床售价为 8 000 元，单位变动成本为每台 6 000元，公司的所得税税率为 25%，资本成本率为 10%。根据以上条件计算会计盈亏平衡点、财务盈亏平衡点和会计盈亏平衡时的年均现金流量。（资料来源：主教材第 269 页例 8—12。）

为便于说明如何在 Excel 工作表中完成盈亏平衡分析的任务，我们利用上述【任务 8—12】的资料并借助 Excel 工作表创建盈亏平衡分析模型，然后根据盈亏平衡分析模型计算出【任务 8—12】中有关盈亏平衡分析问题。

在 Excel 工作表中，创建盈亏平衡分析模型的步骤如下：

第一步，建立盈亏平衡分析模型并录入数据

如图 8—106 所示。

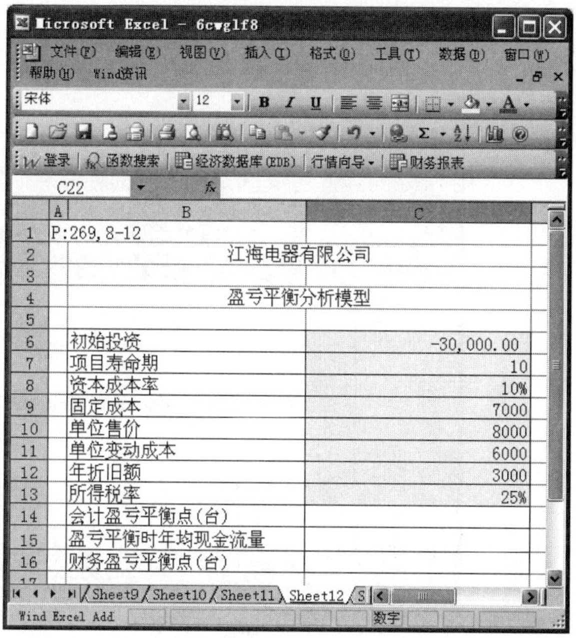

图 8—106

第二步，计算会计盈亏平衡点

在单元格 C14 中按照"固定成本/（单价一单位变动成本)"的公式即"C9/(C10—C11)"计算出会计盈亏平衡点。这里调用取整函数"CEILING"，以使计算出来的结果为整数。如图 8—107 所示。

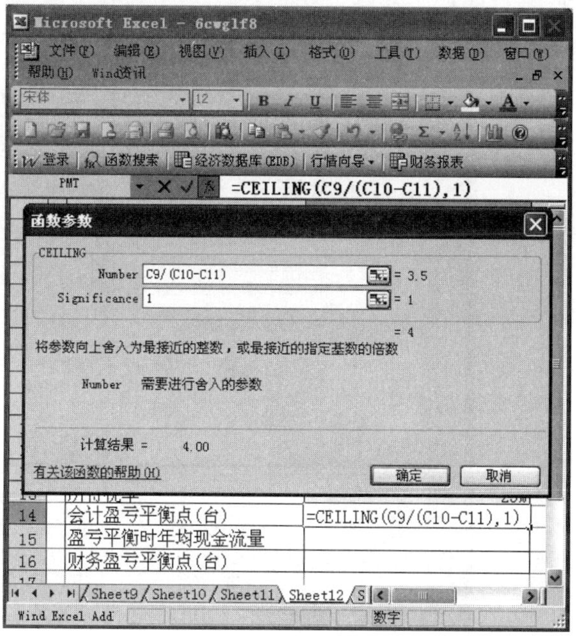

图 8—107

本例中会计盈亏平衡点为 4 台。

第三步，计算盈亏平衡时的年均现金流量

单击单元格 C15，调用财务函数“PMT”计算出盈亏平衡时的年均现金流量，如图 8—108 所示。

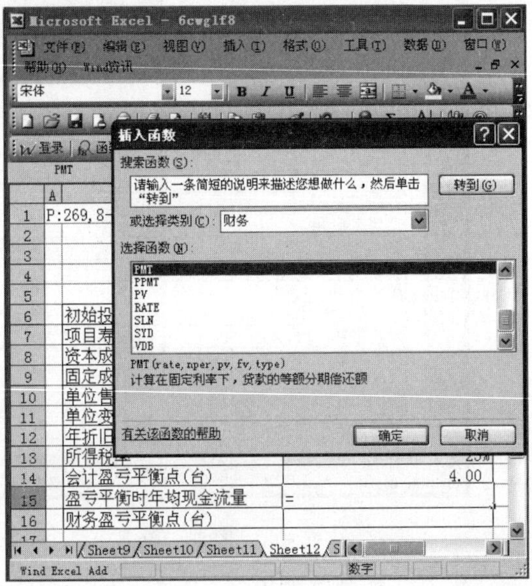

图 8—108

单击“Rate”栏右边的“折叠对话框”按钮，用鼠标选择单元格 C8；单击“Nper”栏右边的“折叠对话框”按钮，用鼠标选择单元格 C7；单击“Pv”栏右边的“折叠对话框”按钮，用鼠标选择单元格 C6，如图 8—109 所示。单击“确定”按钮，计算出盈亏平衡时的年均现金流量。

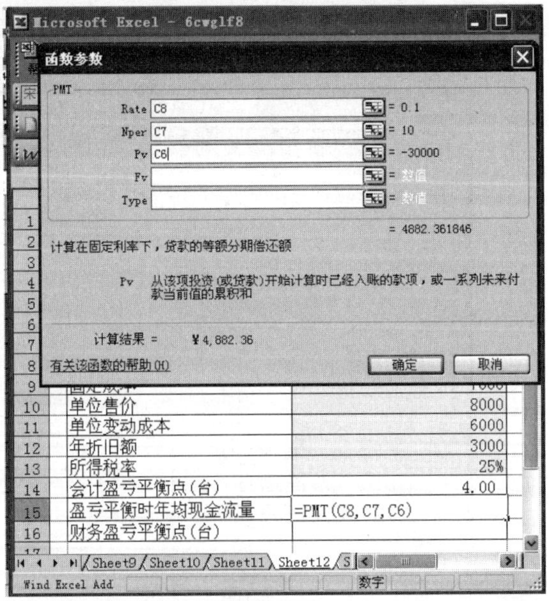

图 8—109

本例中计算出的盈亏平衡时的年均现金流量为 4 882 元。

第四步，计算财务盈亏平衡点

单击单元格 C14，调用取整函数“CEILING”，输入公式“=CEILING((C15−C12+C9∗(1−C13))/((C10−C11)∗(1−C13)), 1)”，计算出财务盈亏平衡点。如图 8—110 所示。

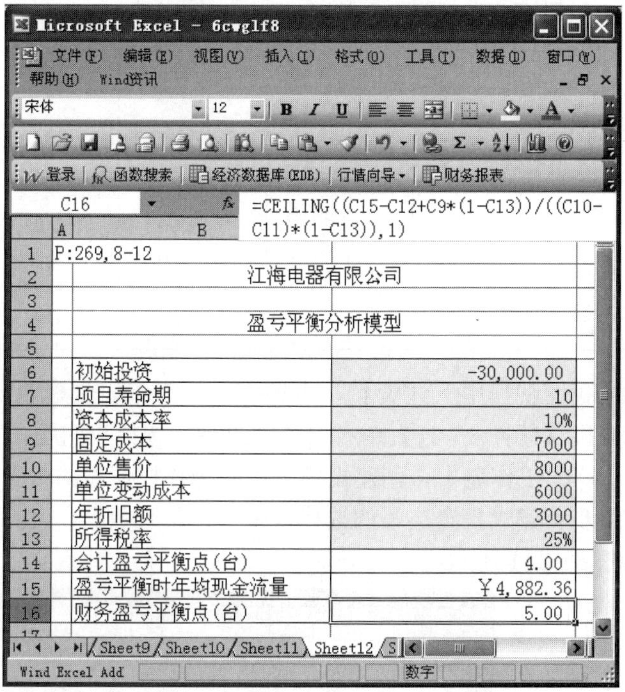

图 8—110

对这部分内容读者可以参考“实验系统”中“投资决策实务实验”项目下“实验示范”中第 12 个实验的屏幕录像。

通过盈亏平衡分析模型，我们可以看到当影响决策方案的有关因素发生变化时对决策方案的影响。通过盈亏平衡分析模型进行假设分析，可以确定投资项目是否可行，为公司的投资决策提供资料。

8.4.6　投资决策中的选择权模型的创建

投资决策中的选择权模型是一种在投资项目实施以后，因情况发生变化对以前决策是否更改的分析模型。

【任务 8—13】

江海电器有限公司准备购买一台使用期限为 2 年，价值为 11 000 元的特殊用途机器，2 年后机器报废无残值，有关营业现金流量及其发生的概率见表 8—8，公司的资本成本率为 8%。(资料来源：主教材第 271 页例 8—13。)

表 8—8 **营业现金流量表** 金额单位：元

第 0 年	第 1 年		第 2 年		联合概率	净现值
现金流量	现金流量	概率	现金流量	概率		
−11000	6 000	0.3	2 000	0.3	0.09	−3 730
			3 000	0.5	0.15	−2 873
			4 000	0.2	0.06	−2 016
	7 000	0.4	4 000	0.3	0.12	−1 090
			5 000	0.4	0.16	−233
			6 000	0.3	0.12	624
	8 000	0.3	6 000	0.2	0.06	1 550
			7 000	0.5	0.15	2 407
			8 000	0.3	0.09	3 264
NPV＝−233						

下面我们就利用上述资料，借助 Excel 工作表创建投资决策中的选择权模型，来解决【任务 8—13】中有关投资决策的选择权问题。

在 Excel 工作表中，创建投资决策的选择权模型的步骤如下：

第一步，建立投资决策的选择权模型并录入数据

如图 8—111 所示。

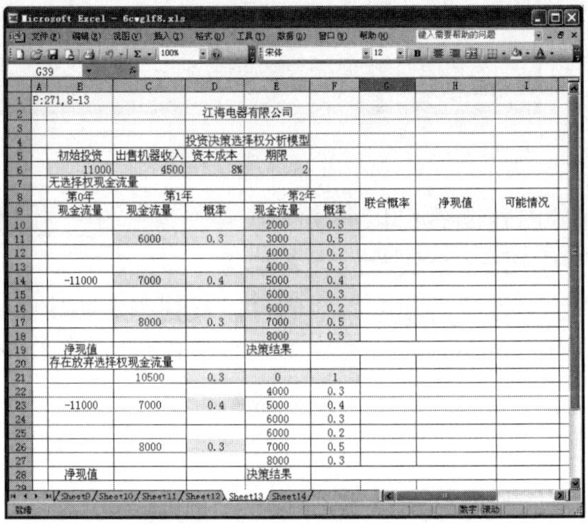

图 8—111

第二步，计算无选择权现金流量

首先，计算联合概率。在单元格 G10 中输入计算公式“＝$D$11＊F10”，计算出第一个联合概率。如图 8—112 所示。

选中单元格 G10，用鼠标指向该单元格的右下角，待鼠标指针变为实心的黑“十”时，按下鼠标左键拖向单元格 G18，就可以计算出其他的联合概率。如图 8—113 所示。

然后，计算出净现值。单击单元格 H10，调用 NPV 函数，计算出净现值。如图 8—114 所示。

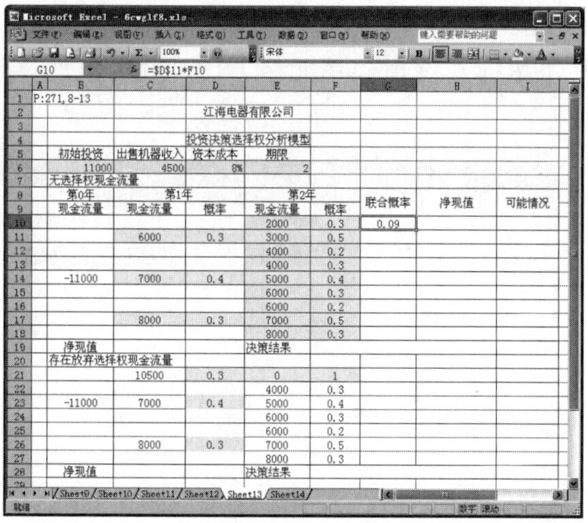

图 8—112

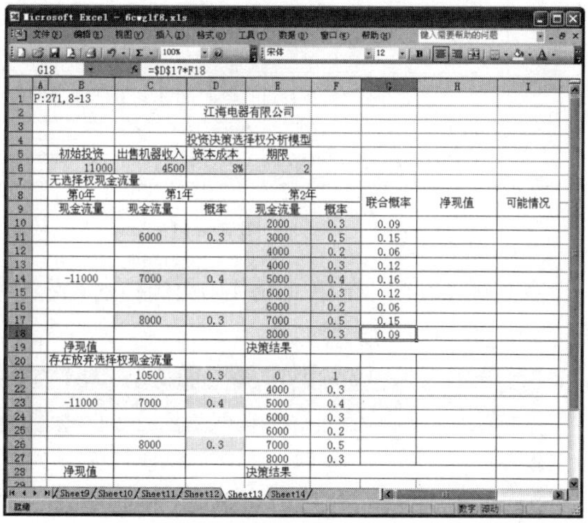

图 8—113

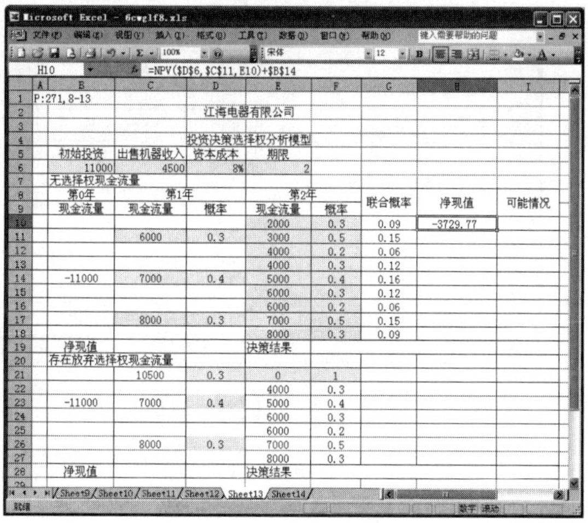

图 8—114

选中单元格 C10，用鼠标指向该单元格的右下角，待鼠标指针变为实心的黑“+”时，按下鼠标左键拖向单元格 D18，就可以计算出其他净现值。如图 8—115 所示。

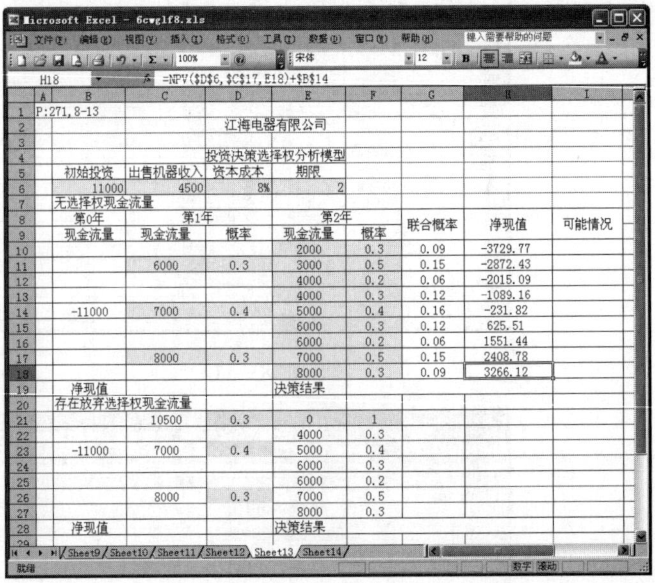

图 8—115

接着，计算可能情况。在单元格 I10 中输入公式“=G10 * H10”，按回车键计算出结果。如图 8—116 所示。

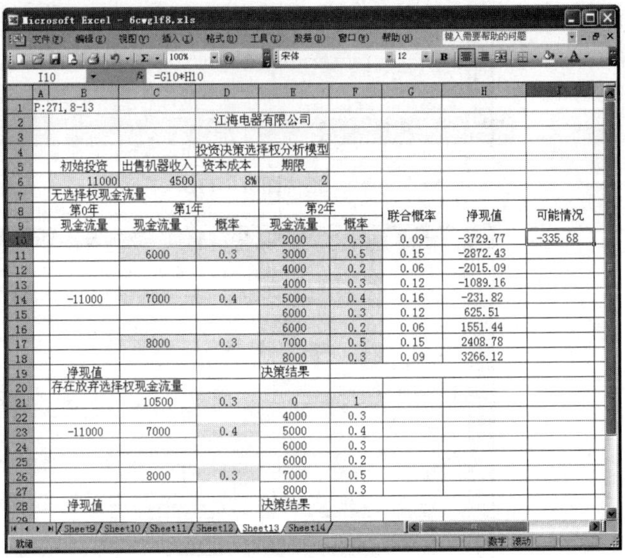

图 8—116

然后，选中单元格 I10，用鼠标指向该单元格的右下角，待鼠标指针变为实心的黑“+”时，按下鼠标左键拖向单元格 I18，就可以计算出全部可能情况。

再计算净现值合计数。单击单元格 C19，调用“SUM”函数，对单元格

I10:I18 求和，计算出这个项目的净现值。如图 8—117 所示。

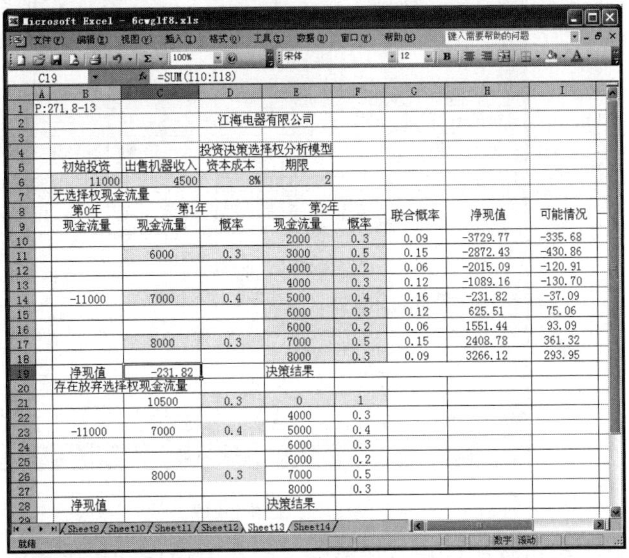

图 8—117

最后，进行决策，单击单元格 F19，调用“IF”函数，对计算结果进行判别。如图 8—118 所示。

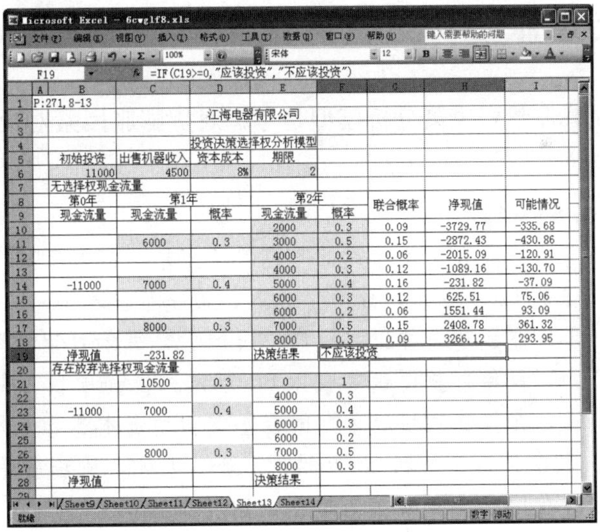

图 8—118

第三步，计算有放弃选择权的净现值

由于计算步骤与没有选择权的情况一样，在此不再重复，最终的计算结果如图 8—119 所示。

至此，按照【任务 8—13】所提供的资料，在 Excel 工作表中创建的投资决策选择权分析模型就已经完成了。对这部分内容读者可以参考“实验系统”中“投资决策实务实验”项目下“实验示范”中第 13 个实验的屏幕录像。

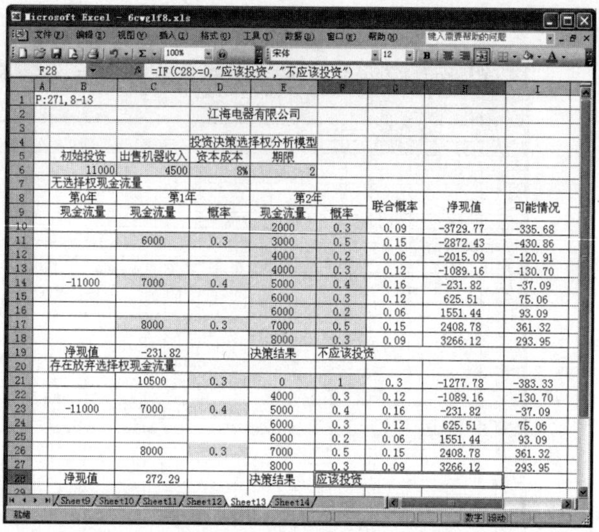

	A	B	C	D	E	F	G	H	I
1	P:271,8-13								
2				江海电器有限公司					
3									
4				投资决策选择权分析模型					
5		初始投资	出售机器收入	资本成本	期限				
6		11000	4500	8%	2				
7		无选择权现金流量							
8		第0年	第1年		第2年		联合概率	净现值	可能情况
9		现金流量	现金流量	概率	现金流量	概率			
10					2000	0.3	0.09	-3729.77	-335.68
11			6000	0.3	3000	0.5	0.15	-2872.43	-430.86
12					4000	0.2	0.06	-2015.09	-120.91
13					4000	0.3	0.12	-1089.16	-130.70
14		-11000	7000	0.4	5000	0.4	0.16	-231.82	-37.09
15					6000	0.3	0.12	625.51	75.06
16					6000	0.2	0.06	1551.44	93.09
17			8000	0.3	7000	0.5	0.15	2408.78	361.32
18					8000	0.3	0.09	3266.12	293.95
19		净现值	-231.82		决策结果	不应该投资			
20		存在放弃选择权现金流量							
21			10500	0.3	0	1	0.3	-1277.78	-383.33
22					4000	0.3	0.12	-1089.16	-130.70
23		-11000	7000	0.4	5000	0.4	0.16	-231.82	-37.09
24					6000	0.3	0.12	625.51	75.06
25					6000	0.2	0.06	1551.44	93.09
26			8000	0.3	7000	0.5	0.15	2408.78	361.32
27					8000	0.3	0.09	3266.12	293.95
28		净现值	272.29		决策结果	应该投资			

图 8—119

通过投资决策选择权分析模型，我们可以看到当影响决策方案的有关因素发生变化时对决策方案的影响。通过投资决策选择权分析模型进行假设分析，可以确定投资项目是否可行，为公司的投资决策提供资料。

8.5 通货膨胀投资分析实验

通货膨胀投资决策分析模型是考虑通货膨胀因素对投资决策的影响的分析模型。

【任务 8—14】

江海电器有限公司由于产品长期供不应求，打算新建一条生产线。该生产线的初始投资是 12.5 万元，分两年投入，第一年投入 10 万元，第二年投入 2.5 万元，第二年可完成建设并正式投产。投产后，每年可生产照相机 1 000 部，每部售价 300 元，每年可获得销售收入 30 万元。投资项目可使用 5 年，5 年后残值可忽略不计，在投资项目经营期间要垫支营运资本 2.5 万元，每年发生付现成本 25 万元，其中包括原材料 20 万元，工资 3 万元，管理费用 2 万元；每年发生折旧 2 万元。在项目投资和使用期间，通货膨胀率预期为每年 10%。受物价变动影响，初始投资将增长 10%，投资项目终结后设备残值将增加到 37 500 元，原材料费用将增加 14%，工资费用将增加 10%。折旧费仍为每年 2 万元，但是扣除折旧以后的管理费用每年将增加 4%，同时销售价格预期每年增长 10%。假设该厂加权平均资本成本率为 10%，所得税税率为 25%，那么在考虑通货膨胀率的情况下是否应投资该设备？（资料来源：主教材第 274 页例 8—14。）

下面我们就利用上述资料，借助 Excel 工作表创建通货膨胀投资决策分析模型，来解决【任务 8—14】中有关通货膨胀投资决策分析问题。

在 Excel 工作表中，创建通货膨胀投资决策分析模型的步骤如下：

第一步，建立通货膨胀投资决策分析模型并录入数据

如图 8—120 所示。

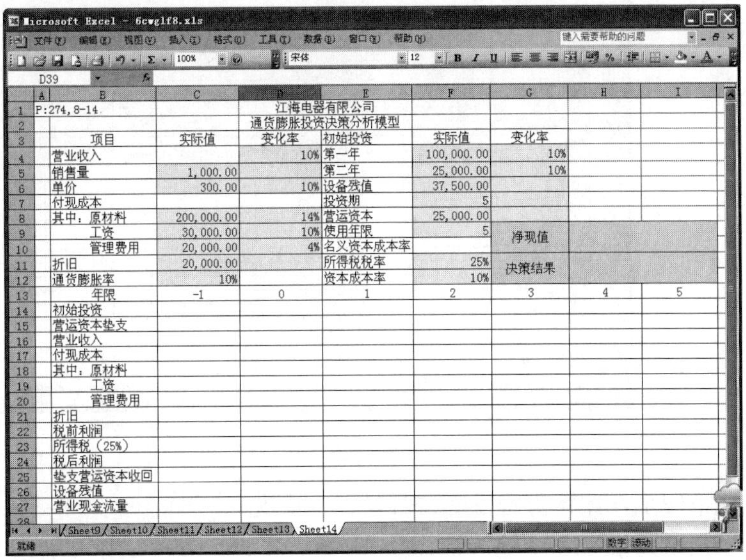

	A/B	C	D	E	F	G	H	I
1	P:274, 8-14		江海电器有限公司					
2			通货膨胀投资决策分析模型					
3	项目	实际值	变化率	初始投资	实际值	变化率		
4	营业收入		10%	第一年	100,000.00	10%		
5	销售量	1,000.00		第二年	25,000.00	10%		
6	单价	300.00	10%	设备残值	37,500.00			
7	付现成本			投资期	5			
8	其中：原材料	200,000.00	14%	营运资本	25,000.00			
9	工资	30,000.00	10%	使用年限	5	净现值		
10	管理费用	20,000.00	4%	名义资本成本率				
11	折旧	20,000.00		所得税税率	25%	决策结果		
12	通货膨胀率	10%		资本成本率	10%			
13	年限	-1	0	1	2	3	4	5
14	初始投资							
15	营运资本垫支							
16	营业收入							
17	付现成本							
18	其中：原材料							
19	工资							
20	管理费用							
21	折旧							
22	税前利润							
23	所得税（25%）							
24	税后利润							
25	垫支营运资本收回							
26	设备残值							
27	营业现金流量							

图 8—120

第二步，计算营业收入和付现成本

在单元格 C4 中输入计算公式“＝C5＊C6”，单击单元格 C7，输入计算公式“＝SUM（C8:C10）”，计算出营业收入和付现成本。如图 8—121 所示。

C7　=SUM(C8:C10)

	A/B	C	D	E	F	G	H	I
1	P:274, 8-14		江海电器有限公司					
2			通货膨胀投资决策分析模型					
3	项目	实际值	变化率	初始投资	实际值	变化率		
4	营业收入	300,000.00	10%	第一年	100,000.00	10%		
5	销售量	1,000.00		第二年	25,000.00	10%		
6	单价	300.00	10%	设备残值	37,500.00			
7	付现成本	250,000.00		投资期	5			
8	其中：原材料	200,000.00	14%	营运资本	25,000.00			
9	工资	30,000.00	10%	使用年限	5	净现值		
10	管理费用	20,000.00	4%	名义资本成本率				
11	折旧	20,000.00		所得税税率	25%	决策结果		
12	通货膨胀率	10%		资本成本率	10%			
13	年限	-1	0	1	2	3	4	5
14	初始投资							
15	营运资本垫支							
16	营业收入							
17	付现成本							
18	其中：原材料							
19	工资							
20	管理费用							
21	折旧							
22	税前利润							
23	所得税（25%）							
24	税后利润							
25	垫支营运资本收回							
26	设备残值							
27	营业现金流量							

图 8—121

第三步，计算名义资本成本率

在单元格 F10 中输入计算公式“＝F12＋C12＋C12＊F12”，计算出名义资本成本率。如图 8—122 所示。

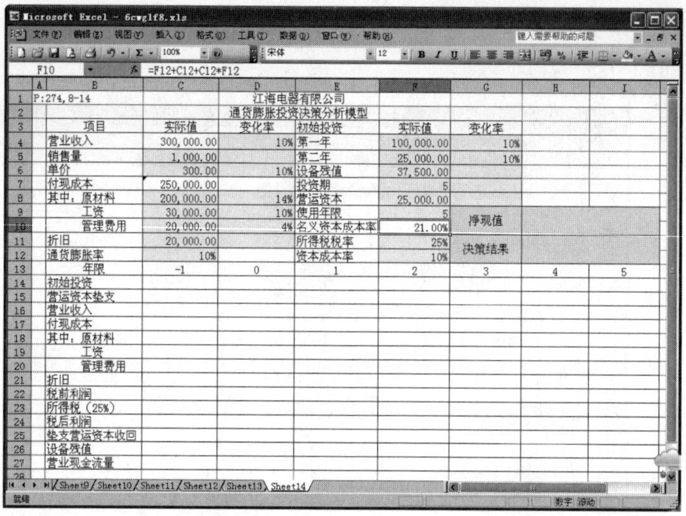

图 8—122

第四步，计算初始投资和营运资本垫支

在单元格 C14 中输入计算公式“=－F4 ＊ (1+G4)”，计算出第 0 年的初始投资。如图 8—123 所示。

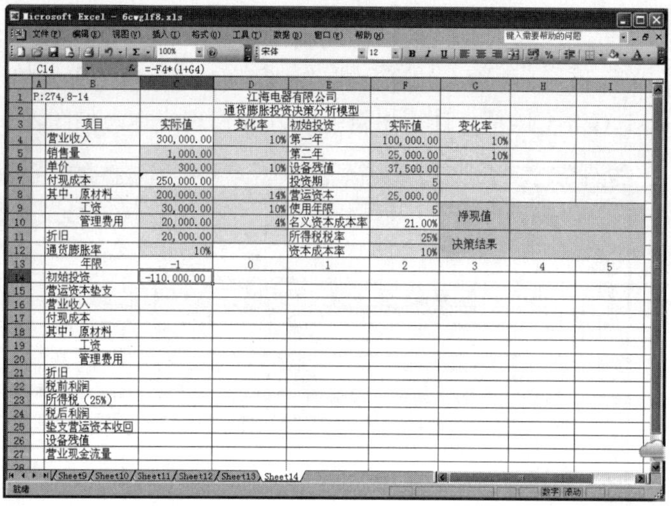

图 8—123

在单元格 D14 中输入计算公式“=－F5 ＊ (1+G5)”，计算出第 1 年的初始投资。如图 8—124 所示。

在单元格 D15 中输入计算公式“=－F8”，计算出第 1 年的营运资本垫支。如图 8—125 所示。

第五步，计算营业现金流量

首先，计算营业收入。在单元格 C19 中输入计算公式“=＄C＄4 ＊ (1+＄D＄4)^E13”，计算出第 1 年的营业收入，如图 8—126 所示。同理，计算出第 2～5 年的营业收入。

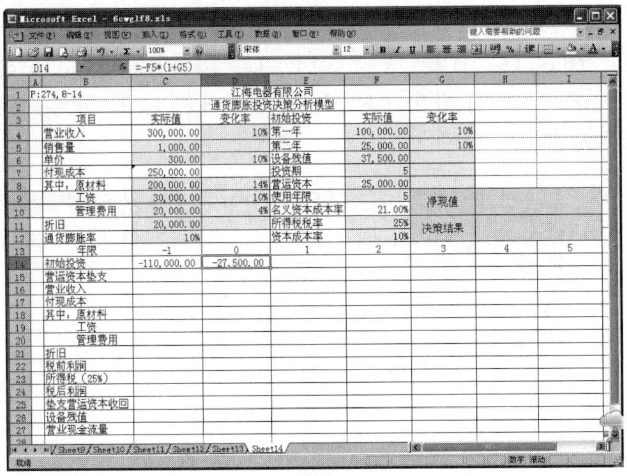

图 8—124

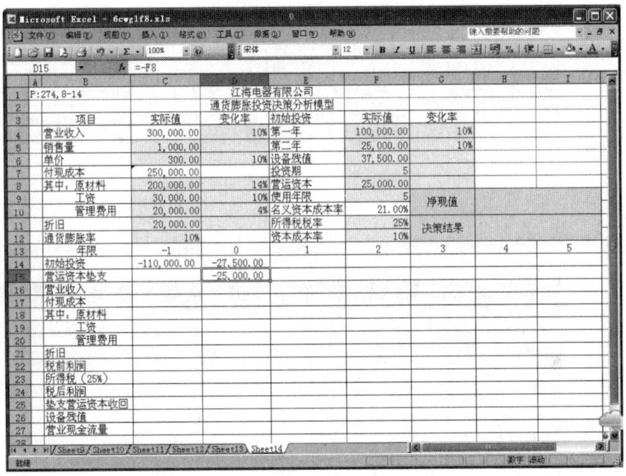

图 8—125

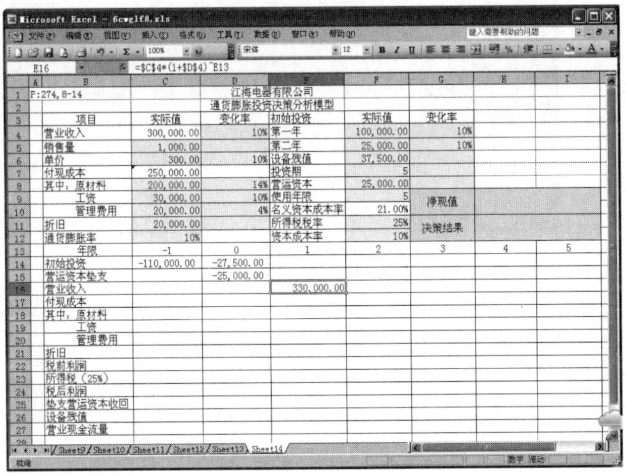

图 8—126

然后，计算付现成本，其中原材料的计算公式是“＝$C$8*(1＋$D$8)^E13”，工资的计算公式是“＝$C$9*(1＋$D$9)^E13”，管理费用的计算公式是“＝$C$10*(1＋$D$10)^E13”。单击单元格 E17，调用“SUM”函数，计算公式如图 8—127 所示。

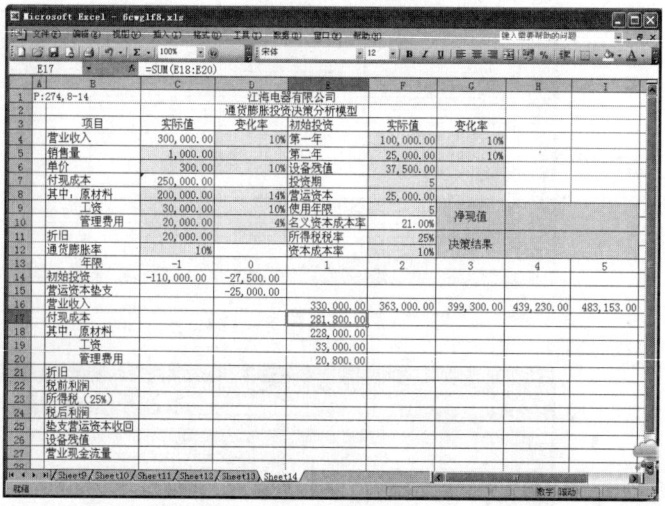

Microsoft Excel - 6cwglf8.xls

E17 =SUM(E18:E20)

	A/B	C	D	E	F	G	H	I
1	P:274, 8-14		江海电器有限公司					
2			通货膨胀投资决策分析模型					
3	项目	实际值	变化率	初始投资	实际值	变化率		
4	营业收入	300,000.00	10%	第一年	100,000.00	10%		
5	销售量	1,000.00		第二年	25,000.00	10%		
6	单价	300.00	10%	设备残值	37,500.00			
7	付现成本	250,000.00		投资期	5			
8	其中：原材料	200,000.00	14%	营运资本	25,000.00			
9	工资	30,000.00	10%	使用年限	5	净现值		
10	管理费用	20,000.00	4%	名义资本成本率	21.00%			
11	折旧	20,000.00		所得税税率	25%	决策结果		
12	通货膨胀率	10%		资本成本率	10%			
13	年限	-1	0	1	2	3	4	5
14	初始投资	-110,000.00	-27,500.00					
15	营运资本垫支		-25,000.00					
16	营业收入			330,000.00	363,000.00	399,300.00	439,230.00	483,153.00
17	付现成本			281,800.00				
18	其中：原材料			228,000.00				
19	工资			33,000.00				
20	管理费用			20,800.00				
21	折旧							
22	税前利润							
23	所得税（25%）							
24	税后利润							
25	垫支营运资本收回							
26	设备残值							
27	营业现金流量							

Sheet9 / Sheet10 / Sheet11 / Sheet12 / Sheet13 / Sheet14

图 8—127

同理，计算第 2～5 年的付现成本。如图 8—128 所示。

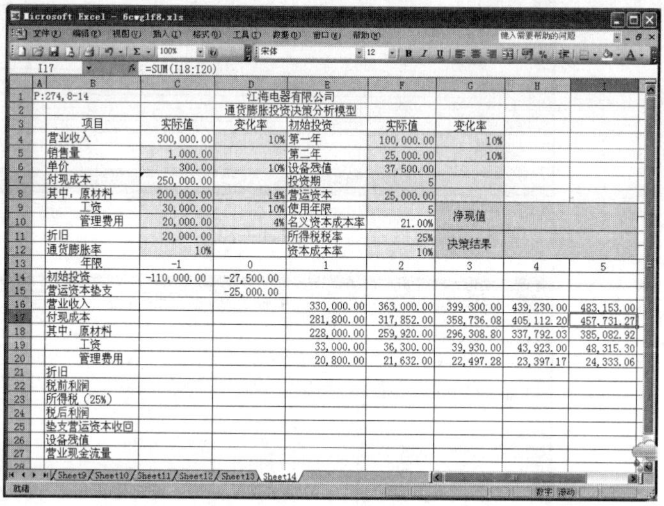

Microsoft Excel - 6cwglf8.xls

I17 =SUM(I18:I20)

	A/B	C	D	E	F	G	H	I
1	P:274, 8-14		江海电器有限公司					
2			通货膨胀投资决策分析模型					
3	项目	实际值	变化率	初始投资	实际值	变化率		
4	营业收入	300,000.00	10%	第一年	100,000.00	10%		
5	销售量	1,000.00		第二年	25,000.00	10%		
6	单价	300.00	10%	设备残值	37,500.00			
7	付现成本	250,000.00		投资期	5			
8	其中：原材料	200,000.00	14%	营运资本	25,000.00			
9	工资	30,000.00	10%	使用年限	5	净现值		
10	管理费用	20,000.00	4%	名义资本成本率	21.00%			
11	折旧	20,000.00		所得税税率	25%	决策结果		
12	通货膨胀率	10%		资本成本率	10%			
13	年限	-1	0	1	2	3	4	5
14	初始投资	-110,000.00	-27,500.00					
15	营运资本垫支		-25,000.00					
16	营业收入			330,000.00	363,000.00	399,300.00	439,230.00	483,153.00
17	付现成本			281,800.00	317,852.00	358,736.08	405,112.20	457,731.27
18	其中：原材料			228,000.00	259,920.00	296,308.80	337,792.03	385,082.92
19	工资			33,000.00	36,300.00	39,930.00	43,923.00	48,315.30
20	管理费用			20,800.00	21,632.00	22,497.28	23,397.17	24,333.06
21	折旧							
22	税前利润							
23	所得税（25%）							
24	税后利润							
25	垫支营运资本收回							
26	设备残值							
27	营业现金流量							

Sheet9 / Sheet10 / Sheet11 / Sheet12 / Sheet13 / Sheet14

图 8—128

接着，计算折旧。在单元格 E21 中输入计算公式“＝$C$11”，如图 8—129 所示。同理，计算第 2～5 年的折旧。

然后，计算税前利润。在单元格 E22 中输入计算公式“＝E16－E17－E21”，如图 8—130 所示。

接着，计算所得税。在单元格 E23 中输入计算公式“＝E22*$F$11”，如图 8—131 所示。同理，计算第 2～5 年的所得税。

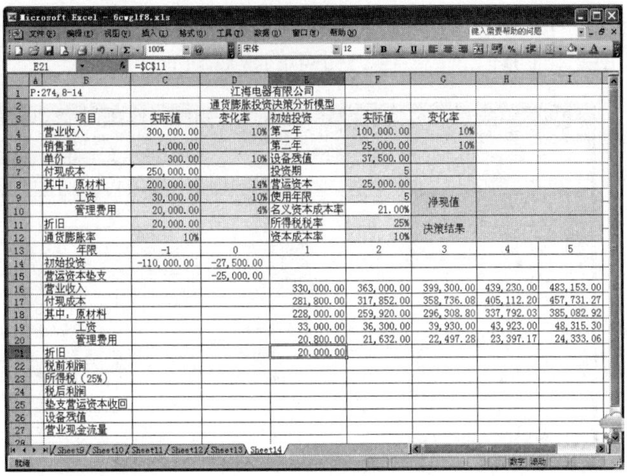

图 8—129

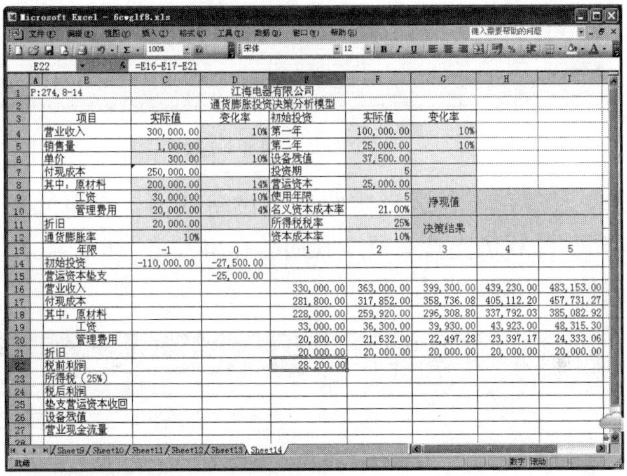

图 8—130

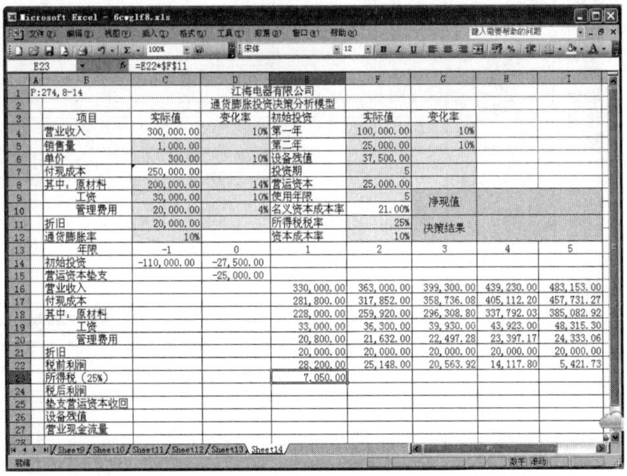

图 8—131

然后，计算税后利润。在单元格 E24 中输入计算公式“＝E22－E23”，如图 8—132 所示。同理，计算第 2～5 年的税后利润。

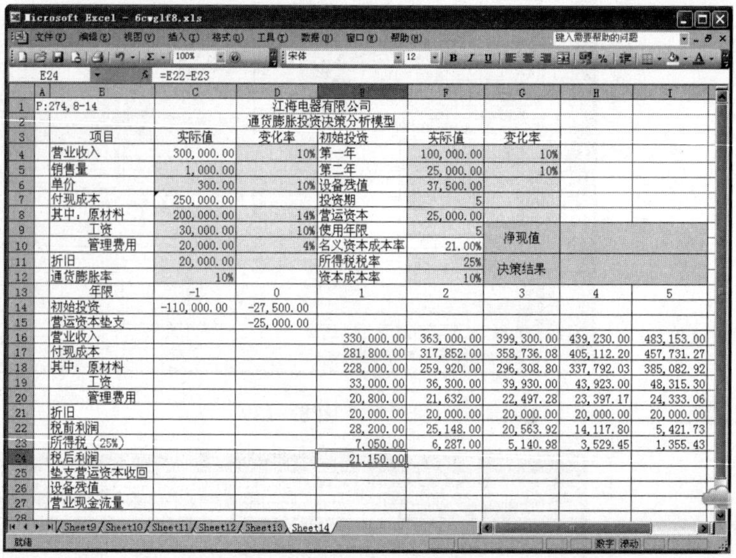

	A	B	C	D	E	F	G	H	I
1	P:274, 8-14				江海电器有限公司				
2					通货膨胀投资决策分析模型				
3		项目	实际值	变化率	初始投资	实际值	变化率		
4		营业收入	300,000.00	10%	第一年	100,000.00	10%		
5		销售量	1,000.00		第二年	25,000.00	10%		
6		单价	300.00	10%	设备残值	37,500.00			
7		付现成本	250,000.00		投资期	5			
8		其中：原材料	200,000.00	14%	营运资本	25,000.00			
9		工资	30,000.00	10%	使用年限	5	净现值		
10		管理费用	20,000.00	4%	名义资本成本率	21.00%			
11		折旧	20,000.00		所得税税率	25%	决策结果		
12		通货膨胀率	10%		资本成本率	10%			
13		年限	-1	0	1	2	3	4	5
14		初始投资	-110,000.00	-27,500.00					
15		营运资本垫支		-25,000.00					
16		营业收入			330,000.00	363,000.00	399,300.00	439,230.00	483,153.00
17		付现成本			281,800.00	317,852.00	358,736.08	405,112.20	457,731.27
18		其中：原材料			228,000.00	259,920.00	296,308.80	337,792.03	385,082.92
19		工资			33,000.00	36,300.00	39,930.00	43,923.00	48,315.30
20		管理费用			20,800.00	21,632.00	22,497.28	23,397.17	24,333.06
21		折旧			20,000.00	20,000.00	20,000.00	20,000.00	20,000.00
22		税前利润			28,200.00	25,148.00	20,563.92	14,117.80	5,421.73
23		所得税（25%）			7,050.00	6,287.00	5,140.98	3,529.45	1,355.43
24		税后利润			21,150.00				
25		垫支营运资本收回							
26		设备残值							
27		营业现金流量							

图 8—132

接着，计算垫支营运资本收回及设备残值。在单元格 I25 中输入计算公式“＝－D15”，计算垫支营运资本收回。在单元格 I26 中输入计算公式“＝F6”，计算设备残值。如图 8—133 所示。

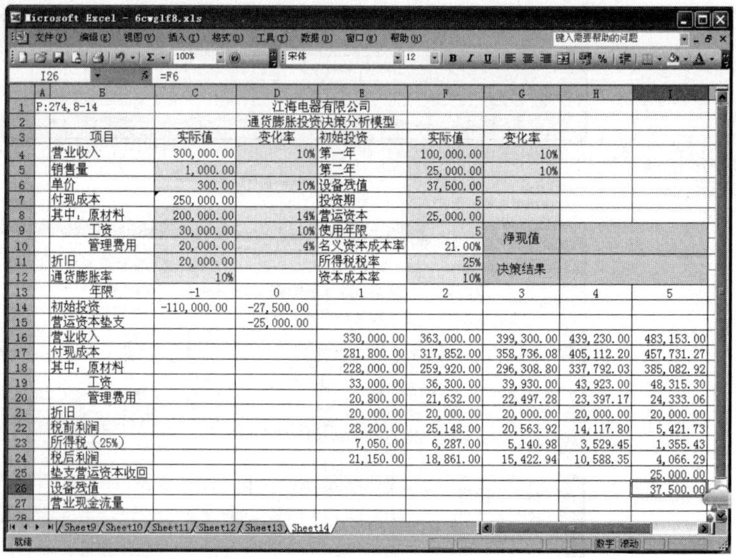

	A	B	C	D	E	F	G	H	I
1	P:274, 8-14				江海电器有限公司				
2					通货膨胀投资决策分析模型				
3		项目	实际值	变化率	初始投资	实际值	变化率		
4		营业收入	300,000.00	10%	第一年	100,000.00	10%		
5		销售量	1,000.00		第二年	25,000.00	10%		
6		单价	300.00	10%	设备残值	37,500.00			
7		付现成本	250,000.00		投资期	5			
8		其中：原材料	200,000.00	14%	营运资本	25,000.00			
9		工资	30,000.00	10%	使用年限	5	净现值		
10		管理费用	20,000.00	4%	名义资本成本率	21.00%			
11		折旧	20,000.00		所得税税率	25%	决策结果		
12		通货膨胀率	10%		资本成本率	10%			
13		年限	-1	0	1	2	3	4	5
14		初始投资	-110,000.00	-27,500.00					
15		营运资本垫支		-25,000.00					
16		营业收入			330,000.00	363,000.00	399,300.00	439,230.00	483,153.00
17		付现成本			281,800.00	317,852.00	358,736.08	405,112.20	457,731.27
18		其中：原材料			228,000.00	259,920.00	296,308.80	337,792.03	385,082.92
19		工资			33,000.00	36,300.00	39,930.00	43,923.00	48,315.30
20		管理费用			20,800.00	21,632.00	22,497.28	23,397.17	24,333.06
21		折旧			20,000.00	20,000.00	20,000.00	20,000.00	20,000.00
22		税前利润			28,200.00	25,148.00	20,563.92	14,117.80	5,421.73
23		所得税（25%）			7,050.00	6,287.00	5,140.98	3,529.45	1,355.43
24		税后利润			21,150.00	18,861.00	15,422.94	10,588.35	4,066.29
25		垫支营运资本收回							25,000.00
26		设备残值							37,500.00
27		营业现金流量							

图 8—133

最后，计算营业现金流量。在单元格 C27 中输入计算公式“＝C14”，计算第－1年的营业现金流量；在单元格 D27 中输入计算公式“＝SUM（D14：D15）”，计算第 0 年的营业现金流量；在单元格 E27 中输入计算公式“＝E24＋E21”，计算第 1 年的营业现金流量；在单元格 F27 中输入计算公式 “＝F24＋F21”，计算第 2 年的营业现金流量；在单元格 G27 中输入计算公式“＝G24＋G21”，计算第 3 年的营业现金流量；在单元格 H27 中输入计算公式“＝H24＋H21”，计算第 4 年的营业现金流量；在单元格 I27 中输入计算公式 “＝I24＋I21＋I25＋I26”，计算第 5 年的营业现金流量。如图 8—134 所示。

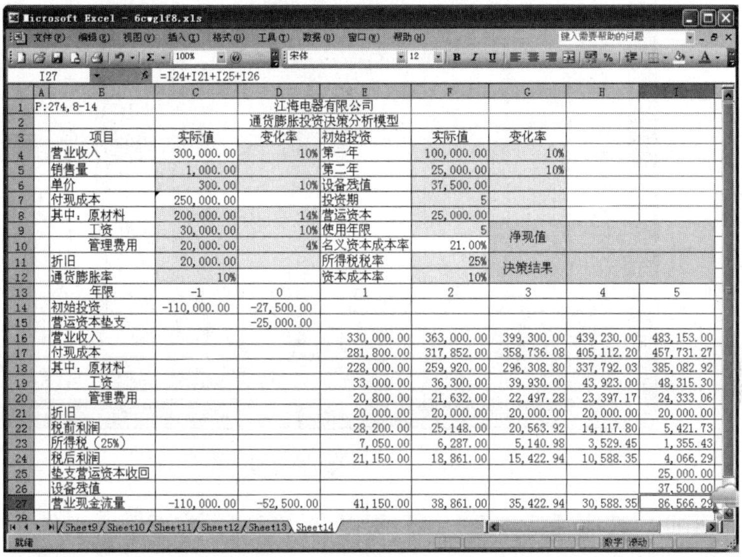
Microsoft Excel - 6cwglf8.xls
I27　=I24+I21+I25+I26

	A/B	C	D	E	F	G	H	I
1	P:274, 8-14		江海电器有限公司					
2			通货膨胀投资决策分析模型					
3	项目	实际值	变化率	初始投资	实际值	变化率		
4	营业收入	300,000.00	10%	第一年	100,000.00	10%		
5	销售量	1,000.00		第二年	25,000.00	10%		
6	单价	300.00	10%	设备残值	37,500.00			
7	付现成本	250,000.00		投资期	5			
8	其中：原材料	200,000.00	14%	营运资本	25,000.00			
9	工资	30,000.00	10%	使用年限	5	净现值		
10	管理费用	20,000.00	4%	名义资本成本率	21.00%			
11	折旧	20,000.00		所得税税率	25%	决策结果		
12	通货膨胀率	10%		资本成本率	10%			
13	年限	-1	0	1	2	3	4	5
14	初始投资	-110,000.00	-27,500.00					
15	营运资本垫支		-25,000.00					
16	营业收入			330,000.00	363,000.00	399,300.00	439,230.00	483,153.00
17	付现成本			281,800.00	317,852.00	358,736.08	405,112.20	457,731.27
18	其中：原材料			228,000.00	259,920.00	296,308.80	337,792.03	385,082.92
19	工资			33,000.00	36,300.00	39,930.00	43,923.00	48,315.30
20	管理费用			20,800.00	21,632.00	22,497.28	23,397.17	24,333.06
21	折旧			20,000.00	20,000.00	20,000.00	20,000.00	20,000.00
22	税前利润			28,200.00	25,148.00	20,563.92	14,117.80	5,421.73
23	所得税（25%）			7,050.00	6,287.00	5,140.98	3,529.45	1,355.43
24	税后利润			21,150.00	18,861.00	15,422.94	10,588.35	4,066.29
25	垫支营运资本收回							25,000.00
26	设备残值							37,500.00
27	营业现金流量	-110,000.00	-52,500.00	41,150.00	38,861.00	35,422.94	30,588.35	86,566.29

图 8—134

第六步，计算净现值

单击单元格 H9，调用 NPV 函数，计算净现值。计算公式如图 8—135 所示。

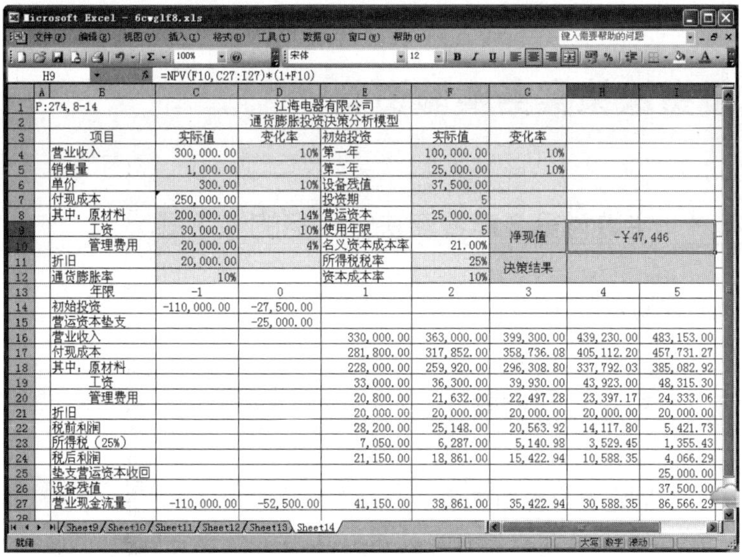
Microsoft Excel - 6cwglf8.xls
H9　=NPV(F10,C27:I27)*(1+F10)

	A/B	C	D	E	F	G	H	I
1	P:274, 8-14		江海电器有限公司					
2			通货膨胀投资决策分析模型					
3	项目	实际值	变化率	初始投资	实际值	变化率		
4	营业收入	300,000.00	10%	第一年	100,000.00	10%		
5	销售量	1,000.00		第二年	25,000.00	10%		
6	单价	300.00	10%	设备残值	37,500.00			
7	付现成本	250,000.00		投资期	5			
8	其中：原材料	200,000.00	14%	营运资本	25,000.00			
9	工资	30,000.00	10%	使用年限	5	净现值	-¥47,446	
10	管理费用	20,000.00	4%	名义资本成本率	21.00%			
11	折旧	20,000.00		所得税税率	25%	决策结果		
12	通货膨胀率	10%		资本成本率	10%			
13	年限	-1	0	1	2	3	4	5
14	初始投资	-110,000.00	-27,500.00					
15	营运资本垫支		-25,000.00					
16	营业收入			330,000.00	363,000.00	399,300.00	439,230.00	483,153.00
17	付现成本			281,800.00	317,852.00	358,736.08	405,112.20	457,731.27
18	其中：原材料			228,000.00	259,920.00	296,308.80	337,792.03	385,082.92
19	工资			33,000.00	36,300.00	39,930.00	43,923.00	48,315.30
20	管理费用			20,800.00	21,632.00	22,497.28	23,397.17	24,333.06
21	折旧			20,000.00	20,000.00	20,000.00	20,000.00	20,000.00
22	税前利润			28,200.00	25,148.00	20,563.92	14,117.80	5,421.73
23	所得税（25%）			7,050.00	6,287.00	5,140.98	3,529.45	1,355.43
24	税后利润			21,150.00	18,861.00	15,422.94	10,588.35	4,066.29
25	垫支营运资本收回							25,000.00
26	设备残值							37,500.00
27	营业现金流量	-110,000.00	-52,500.00	41,150.00	38,861.00	35,422.94	30,588.35	86,566.29

图 8—135

第七步，进行决策

单击单元格 H11，调用 IF 函数，进行决策。计算结果如图 8—136 所示。

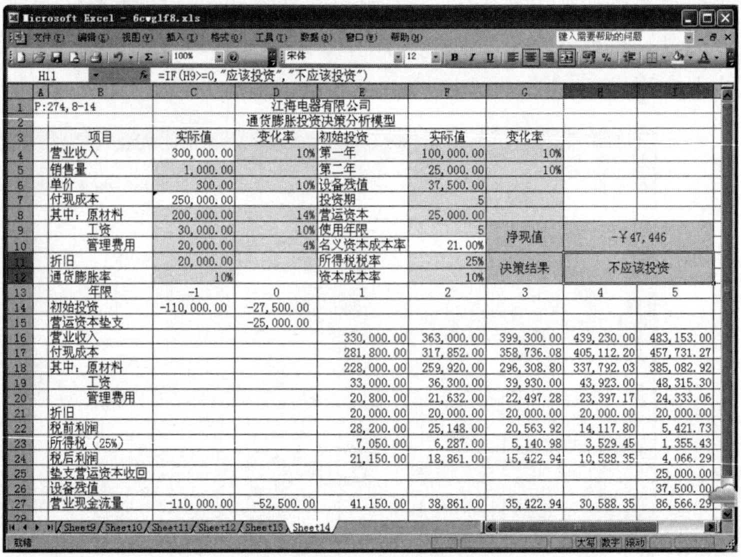

Microsoft Excel - 6cwglf8.xls

H11 =IF(H9>=0,"应该投资","不应该投资")

	A/B	C	D	E	F	G	H	I
1	P:274,8-14		江海电器有限公司					
2			通货膨胀投资决策分析模型					
3	项目	实际值	变化率	初始投资	实际值	变化率		
4	营业收入	300,000.00	10%	第一年	100,000.00	10%		
5	销售量	1,000.00		第二年	25,000.00	10%		
6	单价	300.00	10%	设备残值	37,500.00			
7	付现成本	250,000.00		投资期	5			
8	其中：原材料	200,000.00	14%	营运资本	25,000.00			
9	工资	30,000.00	10%	使用年限	5	净现值	-￥47,446	
10	管理费用	20,000.00	4%	名义资本成本率	21.00%			
11	折旧	20,000.00		所得税税率	25%	决策结果	不应该投资	
12	通货膨胀率	10%		资本成本率	10%			
13	年限	-1	0	1	2	3	4	5
14	初始投资	-110,000.00	-27,500.00					
15	营运资本垫支		-25,000.00					
16	营业收入			330,000.00	363,000.00	399,300.00	439,230.00	483,153.00
17	付现成本			281,800.00	317,852.00	358,736.08	405,112.20	457,731.27
18	其中：原材料			228,000.00	259,920.00	296,308.80	337,792.03	385,082.92
19	工资			33,000.00	36,300.00	39,930.00	43,923.00	48,315.30
20	管理费用			20,800.00	21,632.00	22,497.28	23,397.17	24,333.06
21	折旧			20,000.00	20,000.00	20,000.00	20,000.00	20,000.00
22	税前利润			28,200.00	25,148.00	20,563.92	14,117.80	5,421.73
23	所得税（25%）			7,050.00	6,287.00	5,140.98	3,529.45	1,355.43
24	税后利润			21,150.00	18,861.00	15,422.94	10,588.35	4,066.29
25	垫支营运资本收回							25,000.00
26	设备残值							37,500.00
27	营业现金流量	-110,000.00	-52,500.00	41,150.00	38,861.00	35,422.94	30,588.35	86,566.29

Sheet9 / Sheet10 / Sheet11 / Sheet12 / Sheet13 / Sheet14

图 8—136

至此，按照【任务 8—14】所提供的资料，在 Excel 工作表中创建的通货膨胀投资决策分析模型就已经完成了。对这部分内容读者可以参考“实验系统”中“投资决策实务实验”项目下“实验示范”中第 14 个实验的屏幕录像。

通过通货膨胀投资决策分析模型，我们可以看到当影响决策方案的通货膨胀因素发生变化时对决策方案的影响。通过通货膨胀投资决策分析模型进行假设分析，可以确定投资项目是否可行，为公司的投资决策提供资料。

8.6 投资决策实务实验资料

8.6.1 主教材第 8 章投资决策实务的练习题

见主教材第 276 页。

8.6.2 补充实验资料

一、固定资产更新决策

1. 资料：江海电器有限公司打算用一台效率更高的新设备来代替旧设备。旧设备的原价为 40 000 元，已经使用 5 年，估计还可以使用 4 年，已提折旧 20 000元，假定使用期满后无残值。如果现在将设备出售可得价款 10 000 元。使用旧设备每年可获得收入 50 000 元，付现成本 30 000 元。如果购买新设备的话，新设备的成本为 60 000 元，可以使用 4 年，期满后有残值 5 000 元，使用新设备后，每年收入可达 80 000 元，付现成本为 40 000 元。假设该公司的资本成本率为 10%，所得税税率为 25%。

要求：做出该公司是继续使用旧设备还是更新设备的决策。

二、风险投资决策

1. 资料：江海电器有限公司的一个投资项目各年的现金流量及其发生概率情况如表 8—9 所示，公司的资本成本率为 12%。

表 8—9　各年的现金流量与概率表　单位：元

第 0 年		第 1 年		第 2 年		第 3 年		第 4 年	
概率	NCF_0	概率	NCF_1	概率	NCF_2	概率	NCF_3	概率	NCF_4
1	−65 000	0.3	20 000	0.2	25 000	0.4	10 000	0.2	25 000
		0.4	25 000	0.5	30 000	0.4	25 000	0.6	20 000
		0.3	30 000	0.3	15 000	0.2	40 000	0.2	25 000

要求：判断此项目是否可行。

2. 资料：江海电器有限公司准备进行一项投资，其各年的预计现金流量和分析人员确定的约当系数已列示在表 8—10 中，无风险折现率为 10%。

表 8—10　项目的现金流量和约当系数　单位：元

时间（t）	0	1	2	3	4
NCF_t（元）	−30 000	13 000	10 000	8 000	6 000
d_t	1.0	0.95	0.9	0.8	0.7

要求：判断此项目是否可行。

参考答案

一、固定资产更新决策

1. 由于计算出更新设备的净现值为 10 396.23 元，因此，应该更换新设备。

二、风险投资决策

1. 由于该投资项目的净现值为 6 493.24 元，因此该项目可行，应该投资。

2. 虽然该项目调整前的净现值为 173.86 元，但是调整后的净现值为−3 325.13元，因此该项目不可行。

第9章 短期资产管理实验

Chapter 9

实验导引

实验名称：短期资产管理实验

实验目的：理解短期资产管理的基本原理和计算方法，获得利用 Excel 工作表创建短期资产管理模型的技能。

实验内容：以主教材第 9 章“短期资产管理”的短期资产管理、现金管理、应收账款管理和存货管理为主要实验内容。

实验要求：完成短期资产管理、现金管理、应收账款管理和存货管理模型的创建和应用。

实验参考：参考主教材第 9 章的短期资产管理、现金管理、应收账款管理和存货管理等相关内容，以及实验系统中“短期资产管理实验”模块“实验示范”中的短期资产管理、现金管理、应收账款管理和存货管理模型的创建和应用屏幕录像以及“实验参考”等内容。

蜘蛛修网

一座破旧的庙里住着两只蜘蛛，一只在屋檐下，一只在佛龛上。一天，旧庙的屋顶塌掉了，幸运的是，两只蜘蛛没有受伤，它们依然在自己的地盘上忙碌地编织起蜘蛛网。没过几天，佛龛上的蜘蛛发现自己的蜘蛛网总是被搞破。一只小鸟飞过，一阵小风刮起，都会让它忙着修上半天。它去问屋檐下的蜘蛛：“我们的丝没有区别，工作的地方也没有改变，为什么我的网总是会破，而你的却没事呢?”屋檐下的蜘蛛笑着说：“难道你没有发现我们头上的屋檐已经没有了吗?”

修网自然很重要，但了解网破的原因更重要。当面临不同的环境时，应根据环境的需要，做出相应的调整。短期资产管理就是这样，没有明确规定应当持有多少，持有的比例是多少，需要根据环境的不同进行调整。

资料来源：http://wenku.baidu.com/link?url=h3HyLvWqNxB8MeCYzBErNaoXJGXJO_pKKKD-SQ3i67zJ4tToQSXHaKCu4q6STRXtOAB6i_Z7JT_nDbH_ICwcw2a0Po-IDffZoYA246ibx5E7.

9.1　短期资产管理实验概述

短期资产管理政策主要解决短期资产的持有量问题，包括现金管理、应收账款管理和存货管理。短期资产过多，会增加公司的财务负担，影响公司的利润；相反，短期资产不足，则表明公司资金周转不灵，会影响公司的经营。因此合理配置短期资产需要量在财务管理中具有重要地位。公司在一定的生产周期内所需的比较合理的短期资产占用量，应是既能保证生产经营的正常需要，又无积压和浪费的占用量。

9.1.1　短期资产管理实验内容

短期资产管理实验的主要内容包括：

第一，短期资产管理。短期资产的持有量不同，对公司的风险和报酬所具有的影响也是不同的，因此必须对总短期资产的持有量进行管理，以做出风险和报酬的权衡。

第二，现金管理。现金管理过程就是在现金的流动性和收益性之间进行权衡选择的过程。

第三，应收账款管理。应收账款可以增加销售，减少存货，但是应收账款存在机会成本、管理成本和坏账成本。

第四，存货规划及控制。加强存货的规划和控制，使存货保持在最优水平，是财务管理的一项重要内容。

9.1.2　短期资产管理实验任务

根据短期资产管理实验的内容，本章的实验任务主要包括：

第一，完成短期资产管理模型的创建与应用实验；

第二，完成现金管理模型的创建与应用实验；

第三，完成应收账款管理模型的创建与应用实验；

第四，完成存货规划及控制模型的创建与应用实验。

9.1.3　短期资产管理实验平台

短期资产管理实验以 Excel 工作表为实验平台。尽管我们可以用手工计算的办法，来解决涉及现金管理、应收账款管理和存货管理的计算问题，但是这种计算问题是财务管理的经常性工作，在财务管理工作中计算工作量非常大。为了提高这类计算问题的工作效率，减轻财务管理专业人员的劳动强度，有必要借助 Excel 工作表创建短期资产管理、现金管理、应收账款管理和存货管理模型。

Excel 工作表能够解决财务管理的许多问题，不仅可以方便地编写公式，引用内置的函数，还可以调用分析工具，为我们创建各种财务管理模型提供了极大的便利。在本实验的模型构建过程中除了编写公式外，还涉及 SUM 函数、MIN 函数、VLOOKUP 函数、HLOOKUP 函数、ISTEXT 函数以及 IF 函数等。

9.2 短期资产管理实验

短期资产，又称流动资产，是指可以在一年内或超过一年的一个营业周期内变现或耗用的资产。短期资产具有占用时间短、周转快、易变现等特点，公司拥有较多的短期资产，可在一定程度上降低财务风险。但是短期资产过多，会增加公司的财务负担，影响公司的利润。因此，合理配置短期资产的持有量在公司的财务管理中具有重要的作用。公司在权衡确定短期资产的最优持有水平时，应当考虑风险和报酬、公司所处的行业、公司规模和外部筹资环境等。

短期资产管理实验主要涉及短期资产管理模型的创建与应用。

短期资产管理主要涉及的是短期资产政策对公司风险和报酬的影响。短期资产管理模型是关于资产组合对公司风险和报酬影响的一种分析模型。

【任务 9—1】

江海电器有限公司目前的资产组合与筹资组合如表 9—1 所示。

表 9—1　　江海电器有限公司资产组合与筹资组合　　单位：元

资产组合		筹资组合	
短期资产	40 000	短期资金	20 000
长期资产	60 000	长期资金	80 000
合计	100 000	合计	100 000

已知江海电器有限公司目前的年销售量为 1 000 件，销售收入为 150 000 元，实现净利润 15 000 元。现根据市场预测，公司未来每年可销售 1 200 件，销售收入为 180 000 元，实现净利润为 18 000 元。但要生产 1 200 件产品，必须追加 5 000元长期资产投资。

现江海电器有限公司决定，在资产总额不变的情况下，减少短期资产投资 5 000元，相应增加长期资产投资 5 000 元。假设筹资组合不变，那么，不同的资产组合对公司风险和报酬的影响如何计算？（资料来源：主教材第 285 页例 9—1，根据实验教学的需要资料有所修改，下同。）

为便于说明如何在 Excel 工作表中完成短期资产管理的任务，我们利用上述【任务 9—1】的资料并借助 Excel 工作表创建短期资产管理模型，然后根据短期资产管理模型计算出【任务 9—1】中有关短期资产管理问题。

在 Excel 工作表中，创建短期资产管理模型的步骤如下：

第一步，建立短期资产管理模型并录入数据

首先在 Excel 工作表中建立短期资产管理模型并将【任务 9—1】的短期资产管理相关数据录入。如图 9—1 所示。

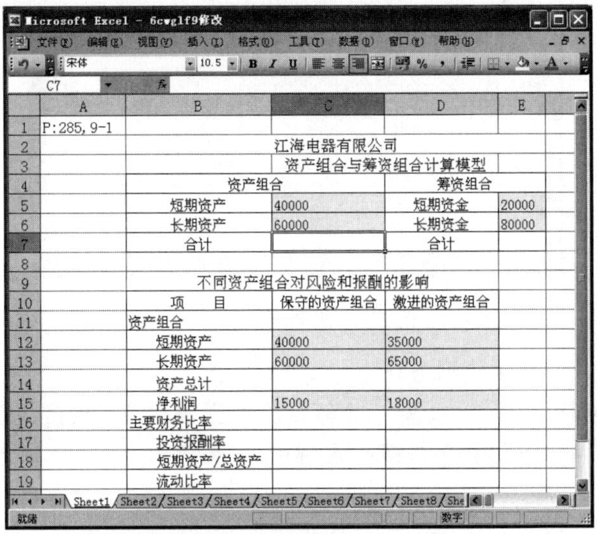

图 9—1

第二步，调用工具选项栏的“SUM”求和函数

用鼠标选中单元格 C7，然后点击工具选项栏的“∑”自动求和函数，在求和区域选择 C5:C6，按回车键得到保守资产组合的求和结果，本例为 100 000 元。如图 9—2 所示。

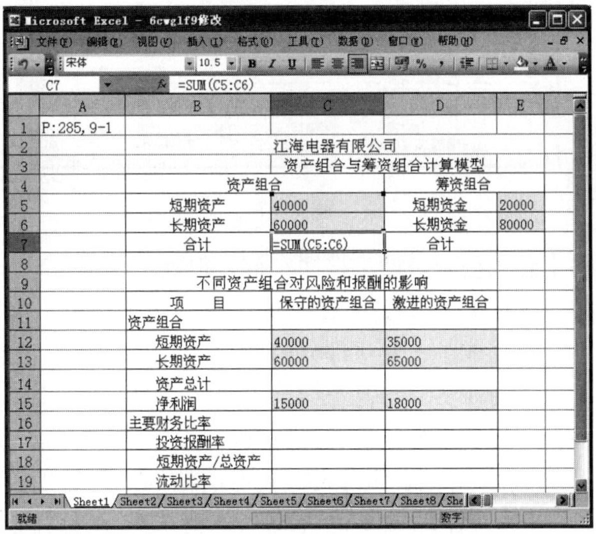

图 9—2

同理，可求得激进资产组合的求和结果，如图 9—3 所示。本例为 100 000 元。

Microsoft Excel - 6cwglf9修改

D14 =SUM(D12:D13)

	A	B	C	D	E
1	P:285,9-1				
2			江海电器有限公司		
3			资产组合与筹资组合计算模型		
4		资产组合		筹资组合	
5		短期资产	40000	短期资金	20000
6		长期资产	60000	长期资金	80000
7		合计	=SUM(C5:C6)	合计	=SUM(E5:E6)
8					
9		不同资产组合对风险和报酬的影响			
10		项　目	保守的资产组合	激进的资产组合	
11		资产组合			
12		短期资产	40000	35000	
13		长期资产	60000	65000	
14		资产总计	=SUM(C12:C13)	=SUM(D12:D13)	
15		净利润	15000	18000	
16		主要财务比率			
17		投资报酬率			
18		短期资产/总资产			
19		流动比率			

图 9—3

第三步，计算主要财务比率

投资报酬率＝净利润/资产总额；流动比率＝流动资产/流动负债，流动负债即筹资组合中的短期资金金额。如图 9—4 所示。

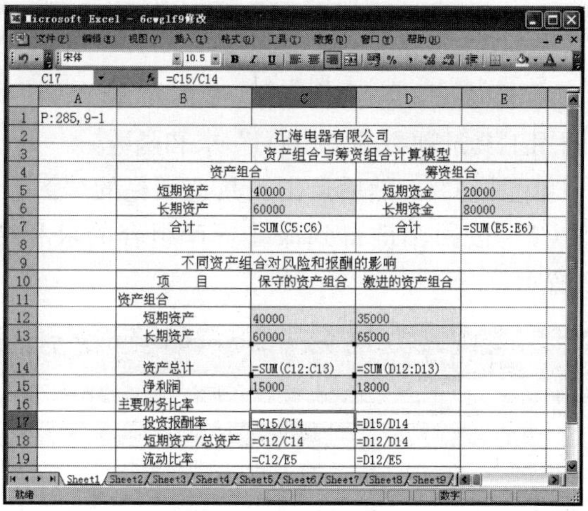

Microsoft Excel - 6cwglf9修改

C17 =C15/C14

	A	B	C	D	E
1	P:285,9-1				
2			江海电器有限公司		
3			资产组合与筹资组合计算模型		
4		资产组合		筹资组合	
5		短期资产	40000	短期资金	20000
6		长期资产	60000	长期资金	80000
7		合计	=SUM(C5:C6)	合计	=SUM(E5:E6)
8					
9		不同资产组合对风险和报酬的影响			
10		项　目	保守的资产组合	激进的资产组合	
11		资产组合			
12		短期资产	40000	35000	
13		长期资产	60000	65000	
14		资产总计	=SUM(C12:C13)	=SUM(D12:D13)	
15		净利润	15000	18000	
16		主要财务比率			
17		投资报酬率	=C15/C14	=D15/D14	
18		短期资产/总资产	=C12/C14	=D12/D14	
19		流动比率	=C12/E5	=D12/E5	

图 9—4

在单元格中录入公式，然后按回车键，得到各财务比率。如图 9—5 所示。

至此，按照【任务 9—1】所提供的资料，在 Excel 工作表中创建的短期资产管理模型就已经完成了。对这部分内容读者可以参考“实验系统”中“短期资产管理实验”项目下“实验示范”中第 1 个实验的屏幕录像。

通过短期资产管理模型我们可以看到，激进的投资组合能够使公司的投资报酬率由 15%上升到 18%，表明公司收益有所增加。但短期资产占总资产的比重从 40%下降到 35%，流动比率也由 2 下降到 1.75，表明公司财务风险随之增大。因此，公司在投资时必须在风险和报酬之间进行认真的权衡。借助短期资产管理模型进行假设分析，可以合理安排短期资产与长期资产之间的比例关系，为顺利实现公司的财务目标提供资料。

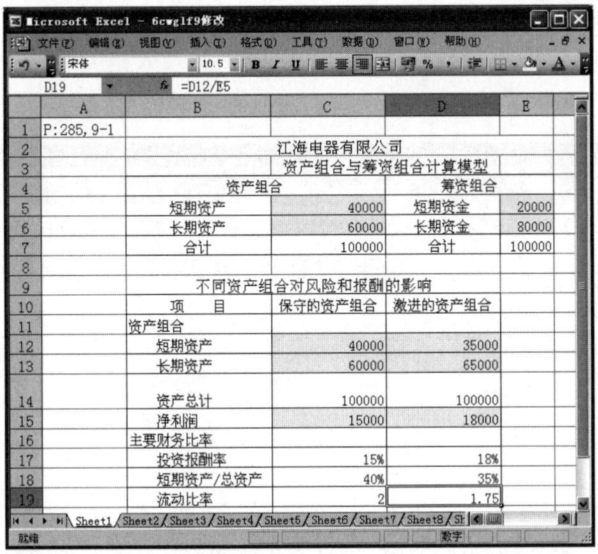

	A	B	C	D	E
1	P:285, 9-1				
2		江海电器有限公司			
3		资产组合与筹资组合计算模型			
4		资产组合		筹资组合	
5		短期资产	40000	短期资金	20000
6		长期资产	60000	长期资金	80000
7		合计	100000	合计	100000
8					
9		不同资产组合对风险和报酬的影响			
10		项　目	保守的资产组合	激进的资产组合	
11		资产组合			
12		短期资产	40000	35000	
13		长期资产	60000	65000	
14		资产总计	100000	100000	
15		净利润	15000	18000	
16		主要财务比率			
17		投资报酬率	15%	18%	
18		短期资产/总资产	40%	35%	
19		流动比率	2	1.75	

图 9—5

9.3　现金管理实验

现金是比较特殊的资产，一方面，其流动性最强，代表着公司直接的支付能力和应变能力；另一方面，其收益性最弱。现金管理的过程就是管理人员在现金的流动性与收益性之间进行权衡选择的过程，既要维持适度的流动性，又要尽可能提高其收益性。

9.3.1　现金预算模型

现金预算管理是现金管理的核心环节和方法。公司现金持有量不足或过多，都说明现金管理不力，所以，对现金的流入和流出进行有效设计和管理，使现金持有量接近最优水平，就显得尤为重要。为了使公司能够实现并保持已确定的最佳现金持有量水平，需要对未来可能的现金收支数量和时间进行预测，编制现金预算。现金预算模型主要涉及的是现金收支预算表的编制，包括收支预算法和调整净收益法。

9.3.1.1　收支预算法现金预算模型的创建

收支预算法现金预算模型是根据对公司现金收支差异，确定预算期内现金余缺的一种模型。

【任务 9—2】

使用收支预算法编制江海电器有限公司的现金收支预算表。（资料来源：主教材第 289 页例 9—2。）

在 Excel 工作表中，创建收支预算法现金预算模型的步骤如下：

第一步，建立收支预算法现金预算模型并录入相关的财务数据

如图 9—6 所示。

	A	B	C	D	E	F	G
1	P:289, 9-2						
2				江海电器有限公司现金收支预算法计算模型			单位:万元
3		现金收支项目	上月实际数	本月预算数	现金收支项目	上月实际数	本月预算数
4		现金收入			现金支出		
5		营业现金收入			营业现金支出		
6		现销和当月应收账款的收回		1000	材料采购支出		800
7		以前月份应收账款的收回		625	当月支付的采购材料支出		480
8		营业现金收入合计			本月付款的以前月份采购材料支出		320
9		其他现金收入			工资支出		160
10		固定资产变价收入		120	管理费用支出		128
11		利息收入		30	销售费用支出		128
12		租金收入		105	财务费用支出		64
13		股利收入		45	营业现金支出合计		
14		其他现金收入合计			其他现金支出		
15					厂房、设备投资支出		340
16					税款支出		85
17					利息支出		85
18					归还债务		100
19					股利支出		100
20					证券投资		130
21					其他现金支出合计		
22		现金收入合计			现金支出合计		
23		净现金流量					
24		现金收入减现金支出					
25		现金余缺					
26		期初现金余额		150			
27		净现金流量					
28		期末现金余额					
29		最佳现金余额		180			
30		现金富余或短缺					

图 9—6

第二步，录入相关公式，创建现金收支预算法计算模型

分别计算出营业现金收入合计、其他现金收入合计、现金收入合计、营业现金支出合计、其他现金支出合计、现金支出合计、净现金流量和现金富余或短缺等指标。其中净现金流量等于现金收入减去现金支出。如图 9—7 所示。

	A	B	C	D	E	F	G
1	P:289, 9-2						
2				江海电器有限公司现金收支预算法计算模型			单位:万元
3		现金收支项目	上月实际数	本月预算数	现金收支项目	上月实际数	本月预算数
4		现金收入			现金支出		
5		营业现金收入			营业现金支出		
6		现销和当月应收账款的收回		1000	材料采购支出		800
7		以前月份应收账款的收回		625	当月支付的采购材料支出		480
8		营业现金收入合计		=SUM(D6:D7)	本月付款的以前月份采购材料支出		320
9		其他现金收入			工资支出		160
10		固定资产变价收入		120	管理费用支出		128
11		利息收入		30	销售费用支出		128
12		租金收入		105	财务费用支出		64
13		股利收入		45	营业现金支出合计		=SUM(G6:G7)
14		其他现金收入合计		=SUM(D10:D13)	其他现金支出		
15					厂房、设备投资支出		340
16					税款支出		85
17					利息支出		85
18					归还债务		100
19					股利支出		100
20					证券投资		130
21					其他现金支出合计		=SUM(G15:G20)
22		现金收入合计		=D8+D14	现金支出合计		=G13+G21
23		净现金流量					
24		现金收入减现金支出		=D22-G22			
25		现金余缺					
26		期初现金余额		150			
27		净现金流量		=D24			
28		期末现金余额		=D26+D27			
29		最佳现金余额		180			
30		现金富余或短缺		=D28-D29			

图 9—7

依次输入公式并按回车键，求出现金收支预算法计算的各项指标。如图 9—8 所示。

Microsoft Excel - 6cwglf9修改

D30　=D28-D29

	B	C	D	E	F	G
1	P:289, 9-2					
2			江海电器有限公司现金收支预算法计算模型			单位：万元
3	现金收支项目	上月实际数	本月预算数	现金收支项目	上月实际数	本月预算数
4	现金收入			现金支出		
5	营业现金收入			营业现金支出		
6	现销和当月应收账款的收回		1000	材料采购支出		800
7	以前月份应收账款的收回		625	当月支付的采购材料支出		480
8	营业现金收入合计		1625	本月付款的以前月份采购材料支出		320
9	其他现金收入			工资支出		160
10	固定资产变价收入		120	管理费用支出		128
11	利息收入		30	销售费用支出		128
12	租金收入		105	财务费用支出		64
13	股利收入		45	营业现金支出合计		1280
14	其他现金收入合计		300	其他现金支出		
15				厂房、设备投资支出		340
16				税款支出		85
17				利息支出		85
18				归还债务		100
19				股利支出		100
20				证券投资		130
21				其他现金支出合计		840
22	现金收入合计		1925	现金支出合计		2120
23	净现金流量					
24	现金收入减现金支出		-195			
25	现金余缺					
26	期初现金余额		150			
27	净现金流量		-195			
28	期末现金余额		-45			
29	最佳现金余额		180			
30	现金富余或短缺		-225			

图 9—8

至此，按照【任务 9—2】所提供的资料，在 Excel 工作表中创建的现金收支预算法计算模型就已经完成了。对这部分内容读者可以参考“实验系统”中“短期资产管理实验”项目下“实验示范”中第 2 个实验的屏幕录像。

通过现金收支预算法计算模型，计算出公司预算期末将要发生现金短缺 225 万元，公司应当及时合理地筹措资金，防止由库存现金不足而导致的机会成本发生。公司在编制现金收支预算时，可以借助现金收支预算法计算模型进行假设分析，以便合理安排不同情况下的现金收支预算，提高公司的现金收支预算的质量。

9.3.1.2　调整净收益法现金预算模型的创建

调整净收益法现金预算模型是根据对公司净收益进行调整，确定预算期内现金余缺的一种模型。

【任务 9—3】

使用调整净收益法编制江海电器有限公司的现金收支预算表。（资料来源：主教材第 290 页例 9—3。）

在 Excel 工作表中，创建调整净收益法现金预算模型的步骤如下：

第一步，建立调整净收益法现金预算模型并录入相关的财务数据

如图 9—9 所示。

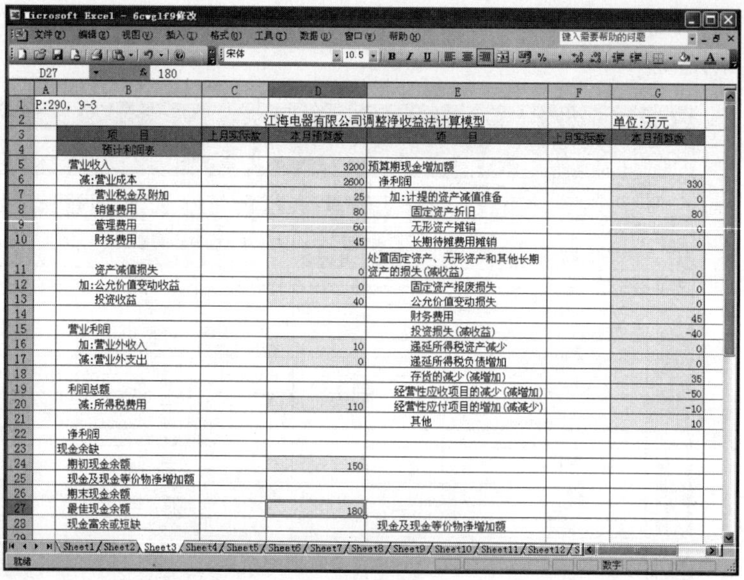

	A	B	C	D	E	F	G
1	P:290, 9-3						
2				江海电器有限公司调整净收益法计算模型			单位:万元
3		项目	上月实际数	本月预算数	项目	上月实际数	本月预算数
4		预计利润表					
5		营业收入		3200	预算期现金增加额		
6		减:营业成本		2600	净利润		330
7		营业税金及附加		25	加:计提的资产减值准备		0
8		销售费用		80	固定资产折旧		80
9		管理费用		60	无形资产摊销		0
10		财务费用		45	长期待摊费用摊销		0
11		资产减值损失		0	处置固定资产、无形资产和其他长期资产的损失(减收益)		0
12		加:公允价值变动收益		0	固定资产报废损失		0
13		投资收益		40	公允价值变动损失		0
14					财务费用		45
15		营业利润			投资损失(减收益)		-40
16		加:营业外收入		10	递延所得税资产减少		0
17		减:营业外支出		0	递延所得税负债增加		0
18					存货的减少(减增加)		35
19		利润总额			经营性应收项目的减少(减增加)		-50
20		减:所得税费用		110	经营性应付项目的增加(减减少)		-10
21					其他		10
22		净利润					
23		现金余缺					
24		期初现金余额		150			
25		现金及现金等价物净增加额					
26		期末现金余额					
27		最佳现金余额		180			
28		现金富余或短缺			现金及现金等价物净增加额		

图 9—9

第二步，录入相关计算公式，创建调整净收益法计算模型

分别求出营业利润、利润总额、净利润、现金及现金等价物净增加额、期末现金余额和现金富余或短缺等指标。如图 9—10 所示。

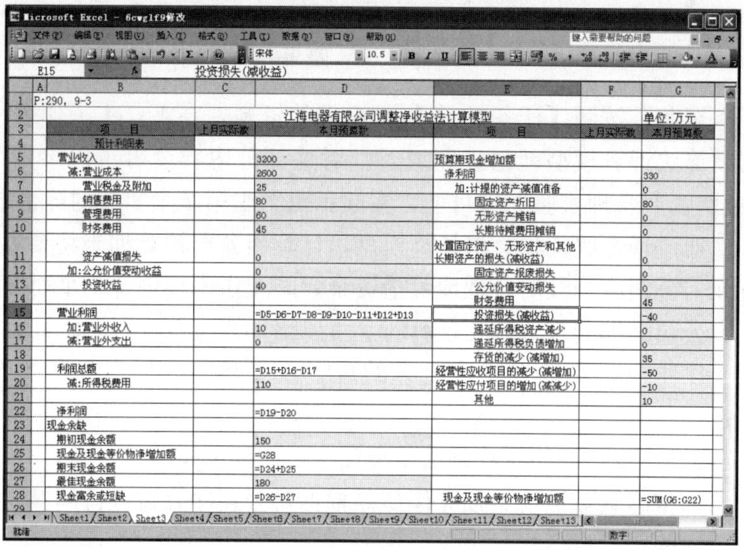

	A	B	C	D	E	F	G
1	P:290, 9-3						
2				江海电器有限公司调整净收益法计算模型			单位:万元
3		项目	上月实际数	本月预算数	项目	上月实际数	本月预算数
4		预计利润表					
5		营业收入		3200	预算期现金增加额		
6		减:营业成本		2600	净利润		330
7		营业税金及附加		25	加:计提的资产减值准备		0
8		销售费用		80	固定资产折旧		80
9		管理费用		60	无形资产摊销		0
10		财务费用		45	长期待摊费用摊销		0
11		资产减值损失		0	处置固定资产、无形资产和其他长期资产的损失(减收益)		0
12		加:公允价值变动收益		0	固定资产报废损失		0
13		投资收益		40	公允价值变动损失		0
14					财务费用		45
15		营业利润		=D5-D6-D7-D8-D9-D10-D11+D12+D13	投资损失(减收益)		-40
16		加:营业外收入		10	递延所得税资产减少		0
17		减:营业外支出		0	递延所得税负债增加		0
18					存货的减少(减增加)		35
19		利润总额		=D15+D16-D17	经营性应收项目的减少(减增加)		-50
20		减:所得税费用		110	经营性应付项目的增加(减减少)		-10
21					其他		10
22		净利润		=D19-D20			
23		现金余缺					
24		期初现金余额		150			
25		现金及现金等价物净增加额		=G28			
26		期末现金余额		=D24+D25			
27		最佳现金余额		180			
28		现金富余或短缺		=D26-D27	现金及现金等价物净增加额		=SUM(G6:G22)

图 9—10

依次输入公式并按回车键，求得调整净收益法计算的各项指标。如图 9—11 所示。

至此，按照【任务 9—3】所提供的资料，在 Excel 工作表中创建的调整净收益法计算模型就已经完成了。对这部分内容读者可以参考“实验系统”中“短期资产管理实验”项目下“实验示范”中第 3 个实验的屏幕录像。

项目	上月实际数	本月预算数	项目	上月实际数	本月预算数
P:290, 9-3					
江海电器有限公司调整净收益法计算模型					单位：万元
预计利润表					
营业收入		3200	预算期现金增加额		
减：营业成本		2600	净利润		330
营业税金及附加		25	加：计提的资产减值准备		0
销售费用		80	固定资产折旧		80
管理费用		60	无形资产摊销		0
财务费用		45	长期待摊费用摊销		0
资产减值损失		0	处置固定资产、无形资产和其他长期资产的损失（减收益）		0
加：公允价值变动收益		0	固定资产报废损失		0
投资收益		40	公允价值变动损失		0
			财务费用		45
营业利润		430	投资损失（减收益）		-40
加：营业外收入		10	递延所得税资产减少		0
减：营业外支出		0	递延所得税负债增加		0
			存货的减少（减增加）		35
利润总额		440	经营性应收项目的减少（减增加）		-50
减：所得税费用		110	经营性应付项目的增加（减减少）		-10
			其他		10
净利润		330			
现金余缺					
期初现金余额		150			
现金及现金等价物净增加额		400			
期末现金余额		550			
最佳现金余额		180			
现金富余或短缺		370	现金及现金等价物净增加额		400

图 9—11

通过调整净收益法计算模型，计算出公司有 370 万元的富余现金，公司管理层可以考虑将其投资于适当的项目，获取更多的收益。

9.3.2　现金持有量决策模型

现金持有量决策模型主要包括成本分析模型、存货模型以及米勒-欧尔模型。

9.3.2.1　成本分析模型

现金持有量成本分析模型是根据现金有关成本，分析预测其总成本最低时现金持有量的一种模型。

【任务 9—4】

江海电器有限公司现有 A，B，C，D 四种现金持有方案，有关成本资料如表 9—2 所示。

表 9—2　　江海电器有限公司备选现金持有方案　　单位：万元

项目	方案 A	方案 B	方案 C	方案 D
现金持有量	100	200	300	400
机会成本率	12%	12%	12%	12%
短缺成本	50	30	10	0

根据表 9—2 计算江海电器有限公司的现金最佳持有量。（资料来源：主教材第 292 页例 9—4。）

在 Excel 工作表中，创建现金最佳持有量成本分析模型的步骤如下：

第一步，建立成本分析模型并录入数据

首先在 Excel 工作表中创建现金最佳持有量的成本分析模型并将【任务 9—

4】的成本分析相关数据录入。如图 9—12 所示。

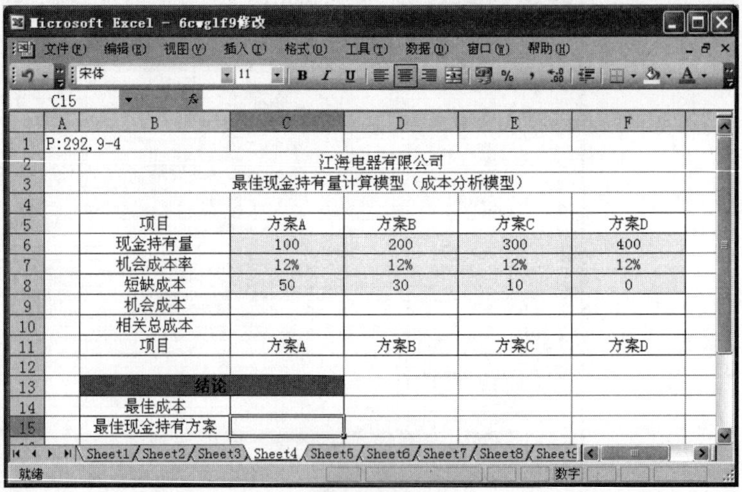

	A	B	C	D	E	F
1	P:292, 9-4					
2		江海电器有限公司				
3		最佳现金持有量计算模型（成本分析模型）				
4						
5		项目	方案A	方案B	方案C	方案D
6		现金持有量	100	200	300	400
7		机会成本率	12%	12%	12%	12%
8		短缺成本	50	30	10	0
9		机会成本				
10		相关总成本				
11		项目	方案A	方案B	方案C	方案D
12						
13		结论				
14		最佳成本				
15		最佳现金持有方案				

图 9—12

第二步，计算各方案的机会成本和总成本

根据机会成本等于现金持有量乘以机会成本率，求出各方案对应的机会成本，进而根据总成本等于短缺成本加上机会成本，求出各方案对应的总成本。如图 9—13 所示。

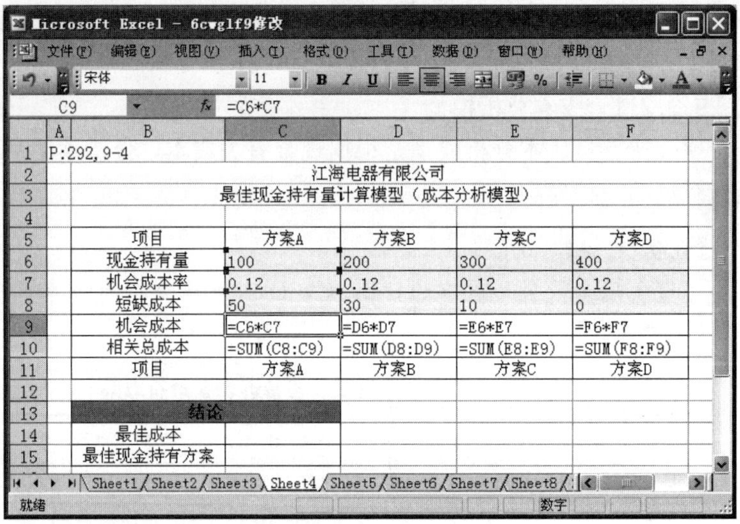

	A	B	C	D	E	F
1	P:292, 9-4					
2		江海电器有限公司				
3		最佳现金持有量计算模型（成本分析模型）				
4						
5		项目	方案A	方案B	方案C	方案D
6		现金持有量	100	200	300	400
7		机会成本率	0.12	0.12	0.12	0.12
8		短缺成本	50	30	10	0
9		机会成本	=C6*C7	=D6*D7	=E6*E7	=F6*F7
10		相关总成本	=SUM(C8:C9)	=SUM(D8:D9)	=SUM(E8:E9)	=SUM(F8:F9)
11		项目	方案A	方案B	方案C	方案D
12						
13		结论				
14		最佳成本				
15		最佳现金持有方案				

图 9—13

录入公式并按回车键，得到各方案的机会成本和总成本。如图 9—14 所示。

第三步，确定成本最小的方案

利用 MIN 函数，求出最小的成本为最佳成本。点击单元格 C14，然后选择菜单栏中的“插入”，选择“函数”，选择“MIN”函数。使用“MIN”函数，对相关总成本求最小值，数值区域选 C10：F10，然后点击“确定”按钮，得到成本的最小值 46。如图 9—15 所示。

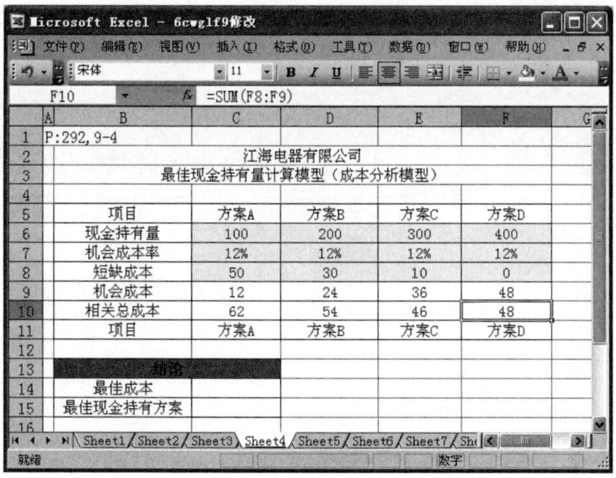

图 9—14

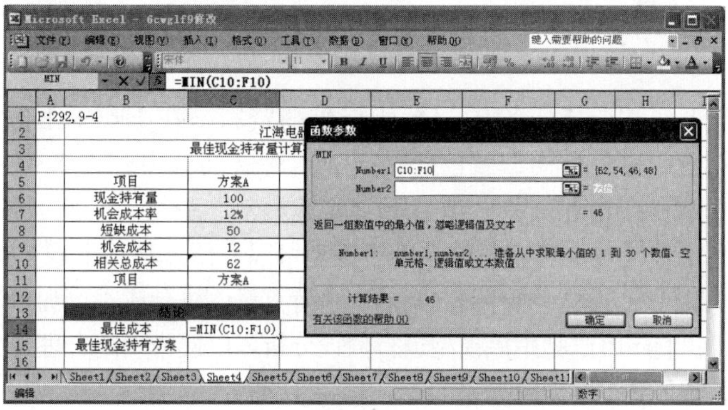

图 9—15

第四步，标识出最佳现金持有方案

成本最小的方案，即为最佳现金持有方案。利用 HLOOKUP 函数，标识出最佳现金持有方案。点击单元格 C15，然后选择菜单栏中的“插入”，选择“函数”，选择“HLOOKUP”函数。使用“HLOOKUP”函数，输出最佳现金持有方案。查找的值为 C14，数值区域选 C10：F11，行数为 2。如图 9—16 所示。

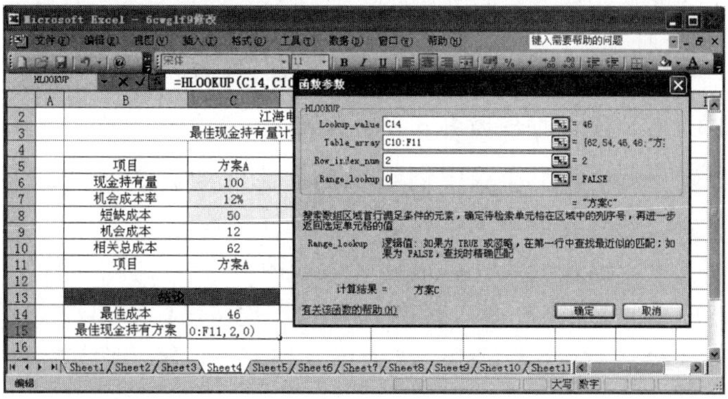

图 9—16

然后点击“确定”按钮，标识出最佳现金持有方案。本例最佳现金持有方案是方案 C。如图 9—17 所示。

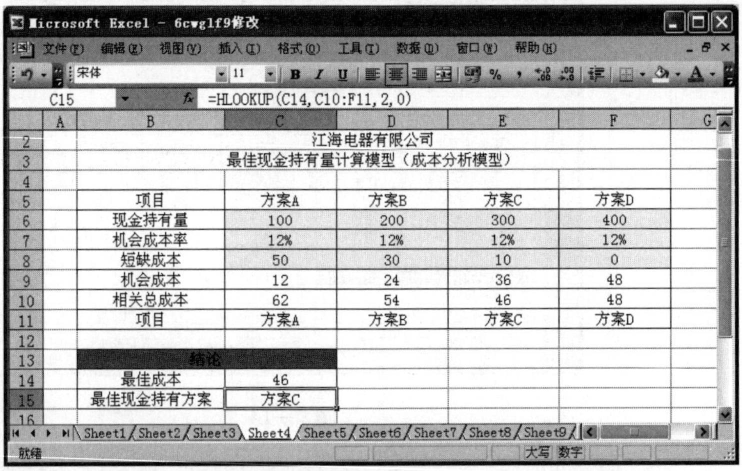

江海电器有限公司				
最佳现金持有量计算模型（成本分析模型）				
项目	方案A	方案B	方案C	方案D
现金持有量	100	200	300	400
机会成本率	12%	12%	12%	12%
短缺成本	50	30	10	0
机会成本	12	24	36	48
相关总成本	62	54	46	48
项目	方案A	方案B	方案C	方案D
结论				
最佳成本	46			
最佳现金持有方案	方案C			

图 9—17

至此，按照【任务 9—4】所提供的资料，在 Excel 工作表中创建的最佳现金持有量成本分析模型就已经完成了。对这部分内容读者可以参考“实验系统”中“短期资产管理实验”项目下“实验示范”中第 4 个实验的屏幕录像。

利用最佳现金持有量成本分析模型可以方便地从若干现金持有量方案中找到持有成本最低的方案。当有关方案的现金持有量、机会成本率和短期成本等条件发生变化时，我们还可以利用该模型进行假设分析，以便为确定合理现金持有量提供资料。

9.3.2.2 存货模型

持有现金资产的总成本包括两个方面：一方面是持有成本，即机会成本；另一方面是转换成本，即交易成本。两种成本合计最小状况下的现金持有量就是最佳的现金持有量。现金持有量存货模型是根据确定经济批量的原理分析预测公司最佳现金持有量的一种模型。

【任务 9—5】

江海电器有限公司预计全年需要现金 150 000 元，现金与有价证券的转换成本为每次 200 元，有价证券的利息率为 15%。求江海电器有限公司的最佳现金余额。(资料来源：主教材第 294 页例 9—5。)

在 Excel 工作表中，创建存货模型的步骤如下：

第一步，建立存货模型并录入数据

首先在 Excel 工作表中创建现金最佳持有量存货模型并将【任务 9—5】的存货模型的相关数据录入。如图 9—18 所示。

第二步，输入公式计算最佳现金余额

选中单元格 C8，输入函数“= (2 * C5 * C7/C6) ^ (1/2)”；选中单元格 C9，输入公式“=C5/C8”；选中单元格 C10，输入公式“=C7 * C9”；选中单元格 C11，输入公式“=C8 * C6/2”；选中单元格 C12，输入函数“=SUM (C10：C11)”。如图 9—19 所示。

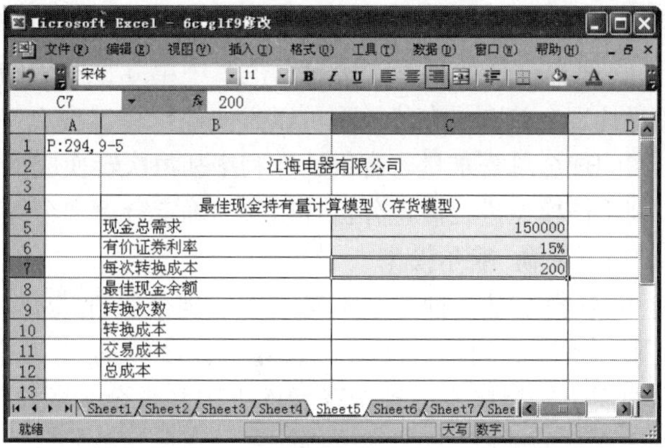

图 9—18

图 9—19

按回车键，得到计算结果。即如果公司全年将有价证券转换为现金的次数为 7.5 次，共需承担的转换成本和持有成本各为 1 500 元，总成本为 3 000 元。最佳现金持有量为 20 000 元。如图 9—20 所示。

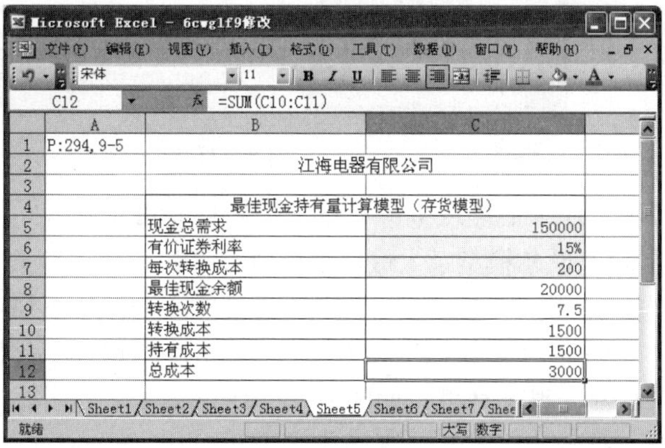

图 9—20

至此，按照【任务 9—5】所提供的资料，在 Excel 工作表中创建的最佳现金持有量存货模型就已经完成了。对这部分内容读者可以参考“实验系统”中“短期资产管理实验”项目下“实验示范”中第 5 个实验的屏幕录像。

利用最佳现金持有量存货模型可以方便地计算出现金持有量成本最低的方案。当有关方案的现金总需求量、有价证券利率和每次转换成本等条件发生变化时，我们还可以利用该模型进行假设分析，以便为确定合理现金持有量提供资料。

9.3.2.3 米勒-欧尔模型

米勒-欧尔模型是一种基于不确定性的现金管理模型。模型假设公司的现金余额在上限与下限之间随机波动。米勒-欧尔模型是根据有价证券日利率、每次有价证券的固定转换成本、现金存量的下限和现金余额波动的标准差等条件确定最佳现金持有量的模型。

【任务 9—6】

江海电器有限公司的日现金余额标准差为 5 000 元，每次证券交易的成本为 500 元，有价证券的日收益率为 0.06%，公司每日最低现金需要量为 0。江海电器有限公司的现金最佳持有量和持有量上限分别为多少？（资料来源：主教材第 295 页例 9—6。）

在 Excel 工作表中，创建米勒-欧尔模型的步骤如下：

第一步，建立米勒-欧尔模型并录入数据

首先在 Excel 工作表中创建米勒-欧尔模型并将【任务 9—6】的相关数据录入工作表。如图 9—21 所示。

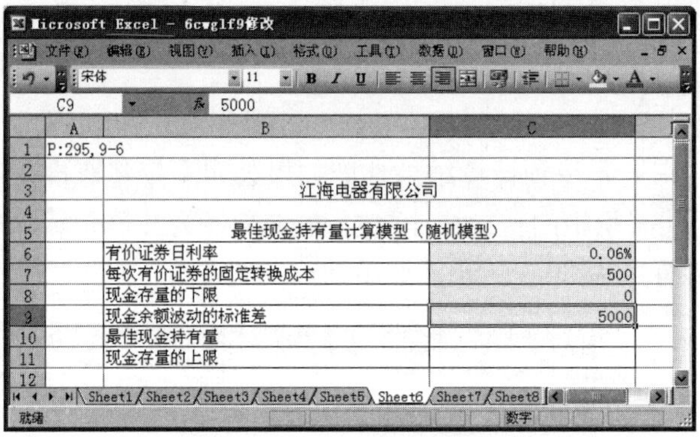

图 9—21

第二步，计算最佳现金持有量和现金持有量上限

根据米勒-欧尔模型录入最佳现金持有量和现金持有量上限的公式。选中单元格 C10，输入公式“=C8+ (3＊C7＊C9^2/ (4＊C6)) ^ (1/3)”；选中单元格 C11，输入公式“=C8+3＊(3＊C7＊C9^2/ (4＊C6)) ^ (1/3)”。如图 9—22 所示。

按回车键，得到结果。如图 9—23 所示。

至此，按照【任务 9—6】所提供的资料，在 Excel 工作表中创建的最佳现金持有量的米勒-欧尔模型就已经完成了。对这部分内容读者可以参考“实验系统”中“短期资产管理实验”项目下“实验示范”中第 6 个实验的屏幕录像。

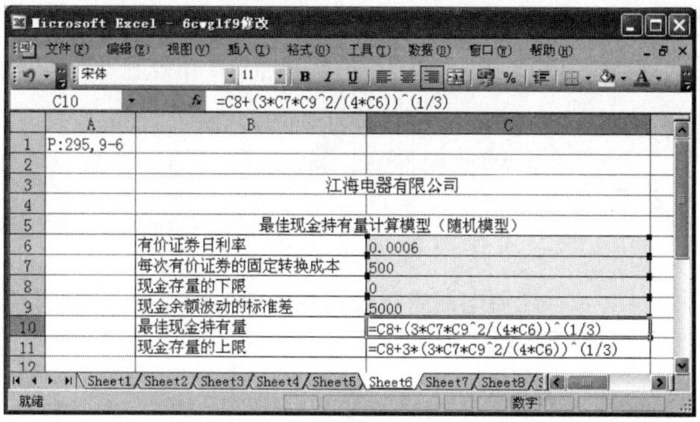

图 9—22

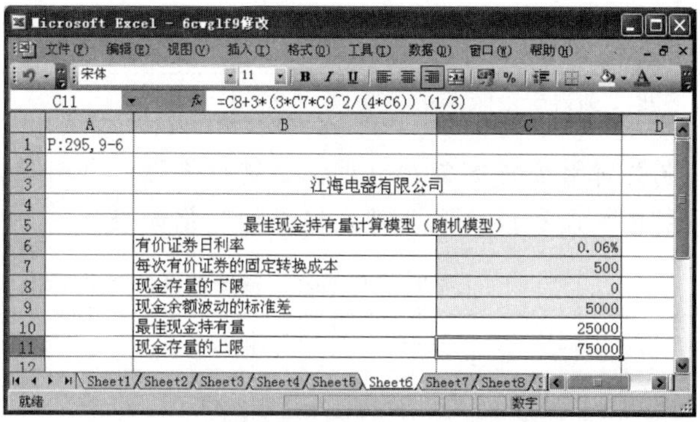

图 9—23

利用最佳现金持有量米勒-欧尔模型可以方便地计算出最佳现金持有量和现金持有量上限。当有关方案的有价证券日利率、每次有价证券的固定转换成本、现金存量的下限和现金余额波动的标准差等条件发生变化时，我们还可以利用该模型进行假设分析，以便为确定合理现金持有量提供资料。

9.4　应收账款管理实验

应收账款是公司短期资产的一个重要项目。在高度集中的市场经济体制下，应收账款在短期资产中所占比重不大，不是管理重点。近年来，随着市场经济的发展、商业信用的推行，公司应收账款数额明显增多，已成为短期资产管理中一个日益重要的问题。

9.4.1　应收账款政策模型

应收账款政策又称信用政策，是公司财务政策的一个重要组成部分。公司要管好、用好应收账款，必须事先制定合理的信用政策，主要包括信用标准、信用条件和收账政策三部分。

9.4.1.1 应收账款信用标准模型

信用标准模型根据销售收入、收账期限和坏账损失率等条件的变化计算对公司净收益影响的模型。

【任务 9—7】

江海电器有限公司在当前信用政策下的经营情况如表 9—3 所示。

表 9—3　江海电器有限公司在当前信用政策下的经营情况

项目	数据
销售收入（元）	100 000
销售利润率（%）	20
平均收现期（天）	45
平均坏账损失率（%）	6
应收账款占用资金的机会成本率（%）	15

江海电器有限公司准备对信用标准进行修订，提出 A，B 两个方案。预计两个方案下销售收入和应收账款可能发生的变化如表 9—4 所示。

表 9—4　江海电器有限公司备选的两种信用标准

项目	方案 A（较紧的信用标准）	方案 B（较松的信用标准）
销售收入	减少 10 000 元	增加 15 000 元
收现期	销售收入减少部分的平均收现期为 90 天，剩余 90 000 元的平均收现期降为 40 天	销售收入增加部分的平均收现期为 75 天，原 100 000 元的平均收现期仍为 45 天
坏账损失率	销售收入减少部分的坏账损失率为 8.7%，剩余 90 000 元的平均坏账损失率降为 5.7%	销售收入增加部分的坏账损失率为 12%，原 100 000 元的平均坏账损失率仍为 6%

为了评价备选的两种信用标准的优劣，必须计算两个方案各自将产生的收益和成本，并对两个方案所能产生的净收益进行比较。分别对两个方案进行测算。（资料来源：主教材第 301 页例 9—7。）

在 Excel 工作表中，创建信用标准模型的步骤如下：

第一步，建立信用标准模型并录入数据

如图 9—24 所示。

第二步，录入公式，计算信用政策变化对净收益的影响

计算当前信用政策的净收益。选中单元格 C21，输入公式“=C12 * C5”；选中单元格 C22，输入公式“=C14 * C15/C9 * C8”；选中单元格 C23，输入公式“=C14 * C17”；选中单元格 C24，输入公式“=C21－C22－C23”。同理，我们可以计算信用政策方案 A 和方案 B 的净收益。如图 9—25 所示。

按回车键，就可以得到当前信用政策、信用政策方案 A 和方案 B 的净收益。如图 9—26 所示。

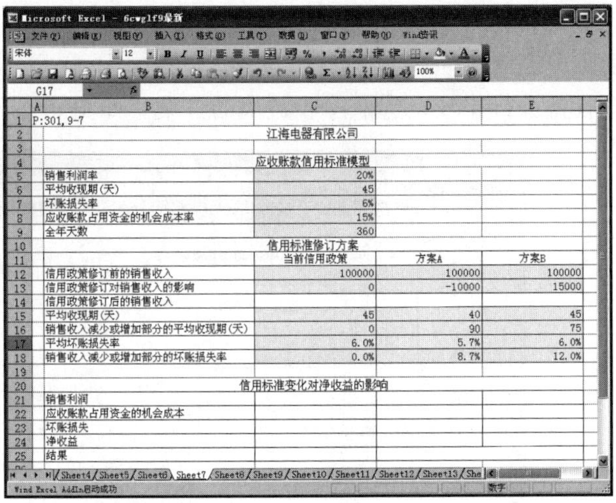

	A	B	C	D	E
1	P:301, 9-7				
2			江海电器有限公司		
3					
4			应收账款信用标准模型		
5		销售利润率	20%		
6		平均收现期(天)	45		
7		坏账损失率	6%		
8		应收账款占用资金的机会成本率	15%		
9		全年天数	360		
10			信用标准修订方案		
11			当前信用政策	方案A	方案B
12		信用政策修订前的销售收入	100000	100000	100000
13		信用政策修订对销售收入的影响	0	-10000	15000
14		信用政策修订后的销售收入			
15		平均收现期(天)	45	40	45
16		销售收入减少或增加部分的平均收现期(天)	0	90	75
17		平均坏账损失率	6.0%	5.7%	6.0%
18		销售收入减少或增加部分的坏账损失率	0.0%	8.7%	12.0%
19					
20			信用标准变化对净收益的影响		
21		销售利润			
22		应收账款占用资金的机会成本			
23		坏账损失			
24		净收益			
25		结果			

图 9—24

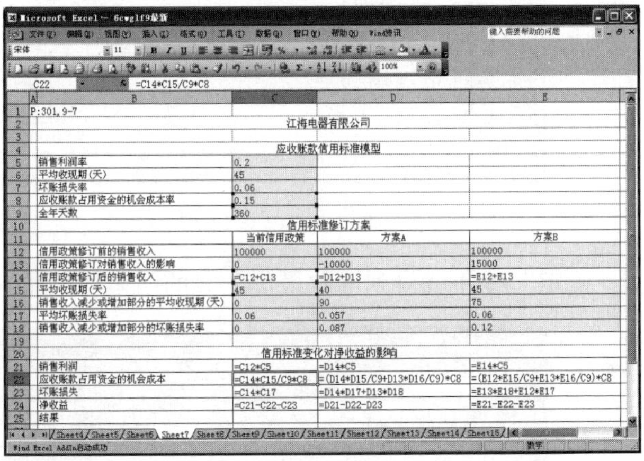

C22　=C14*C15/C9*C8

	A	B	C	D	E
1	P:301, 9-7				
2			江海电器有限公司		
3					
4			应收账款信用标准模型		
5		销售利润率	0.2		
6		平均收现期(天)	45		
7		坏账损失率	0.06		
8		应收账款占用资金的机会成本率	0.15		
9		全年天数	360		
10			信用标准修订方案		
11			当前信用政策	方案A	方案B
12		信用政策修订前的销售收入	100000	100000	100000
13		信用政策修订对销售收入的影响	0	-10000	15000
14		信用政策修订后的销售收入	=C12+C13	=D12+D13	=E12+E13
15		平均收现期(天)	45	40	45
16		销售收入减少或增加部分的平均收现期(天)	0	90	75
17		平均坏账损失率	0.06	0.057	0.06
18		销售收入减少或增加部分的坏账损失率	0	0.087	0.12
19					
20			信用标准变化对净收益的影响		
21		销售利润	=C12*C5	=D14*C5	=E14*C5
22		应收账款占用资金的机会成本	=C14*C15/C9*C8	=(D14*D15/C9+D13*D16/C9)*C8	=(E12*E15/C9+E13*E16/C9)*C8
23		坏账损失	=C14*C17	=D14*D17+D13*D18	=E13*E18+E12*E17
24		净收益	=C21-C22-C23	=D21-D22-D23	=E21-E22-E23
25		结果			

图 9—25

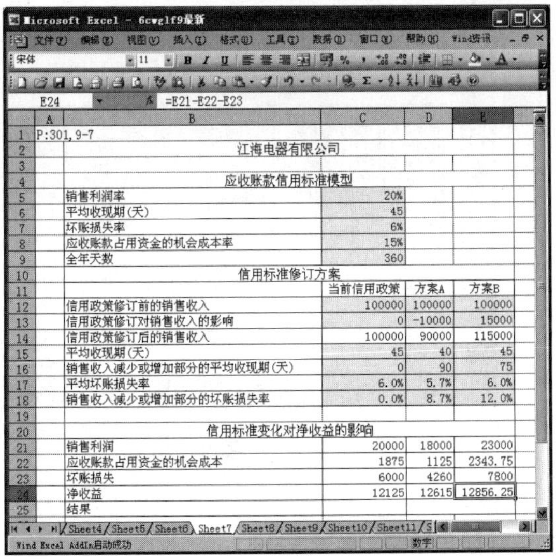

E24　=E21-E22-E23

	A	B	C	D	E
1	P:301, 9-7				
2			江海电器有限公司		
3					
4			应收账款信用标准模型		
5		销售利润率	20%		
6		平均收现期(天)	45		
7		坏账损失率	6%		
8		应收账款占用资金的机会成本率	15%		
9		全年天数	360		
10			信用标准修订方案		
11			当前信用政策	方案A	方案B
12		信用政策修订前的销售收入	100000	100000	100000
13		信用政策修订对销售收入的影响	0	-10000	15000
14		信用政策修订后的销售收入	100000	90000	115000
15		平均收现期(天)	45	40	45
16		销售收入减少或增加部分的平均收现期(天)	0	90	75
17		平均坏账损失率	6.0%	5.7%	6.0%
18		销售收入减少或增加部分的坏账损失率	0.0%	8.7%	12.0%
19					
20			信用标准变化对净收益的影响		
21		销售利润	20000	18000	23000
22		应收账款占用资金的机会成本	1875	1125	2343.75
23		坏账损失	6000	4260	7800
24		净收益	12125	12615	12856.25
25		结果			

图 9—26

第三步，利用 IF 函数，选取最优方案

点击菜单栏的“插入”，点击“函数”，选择 IF 函数。选取的标准是将两个方案的净收益进行比较，选取净收益大的方案。如图 9—27 所示。

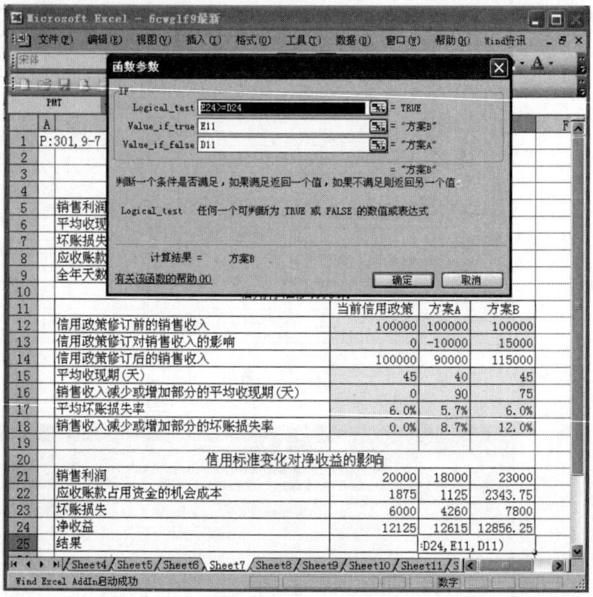

图 9—27

点击“确定”按钮就得到选取最优方案的结果，如图 9—28 所示。

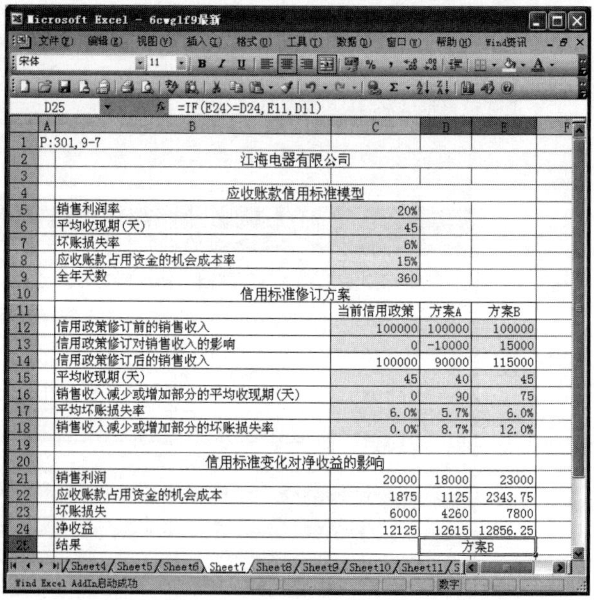

图 9—28

以上计算表明，采用较宽松的信用标准，即方案 B，能使公司获得较多的净收益，因此应当采用方案 B。

至此，按照【任务 9—7】所提供的资料，在 Excel 工作表中创建的应收账款信用标准模型就已经完成了。对这部分内容读者可以参考“实验系统”中“短期资产管理实验”项目下“实验示范”中第 7 个实验的屏幕录像。

利用应收账款信用标准模型可以方便地计算不同信用标准方案对净收益的影响。当有关方案的信用标准发生变化时，我们还可以利用该模型进行假设分析，以便为公司确定最优的信用标准提供资料。

9.4.1.2　信用条件模型

信用条件是指公司要求顾客支付赊销款项的条件，包括信用期限、折扣期限和现金折扣。信用条件模型是根据信用期限、折扣期限和现金折扣的变化计算对公司净收益的影响的模型。

【任务 9—8】

以表 9—3 中的江海电器有限公司的经营情况为例，设江海电器有限公司要改变信用条件，可供选择的 A，B 两种方案详见表 9—5。

表 9—5　　江海电器有限公司备选的两种信用条件下的有关资料

项目	A 方案	B 方案
信用条件	n/45	2/10，n/30
销售收入	增加 80 000 元	增加 30 000 元
平均收现期	60 天	30 天
坏账损失率	全部销售收入的平均坏账损失率为 8%	全部销售收入的平均坏账损失率为 4%
折扣收入百分比	需付现金折扣的销售收入占总销售收入的百分比为 0	需付现金折扣的销售收入占总销售收入的百分比为 50%

根据表 9—3 和表 9—5 的有关资料，分别测算两种信用条件对销售利润和各种成本的影响。(资料来源：主教材第 303 页例 9—8。)

在 Excel 工作表中，创建信用条件模型的步骤如下：

第一步，建立信用条件模型并录入数据

首先在 Excel 工作表中创建信用条件模型并录入【任务 9—8】中的相关数据。如图 9—29 所示。

第二步：分别计算 A 方案和 B 方案的信用条件变化对净收益的影响

计算 A 方案信用条件变化对净收益的影响。选中单元格 C18，输入公式“=C8＊C12”；选中单元格 C19，输入公式“=(C13＊(C9−C16)+C8＊C9)＊C14/360”；选中单元格 C20，输入公式“=(C13+C8)＊C11＊C7”；选中单元格 C21，输入公式“=C8＊C10+C13＊(C10−C15)”；选中单元格 C22，输入公式“=C17−C18−C19−C20”。同理，输入公式计算出 B 方案信用条件变化对净收益的影响。如图 9—30 所示。

	A	B	C	D
1	P:			
2			江海电器有限公司	
3				
4			应收账款信用条件模型	
5			方案A	方案B
6		信用条件	n/45	2/10,n/30
7		折扣期限内折扣率	0	0.02
8		增加销售收入	80000	30000
9		修订后平均收现期(天)	60	30
10		坏账损失率	0.08	0.04
11		现金折扣销售百分比	0	0.5
12		销售利润率	0.2	0.2
13		销售收入	100000	100000
14		应收账款占用资金的机会成本率	0.15	0.15
15		原平均坏账损失率	0.06	0.06
16		原平均收现期(天)	45	45
17			信用标准变化对净收益的影响	
18		销售利润		
19		应收账款机会成本		
20		现金折扣		
21		坏账损失		
22		净收益		
23		结果		

图 9—29

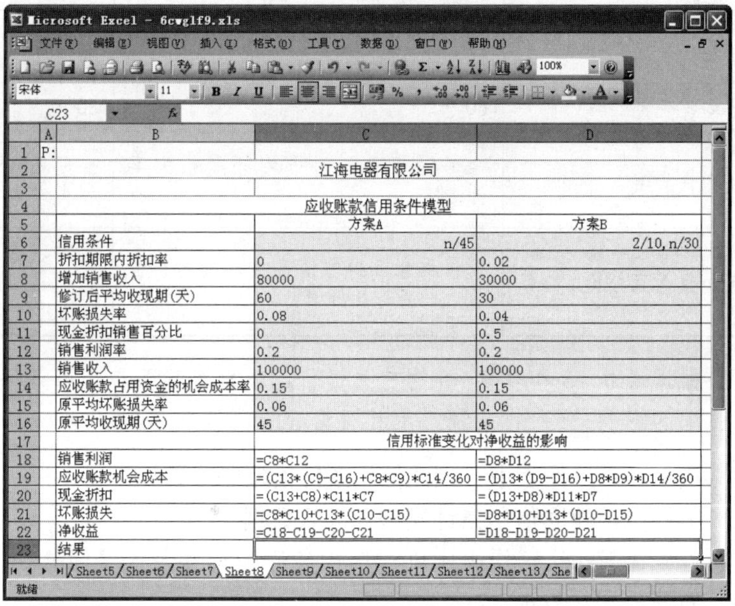

	A	B	C	D
1	P:			
2			江海电器有限公司	
3				
4			应收账款信用条件模型	
5			方案A	方案B
6		信用条件	n/45	2/10,n/30
7		折扣期限内折扣率	0	0.02
8		增加销售收入	80000	30000
9		修订后平均收现期(天)	60	30
10		坏账损失率	0.08	0.04
11		现金折扣销售百分比	0	0.5
12		销售利润率	0.2	0.2
13		销售收入	100000	100000
14		应收账款占用资金的机会成本率	0.15	0.15
15		原平均坏账损失率	0.06	0.06
16		原平均收现期(天)	45	45
17			信用标准变化对净收益的影响	
18		销售利润	=C8*C12	=D8*D12
19		应收账款机会成本	=(C13*(C9-C16)+C8*C9)*C14/360	=(D13*(D9-D16)+D8*D9)*D14/360
20		现金折扣	=(C13+C8)*C11*C7	=(D13+D8)*D11*D7
21		坏账损失	=C8*C10+C13*(C10-C15)	=D8*D10+D13*(D10-D15)
22		净收益	=C18-C19-C20-C21	=D18-D19-D20-D21
23		结果		

图 9—30

按回车键，得到 A 方案和 B 方案的信用条件变化对净收益影响的结果。如图 9—31 所示。

第三步，选择方案

利用 IF 函数，输出最优方案。点击菜单栏的“插入”，点击“函数”，选择 IF 函数。选取的标准是将两个方案的净收益进行比较，选取净收益大的方案。如图 9—32 所示。

点击“确定”按钮后，就得到计算结果。从计算结果可以看出，采用方案 B

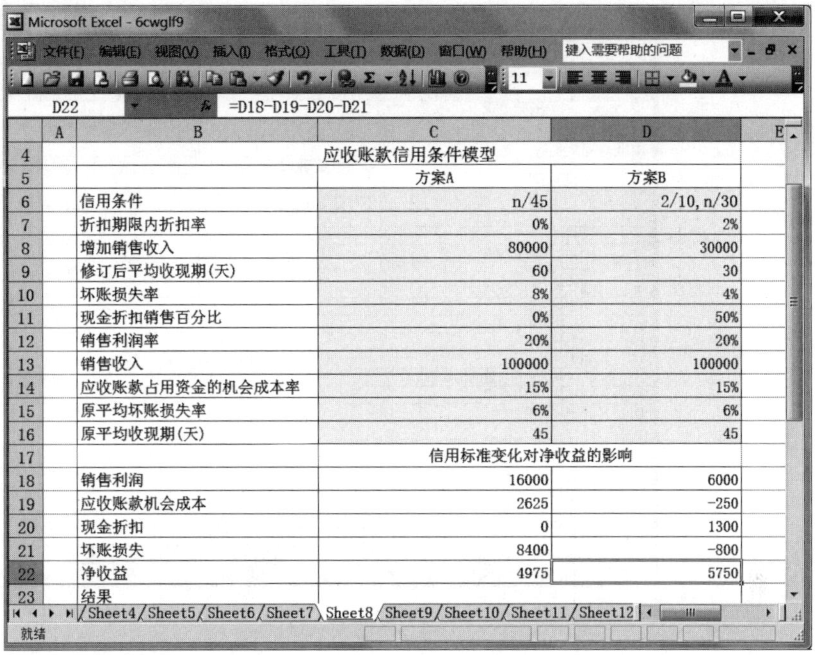

图 9—31

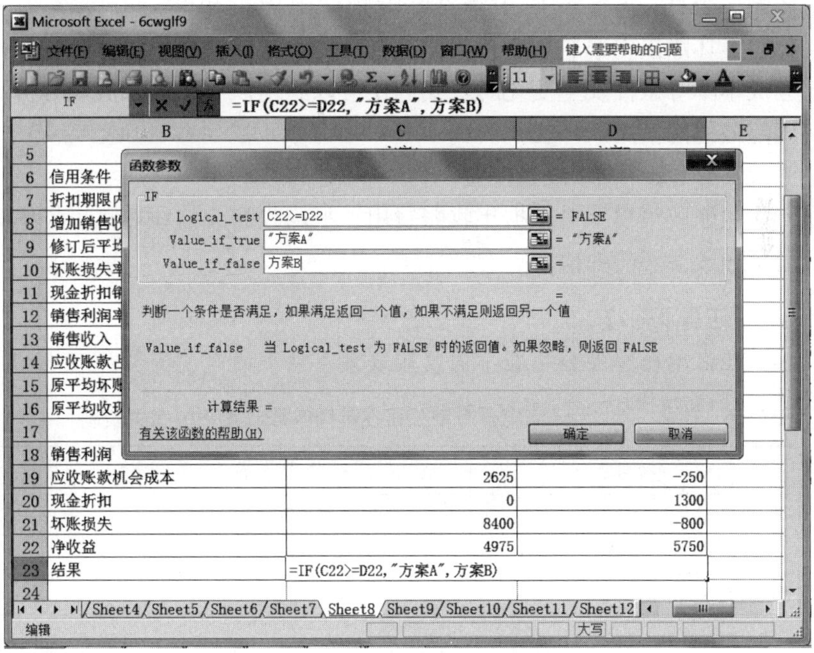

图 9—32

带来的收益比较多，因此，应选择方案 B。如图 9—33 所示。

至此，按照【任务 9—8】所提供的资料，在 Excel 工作表中创建的应收账款信用条件模型就已经完成了。对这部分内容读者可以参考“实验系统”中“短期资产管理实验”项目下“实验示范”中第 8 个实验的屏幕录像。

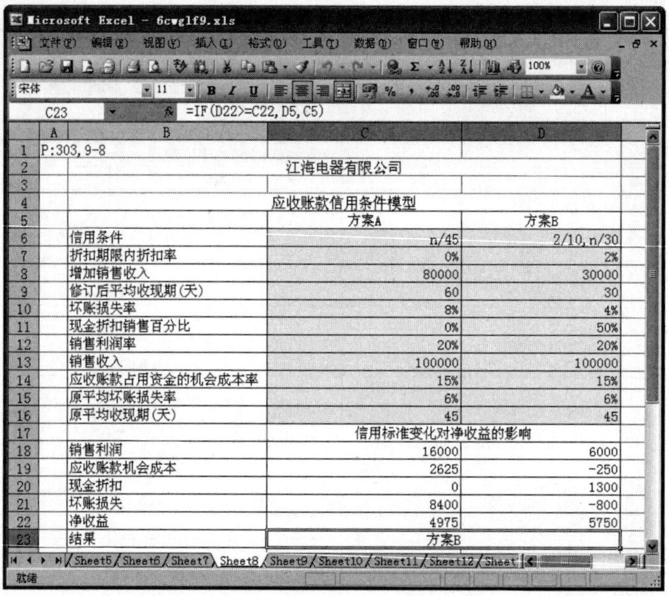

Microsoft Excel - 6cwglf9.xls

C23 =IF(D22>=C22,D5,C5)

	A	B	C	D
1	P:303,9-8			
2			江海电器有限公司	
3				
4			应收账款信用条件模型	
5			方案A	方案B
6		信用条件	n/45	2/10,n/30
7		折扣期限内折扣率	0%	2%
8		增加销售收入	80000	30000
9		修订后平均收现期(天)	60	30
10		坏账损失率	8%	4%
11		现金折扣销售百分比	0%	50%
12		销售利润率	20%	20%
13		销售收入	100000	100000
14		应收账款占用资金的机会成本率	15%	15%
15		原平均坏账损失率	6%	6%
16		原平均收现期(天)	45	45
17			信用标准变化对净收益的影响	
18		销售利润	16000	6000
19		应收账款机会成本	2625	-250
20		现金折扣	0	1300
21		坏账损失	8400	-800
22		净收益	4975	5750
23		结果	方案B	

图 9—33

利用应收账款信用条件模型可以方便地计算并比较不同信用条件对净收益的影响。当有关方案的信用条件、折扣期限内折扣率、销售收入、平均收现期(天)、坏账损失率、现金折扣销售百分比、销售利润率、应收账款占用资金的机会成本率等条件发生变化时，我们还可以利用该模型进行假设分析，以便为公司确定最优的信用条件提供资料。

9.4.1.3 收账政策模型

收账政策模型是根据年收账费用、平均收账天数和坏账损失率等条件计算对公司净收益影响的模型。

【任务 9—9】

江海电器有限公司在不同收账政策条件下的有关资料如表 9—6 所示。

表 9—6　　江海电器有限公司在不同收账政策下的有关资料

项目	现行收账政策	建议收账政策
年收账费用（元）	10 000	15 000
应收账款平均收现期（天）	60	30
坏账损失率（%）	4	2

该公司当年销售额为 1 200 000 元（全部赊销），收账政策对销售收入的影响忽略不计。该公司应收账款的机会成本率为 10%。现根据以上资料进行计算。（资料来源：主教材第 304 页例 9—9。）

在 Excel 工作表中，创建收账政策模型的步骤如下：

第一步，建立收账政策模型并录入数据

首先在 Excel 工作表中创建收账政策模型并将【任务 9—9】的相关数据录

入工作表。如图 9—34 所示。

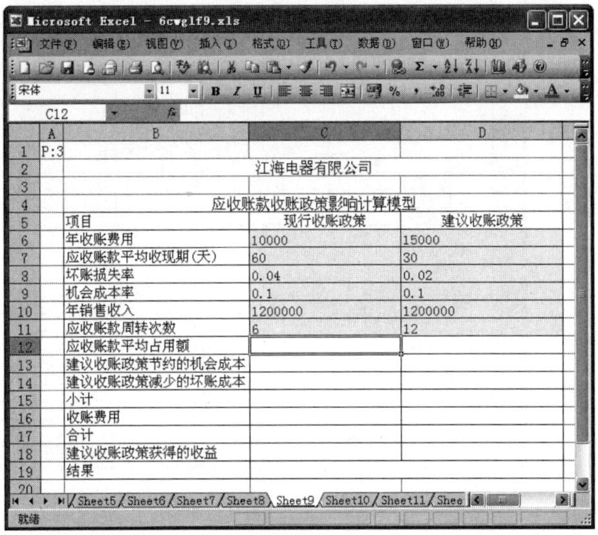

图 9—34

第二步：计算收账政策变化对净收益的影响

选中单元格 D12，输入公式“＝D10/D11－C12”；选中单元格 D13，输入公式“＝D12＊D9”；选中单元格 D14，输入公式“＝D10＊D8－C14”；选中单元格 D15，输入公式“＝SUM（D13：D14)”；选中单元格 D16，输入公式“＝D6－C6”；选中单元格 D17，输入公式“＝SUM（D15：D16)”；选中单元格 D18，输入公式“＝D17”。如图 9—35 所示。

图 9—35

按回车键，就得到了建议收账政策获得收益的结果。同理，我们也可以计算出现行收账政策可获得的收益。如图 9—36 所示。

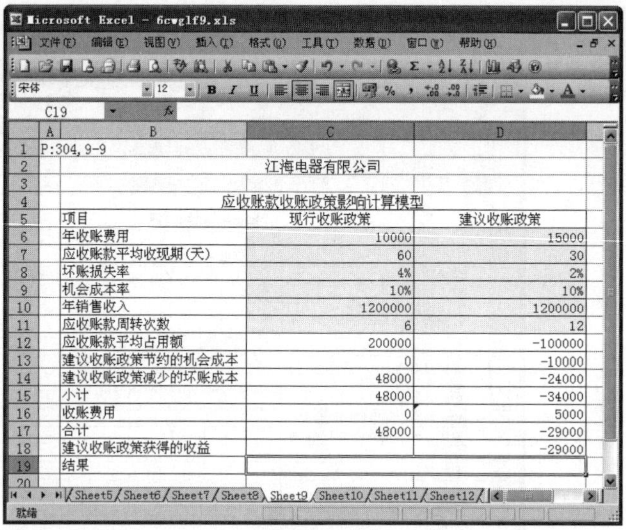

图 9—36

第三步，利用 IF 函数，找出较优的收账政策方案

点击菜单栏的“插入”，点击“函数”，选择 IF 函数。选取的标准是建议收账政策获得的收益是否大于现行收账政策所取得的收益，如果大于现行收账政策所取得的收益，就选取建议的收账政策；否则，维持原来的收账政策。如图 9—37所示。

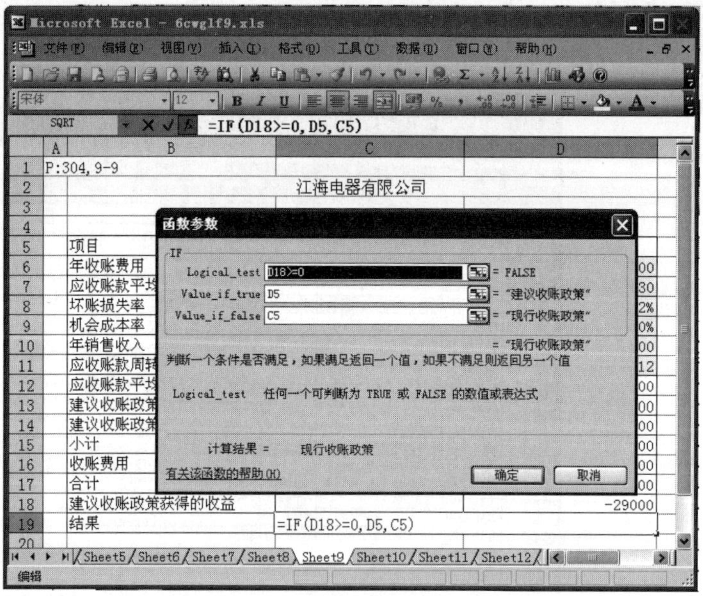

图 9—37

点击“确定”按钮后，就得到了选取方案的结果。从计算的结果可以看出，采用建议的收账政策方案可带来的收益比较多，因此，应选择建议收账政策方案。如图 9—38 所示。

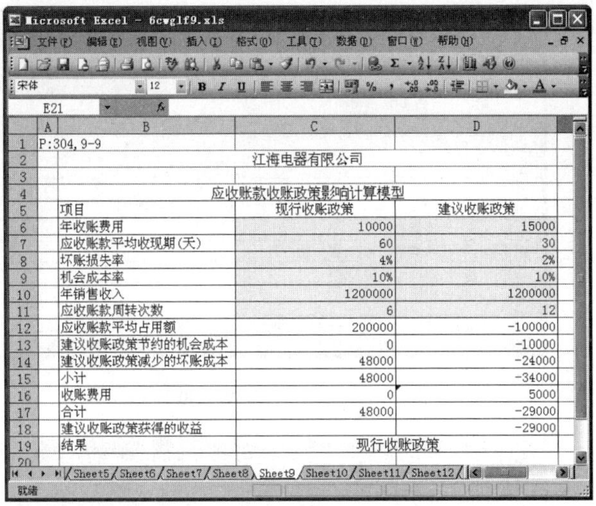

Microsoft Excel - 6cwglf9.xls

	A	B	C	D
1	P:304, 9-9			
2			江海电器有限公司	
3				
4			应收账款收账政策影响计算模型	
5		项目	现行收账政策	建议收账政策
6		年收账费用	10000	15000
7		应收账款平均收现期(天)	60	30
8		坏账损失率	4%	2%
9		机会成本率	10%	10%
10		年销售收入	1200000	1200000
11		应收账款周转次数	6	12
12		应收账款平均占用额	200000	-100000
13		建议收账政策节约的机会成本	0	-10000
14		建议收账政策减少的坏账成本	48000	-24000
15		小计	48000	-34000
16		收账费用	0	5000
17		合计	48000	-29000
18		建议收账政策获得的收益		-29000
19		结果	现行收账政策	

图 9—38

根据计算结果，按建议收账政策可降低成本 29 000 元，故应采用建议的收账政策。

至此，按照【任务 9—9】所提供的资料，在 Excel 工作表中创建的应收账款政策模型就已经完成了。对这部分内容读者可以参考"实验系统"中"短期资产管理实验"项目下"实验示范"中第 9 个实验的屏幕录像。

利用应收账款政策模型可以方便地计算并比较不同信用政策的成本节约对净收益的影响。当有关方案的条件发生变化时，我们还可以利用该模型进行假设分析，以便为公司确定最优的收账政策提供资料。

9.4.1.4　应收账款平均占用模型

应收账款平均占用模型是一种计算不同销售收入、预计赊销额占收入的百分比、应收账款平均收现期对应收账款占用资金影响的模型。

【任务 9—10】

江海电器有限公司 2014 年计划销售收入为 8 000 万元，预计有 75%为赊销，应收账款的平均收现期为 45 天。要求：计算 2014 年度江海电器有限公司应收账款平均占用资金的数额。（资料来源：主教材第 305 页例 9—10。）

在 Excel 工作表中，创建应收账款平均占用模型的步骤如下：

第一步，建立应收账款平均占用模型并录入数据

首先在 Excel 工作表中创建应收账款平均占用模型并将【任务 9—10】的相关数据录入工作表。如图 9—39 所示。

第二步：计算应收账款占用资金

选中单元格 C8，输入公式"=C5＊C6＊C7/360"。如图 9—40 所示。

按回车键，得到应收账款占用资金的结果。如图 9—41 所示。

公司应根据应收账款占用资金的情况，合理安排资金来源，保证生产经营对资金的需求。

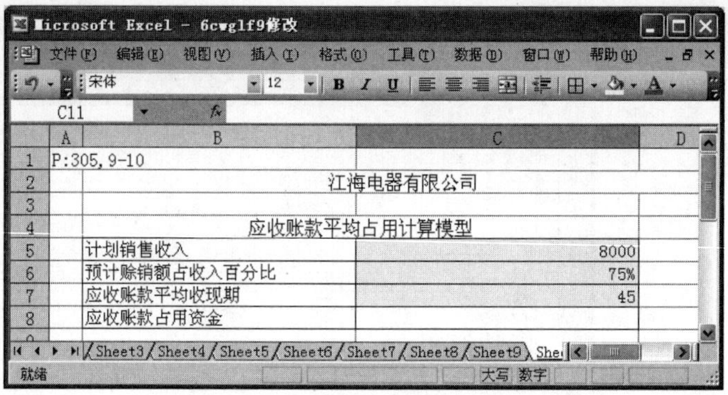

图 9—39

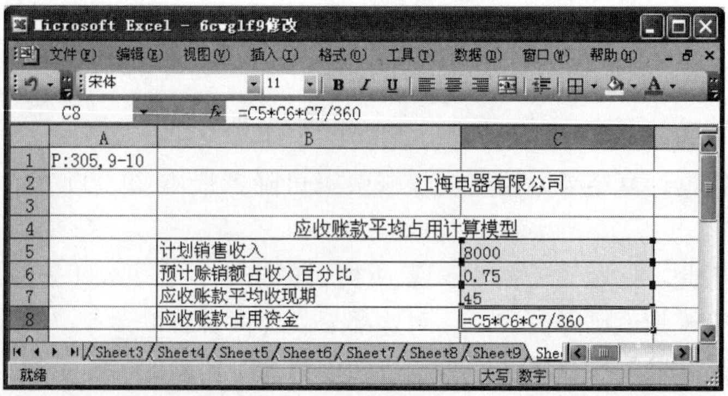

图 9—40

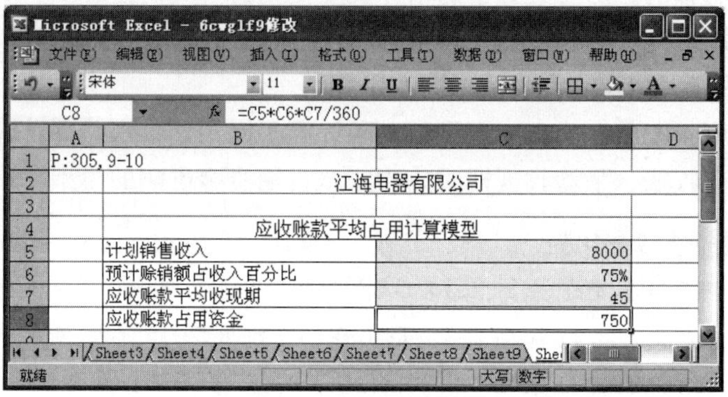

图 9—41

至此，按照【任务 9—10】所提供的资料，在 Excel 工作表中创建的应收账款平均占用模型就已经完成了。对这部分内容读者可以参考“实验系统”中“短期资产管理实验”项目下“实验示范”中第 10 个实验的屏幕录像。

利用应收账款平均占用模型可以方便地计算不同销售收入、预计赊销额占收入的百分比、应收账款平均收现期对应收账款占用资金的影响。当有关条件发生变化时，我们还可以利用该模型进行假设分析，以便为公司确定最优的应收账款占用资金提供资料。

9.4.2 应收账款日常控制模型

应收账款日常控制模型是根据应收账款数额及其账龄分析预测其总成本最低时现金持有量的一种模型。

【任务 9—11】

2014 年 12 月 31 日，江海电器有限公司将第四季度所有尚未收到货款的销售发票进行了汇总，如表 9—7 所示。

表 9—7　江海电器有限公司 2014 年第四季度的应收账款明细列表

10 月		11 月		12 月	
销售日期	金额（元）	销售日期	金额（元）	销售日期	金额（元）
10 月 15 日	2 100	11 月 2 日	500	12 月 4 日	1 500
10 月 23 日	2 300	11 月 12 日	1 000	12 月 5 日	2 100
10 月 29 日	1 000	11 月 19 日	1 500	12 月 6 日	1 900
10 月 30 日	900	11 月 21 日	900	12 月 9 日	500
		11 月 22 日	1 100	12 月 11 日	1 200
		11 月 26 日	1 200	12 月 14 日	700
		11 月 27 日	1 800	12 月 15 日	600
		11 月 28 日	600	12 月 19 日	900
				12 月 25 日	1 000
				12 月 27 日	500
				12 月 28 日	1 200
合　计	6 300	合　计	8 600	合　计	12 100

12 月发生的应收账款账龄为 0～30 天，11 月发生的应收账款账龄为 30～60 天，10 月发生的应收账款账龄为 60～90 天。编制江海电器有限公司的应收账款账龄分析表，并计算应收账款平均账龄。（资料来源：主教材第 308 页例 9—11；第 309 页例 9—12。）

在 Excel 工作表中，创建应收账款日常控制模型的步骤如下：

第一步，建立应收账款账龄分析模型并录入数据

首先在 Excel 工作表中创建应收账款账龄分析模型并将【任务 9—11】的相关数据录入工作表。如图 9—42 所示。

第二步，链接各账龄的应收账款金额，计算各账龄应收账款所占百分比，加权平均天数和平均账龄

选中单元格 D6，输入“=”，选中工作表“Sheet11”，选中单元格 G18；选中单元格 E6，输入公式“=D6/$D$9”；选中单元格 F6，引用函数“=IF(C6=“0—30”,“15”,IF(C6=“30—60”,“45”,“75”))”；选中单元格 G6，输入公式“=E6*F6”。以此类推。如图 9—43 所示。

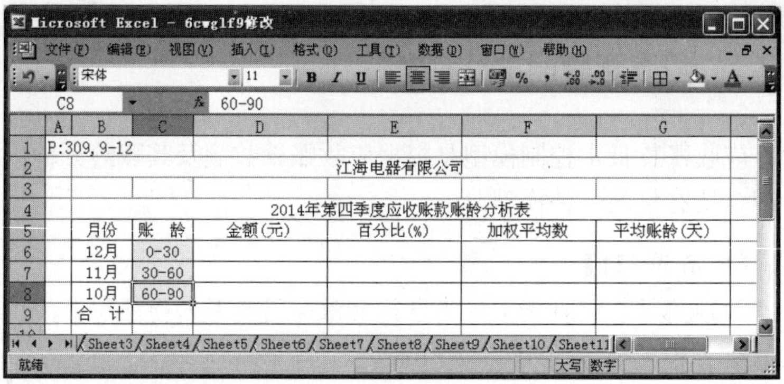

	A	B	C	D	E	F	G
1	P:309, 9-12						
2					江海电器有限公司		
3							
4					2014年第四季度应收账款账龄分析表		
5		月份	账　龄	金额(元)	百分比(%)	加权平均数	平均账龄(天)
6		12月	0-30				
7		11月	30-60				
8		10月	60-90				
9		合　计					

图 9—42

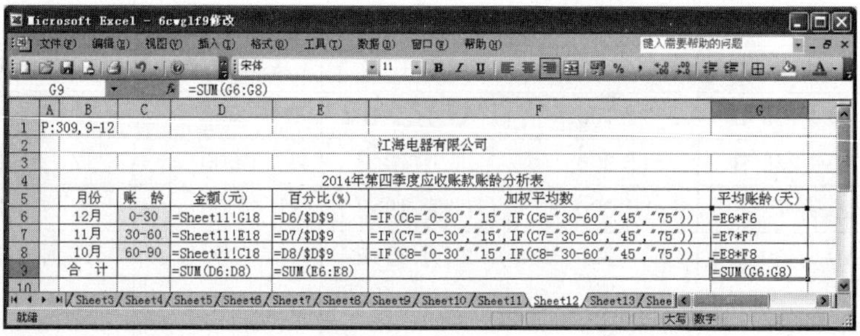

	A	B	C	D	E	F	G
1	P:309, 9-12						
2						江海电器有限公司	
3							
4						2014年第四季度应收账款账龄分析表	
5		月份	账　龄	金额(元)	百分比(%)	加权平均数	平均账龄(天)
6		12月	0-30	=Sheet11!G18	=D6/$D$9	=IF(C6="0-30","15",IF(C6="30-60","45","75"))	=E6*F6
7		11月	30-60	=Sheet11!E18	=D7/$D$9	=IF(C7="0-30","15",IF(C7="30-60","45","75"))	=E7*F7
8		10月	60-90	=Sheet11!C18	=D8/$D$9	=IF(C8="0-30","15",IF(C8="30-60","45","75"))	=E8*F8
9		合　计		=SUM(D6:D8)	=SUM(E6:E8)		=SUM(G6:G8)

图 9—43

按回车键，得到模型的计算结果：账龄为 0～30 天的应收账款金额为 12 100 元，占全部应收账款的百分比为 44.81%，加权平均天数为 15 天，平均账龄为 6.72 天；账龄为 30～60 天的应收账款金额为 8 600 元，占全部应收账款的百分比为 31.85%，加权平均天数为 45 天，平均账龄为 14.33 天；账龄为 60～90 天的应收账款金额为 6 300 元，占全部应收账款的百分比为 23.33%，加权平均天数为 75 天，平均账龄为 17.5 天。如图 9—44 所示。

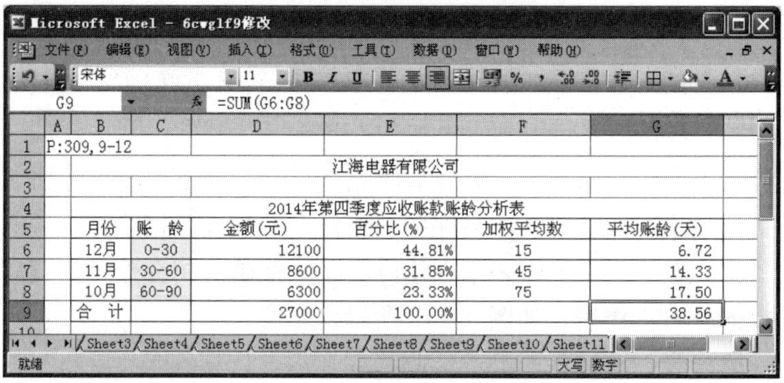

	A	B	C	D	E	F	G
1	P:309, 9-12						
2					江海电器有限公司		
3							
4					2014年第四季度应收账款账龄分析表		
5		月份	账　龄	金额(元)	百分比(%)	加权平均数	平均账龄(天)
6		12月	0-30	12100	44.81%	15	6.72
7		11月	30-60	8600	31.85%	45	14.33
8		10月	60-90	6300	23.33%	75	17.50
9		合　计		27000	100.00%		38.56

图 9—44

根据应收账款账龄分析模型提供的资料能够为公司进行应收账款管理提供相关的资料。

至此，按照【任务 9—11】所提供的资料，在 Excel 工作表中创建的应收账款账龄分析模型就已经完成了。对这部分内容读者可以参考“实验系统”中“短期资产管理实验”项目下“实验示范”中第11个和第12个实验的屏幕录像。

利用应收账款账龄分析模型可以方便地计算不同账龄的销售收入、预计赊销额占收入的百分比、应收账款平均收现期。当有关条件发生变化时，我们还可以利用该模型进行假设分析，以便为公司确定最优的应收账款账龄分析提供资料。

9.5　存货规划及控制实验

公司存货占短期资产的比重较大，一般为40%～60%。存货利用的好坏，对公司财务状况的影响极大。因此，加强存货的规划和控制，使存货保持在最优水平，便成为财务管理的一项重要内容。

9.5.1　存货规划模型

进行有效的存货规划对于维持公司正常的生产经营，控制资金占用水平，降低营运成本具有重要的意义。

9.5.1.1　经济批量模型

经济批量模型是根据公司全年的存货需要量、每次订货成本和每件存货的年储存成本之间的关系，分析预测其总成本最低时的订货批量的一种模型。主要有公式法和逐批测试法两种模型。

【任务9—12】

江海电器有限公司全年需要甲零件1 200件，每次订货的成本为400元，每件存货的年储存成本为6元。(1) 计算江海电器有限公司的经济批量。(2) 假设所需零件的价格为每件10元，但如果一次订购超过600件，可给予2%的批量折扣，请问应以多大批量订货？（资料来源：主教材第312页例9—13。）

1. 公式法基本经济批量模型

在Excel工作表中，创建基于公式法的基本经济批量模型的步骤如下：

第一步，建立基于公式法的基本经济批量模型并录入数据

首先在Excel工作表中创建公式法的基本经济批量模型并将【任务9—12】的相关数据录入工作表。如图9—45所示。

第二步，计算订货经济批量、经济批数和总成本

选中单元格D7，输入公式“=（2＊D4＊D5/D6）^（1/2）”；选中单元格D8，输入公式“=（D4＊D6/（2＊D7））^（1/2）”；选中单元格D9，输入公式“=（2＊D4＊D5＊D6）^（1/2）”。如图9—46所示。

按回车键，模型计算出的订货经济批量为400件，经济批数为3次，总成本为2 400元。如图9—47所示。

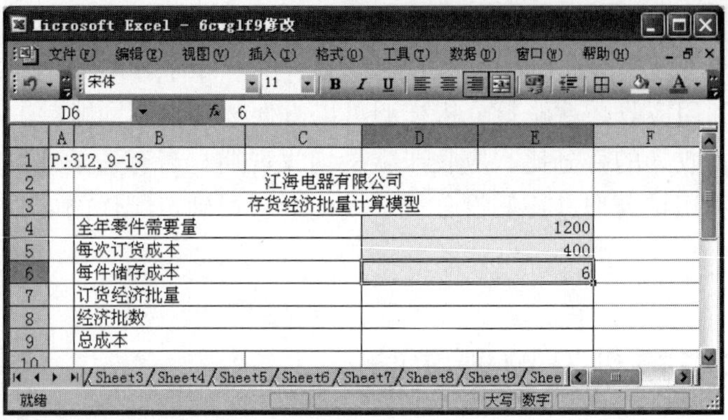

图 9—45

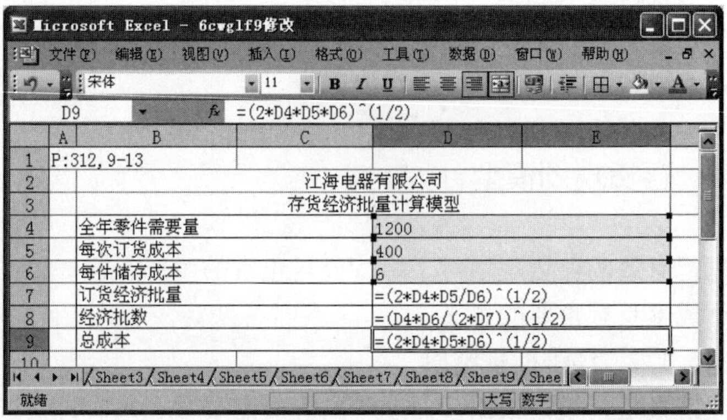

图 9—46

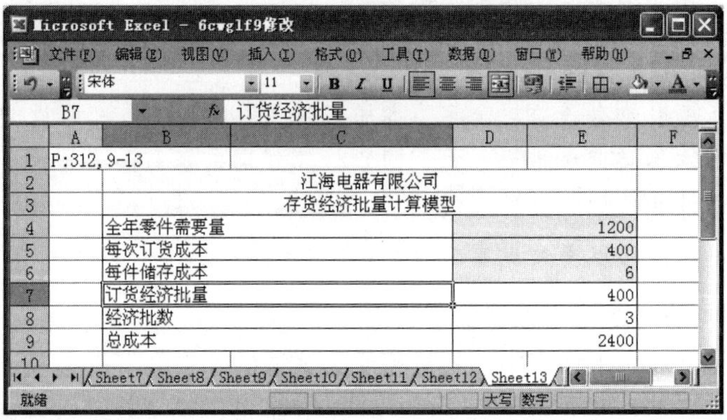

图 9—47

由上图可以看出，当每批订货为 400 件，一年订货 3 次时，全年总成本为 2 400元。因此，公司每次订货 400 件最佳。

2. 逐批测试法基本经济批量模型

在 Excel 工作表中，创建基于逐批测试法的基本经济批量模型的步骤如下：

第一步，建立基于逐批测试法的基本经济批量模型并录入数据

首先在 Excel 工作表中创建逐批测试法的基本经济批量模型并将【任务 9—12】的相关数据录入工作表。如图 9—48 所示。

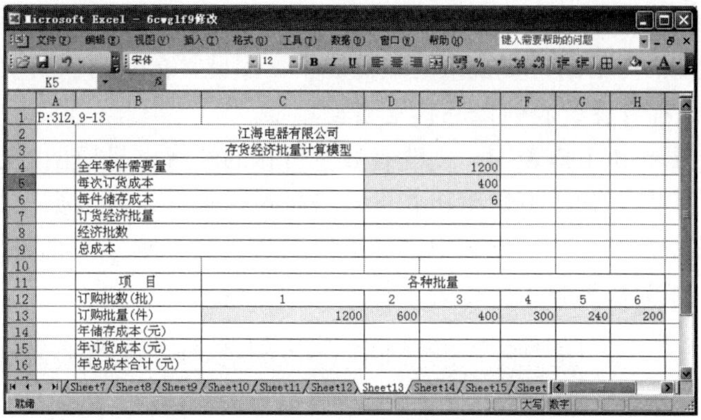

	B	C	D	E	F	G	H
1	P:312, 9-13						
2	江海电器有限公司						
3	存货经济批量计算模型						
4	全年零件需要量			1200			
5	每次订货成本			400			
6	每件储存成本			6			
7	订货经济批量						
8	经济批数						
9	总成本						
10							
11	项　目	各种批量					
12	订购批数(批)	1	2	3	4	5	6
13	订购批量(件)	1200	600	400	300	240	200
14	年储存成本(元)						
15	年订货成本(元)						
16	年总成本合计(元)						

图 9—48

第二步，对不同订货批量计算储存成本、订货成本和年成本合计

计算订货批量为 1 200 件的储存成本、订货成本和年成本合计。选中单元格 C14，输入公式“= $D$6 * C13/2”；选中单元格 C15，输入公式“= $D$5 * $D$4/C13”；选中单元格 C16，对单元格 C14：C15 求和。同理，我们可以求出订货批量分别为 600 件、400 件、300 件、240 件和 200 件时的储存成本、订货成本和年成本合计。如图 9—49 所示。

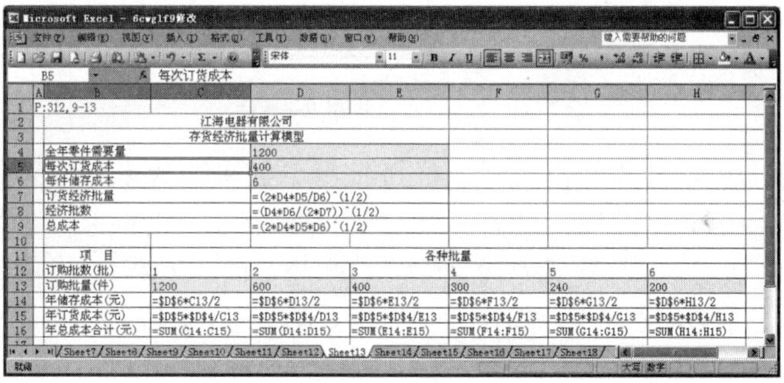

	B	C	D	E	F	G	H
1	P:312, 9-13						
2	江海电器有限公司						
3	存货经济批量计算模型						
4	全年零件需要量		1200				
5	每次订货成本		400				
6	每件储存成本		6				
7	订货经济批量		=(2*D4*D5/D6)^(1/2)				
8	经济批数		=(D4*D6/(2*D7))^(1/2)				
9	总成本		=(2*D4*D5*D6)^(1/2)				
10							
11	项　目	各种批量					
12	订购批数(批)	1	2	3	4	5	6
13	订购批量(件)	1200	600	400	300	240	200
14	年储存成本(元)	=$D$6*C13/2	=$D$6*D13/2	=$D$6*E13/2	=$D$6*F13/2	=$D$6*G13/2	=$D$6*H13/2
15	年订货成本(元)	=$D$5*$D$4/C13	=$D$5*$D$4/D13	=$D$5*$D$4/E13	=$D$5*$D$4/F13	=$D$5*$D$4/G13	=$D$5*$D$4/H13
16	年总成本合计(元)	=SUM(C14:C15)	=SUM(D14:D15)	=SUM(E14:E15)	=SUM(F14:F15)	=SUM(G14:G15)	=SUM(H14:H15)

图 9—49

按回车键，模型计算出的订货批量为 1 200 件的储存成本为 3 600 元，订货成本为 400 元，年成本合计 4 000 元。其他批量的成本如图 9—50 所示。

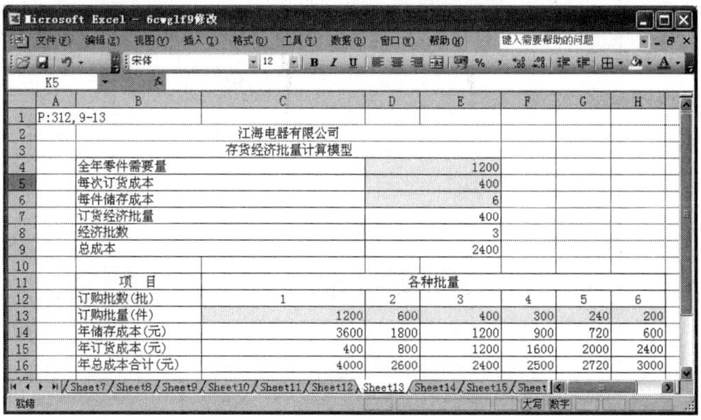

	B	C	D	E	F	G	H
1	P:312, 9-13						
2	江海电器有限公司						
3	存货经济批量计算模型						
4	全年零件需要量			1200			
5	每次订货成本			400			
6	每件储存成本			6			
7	订货经济批量			400			
8	经济批数			3			
9	总成本			2400			
10							
11	项　目	各种批量					
12	订购批数(批)	1	2	3	4	5	6
13	订购批量(件)	1200	600	400	300	240	200
14	年储存成本(元)	3600	1800	1200	900	720	600
15	年订货成本(元)	400	800	1200	1600	2000	2400
16	年总成本合计(元)	4000	2600	2400	2500	2720	3000

图 9—50

由上图可以看出，当每批订货为 400 件，一年订货 3 次时，全年总成本为 2 400 元，为不同订货批量的最低成本。因此，公司每次订货 400 件为最佳。

3. *有数量折扣的经济批量模型*

在 Excel 工作表中，创建有数量折扣的经济批量模型的步骤如下：

第一步，建立有数量折扣的经济批量模型并录入数据

首先在 Excel 工作表中创建逐批测试法的基本经济批量模型并将【任务 9—12】的相关数据录入工作表。如图 9—51 所示。

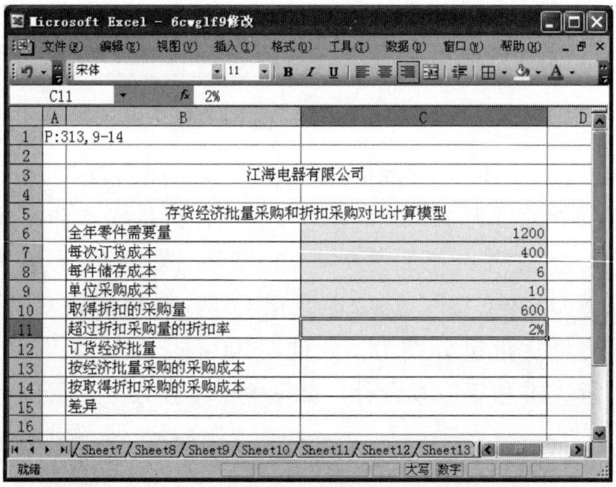

	A	B	C
1	P:313, 9-14		
2			
3		江海电器有限公司	
4			
5		存货经济批量采购和折扣采购对比计算模型	
6		全年零件需要量	1200
7		每次订货成本	400
8		每件储存成本	6
9		单位采购成本	10
10		取得折扣的采购量	600
11		超过折扣采购量的折扣率	2%
12		订货经济批量	
13		按经济批量采购的采购成本	
14		按取得折扣采购的采购成本	
15		差异	
16			

图 9—51

第二步，计算经济批量、经济批量下的采购成本和取得折扣的采购成本

选中单元格 C12，输入公式"＝（2 * C6 * C7/C8）^（1/2）"；选中单元格 C13，输入公式"＝C6/C12 * C7＋C12/2 * C8＋C6 * C9"；选中单元格 C14，输入公式"＝C6/C10 * C7＋C10/2 * C8＋C6 * C9 *(1－C11)"；然后选中单元格 C15，输入公式"＝C13－C14"，求出经济批量下采购成本和取得折扣的采购成本的差异。如图 9—52 所示。

	A	B	C
1	P:313, 9-14		
2			
3		江海电器有限公司	
4			
5		存货经济批量采购和折扣采购对比计算模型	
6		全年零件需要量	1200
7		每次订货成本	400
8		每件储存成本	6
9		单位采购成本	10
10		取得折扣的采购量	600
11		超过折扣采购量的折扣率	0.02
12		订货经济批量	=(2*C6*C7/C8)^(1/2)
13		按经济批量采购的采购成本	=C6/C12*C7+C12/2*C8+C6*C9
14		按取得折扣采购的采购成本	=C6/C10*C7+C10/2*C8+C6*C9*(1-C11)
15		差异	=C13-C14

图 9—52

按回车键，模型计算出的经济批量下采购成本为 14 400 元，取得折扣的采购成本为 14 360 元。两者的差异为 40 元。如图 9—53 所示。

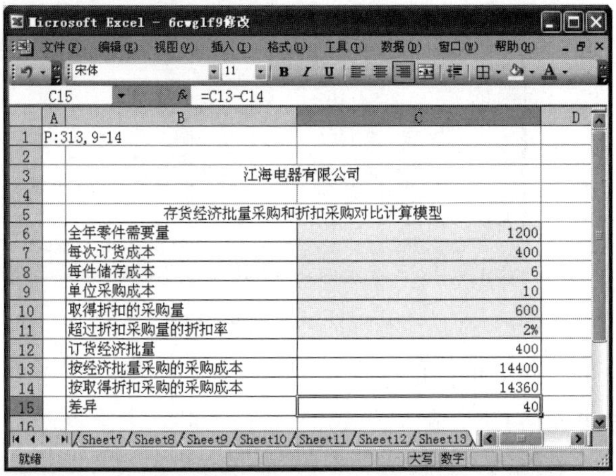

图 9—53

将以上两种结果进行对比可知，因为订购量为 600 件时可以获得 2%的数量折扣，其总成本为 14 360 元，要比经济批量下的采购成本 14 400 元低 40 元。

至此，按照【任务 9—12】所提供的资料，在 Excel 工作表中创建的存货的经济批量模型就已经完成了。对这部分内容读者可以参考“实验系统”中“短期资产管理实验”项目下“实验示范”中第 13 个和第 14 个实验的屏幕录像。

利用存货的经济批量模型可以方便地计算不同存货需要量、每次订货的成本、每件存货的年储存成本条件下的最优总成本。当有关条件发生变化时，我们还可以利用该模型进行假设分析，以便为公司确定最优的订货批量，进而为控制存货成本提供资料。

9.5.1.2 存货再订货点和保险储备量模型

再订货点解决的是在上批购入的存货还有多少时，订购下一批存货，也就是订购下一批存货时本批存货的储存量问题。保险储备又称安全储备，是指为防止存货使用量突然增加或者交货期延误等不确定情况所持有的存货储备。再订货点和保险储备量模型是根据公司的每天耗用零件数、订货提前期、预计最大每天耗用零件数和最长收货时间来确定再订货点和保险储备量的模型。

1. 再订货点模型

【任务 9—13】

江海电器有限公司每天正常耗用乙零件为 10 件，订货的提前期为 20 天。计算江海电器有限公司的再订货点。（资料来源：主教材第 314 页例 9—15。）

在 Excel 工作表中，创建再订货点模型的步骤如下：

第一步，创建存货再订货点模型并录入数据

首先在 Excel 工作表中创建存货再订货点模型并将【任务 9—13】的相关数据录入工作表。如图 9—54 所示。

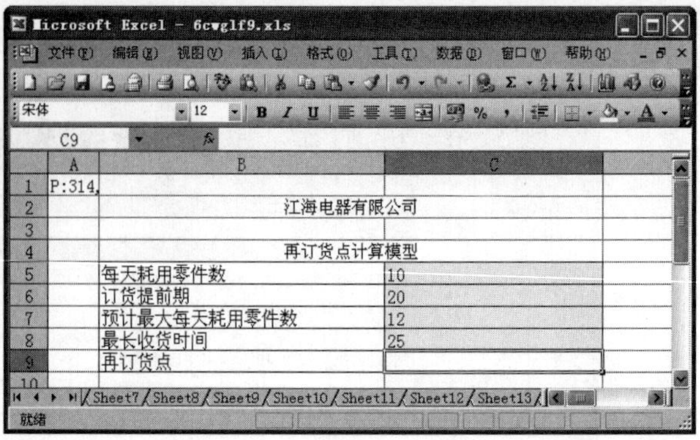

图 9—54

第二步：计算再订货点

选中单元格 C9，输入公式“=C5＊C6”，求出再订货点。如图 9—55 所示。

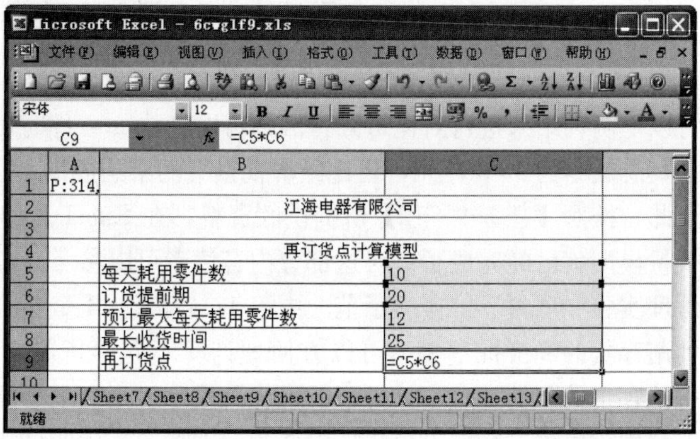

图 9—55

按回车键，模型计算出的再订货点为 200 件。如图 9—56 所示。

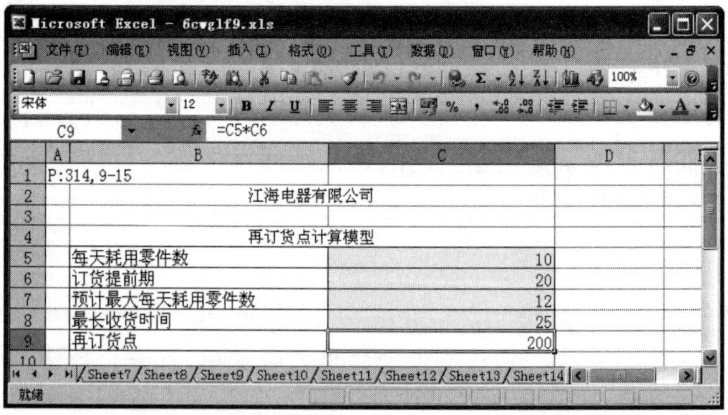

图 9—56

2. 保险储备量模型

【任务 9—14】

江海电器有限公司每天正常耗用乙零件为 10 件，订货的提前期为 20 天。预计江海电器有限公司的最大日消耗量为12件，预计最长收货时间为25天，计算江海电器有限公司的保险储备量。（资料来源：主教材第315页例9—16。）

在Excel工作表中，创建保险储备量模型的步骤如下：

第一步，创建保险储备量模型并录入数据

首先在Excel工作表中创建保险储备量模型并将【任务9—16】的相关数据录入工作表。如图9—57所示。

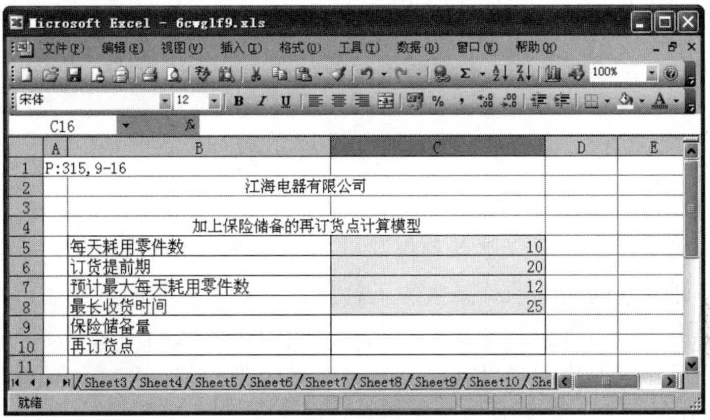

图9—57

第二步，计算保险储备量和再订货点

选中单元格C9，输入公式“=1/2 *(C7 * C8－C5 * C6)”，求出保险储备量；选中单元格C10，输入公式“=1/2 *(C5 * C6＋C7 * C8)”，求出再订货点。如图9—58所示。

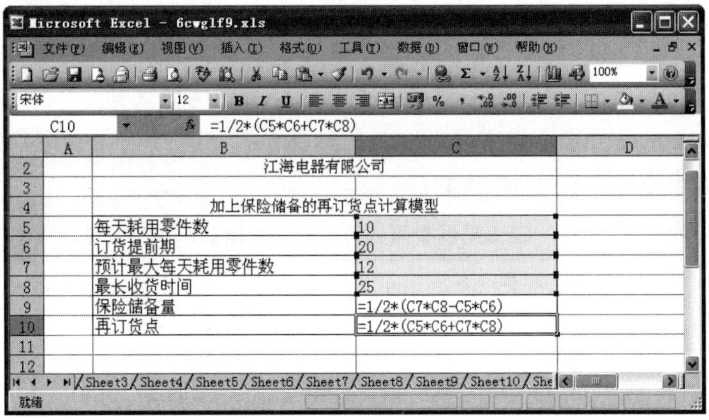

图9—58

按回车键，模型计算出的保险储备量为50件，再订货点为250件。如图9—59所示。

至此，按照【任务9—13】和【任务9—14】所提供的资料，在Excel工作表中创建的存货再订货点和保险储备量模型就已经完成了。对这部分内容读者可以参考“实验系统”中“短期资产管理实验”项目下“实验示范”中第15个和

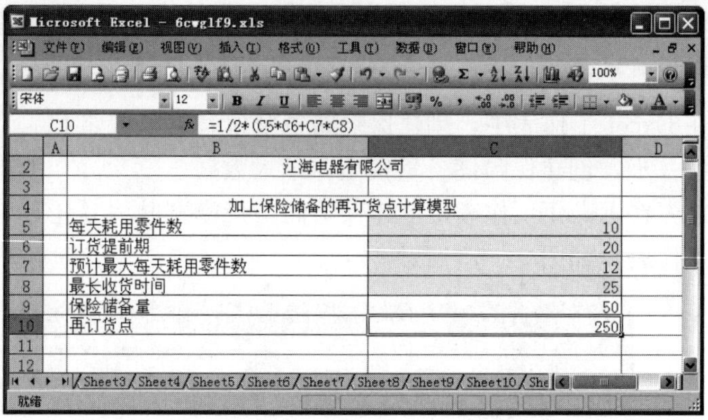

图 9—59

第 16 个实验的屏幕录像。

利用存货的再订货点和保险储备量模型可以方便地计算不同的日存货需要量、订货提前期、预计最大每天耗用量、最长收货时间等条件下的保险储备量和再订货点。当有关条件发生变化时，我们还可以利用该模型进行假设分析，以便为公司确定保险储备量和再订货点，进而为控制存货成本提供资料。

9.5.1.3 考虑不确定性的存货成本模型

由于公司的生产经营中往往存在一定的不确定性，公司的年度存货成本除了订货成本和储存成本外，还包括缺货成本，这样，公司的总存货成本就等于以上三种成本之和，即总成本＝订货成本＋储存成本＋缺货成本。考虑不确定性的存货成本模型是根据订货成本、储存成本、缺货成本之间的关系，分析预测其总成本最低时的存货成本模型。

【任务 9—15】

江海电器有限公司每年需要某零配件 10 000 件，订货成本为每次 200 元，储存成本为每件 25 元。公司在交货期内的平均需求量是 40 件。为避免可能的缺货成本，公司准备持有 0～30 件保险储备，并对不同保险储备量下的缺货成本进行了估算，如表 9—8 所示。

表 9—8　　江海电器有限公司不同保险储备水平下的缺货成本

保险储备量（件）	缺货成本（元）
0	2 500
5	1 250
10	600
15	250
20	120
25	50
30	0

计算江海电器有限公司的最优保险储备量和再订货点。（资料来源：主教材第 316 页例 9—17。）

在 Excel 工作表中，创建考虑不确定性的存货成本模型的步骤如下：

第一步，创建考虑不确定性的存货成本模型并录入数据

首先在 Excel 工作表中创建考虑不确定性的存货成本模型并将【任务 9—15】的相关数据录入工作表。如图 9—60 所示。

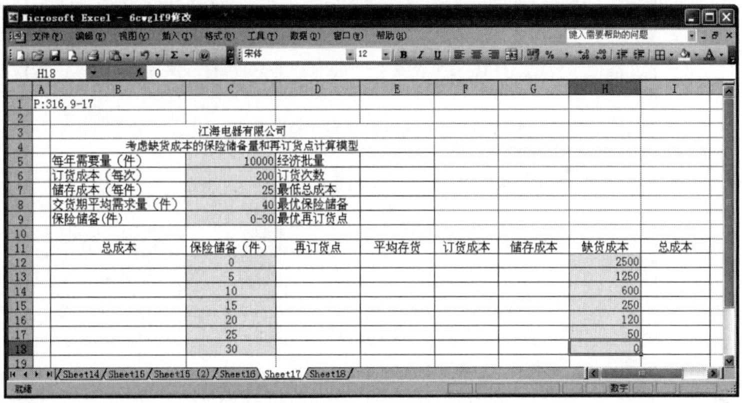

	B	C	D	E	F	G	H	I
1	P:316, 9-17							
2								
3		江海电器有限公司						
4		考虑缺货成本的保险储备量和再订货点计算模型						
5	每年需要量（件）	10000	经济批量					
6	订货成本（每次）	200	订货次数					
7	储存成本（每件）	25	最低总成本					
8	交货期平均需求量（件）	40	最优保险储备					
9	保险储备(件)	0-30	最优再订货点					
10								
11	总成本	保险储备（件）	再订货点	平均存货	订货成本	储存成本	缺货成本	总成本
12		0					2500	
13		5					1250	
14		10					600	
15		15					250	
16		20					120	
17		25					50	
18		30					0	

图 9—60

第二步，计算经济批量和订货次数

选中单元格 E5，输入公式“＝（2＊C5＊C6/C7）^（1/2）”；选中单元格 E6，输入公式“＝C5/E5”，计算出经济批量和订货次数。如图 9—61 所示。

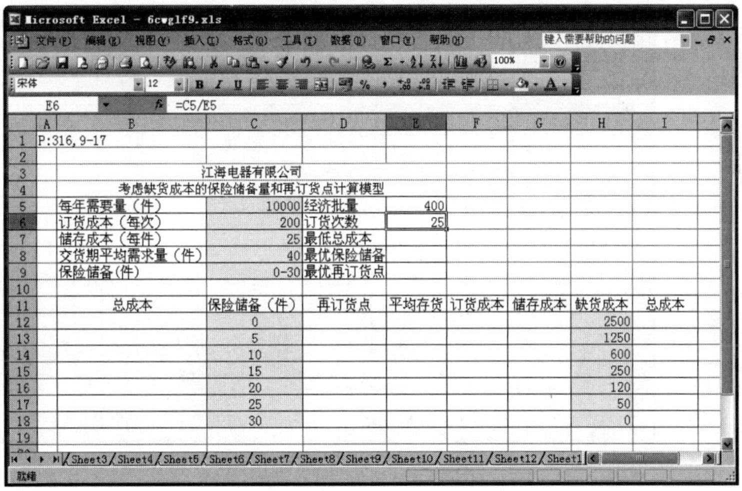

	B	C	D	E	F	G	H	I
1	P:316, 9-17							
2								
3		江海电器有限公司						
4		考虑缺货成本的保险储备量和再订货点计算模型						
5	每年需要量（件）	10000	经济批量	400				
6	订货成本（每次）	200	订货次数	25				
7	储存成本（每件）	25	最低总成本					
8	交货期平均需求量（件）	40	最优保险储备					
9	保险储备(件)	0-30	最优再订货点					
10								
11	总成本	保险储备（件）	再订货点	平均存货	订货成本	储存成本	缺货成本	总成本
12		0					2500	
13		5					1250	
14		10					600	
15		15					250	
16		20					120	
17		25					50	
18		30					0	

图 9—61

第三步，计算保险储备量、再订货点、平均存货、订货成本、储存成本和总成本

首先计算保险储备量为“0”时的再订货点、平均存货、订货成本、储存成本和总成本。选中单元格 D12，输入公式“＝$C$8＋C12”；选中单元格 E12，输入公式“＝1/2＊$E$5＋C12”；选中单元格 F12，输入公式“＝$C$6＊$E$6”；选中单元格 G12，输入公式“＝E12＊$C$7”；计算出保险储备量、再订货点、平均存货、订货成本、储存成本。然后对以上成本求和，计算出总

成本。

同理，可以方便地计算出不同的保险储备量的再订货点、平均存货、订货成本、储存成本和总成本。如图 9—62 所示。

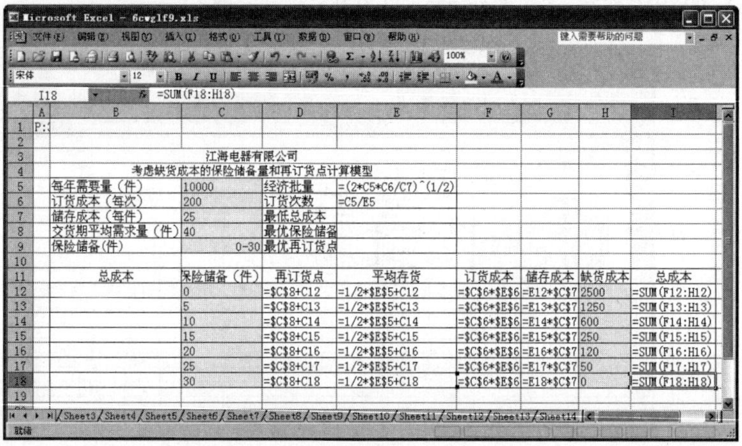

	A	B	C	D	E	F	G	H	I
1	P:\								
2									
3			江海电器有限公司						
4			考虑缺货成本的保险储备量和再订货点计算模型						
5		每年需要量（件）	10000	经济批量	=(2*C5*C6/C7)^(1/2)				
6		订货成本（每次）	200	订货次数	=C5/E5				
7		储存成本（每件）	25	最低总成本					
8		交货期平均需求量（件）	40	最优保险储备					
9		保险储备(件)	0-30	最优再订货点					
10									
11		总成本	保险储备（件）	再订货点	平均存货	订货成本	储存成本	缺货成本	总成本
12			0	=$C$8+C12	=1/2*$E$5+C12	=$C$6*$E$6	=E12*$C$7	2500	=SUM(F12:H12)
13			5	=$C$8+C13	=1/2*$E$5+C13	=$C$6*$E$6	=E13*$C$7	1250	=SUM(F13:H13)
14			10	=$C$8+C14	=1/2*$E$5+C14	=$C$6*$E$6	=E14*$C$7	600	=SUM(F14:H14)
15			15	=$C$8+C15	=1/2*$E$5+C15	=$C$6*$E$6	=E15*$C$7	250	=SUM(F15:H15)
16			20	=$C$8+C16	=1/2*$E$5+C16	=$C$6*$E$6	=E16*$C$7	120	=SUM(F16:H16)
17			25	=$C$8+C17	=1/2*$E$5+C17	=$C$6*$E$6	=E17*$C$7	50	=SUM(F17:H17)
18			30	=$C$8+C18	=1/2*$E$5+C18	=$C$6*$E$6	=E18*$C$7	0	=SUM(F18:H18)

图 9—62

第四步，将总成本引用到最前面一列

将求出的不同保险储备量的总成本引用到 B12:B18 单元格，为计算最优保险储备量和最优再订货点做准备。如图 9—63 所示。

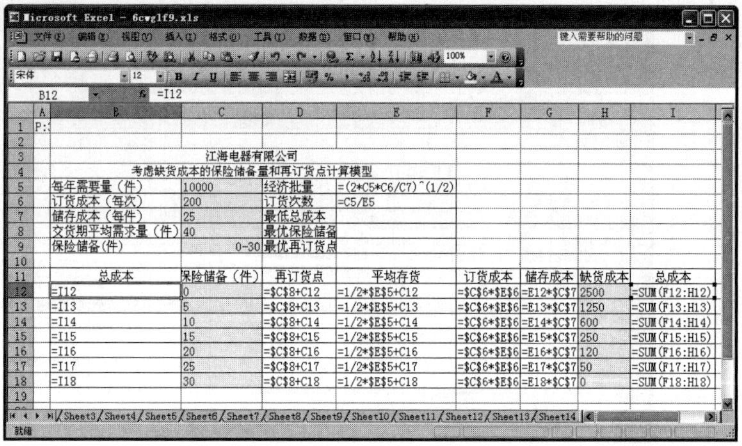

	A	B	C	D	E	F	G	H	I
1	P:\								
2									
3			江海电器有限公司						
4			考虑缺货成本的保险储备量和再订货点计算模型						
5		每年需要量（件）	10000	经济批量	=(2*C5*C6/C7)^(1/2)				
6		订货成本（每次）	200	订货次数	=C5/E5				
7		储存成本（每件）	25	最低总成本					
8		交货期平均需求量（件）	40	最优保险储备					
9		保险储备(件)	0-30	最优再订货点					
10									
11		总成本	保险储备（件）	再订货点	平均存货	订货成本	储存成本	缺货成本	总成本
12		=I12	0	=$C$8+C12	=1/2*$E$5+C12	=$C$6*$E$6	=E12*$C$7	2500	=SUM(F12:H12)
13		=I13	5	=$C$8+C13	=1/2*$E$5+C13	=$C$6*$E$6	=E13*$C$7	1250	=SUM(F13:H13)
14		=I14	10	=$C$8+C14	=1/2*$E$5+C14	=$C$6*$E$6	=E14*$C$7	600	=SUM(F14:H14)
15		=I15	15	=$C$8+C15	=1/2*$E$5+C15	=$C$6*$E$6	=E15*$C$7	250	=SUM(F15:H15)
16		=I16	20	=$C$8+C16	=1/2*$E$5+C16	=$C$6*$E$6	=E16*$C$7	120	=SUM(F16:H16)
17		=I17	25	=$C$8+C17	=1/2*$E$5+C17	=$C$6*$E$6	=E17*$C$7	50	=SUM(F17:H17)
18		=I18	30	=$C$8+C18	=1/2*$E$5+C18	=$C$6*$E$6	=E18*$C$7	0	=SUM(F18:H18)

图 9—63

第五步，查找最低总成本、最优保险储备量和最优再订货点

选中单元格 E7，插入“MIN”函数，在 B12:B18 单元格区域中找到最小值，即最低总成本。选中单元格 E8，插入“VLOOKUP”函数，在 B12:D18 单元格区域中找出最优保险储备量。选中单元格 E9，插入“VLOOKUP”函数，在 B12:D18 单元格区域中找出最优再订货点。如图 9—64 所示。

按回车键，查找出的最低总成本为 10 620 元，最优保险储备量为 20 件，最优再订货点为 60 件。如图 9—65 所示。

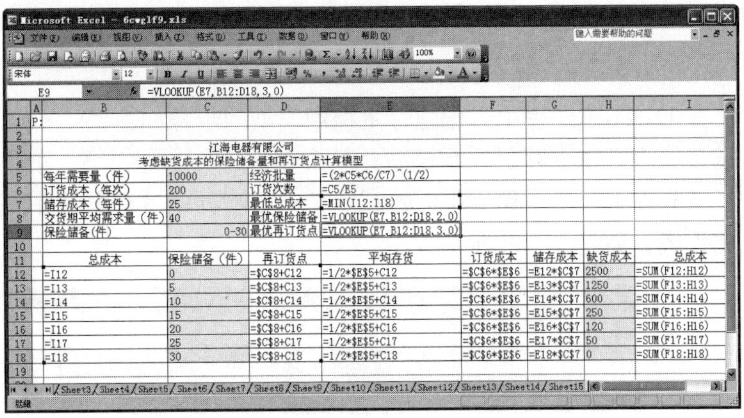

E9　=VLOOKUP(E7,B12:D18,3,0)

	B	C	D	E	F	G	H	I
1	P:							
2								
3		江海电器有限公司						
4		考虑缺货成本的保险储备量和再订货点计算模型						
5	每年需要量（件）	10000	经济批量	=(2*C5*C6/C7)^(1/2)				
6	订货成本（每次）	200	订货次数	=C5/E5				
7	储存成本（每件）	25	最低总成本	=MIN(I12:I18)				
8	交货期平均需求量（件）	40	最优保险储备	=VLOOKUP(E7,B12:D18,2,0)				
9	保险储备(件)	0-30	最优再订货点	=VLOOKUP(E7,B12:D18,3,0)				
10								
11	总成本	保险储备（件）	再订货点	平均存货	订货成本	储存成本	缺货成本	总成本
12	=I12	0	=$C$8+C12	=1/2*$E$5+C12	=$C$6*$E$6	=E12*$C$7	2500	=SUM(F12:H12)
13	=I13	5	=$C$8+C13	=1/2*$E$5+C13	=$C$6*$E$6	=E13*$C$7	1250	=SUM(F13:H13)
14	=I14	10	=$C$8+C14	=1/2*$E$5+C14	=$C$6*$E$6	=E14*$C$7	600	=SUM(F14:H14)
15	=I15	15	=$C$8+C15	=1/2*$E$5+C15	=$C$6*$E$6	=E15*$C$7	250	=SUM(F15:H15)
16	=I16	20	=$C$8+C16	=1/2*$E$5+C16	=$C$6*$E$6	=E16*$C$7	120	=SUM(F16:H16)
17	=I17	25	=$C$8+C17	=1/2*$E$5+C17	=$C$6*$E$6	=E17*$C$7	50	=SUM(F17:H17)
18	=I18	30	=$C$8+C18	=1/2*$E$5+C18	=$C$6*$E$6	=E18*$C$7	0	=SUM(F18:H18)

图 9—64

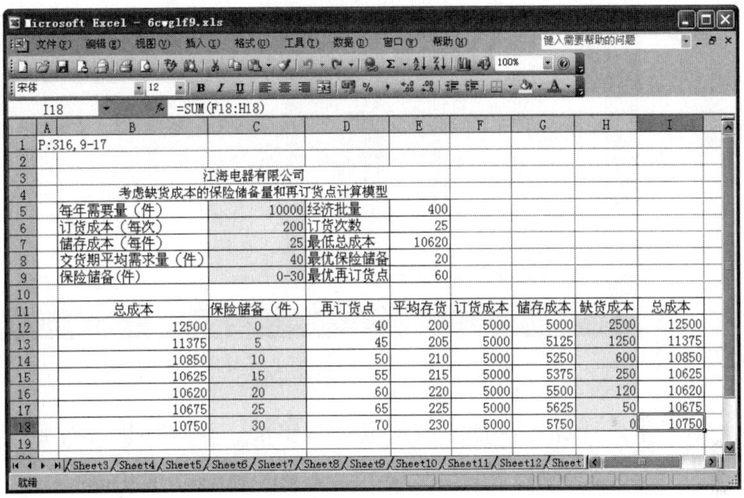

I18　=SUM(F18:H18)

	B	C	D	E	F	G	H	I
1	P:316,9-17							
2								
3		江海电器有限公司						
4		考虑缺货成本的保险储备量和再订货点计算模型						
5	每年需要量（件）	10000	经济批量	400				
6	订货成本（每次）	200	订货次数	25				
7	储存成本（每件）	25	最低总成本	10620				
8	交货期平均需求量（件）	40	最优保险储备	20				
9	保险储备(件)	0-30	最优再订货点	60				
10								
11	总成本	保险储备（件）	再订货点	平均存货	订货成本	储存成本	缺货成本	总成本
12	12500	0	40	200	5000	5000	2500	12500
13	11375	5	45	205	5000	5125	1250	11375
14	10850	10	50	210	5000	5250	600	10850
15	10625	15	55	215	5000	5375	250	10625
16	10620	20	60	220	5000	5500	120	10620
17	10675	25	65	225	5000	5625	50	10675
18	10750	30	70	230	5000	5750	0	10750

图 9—65

至此，按照【任务 9—15】所提供的资料，在 Excel 工作表中创建的考虑不确定性的存货模型就已经完成了。对这部分内容读者可以参考“实验系统”中“短期资产管理实验”项目下“实验示范”中第 17 个实验的屏幕录像。

利用考虑不确定性的存货模型可以方便地根据订货成本、储存成本、缺货成本之间的关系，分析预测其总成本最低时的存货成本。当有关条件发生变化时，我们还可以利用该模型进行假设分析，以便为公司确定最优的保险储备量和再订货点，进而为控制存货成本提供资料。

9.5.2　存货控制模型

存货控制模型就是根据存货占用资金的比例，按重要程度将存货划分为 A，B，C 三类，以便对不同存货进行不同管理的模型。

【任务 9—16】

江海电器有限公司有 15 种材料，共占用资金 500 000 元，按占用资金多少顺序排列后，根据 ABC 管理方法划分成 A，B，C 三类。（资料来源：主教材第 318 页例 9—18。）

在 Excel 工作表中，创建存货控制模型的步骤如下：

第一步，建立存货控制模型并录入数据

首先在 Excel 工作表中创建存货控制模型并将【任务 9—16】的相关数据录入工作表。如图 9—66 所示。

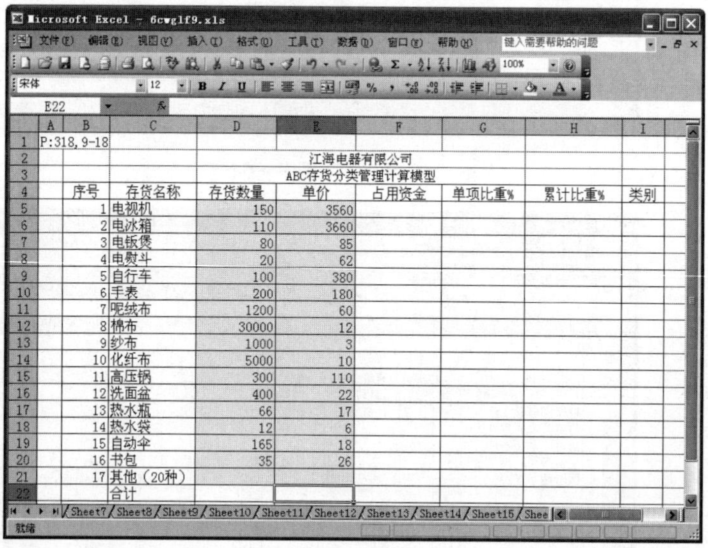

	A	B	C	D	E	F	G	H	I
1	P:318, 9-18								
2				江海电器有限公司					
3				ABC存货分类管理计算模型					
4		序号	存货名称	存货数量	单价	占用资金	单项比重%	累计比重%	类别
5		1	电视机	150	3560				
6		2	电冰箱	110	3660				
7		3	电饭煲	80	85				
8		4	电熨斗	20	62				
9		5	自行车	100	380				
10		6	手表	200	180				
11		7	呢绒布	1200	60				
12		8	棉布	30000	12				
13		9	纱布	1000	3				
14		10	化纤布	5000	10				
15		11	高压锅	300	110				
16		12	洗面盆	400	22				
17		13	热水瓶	66	17				
18		14	热水袋	12	6				
19		15	自动伞	165	18				
20		16	书包	35	26				
21		17	其他（20种）						
22			合计						

图 9—66

第二步，计算各存货所占资金及其比重，并对存货进行分类

选中单元格 F5，输入公式"＝D5 * E5"；选中单元格 G5，输入公式"＝F5/＄F＄22"；选中单元格 H5，输入公式"＝IF（ISTEXT（H4），G5，G5＋H4）"；然后选中单元格 I5，输入公式"＝IF（H5<0.7，"A"，IF（H5<0.9，"B"，"C"））"。同理可计算出其他存货的相关资料。如图 9—67 所示。

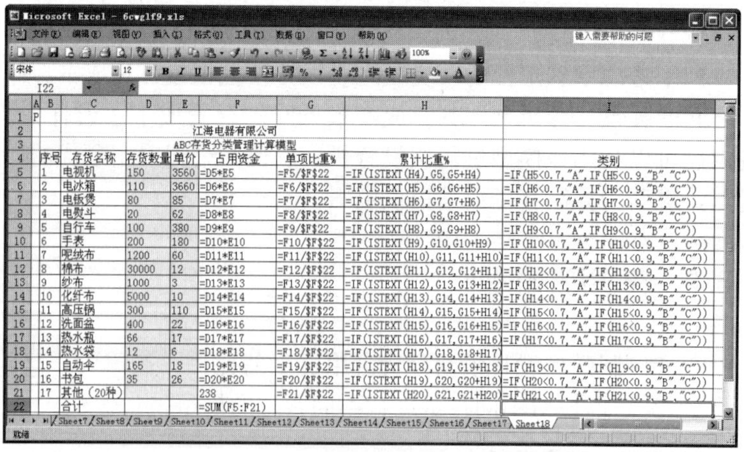

	A	B	C	D	E	F	G	H	I
1	P								
2				江海电器有限公司					
3				ABC存货分类管理计算模型					
4		序号	存货名称	存货数量	单价	占用资金	单项比重%	累计比重%	类别
5		1	电视机	150	3560	=D5*E5	=F5/$F$22	=IF(ISTEXT(H4),G5,G5+H4)	=IF(H5<0.7,"A",IF(H5<0.9,"B","C"))
6		2	电冰箱	110	3660	=D6*E6	=F6/$F$22	=IF(ISTEXT(H5),G6,G6+H5)	=IF(H6<0.7,"A",IF(H6<0.9,"B","C"))
7		3	电饭煲	80	85	=D7*E7	=F7/$F$22	=IF(ISTEXT(H6),G7,G7+H6)	=IF(H7<0.7,"A",IF(H7<0.9,"B","C"))
8		4	电熨斗	20	62	=D8*E8	=F8/$F$22	=IF(ISTEXT(H7),G8,G8+H7)	=IF(H8<0.7,"A",IF(H8<0.9,"B","C"))
9		5	自行车	100	380	=D9*E9	=F9/$F$22	=IF(ISTEXT(H8),G9,G9+H8)	=IF(H9<0.7,"A",IF(H9<0.9,"B","C"))
10		6	手表	200	180	=D10*E10	=F10/$F$22	=IF(ISTEXT(H9),G10,G10+H9)	=IF(H10<0.7,"A",IF(H10<0.9,"B","C"))
11		7	呢绒布	1200	60	=D11*E11	=F11/$F$22	=IF(ISTEXT(H10),G11,G11+H10)	=IF(H11<0.7,"A",IF(H11<0.9,"B","C"))
12		8	棉布	30000	12	=D12*E12	=F12/$F$22	=IF(ISTEXT(H11),G12,G12+H11)	=IF(H12<0.7,"A",IF(H12<0.9,"B","C"))
13		9	纱布	1000	3	=D13*E13	=F13/$F$22	=IF(ISTEXT(H12),G13,G13+H12)	=IF(H13<0.7,"A",IF(H13<0.9,"B","C"))
14		10	化纤布	5000	10	=D14*E14	=F14/$F$22	=IF(ISTEXT(H13),G14,G14+H13)	=IF(H14<0.7,"A",IF(H14<0.9,"B","C"))
15		11	高压锅	300	110	=D15*E15	=F15/$F$22	=IF(ISTEXT(H14),G15,G15+H14)	=IF(H15<0.7,"A",IF(H15<0.9,"B","C"))
16		12	洗面盆	400	22	=D16*E16	=F16/$F$22	=IF(ISTEXT(H15),G16,G16+H15)	=IF(H16<0.7,"A",IF(H16<0.9,"B","C"))
17		13	热水瓶	66	17	=D17*E17	=F17/$F$22	=IF(ISTEXT(H16),G17,G17+H16)	=IF(H17<0.7,"A",IF(H17<0.9,"B","C"))
18		14	热水袋	12	6	=D18*E18	=F18/$F$22	=IF(ISTEXT(H17),G18,G18+H17)	
19		15	自动伞	165	18	=D19*E19	=F19/$F$22	=IF(ISTEXT(H18),G19,G19+H18)	=IF(H19<0.7,"A",IF(H19<0.9,"B","C"))
20		16	书包	35	26	=D20*E20	=F20/$F$22	=IF(ISTEXT(H19),G20,G20+H19)	=IF(H20<0.7,"A",IF(H20<0.9,"B","C"))
21		17	其他（20种）			238	=F21/$F$22	=IF(ISTEXT(H20),G21,G21+H20)	=IF(H21<0.7,"A",IF(H21<0.9,"B","C"))
22			合计			=SUM(F5:F21)			

图 9—67

按回车键，模型就计算出各存货所占用资金、单项比重、累计比重及其类别，对存货进行了分类。如图 9—68 所示。

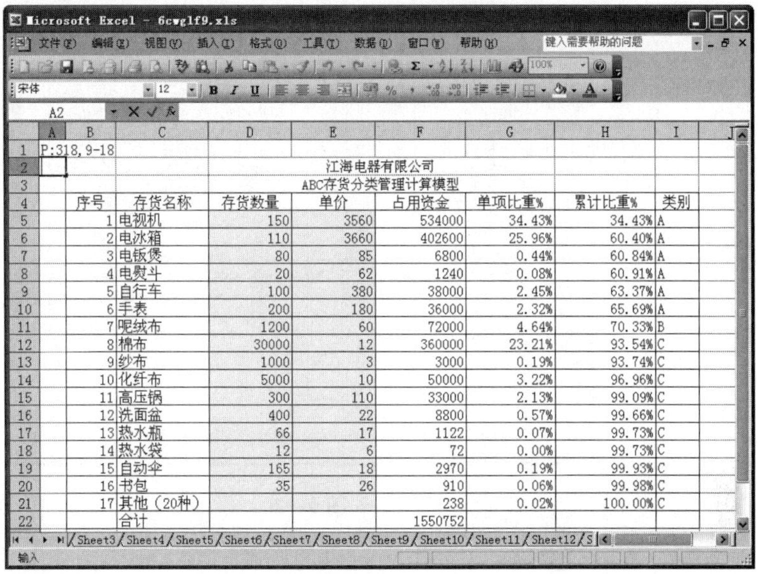

	A	B	C	D	E	F	G	H	I
1	P:318, 9-18								
2					江海电器有限公司				
3					ABC存货分类管理计算模型				
4		序号	存货名称	存货数量	单价	占用资金	单项比重%	累计比重%	类别
5		1	电视机	150	3560	534000	34.43%	34.43%	A
6		2	电冰箱	110	3660	402600	25.96%	60.40%	A
7		3	电饭煲	80	85	6800	0.44%	60.84%	A
8		4	电熨斗	20	62	1240	0.08%	60.91%	A
9		5	自行车	100	380	38000	2.45%	63.37%	A
10		6	手表	200	180	36000	2.32%	65.69%	A
11		7	呢绒布	1200	60	72000	4.64%	70.33%	B
12		8	棉布	30000	12	360000	23.21%	93.54%	C
13		9	纱布	1000	3	3000	0.19%	93.74%	C
14		10	化纤布	5000	10	50000	3.22%	96.96%	C
15		11	高压锅	300	110	33000	2.13%	99.09%	C
16		12	洗面盆	400	22	8800	0.57%	99.66%	C
17		13	热水瓶	66	17	1122	0.07%	99.73%	C
18		14	热水袋	12	6	72	0.00%	99.73%	C
19		15	自动伞	165	18	2970	0.19%	99.93%	C
20		16	书包	35	26	910	0.06%	99.98%	C
21		17	其他（20种）			238	0.02%	100.00%	C
22			合计			1550752			

图 9—68

第三步，按照单项比重指标重新排序

选中单元格区域 B4:I21，选择“数据”菜单，在下拉菜单中选择“排序”，在“主要关键字”栏中选中“单项比重”，并选中“降序”排列。如图 9—69 所示。

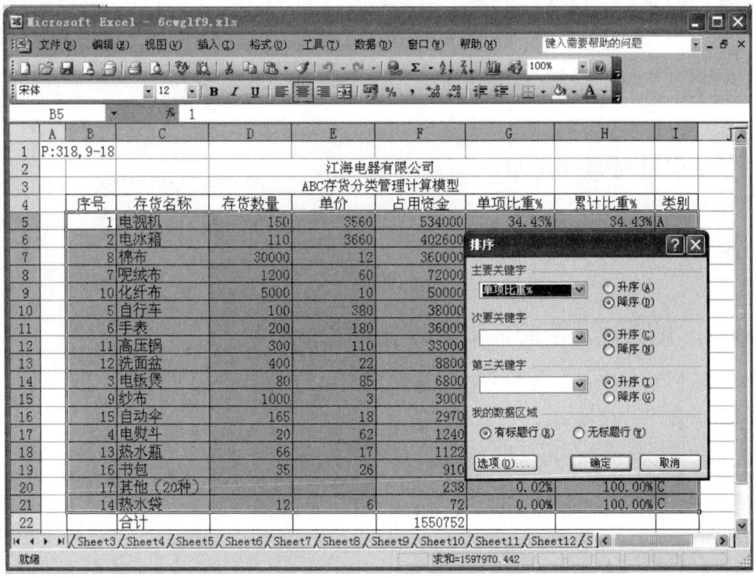

	A	B	C	D	E	F	G	H	I
1	P:318, 9-18								
2					江海电器有限公司				
3					ABC存货分类管理计算模型				
4		序号	存货名称	存货数量	单价	占用资金	单项比重%	累计比重%	类别
5		1	电视机	150	3560	534000	34.43%	34.43%	A
6		2	电冰箱	110	3660	402600			
7		8	棉布	30000	12	360000			
8		7	呢绒布	1200	60	72000			
9		10	化纤布	5000	10	50000			
10		5	自行车	100	380	38000			
11		6	手表	200	180	36000			
12		11	高压锅	300	110	33000			
13		12	洗面盆	400	22	8800			
14		3	电饭煲	80	85	6800			
15		9	纱布	1000	3	3000			
16		15	自动伞	165	18	2970			
17		4	电熨斗	20	62	1240			
18		13	热水瓶	66	17	1122			
19		16	书包	35	26	910			
20		17	其他（20种）			238	0.02%	100.00%	C
21		14	热水袋	12	6	72	0.00%	100.00%	C
22			合计			1550752			

图 9—69

点击“确定”按钮后，排序就完成了。如图 9—70 所示。

=IF(H22<0.7,"A",IF(H22<0.9,"B","C"))

P:318,9-18

江海电器有限公司

ABC存货分类管理计算模型

序号	存货名称	存货数量	单价	占用资金	单项比重%	累计比重%	类别
1	电视机	150	3560	534000	34.43%	34.43%	A
2	电冰箱	110	3660	402600	25.96%	60.40%	A
8	棉布	30000	12	360000	23.21%	83.61%	B
7	呢绒布	1200	60	72000	4.64%	88.25%	B
10	化纤布	5000	10	50000	3.22%	91.48%	C
5	自行车	100	380	38000	2.45%	93.93%	C
6	手表	200	180	36000	2.32%	96.25%	C
11	高压锅	300	110	33000	2.13%	98.38%	C
12	洗面盆	400	22	8800	0.57%	98.95%	C
3	电饭煲	80	85	6800	0.44%	99.38%	C
9	纱布	1000	3	3000	0.19%	99.58%	C
15	自动伞	165	18	2970	0.19%	99.77%	C
4	电熨斗	20	62	1240	0.08%	99.85%	C
13	热水瓶	66	17	1122	0.07%	99.92%	C
16	书包	35	26	910	0.06%	99.98%	C
17	其他（20种）			238	0.02%	100.00%	C
14	热水袋	12	6	72	0.00%	100.00%	C
	合计			1550752			

图 9—70

至此，按照【任务 9—16】所提供的资料，在 Excel 工作表中创建的存货控制模型就已经完成了。对这部分内容读者可以参考“实验系统”中“短期资产管理实验”项目下“实验示范”中第 18 个实验的屏幕录像。

利用存货控制模型可以方便地计算各类存货所属的类别，为加强存货成本控制提供资料。

9.6 短期资产管理实验资料

9.6.1 主教材第 9 章短期资产管理的练习题

见主教材第 321 页。

9.6.2 补充实验资料

1. 现金持有量的成本分析模型实验任务

资料：江海电器有限公司现有 A，B，C，D 四种现金持有方案，有关成本资料如表 9—9 所示。

表 9—9　　江海电器有限公司备选现金持有方案　　单位：万元

	方案 A	方案 B	方案 C	方案 D
现金持有量	200	300	400	500
机会成本率	12%	12%	12%	12%
短缺成本	100	80	40	0

要求：选取江海电器有限公司的现金最佳持有量的方案。

2. 现金持有量的存货模型实验任务

资料：某公司预计全年需要现金 6 000 元，现金与有价证券的转换成本为每次 100 元，有价证券的利息率为 30%。

要求：计算该公司的最佳现金余额。

3. 现金持有量的米勒-欧尔模型实验任务

资料：假设某公司的现金流量具有较大的不确定性，日现金余额标准差为 10 000 元，有价证券的利息率为 9%，每次现金转换成本为 30 元，公司每日最低现金需要量为 0。

要求：计算该公司的最佳现金余额和持有上限。

4. 应收账款政策模型实验任务

资料：某公司准备实施更为严格的信用政策，当前政策和新政策的相关数据如表 9—10 所示。假设该公司应收账款的机会成本率为 10%。

表 9—10

	当前信用政策	新信用政策
年销售收入（元）	15 000	14 000
销售成本率（%）	75	75
坏账占销售收入的比例（%）	5	2
收现期（天）	60	30

要求：判断该公司是否应当实施新的信用政策。

5. 应收账款平均占用模型实验任务

资料：江海电器有限公司 2013 年计划销售收入为 12 000 万元，预计有 80% 为赊销，应收账款的平均收现期为 60 天。

要求：计算 2013 年度该公司应收账款平均占用资金的数额。

6. 应收账款日常控制模型实验任务

资料：某公司的账龄分析表如表 9—11 所示，假设账龄在 0～30 天的所有应收账款账龄为 15 天，账龄在 30～60 天的所有应收账款账龄为 45 天，账龄在 60～90天的所有应收账款账龄为 75 天。

表 9—11

账龄	金额（元）	百分比（%）
0～30 天	2 000	53.33
30～60 天	1 250	33.33
60～90 天	500	13.33
90 天以上	0	0.00
合计	3 750	100.00

要求：计算该应收账款的平均账龄。

7. 基本存货经济批量模型实验任务

资料：某公司全年需要某种零件 5 000 件，每次订货成本为 300 元，每件年储存成本为 3 元。

要求：计算该公司最佳经济批量。

8. 有数量折扣的存货经济批量模型实验任务

资料：某公司全年需要某种零件 5 000 件，每次订货成本为 300 元，每件年储存成本为 3 元，零件每件价格 35 元，一次订购超过 1 200 件可得到 2%的折扣。

要求：计算该公司最佳经济批量。

9. 加上保险储备的存货再订货点模型实验任务

资料：假设某公司的订货提前期为 20 天，每天原材料的耗用量为 5 件。预计公司的最大日消耗量为 10 件，预计最长收货时间为 20 天。

要求：计算公司的保险储备量和再订货点。

10. 考虑不确定性的存货成本模型实验任务

资料：新宇公司每年需要某零配件 12 000 件，订货成本为每次 250 元，储存成本为每件 30 元。公司在交货期内的平均需求量是 40 件。为避免可能的缺货成本，公司准备持有 0～30 件保险储备，并对不同保险储备量下的缺货成本进行了估算，如表 9—12 所示。

表 9—12　　新宇公司不同保险储备水平下的缺货成本

保险储备（件）	缺货成本（元）
0	4 000
5	2 000
10	1 000
15	800
20	400
25	200
30	0

要求：计算新宇公司的最优保险储备量和再订货点。

参考答案

1. 方案 D。
2. 2 000 元。
3. 20 801 元；62 403 元。
4. 实施新的信用政策。
5. 1 600 万元。
6. 33 天。
7. 1 000 件。
8. 1 200 件。
9. 50；150 件。
10. 30 件；70 件。

第 10 章

Chapter 10 短期筹资管理实验

实 验 导 引

实验名称：短期筹资管理实验

实验目的：理解短期筹资的原理和方法，获得利用 Excel 工作表模型进行短期筹资相关内容计算的技能。

实验内容：根据主教材第 10 章“短期筹资管理”中的短期筹资政策、自然性筹资、短期借款筹资的资本成本率、短期融资券为主要内容，利用 Excel 工作表创建短期筹资管理模型，以及 Excel 工作表短期筹资管理模型的维护和应用。

实验要求：完成短期筹资管理模型的创建和使用，按照模型及相关方法确定合适的短期筹资政策的任务。

实验参考：参考主教材第 10 章的相关内容。参考实验系统中“短期筹资管理”模型创建的屏幕录像。

美国老太太与中国老太太

有一位美国老太太和一位中国老太太，她们年轻的时候都希望自己有朝一日可以拥有一套房子。

为了买房子，美国老太太在自己大学一毕业时就迫不及待向银行贷款。虽然是贷款买的房子，但总算实现了她的梦想。在以后的日子里，美国老太太逐月用一部分薪水偿还银行贷款，但因为拥有了房子，生活也没太大的压力，日子倒也过得优哉游哉。到她 60 岁生日的那一天，她还清了贷款，同时也享受了生活。

这位中国老太太，日子就不好过了。为了实现她的梦想，她压力特别大。她努力工作，打算挣够了买房子的钱才去买。她把工资的一大部分存入银行，剩下的一点钱勉强维持生计。自力更生，艰苦奋斗，中国老太太终于实现了她的梦想，买上了一套房子，但她没能好好地享受生活，因为她是 60 岁的那一天才赚够了买房子的钱。

资料来源：http://wenku.baidu.com/link?url=DVJ4z3DBcDp4t9rCgvK67bnvyCxz1MpD-xJYzY1y3Ys5LgueTzeMRZpanDsyXFO-KqearDx3lgtUjbDxkHLVC48qGBnVzylDIKXGpGq2gNK&qq-pf-to=pcqq.c2c.

10.1 短期筹资管理实验概述

财务管理主要是指以企业的筹资、投资、资金运营和资金分配四方面的价值管理活动为主要内容的管理活动。财务管理学主要是指开展企业财务管理活动的基本原理、具体内容和技术方法。而短期筹资作为财务管理最基本的管理活动，主要包括：短期筹资政策、自然性筹资、短期借款筹资、短期融资券等内容。由于主教材在本章安排的主要内容是短期筹资政策、自然性筹资、短期借款筹资、短期融资券，因此短期筹资管理实验也围绕上述内容展开。

10.1.1 短期筹资管理实验内容

短期筹资管理实验的主要内容包括：

第一，权衡短期筹资政策对公司风险和报酬的影响。不同的短期筹资政策将会影响企业的报酬和风险。由于较多地使用了成本较低的短期资金，企业的利润会增加，相应地短期负债的增加会导致流动比率下降，短期偿债能力减弱，进而增加企业的财务风险。因此，应把握短期筹资政策对公司财务风险和报酬的影响，计算出不同短期筹资政策的资本成本率及报酬率，为制定合理的短期筹资政策提供参考。

第二，对自然性筹资管理。自然性筹资主要包括两大类：商业信用和应付费用。对于商业信用，可以根据商业信用条件，计算出放弃现金折扣的资本成本率，根据此成本率的高低确定是否享受该现金折扣率。对于应付费用，需要计算应交税金筹资额和应付税金筹资额。

第三，计算贷款的有效利率。银行借款成本用贷款有效利率来表示。

第四，计算短期融资券资本成本率。

10.1.2 短期筹资管理实验任务

根据短期筹资管理实验的内容，本章的实验任务主要包括：

第一，完成短期筹资政策对公司风险和报酬的影响模型的创建与应用；

第二，完成现金折扣资本成本率模型的创建与应用；

第三，完成应付账款周转率模型的创建与应用；

第四，完成应付账款余额及比重模型的创建与应用；

第五，完成应付费用筹资额模型（平均占用天数法）的创建与应用；

第六，完成贴现票据实际利率模型的创建与应用；

第七，完成短期融资券资本成本率模型的创建与应用。

10.1.3 短期筹资管理实验平台

短期筹资管理实验以 Excel 工作表为实验平台。尽管我们可以用手工计算办法，来解决涉及现金折扣资本成本率、应付账款周转率、应付账款余额及比重、应付费用筹资额、贴现票据实际利率和短期融资券资本成本率的计算，但这种计算问题是财务管理的经常性工作，在财务管理工作中计算工作量非常大。为了提高这类计算问题的工作效率，减轻财务管理专业人员的劳动强度，有必要借助 Excel 工作表创建债务筹资、自然性筹资以及短期借款筹资的模型。

Excel 工作表能够解决财务管理的许多问题，不仅可以方便地编写公式，引用内置的函数，还可以调用分析工具，为我们创建各种财务管理模型提供了极大的便利。在本实验的模型构建过程中主要是编写公式，来解决相关问题。

10.2 短期筹资管理实验

短期筹资是指筹集在一年内或者超过一年的一个营业周期内到期的资金，通常是指短期负债筹资。短期筹资具有筹资速度快、筹资弹性好、筹资成本低等优点，但其筹资风险大，有陷入财务危机的可能。而不同的短期筹资政策将会影响企业的报酬和风险。

【任务 10—1】

江海电器有限公司目前的资产组合与筹资组合如表 10—1 所示。

表 10—1　　江海电器有限公司资产组合与筹资组合　　单位：元

资产组合		筹资组合	
短期资产	40 000	短期资金	20 000
长期资产	60 000	长期资金	80 000
合计	100 000	合计	10 0000

公司当前的息税前利润为 20 000 元，短期资本成本率为 4%，长期资本成本率为 15%。假设息税前利润不变，资产组合不变，筹资组合由本例中的保守组合变为冒险组合：短期资金 50 000 元，长期资金 50 000 元，则不同的筹资组合对企业风险和报酬的影响是什么？（资料来源：主教材第 329 页例 10—1。）

为便于说明如何在 Excel 工作表中完成不同的筹资组合对企业风险和报酬影响计算的任务，我们利用上述【任务 10—1】的资料并借助 Excel 工作表创建短期筹资政策对公司风险和报酬的影响模型，然后根据短期筹资政策对公司风险和报酬的影响模型计算出【任务 10—1】中有关短期筹资政策对公司风险和报酬的影响（以保守组合计算为例）。

在 Excel 工作表中，创建短期筹资政策对公司风险和报酬的影响模型的步骤如下：

第一步，建立短期筹资政策对公司风险和报酬的影响模型并录入数据

首先在 Excel 工作表中建立短期筹资政策对公司风险和报酬的影响模型，并将【任务 10—1】的短期筹资政策对公司风险和报酬的影响计算相关数据录入。

如图 10—1 所示。

图 10—1

第二步，计算资本成本（短期资本成本、长期资本成本）

首先，计算短期资本成本，在单元格 C19 中输入公式“＝C14＊C10”。如图 10—2 所示。

图 10—2

按回车键，可计算出短期资本成本的结果为 800 元。如图 10—3 所示。

长期资本成本的计算同上，不再赘述。

第三步，计算净利润

在单元格 C21 中输入公式“＝C17－C19－C20”。如图 10—4 所示。

图 10—3

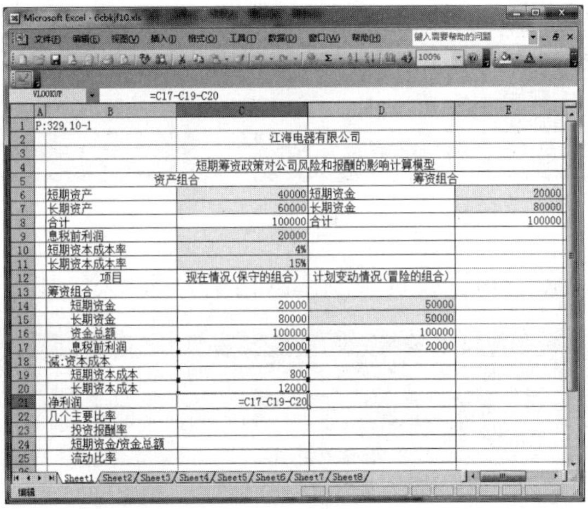

图 10—4

按回车键，就可得到净利润的结果为 7 200 元。如图 10—5 所示。

图 10—5

第四步，计算几个主要的比率

首先，计算投资报酬率，在单元格 C23 中输入公式“=C21/C16”。如图 10—6 所示。

	A/B	C	D	E
1	P:329,10-1			
2		江海电器有限公司		
3				
4		短期筹资政策对公司风险和报酬的影响计算模型		
5	资产组合		筹资组合	
6	短期资产	40000	短期资金	20000
7	长期资产	60000	长期资金	80000
8	合计	100000	合计	100000
9	息税前利润	20000		
10	短期资本成本率	4%		
11	长期资本成本率	15%		
12	项目	现在情况(保守的组合)	计划变动情况(冒险的组合)	
13	筹资组合			
14	短期资金	20000	50000	
15	长期资金	80000	50000	
16	资金总额	100000	100000	
17	息税前利润	20000	20000	
18	减:资本成本			
19	短期资本成本	800		
20	长期资本成本	12000		
21	净利润	7200		
22	几个主要比率			
23	投资报酬率	=C21/C16		
24	短期资金/资金总额			
25	流动比率			

图 10—6

按回车键，就会得到投资报酬率的结果为 7.2%。如图 10—7 所示。

	A/B	C	D	E
1	P:329,10-1			
2		江海电器有限公司		
3				
4		短期筹资政策对公司风险和报酬的影响计算模型		
5	资产组合		筹资组合	
6	短期资产	40000	短期资金	20000
7	长期资产	60000	长期资金	80000
8	合计	100000	合计	100000
9	息税前利润	20000		
10	短期资本成本率	4%		
11	长期资本成本率	15%		
12	项目	现在情况(保守的组合)	计划变动情况(冒险的组合)	
13	筹资组合			
14	短期资金	20000	50000	
15	长期资金	80000	50000	
16	资金总额	100000	100000	
17	息税前利润	20000	20000	
18	减:资本成本			
19	短期资本成本	800		
20	长期资本成本	12000		
21	净利润	7200		
22	几个主要比率			
23	投资报酬率	7.2%		
24	短期资金/资金总额			
25	流动比率			

图 10—7

其次，计算“短期资金/总资金”的比例。在单元格 C24 中输入公式“=C14/C16”。如图 10—8 所示。

按回车键，就可得到结果为 20%。如图 10—9 所示。

最后，计算流动比率。

图 10—8

图 10—9

在单元格 C25 中输入公式“＝C6/C14”。如图 10—10 所示。

图 10—10

按回车键，就可得到流动比率的结果为 2。如图 10—11 所示。

C25 =C6/C14

	B	C	D	E
1	P:329,10-1			
2		江海电器有限公司		
3				
4		短期筹资政策对公司风险和报酬的影响计算模型		
5	资产组合		筹资组合	
6	短期资产	40000	短期资金	20000
7	长期资产	60000	长期资金	80000
8	合计	100000	合计	100000
9	息税前利润	20000		
10	短期资本成本率	4%		
11	长期资本成本率	15%		
12	项目	现在情况(保守的组合)	计划变动情况(冒险的组合)	
13	筹资组合			
14	短期资金	20000	50000	
15	长期资金	80000	50000	
16	资金总额	100000	100000	
17	息税前利润	20000	20000	
18	减:资本成本			
19	短期资本成本	800		
20	长期资本成本	12000		
21	净利润	7200		
22	几个主要比率			
23	投资报酬率	7.2%		
24	短期资金/资金总额	20.0%		
25	流动比率	2		

图 10—11

对于计划变动情况（冒险的组合）计算过程与现在情况（保守的组合）相同。其结果如图 10—12 所示。

D25 =C6/D14

	B	C	D	E
1	P:329,10-1			
2		江海电器有限公司		
3				
4		短期筹资政策对公司风险和报酬的影响计算模型		
5	资产组合		筹资组合	
6	短期资产	40000	短期资金	20000
7	长期资产	60000	长期资金	80000
8	合计	100000	合计	100000
9	息税前利润	20000		
10	短期资本成本率	4%		
11	长期资本成本率	15%		
12	项目	现在情况(保守的组合)	计划变动情况(冒险的组合)	
13	筹资组合			
14	短期资金	20000	50000	
15	长期资金	80000	50000	
16	资金总额	100000	100000	
17	息税前利润	20000	20000	
18	减:资本成本			
19	短期资本成本	800	2000	
20	长期资本成本	12000	7500	
21	净利润	7200	10500	
22	几个主要比率			
23	投资报酬率	7.2%	10.5%	
24	短期资金/资金总额	20.0%	50.0%	
25	流动比率	2	0.8	

图 10—12

至此，按照【任务 10—1】所提供的资料，在 Excel 工作表中创建的短期筹资政策对公司风险和报酬的影响模型就已经完成了。对这部分内容读者可以参考“实验系统”中“短期筹资管理实验”项目下“实验示范”中第 1 个实验的屏幕录像。

通过短期筹资政策对公司风险和报酬的影响模型计算结果，我们可以看到，如果采用计划变动情况的筹资组合（冒险的组合），即用了比较多的成本较低的流动负债，企业的净利润从 7 200 元增加到 10 500 元，投资报酬率也由 7.2%上升到 10.5%。但是短期资金占总资金的比例从 20%上升到 50%，流动比率也由 2 下降到 0.8。因此，公司在筹集资金时必须在风险和报酬之间进行认真的权衡。借助短期筹资政策对公司风险和报酬的影响模型进行假设分析，可以合理安排短期筹资与长期筹资之间的比例关系，为顺利实现公司的财务目标提供资料。

10.3　自然性筹资实验

自然性短期负债是指公司正常生产经营过程中产生的、由于结算程序的原因自然形成的短期负债。自然性筹资实验主要包括：现金折扣模型、应付账款周转率控制模型、应付账款余额百分比控制模型等的创建。

10.3.1　现金折扣模型

【任务 10—2】

江海电器有限公司按“3/10，n/30”的条件购入价值 10 000 元的原材料。计算该公司放弃现金折扣的资本成本率是多少？（资料来源：主教材第 331 页例 10—2。）

为便于说明如何在 Excel 工作表中完成放弃现金折扣的资本成本率计算的任务，我们利用上述【任务 10—2】的资料并借助 Excel 工作表创建放弃现金折扣的资本成本率模型，然后根据放弃现金折扣的资本成本率模型计算出【任务 10—2】中有关放弃现金折扣的资本成本率问题。

在 Excel 工作表中，创建放弃现金折扣的资本成本率模型的步骤如下：

第一步，建立放弃现金折扣的资本成本率模型并录入数据

首先在 Excel 工作表中建立放弃现金折扣的资本成本率模型并将【任务 10—2】计算放弃现金折扣的资本成本率的相关数据录入。如图 10—13 所示。

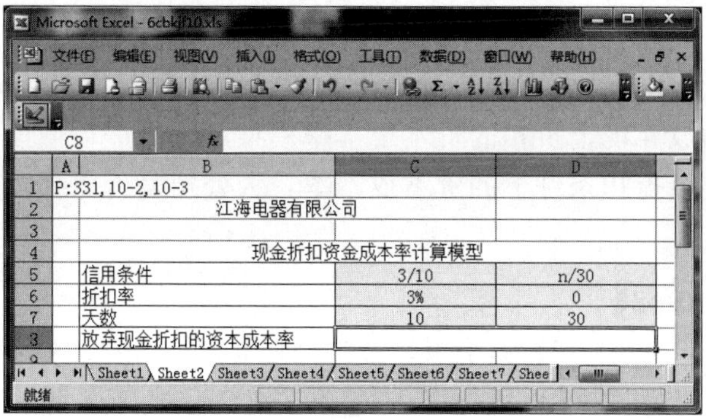

图 10—13

第二步，计算放弃现金折扣的资本成本率

在单元格 C8 中输入公式“＝C6/（1－C6）＊360/（D7－C7）”。如图 10—14 所示。

按回车键，可以得到放弃现金折扣的资本成本率为 55.67%。如图 10—15 所示。

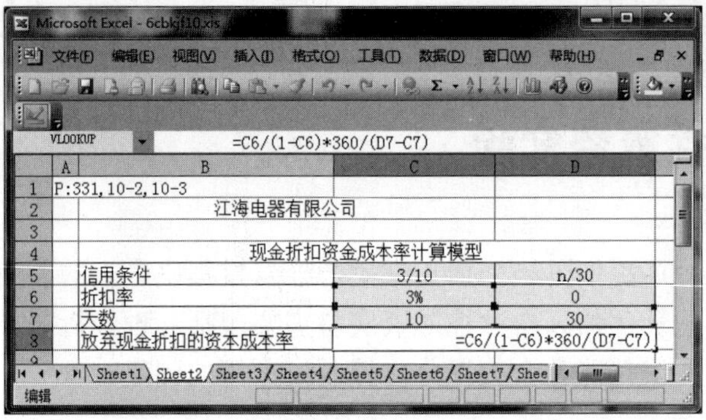

图 10—14

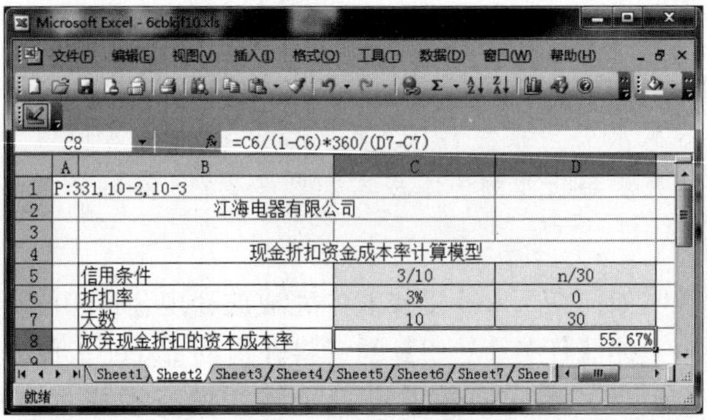

图 10—15

到此为止，按照【任务 10—2】所提供的资料，在 Excel 工作表中创建的放弃现金折扣的资本成本率模型就已经完成了。对这部分内容读者可以参考“实验系统”中“短期筹资管理实验”项目下“实验示范”中第 2 个实验的屏幕录像。

通过放弃现金折扣的资本成本率模型计算结果，我们可以看到，如果按“3/10，n/30”的现金折扣条件计算，公司放弃现金折扣的资本成本率为 55.67%。因此，公司在放弃现金折扣时必须认真权衡放弃现金折扣的资本成本率。借助放弃现金折扣的资本成本率模型还可以进行假设分析，以便计算不同信用和现金折扣条件下的资本成本率，为公司是否放弃现金折扣提供数据和资料。

【任务 10—3】

沿用【任务 10—2】的资料，江海电器有限公司在购买材料时，除了上述一家供应商提供的“3/10，n/30”的信用条件外，还面临另一家供应商提供的信用条件“2/20，n/50”，试确定公司应当选择哪家供应商。（资料来源：主教材第 331 页例 10—3。）

我们利用已经创建完成的放弃现金折扣的资本成本率模型，在相应的单元格输入信用条件变化后的资料，就可以方便地计算出如果放弃另一家供应商提供的“2/20，n/50”信用条件的资本成本率。

依据【任务 10—3】，在单元格 C5 中输入信用条件“2/20”，在单元格 D5 中输入信用条件“n/50”，在单元格 C6 和 D6 中分别输入折扣率“2%”、“0”，在单元格 C7 和 D7 中输入天数“20”、“50”，然后按回车键，就可得到放弃现金折扣的资本成本率的结果。本例计算出的资本成本率为 24.49%。如图 10—16 所示。

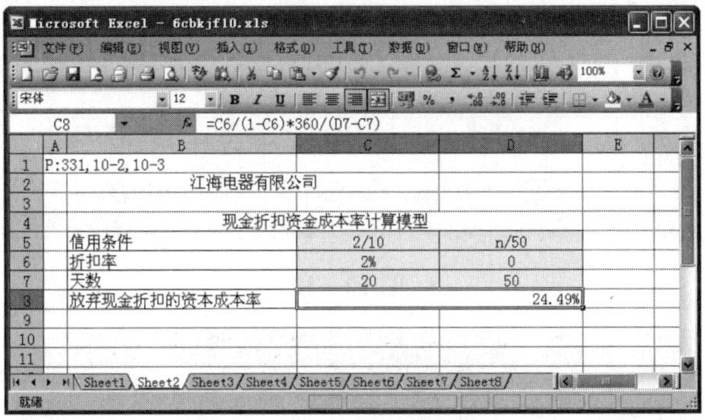

图 10—16

依据【任务 10—3】信用条件计算出来的这一成本率远远低于“3/10，n/30”信用条件的成本率。因此，如果公司因资金紧张，准备采取放弃现金折扣，那么应当选择信用成本低的供应商，即信用条件为“2/20，n/50”的供应商。

10.3.2　应付账款周转率控制模型

【任务 10—4】

江海电器有限公司 2014 年发生采购成本 500 000 元，年度应付账款平均余额为 250 000 元，则该公司的应付账款周转率是多少？（资料来源：主教材第 332 页例 10—4。）

为便于说明如何在 Excel 工作表中完成应付账款周转率计算的任务，我们利用上述【任务 10—4】的资料并借助 Excel 工作表创建应付账款周转率控制模型，然后根据应付账款周转率控制模型计算出【任务 10—4】中有关应付账款周转率问题。

在 Excel 工作表中，创建应付账款周转率控制模型的步骤如下：

第一步，建立应付账款周转率控制模型并录入数据

首先，在 Excel 工作表中建立应付账款周转率控制模型并将【任务 10—4】的应付账款周转率计算相关数据录入。如图 10—17 所示。

第二步，计算应收账款周转率

在单元格 D6 中输入公式“=B6/C6”。如图 10—18 所示。

按回车键，就会得到该公司的应收账款周转率为 2。如图 10—19 所示。

到此为止，按照【任务 10—4】所提供的资料，在 Excel 工作表中创建的应收账款周转率控制模型就已经完成了。对这部分内容读者可以参考“实验系统”中“短期筹资管理实验”项目下“实验示范”中第 3 个实验的屏幕录像。

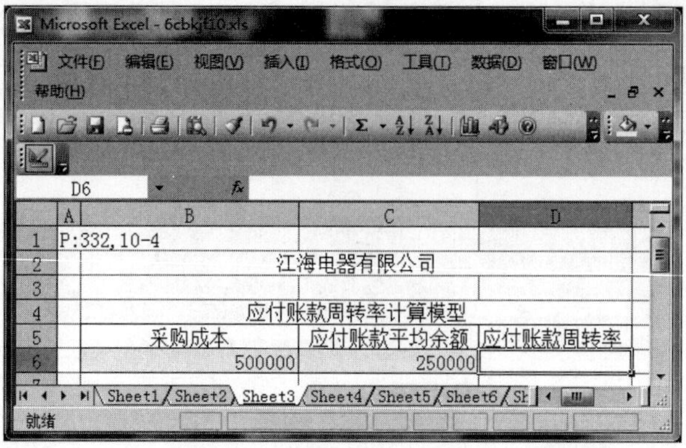

图 10—17

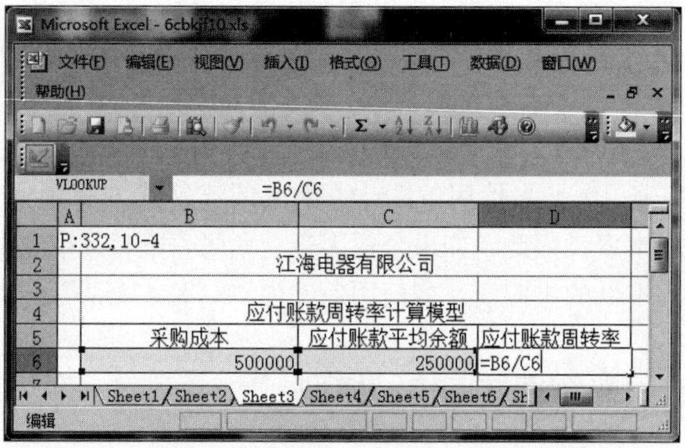

图 10—18

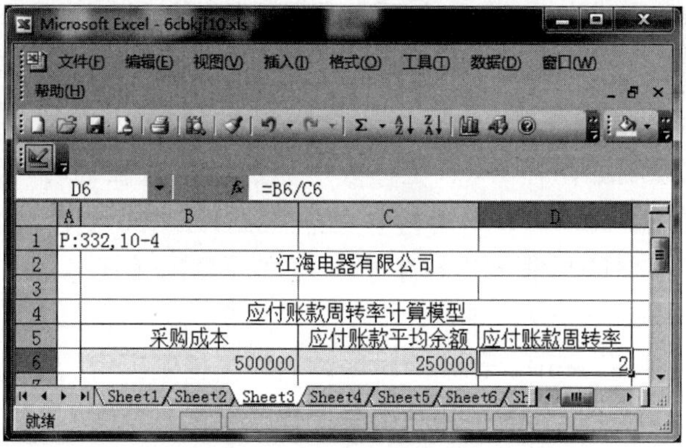

图 10—19

10.3.3 应付账款余额百分比控制模型

【任务 10—5】

江海电器有限公司 2014 年上半年采购成本（假设全为赊购）和应付账款余额情况如表 10—2 所示。

表 10—2　　**江海公司 2014 年上半年采购成本和应付账款余额情况表**　　单位：万元

月份	采购成本	应付账款余额					
		1 月	2 月	3 月	4 月	5 月	6 月
1	100	50	10				
2	200		150	50			
3	150			60	30		
4	120				60	12	
5	100					60	20
6	60						30
合计	730	50	160	110	90	72	50

根据此表，计算江海电器有限公司 2014 年上半年应付账款余额百分比是多少？（资料来源：主教材第 332 页例 10—5。）

为便于说明如何在 Excel 工作表中完成应付账款余额计算的任务，我们利用上述【任务 10—5】的资料并借助 Excel 工作表创建应付账款余额及比重模型，然后根据应付账款余额及比重模型计算出【任务 10—5】中应付账款余额及比重问题。

在 Excel 工作表中，创建应付账款余额及比重模型的步骤如下：

第一步，建立应付账款余额及比重模型并录入数据

首先在 Excel 工作表中建立应付账款余额及比重模型并将【任务 10—5】的应付账款余额及比重计算相关数据录入。如图 10—20 所示。

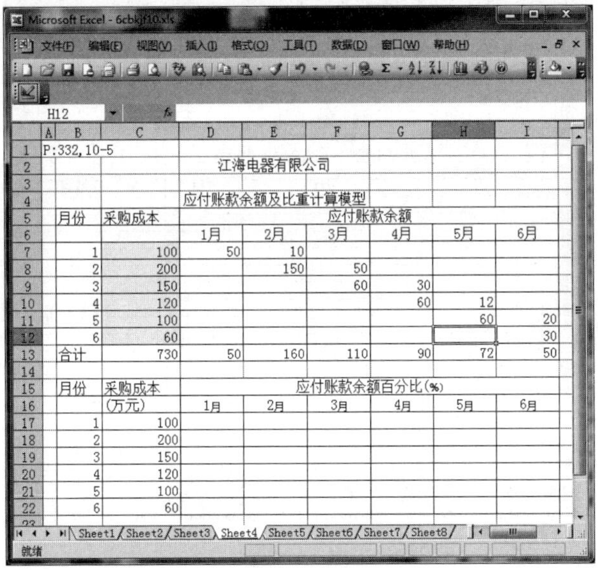

图 10—20

第二步，计算各月应付账款余额比重

按照公式“应付账款余额比重＝本月应付账款/应付账款发生月份的采购成本”来计算（以 1 月份为例）。

在单元格 D17 中输入公式“＝D7/C7”。如图 10—21 所示。

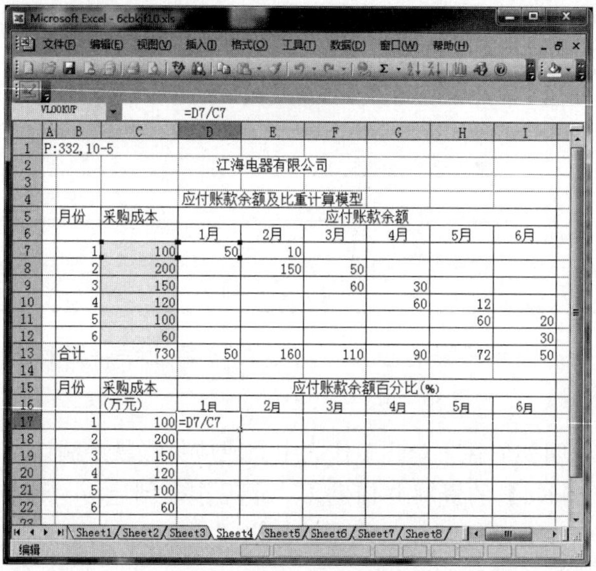

图 10—21

按回车键，就可得到 1 月份应付账款余额的比重为 50%。如图 10—22 所示。

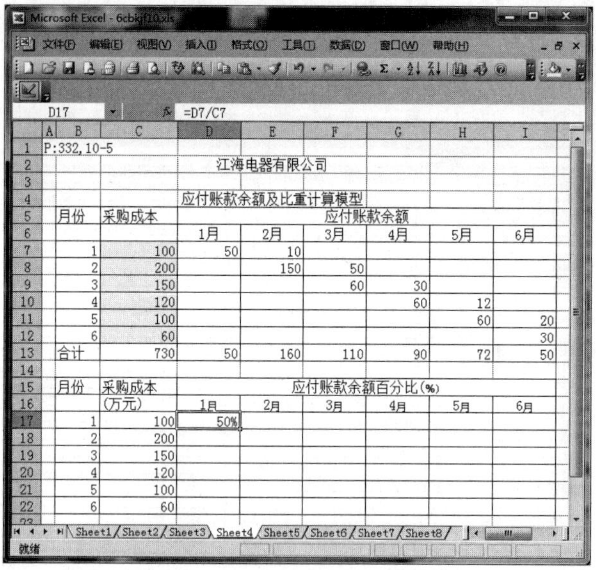

图 10—22

同理，其他月份的应付账款余额比重的计算都可按以上步骤过程来处理，不再赘述。如图 10—23 所示。

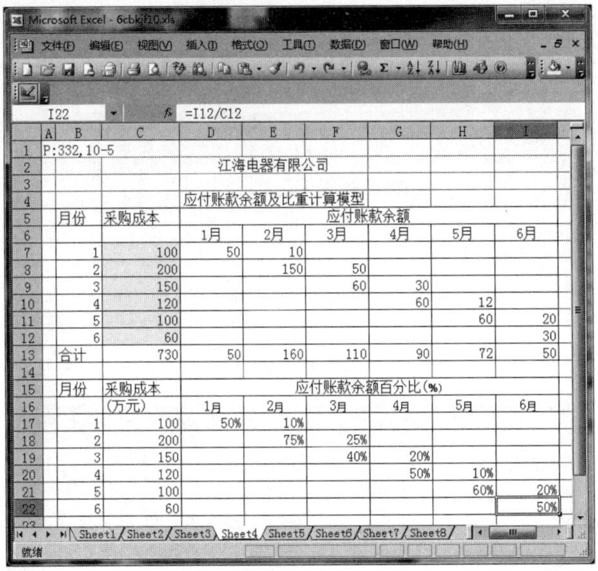

	A	B	C	D	E	F	G	H	I
1		P:332,10-5							
2					江海电器有限公司				
3									
4				应付账款余额及比重计算模型					
5		月份	采购成本	应付账款余额					
6				1月	2月	3月	4月	5月	6月
7		1	100	50	10				
8		2	200		150	50			
9		3	150			60	30		
10		4	120				60	12	
11		5	100					60	20
12		6	60						30
13		合计	730	50	160	110	90	72	50
14									
15		月份	采购成本	应付账款余额百分比(%)					
16			(万元)	1月	2月	3月	4月	5月	6月
17		1	100	50%	10%				
18		2	200		75%	25%			
19		3	150			40%	20%		
20		4	120				50%	10%	
21		5	100					60%	20%
22		6	60						50%

图 10—23

到此为止，按照【任务 10—5】所提供的资料，在 Excel 工作表中创建的应付账款余额百分比控制模型就已经完成了。对这部分内容读者可以参考“实验系统”中“短期筹资管理实验”项目下“实验示范”中第 4 个实验的屏幕录像。

10.3.4　应付费用控制模型

【任务 10—6】

江海电器有限公司某年预计支付增值税金额为 180 000 元，每月缴纳一次，则按平均占用天数计算的应付税金筹资额是多少？(资料来源：主教材第 335 页例 10—6。)

为便于说明如何在 Excel 工作表中完成应付税金筹资额计算的任务，我们利用上述【任务 10—6】的资料并借助 Excel 工作表创建应付费用筹资额模型，然后根据应付费用筹资额模型计算出【任务 10—6】中有关应付费用筹资额问题。

在 Excel 工作表中，创建应付费用筹资额模型的步骤如下：

第一步，建立应付费用筹资额模型并录入数据

首先，在 Excel 工作表中建立应付费用筹资额模型并将【任务 10—6】的应付费用筹资额计算相关数据录入，本例中“每月缴纳一次”没有明确规定具体是哪一天，则我们可以取平均“30/2=15”，以 15 天来确定缴费日天数。如图 10—24 所示。

第二步，计算平均每日发生额和缴费日天数

首先，计算平均每日发生额，在单元格 C8 中输入公式“=C5/C6”，按回车键，就会得到平均每日发生额为 500 元。如图 10—25 所示。

第三步，计算应付费用筹资额

在单元格 C9 中输入公式“= C8 * C7”。按回车键，就会得到应付费用筹资额为 7 500 元，如图 10—26 所示。

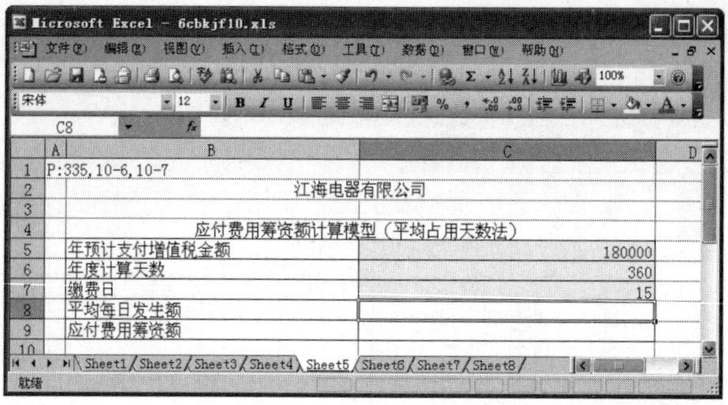

图 10—24

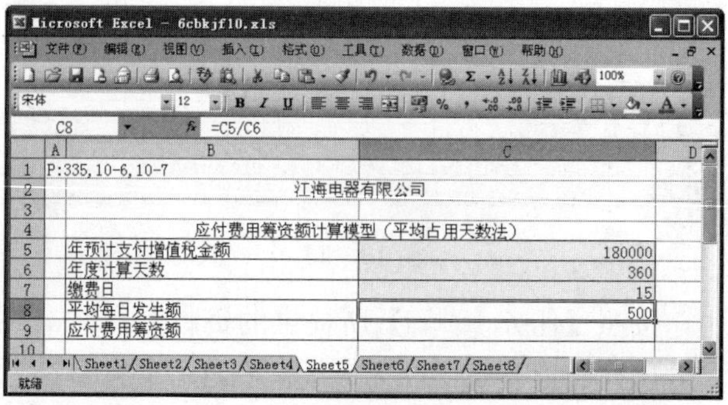

图 10—25

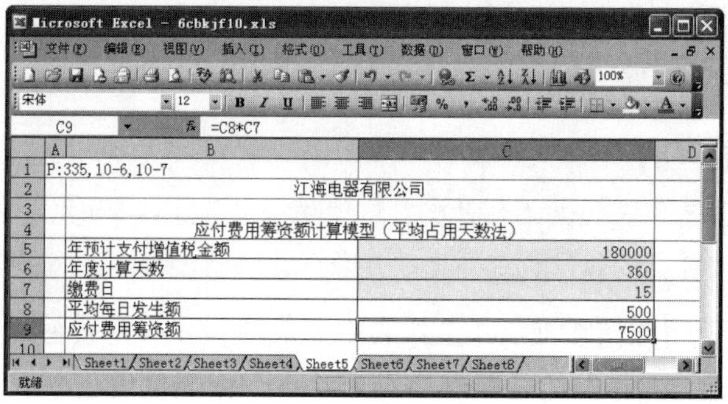

图 10—26

到此为止，按照【任务 10—6】所提供的资料，在 Excel 工作表中创建的应付费用筹资额模型就已经完成了。对这部分内容读者可以参考“实验系统”中“短期筹资管理实验”项目下“实验示范”中第 5 个实验的屏幕录像。

通过应付费用筹资额模型计算结果，我们可以看到，如果按平均占用天数 15 天来计算的话，应付税金的筹资额为 7 500 元。借助应付费用筹资额模型还可以进行假设分析，以便计算不同应付项目的筹资额，为公司预算资金来源提供数据和资料。

【任务 10—7】

沿用【任务 10—6】的资料，假定增值税按规定在次月 5 日缴纳，则按经常占用天数计算的应交税金筹资额是多少？（资料来源：主教材第 335 页例 10—7。）

我们利用已经创建完成的应付费用筹资额模型，在相应的单元格输入相关条件变化后的资料，就可以方便地计算出如果经常占用天数按 5 天计算的结果。依据题意，在单元格 C7 中输入缴费日“4”，然后按回车键，就会得到应交税金筹资额的结果为 2 000 元。如图 10—27 所示。

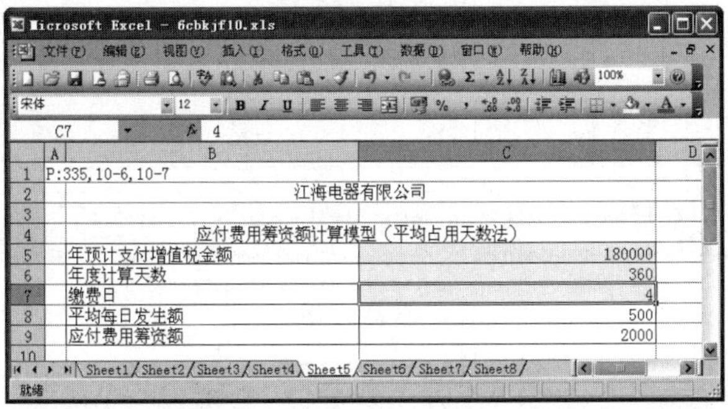

图 10—27

10.4　短期借款筹资实验

短期借款筹资通常是指银行短期借款，又称银行流动资金借款，是企业为解决短期资金需求而向银行申请借入的款项，是筹集短期资金的重要方式。企业短期借款通常包括信用借款、担保借款和票据贴现三类。

10.4.1　短期借款筹资成本模型的创建

【任务 10—8】

假定江海电器有限公司以贴现方式借入 1 年期贷款 2 万元，名义利率为 12%。这时，该公司实际拿到的资金是 1.76 万元，利息是 2 400 元。因此，贷款的有效利率是多少？（资料来源：主教材第 337 页例 10—8。）

为便于说明如何在 Excel 工作表中完成贷款的有效利率计算的任务，我们利用上述【任务 10—8】的资料并借助 Excel 工作表创建短期借款筹资成本模型，然后根据短期借款筹资成本模型计算出【任务 10—8】中有关贷款的有效利率问题。

在 Excel 工作表中，创建短期借款筹资成本模型的步骤如下：

第一步，建立短期借款筹资成本模型并录入数据

首先，在 Excel 工作表中建立短期借款筹资成本模型并将【任务 10—8】的相关数据录入。如图 10—28 所示。

第二步，计算实际利率和差额

首先，计算实际利率，在单元格 C8 中输入公式“＝C6/（C5—C6）”。如图 10—29 所示。

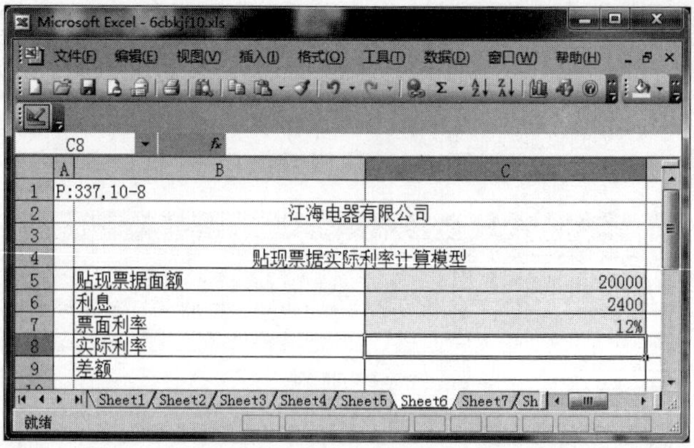

图 10—28

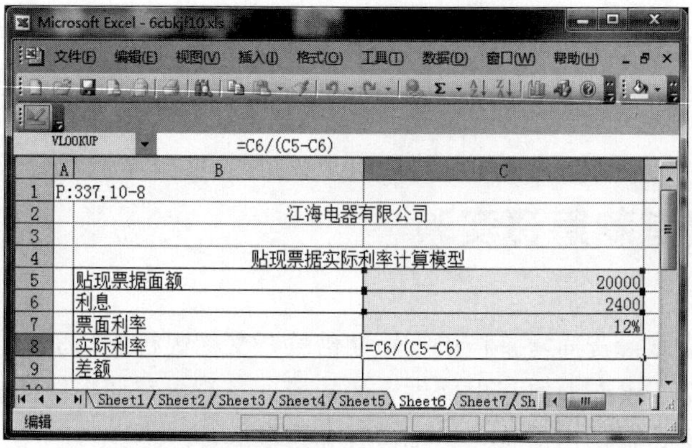

图 10—29

按回车键，就会得到实际利率为 13.64%。如图 10—30 所示。

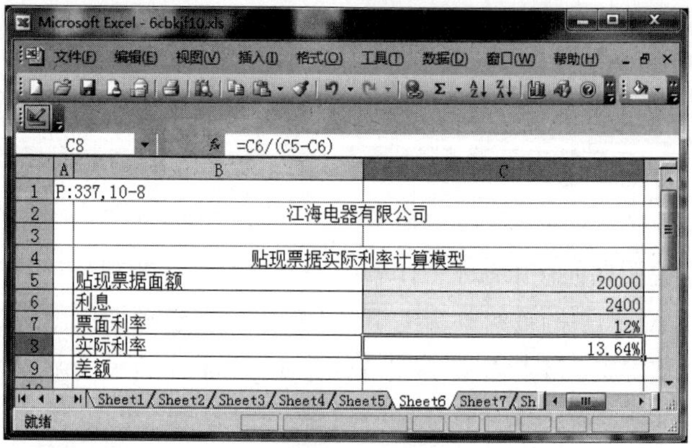

图 10—30

然后计算票面利率与实际利率的差额，在单元格 C9 中输入公式“＝C8－C7”。如图 10—31 所示。

按回车键，就会得到实际利率与票面利率的差额：1.64%。如图 10—32 所示。

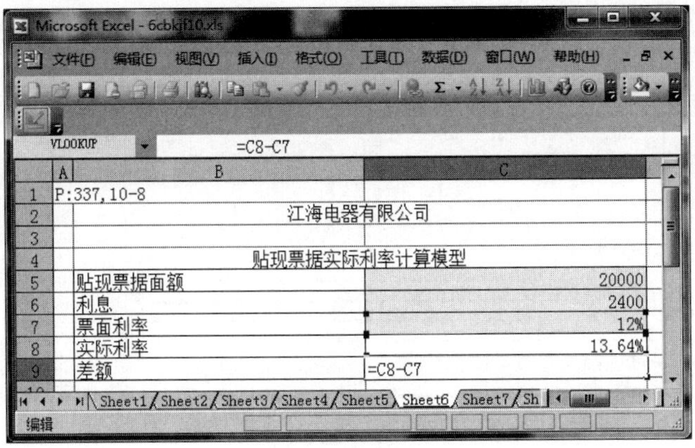

图 10—31

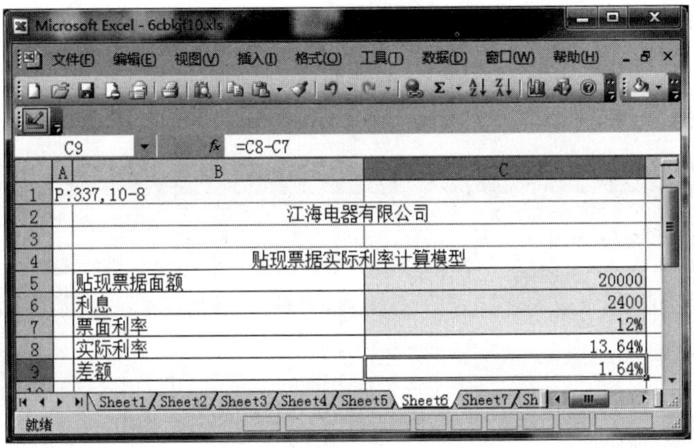

图 10—32

到此为止，按照【任务 10—8】所提供的资料，在 Excel 工作表中创建的短期借款筹资成本模型就已经完成了。对这部分内容读者可以参考“实验系统”中“短期筹资管理实验”项目下“实验示范”中第 6 个实验的屏幕录像。

通过短期借款筹资成本模型计算结果，我们可以看到，票据贴现的实际成本要比票面利率高 1.64 个百分点。借助短期借款筹资成本模型还可以进行假设分析，以便计算不同筹资项目的筹资成本，为公司安排短期资金来源提供数据和资料。

【任务 10—9】

江海电器有限公司以分期付款方式借入 2 万元，名义利率为 12%，付款方式为 12 个月等额还款。则借款的实际利率为多少？（资料来源：主教材第 337 页例 10—9。）

我们利用已经创建完成的短期借款筹资成本模型，在相应的单元格输入相关条件变化后的资料，就可以方便地计算出结果。依据题意，在单元格 C5 中输入贴现票据面额“20 000”，在单元格 C6 中输入利息“2 400”，在单元格 C7 中输入票面利率“12%”，在单元格 C8 中输入实际利率“=C6/（C5/2）”。如图 10—33 所示。

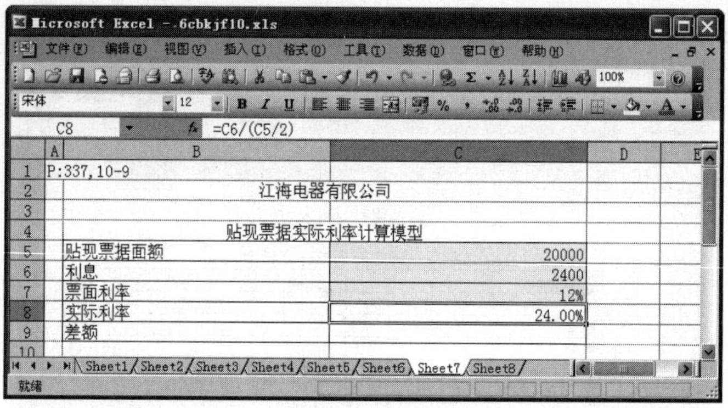

图 10—33

然后，在单元格 C9 中输入公式“＝C8－C7”。按回车键，就会得到票据贴现的实际利率要比票面利率高 12 个百分点。如图 10—34 所示。对这部分内容读者可以参考“实验系统”中“短期筹资管理实验”项目下“实验示范”中第 7 个实验的屏幕录像。

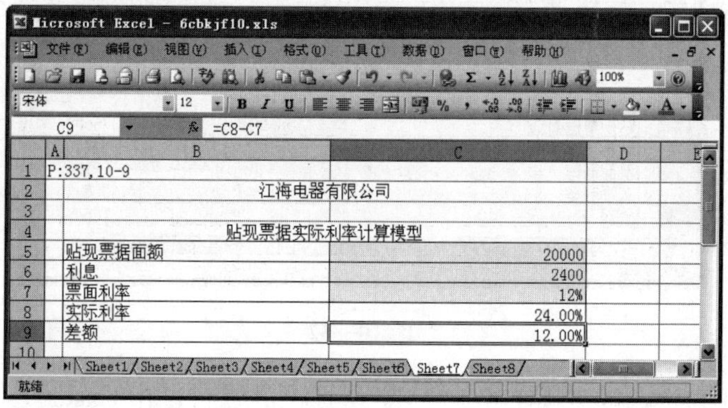

图 10—34

10.4.2 短期融资券的成本模型的创建

【任务 10—10】

江海电器有限公司发行了为期 120 天的优等短期融资券，票面利率是 12%，则该短期融资券的成本率是多少？（资料来源：主教材第 344 页例 10—10。）

在 Excel 工作表中，创建短期融资券的成本模型的步骤如下：

第一步，建立短期融资券的成本率模型并录入数据

首先在 Excel 工作表中建立短期融资券的成本率模型并将【任务 10—10】的短期融资券的成本率相关数据录入。如图 10—35 所示。

第二步，计算实际利率（短期融资券的成本率）和差额

首先，计算实际利率，在单元格 C7 中输入公式“＝C6/（1－C6 * C5/360)”。如图 10—36 所示。

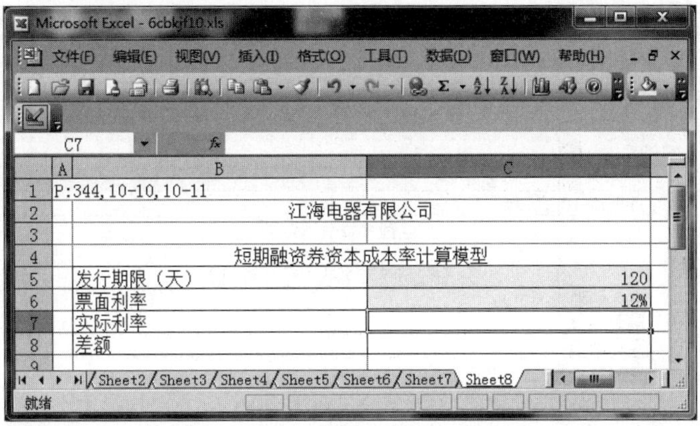

图 10—35

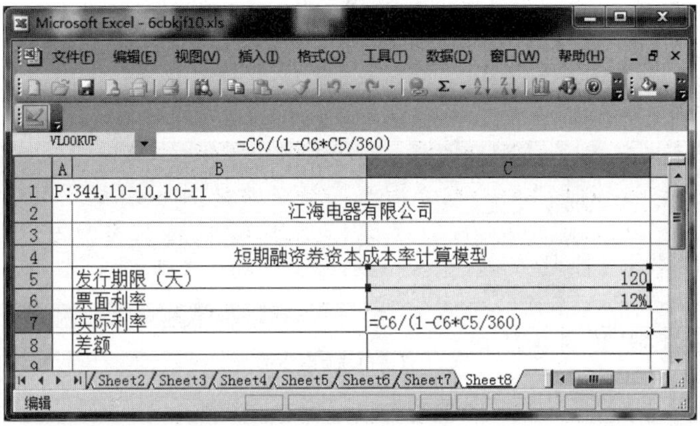

图 10—36

按回车键，就会得到该公司实际利率（短期融资债权的成本率）的结果为 12.50%。如图 10—37 所示。

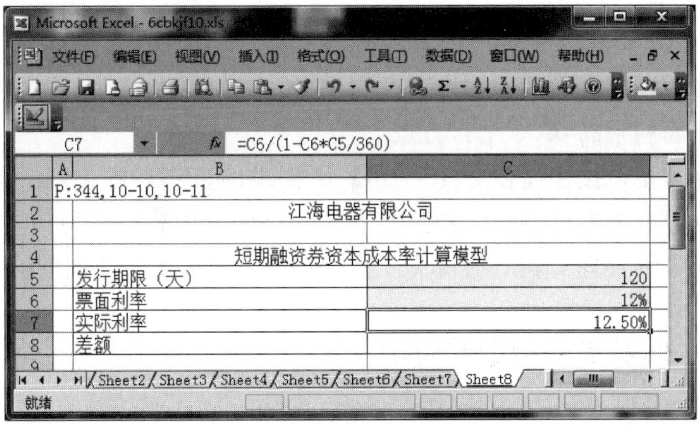

图 10—37

然后，我们计算实际利率和票面利率的差额，在单元格 C8 中输入公式“=C7−C6”。如图 10—38 所示。

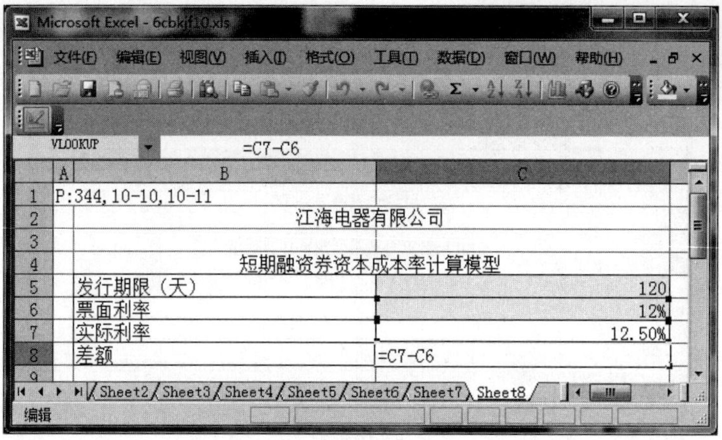

图 10—38

按回车键，就会得到实际利率与票面利率的差额，结果为 0.50%。如图 10—39 所示。

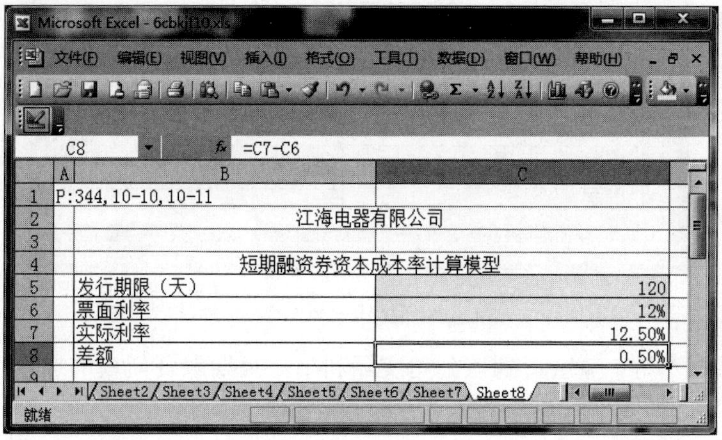

图 10—39

通过短期融资券的成本模型计算结果，我们可以看到，短期融资券的实际利率要比票面利率高 0.50 个百分点。

到此为止，按照【任务 10—10】所提供的资料，在 Excel 工作表中创建的短期融资券的成本模型就已经完成了。对这部分内容读者可以参考“实验系统”中“短期筹资管理实验”项目下“实验示范”中第 8 个实验的屏幕录像。

10.4.3 债券筹资模型的应用

借助短期融资券的成本模型还可以进行假设分析，以便计算不同短期融资券的成本，为公司安排短期资金来源提供数据和资料。

【任务 10—11】

江海电器有限公司以 10%的票面利率发行了 50 亿元为期 90 天的优等短期

融资券。公司利用备用的信用额度所获资金的成本率是 0.25%，另外其他直接费用率为每年 0.5%，则公司的短期融资券总成本率是多少？（资料来源：主教材第 344 页例 10—11。）

下面我们就利用已经建立的短期融资券的成本模型，来解决【任务 10—11】提出的短期融资券的成本率的计算任务。

依据题意，在单元格 C5 中输入发行期限“90”，在单元格 C6 中输入票面利率“10%”，在单元格 C7 中输入信用额度的资本成本率“0.25%”，在单元格 C8 中输入其他直接费用率“0.50%”。如图 10—40 所示。

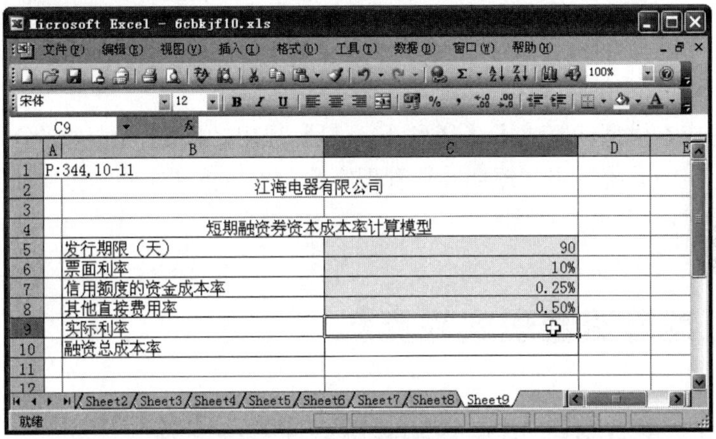

图 10—40

在单元格 C9 中输入公式“=C6/（1−C6 * C5/360)”，然后按回车键，就得到了实际利率为 10.26%。如图 10—41 所示。

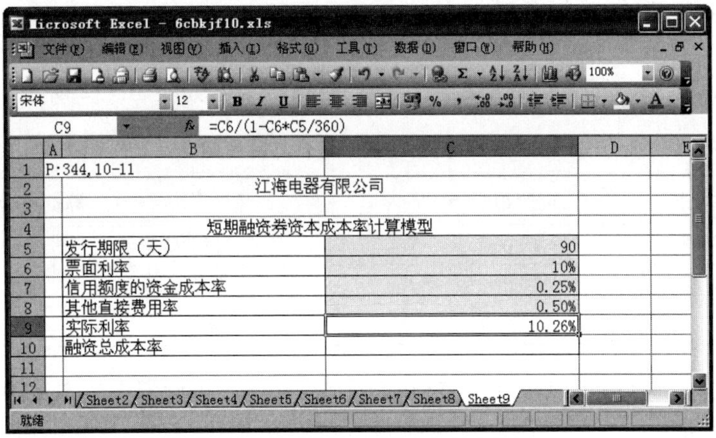

图 10—41

在单元格 C10 中输入公式“=C9+C8+C7”，然后按回车键，就得到了融资总成本率为 11.01%。如图 10—42 所示。

按照【任务 10—11】所提供的资料，利用在 Excel 工作表中创建的短期融

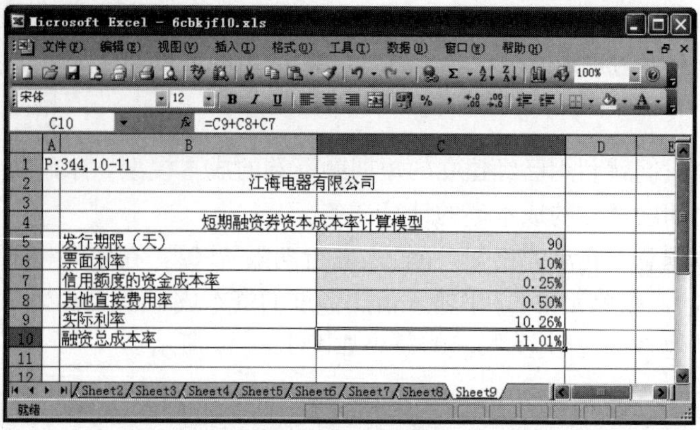

	A	B	C	D
1	P:344,10-11			
2		江海电器有限公司		
3				
4		短期融资券资本成本率计算模型		
5		发行期限（天）	90	
6		票面利率	10%	
7		信用额度的资金成本率	0.25%	
8		其他直接费用率	0.50%	
9		实际利率	10.26%	
10		融资总成本率	11.01%	

图 10—42

资券的成本模型就完成了【任务 10—11】提出的问题。对这部分内容读者可以参考“实验系统”中“短期筹资管理实验”项目下“实验示范”中第 9 个实验的屏幕录像。

10.5 短期筹资管理实验资料

10.5.1 主教材第 10 章短期筹资管理的练习题

见主教材第 346 页。

10.5.2 补充实验资料

1. 资料：某公司目前的资产组合与筹资组合如表 10—3 所示。

表 10—3　　某公司资产组合与筹资组合　　单位：元

资产组合		筹资组合	
短期资产	40 000	短期资金	30 000
长期资产	60 000	长期资金	70 000
合计	100 000	合计	100 000

要求：公司当前的息税前利润为 20 000 元，短期资本成本率为 4%，长期资本成本率为 15%。假设息税前利润不变，资产组合不变，筹资组合由本例中的保守组合变为冒险组合：短期资金 5 0000 元，长期资金 50 000 元，则不同的筹资组合对企业风险和报酬的影响是什么？

2. 某公司按“2/20，n/60”的信用条件购入价值 40 000 元的原材料，并在第 40 天支付贷款，请计算该公司的商业信用资本成本率。

3. 某公司以贴现方式借入 1 年期贷款 10 万元，名义利率为 10%，这笔贷款的有效利率是多少？如果公司以分期付款方式借入这笔贷款，分 12 个月等额偿还，那么有效利率又是多少？

4. 某公司以 14%的票面利率发行了为期 120 天的短期融资券，该短期融资券的年成本率是多少？假设该公司利用备用信用额度所获资金的成本率是 0.3%，其他直接费用率为每年 0.4%，那么该短期融资券的总成本率是多少？

5. 某公司 2013 年发生采购成本 100 000 元，年度应付账款平均余额为 50 000元，则该公司的应付账款周转率是多少？

6. 某公司 2014 年预计支付的增值税金额为 200 000 元，每月缴纳一次，则按平均占用天数计算的应付税金筹资额是多少？若该公司增值税按规定在次月 6 日缴纳，则按经常占用天数计算的应付税金筹资额是多少？

参考答案

1. 由于采用了比较激进的筹资计划，即用了比较多的成本较低的流动负债，企业的净利润从 8 300 元增加到 10 500 元，投资报酬率也由 8.3%上升到 10.5%，但是短期资金占总资金的比例从 30%上升到 50%，流动比率也由 1.33 下降到 0.8。这表明，公司的财务风险相应地增大了。

2. 18.37%。

3. 11.11%；20%。

4. 15.39%。

5. 2。

6. 8 333.33 元；2 777.78 元。

图书在版编目（CIP）数据

财务管理学模拟实验教程/马元驹编著．—北京：中国人民大学出版社，2015.10
中国人民大学会计系列教材．模拟实验
ISBN 978-7-300-20843-5

Ⅰ.①财… Ⅱ.①马… Ⅲ.①财务管理-高等学校-教材 Ⅳ.①F275

中国版本图书馆 CIP 数据核字（2015）第 034051 号

中国人民大学会计系列教材·模拟实验
财务管理学模拟实验教程
马元驹　编著
Caiwu Guanlixue Moni Shiyan Jiaocheng

出版发行	中国人民大学出版社		
社　　址	北京中关村大街 31 号	**邮政编码**	100080
电　　话	010－62511242（总编室）		010－62511770（质管部）
	010－82501766（邮购部）		010－62514148（门市部）
	010－62515195（发行公司）		010－62515275（盗版举报）
网　　址	http：//www.crup.com.cn		
	http：//www.ttrnet.com（人大教研网）		
经　　销	新华书店		
印　　刷	北京七色印务有限公司		
规　　格	185 mm×260 mm　16 开本	**版　　次**	2015 年 10 月第 1 版
印　　张	23.75 插页 1	**印　　次**	2021 年 1 月第 5 次印刷
字　　数	510 000	**定　　价**	42.00 元

版权所有　侵权必究　　印装差错　负责调换

教师教学服务说明

中国人民大学出版社工商管理分社以出版经典、高品质的工商管理、财务会计、统计、市场营销、人力资源管理、运营管理、物流管理、旅游管理等领域的各层次教材为宗旨。

为了更好地为一线教师服务，近年来工商管理分社着力建设了一批数字化、立体化的网络教学资源。教师可以通过以下方式获得免费下载教学资源的权限：

在“人大经管图书在线”（www.rdjg.com.cn）注册，下载“教师服务登记表”，或直接填写下面的“教师服务登记表”，加盖院系公章，然后邮寄或传真给我们。我们收到表格后将在一个工作日内为您开通相关资源的下载权限。

如您需要帮助，请随时与我们联络：

中国人民大学出版社工商管理分社

联系电话：010-62515735，62515987，62515782，82501048

传　　真：010-62515732，62514775　　　　电子邮箱：rdcbsjg@crup.com.cn

通讯地址：北京市海淀区中关村大街甲59号文化大厦1501室（100872）

教师服务登记表

<table>
<tr><td>姓 名</td><td></td><td>□先生　□女士</td><td>职　　称</td><td colspan="2"></td></tr>
<tr><td>座机/手机</td><td colspan="2"></td><td>电子邮箱</td><td colspan="2"></td></tr>
<tr><td>通讯地址</td><td colspan="2"></td><td>邮　　编</td><td colspan="2"></td></tr>
<tr><td>任教学校</td><td colspan="2"></td><td>所在院系</td><td colspan="2"></td></tr>
<tr><td rowspan="3">所授课程</td><td>课程名称</td><td>现用教材名称</td><td>出版社</td><td>对象（本科生/研究生/MBA/其他）</td><td>学生人数</td></tr>
<tr><td></td><td></td><td></td><td></td><td></td></tr>
<tr><td></td><td></td><td></td><td></td><td></td></tr>
<tr><td colspan="2">需要哪本教材的配套资源</td><td colspan="4"></td></tr>
<tr><td colspan="2">人大经管图书在线用户名</td><td colspan="4"></td></tr>
<tr><td colspan="6">院/系领导（签字）：
院/系办公室盖章</td></tr>
</table>

教师教学服务说明

教师信息登记表